ABC du BAC

Excellence

Ambition PRÉPA

W0326840

Mathématiques

Enseignement de spécialité

Maths expertes

Enseignement optionnel

Term

Gérard Chassard

Christian Lixi

Nathan

Mode d'emploi

Un ouvrage efficace pour réviser et aller plus loin

COURS

EXERCICES ET SUJETS

CORRIGÉS

AMBITION PRÉPA

COURS

- Des **rappels de cours clairs et structurés**, pour mémoriser l'essentiel des connaissances à savoir.
- Des **encadrés et des annotations en marge** pour vous aider à comprendre certains points difficiles.

EXERCICES ET SUJETS

- **Nombreux et variés**, les exercices proposés couvrent l'ensemble des thèmes abordés dans le chapitre.
- Des **points de méthode** et des **conseils de résolution** enrichissent les énoncés.
- Différentes rubriques permettent un **entraînement progressif** :
  - Questions courtes, pour une auto-évaluation simple des connaissances ;
  - Exercices d'entraînement ;
  - Sujets de type bac.
- Le **minutage** est donné pour chaque exercice, ainsi que le **niveau de difficulté** :
  - pas d'étoile : exercice de base ;
  - ★ : exercice de réflexion et de synthèse ;
  - ★★ : exercice présentant quelque difficulté ;
  - ★★★ : exercice de type bac faisant appel à des notions diversifiées.

CORRIGÉS

- Les corrigés sont entièrement rédigés, **très détaillés**, et présentent toutes les étapes du raisonnement et des calculs.
- Ils sont accompagnés de commentaires, de remarques, de conseils, de compléments… **pour être « au top »** en mathématiques.

AMBITION PRÉPA

- 100 pages pour **anticiper la prépa scientifique** (MPSI, PCSI, PTSI, MPII BCPST ou TSI).
- Les pages *Ambition prépa* sont insérées au fil des chapitres de Terminale.
- Chaque cahier *Ambition prépa* est structuré en trois parties :

– **la rubrique *Prépa attitude*** ou comment travailler en Terminale en **se mettant en condition pour la prépa** ;
– **des prolongements du cours** de Terminale pour commencer à s'initier aux notions étudiées en prépa ;
– **des exercices** sur ces notions avec des corrigés **adaptés** et **commentés**.

➜ En fin d'ouvrage, un Cahier spécial Bac contenant la **description détaillée** de l'épreuve, un **sujet complet** type Bac corrigé et une partie sur le **Grand oral** avec un **exemple de question** corrigée.

SOMMAIRE

Partie 2 – Option Maths expertes

Direction éditoriale : Raphaëlle Mourey

Coordination éditoriale : Julie Langlais, Marion Gautier, Marie-Pierre Lowys assistées d'Anaïs Achard

Conception graphique intérieur : Élise Launay

Couverture : Hugues Vollant, Marc Henry

Compositeur : desk

Fabrication : Kévin Magar

ISBN : 978-2-09-157594-0

Le nouveau Bac

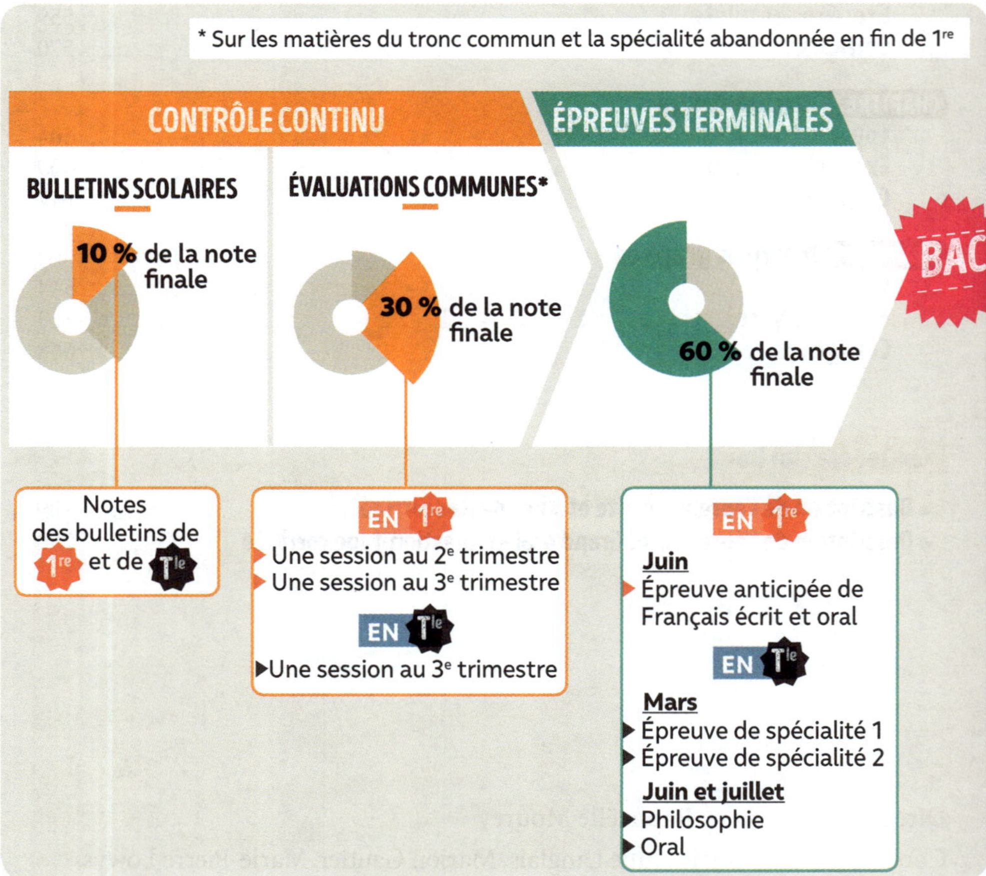

- **Deux sessions** d'évaluations communes du contrôle continu sont mises en place **en Première** pour les enseignements communs. Elles se déroulent aux **deuxième et troisième trimestres**, et leurs dates sont fixées par les lycées.
- Une **troisième session** d'évaluations communes du contrôle continu est mise en place durant le **troisième trimestre de Terminale**.

---

* Toutes ces informations correspondent aux instructions officielles de mars 2021.

3 spécialités en Première, 2 spécialités en Terminale

- À la fin de l'année de Première, les élèves **sélectionnent parmi les trois spécialités** choisies en début d'année celle qu'ils ne poursuivront pas en Terminale.
- La spécialité abandonnée est évaluée en fin de Première par une **évaluation commune de contrôle continu** (30 % de la note finale pour l'ensemble du contrôle continu).
- Les deux spécialités conservées en Terminale sont quant à elles évaluées par une **épreuve finale** en fin de Terminale (60 % de la note finale pour l'ensemble des épreuves finales). Cette épreuve se déroule en mars.
- Par ailleurs, toutes les notes des **bulletins scolaires** de l'année comptent pour 10 % de la note finale.

L'épreuve finale pour la spécialité Mathématiques en Terminale

- **Épreuve écrite** 20 pts
  - 3 à 5 exercices indépendants.
  - Chaque exercice est noté sur 4 à 8 points.

4 heures — Coeff. 16 — 2e trimestre

Les enseignements optionnels

- **Deux enseignements optionnels maximum** sont pris en compte dans les 40 % de la note finale du Baccalauréat. Au-delà de deux options suivies, les **deux meilleures moyennes** seront utilisées.
- Suite à l'application de cette règle, si la moyenne à **l'option Langues et cultures de l'Antiquité** n'était pas prise en compte, les points de la moyenne au-delà de 10 s'ajouteraient au total des points obtenus par le candidat.
- L'enseignement optionnel de **Mathématiques expertes** en Terminale est **exclusivement réservé** aux élèves de Terminale inscrits en spécialité Maths.
- Les élèves sont évalués au travers d'**exercices variés tout au long de l'année** : devoirs surveillés ou en temps libre, rédaction de travaux de recherche, travaux pratiques, exposé oral d'une solution.

Le Grand oral

- **Cette épreuve, d'une durée de 20 minutes**, se réalise devant un jury et porte sur les deux spécialités suivies par l'élève en Terminale.
- **Elle se déroule en trois temps :** présentation orale d'une question portant sur un (ou les deux) enseignement(s) de spécialité, puis discussion avec le jury concernant l'exposé présenté et le programme des deux spécialités. S'ensuit enfin un échange à propos du projet d'orientation.

Les grands moments de l'année de Terminale

CALENDRIER DU BAC	Mois	CALENDRIER PARCOURSUP
	Novembre	Recherche des informations sur Parcoursup
	Janvier	Inscription sur Parcoursup
	Février	Constitution du dossier complet, saisie et confirmation de vos vœux
Deux épreuves écrites de spécialité	Mars	
	Avril	
Évaluations communes	3e trimestre dates au choix de votre lycée	
	Mai	Réponses aux propositions des établissements
Épreuve écrite de Philosophie et Grand oral	Juin	
	Juillet	Éventuellement, phase complémentaire
	Septembre	

* Informations mises à jour en mars 2021

Ambition prépa

Comment anticiper la prépa scientifique ?

DE QUOI S'AGIT-IL ?

- Pour être efficace dès la rentrée en prépa, vous devez adopter la *prépa attitude* pendant votre année de terminale.
- Ce livre va vous aider à **acquérir des réflexes** pour la prépa et vous **préparer au mieux**, pourvu que vous fournissiez les **trois efforts suivants** :
  – valorisez votre temps pendant les cours ;
  – valorisez votre travail à la maison ;
  – apprenez à utiliser efficacement ce livre.

Valorisez votre temps pendant les cours

➜ **Améliorez votre prise de notes.**

• Si vous êtes perdu, si vous avez pris trop de retard, « arrêtez de courir » : vous n'entendez plus le cours, il faut sauter des lignes sur votre feuille et **notez ce que le professeur est en train de dire**.

• Ne perdez jamais de vue que vous êtes capable de refaire les calculs, ayez confiance en vous. Dans le discours du professeur, ce qu'il faut surtout retenir, ce sont **les petites phrases qui expliquent les liaisons et qui la plupart du temps ne sont pas écrites au tableau.** Celles que vous retrouvez dans les livres ne correspondent pas tout à fait à votre cours.

➜ N'hésitez pas à **poser des questions** à votre professeur, mais si vous n'avez pas travaillé votre cours, vos questions ne vous aideront pas et vous ne ferez pas illusion.

Valorisez votre travail à la maison

➜ **Revoyez votre cours le soir même**, les énoncés des théorèmes et définitions sont à apprendre par cœur (n'oubliez pas que la calculatrice est interdite dans de très nombreux concours).

On vous demandera souvent en classes prépas de citer des théorèmes ou définitions.

➜ **Les résumés de cours** vont vous aider. **Tous les résumés doivent être connus par cœur**, surlignez de deux couleurs différentes (toujours les mêmes) les hypothèses et les conclusions. Attention, parfois une hypothèse est indiquée « dans un chapeau » : c'est qu'elle est commune à tous les énoncés qui suivent, ne pas oublier de la surligner.

Apprenez les théorèmes en précisant à chaque fois toutes les hypothèses.

➜ Vous devez être capable de **refaire les principales démonstrations du cours**, ce sont des modèles pour les exercices, n'oubliez jamais que les concepteurs de sujets savent que vous avez vu ces démonstrations et estiment donc que vous avez des « pistes » pour résoudre telle ou telle question.

→ **Apprenez les démonstrations.** Pour cela, vous devez :

- **bien isoler les hypothèses et la conclusion :**
  - écrivez les sur une feuille sous forme de deux colonnes,
  - traduisez avec des symboles hypothèses et conclusion,
- **reconnaître le type de démonstration :**
  - raisonnement direct,
  - raisonnement par disjonction des cas,
  - raisonnement par contre-exemple,
  - raisonnement par contraposée,
  - raisonnement par l'absurde,
  - raisonnement par analyse-synthèse,
  - raisonnement par récurrence.
- **trouver les « nœuds » de la démonstration,** c'est-à-dire les quelques remarques qui vous assurent que vous êtes sur la bonne voie. Le reste viendra tout seul.

Apprenez à utiliser efficacement ce livre

→ Le **résumé de cours**, pour apprendre le cours, mais aussi pour les révisions.

→ **Les exercices**, qui sont classés par niveaux de difficultés :

- **Les questions courtes** vous aident à déterminer si le cours est bien su ; si vous n'arrivez pas à répondre rapidement, c'est que votre cours n'est pas assez mémorisé.

Effectuez toujours ce travail, sans utiliser le cours, pour prendre conscience des notions non connues (vous êtes obligé d'aller chercher l'information).

- **Ne soyez pas effrayé par les exercices qui ont le plus d'étoiles.** Dans une question, reformulez si nécessaire la conclusion.

L'affirmation « je ne sais pas comment démarrer » est souvent le signe d'une mauvaise lecture de la conclusion « que me demande-t-on ? »

Si vous n'avancez pas, allez chercher le début du corrigé de la question et essayez de continuer tout seul.

- **Les corrigés** comportent souvent **plusieurs méthodes de résolution**. Certaines solutions d'exercices types sont à connaître comme des démonstrations du cours.

AMBITION PRÉPA

→ **La partie Ambition prépa** se divise en :

- **des prolongements du cours**, pour vous aider à apprendre seul de nouvelles notions (ces notions seront vues dans les premiers mois de votre classe prépa) ;
- **des exercices qui utilisent ces nouvelles notions**. Presque tous les exercices proposent plusieurs solutions, beaucoup sont des exercices types dont la résolution est à apprendre.

PARTIE 1

Enseignement de spécialité

CHAPITRE 1

Combinatoire et dénombrement

DE QUOI S'AGIT-IL ?

Dans ce chapitre, il s'agit de développer les notions ensemblistes et de dénombrer quelques objets.

1 Ensembles, ensemble des parties d'un ensemble

1 Définitions

• Soit E un ensemble, on dit qu'un ensemble A est une partie de E si tout élément de A est un élément de E c'est à dire $((\forall x \in A)\quad(x \in E))$, on note $A \subset E$.

• Soit E un ensemble, l'ensemble des parties (sous-ensembles) de E est appelé ensemble des parties de E, on le note $\mathcal{P}(E)$.

2 Opérations dans $\mathcal{P}(E)$

Soit E un ensemble, A et B deux parties de E (on dit aussi deux éléments de $\mathcal{P}(E)$) :

• on note $A \cap B$ et on lit A « inter » B, l'élément de $\mathcal{P}(E)$: ensemble des éléments de E appartenant à A et à B ;

• on note $A \cup B$ et on lit A « union » B, l'élément de $\mathcal{P}(E)$: ensemble des éléments de E appartenant à A ou à B ;

• on note $A \backslash B$ et on lit A « moins » B, l'élément de $\mathcal{P}(E)$: ensemble des éléments de E appartenant à A sans appartenir à B ;

• on note $A \Delta B$ et on lit « différence symétrique » des parties A et B, l'élément de $\mathcal{P}(E)$: ensemble des éléments de E appartenant à A sans appartenir à B ou appartenant à B sans appartenir à A, on a $A \Delta B = (A \setminus B) \cup (B \setminus A)$;

• On note $C_E A$ ou encore $\overline{A}$ l'ensemble des éléments de E qui ne sont pas dans A, $\overline{A}$ est l'unique partie de E qui vérifie les deux égalités :

$$A \cup \overline{A} = E \quad \text{et} \quad A \cap \overline{A} = \varnothing.$$

3 Propriétés des opérations dans $\mathcal{P}(E)$

Soit E un ensemble, quelles que soient les parties A, B et C de E, on a :

$(A \cup B) \cup C = A \cup (B \cup C)$	$(A \cap B) \cap C = A \cap (B \cap C)$
$A \cup B = B \cup A$	$A \cap B = B \cap A$
$A \cup \varnothing = A$	$A \cap \varnothing = \varnothing$
$A \cup E = E$	$A \cap E = A$
$A \subset B \Leftrightarrow A \cup B = B$	$A \subset B \Leftrightarrow A \cap B = A$

$$A \cup (B \cap C) = (A \cup B) \cap (A \cup C)$$
$$A \cap (B \cup C) = (A \cap B) \cup (A \cap C)$$

$C_E(A \cup B) = C_E A \cap C_E B$
ou avec l'autre notation
$\overline{A \cup B} = \overline{A} \cap \overline{B}$

$C_E(A \cap B) = C_E A \cup C_E B$
ou avec l'autre notation
$\overline{A \cap B} = \overline{A} \cup \overline{B}$

$$A \,\Delta\, (B \,\Delta\, C) = (A \,\Delta\, B) \,\Delta\, C$$
$$A \,\Delta\, B = B \,\Delta\, A$$
$$A \,\Delta\, \varnothing = A$$
$$A \,\Delta\, A = \varnothing$$
$$A \cap (B \,\Delta\, C) = (A \cap B) \,\Delta\, (A \cap C)$$

4 Produit cartésien de deux ensembles

• Soit E et F deux ensembles non vides, on appelle produit cartésien de E et de F l'ensemble noté $E \times F$ des couples (x, y) où x est un élément quelconque de E et y un élément quelconque de F.

Exemple : soit $E = \{1, 2, 3\}$ et $F = \{a, b\}$ deux ensembles, on a :

$$E \times F = \{(1, a), (1, b), (2, a), (2, b), (3, a), (3, b)\}.$$

• Soit E un ensemble non vide et p un entier naturel non nul, on désigne par E^p l'ensemble des p-uplet d'éléments de E.

Exemple : $\mathbb{R}^2$ (resp. $\mathbb{R}^3$) est l'ensemble des couples (resp. des triplets) d'éléments de $\mathbb{R}$.

5 Cardinal d'un ensemble fini

Définition

Si n est le nombre d'éléments d'un ensemble fini, on dit que le cardinal de l'ensemble est n.

Exemple : Le cardinal de l'ensemble vide est 0, le cardinal d'un ensemble ne possédant qu'un seul élément (un singleton) est 1, le cardinal d'un ensemble à deux éléments (une paire) est 2.

Propriétés

• Si le cardinal d'un ensemble fini E est l'entier n non nul, on peut construire une bijection entre l'ensemble E et l'ensemble des entiers naturels compris entre 1 et n, noté souvent $[\![1, n]\!]$. Les éléments de l'ensemble E pourront alors être indicés, par exemple $E = \{x_1, x_2, \ldots, x_n\}$.

- Si E et F sont deux ensembles finis :

$$\text{card}(E \cup F) = \text{card}(E) + \text{card}(F) - \text{card}(E \cap F)$$

Si les ensembles E et F sont disjoints (c'est-à-dire si $E \cap F = \varnothing$) alors $\text{card}(E \cap F) = 0$ donc :

$$\text{card}(E \cup F) = \text{card}(E) + \text{card}(F)$$

- Si E et F sont deux ensembles finis non vides alors :

$$\text{card}(E \times F) = \text{card}(E) \times \text{card}(F)$$

- Si E est un ensemble fini non vide et p un entier naturel non nul alors :

$$\text{card}(E^p) = (\text{card}(E))^p$$

- Si E est un ensemble fini de cardinal n, alors :

$$\text{card}(\mathcal{P}(E)) = 2^{\text{card}(E)} = 2^n.$$

2 Factorielle

Soit n un entier naturel, on désigne par $n!$ et on lit « factorielle n », le nombre entier naturel défini par :

$$0! = 1 \text{ et pour tout entier naturel } n,\ (n+1)! = (n+1) \times n!$$

On a : $1! = 1$, $2! = 2 \times 1 = 2$, $3! = 3 \times 2 \times 1 = 6$, $4! = 24$, $5! = 120$.

3 Dénombrement

Soit n et p deux entiers naturels non nuls.

- Nombre d'applications d'un ensemble E à p éléments $(\text{card}(E) = p)$ dans un ensemble F à n éléments $(\text{card}(F) = n)$. Si $\mathcal{A}(E, F)$ désigne l'ensemble des applications de E vers F, on a :

$$\text{card}(\mathcal{A}(E, F)) = (\text{card}(F))^{\text{card}(E)} = n^p.$$

- Nombre de p-listes d'un ensemble E à n éléments $(\text{card}(E) = n)$.

On appelle p-liste d'un ensemble E tout élément $x = (x_1, x_2, \ldots, x_p)$ de E^p. Le nombre de ces p-listes est donc :

$$\text{card}(E^p) = (\text{card}(E))^p = n^p.$$

- Nombre de p-listes d'éléments distincts d'un ensemble E à n éléments ($\text{card}(E) = n$).

On appelle p-liste d'éléments distincts d'un ensemble E toute p-liste $x = (x_1, x_2, \ldots, x_p)$ de E^p dans laquelle les éléments $x_1, x_2, \ldots, x_p$ sont deux à deux distincts. Le nombre de p-liste d'éléments distincts d'un ensemble E de cardinal n est égal :

si $p > n$, à 0

si $0 \leqslant p \leqslant n$, à $n \times (n-1) \times \ldots \times (n-p+1) = \dfrac{n!}{(n-p)!}$.

- Nombre de permutations d'un ensemble E à n éléments ($\text{card}(E) = n$).

On appelle permutation de E toute n-liste d'éléments distincts de E. Le nombre de permutations de l'ensemble E est égal à :

$$n!$$

- Nombre de p-combinaisons d'un ensemble E à n éléments ($\text{card}(E) = n$).

Soit p un entier naturel. On appelle p-combinaisons (ou combinaison d'éléments de E à p éléments) toute partie de E ayant exactement p éléments. Le nombre de p-combinaisons de E ou encore le nombre de parties à p éléments de l'ensemble E à n éléments est noté $\dbinom{n}{p}$ et est égal :

si $p > n$, à 0

si $0 \leqslant p \leqslant n$, à $\dbinom{n}{p} = \dfrac{n \times (n-1) \times \ldots \times (n-p+1)}{p!} = \dfrac{n!}{p!(n-p)!}$.

Les nombres $\dbinom{n}{p}$ sont appelés aussi les coefficients binomiaux.

4 Formulaire

Soit n un entier naturel non nul.

- Quel que soit l'entier naturel p tel que $0 \leqslant p \leqslant n$, on a par symétrie :

$$\binom{n}{p} = \binom{n}{n-p}$$

$$\binom{n}{0} = \binom{n}{n} = 1$$

$$\binom{n}{1} = \binom{n}{n-1} = n$$

- Quel que soit l'entier naturel p tel que $0 \leqslant p < n$, on a la relation de Pascal :

$$\binom{n+1}{p+1} = \binom{n}{p+1} + \binom{n}{p}$$

- Quel que soit l'entier naturel p tel que $0 < p \leqslant n$, on a la relation :

$$n\binom{n-1}{p-1} = p\binom{n}{p}$$

- Quels que soient les réels a et b, on a la formule du binôme de Newton :

$$(a+b)^n = \sum_{k=0}^{n} \binom{n}{k} a^k b^{n-k}$$

Cas particulier : $n = 2, 3, 4$

$$(a+b)^2 = a^2 + 2ab + b^2$$

$$(a+b)^3 = a^3 + 3a^2b + 3ab^2 + b^3$$

$$(a+b)^4 = a^4 + 4a^3b + 6a^2b^2 + 4ab^3 + b^4.$$

- Triangle de Pascal

$$\begin{array}{ccccccc}
\binom{1}{0} & \binom{1}{1} & & & & & \\
\binom{2}{0} & \binom{2}{1} & \binom{2}{2} & & & & \\
\binom{3}{0} & \binom{3}{1} & \binom{3}{2} & \binom{3}{3} & & & \\
\binom{4}{0} & \binom{4}{1} & \boxed{\binom{4}{2}} & \boxed{\binom{4}{3}} & \binom{4}{4} & & \\
\binom{5}{0} & \binom{5}{1} & \binom{5}{2} & \boxed{\binom{5}{3}} & \binom{5}{4} & \binom{5}{5} & \\
\binom{6}{0} & \binom{6}{1} & \binom{6}{2} & \binom{6}{3} & \binom{6}{4} & \binom{6}{5} & \binom{6}{6}
\end{array}$$

$$\binom{5}{3} = \binom{4}{3} + \binom{4}{2}$$

1	1							
1	2	1						
1	3	3	1					
1	4	6	4	1				
1	5	10	10	5	1			
1	6	15	20	15	6	1		
1	7	21	35	35	21	7	1	
1	8	28	56	70	56	28	8	1

$$10 = 4 + 6$$

Lorsque cela est possible un terme du triangle est égal à la somme du terme juste au-dessus et du terme de la ligne précédente situé dans la colonne précédente.

5 Python

- Un programme pour calculer les coefficients binomiaux à l'aide de la formule de Pascal

```
def binomial(n,k) :
    return 1 if k==0 else (0 if n==0 else binomial(n-1,k)+binomial(n-1,k-1))
```

- Un programme pour imprimer un triangle de Pascal

```
def binomial(n,k) :
    return 1 if k==0 else (0 if n==0 else binomial(n-1,k)+binomial(n-1,k-1))
def pascal(m) :
    for x in range(m+1):
        print([binomial(x,y) for y in range(x+1)])
```

Questions courtes

1 Vrai ou Faux

➔ Corrigé p. 29

Soit E un ensemble non vide $\{a, b, c, d\}$.

a) $\varnothing \in \mathcal{P}(E)$ ☐ V ☐ F

b) $E \in \mathcal{P}(E)$ ☐ V ☐ F

c) $\{a\} \in E$ ☐ V ☐ F

d) $\{a\} \in \mathcal{P}(E)$ ☐ V ☐ F

e) $a \in E$ ☐ V ☐ F

f) $C_E\{a\} \cup C_E\{b\} = C_E(\{a\} \cup \{b\})$ ☐ V ☐ F

g) A une partie de E on a $\overline{\overline{A}} = A$ ☐ V ☐ F

h) Le nombre de parties de E est égal à 12. ☐ V ☐ F

i) Le nombre de « mots » de 6 lettres écrits avec les lettres de E est supérieur à 5 000. ☐ V ☐ F

j) Le nombre de triplets d'éléments de E est égal à 64. ☐ V ☐ F

k) Le cardinal de $E \times E$ est égal à 16. ☐ V ☐ F

l) Le nombre de permutations de l'ensemble E est égal à 24. ☐ V ☐ F

2 Tirages de boules dans une urne

➔ Corrigé p. 29

On considère une urne contenant trois boules blanches et cinq boules noires.

a) Combien y a-t-il de tirages distincts possibles d'une boule ?

b) Combien y a-t-il de tirages distincts possibles de deux boules ?

c) Combien y a-t-il de tirages distincts possibles de deux boules blanches ?

d) Combien y a-t-il de tirages distincts possibles de deux boules de couleurs différentes ?

e) Combien y a-t-il de tirages de deux boules quand on les tire successivement avec remise ?

f) Combien y a-t-il de tirages de deux boules blanches quand on tire les deux boules successivement avec remise ?

g) Même question que **f)** pour le tirage de deux boules de couleurs différentes.

3 Dispositions de jetons

➲ Corrigé p. 30

On considère quatre jetons numérotés de 1 à 4.

a) Combien y a-t-il d'alignements possibles des quatre jetons ?

b) Combien y a-t-il d'alignements des quatre jetons commençant à gauche par 1 ?

c) Combien peut-on obtenir de nombres pairs en alignant les quatre jetons ?

d) On choisit deux jetons parmi les quatre. Combien y a-t-il de choix et de façons de les disposer ?

e) On choisit trois jetons parmi les quatre. Combien y a-t-il de choix et de façons de les aligner ?

4 Lancer de dés

➲ Corrigé p. 30

On lance deux dés cubiques. Combien y a-t-il de résultats possibles si on distingue les deux dés ?

5 Figures géométriques

➲ Corrigé p. 30

Soit ABCDEF un hexagone.

a) Combien peut-on tracer de triangles dont les sommets sont choisis parmi les points A, B, C, D, E et F ?

b) Même question pour des quadrilatères.

6 Composition d'un bouquet

➲ Corrigé p. 30

On choisit dans un stock important trois fleurs en papier pour former un bouquet.

Sachant qu'il y a cinq couleurs possibles pour les fleurs, combien peut-on confectionner de bouquets distincts ?

7 Figures géométriques

➲ Corrigé p. 30

On considère quatre points A, B, C et D deux à deux distincts d'un plan dont trois ne sont pas alignés.

a) Combien peut-on tracer de segments joignant deux points quelconques ?

b) Combien y a-t-il de chemins possibles allant de A à B en suivant les segments tracés à la question précédente ?

8 Empilements de cubes

Corrigé p. 31

On dispose de cinq cubes rouges indiscernables et de deux cubes bleus indiscernables. On empile ces sept cubes.

Combien y a-t-il d'empilements distincts ?

9 Empilements de cubes

Corrigé p. 31

On suppose les cinq cubes rouges numérotés de 1 à 5, les deux cubes bleus étant indiscernables.

Combien y a-t-il d'empilements dans lesquels les numéros des cubes rouges sont par ordre croissant du bas vers le haut ?

Exercices d'entraînement

Ensemble des parties d'un ensemble

10 Intersections d'intervalles

★ 5 min Corrigé p. 31

Soit k un entier naturel non nul. On note A_k l'intervalle $\left]-\frac{1}{k}\,;\frac{1}{k}\right[$.

1. Déterminer l'ensemble $A_2 \cap A_3 \cap A_4$.

2. Déterminer l'ensemble $A_{10} \cap A_{11} \cap A_{12}$.

11 Réunions d'intervalles

★ 10 min Corrigé p. 31

Soit k un entier naturel non nul. On note A_k l'intervalle $\left[-2+\frac{1}{k}\,;2-\frac{1}{k}\right]$.

1. Expliciter A_1 et A_2.

2. Déterminer l'ensemble $(A_1 \cup A_2) \cap A_3$.

3. Déterminer l'ensemble $A_{98} \cup A_{99} \cup A_{100}$.

12 Inclusion

★★ 10 min Corrigé p. 32

Soit A et B deux parties d'un ensemble E non vide. Montrer que :

$$A \subset B \Leftrightarrow \overline{B} \subset \overline{A}.$$

Arbres
Nombre de *p*-listes d'éléments pris dans un ensemble à *n* éléments

13 Immatriculations automobiles

★★ 30 min ➲ Corrigé p. 32

Calculer dans chacun des cas, le nombre maximal d'immatriculations possibles :

- si le numéro est composé de 2 lettres, 3 chiffres et 2 lettres ;
- si le numéro est composé de 1 ou 2 ou 3 chiffres et 3 lettres.

Le plus petit numéro est 1 et les lettres peuvent être répetées plusieurs fois.

14 Mots

★★ 15 min ➲ Corrigé p. 32

Combien peut-on former de mots de 1, 2, 3, 4 ou 5 lettres avec les lettres du mot « MATHS » (une lettre pouvant être répétée jusqu'à 5 fois) ?

Nombre de *p*-listes d'éléments distincts pris dans un ensemble à *n* éléments

15 Sondage

★★ 15 min ➲ Corrigé p. 33

Un journal organise un sondage auprès de ses lecteurs comportant dix questions. À chaque question sont attachées cinq affirmations.

Le lecteur devra à chaque question soit ne rien cocher, soit cocher une affirmation, soit en cocher deux, mais il devra indiquer alors l'affirmation qu'il préfère.

Déterminer le nombre de réponses possibles au sondage.

Permutation

16 Classement

★★ 15 min ➲ Corrigé p. 33

Une société vend une série de 50 fiches de cuisine à mettre dans une boîte classeur. Sachant qu'il y a 10 fiches roses « desserts », 10 fiches bleues « poissons », 10 fiches rouges « viandes », 10 fiches vertes « légumes », 10 fiches jaunes « entrées » : déterminer le nombre de manières de ranger les fiches dans la boîte classeur, en laissant groupées les fiches d'une même couleur.

17 Anagrammes

★★ 30 min ➔ Corrigé p. 33

1. Déterminer le nombre d'anagrammes du mot « ÉLÈVE », (chacune des lettres devant figurer une seule fois) dans chacun des cas suivants :

a) Les accents permettant de distinguer les E.

b) En supprimant les accents.

2. En s'inspirant de la question **1.**, déterminer le nombre d'anagrammes des mots : « EUCLIDE » et « ANTICONSTITUTIONNELLEMENT ».

Combinaison

18 Tirage dans une urne

★★ 20 min ➔ Corrigé p. 34

Une urne contient trois boules rouges, deux boules noires et une boule blanche indiscernables au toucher. On tire simultanément trois boules de l'urne.

1. Déterminer le nombre de tirages possibles.

2. Déterminer le nombre de tirages tricolores possibles.

3. Déterminer le nombre de tirages contenant deux couleurs exactement.

19 Élection

★★ 30 min ➔ Corrigé p. 35

Les 12 délégués des classes de Terminale doivent élire en leur sein un représentant au conseil d'établissement; il n'y a que deux candidats Ève et Valentin. Un candidat est élu s'il obtient la majorité absolue ; tous les délégués doivent voter pour l'un ou pour l'autre.

1. Déterminer le nombre de votes possibles.

2. Déterminer le nombre de votes possibles pour qu'Ève soit élue ; pour que Valentin soit élu.

3. Déterminer le nombre de votes possibles pour qu'il y ait ballottage.

20 Jeu

★★ 20 min ➔ Corrigé p. 36

Un jeu est constitué d'une boîte contenant quatre cases et de six boules toutes de couleurs différentes, chaque case ne pouvant contenir qu'au plus deux boules. Déterminer le nombre de remplissages possibles.

21 Jeu de cartes

★★ 30 min ➲ Corrigé p. 36

De combien de manières peut-on choisir dans un jeu de 32 cartes, 6 cartes contenant :

1. exactement un as ?

2. au moins un as ?

3. exactement un as et deux rois ?

4. l'as de pique et au moins deux trèfles ?

5. trois cartes d'une couleur, deux d'une autre et une d'une autre ?

22 Remplissage d'un damier

★★ 30 min ➲ Corrigé p. 37

On répartit 4 jetons sur un damier de 16 cases (4 lignes et 4 colonnes), chaque case ne pouvant contenir qu'un jeton au plus.

Déterminer le nombre de remplissages possibles si :

1. il y a exactement un jeton par ligne et par colonne.

2. il y a exactement une colonne sans jeton.

3. il y a au moins une colonne sans jeton.

Propriétés des combinaisons et binôme de Newton

23 Une formule

★★ 30 min ➲ Corrigé p. 38

Soit n et k des entiers naturels tels que $1 \leqslant k \leqslant n$, démontrer que :

$$k\binom{n}{k} = n\binom{n-1}{k-1}.$$

24 Écriture d'un nombre

★★ 30 min ➲ Corrigé p. 38

Démontrer que pour tout entier naturel n, 7^n est la somme de 1 et d'un multiple de 6.

Sujets de type BAC

25 Code antivol

★★ 30 min ➲ Corrigé p. 39

Le code antivol d'un autoradio est un nombre de quatre chiffres, chaque chiffre pouvant prendre l'une des dix valeurs 0, l, ..., 9.

1. a) Quel est le nombre de codes possibles ?

b) Quel est le nombre de codes formés de quatre chiffres distincts deux à deux ?

2. Après une coupure d'alimentation électrique le propriétaire doit introduire le code pour pouvoir utiliser son autoradio.

Il sait que les quatre chiffres de son code sont 1, 9, 9 et 5 mais il a oublié l'ordre de ces chiffres.

a) Combien de codes différents peut-il composer avec ces 4 chiffres ?

b) Si le premier code introduit n'est pas le bon, le propriétaire doit attendre 2 minutes avant de pouvoir tenter un second essai ; le délai d'attente entre le second et le troisième essai est de 4 minutes, entre le troisième et le quatrième essai, il est de 8 minutes… (le délai d'attente double entre deux essais consécutifs). Combien de codes le propriétaire peut-il introduire au maximum en 24 heures ?

26 Octet

★★ 50 min ➲ Corrigé p. 40

En informatique, on appelle octet une liste de huit éléments pris dans l'ensemble $\{0, 1\}$, (exemple d'octet : 00 11 00 11).

Répondre par vrai ou faux en justifiant.

Alors il y a :

1. $\binom{4}{2}$ octets se terminant par 1 000 ;

2. 2^5 octets se terminant par 100 ;

3. $\binom{5}{2}$ octets commençant par 100 ;

4. 4! octets contenant exactement quatre 0.

Questions courtes

1 **a)** ➜ **Vrai** car le vide est une partie de tout ensemble.

b) ➜ **Vrai** car pour tout ensemble E, la partie pleine E est une partie de E.

c) ➜ **Faux** car $\{a\}$ est une partie de E et non un élément de E.

d) ➜ **Vrai** car $\{a\}$ est une partie de E.

e) ➜ **Vrai** car a est un élément $E = \{a, b, c, d\}$.

f) ➜ **Faux** $C_E\{a\} = \{b, c, d\}$ et $C_E\{b\} = \{a, c, d\}$
donc $C_E\{a\} \cup C_E\{b\} = \{a, b, c, d\} = E$.
$C_E(\{a\} \cup \{b\}) = C_E(\{a, b\}) = \{c, d\} \neq E$.

g) ➜ **Vrai** car pour toute partie A de E on a $\overline{\overline{A}} = A$.

h) ➜ **Faux** car le nombre de parties de E est égal à 2^4.

i) ➜ **Faux** car le nombre de « mots » de 6 lettres écrits avec les lettres de l'ensemble E est égal à $4^6 = 4\,096$.

j) ➜ **Vrai** car le nombre de triplets d'éléments de E est égal à $4^3 = 64$.

k) ➜ **Vrai** car le cardinal de $E \times E$ est égal à $(\text{card}(E))^2 = 16$.

l) ➜ **Vrai** car le nombre de permutations de l'ensemble E à 4 éléments est égal à $4! = 24$.

2 **a)** Il y a huit boules dans l'urne, il y a donc huit tirages possibles d'une boule.

b) Il y a $\binom{8}{2} = 28$ tirages de deux boules prises parmi huit.

c) Il y a $\binom{3}{2} = 3$ tirages de deux boules blanches prises parmi trois.

d) Il y a trois boules blanches et cinq boules noires. On associe l'une des trois boules blanches à l'une des cinq boules noires et on obtient $3 \times 5 = 15$ tirages possibles de deux boules de couleurs distinctes.

e) Avec remise, il y a $8 \times 8 = 64$ tirages possibles.

f) Il y a $3 \times 3 = 9$ tirages de deux boules blanches.

g) Il y a 3×5 tirages pour lesquels la première boule est blanche et la seconde est noire, et il y a aussi $5 \times 3 = 15$ tirages pour lesquels la première est noire et la seconde est blanche. Soit au total $15 + 15 = 30$ tirages de deux boules de couleurs distinctes.

3 **a)** Il y a $4! = 4 \times 3 \times 2 = 24$ alignements possibles, car les jetons sont tous distincts.

b) Le jeton numéroté 1 est placé à gauche. Il reste trois jetons à placer il y a $3! = 6$ façons de les aligner. Il y a donc 6 alignements commençant à gauche par 1.

c) Même problème que précédemment en plaçant à droite cette fois, soit le jeton 2 soit le jeton 4. On a donc $6 + 6 = 12$ nombres pairs.

d) Il y a $\binom{4}{2} = 6$ choix des deux jetons et pour chacun des choix il y a 2 façons de les disposer soit au total $6 \times 2 = 12$ alignements possibles de deux jetons.

e) Il y a $\binom{4}{3} = 4$ choix de trois jetons parmi quatre. Pour un choix il y a $3! = 6$ alignements possibles soit $4 \times 6 = 24$ alignement de trois jetons.

4 Lorsqu'on distingue les deux dés, il y a $6 \times 6 = 36$ résultats possibles.

5 **a)** Il y a $\binom{6}{3} = \frac{6!}{3!3!} = 20$ triangles possibles.

b) Il y a $\binom{6}{4} = \binom{6}{2} = 15$ quadrilatères possibles.

6 Il y a les bouquets unicolores soit cinq possibles. Il y a les bouquets bicolores comportant deux fleurs d'une couleur et une fleur d'une autre couleur : il y a cinq choix pour la couleur qui apparaît deux fois dans le bouquet et quatre choix pour la deuxième couleur soit 5×4 bouquets possibles bicolores.
Il y a les bouquets tricolores : le nombre de tels bouquets est égal au nombre de choix de trois couleurs parmi cinq soit $\binom{5}{3} = 10$.

On peut donc confectionner $1 + 20 + 10 = 31$ bouquets distincts.

7 **a)** Un segment tracé équivaut au choix de deux points parmi quatre.

Il y a $\binom{4}{2} = 6$ segments possibles.

b) Pour aller de A à B on peut suivre le segment [AB] soit un chemin.

On peut passer par un autre point : A → C → B ou A → D → B soit deux chemins. On peut passer par deux autres points : A → C → D → B ou A → D → C → B soit encore deux chemins.

Il y a au total $1 + 2 + 2 = 5$ chemins possibles pour aller de A à B.

8 Il y a sept cubes à empiler. Il suffit de décider la place des 2 cubes bleus (ou des cinq cubes rouges) et de compléter avec les cubes rouges (ou avec les cubes bleu).

Il y a $\binom{7}{2} = 21$ façons de choisir deux places parmi sept. Il y a donc 21 empilements possibles.

9 On place comme précédemment les deux cubes bleus en choisissant deux places parmi les sept possibles et on place les cubes rouges dans l'ordre. On obtient encore 21 empilements possibles.

Exercices d'entraînement

10 On note A_k l'intervalle $\left]-\frac{1}{k}\,;\,\frac{1}{k}\right[$, où k est un entier naturel non nul.

1. $A_2 = \left]-\frac{1}{2}\,;\,\frac{1}{2}\right[$, $A_3 = \left]-\frac{1}{3}\,;\,\frac{1}{3}\right[$ et $A_4 = \left]-\frac{1}{4}\,;\,\frac{1}{4}\right[$ donc :

$$A_2 \cap A_3 \cap A_4 = \left]-\frac{1}{2}\,;\frac{1}{2}\right[\cap \left]-\frac{1}{3}\,;\,\frac{1}{3}\right[\cap \left]-\frac{1}{4}\,;\,\frac{1}{4}\right[$$

On a $A_4 \subset A_3 \subset A_2$ donc $A_2 \cap A_3 \cap A_4 = A_4$.

2. De même $A_{12} \subset A_{11} \subset A_{10}$ donc :

$$A_{10} \cap A_{11} \cap A_{12} = A_{12} = \left]-\frac{1}{12}\,;\,\frac{1}{12}\right[.$$

11 Soit k un entier naturel non nul. On note A_k l'intervalle $\left[-2+\frac{1}{k}\,;\,2-\frac{1}{k}\right]$.

1. On a $A_1 = [-2+1\,;\,2-1] = [-1\,;\,1]$ et $A_2 = \left[-2+\frac{1}{2}\,;\,2-\frac{1}{2}\right] = \left[-\frac{3}{2}\,;\,\frac{3}{2}\right]$.

2. On a $A_3 = \left[-2+\frac{1}{3}\,;\,2-\frac{1}{3}\right] = \left[-\frac{5}{3}\,;\,\frac{5}{3}\right]$.

De plus et $1 < \frac{3}{2} < \frac{5}{3}$ et donc $-1 > -\frac{3}{2} > -\frac{5}{3}$ d'où $A_1 \subset A_2 \subset A_3$, on peut donc conclure :

$$(A_1 \cup A_2) \cap A_3 = A_3 = \left[-\frac{5}{3} ; \frac{5}{3}\right].$$

3. Par un raisonnement identique au précédent on a :

$$A_{98} \cup A_{99} \cup A_{100} = A_{100} = [-1{,}99 ; 1{,}99].$$

12 Soit A et B deux parties d'un ensemble E non vide.

• Si $A \subset B$ alors tout élément x de A appartient à B et donc tout élément qui n'appartient pas à B (c'est à dire qui appartient à $\overline{B}$ n'appartient pas à A (donc appartient à $\overline{A}$) donc :

$$\overline{B} \subset \overline{A}$$

• Si $\overline{B} \subset \overline{A}$, d'après la démonstration précédente on a :

$$\overline{\overline{A}} \subset \overline{\overline{B}}$$

On a $\overline{\overline{A}} = A$ et $\overline{\overline{B}} = B$ donc $A \subset B$.

En conclusion si A et B sont deux parties d'un ensemble E non vide,

$$A \subset B \Leftrightarrow \overline{B} \subset \overline{A}.$$

13 **a)** Si le numéro comporte 2 lettres, 3 chiffres et 2 lettres :

• il y a 26 lettres possibles donc 26^2 pour les deux premières lettres ainsi que pour les deux dernières ;

• il y a tous les nombres compris entre 001 et 999 soit 999 possibilités.

Le nombre d'immatriculations maximales est donc :

$$26^2 \times 999 \times 26^2 = 456\,519\,024$$

b) Il y a 999 nombres de 1, 2 ou 3 chiffres, le nombre de groupes possibles de trois lettres est 26^3, il y a donc dans ce cas :

$$999 \times 26^3 = 17\,558\,424 \text{ immatriculations possibles.}$$

14 Le nombre de mots de k lettres, $1 \leqslant k \leqslant 5$, formés avec les lettres du mot MATHS peut être déterminé en construisant un arbre à k niveaux pour lequel chaque branche se ramifie en 5 nouvelles branches.

On a représenté ci-après seulement une partie de l'arbre, au deuxième niveau il y a 5^2 branches, au troisième : 5^3, etc.

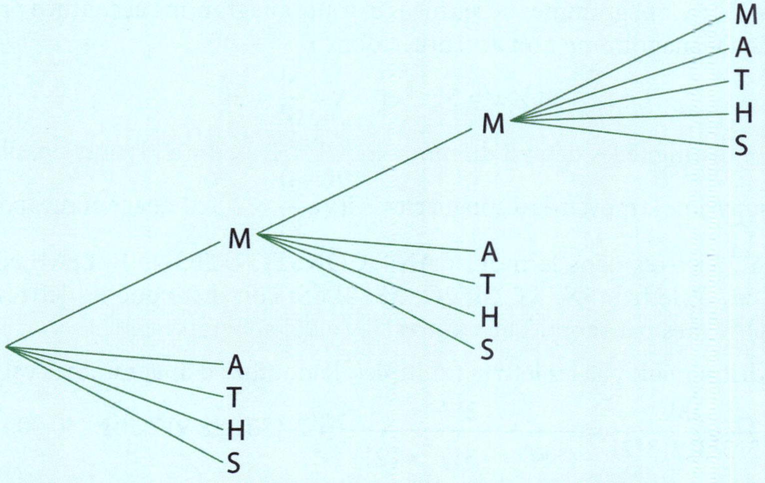

Le nombre de mots de k lettres issues du mot (MATHS), est donc égal au nombre d'extrémités de l'arbre soit : 5^k. Le nombre de mots de 1, 2, 3, 4 ou 5 lettres est donc :

$$5+5^2+5^3+5^4+5^5=\frac{5^6-5}{5-1}=3\,905.$$

15 Il y a pour une question : 1 façon de ne rien cocher, 5 façons de cocher une seule affirmation, 5×4 manières de cocher deux affirmations, car il est nécessaire d'indiquer une préférence. Il y a donc pour une question :

$$(1+5+5\times4) \text{ manières de répondre,}$$

donc pour 10 questions :

$$(1+5+5\times4)^{10} \text{ manières de répondre, soit } 26^{10} \text{ manières de répondre.}$$

16 Il y a 5! manières de placer les paquets de chaque couleur, les uns par rapport aux autres.

Dans un paquet d'une même couleur, il y a 10! manières de placer les 10 fiches. Il y a donc en tout $5!(10!)^5\approx7{,}55\times10^{34}$ manières de placer les fiches dans une boîte classeur.

17 **1. a)** Il y a 5! manières d'écrire les lettres distinctes du mot « ÉLÈVE ».

b) Soit une anagramme de « ÉLÈVE » sans accent. Il lui correspond 3! anagrammes avec les E accentués sans changer les places des deux lettres L et V. Si x est le nombre d'anagrammes obtenues sans tenir compte des accents, on obtient $3! \times x$ anagrammes accentuées et toute anagramme accentuée provient d'une seule anagramme non accentuée donc :

$$3! \times x = 5! \quad \text{et} \quad x = \frac{5!}{3!} = 20.$$

2. Si l'on distingue les deux E du mot « EUCLIDE » , il y a 7! mots possibles.

Si l'on supprime le moyen de distinguer les E, il y a $\frac{7!}{2!} = 2\,520$ anagrammes possibles.

3. Il y a 25 lettres dans le mot : « ANTICONSTITUTIONNELLEMENT », et parmi ces 25 lettres 5N, 5T, 3I, 2O, 3E, 2L. Si l'on distingue les lettres communes les unes par rapport aux autres, il y a 25! anagrammes.

En ne distinguant pas les lettres multiples, le nombre d'anagrammes est :

$$\frac{25!}{5!5!3!2!3!2!} = \frac{25!}{(5!)^2 \times (3!)^2 \times (2!)^2} = 7\,480\,328\,917\,501\,440\,000$$

18 **1.** Un tirage est une combinaison (sous-ensemble) de trois boules prises parmi six. Le nombre de tirages est donc le nombre de combinaisons de trois éléments pris dans un ensemble à six éléments, il y a donc :

$$\binom{6}{3} = \frac{6!}{3!3!} = 20 \text{ tirages possibles.}$$

2. Un tirage est tricolore s'il contient une boule rouge, une boule noire et une boule blanche. Dessinons un arbre pour décrire tous les tirages tricolores, notons R_1, R_2, R_3, les trois boules rouges, N_1 et N_2 les deux boules noires et B la boule blanche :

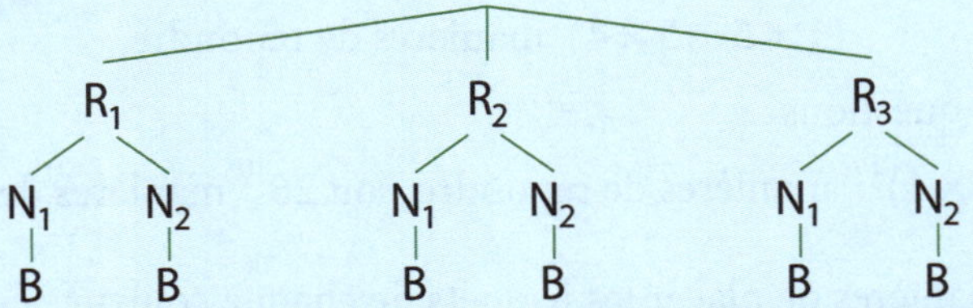

Chaque branche est un tirage tricolore, il y donc 6 tirages possibles.

3. Un tirage comportant deux couleurs est un tirage qui contient :

- soit deux boules rouges et une boule blanche, il y a $\binom{3}{2} = 3$ choix des boules rouges et $\binom{1}{1} = 1$ choix de la blanche, d'où $\binom{3}{2} \times \binom{1}{1} = 3$ tirages ;
- soit deux boules rouges et une boule noire, il y a $\binom{3}{2} = 3$ choix des boules rouges et $\binom{2}{1} = 2$ choix de la noire, d'où $\binom{3}{2} \times \binom{2}{1} = 6$ tirages.

• soit deux boules noires et une boule blanche, il y a $\binom{2}{2} = 1$ choix des boules noires et $\binom{1}{1} = 1$ choix de la blanche, d'où $\binom{2}{2} \times \binom{1}{1} = 1$ tirage.

• soit deux boules noires et une boule rouge, il y a $\binom{2}{2} = 1$ choix des boules noires et $\binom{3}{1} = 3$ choix de la rouge, d'où $\binom{2}{2} \times \binom{3}{1} = 3$ tirages.

Le nombre de tirages comportant deux couleurs est égal à :

$$\binom{3}{2} \times \binom{1}{1} + \binom{3}{2} \times \binom{2}{1} + \binom{2}{2} \times \binom{1}{1} + \binom{2}{2} \times \binom{3}{1} = 13.$$

19 **1.** Un vote est une suite ordonnée de 12 éléments choisis dans l'ensemble {Ève et Valentin}, en construisant l'arbre ci-après, on a représenté les votes de 3 délégués, on obtient :

$2 \times 2 \times \ldots \times 2 = 2^{12}$ extrémités donc $2^{12} = 4\,096$ votes possibles.

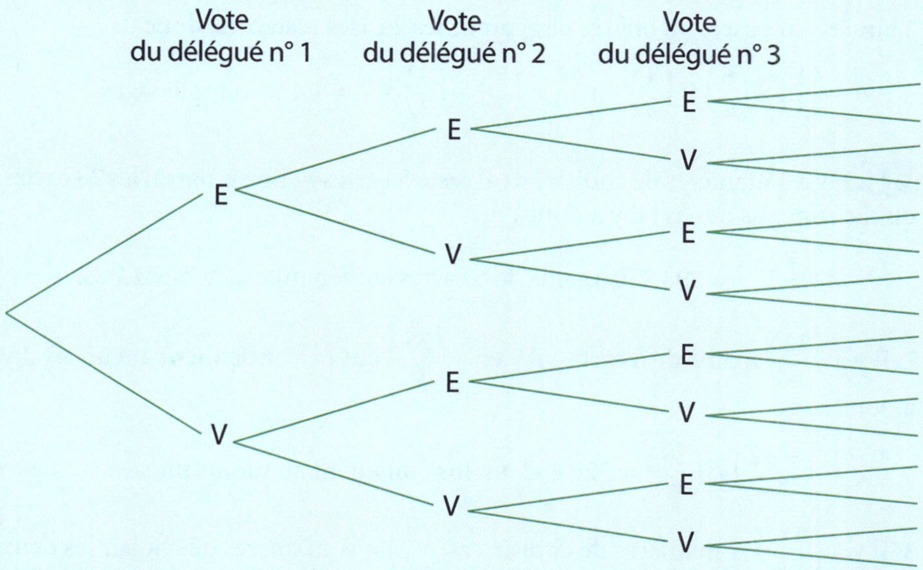

2. Ève est élue lorsqu'il y a 7, 8, 9, 10, 11 ou 12 délégués qui votent pour elle. Le nombre de votes permettant à Ève d'être élue est égal au nombre de parties à 7, 8, 9, 10, 11 ou 12 éléments de l'ensemble des délégués.

Le nombre de votes permettant à Ève d'être élue est égal :

$$\binom{12}{7} + \binom{12}{8} + \binom{12}{9} + \binom{12}{10} + \binom{12}{11} + \binom{12}{12} = 1\,586.$$

Le nombre de votes permettant à Valentin d'être élu est identique.

3. Il y a ballottage lorsque 6 délégués votent pour Ève, les 6 autres votant pour Valentin. Il y a donc :

$$\binom{12}{6} = 924 \text{ votes donnant un ballotage.}$$

20 Il y aura soit 3 cases contenant 2 boules et 1 case vide soit 2 cases contenant 2 boules et 2 cases contenant 1 boule.

1er cas : Il y a $\binom{4}{3}$ manières de choisir 3 cases, $\binom{6}{2}$ manières de remplir l'une de ces trois cases, $\binom{4}{2}$ manières de remplir la 2e case et 1 manière de remplir la 3e, donc :

$$\binom{4}{3} \times \binom{6}{2} \times \binom{4}{2} = 360 \text{ remplissages.}$$

2e cas : Il y a $\binom{4}{2}$ manières de choisir 2 cases, $\binom{6}{2} \times \binom{4}{2}$ manières d'y mettre 2 boules par case, 2 manières de remplir les 2 cases restantes, donc :

$$\binom{4}{3} \times \binom{6}{2} \times \binom{4}{2} + \binom{4}{2} \times \binom{6}{2} \times \binom{4}{2} \times 2 = 1\,440 \text{ remplissages.}$$

21 **1.** Il y a 4 manières de choisir l'as, il reste 5 cartes à choisir parmi les 28 cartes qui ne sont pas des as ; il y a donc :

$$4 \times \binom{28}{5} = 393\,120 \text{ mains de 6 cartes contenant exactement 1 as.}$$

2. Il y a $\binom{32}{6}$ mains de 6 cartes, il y en a $\binom{28}{6}$ qui ne contiennent aucun as, il y a donc :

$$\binom{32}{6} - \binom{28}{6} = 529\,452 \text{ mains contenant au moins un as.}$$

3. Il y a $\binom{4}{1} = 4$ manières de choisir l'as, $\binom{4}{2} = 6$ manières de choisir les deux rois et $\binom{24}{3} = 2\,024$ manières de choisir les 3 autres cartes parmi les 24 qui ne sont ni des as ni des rois. Il y a donc :

$$\binom{4}{1} \times \binom{4}{2} \times \binom{24}{3} = 48\,576 \text{ mains contenant un as et deux rois.}$$

4. Les mains de 6 cartes contenant l'as de pique sont au nombre de $\binom{31}{5}$.

Déterminons parmi ces mains celles qui ne contiennent aucun trèfle ou qui contiennent un seul trèfle.

Il y a $\binom{23}{5}$ mains de 6 cartes contenant l'as de pique et aucun trèfle Le nombre de mains de 6 cartes contenant l'as de pique et un seul trèfle est $\binom{8}{1} \times \binom{23}{4}$.

(On les obtient en prenant l'as de pique, un trèfle parmi 8 trèfles et 4 cartes qui ne sont ni l'as de pique ni des trèfles). Il y a donc :

$$\binom{31}{5} - \binom{23}{5} - \binom{8}{1} \times \binom{23}{4} = 127\ 399$$

mains de 6 cartes contenant l'as de pique et au moins deux trèfles.

5. Il y a $4 \times 3 \times 2$ manières de choisir les 3 couleurs qui vont avoir respectivement 3, 2 et 1 cartes.

Ces trois couleurs étant choisies, il y a $\binom{8}{3} \times \binom{8}{2} \times \binom{8}{1} = 12\ 544$ manières de constituer la main. Il y a donc :

$$4 \times 3 \times 2 \times \binom{8}{3} \times \binom{8}{2} \times \binom{8}{1} = 301\ 056 \text{ mains répondant au problème.}$$

22 **1.** Les 4 colonnes contiennent un jeton. Les jetons sont supposés identiques.
Dans la 1re colonne, il y a 4 choix d'une case où l'on met un jeton.
Par suite, dans la 2e colonne, il y a 3 choix d'une case où l'on met un jeton.
Par suite, dans la 3e colonne, il y a 2 choix d'une case où l'on met un jeton.
Par suite, dans la 4e colonne, il y a 1 choix d'une case où l'on met le jeton restant.
Il y a donc :

$$4 \times 3 \times 2 \times 1 = 24 \text{ remplissages possibles.}$$

2. S'il y a une colonne sans jeton, il y a une colonne avec deux jetons.
Il y a donc 4 choix de la colonne sans jeton. Par suite, il y a 3 choix de la colonne avec deux jetons.

Il y a $\binom{4}{2}$ manières de remplir la colonne avec deux jetons. Il y a 4^2 manières de remplir les deux colonnes avec un seul jeton.
Il y a donc :

$$4 \times 3 \times \binom{4}{2} \times 4^2 = 1\ 152 \text{ remplissages possibles.}$$

3. Le nombre total de remplissages possibles est $\binom{16}{4}$ c'est le nombre de choix de 4 cases prises parmi les 16 cases.
Le nombre de remplissages où il y a un jeton par colonne est 4^4 (on met un jeton dans l'une des quatre cases de chaque colonne).
Par différence, on déduit que le nombre de remplissages ayant au moins une colonne sans jeton est :

$$\binom{16}{4} - 4^4 = 1\,564.$$

23 Soit n et k des entiers naturels tels que $1 \leqslant k \leqslant n$, on a :

$$k\binom{n}{k} = k\,\frac{n!}{k!(n-k)!} = \frac{n!}{(k-1)!(n-k)!}$$

l'entier k étant non nul, on peut simplifier par k. De même :

$$n\binom{n-1}{k-1} = n\,\frac{(n-1)!}{(k-1)!(n-1-(k-1))!} = \frac{n!}{(k-1)!(n-k)!}.$$

D'après les propriétés des factorielles $n \times (n-1)! = n!$. L'égalité est donc démontrée, si n et k sont des entiers naturels tels que $1 \leqslant k \leqslant n$, on a :

$$k\binom{n}{k} = n\binom{n-1}{k-1}.$$

24 Soit n un entier naturel, si $n = 0$, on a $7^0 = 1 + 6 \times 0$, la propriété est démontrée. Si $n \geqslant 1$, remplaçons 7 par $1 + 6$ et utilisons le binôme de Newton :

$$7^n = (1+6)^n = \binom{n}{0}6^0 + \binom{n}{1}6^1 + \binom{n}{2}6^2 + \ldots + \binom{n}{k}6^k + \ldots + \binom{n}{n}6^n$$

$$= 1 + \left[\binom{n}{1}6^1 + \binom{n}{2}6^2 + \ldots + \binom{n}{k}6^k + \ldots + \binom{n}{n}6^n\right].$$

Donc pour tout entier naturel n, 7^n est la somme de 1 et d'un multiple de 6.

Remarque

On peut démontrer la propriété par récurrence, la propriété est vraie pour $n = 0$, nous l'avons démontré ci-dessus. Supposons la propriété vraie pour un certain rang n, on a $7^n = 1 + 6m$ où m est un entier naturel.
Calculons 7^{n+1} :

$$7^{n+1} = 7^n \times 7 = (1+6m) \times 7 = 7 + 7 \times 6m$$

$$= 1 + 6 + 6 \times 7m$$

$$= 1 + 6 \times (1 + 7m).$$

Le nombre m étant un entier naturel $1 + 7m$ l'est aussi et la propriété est vraie au rang, $n + 1$. D'après le principe de récurrence la propriété est vraie pour tout entier naturel n.

Sujets de type BAC

25 **1. a)** *Nombre de codes possibles*

Un code est un nombre noté $\overline{abcd}$ où a, b, c et d peuvent prendre 10 valeurs. Il y a donc 10 choix pour la valeur de a, 10 pour b, 10 pour c et 10 pour d soit : $10 \times 10 \times 10 \times 10$ codes possibles. Il y a 10^4 codes possibles.

b) *Nombre de codes formés de 4 chiffres distincts 2 à 2*

Cette fois a, b, c et d sont distincts deux à deux. Il y a 10 choix pour la valeur de a, 9 pour b (car $b \neq a$), 8 pour c (car $c \neq b$ et $c \neq a$), 7 pour d (car $d \neq a$ et $d \neq b$ et $d \neq c$).

Il y a donc $10 \times 9 \times 8 \times 7 = 5\,040$ codes formés de chiffres distincts 2 à 2.

2. *Nombre de codes composés de : 1, 9, 9, 5*

Le nombre de codes écrits avec 1, 9, 9, 5 est égal au nombre d'anagrammes de 1995. Il y en a : $\dfrac{4!}{2!} = 12$.

Autre méthode : Pour écrire une suite composée de 1, 9, 9, 5, on place d'abord les deux « 9 » parmi les 4 places possibles : il y a $\dbinom{4}{2}$ choix des places des deux « 9 » ; puis on place les chiffres 1 et 5 aux deux places restantes : il y a 2! façons de les placer. D'où le nombre de codes possibles écrits avec 1, 9, 9, 5 est :

$$\binom{4}{2} \times 2! = \frac{4 \times 3}{2} \times 2 \times 1 = 12.$$

3. *Nombre de codes que l'on peut introduire en 24 heures*

Entre le 1er code et le 2e code le temps d'attente est de 2 minutes. Entre le 2e code et le 3e le temps d'attente est 2×2 minutes. Entre le n-ième code et le $(n+1)$-ième code, le temps d'attente est 2^n minutes. Le nombre n étant un entier naturel non nul, on désigne par $u_n = 2^n$ le délai en minutes entre le n-ième et le $(n+1)$-ième essai.

Le temps mis pour faire n essais est :

$$u_1 + u_2 + \ldots + u_{n-1} = 2 + 2^2 + \ldots + 2^{n-1}$$

$$= 2\,\frac{2^{n-1} - 1}{2 - 1}$$

$$= 2^n - 2.$$

On dispose de 24 heures soit 1 440 minutes, le nombre n d'essais possibles vérifie l'inéquation :

$$2^n - 2 \leqslant 1\,440.$$

Pour tout entier naturel n non nul :

$$2^n - 2 \leqslant 1\,440 \Leftrightarrow 2^n \leqslant 1\,442$$
$$\Leftrightarrow n \leqslant 10 \text{ car } 2^{10} = 1\,024 \text{ et } 2^{11} = 2\,048.$$

Le nombre maximum d'essais est 10.

On ne pourra réaliser que 10 essais en 24 heures.

26 Un octet est une liste de 8 éléments de $\{0 ; 1\}$. Il y a donc en tout 2^8 octets possibles.

1. → Faux, un octet se terminant par 1 000 est une liste de quatre éléments quelconques de $\{0 ; 1\}$ suivie de 1 000. Il y en a autant que de listes de quatre éléments de $\{0 ; 1\}$, c'est-à-dire 2^4.

2. → Vrai, un octet se terminant par 100 est une liste de cinq éléments quelconques de $\{0 ; 1\}$ suivie de 100. Il y en a autant que de listes de cinq éléments de $\{0 ; 1\}$, c'est-à-dire 2^5.

3. → Faux, en faisant le même raisonnement que précédemment, on trouve qu'il y a autant d'octets commençant par 100 que de listes de cinq éléments de $\{0 ; 1\}$. Il y en a 2^5.

4. → Faux, un octet qui contient exactement quatre « 0 », contient exactement quatre « 1 ». Il y a donc autant de tels octets que de façons de choisir parmi les 8 éléments de la liste quatre éléments pour être 0, les autres étant des 1.

Il y en a $\binom{8}{4} = 70$.

CHAPITRE 2

Vecteurs, droites et plans de l'espace

DE QUOI S'AGIT-IL ?

Il s'agit dans ce chapitre de la généralisation de la notion de vecteur à l'espace.

COURS

1 Vecteurs de l'espace

1 Définitions

• Un vecteur non nul est défini par la donnée de sa direction de son sens et de sa longueur.

– A et B étant deux points de l'espace, le vecteur $\overrightarrow{AB}$ se note $\overrightarrow{AB}$. Le point A est son origine et le point B son extrémité.

– Si A = B, $\overrightarrow{AB}$ est le vecteur nul, noté $\vec{0}$. Il a une longueur nulle, mais n'a ni direction ni sens.

• Soit $\overrightarrow{AB}$ et $\overrightarrow{CD}$ deux vecteurs non nuls :

– on dit que les vecteurs $\overrightarrow{AB}$ et $\overrightarrow{CD}$ sont égaux s'ils ont la même direction (les droites (AB) et (CD) sont parallèles), le même sens et la même longueur, on note $\overrightarrow{AB} = \overrightarrow{CD}$;

– $\overrightarrow{AB} = \overrightarrow{CD}$ si et seulement si le quadrilatère ABDC est un parallélogramme (c'est-à-dire que les segments [AD] et [BC] ont le même milieu) éventuellement aplati.

– Si $\overrightarrow{AB} = \overrightarrow{CD} = \overrightarrow{EF}$, on dit que $\overrightarrow{AB}$, $\overrightarrow{CD}$ et $\overrightarrow{EF}$ sont des représentants d'un même vecteur $\vec{u}$ et on note $\vec{u} = \overrightarrow{AB} = \overrightarrow{CD} = \overrightarrow{EF}$. Le vecteur $\vec{u}$ possède une infinité de représentants.

– Un point O étant fixé, il existe un unique représentant de tout vecteur $\vec{u}$ d'origine O, c'est-à-dire qu'il existe un unique point M de l'espace tel que $\vec{u} = \overrightarrow{OM}$.

2 Translation

Avec les notations précédentes, si $\vec{u} = \overrightarrow{OM}$ on dit que M est l'image de O par la translation de vecteur $\vec{u}$. Si $\vec{u} = \overrightarrow{AB} = \overrightarrow{CD} = \overrightarrow{EF}$, par la translation de vecteur $\vec{u}$, le point B est l'image de A, le point D est l'image de C, le point F est l'image de E.

COURS

3 Opérations sur les vecteurs

Les définitions et propriétés de la somme de deux vecteurs de l'espace et de la multiplication d'un vecteur de l'espace par un réel sont identiques aux définitions et propriétés des vecteurs du plan. En particulier la relation de Chasles est toujours vérifiée.

4 Combinaison linéaire de vecteurs

Soit n un entier naturel supérieur ou égal à 2 et $\vec{u_1}$, $\vec{u_2}$, …, $\vec{u_n}$, n vecteurs de l'espace, on appelle combinaison linéaire de ces n vecteurs tout vecteur $\vec{x}$ s'écrivant $\vec{x} = \alpha_1\vec{u_1} + \alpha_2\vec{u_2} + \ldots + \alpha_n\vec{u_n}$ où $\alpha_1, \alpha_2, \ldots, \alpha_n$ sont n réels quelconques. On écrit :

$$\vec{x} = \alpha_1\vec{u_1} + \alpha_2\vec{u_2} + \ldots + \alpha_n\vec{u_n} = \sum_{i=1}^{n} \alpha_i\vec{u_i}.$$

2 Droites de l'espace

1 Définitions

- Si A et B sont deux points distincts de l'espace, il existe une droite et une seule passant par les points A et B, on la note (AB).

- Le vecteur $\overrightarrow{AB}$ est appelé un vecteur directeur de cette droite. Tout autre vecteur, non nul, ayant la même direction que le vecteur $\overrightarrow{AB}$ est un vecteur directeur de la droite (AB).

2 Vecteurs colinéaires

- On dit que deux vecteurs sont colinéaires si l'un au moins des vecteurs est nul ou s'ils ont la même direction dans le cas où ils sont tous les deux non nuls.

- Les vecteurs $\vec{u}$ et $\vec{v}$ sont colinéaires s'il existe un réel λ, tel que $\vec{u} = \lambda\vec{v}$ ou $\vec{v} = \lambda\vec{u}$.

③ Caractérisation d'une droite

- Si A est un point de l'espace et $\vec{u}$ un vecteur non nul de l'espace, il existe une droite et une seule passant par le point A et ayant le vecteur $\vec{u}$ pour vecteur directeur, on note cette droite $(A\ ;\ \vec{u})$.

- La droite $(A\ ;\ \vec{u})$ est l'ensemble des points M de l'espace tels que les vecteurs $\overrightarrow{AM}$ et $\vec{u}$ soient colinéaires.

- La droite $(A\ ;\ \vec{u})$ est l'ensemble des points M de l'espace tels qu'il existe un réel λ vérifiant $\overrightarrow{AM} = \lambda\vec{u}$.

3 Plans de l'espace

① Définitions

- Si A, B et C sont trois points de l'espace non alignés, il existe un plan et un seul passant par les points A, B et C, on le note (ABC).
- Le couple de vecteurs $(\overrightarrow{AB}, \overrightarrow{AC})$ est appelé couple de vecteurs directeur du plan (ABC).
$(\overrightarrow{AC}, \overrightarrow{AB})$, $(\overrightarrow{BA}, \overrightarrow{BC})$ sont d'autres couples de vecteurs directeurs du plan (ABC).
- Le couple de vecteurs $(\overrightarrow{AB}, \overrightarrow{AC})$ détermine la direction du plan (ABC).
- Tout couple de vecteurs non colinéaires, combinaison linéaire des vecteurs $\overrightarrow{AB}$ et $\overrightarrow{AC}$, est aussi un couple de vecteurs directeurs du plan (ABC).

② Caractérisation d'un plan

- Si A est un point de l'espace et $\vec{u}$ et $\vec{v}$ deux vecteurs de l'espace non colinéaires, il existe un plan et un seul passant par le point A et ayant le couple $(\vec{u}, \vec{v})$ comme couple de vecteurs directeur, on note ce plan $(A\ ;\ \vec{u}, \vec{v})$.

- Le plan $(A\ ;\ \vec{u}, \vec{v})$ est l'ensemble des points M de l'espace tels qu'il existe un couple (λ, μ) de réels vérifiant $\overrightarrow{AM} = \lambda\vec{u} + \mu\vec{v}$.

4 Bases et repères. Coordonnées d'un vecteur

1 Définitions

- On dit qu'un triplet de vecteurs $(\vec{u}, \vec{v}, \vec{w})$ est une base des vecteurs de l'espace, si les trois vecteurs $\vec{u}$, $\vec{v}$ et $\vec{w}$ ne sont pas coplanaires.
- Soit O, A, B et C quatre points de l'espace non coplanaires, le triplet de vecteurs $(\overrightarrow{OA}, \overrightarrow{OB}, \overrightarrow{OC})$ est une base des vecteurs de l'espace.
- Si $(\vec{u}, \vec{v}, \vec{w})$ est une base des vecteurs de l'espace, tout vecteur de l'espace s'écrit de manière unique comme combinaison linéaire des vecteurs de la base.
- Si $(\vec{u}, \vec{v}, \vec{w})$ est une base des vecteurs de l'espace, quel que soit le vecteur $\vec{x}$ de l'espace, il existe un unique triplet (α, β, γ) de réels tel que :

$$\vec{x} = \alpha\vec{u} + \beta\vec{v} + \gamma\vec{w}.$$

Le triplet (α, β, γ) est appelé coordonnées du vecteur $\vec{x}$ dans la base $(\vec{u}, \vec{v}, \vec{w})$.

- Soit O un point de l'espace et $(\vec{u}, \vec{v}, \vec{w})$ une base des vecteurs de l'espace, le quadruplet $(O ; \vec{u}, \vec{v}, \vec{w})$ est appelé repère de l'espace.
- Soit $(O ; \vec{u}, \vec{v}, \vec{w})$ un repère de l'espace et M un point quelconque de l'espace, on appelle coordonnées du point M dans le repère $(O ; \vec{u}, \vec{v}, \vec{w})$, les coordonnées du vecteur $\overrightarrow{OM}$ dans la base $(\vec{u}, \vec{v}, \vec{w})$.

2 Colinéarité de deux vecteurs dans une base donnée de l'espace

- Une base de l'espace étant donnée, $\vec{u}$ et $\vec{v}$ deux vecteurs de coordonnées respectives $\begin{pmatrix} x \\ y \\ z \end{pmatrix}$ et $\begin{pmatrix} x' \\ y' \\ z' \end{pmatrix}$. Les vecteurs $\vec{u}$ et $\vec{v}$ sont colinéaires si et seulement si :

$$xy' - x'y = 0 \quad \text{et} \quad xz' - x'z = 0 \quad \text{et} \quad yz' - y'z = 0$$

c'est-à-dire si et seulement si :

$$\begin{vmatrix} x & x' \\ y & y' \end{vmatrix} = 0 \quad \text{et} \quad \begin{vmatrix} x & x' \\ z & z' \end{vmatrix} = 0 \quad \text{et} \quad \begin{vmatrix} y & y' \\ z & z' \end{vmatrix} = 0.$$

COURS

5 Positions relatives d'une droite et d'un plan, de deux plans de trois plans

Δ contenue dans $\mathcal{P}$	Δ et $\mathcal{P}$ disjoints ($\Delta \mathbin{/\!/} \mathcal{P}$)	Δ et $\mathcal{P}$ sécants en I
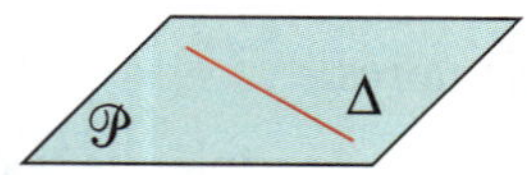	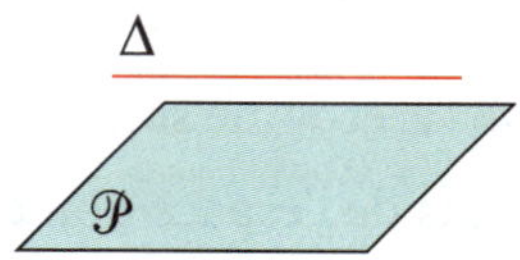	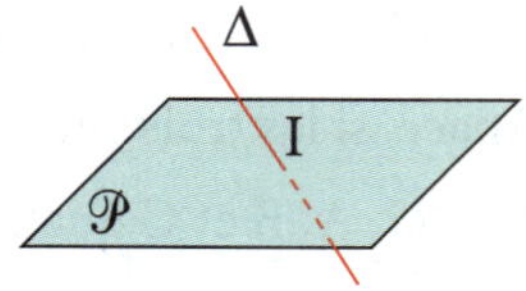

$\mathcal{P}_1$ et $\mathcal{P}_2$ confondus	$\mathcal{P}_1$ et $\mathcal{P}_2$ disjoints ($\mathcal{P}_1 \mathbin{/\!/} \mathcal{P}_2$)	$\mathcal{P}_1$ et $\mathcal{P}_2$ sécants
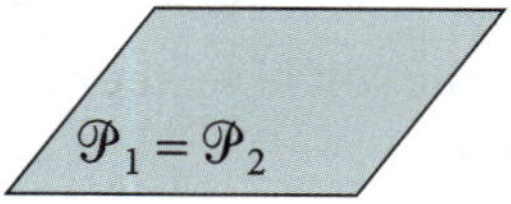	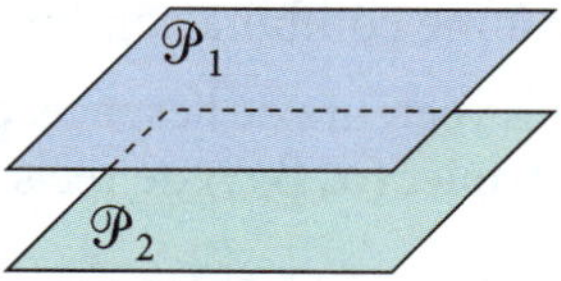	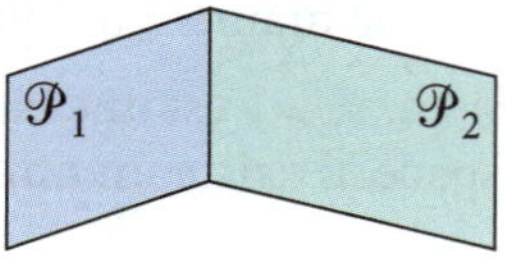

aucun point commun		
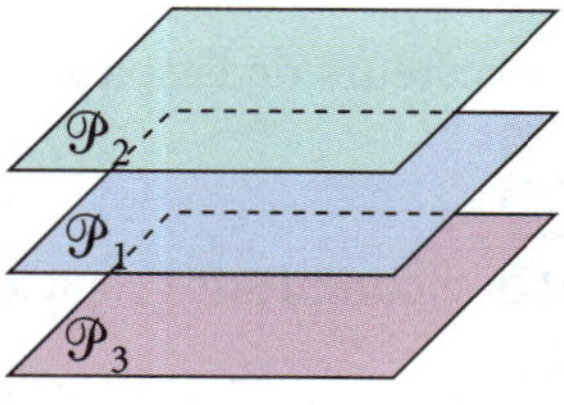	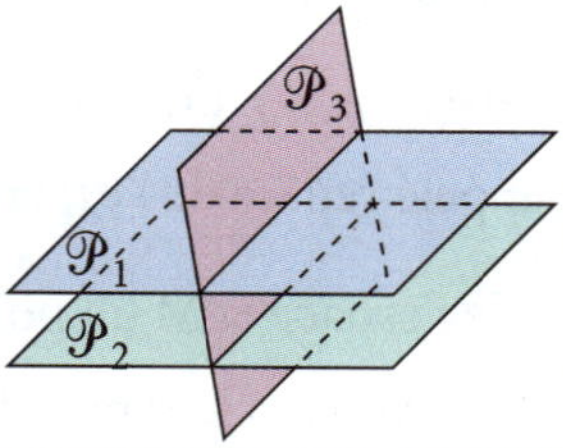	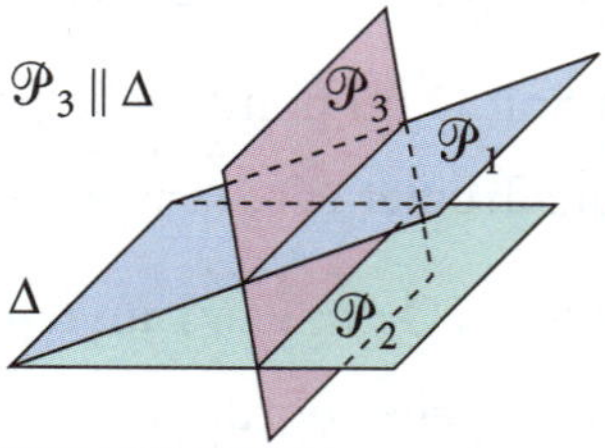

un seul point commun	une droite commune
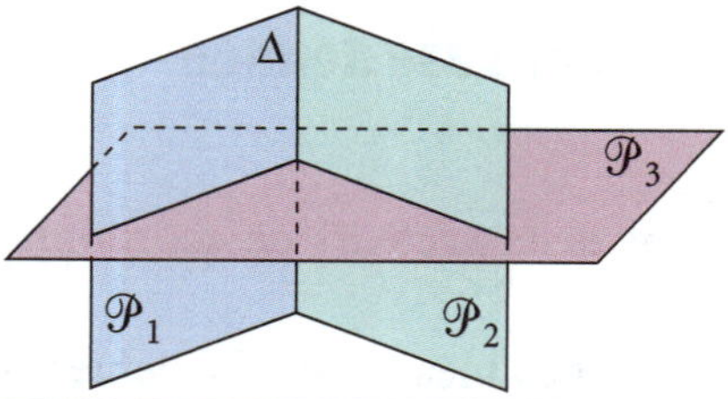	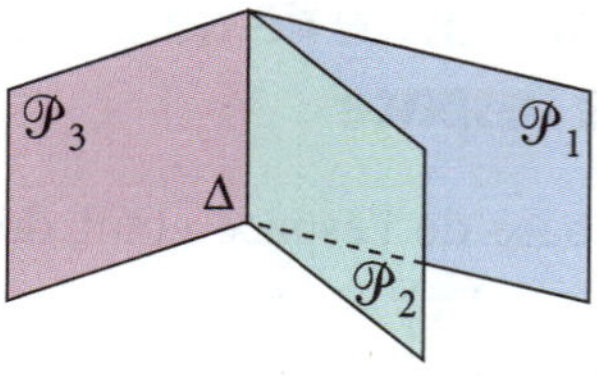

Questions courtes

1 Positions relatives de droites et plans

➲ Corrigé p. 51

1. Si deux plans ont un point commun, que peut-on dire des deux plans ?

2. Si deux droites D et D′ n'ont aucun point commun, que peut-on dire des deux droites ?

3. Deux droites D et D′ sont coplanaires, que peut-on dire des deux droites ?

4. Deux plans P et P′ parallèles coupent un plan R suivant deux droites D et D′, que peut-on dire des deux droites ?

5. Deux plans P et P′ sécants selon la droite Δ coupent respectivement un plan R parallèle à Δ suivant deux droites D et D′. Que peut-on dire de D et D′ ?

2 Intersection de deux plans

➲ Corrigé p. 51

Une droite D non contenue dans un plan P coupe le plan P en un point I. Soit A un point de P distinct de I. Quelle est l'intersection du plan P et du plan Q défini par le point A et la droite D ?

3 Intersection de deux plans

➲ Corrigé p. 51

Soit D_1 et D_2 deux droites non coplanaires. A et B deux points appartenant respectivement aux droites D_1 et D_2. Soit P le plan défini par B et D_1 et Q le plan défini par A et D_2. Les plans P et Q sont-ils sécants ? Si oui quelle est leur intersection ?

4 Position relative

➲ Corrigé p. 52

Soient quatre droites D_1, D_2, D_3, D_4 de l'espace et trois points A, B, C non alignés tels que :

D_1 et D_2 sont sécantes en A,

D_2 et D_3 sont sécantes en B,

D_3 et D_4 sont sécantes en C,

D_1 et D_4 sont strictement parallèles.

Quelle est la position relative du plan P défini par (D_1, D_4) et du plan Q défini par (D_2, D_3) ?

Exercices d'entraînement

5 Intersection de plans

★ 10 min ➔ Corrigé p. 52

Soit A, B, C trois points non alignés d'un plan $\mathcal{P}$, I, J, K les milieux des segments [BC], [AC], [AB], S un point n'appartenant pas au plan $\mathcal{P}$. Soit $\mathcal{P}_1$, $\mathcal{P}_2$, $\mathcal{P}_3$, respectivement les plans (SAI), (SBJ) (SCK).

1. Montrer que les plans $\mathcal{P}_1$, $\mathcal{P}_2$ et $\mathcal{P}_3$ ont une droite commune Δ.

2. Montrer que le point R défini par $\overrightarrow{SR} = \overrightarrow{SA} + \overrightarrow{SB} + \overrightarrow{SC}$ appartient à Δ.

6 Caractérisation d'une droite

★★ 20 min ➔ Corrigé p. 53

Soit A et B deux points distincts, D la droite (AB) et F un point de l'espace n'appartenant pas à D.

1. Quel est l'ensemble ε des points M de l'espace vérifiant $\overrightarrow{FM} = \lambda\overrightarrow{FA} + \mu\overrightarrow{FB}$ où λ et μ sont des réels quelconques ?

2. Dans le cas où $\lambda = \mu$ quel est l'ensemble $\mathscr{E}_1$ des points M ?

3. Quelle relation doivent vérifier λ et μ pour que l'ensemble des points M tels que $\overrightarrow{FM} = \lambda\overrightarrow{FA} + \mu\overrightarrow{FB}$ soit la droite (AB) ?

7 Base de vecteurs

★★ 20 min ➔ Corrigé p. 54

Soient D_1 et D_2 deux droites définies respectivement par les points A_1 et B_1 distincts et les points A_2 et B_2 distincts.

Si D_1 et D_2 ne sont pas coplanaires, justifier que $(\overrightarrow{A_1B_1}, \overrightarrow{A_2B_2}, \overrightarrow{A_1A_2})$ est une base des vecteurs de l'espace.

8 Repère de l'espace

★★ 20 min ➔ Corrigé p. 54

Soit A, B et C trois points non alignés et S un point n'appartenant pas au plan (ABC).

1. Justifier que $(S\,;\,\overrightarrow{SA}, \overrightarrow{SB}, \overrightarrow{SC})$ est un repère de l'espace.

2. Quelles sont les coordonnées des points I, J, K, L, M milieux de [AB], [AC], [BC], [SA], [SB] ?

3. Quelles sont les coordonnées du point T tel que $\overrightarrow{AT} = 3\overrightarrow{IJ} + 2\overrightarrow{LK}$?

4. Quelles sont les coordonnées d'un point N quelconque appartenant à la droite (JK) ?

9 Colinéarité

★★★ 30 min ➲ Corrigé p. 56

Soit $\vec{u}$ et $\vec{v}$ deux vecteurs et $\alpha\vec{u} + \beta\vec{v}$ une combinaison linéaire des vecteurs $\vec{u}$ et $\vec{v}$.

1. Montrer que s'il existe un couple de réels $(\alpha, \beta) \neq (0, 0)$ tel que $\alpha\vec{u} + \beta\vec{v} = \vec{0}$ alors les vecteurs $\vec{u}$ et $\vec{v}$ sont colinéaires.

2. Montrer que si l'égalité $\alpha\vec{u} + \beta\vec{v} = \vec{0}$ implique $(\alpha, \beta) = (0, 0)$ alors les vecteurs $\vec{u}$ et $\vec{v}$ ne sont pas colinéaires.

Sujets de type BAC

10 Pavé droit

★★★ 1 h ➲ Corrigé p. 56

Soit ABCDEFGH le pavé tel que AB = 6, AD = 4 et AE = 2.

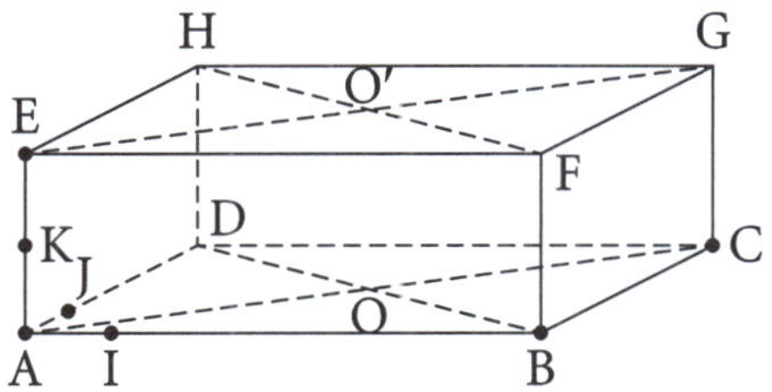

Soit I, J et K trois points de l'espace définis par les égalités $\overrightarrow{AI} = \frac{1}{6}\overrightarrow{AB}$, $\overrightarrow{AJ} = \frac{1}{4}\overrightarrow{AD}$ et $\overrightarrow{AK} = \frac{1}{2}\overrightarrow{AE}$.

1. Exprimer en fonction des vecteurs $\overrightarrow{AI}$, $\overrightarrow{AJ}$ et $\overrightarrow{AK}$ les vecteurs $\overrightarrow{AC}$, $\overrightarrow{DG}$, $\overrightarrow{BE}$, $\overrightarrow{CE}$.

2. Soit O le centre du rectangle ABCD et O′ le centre du rectangle EFGH.

a) Montrer que les trois vecteurs $\overrightarrow{OA}$, $\overrightarrow{OB}$ et $\overrightarrow{OO'}$ constituent une base de l'ensemble des vecteurs de l'espace.

b) Déterminer les coordonnées des vecteurs $\overrightarrow{AC}$, $\overrightarrow{DG}$, $\overrightarrow{BE}$ et $\overrightarrow{CE}$ dans la base $(\overrightarrow{OA}, \overrightarrow{OB}, \overrightarrow{OO'})$.

3. Les droites (KI) et (BF) sont-elles sécantes ?

4. La droite (GC) est-elle sécante au plan (IJK) ?

5. Le point C appartient-il au plan (BEH) ?

6. Les plans (IJK) et (BEH) sont-ils parallèles ou sécants ?

11 Géométrie sur un cube

★★★ 1 h ➔ Corrigé p. 59

Soit ABCDEFGH un cube, I le milieu de [AD], K le milieu de [FG] et J le point de la droite (AE) tel que $\overrightarrow{AJ} = \frac{3}{4}\overrightarrow{AE}$.

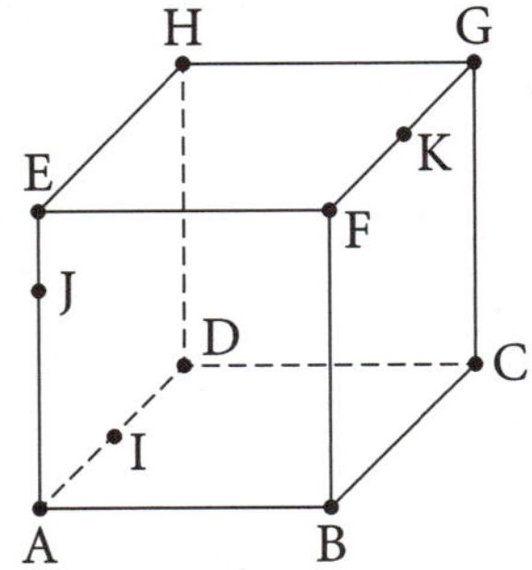

1. Montrer que le plan (IJK) et la droite (EH) sont sécants en un point P. Construire sur la figure le point P, puis l'intersection de la face (EFGH) du cube avec le plan (IJK).

2. a) Montrer que $(A\,;\,\overrightarrow{AB}, \overrightarrow{AD}, \overrightarrow{AE})$ est un repère de l'espace.

b) Montrer que $\overrightarrow{IJ} = -\frac{1}{2}\overrightarrow{AD} + \frac{3}{4}\overrightarrow{AE}$.

c) Déterminer les coordonnées du point P.

d) Montrer que les droites (PK) et (EF) sont sécantes, déterminer les coordonnées du point d'intersection N.

3. Montrer que les plans (IJK) et (ABC) sont sécants et que la droite d'intersection Δ passe par I. Soit R le point d'intersection de Δ et de (CD). Déterminer le réel λ tel que $\overrightarrow{IR} = \lambda\overrightarrow{NK}$.

CORRIGÉS

Questions courtes

1 **1.** Si deux plans ont un point commun, les deux plans sont sécants ou confondus.

2. Si deux droites D et D′ n'ont aucun point commun, soit elles sont non coplanaires, soit elles sont strictement parallèles et donc sont dans un même plan.

3. Si deux droites D et D′ sont coplanaires, elles sont soit sécantes, soit strictement parallèles, soit confondues.

4. Deux plans P et P′ parallèles coupent un plan R suivant deux droites D et D′ qui sont parallèles.

5. Deux plans P et P′ sécants selon la droite Δ coupent respectivement un plan R parallèle à Δ suivant deux droites D et D′. Les droites D et D′ sont parallèles à Δ.

2 Une droite D non contenue dans un plan P coupe le plan P en un point I. Soit A un point de P distinct de I. Les points A et I appartiennent au plan P, le point A appartient aussi au plan Q donc les plans P et Q sont ou sécants ou confondus.
La droite D est contenue dans le plan Q, le point I appartient à D donc le point I appartient au plan Q, la droite (AI) appartient aux deux plans.

Les plans P et Q sont distincts car le plan Q contient la droite D qui par construction n'est pas contenue dans le plan P. Donc les plans P et Q sont sécants selon la droite (AI).

3 Soit D_1 et D_2 deux droites non coplanaires. A et B deux points appartenant respectivement aux droites D_1 et D_2. Soit P le plan défini par B et D_1 et Q le plan défini par A et D_2.
Le plan P contient la droite D_1 donc le point A appartient à P ainsi que le point B. La droite (AB) est incluse dans P.

Le plan Q contient la droite D_2 donc le point B appartient à Q ainsi que le point A. La droite (AB) est incluse dans Q.

Les plans P et Q ne sont pas confondus car les droites D_1 et D_2 ne sont pas coplanaires. Les plans P et Q sont sécants selon la droite (AB).

4 Le plan P est défini car les droites D_1 et D_4 sont strictement parallèles.
Le plan Q est défini car les droites D_2 et D_3 sont sécantes en B.

Le point A appartient à P car A appartient à D_1 et A appartient à Q car A appartient à D_2.

Le point C appartient à P car C appartient à D_4 et C appartient à Q car C appartient à D_3.

Les plans P et Q ne sont pas strictement parallèles car ils ont deux points communs A et C.

Si le point B appartient à P, les deux plans P et Q sont confondus car les droites (BA) et (BC) appartiennent à P.

Si le point B n'appartient pas à P, les deux plans P et Q sont distincts et sécants selon la droite (AC).

Exercices d'entraînement

5 Soit A, B, C trois points non alignés d'un plan $\mathcal{P}$, I, J, K les milieux des segments [BC], [AC], [AB], S un point n'appartenant pas au plan $\mathcal{P}$. Soit $\mathcal{P}_1$, $\mathcal{P}_2$, $\mathcal{P}_3$, respectivement les plans (SAI), (SBJ), (SCK).

1. Les trois plans $\mathcal{P}_1$, $\mathcal{P}_2$ et $\mathcal{P}_3$ contiennent le point S. Le plan $\mathcal{P}_1$ contient la droite (AI) qui est une médiane du triangle (ABC), de même le plan $\mathcal{P}_2$ contient la médiane (BJ) et le plan $\mathcal{P}_3$ contient la médiane (CK). Le centre de gravité G du triangle (ABC) est l'intersection des trois médianes, il appartient aux trois plans $\mathcal{P}_1$, $\mathcal{P}_2$, $\mathcal{P}_3$. Le plan $\mathcal{P}_1$ contient les points S et G, il contient donc la droite (SG), de même pour les plans $\mathcal{P}_2$ et $\mathcal{P}_3$. La droite (SG) appartient aux trois plans $\mathcal{P}_1$, $\mathcal{P}_2$ et $\mathcal{P}_3$, ils ont donc une droite commune Δ.

2. On a :

$$\begin{aligned}\overrightarrow{SR} &= \overrightarrow{SA} + \overrightarrow{SB} + \overrightarrow{SC}\\ &= (\overrightarrow{SG} + \overrightarrow{GA}) + (\overrightarrow{SG} + \overrightarrow{GB}) + (\overrightarrow{SG} + \overrightarrow{GC})\\ &= 3\overrightarrow{SG} + \overrightarrow{GA} + \overrightarrow{GB} + \overrightarrow{GC}.\end{aligned}$$

Le point G étant le centre de gravité du triangle (ABC), on a $\overrightarrow{GA} + \overrightarrow{GB} + \overrightarrow{GC} = \vec{0}$. Donc :

$$\overrightarrow{SR} = 3\overrightarrow{SG}.$$

Les trois points S, R et G sont donc alignés, le point R appartient à la droite (SG).

6 Soit A et B deux points distincts, D la droite (AB) et F un point de l'espace n'appartenant pas à D.

1. Les points A et B sont distincts et le point F n'appartient pas à la droite (AB) donc les vecteurs $\overrightarrow{FA}$ et $\overrightarrow{FB}$ sont non nuls et n'ont pas la même direction. Les vecteurs $\overrightarrow{FA}$ et $\overrightarrow{FB}$ ne sont pas colinéaires. Le couple de vecteurs $(\overrightarrow{FA}, \overrightarrow{FB})$ est une base des vecteurs du plan (FAB). Donc l'ensemble $\mathscr{E}$ des points M de l'espace vérifiant $\overrightarrow{FM} = \lambda\overrightarrow{FA} + \mu\overrightarrow{FB}$ où λ et μ sont des réels quelconques est le plan (FAB).

2. Si $\lambda = \mu$ pour tout point M du plan,

$$\begin{aligned}\overrightarrow{FM} &= \lambda\overrightarrow{FA} + \lambda\overrightarrow{FB} = \lambda(\overrightarrow{FA} + \overrightarrow{FB})\\ &= \lambda((\overrightarrow{FI} + \overrightarrow{IA}) + (\overrightarrow{FI} + \overrightarrow{IB}))\\ &= 2\lambda\overrightarrow{FI} \text{ où I est milieu de } [AB].\end{aligned}$$

Quand λ décrit $\mathbb{R}$, le réel 2λ décrit $\mathbb{R}$, le vecteur $\overrightarrow{FI}$ est non nul car le point I appartient à D et le point F n'appartient pas à D. L'ensemble $\mathscr{E}_1$ est la droite (FI).

3. La droite (AB) est l'ensemble des points M tels qu'il existe un réel k vérifiant :

$$\begin{aligned}\overrightarrow{AM} = k\overrightarrow{AB} &\Leftrightarrow \overrightarrow{AF} + \overrightarrow{FM} = k(\overrightarrow{AF} + \overrightarrow{FB})\\ &\Leftrightarrow \overrightarrow{FM} = (k-1)\overrightarrow{AF} + k\overrightarrow{FB}\\ &\Leftrightarrow \overrightarrow{FM} = (1-k)\overrightarrow{FA} + k\overrightarrow{FB}.\end{aligned}$$

Les coefficients $\lambda = 1 - k$ et $\mu = k$ vérifient la relation $\lambda + \mu = 1$ pour que l'ensemble des points M soit la droite (AB).

7 Les vecteurs $\overrightarrow{A_1B_1}$ et $\overrightarrow{A_2B_2}$ ne sont pas colinéaires car les droites D_1 et D_2 ne sont pas coplanaires, donc ne sont pas parallèles. Posons $\vec{u} = \overrightarrow{A_1B_1}$ et $\vec{v} = \overrightarrow{A_2B_2}$ les deux vecteurs n'étant pas colinéaires, ils déterminent une direction de plan. Soit P le plan passant par A_1 et de direction $(\vec{u}, \vec{v})$.
Raisonnons par l'absurde, supposons que le vecteur $\overrightarrow{A_1A_2}$ soit combinaison linéaire des vecteurs $\vec{u}$ et $\vec{v}$, alors le point A_2 appartiendrait au plan P et puisque $\vec{v} = \overrightarrow{A_2B_2}$ est un vecteur du plan P, la droite $(A_2, \vec{v})$ appartiendrait à P donc les droites (A_2B_2) et (A_1B_1) seraient coplanaires, ce qui est contraire à l'hypothèse. Donc le vecteur $\overrightarrow{A_1A_2}$ n'est pas combinaison linéaire des vecteurs $\vec{u}$ et $\vec{v}$. Les trois vecteurs $\overrightarrow{A_1B_1}$, $\overrightarrow{A_2B_2}$, $\overrightarrow{A_1A_2}$ ne sont pas coplanaires donc $(\overrightarrow{A_1B_1}, \overrightarrow{A_2B_2}, \overrightarrow{A_1A_2})$ est une base des vecteurs de l'espace.

8 Soit A, B et C trois points non alignés et S un point n'appartenant pas au plan (ABC).

1. Les vecteurs $\overrightarrow{SA}$, $\overrightarrow{SB}$ et $\overrightarrow{SC}$ ne sont pas nuls car le point S n'appartient pas au plan (ABC). Les vecteurs $\overrightarrow{SA}$, $\overrightarrow{SB}$ et $\overrightarrow{SC}$ ne sont pas coplanaires car sinon les points S, A, B et C seraient dans un même plan donc $(\overrightarrow{SA}, \overrightarrow{SB}, \overrightarrow{SC})$ est une base des vecteurs de l'espace et $(S\,;\overrightarrow{SA}, \overrightarrow{SB}, \overrightarrow{SC})$ est un repère de l'espace.

2. Le point I est le milieu de [AB] donc on a les égalités équivalents suivantes :

$$\overrightarrow{IA} + \overrightarrow{IB} = \vec{0} \Leftrightarrow \overrightarrow{IS} + \overrightarrow{SA} + \overrightarrow{IS} + \overrightarrow{SB} = \vec{0}$$

$$\Leftrightarrow 2\overrightarrow{SI} = \overrightarrow{SA} + \overrightarrow{SB}$$

$$\Leftrightarrow \overrightarrow{SI} = \frac{1}{2}\overrightarrow{SA} + \frac{1}{2}\overrightarrow{SB} + 0\overrightarrow{SC}.$$

Le point I, dans le repère $(S\,;\overrightarrow{SA}, \overrightarrow{SB}, \overrightarrow{SC})$, a pour coordonnées $\left(\frac{1}{2}, \frac{1}{2}, 0\right)$.
En opérant de la même manière les coordonnées de J milieu de [AC] sont $\left(\frac{1}{2}, 0, \frac{1}{2}\right)$, les coordonnées de K milieu de [BC] sont $\left(0, \frac{1}{2}, \frac{1}{2}\right)$.

Le point L milieu de [SA] vérifie $\overrightarrow{SL} = \frac{1}{2}\overrightarrow{SA}$ donc les coordonnées de L sont $\left(\frac{1}{2}, 0, 0\right)$, de même M est le milieu de [SB] donc $\overrightarrow{SM} = \frac{1}{2}\overrightarrow{SB}$ et les coordonnées de M sont $\left(0, \frac{1}{2}, 0\right)$.

CORRIGÉS

3. On peut écrire les égalités équivalentes suivantes :

$$\overrightarrow{AT} = 3\overrightarrow{IJ} + 2\overrightarrow{LK}$$

$$\overrightarrow{AS} + \overrightarrow{ST} = 3(\overrightarrow{IS} + \overrightarrow{SJ}) + 2(\overrightarrow{LS} + \overrightarrow{SK})$$

$$\overrightarrow{ST} = -\overrightarrow{AS} - 3\overrightarrow{SI} + 3\overrightarrow{SJ} - 2\overrightarrow{SL} + 2\overrightarrow{SK}$$

$$\overrightarrow{ST} = \overrightarrow{SA} - 3\left(\frac{1}{2}\overrightarrow{SA} + \frac{1}{2}\overrightarrow{SB}\right) + 3\left(\frac{1}{2}\overrightarrow{SA} + \frac{1}{2}\overrightarrow{SC}\right) - 2\left(\frac{1}{2}\overrightarrow{SA}\right) + 2\left(\frac{1}{2}\overrightarrow{SB} + \frac{1}{2}\overrightarrow{SC}\right)$$

$$\overrightarrow{ST} = \left(1 - \frac{3}{2} + \frac{3}{2} - 1\right)\overrightarrow{SA} + \left(-\frac{3}{2} + 1\right)\overrightarrow{SB} + \left(\frac{3}{2} + 1\right)\overrightarrow{SC}$$

$$= -\frac{1}{2}\overrightarrow{SB} + \frac{5}{2}\overrightarrow{SC}.$$

Les coordonnées du point T, dans le repère $(S ; \overrightarrow{SA}, \overrightarrow{SB}, \overrightarrow{SC})$, sont $\left(0, -\frac{1}{2}, \frac{5}{2}\right)$.

4. Les points J et K sont distincts donc la droite (JK) est définie. Le point N appartient à la droite (JK) si et seulement si il existe un réel λ tel que :

$$\overrightarrow{JN} = \lambda\overrightarrow{JK} \Leftrightarrow \overrightarrow{JS} + \overrightarrow{SN} = \lambda(\overrightarrow{JS} + \overrightarrow{SK})$$

$$\Leftrightarrow \overrightarrow{SN} = -\overrightarrow{JS} + \lambda\overrightarrow{JS} + \lambda\overrightarrow{SK}$$

$$\Leftrightarrow \overrightarrow{SN} = (-1 + \lambda)\overrightarrow{JS} + \lambda\overrightarrow{SK}$$

$$\Leftrightarrow \overrightarrow{SN} = (1 - \lambda)\overrightarrow{SJ} + \lambda\overrightarrow{SK}$$

$$\Leftrightarrow \overrightarrow{SN} = (1 - \lambda)\left(\frac{1}{2}\overrightarrow{SA} + 0\overrightarrow{SB} + \frac{1}{2}\overrightarrow{SC}\right) + \lambda\left(0\overrightarrow{SA} + \frac{1}{2}\overrightarrow{SB} + \frac{1}{2}\overrightarrow{SC}\right)$$

$$\Leftrightarrow \overrightarrow{SN} = \left(\frac{1}{2} - \frac{1}{2}\lambda + 0\lambda\right)\overrightarrow{SA} + \frac{\lambda}{2}\overrightarrow{SB} + \left(\frac{1}{2} - \frac{1}{2}\lambda + \frac{\lambda}{2}\right)\overrightarrow{SC}$$

$$\Leftrightarrow \overrightarrow{SN} = \left(\frac{1}{2} - \frac{1}{2}\lambda\right)\overrightarrow{SA} + \frac{\lambda}{2}\overrightarrow{SB} + \frac{1}{2}\overrightarrow{SC}.$$

Les coordonnées du point N, dans le repère $(S ; \overrightarrow{SA}, \overrightarrow{SB}, \overrightarrow{SC})$, sont :

$$\left(\frac{1}{2} - \frac{1}{2}\lambda, \frac{\lambda}{2}, \frac{1}{2}\right).$$

CORRIGÉS

9 Soit $\vec{u}$ et $\vec{v}$ deux vecteurs et $\alpha\vec{u} + \beta\vec{v}$ une combinaison linéaire des vecteurs $\vec{u}$ et $\vec{v}$.

1. S'il existe un couple de réels $(\alpha, \beta) \neq (0, 0)$ tel que $\alpha\vec{u} + \beta\vec{v} = \vec{0}$ l'un des deux réels est non nul, supposons que le réel α soit non nul, on a $\alpha\vec{u} = -\beta\vec{v}$ et donc $\vec{u} = -\dfrac{\beta}{\alpha}\vec{v}$. Les vecteurs $\vec{u}$ et $\vec{v}$ sont colinéaires.

2. On suppose que l'égalité $\alpha\vec{u} + \beta\vec{v} = \vec{0}$ ne peut se réaliser que si $(\alpha, \beta) = (0, 0)$.

• Raisonnons par l'absurde. Supposons les vecteurs $\vec{u}$ et $\vec{v}$ colinéaires, trois cas possibles :

– Si $\vec{u} = \vec{v} = \vec{0}$ alors le couple $(\alpha, \beta) = (1, 1)$ permet d'écrire $\alpha\vec{u} + \beta\vec{v} = \vec{0}$. C'est contraire à l'hypothèse donc les vecteurs $\vec{u}$ et $\vec{v}$ sont non tous les deux nuls.

– Si un seul des deux vecteurs est nul par exemple $\vec{u}$ le couple $(1, 0) \neq (0, 0)$ permet de vérifier l'égalité vectorielle : $1\vec{u} + 0\vec{v} = \vec{0}$. C'est contraire à l'hypothèse donc les vecteurs $\vec{u}$ et $\vec{v}$ sont non nuls.

– Supposons les vecteurs $\vec{u}$ et $\vec{v}$ non nuls, il existe un réel λ tel que $\vec{v} = \lambda\vec{u}$ donc tel que $\lambda\vec{u} - \vec{v} = \vec{0}$ donc il existe un couple $(\alpha, \beta) = (\lambda, -1) \neq (0, 0)$ tel que :

$$\alpha\vec{u} + \beta\vec{v} = \vec{0}.$$

– Le seul cas possible est donc que les vecteurs $\vec{u}$ et $\vec{v}$ ne soient pas colinéaires.

Sujets de type BAC

10 Soit ABCDEFGH le pavé tel que AB = 6, AD = 4 et AE = 2.

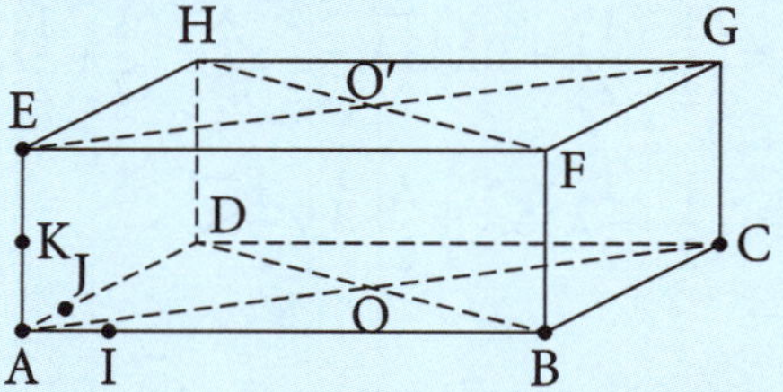

Soit I, J et K trois points de l'espace définis par les égalités $\overrightarrow{AI} = \dfrac{1}{6}\overrightarrow{AB}$, $\overrightarrow{AJ} = \dfrac{1}{4}\overrightarrow{AD}$ et $\overrightarrow{AK} = \dfrac{1}{2}\overrightarrow{AE}$.

1. On a :

$$\overrightarrow{AC} = \overrightarrow{AB} + \overrightarrow{AD} \text{ (règle du parallélogramme)}$$
$$= 6\overrightarrow{AI} + 4\overrightarrow{AJ}.$$

On a :

$$\overrightarrow{DG} = \overrightarrow{DC} + \overrightarrow{CG} = \overrightarrow{AB} + \overrightarrow{AE}$$
$$= 6\overrightarrow{AI} + 2\overrightarrow{AK}.$$

On a :

$$\overrightarrow{BE} = \overrightarrow{BA} + \overrightarrow{AE}$$
$$= -6\overrightarrow{AI} + 2\overrightarrow{AK}.$$

On a :

$$\overrightarrow{CE} = \overrightarrow{CB} + \overrightarrow{BA} + \overrightarrow{AE}$$
$$= -\overrightarrow{AB} - \overrightarrow{AD} + \overrightarrow{AE}$$
$$= -6\overrightarrow{AI} - 4\overrightarrow{AJ} + 2\overrightarrow{AK}.$$

2. Soit O le centre du rectangle ABCD et O′ le centre du rectangle EFGH.

a) $(\overrightarrow{OA}, \overrightarrow{OB}, \overrightarrow{OO'})$ est une base de l'ensemble des vecteurs de l'espace car les quatre points O, A, B et O′ ne sont pas coplanaires car les trois points O, A, B ne sont pas alignés, ils déterminent un plan et O′ n'appartient pas au plan (OAB).

b) On a :

$$\overrightarrow{AC} = \overrightarrow{AO} + \overrightarrow{OC} = -\overrightarrow{OA} - \overrightarrow{OA} = -2\overrightarrow{OA}.$$

On a :

$$\overrightarrow{DG} = \overrightarrow{DO} + \overrightarrow{OC} + \overrightarrow{CG}.$$

On peut remarquer que ABCD est un rectangle de centre O, donc $\overrightarrow{DO} = \overrightarrow{OB}$ et $\overrightarrow{OC} = -\overrightarrow{OA}$. Les rectangles ABCD et EFGH ont respectivement pour centre O et O′. Le pavé droit a pour face des rectangles donc $\overrightarrow{AE} = \overrightarrow{CG} = \overrightarrow{BF}$. L'égalité $\overrightarrow{AE} = \overrightarrow{CG}$ implique que dans le plan (AECG) le quadrilatère AECG est un parallélogramme et que $\overrightarrow{EG} = \overrightarrow{AC}$ d'où $\frac{1}{2}\overrightarrow{EG} = \frac{1}{2}\overrightarrow{AC}$ soit $\overrightarrow{EO'} = \overrightarrow{AO}$. Cette égalité est équivalente à $\overrightarrow{OO'} = \overrightarrow{AE} = \overrightarrow{CG}$, d'où en remplaçant :

$$\begin{aligned}\overrightarrow{DG} &= \overrightarrow{DO} + \overrightarrow{OC} + \overrightarrow{CG}\\ &= \overrightarrow{OB} - \overrightarrow{OA} + \overrightarrow{OO'}\\ &= -\overrightarrow{OA} + \overrightarrow{OB} + \overrightarrow{OO'}.\end{aligned}$$

On a :

$$\begin{aligned}\overrightarrow{BE} &= \overrightarrow{BO} + \overrightarrow{OA} + \overrightarrow{AE}\\ &= \overrightarrow{OA} - \overrightarrow{OB} + \overrightarrow{OO'}.\end{aligned}$$

On a :

$$\begin{aligned}\overrightarrow{CE} &= \overrightarrow{CO} + \overrightarrow{OA} + \overrightarrow{AE}\\ &= 2\overrightarrow{OA} + \overrightarrow{OO'}.\end{aligned}$$

En résumé, les coordonnées des vecteurs $\overrightarrow{AC}$, $\overrightarrow{DG}$, $\overrightarrow{BE}$ et $\overrightarrow{CE}$ dans la base $(\overrightarrow{OA}, \overrightarrow{OB}, \overrightarrow{OO'})$ sont :

$$\overrightarrow{AC}\begin{pmatrix}-2\\0\\0\end{pmatrix},\quad \overrightarrow{DG}\begin{pmatrix}-1\\1\\1\end{pmatrix},\quad \overrightarrow{BE}\begin{pmatrix}1\\-1\\1\end{pmatrix},\quad \overrightarrow{CE}\begin{pmatrix}2\\0\\1\end{pmatrix}.$$

3. Dans le plan (ABFE) la droite (KI) coupe (AE) en K donc coupe dans ce plan toute parallèle à (AE) en particulier (BF).

4. La droite (GC) est parallèle à la droite (AE). Le plan (IJK) coupe (AE) en K donc coupe toute droite parallèle à (AE), en particulier le plan (IJK) coupe la droite (GC).

5. Les droites (EH) et (BC) sont parallèles donc appartiennent à un même plan. Le plan défini par les deux droites (EH) et (BC) est le plan (BEH) donc le point C appartient au plan (BEH).

6. Les plans (IJK) et (BEH) ne sont pas strictement parallèles, ils ont un point commun. Dans le plan (ADEH) (face du parallélépipède) la droite (JK) coupe (AD) donc coupe aussi (EH) qui est parallèle à (AD). Soit R le point d'intersection de (EH) et (JK), le point R appartient au plan (IJK) car R appartient à (JK) et R appartient à (EBH) car R appartient à (EH). Les deux plans sont sécants et non confondus car le point I n'appartient pas à (EBH) (le point I n'appartient pas à (EB) qui est l'intersection du plan (EBH) avec la face ABFE du cube).

11 Soit ABCDEFGH un cube, I le milieu de [AD], K le milieu de [FG] et J le point de la droite (AE) tel que $\overrightarrow{AJ} = \frac{3}{4}\overrightarrow{AE}$.

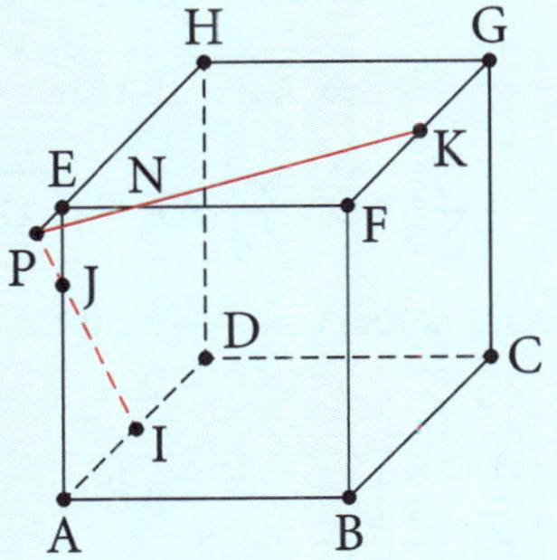

1. Dans le plan (ADEH), les droites (IJ) et (EH) sont sécantes car la droite (EH) est parallèle à la droite (AD) et la droite (IJ) étant sécante à (AD) en I est sécante à toute parallèle à (AD) donc en particulier à (EH). Le plan (IJK) coupe la droite (EH) en P.

Construction de P sur la figure : on trace (IJ) qui coupe (EH) en P.

Les points P et K appartiennent au plan (EFG) et au plan (IJK), l'intersection de ces deux plans est donc la droite (PK). La figure suggère que la droite (PK) coupe [EF] en un point N. L'intersection du plan (IJK) avec la face EFGH du cube serait le segment [NK].

2. a) Par construction le point A est un point de l'espace et les vecteurs $\overrightarrow{AB}$, $\overrightarrow{AD}$, $\overrightarrow{AE}$ sont non coplanaires donc $(A\,;\overrightarrow{AB}, \overrightarrow{AD}, \overrightarrow{AE})$ est un repère de l'espace.

b) Par définition des points I et J on a $\overrightarrow{IJ} = \overrightarrow{IA} + \overrightarrow{AJ} = -\frac{1}{2}\overrightarrow{AD} + \frac{3}{4}\overrightarrow{AE}$.

c) Le point P est l'intersection des droites (IJ) et (EH) donc il existe λ et μ réels tels que $\overrightarrow{IP} = \lambda\overrightarrow{IJ}$ et $\overrightarrow{EP} = \mu\overrightarrow{EH}$.

$$\overrightarrow{IP} = \lambda\overrightarrow{IJ} \Leftrightarrow \overrightarrow{IA} + \overrightarrow{AP} = \lambda\left(-\frac{1}{2}\overrightarrow{AD} + \frac{3}{4}\overrightarrow{AE}\right)$$

$$\Leftrightarrow \overrightarrow{AP} = -\frac{\lambda}{2}\overrightarrow{AD} - \overrightarrow{IA} + \frac{3\lambda}{4}\overrightarrow{AE}$$

$$\Leftrightarrow \overrightarrow{AP} = -\frac{\lambda}{2}\overrightarrow{AD} + \frac{1}{2}\overrightarrow{AD} + \frac{3\lambda}{4}\overrightarrow{AE}$$

$$\Leftrightarrow \overrightarrow{AP} = \left(\frac{1}{2} - \frac{\lambda}{2}\right)\overrightarrow{AD} + \frac{3\lambda}{4}\overrightarrow{AE}.$$

CORRIGÉS

On a aussi :

$$\overrightarrow{EP} = \mu\overrightarrow{EH} \Leftrightarrow \overrightarrow{EA} + \overrightarrow{AP} = \mu\overrightarrow{AD}$$
$$\Leftrightarrow \overrightarrow{AP} = \mu\overrightarrow{AD} - \overrightarrow{EA}$$
$$\Leftrightarrow \overrightarrow{AP} = \mu\overrightarrow{AD} + \overrightarrow{AE}.$$

$$\overrightarrow{AP} = \left(\frac{1}{2} - \frac{\lambda}{2}\right)\overrightarrow{AD} + \frac{3\lambda}{4}\overrightarrow{AE} = \mu\overrightarrow{AD} + \overrightarrow{AE}.$$

La décomposition de vecteurs selon une base est unique, d'où :

$$\mu\overrightarrow{AD} + \overrightarrow{AE} = \left(\frac{1}{2} - \frac{\lambda}{2}\right)\overrightarrow{AD} + \frac{3\lambda}{4}\overrightarrow{AE} \Leftrightarrow \begin{cases} \frac{1}{2} - \frac{\lambda}{2} = \mu \\ 1 = \frac{3\lambda}{4} \end{cases}$$

$$\Leftrightarrow \begin{cases} -\frac{\lambda}{2} - \mu = -\frac{1}{2} \\ \frac{3\lambda}{4} = 1 \end{cases}$$

$$\Leftrightarrow \begin{cases} \mu = \frac{1}{2} - \frac{2}{3} \\ \lambda = \frac{4}{3} \end{cases}$$

$$\Leftrightarrow \begin{cases} \mu = -\frac{1}{6} \\ \lambda = \frac{4}{3}. \end{cases}$$

Les coordonnées du point P dans le repère $(A ; \overrightarrow{AB}, \overrightarrow{AD}, \overrightarrow{AE})$ sont $\left(0, -\frac{1}{6}, 1\right)$.

d) On a :

$$\overrightarrow{PK} = \overrightarrow{PE} + \overrightarrow{EF} + \overrightarrow{FK}$$
$$= \frac{1}{6}\overrightarrow{EH} + \overrightarrow{EF} + \overrightarrow{FK}$$
$$= \frac{1}{6}\overrightarrow{AD} + \overrightarrow{AB} + \frac{1}{2}\overrightarrow{AD}.$$
$$\overrightarrow{PK} = \overrightarrow{AB} + \frac{2}{3}\overrightarrow{AD}.$$

D'autre part $\overrightarrow{EF} = \overrightarrow{AB}$. Les vecteurs $\overrightarrow{PK}$ et $\overrightarrow{EF}$ ne sont pas colinéaires donc **les droites (PK) et (EF) sont sécantes en un point N.**

Déterminons les coordonnées du point d'intersection N.

Le point N appartient à la droite (PK), il existe donc un réel x tel que $\overrightarrow{PN} = x\overrightarrow{PK}$.

Le point N appartient à la droite (EF), il existe donc un réel y tel que $\overrightarrow{EN} = y\overrightarrow{EF}$.

On en déduit les équivalences suivantes :

$$\begin{aligned}\overrightarrow{PN} = x\overrightarrow{PK} &\Leftrightarrow \overrightarrow{PA} + \overrightarrow{AN} = x(\overrightarrow{PA} + \overrightarrow{AK})\\ &\Leftrightarrow \overrightarrow{AN} = (x-1)\overrightarrow{PA} + x\overrightarrow{AK}\\ &\Leftrightarrow \overrightarrow{AN} = (1-x)\overrightarrow{AP} + x(\overrightarrow{AB} + \overrightarrow{BF} + \overrightarrow{FK})\\ &\Leftrightarrow \overrightarrow{AN} = (1-x)\left(-\frac{1}{6}\overrightarrow{AD} + \overrightarrow{AE}\right) + x\left(\overrightarrow{AB} + \overrightarrow{AE} + \frac{1}{2}\overrightarrow{AD}\right)\\ &\Leftrightarrow \overrightarrow{AN} = x\overrightarrow{AB} + \left(-\frac{1-x}{6} + \frac{x}{2}\right)\overrightarrow{AD} + (1-x+x)\overrightarrow{AE}\end{aligned}$$

$$\overrightarrow{AN} = x\overrightarrow{AB} + \frac{4x-1}{6}\overrightarrow{AD} + \overrightarrow{AE}.$$

De même :

$$\begin{aligned}\overrightarrow{EN} = y\overrightarrow{EF} &\Leftrightarrow \overrightarrow{EA} + \overrightarrow{AN} = y\overrightarrow{AB}\\ &\Leftrightarrow \overrightarrow{AN} = y\overrightarrow{AB} + \overrightarrow{AE}.\end{aligned}$$

Dans la base $(\overrightarrow{AB}, \overrightarrow{AD}, \overrightarrow{AE})$ la décomposition du vecteur $\overrightarrow{AN}$ est unique.

L'égalité

$$\overrightarrow{AN} = y\overrightarrow{AB} + \frac{4x-1}{6}\overrightarrow{AD} + \overrightarrow{AE} = y\overrightarrow{AB} + \overrightarrow{AE},$$

est équivalente à :

$$\begin{cases} x = y \\ \dfrac{4x-1}{6} = 0 \end{cases} \Leftrightarrow \begin{cases} x = y \\ x = \dfrac{1}{4} \end{cases}.$$

Le point N vérifie $\overrightarrow{EN} = \frac{1}{4}\overrightarrow{EF}$ ce qui montre que le point N appartient au segment [EF].

Les coordonnées du point N dans le repère $(A ; \overrightarrow{AB}, \overrightarrow{AD}, \overrightarrow{AE})$ sont $\left(\frac{1}{4}, 0, 1\right)$.

3. Le plan (ABC) est la face ABCD du cube. Le plan (IJK) contient le point I milieu de [AD] Ce point I appartient aux deux plans (IJK) et (ABC). Les deux plans (IJK) et (ABC) étant distincts, ils sont sécants selon une droite Δ qui passe par I.

Les plans (ABC) et (EFG) sont parallèles car ce sont deux faces opposées du cube. Le plan (IJK) coupe ces deux plans suivant des droites parallèles, donc les droites Δ et (NK) sont parallèles.

La droite Δ étant parallèle à (NK), la droite (CD) étant parallèle à (EF), les droites (NK) et (EF) étant sécantes, les droites Δ et (CD) le sont aussi. La droite Δ coupe (CD) en un point R.

Déterminons le réel λ tel que $\overrightarrow{IR} = \lambda\overrightarrow{NK}$. On a successivement :

$$\begin{aligned}\overrightarrow{IR} &= \overrightarrow{ID} + \overrightarrow{DR}\\ &= \frac{1}{2}\overrightarrow{AD} + \alpha\overrightarrow{DC} \text{ où } \alpha \text{ est un réel}\\ &= \frac{1}{2}\overrightarrow{AD} + \alpha\overrightarrow{AB},\end{aligned}$$

$$\begin{aligned}\overrightarrow{NK} &= \overrightarrow{NF} + \overrightarrow{FK}\\ &= \frac{3}{4}\overrightarrow{EF} + \frac{1}{2}\overrightarrow{FG}\\ &= \frac{3}{4}\overrightarrow{AB} + \frac{1}{2}\overrightarrow{AD}.\end{aligned}$$

On a :

$$\overrightarrow{IR} = \lambda\overrightarrow{NK} \Leftrightarrow \frac{1}{2}\overrightarrow{AD} + \alpha\overrightarrow{AB} = \lambda\left(\frac{3}{4}\overrightarrow{AB} + \frac{1}{2}\overrightarrow{AD}\right).$$

Dans la base $(\overrightarrow{AB}, \overrightarrow{AD}, \overrightarrow{AE})$, l'égalité précédente est équivalente à :

$$\begin{cases}\frac{1}{2} = \frac{\lambda}{2}\\ \alpha = \frac{3\lambda}{4}\end{cases} \Leftrightarrow \lambda = 1 \text{ et } \alpha = \frac{3}{4}.$$

Le point R vérifie $\overrightarrow{DR} = \alpha\overrightarrow{DC} = \frac{3}{4}\overrightarrow{DC}$. Le point R appartient au segment [DC].

Les vecteurs $\overrightarrow{IR}$ et $\overrightarrow{NK}$ sont tels que $\overrightarrow{IR} = 1\overrightarrow{NK}$ donc :

$$\overrightarrow{IR} = \overrightarrow{NK} \text{ donc } \boldsymbol{\lambda = 1}.$$

CHAPITRE 3

Orthogonalité et distance

DE QUOI S'AGIT-IL ?

Il s'agit de développer des outils qui permettent de calculer des distances, des aires, des volumes ainsi que des mesures d'angles.

1 Produit scalaire

1 Définitions

Soit $\vec{u}$ et $\vec{v}$ deux vecteurs et A un point de l'espace.

Soit B et C les points définis par $\vec{u} = \overrightarrow{AB}$ et $\vec{v} = \overrightarrow{AC}$.

- **Le produit scalaire des vecteurs $\vec{u}$ et $\vec{v}$** est le réel noté $\vec{u} \cdot \vec{v}$ défini par :

$$\begin{cases} \vec{u} \cdot \vec{v} = 0 \text{ si } \vec{u} = \vec{0} \text{ ou } \vec{v} = \vec{0} \\ \vec{u} \cdot \vec{v} = \overrightarrow{AB} \cdot \overrightarrow{AC} = AB \times AC \times \cos\widehat{BAC} \text{ si } \vec{u} \neq \vec{0} \text{ et } \vec{v} \neq \vec{0}. \end{cases}$$

- Si $\overrightarrow{AB} = \overrightarrow{AC}$, on note $\overrightarrow{AB} \cdot \overrightarrow{AB} = \overrightarrow{AB}^2$, et $\overrightarrow{AB}^2 = AB \times AB \times \cos 0 = AB^2$.

La **norme** du vecteur $\overrightarrow{AB}$ est $AB = \sqrt{\overrightarrow{AB}^2}$, que l'on note $\|\overrightarrow{AB}\|$.

- On dit que le vecteur $\vec{u}$ de l'espace est **unitaire** si $\|\vec{u}\| = 1$.

2 Propriétés

- Si A, B, C sont trois points ($A \neq B$) de l'espace, alors :

$$\overrightarrow{AB} \cdot \overrightarrow{AC} = \overrightarrow{AB} \cdot \overrightarrow{AH}$$

où H est l'intersection de la droite (AB) avec le plan orthogonal à la droite (AB) passant par C.

Remarque
On dit que H est le projeté orthogonal de C sur la droite (AB).

- Soit A, B, C trois points alignés distincts deux à deux.

Si les vecteurs $\overrightarrow{AB}$ et $\overrightarrow{AC}$ sont de même sens :

$$\overrightarrow{AB} \cdot \overrightarrow{AC} = AB \times AC.$$

Si les vecteurs $\overrightarrow{AB}$ et $\overrightarrow{AC}$ sont de sens contraire :

$$\overrightarrow{AB} \cdot \overrightarrow{AC} = -AB \times AC.$$

- **Linéarité**

Quels que soient les vecteurs $\vec{u}$, $\vec{v}$, $\vec{w}$ de l'espace et quel que soit le réel λ :

$$(\lambda\vec{u})\cdot\vec{v}=\lambda(\vec{u}\cdot\vec{v})\ ;\qquad \vec{u}\cdot(\lambda\vec{v})=\lambda(\vec{u}\cdot\vec{v})\ ;$$
$$(\vec{u}+\vec{v})\cdot\vec{w}=\vec{u}\cdot\vec{w}+\vec{v}\cdot\vec{w}\ ;\qquad \vec{u}\cdot(\vec{v}+\vec{w})=\vec{u}\cdot\vec{v}+\vec{u}\cdot\vec{w}.$$

- **Symétrie**

Quels que soient les vecteurs $\vec{u}$ et $\vec{v}$ de l'espace :

$$\vec{u}\cdot\vec{v}=\vec{v}\cdot\vec{u}.$$

Quels que soient les vecteurs $\vec{u}$ et $\vec{v}$ de l'espace :

$$(\vec{u}+\vec{v})^2=\vec{u}^2+2\vec{u}\cdot\vec{v}+\vec{v}^2\ ;$$
$$(\vec{u}-\vec{v})^2=\vec{u}^2-2\vec{u}\cdot\vec{v}+\vec{v}^2\ ;$$
$$(\vec{u}+\vec{v})\cdot(\vec{u}-\vec{v})=\vec{u}^2-\vec{v}^2.$$

3 Produit scalaire et orthogonalité

- Un vecteur $\overrightarrow{AB}$ est orthogonal à un vecteur $\overrightarrow{AC}$ si l'un au moins de ces deux vecteurs est nul ou si, dans le cas où aucun des deux vecteurs n'est nul, la droite (AB) est orthogonale à la droite (AC).
- Si $\vec{u}$ est orthogonal à $\vec{v}$, alors $\vec{v}$ est orthogonal à $\vec{u}$. On dit alors que $\vec{u}$ et $\vec{v}$ **sont orthogonaux**. On démontre que :

– les vecteurs $\vec{u}$ et $\vec{v}$ sont orthogonaux si et seulement si $\vec{u}\cdot\vec{v}=0$;

– les droites $\mathscr{D}(A, \vec{u})$ et $\mathscr{D}'(A', \vec{u}')$ sont orthogonales si et seulement si :

$$\vec{u}\cdot\vec{u}'=0\ ;$$

– la droite $\mathscr{D}(A, \vec{u})$ est orthogonale au plan $\mathscr{P}(A', \vec{u}', \vec{v}')$ si et seulement si :

$$\vec{u}\cdot\vec{u}'=0 \quad \text{et} \quad \vec{u}\cdot\vec{v}'=0.$$

COURS

2 Calculs dans un repère orthonormal

1 Définitions

- On dit qu'un repère $(\mathrm{O}\ ;\ \overrightarrow{\mathrm{OI}}, \overrightarrow{\mathrm{OJ}}, \overrightarrow{\mathrm{OK}})$ est **orthogonal** si les vecteurs $\overrightarrow{\mathrm{OI}}$, $\overrightarrow{\mathrm{OJ}}$, et $\overrightarrow{\mathrm{OK}}$ sont orthogonaux deux à deux.
- On dit qu'un repère $(\mathrm{O}\ ;\ \overrightarrow{\mathrm{OI}}, \overrightarrow{\mathrm{OJ}}, \overrightarrow{\mathrm{OK}})$ est **orthonormal** s'il est orthogonal et si $\mathrm{OI} = \mathrm{OJ} = \mathrm{OK} = 1$.

Dans la suite, l'espace est rapporté à un repère orthonormal $(\mathrm{O}\ ;\ \vec{i}, \vec{j}, \vec{k})$.

2 Produit scalaire, norme, distance

- Soit $\vec{u}(x\ ;\ y\ ;\ z)$ et $\vec{v}(x'\ ;\ y'\ ;\ z')$ deux vecteurs de l'espace, le produit scalaire de $\vec{u}$ et $\vec{v}$ est :

$$\vec{u} \cdot \vec{v} = xx' + yy' + zz'.$$

- Soit $\vec{u}(x\ ;\ y\ ;\ z)$ un vecteur de l'espace, la norme du vecteur $\vec{u}$ est :

$$\|\vec{u}\| = \sqrt{x^2 + y^2 + z^2}.$$

- Soit $\mathrm{A}(a\ ;\ a'\ ;\ a'')$ et $\mathrm{B}(b\ ;\ b'\ ;\ b'')$ deux points de l'espace, la distance des points A et B est :

$$\mathrm{AB} = \sqrt{(b-a)^2 + (b'-a')^2 + (b''-a'')^2}.$$

- Formules de polarisation

$$\vec{u} \cdot \vec{v} = \frac{1}{2}\left(\|\vec{u} + \vec{v}\|^2 - \|\vec{u}\|^2 - \|\vec{v}\|^2\right)$$

$$\vec{u} \cdot \vec{v} = \frac{1}{4}\left(\|\vec{u} + \vec{v}\|^2 - \|\vec{u} - \vec{v}\|^2\right).$$

3 Calcul d'un angle

Soit $\vec{u}(x, y, z)$ et $\vec{v}(x', y', z')$ deux vecteurs non nuls et A, B, C trois points tels que $\overrightarrow{\mathrm{AB}} = \vec{u}$ et $\overrightarrow{\mathrm{AC}} = \vec{v}$.

$$\cos(\widehat{\mathrm{BAC}}) = \frac{\vec{u} \cdot \vec{v}}{\|\vec{u}\| \times \|\vec{v}\|} = \frac{xx' + yy' + zz'}{\sqrt{x^2 + y^2 + z^2} \times \sqrt{x'^2 + y'^2 + z'^2}}.$$

4 Plan

Il existe un unique plan de l'espace passant par le point $A(x_0 ; y_0 ; z_0)$ et orthogonal au vecteur non nul $\vec{n}(a ; b ; c)$; c'est l'ensemble des points $M(x ; y ; z)$ tels que $\vec{n} \cdot \overrightarrow{AM} = 0$.

Méthode

Cette propriété sera souvent utilisée dans les exercices ; il faudra toujours vérifier que $\vec{n}$ est non nul.

5 Projections orthogonales

- Le projeté orthogonal d'un point A sur un plan P est l'intersection de P avec la droite passant par A orthogonale à P.
- Le projeté orthogonal d'un point A sur une droite Δ est l'intersection de Δ avec le plan passant par A orthogonal à Δ.

COURS

Questions courtes

1 Vrai-faux

➔ Corrigé p. 74

Indiquer si la proposition est vraie ou fausse, justifier votre réponse.

On considère un cube ABCDEFGH. Les arêtes sont de longueur 1.

L'espace est rapporté au repère orthonormé $(A, \overrightarrow{AB}, \overrightarrow{AD}, \overrightarrow{AE})$. On note I et J les milieux respectifs des arêtes [AB] et [CG].

1. $\overrightarrow{AC} \cdot \overrightarrow{AI} = \dfrac{1}{2}$

2. $\overrightarrow{AB} \cdot \overrightarrow{IJ} = \overrightarrow{AB} \cdot \overrightarrow{IC}$

3. $\overrightarrow{AB} \cdot \overrightarrow{IJ} = AB \times IC \times \cos\left(\dfrac{\pi}{3}\right)$

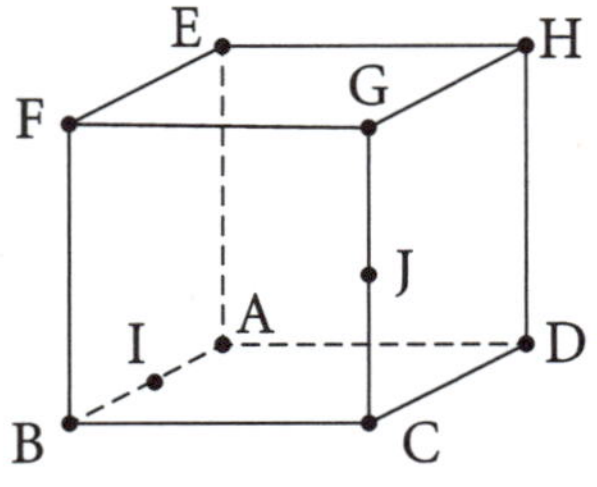

2 Propriétés de la norme

➔ Corrigé p. 75

Soit $\vec{u}$ et $\vec{v}$ deux vecteurs de l'espace.

a) Démontrer que :

$$\|\vec{u}+\vec{v}\|^2 + \|\vec{u}-\vec{v}\|^2 = 2(\|\vec{u}\|^2 + \|\vec{v}\|^2).$$

b) Démontrer que :

$$\|\vec{u}+\vec{v}\|^2 \leqslant 2(\|\vec{u}\|^2 + \|\vec{v}\|^2).$$

Dans quel cas a-t-on l'égalité ?

3 Condition sur les normes

➔ Corrigé p. 75

Soit $\vec{u}$ et $\vec{v}$ deux vecteurs de l'espace.

À quelle condition nécessaire et suffisante a-t-on l'égalité :

$$\|\vec{u}+\vec{v}\| = \|\vec{u}-\vec{v}\| \text{ ?}$$

4 Orthogonalité

Corrigé p. 75

Soit $\vec{u}$, $\vec{v}$ et $\vec{w}$ trois vecteurs de l'espace. Si le vecteur $\vec{v}$ est orthogonal au vecteur $\vec{w} - \vec{u}$ et si $\vec{w}$ est orthogonal au vecteur $\vec{u} - \vec{v}$ montrer que le vecteur $\vec{u}$ est orthogonal à $\vec{v} - \vec{w}$.

5 Une égalité

Corrigé p. 76

Soient $\vec{u}$, $\vec{v}$ et $\vec{w}$ trois vecteurs de l'espace orthogonaux deux à deux, montrer que :

$$\|\vec{u} + \vec{v} + \vec{w}\|^2 = \|\vec{u}\|^2 + \|\vec{v}\|^2 + \|\vec{w}\|^2.$$

La réciproque est-elle vraie ?

6 Une égalité

Corrigé p. 76

Soit quatre points A, B, C et D de l'espace.

Montrer que :

$$\overrightarrow{AB}^2 + \overrightarrow{CD}^2 = \overrightarrow{BC}^2 + \overrightarrow{AD}^2 + 2\overrightarrow{CA} \cdot \overrightarrow{BD}.$$

Exercices d'entraînement

7 Ensemble de points

★★ 30 min Corrigé p. 77

Soit O un point de l'espace et $\vec{u}$ un vecteur non nul. Déterminer l'ensemble des points M de l'espace tels que :

$$\overrightarrow{OM} \cdot \vec{u} = k$$

où k est un réel donné.

8 Plan médiateur

★ 15 min Corrigé p. 78

Soit A et B deux points distincts de l'espace.

Montrer que l'ensemble des points M équidistants de A et B est le plan passant par le milieu I de [AB] et orthogonal à la droite (AB) (plan médiateur de [AB]).

Indication
Le plan médiateur d'un segment [AB] est l'ensemble des points M de l'espace tels que MA = MB.

9 Ensemble de points

★ 15 min Corrigé p. 78

Soit A et B deux points distincts de l'espace.

Quel est l'ensemble des points M de l'espace tels que :

$$\overrightarrow{MA} \cdot \overrightarrow{MB} = 0\ ?$$

10 Utilisation du produit scalaire

★ 10 min Corrigé p. 78

Soit A et B deux points distincts de l'espace. Soit I le milieu de [AB]. On pose $AB = 2a$. Soit k un nombre réel.

Déterminer l'ensemble S des points M de l'espace tels que $\overrightarrow{MA} \cdot \overrightarrow{MB} = k$.

Indication
Utiliser la relation de Chasles et introduire le point I.

11 QCM

★ 10 min Corrigé p. 78

Dans la question **2.** une seule réponse est vraie, justifier votre réponse.

1. Soit A et B deux points de l'espace et G un point tel que $4\overrightarrow{GA} - \overrightarrow{GB} = \vec{0}$.

a) Exprimer le vecteur $\overrightarrow{AG}$ en fonction de $\overrightarrow{AB}$.

b) Montrer que pour tout point M de l'espace, $4\overrightarrow{MA} - \overrightarrow{MB} = 3\overrightarrow{MG}$.

2. Soit $\mathscr{E}$ l'ensemble des points M de l'espace tels que $\left\| 4\overrightarrow{MA} - \overrightarrow{MB} \right\| = 2$ est :

a) un plan de l'espace.

b) une sphère.

c) l'ensemble vide.

12 Ensemble de points

★★ 20 min Corrigé p. 79

Soit A et B deux points distincts de l'espace et k un nombre réel. On désignera par O le milieu du segment [AB]. Déterminer l'ensemble des points M de l'espace tels que :

$$MA^2 - MB^2 = k.$$

13 Ensemble de points

★★ 20 min Corrigé p. 80

Soit A et B deux points distincts de l'espace et k un nombre réel. On désignera par O le milieu du segment [AB]. Déterminer l'ensemble des points M de l'espace tels que :

$$MA^2 + MB^2 = k.$$

14 Ensemble de points

★★ 30 min Corrigé p. 80

Soit A et B deux points distincts de l'espace, O le milieu du segment [AB] et Δ une droite de l'espace passant par un point E et de vecteur directeur $\vec{u}$. Déterminer le point M de la droite Δ pour lequel la somme $MA^2 + MB^2$ est minimale.

15 Distance d'un point à un plan

★★ 30 min Corrigé p. 81

Soit A un point de l'espace et P un plan, H le projeté orthogonal de A sur le plan P, la distance AH est la distance du point A au plan P, montrer que pour tout point M du plan P,

$$AH = \frac{\left|\overrightarrow{AM} \cdot \vec{n}\right|}{\left\|\vec{n}\right\|}$$

où $\vec{n}$ désigne un vecteur non nul normal au plan P.

16 Une application

★★ 30 min Corrigé p. 81

Soit A, B, C trois points non alignés de l'espace. À tout point M de l'espace on associe le vecteur $\overrightarrow{V(M)}$ défini par :

$$\overrightarrow{V(M)} = MA^2\overrightarrow{BC} + MB^2\overrightarrow{CA} + MC^2\overrightarrow{AB}.$$

1. Déterminer le vecteur $\overrightarrow{V(O)}$ où O est le centre du cercle circonscrit au triangle ABC.

2. Montrer que pour tout point M distinct de O, les vecteurs $\overrightarrow{OM}$ et $\overrightarrow{V(M)}$ sont orthogonaux.

17 Ensembles de points

★★ 45 min Corrigé p. 83

Soit quatre points A, B, C et D de l'espace. Soit ℓ un nombre réel.

1. Déterminer l'ensemble des points M tels que :

$$\overrightarrow{MA} \cdot \overrightarrow{MB} + \overrightarrow{MC} \cdot \overrightarrow{MD} = \ell^2.$$

2. Déterminer l'ensemble des points M tels que :

$$\overrightarrow{MA} \cdot \overrightarrow{MB} - \overrightarrow{MC} \cdot \overrightarrow{MD} = \ell^2.$$

18 Sphère circonscrite à un tétraèdre

★★ 30 min Corrigé p. 85

Soit ABC un triangle non aplati et D un point n'appartenant pas au plan (ABC). Montrer qu'il existe une sphère circonscrite au tétraèdre ABCD.

Sujets de type BAC

19 Un tétraèdre particulier

★★★ 1 h Corrigé p. 86

Soit ABCD un tétraèdre tel que ABC, ABD et ACD soient trois triangles isocèles rectangles en A avec AB = AC = AD = a. On appelle A_1 le centre de gravité du triangle BCD.

1. Montrer que la droite (AA_1) est orthogonale au plan (BCD).
(On pourra par exemple calculer $\overrightarrow{AA_1} \cdot \overrightarrow{CD}$ et $\overrightarrow{AA_1} \cdot \overrightarrow{BC}$.

2. En exprimant de deux façons différentes le volume du tétraèdre ABCD, calculer la longueur du segment $[AA_1]$.

3. Soit G le point de l'espace tel que $\overrightarrow{GA} + \overrightarrow{GB} + \overrightarrow{GC} + \overrightarrow{GD} = \vec{0}$, on admettra l'existence et l'unicité du point G et soit I le milieu de [BC].

a) Montrer que G appartient au segment $[AA_1]$ et déterminer la longueur AG.

b) Déterminer l'ensemble des points M de l'espace tels que :

$$\left\|\overrightarrow{MA} + \overrightarrow{MB} + \overrightarrow{MC} + \overrightarrow{MD}\right\| = 2\left\|\overrightarrow{MB} + \overrightarrow{MC}\right\|.$$

4. Soit H le symétrique de A par rapport à G.

a) Démontrer que $4\overrightarrow{GA} + \overrightarrow{AC} + \overrightarrow{AD} = \overrightarrow{BA}$.

b) Démontrer l'égalité $HC^2 - HD^2 = \overrightarrow{DC} \cdot \overrightarrow{BA}$.

c) En déduire que HC = HD.

On rappelle que le volume d'une pyramide de hauteur h et d'aire de base associée b est :

$$V = \frac{1}{3}bh.$$

20 Un tétraèdre

★★★ 1 h ➔ Corrigé p. 88

Soient a un réel strictement positif et OABC un tétraèdre tel que :

• OAB, OAC et OBC sont des triangles rectangles en O.

• $OA = OB = OC = a$.

On appelle I le pied de la hauteur issue de C du triangle ABC, H le pied de la hauteur issue de O du triangle OIC, et D le point de l'espace défini par $\overrightarrow{HO} = \overrightarrow{DO}$.

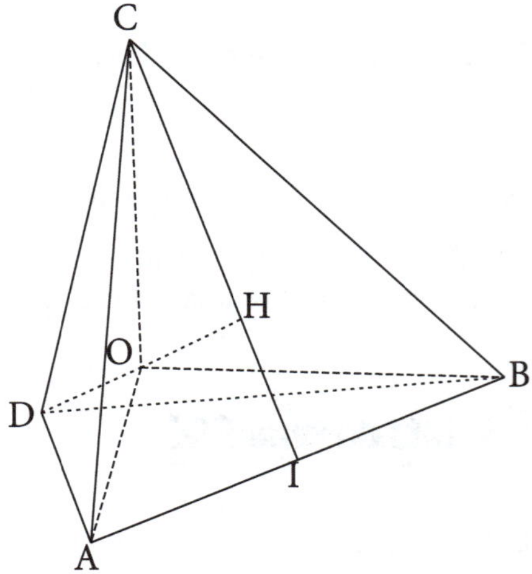

1. Quelle est la nature du triangle ABC ?

2. Démontrer que les droites (OH) et (AB) sont orthogonales, puis que H est l'orthocentre du triangle ABC.

3. Calcul de OH

a) Calculer le volume V du tétraèdre OABC puis l'aire S du triangle ABC.

b) Exprimer OH en fonction de V et de S, en déduire que $OH = a\,\dfrac{\sqrt{3}}{3}$.

4. Étude du tétraèdre ABCD

L'espace est rapporté au repère orthonormal $\left(O\,;\,\dfrac{1}{a}\,\overrightarrow{OA},\,\dfrac{1}{a}\,\overrightarrow{OB},\,\dfrac{1}{a}\,\overrightarrow{OC}\right)$.

a) Démontrer que le point H a pour coordonnées $\left(\dfrac{a}{3}, \dfrac{a}{3}, \dfrac{a}{3}\right)$.

b) Démontrer que le tétraèdre ABCD est régulier (c'est-à-dire que toutes ses arêtes ont même longueur).

c) Soit Ω le centre de la sphère circonscrite au tétraèdre ABCD.

Démontrer que Ω est un point de la droite (OH) puis calculer ses coordonnées.

21 Calculs de longueurs et d'angles ★★★ 1 h ➲ Corrigé p. 90

Soit ABCDEFGH un cube d'arête 1. On définit les points M, N et P par :

$$\overrightarrow{GM} = \frac{1}{4}\overrightarrow{GH}, \quad \overrightarrow{EN} = \frac{1}{4}\overrightarrow{EF}, \quad \overrightarrow{BP} = \frac{1}{4}\overrightarrow{BA}.$$

Le plan (MNP) coupe l'arête [BC] en Q et l'arête [CG] en R.

1. Faire une figure et placer les points M, N et P puis les points R et Q.

2. Calculer les longueurs des côtés du pentagone MNPQR puis la longueur PM.

3. Calculer les angles du pentagone.

CORRIGÉS

Questions courtes

1 **1.** *Calcul de* $\overrightarrow{AC} \cdot \overrightarrow{AI}$

$\overrightarrow{AI} = \frac{1}{2}\overrightarrow{AB}$, d'où :

$$\begin{aligned}\overrightarrow{AC} \cdot \overrightarrow{AI} &= \frac{1}{2}\overrightarrow{AC} \cdot \overrightarrow{AB}\\ &= \frac{1}{2}(\overrightarrow{AB} + \overrightarrow{BC}) \cdot \overrightarrow{AB}\\ &= \frac{1}{2}AB^2 + \frac{1}{2}\overrightarrow{BC} \cdot \overrightarrow{AB}.\end{aligned}$$

Les vecteurs $\overrightarrow{BC}$ et $\overrightarrow{AB}$ sont orthogonaux, donc $\overrightarrow{BC} \cdot \overrightarrow{AB} = 0$.

De plus AB=1, donc $\overrightarrow{AC} \cdot \overrightarrow{AI} = \frac{1}{2}$.

L'affirmation de l'énoncé est vraie.

2. *Relation entre* $\overrightarrow{AB} \cdot \overrightarrow{IJ}$ *et* $\overrightarrow{AB} \cdot \overrightarrow{IC}$

$$\overrightarrow{AB} \cdot \overrightarrow{IJ} - \overrightarrow{AB} \cdot \overrightarrow{IC} = \overrightarrow{AB} \cdot (\overrightarrow{IJ} - \overrightarrow{IC}) = \overrightarrow{AB} \cdot \overrightarrow{CJ}.$$

Le vecteur $\overrightarrow{CJ}$ est normal au plan (ABC), donc est orthogonal au vecteur $\overrightarrow{AB}$, d'où $\overrightarrow{AB} \cdot \overrightarrow{CJ} = 0$, donc :

$$\overrightarrow{AB} \cdot \overrightarrow{IJ} = \overrightarrow{AB} \cdot \overrightarrow{IC}.$$

L'affirmation de l'énoncé est vraie.

3. *Expression de* $\overrightarrow{AB} \cdot \overrightarrow{IJ}$

D'après la question précédente :

$$\overrightarrow{AB} \cdot \overrightarrow{IJ} = \overrightarrow{AB} \cdot \overrightarrow{IC} = AB \times IC \times \cos(\overrightarrow{AB}, \overrightarrow{IC}) = AB \times IC \times \cos(\overrightarrow{IB}, \overrightarrow{IC}).$$

Le triangle IBC est rectangle en B, d'où :

$$IB = \frac{1}{2}\ ;\quad BC = 1\ ;\quad IC = \sqrt{IB^2 + BC^2} = \sqrt{1 + \frac{1}{4}} = \frac{\sqrt{5}}{2}.$$

$$\cos(\overrightarrow{IB}, \overrightarrow{IC}) = \frac{BC}{IC} = \frac{2}{\sqrt{5}} \neq \frac{1}{2},\ \text{donc}\ \cos(\overrightarrow{IB}, \overrightarrow{IC}) \neq \cos\frac{\pi}{3}.$$

$$\overrightarrow{AB} \cdot \overrightarrow{IJ} \neq AB \times IC \times \cos\frac{\pi}{3}.$$

L'affirmation de l'énoncé est fausse.

2 **a)** Il suffit de développer :

$$\|\vec{u}+\vec{v}\|^2+\|\vec{u}-\vec{v}\|^2=\left(\|\vec{u}\|^2+2\vec{u}\cdot\vec{v}+\|\vec{v}\|^2\right)+\left(\|\vec{u}\|^2-2\vec{u}\cdot\vec{v}+\|\vec{v}\|^2\right)$$
$$=2\left(\|\vec{u}\|^2+\|\vec{v}\|^2\right).$$

Rappel
$\|\vec{u}\|^2=\vec{u}^2=\vec{u}\cdot\vec{u}$. Si $\vec{u}$ et $\vec{v}$ sont deux vecteurs quelconques : $(\vec{u}+\vec{v})^2=\vec{u}^2+2\vec{u}\cdot\vec{v}+\vec{v}^2$.

b) En utilisant l'égalité précédente, on trouve :

$$\|\vec{u}+\vec{v}\|^2\leqslant 2\left(\|\vec{u}\|^2+\|\vec{v}\|^2\right).$$

Rappel
Pour tout vecteurs $\vec{u}$ et $\vec{v}$:
$$\|\vec{u}-\vec{v}\|^2\geqslant 0.$$

Si $\vec{u}=\vec{v}$, $\vec{u}-\vec{v}=\vec{0}$ et alors $\|\vec{u}-\vec{v}\|^2=0$, **donc l'égalité est vérifiée si** $\vec{u}=\vec{v}$.

3 En élevant au carré et en développant :

Rappel
Deux réels positifs sont égaux si et seulement si leurs carrés le sont.

$$\|\vec{u}+\vec{v}\|=\|\vec{u}-\vec{v}\|\Leftrightarrow\|\vec{u}+\vec{v}\|^2=\|\vec{u}-\vec{v}\|^2$$
$$\Leftrightarrow\|\vec{u}\|^2+\|\vec{v}\|^2+2\vec{u}\cdot\vec{v}=\|\vec{u}\|^2+\|\vec{v}\|^2-2\vec{u}\cdot\vec{v}$$
$$\Leftrightarrow\vec{u}\cdot\vec{v}=0.$$

$\|\vec{u}+\vec{v}\|=\|\vec{u}-\vec{v}\|$ **si, et seulement si, les deux vecteurs sont orthogonaux.**

4 Par hypothèse

$$\vec{v}\cdot(\vec{w}-\vec{u})=0 \quad \text{donc} \quad \vec{v}\cdot\vec{w}=\vec{v}\cdot\vec{u}$$

et

$$\vec{w}\cdot(\vec{u}-\vec{v})=0 \quad \text{donc} \quad \vec{w}\cdot\vec{u}=\vec{w}\cdot\vec{v}.$$

On a :

$$\vec{u}\cdot(\vec{v}-\vec{w})=\vec{u}\cdot\vec{v}-\vec{u}\cdot\vec{w}$$
$$=\vec{v}\cdot\vec{w}-\vec{w}\cdot\vec{v}$$
$$=0.$$

Donc le vecteur $\vec{u}$ est orthogonal à $\vec{v}-\vec{w}$.

CORRIGÉS

5 Soient $\vec{u}$, $\vec{v}$ et $\vec{w}$ trois vecteurs de l'espace orthogonaux deux à deux, on a :

$$\begin{aligned}\|\vec{u}+\vec{v}+\vec{w}\|^2 &= (\vec{u}+\vec{v}+\vec{w})\cdot(\vec{u}+\vec{v}+\vec{w})\\ &= \vec{u}^2+\vec{v}^2+\vec{w}^2+2\vec{u}\cdot\vec{v}+2\vec{u}\cdot\vec{w}+2\vec{v}\cdot\vec{w}\\ &= \|\vec{u}\|^2+\|\vec{v}\|^2+\|\vec{w}\|^2+0+0+0\\ &= \|\vec{u}\|^2+\|\vec{v}\|^2+\|\vec{w}\|^2.\end{aligned}$$

La réciproque est fausse, un contre-exemple est $\vec{u}\begin{pmatrix}1\\0\\0\end{pmatrix}$, $\vec{v}\begin{pmatrix}0\\1\\0\end{pmatrix}$ et $\vec{w}\begin{pmatrix}-1\\1\\1\end{pmatrix}$. Les coordonnées de $\vec{u}+\vec{v}+\vec{w}$ sont $\begin{pmatrix}0\\2\\1\end{pmatrix}$ donc $\|\vec{u}+\vec{v}+\vec{w}\|^2=5$, $\|\vec{u}\|^2=1$, $\|\vec{v}\|^2=1$ et $\|\vec{w}\|^2=3$, $\vec{u}\cdot\vec{v}=0$, $\vec{u}\cdot\vec{w}=-1$ et $\vec{v}\cdot\vec{w}=1$ donc :

$$\|\vec{u}+\vec{v}+\vec{w}\|^2=\|\vec{u}\|^2+\|\vec{v}\|^2+\|\vec{w}\|^2$$

et les vecteurs $\vec{v}$ et $\vec{w}$ ne sont pas orthogonaux ainsi que les vecteurs $\vec{u}$ et $\vec{w}$.

Rappel
Pour montrer qu'une proposition est fausse, on donne souvent un contre-exemple.

6 On a :

$$\begin{aligned}\overrightarrow{AB}^2+\overrightarrow{CD}^2 &= (\overrightarrow{AC}+\overrightarrow{CB})^2+(\overrightarrow{CA}+\overrightarrow{AD})^2\\ &= \overrightarrow{AC}^2+\overrightarrow{CB}^2+2\overrightarrow{AC}\cdot\overrightarrow{CB}+\overrightarrow{CA}^2+\overrightarrow{AD}^2+2\overrightarrow{CA}\cdot\overrightarrow{AD}\\ &= \overrightarrow{AC}^2+\overrightarrow{CB}^2+\overrightarrow{CA}^2+\overrightarrow{AD}^2+2(\overrightarrow{AC}\cdot\overrightarrow{CB}+\overrightarrow{CA}\cdot\overrightarrow{AD})\\ &= 2\overrightarrow{AC}^2+\overrightarrow{CB}^2+\overrightarrow{AD}^2+2\overrightarrow{AC}\cdot(\overrightarrow{CB}-\overrightarrow{AD})\\ &= 2\overrightarrow{AC}^2+\overrightarrow{CB}^2+\overrightarrow{AD}^2+2\overrightarrow{AC}\cdot(\overrightarrow{CA}+\overrightarrow{AB}-\overrightarrow{AD})\\ &= 2\overrightarrow{AC}^2+\overrightarrow{CB}^2+\overrightarrow{AD}^2-2\overrightarrow{AC}^2+2\overrightarrow{AC}\cdot\overrightarrow{DB}\\ &= \overrightarrow{BC}^2+\overrightarrow{AD}^2+2\overrightarrow{CA}\cdot\overrightarrow{BD}.\end{aligned}$$

Exercices d'entraînement

7 Soit Δ la droite passant par O et de vecteur directeur $\vec{u}$ et I le point de Δ tel que $\overrightarrow{OI} = \vec{u}$.

Montrons qu'il existe un point et un seul de la droite Δ appartenant à l'ensemble cherché. Désignons par H ce point. Les vecteurs $\overrightarrow{OH}$ et $\vec{u}$ ont la même direction et le vecteur $\vec{u}$ est non nul donc il existe un réel λ tel que $\overrightarrow{OH} = \lambda\vec{u}$. Le point H appartient à l'ensemble cherché donc on a :

$$\overrightarrow{OH} \cdot \vec{u} = k \Leftrightarrow \lambda\vec{u} \cdot \vec{u} = \lambda\vec{u}^2 = k$$

$$\Leftrightarrow \lambda\vec{u}^2 = k$$

$$\Leftrightarrow \lambda\|\vec{u}\|^2 = k$$

$$\Leftrightarrow \lambda = \frac{k}{\|\vec{u}\|^2}$$

le vecteur $\vec{u}$ est non nul donc le réel $\|\vec{u}\|^2$ est non nul, le réel λ est toujours calculable et est déterminé de manière unique.

Pour tout point M de l'espace,

$$\overrightarrow{OM} \cdot \vec{u} = k \Leftrightarrow (\overrightarrow{OH} + \overrightarrow{HM}) \cdot \vec{u} = k$$

$$\Leftrightarrow \overrightarrow{OH} \cdot \vec{u} + \overrightarrow{HM} \cdot \vec{u} = k$$

$$\Leftrightarrow \overrightarrow{HM} \cdot \vec{u} = k - \overrightarrow{OH} \cdot \vec{u}$$

$$\Leftrightarrow \overrightarrow{HM} \cdot \vec{u} = k - k = 0$$

en utilisant la définition du point H. Pour tout point M de l'espace,

$\overrightarrow{OM} \cdot \vec{u} = k \Leftrightarrow \overrightarrow{HM} \cdot \vec{u} = 0$

$\Leftrightarrow$ M appartient au plan passant par le point H et orthogonal au vecteur $\vec{u}$.

L'ensemble cherché est le plan passant par le point H et orthogonal au vecteur $\vec{u}$.

8 Pour tout point M de l'espace :

$$\mathrm{MA} = \mathrm{MB} \Leftrightarrow \mathrm{MA}^2 = \mathrm{MB}^2$$
$$\Leftrightarrow \left(\overrightarrow{\mathrm{MI}} + \overrightarrow{\mathrm{IA}}\right)^2 = \left(\overrightarrow{\mathrm{MI}} + \overrightarrow{\mathrm{IB}}\right)^2$$
$$\Leftrightarrow \mathrm{MI}^2 + \mathrm{IA}^2 + 2\overrightarrow{\mathrm{MI}} \cdot \overrightarrow{\mathrm{IA}} = \mathrm{MI}^2 + \mathrm{IB}^2 + 2\overrightarrow{\mathrm{MI}} \cdot \overrightarrow{\mathrm{IB}}$$
$$\Leftrightarrow \overrightarrow{\mathrm{MI}} \cdot \overrightarrow{\mathrm{IA}} = \overrightarrow{\mathrm{MI}} \cdot \overrightarrow{\mathrm{IB}}$$
$$\Leftrightarrow \overrightarrow{\mathrm{MI}} \cdot \overrightarrow{\mathrm{AB}} = 0.$$

> **Rappel**
> Deux nombres positifs sont égaux si et seulement si leurs carrés sont égaux.

L'ensemble des points M équidistants de A et B est donc le plan passant par le milieu I de [AB] et orthogonal à la droite (AB).

> **Remarque**
> La droite (AB) existe car $A \neq B$.

9 Soit I le milieu de [AB]. Pour tout point M de l'espace :

$$\overrightarrow{\mathrm{MA}} \cdot \overrightarrow{\mathrm{MB}} = 0 \Leftrightarrow (\overrightarrow{\mathrm{MI}} + \overrightarrow{\mathrm{IA}}) \cdot (\overrightarrow{\mathrm{MI}} + \overrightarrow{\mathrm{IB}}) = 0$$
$$\Leftrightarrow (\overrightarrow{\mathrm{MI}} + \overrightarrow{\mathrm{IA}}) \cdot (\overrightarrow{\mathrm{MI}} - \overrightarrow{\mathrm{IA}}) = 0$$
$$\Leftrightarrow \mathrm{MI}^2 = \mathrm{IA}^2.$$

> **Remarque**
> Les distances sont des nombres positifs donc $\mathrm{MI}^2 = \mathrm{IA}^2 \Leftrightarrow \mathrm{MI} = \mathrm{IA}$.

L'ensemble cherché est donc la sphère centrée en I de diamètre [AB].

10 Transformons $\overrightarrow{\mathrm{MA}} \cdot \overrightarrow{\mathrm{MB}}$ en introduisant le point I :

$$\overrightarrow{\mathrm{MA}} \cdot \overrightarrow{\mathrm{MB}} = (\overrightarrow{\mathrm{MI}} + \overrightarrow{\mathrm{IA}}) \cdot (\overrightarrow{\mathrm{MI}} + \overrightarrow{\mathrm{IB}})$$
$$= (\overrightarrow{\mathrm{MI}} + \overrightarrow{\mathrm{IA}}) \cdot (\overrightarrow{\mathrm{MI}} - \overrightarrow{\mathrm{IA}})$$
$$= \mathrm{MI}^2 - \mathrm{IA}^2.$$

Par suite :

$$\overrightarrow{\mathrm{MA}} \cdot \overrightarrow{\mathrm{MB}} = k \Leftrightarrow \mathrm{MI}^2 = k + a^2.$$

La discussion est donc la suivante :

Si $k + a^2 < 0$, S est vide.

Si $k + a^2 = 0$, $S = \{\mathrm{I}\}$.

Si $k + a^2 > 0$, S est la sphère de centre I et de rayon $\sqrt{k + a^2}$.

11 **1.** Soit A et B deux points de l'espace et G un point tel que $4\overrightarrow{\mathrm{GA}} - \overrightarrow{\mathrm{GB}} = \vec{0}$.

a) On a $4\overrightarrow{\mathrm{GA}} = \overrightarrow{\mathrm{GB}} = \overrightarrow{\mathrm{GA}} + \overrightarrow{\mathrm{AB}}$ d'où :

$$4\overrightarrow{\mathrm{GA}} - \overrightarrow{\mathrm{GA}} = \overrightarrow{\mathrm{AB}}.$$

Donc :

$$\overrightarrow{AG} = -\frac{1}{3}\overrightarrow{AB}.$$

Le point G appartient à la droite (AB), il est déterminé de manière unique.

b) Pour tout point M de l'espace,

$$\begin{aligned}4\overrightarrow{MA} - \overrightarrow{MB} &= 4(\overrightarrow{MG} + \overrightarrow{GA}) - (\overrightarrow{MG} + \overrightarrow{GB})\\ &= 3\overrightarrow{MG} + 4\overrightarrow{GA} - \overrightarrow{GB}\\ &= 3\overrightarrow{MG} + \vec{0}\\ &= 3\overrightarrow{MG}.\end{aligned}$$

2. Pour tout point M de l'espace,

$$\begin{aligned}\left\|4\overrightarrow{MA} - \overrightarrow{MB}\right\| = 2 &\Leftrightarrow \left\|3\overrightarrow{MG}\right\| = 2\\ &\Leftrightarrow MG = \frac{2}{3}.\end{aligned}$$

L'ensemble des points M est la sphère de centre G et de rayon $\frac{2}{3}$. La réponse vraie est **b.**

12 Pour tout point M de l'espace et tout nombre réel k,

$$\begin{aligned}MA^2 - MB^2 = k &\Leftrightarrow \overrightarrow{MA}^2 - \overrightarrow{MB}^2 = k\\ &\Leftrightarrow (\overrightarrow{MO} + \overrightarrow{OA})^2 - (\overrightarrow{MO} + \overrightarrow{OB})^2 = k\\ &\Leftrightarrow 2\overrightarrow{MO} \cdot (\overrightarrow{OA} - \overrightarrow{OB}) + \overrightarrow{OA}^2 - \overrightarrow{OB}^2 = k\\ &\Leftrightarrow 2\overrightarrow{MO} \cdot \overrightarrow{BA} + \overrightarrow{OA}^2 - \overrightarrow{OA}^2 = k \text{ car O est le milieu du segment [AB]}\\ &\Leftrightarrow 2\overrightarrow{OM} \cdot \overrightarrow{AB} = k\\ &\Leftrightarrow \overrightarrow{OM} \cdot \overrightarrow{AB} = \frac{k}{2}.\end{aligned}$$

D'après l'exercice **7** l'ensemble des points M est le plan perpendiculaire à la droite (AB) passant par le point H de la droite (AB) tel que :

$$\overrightarrow{OH} = \frac{k}{2\overrightarrow{AB}^2}\overrightarrow{AB}.$$

13 Pour tout point M de l'espace et tout nombre réel k,

$$MA^2 + MB^2 = k \Leftrightarrow \overrightarrow{MA}^2 + \overrightarrow{MB}^2 = k$$

$$\Leftrightarrow (\overrightarrow{MO} + \overrightarrow{OA})^2 + (\overrightarrow{MO} + \overrightarrow{OB})^2 = k$$

$$\Leftrightarrow 2\overrightarrow{MO}^2 + 2\overrightarrow{MO} \cdot (\overrightarrow{OA} + \overrightarrow{OB}) + \overrightarrow{OA}^2 + \overrightarrow{OB}^2 = k$$

$$\Leftrightarrow 2\overrightarrow{MO}^2 + 2\overrightarrow{MO} \cdot \vec{0} + 2\overrightarrow{OA}^2 = k \text{ car O est le milieu du segment [AB]}$$

$$\Leftrightarrow 2\overrightarrow{MO}^2 + \frac{\overrightarrow{AB}^2}{2} = k$$

$$\Leftrightarrow \overrightarrow{OM}^2 = \frac{1}{2}\left(k - \frac{\overrightarrow{AB}^2}{2}\right).$$

Rappel

$\overrightarrow{OM}^2$ est un nombre réel positif ou nul. L'égalité n'a lieu que si le second membre est lui aussi positif.

- Si $k < \frac{\overrightarrow{AB}^2}{2}$, l'ensemble des points M est vide.
- Si $k = \frac{\overrightarrow{AB}^2}{2}$, l'ensemble des points M est {O}.
- Si $k > \frac{\overrightarrow{AB}^2}{2}$, l'ensemble des points M est la sphère de centre O et de rayon $\sqrt{\frac{1}{2}\left(k - \frac{\overrightarrow{AB}^2}{2}\right)}$.

14 Pour tout point M de l'espace, on a :

$$MA^2 + MB^2 = (\overrightarrow{MO} + \overrightarrow{OA})^2 + (\overrightarrow{MO} + \overrightarrow{OB})^2$$

$$= 2\overrightarrow{MO}^2 + 2\overrightarrow{MO} \cdot (\overrightarrow{OA} + \overrightarrow{OB}) + \overrightarrow{OA}^2 + \overrightarrow{OB}^2$$

$$= 2\overrightarrow{MO}^2 + 2\overrightarrow{MO} \cdot \vec{0} + 2\overrightarrow{OA}^2 \text{ car O est le milieu du segment [AB]}$$

$$= 2\overrightarrow{MO}^2 + \frac{\overrightarrow{AB}^2}{2}.$$

$MA^2 + MB^2$ est minimal si $2\overrightarrow{MO}^2$ est minimal, c'est-à-dire si la longueur OM est minimale lorsque M décrit la droite Δ, donc si M est au point H, projeté orthogonal du point O sur la droite Δ.

Remarque

Pour tout point M de Δ, le triangle OMH est rectangle en H, donc $OM \geqslant OH$.

Le point H est le point d'intersection de la droite Δ et du plan passant par O et de vecteur normal $\vec{u}$.

15 Si A appartient au plan P, le projeté orthogonal de A sur P est A donc la distance AH est nulle, les points A et M appartiennent à P donc le vecteur $\overrightarrow{AM}$ est orthogonal à $\vec{n}$ et donc $\overrightarrow{AM} \cdot \vec{n} = 0$, la formule est vérifiée.

Si le point A n'appartient pas au plan P, on a $\overrightarrow{AM} = \overrightarrow{AH} + \overrightarrow{HM}$ donc :

$$\overrightarrow{AM} \cdot \vec{n} = (\overrightarrow{AH} + \overrightarrow{HM}) \cdot \vec{n} = \overrightarrow{AH} \cdot \vec{n} + \overrightarrow{HM} \cdot \vec{n}$$

Les points H et M sont des points du plan P donc $\overrightarrow{HM} \cdot \vec{n} = 0$ donc $\overrightarrow{AM} \cdot \vec{n} = \overrightarrow{AH} \cdot \vec{n}$, les vecteurs $\overrightarrow{AH}$ et $\vec{n}$ sont colinéaires car les vecteurs $\overrightarrow{AH}$ et $\vec{n}$ sont tous deux orthogonaux au plan P, le vecteur $\vec{n}$ est non nul donc il existe un réel α tel que $\overrightarrow{AH} = \alpha\vec{n}$ on a donc :

$$\frac{|\overrightarrow{AM} \cdot \vec{n}|}{\|\vec{n}\|} = \frac{|\overrightarrow{AH} \cdot \vec{n}|}{\|\vec{n}\|} = \frac{|\alpha\vec{n} \cdot \vec{n}|}{\|\vec{n}\|} = \frac{|\alpha\vec{n}^2|}{\|\vec{n}\|} = \frac{|\alpha|\vec{n}^2}{\|\vec{n}\|} = |\alpha| \frac{\|\vec{n}\|^2}{\|\vec{n}\|}$$

$$= |\alpha| \, \|\vec{n}\|$$

$$= \|\alpha\vec{n}\| = \|\overrightarrow{AH}\|$$

$$= \text{AH}.$$

16 **1.** On a :

$$\overrightarrow{V(O)} = OA^2\overrightarrow{BC} + OB^2\overrightarrow{CA} + OC^2\overrightarrow{AB}.$$

Le point O est le centre du cercle circonscrit au triangle ABC donc $OA = OB = OC$ d'où $OA^2 = OB^2 = OC^2$ donc :

$$\overrightarrow{V(O)} = OA^2(\overrightarrow{BC} + \overrightarrow{CA} + \overrightarrow{AB})$$

$$= OA^2(\overrightarrow{BB})$$

$$= OA^2(\vec{0})$$

$$= \vec{0}.$$

Le vecteur $\overrightarrow{V(O)}$ est le vecteur nul.

CORRIGÉS

2. On suppose dans cette question que pour tout point M distinct de O, le vecteur $\overrightarrow{V(M)}$ est non nul. On a :

$$\overrightarrow{OM} \cdot \overrightarrow{V(M)} = \overrightarrow{OM} \cdot (MA^2\overrightarrow{BC} + MB^2\overrightarrow{CA} + MC^2\overrightarrow{AB})$$

$$= \overrightarrow{OM} \cdot ((\overrightarrow{MO} + \overrightarrow{OA})^2\overrightarrow{BC} + (\overrightarrow{MO} + \overrightarrow{OB})^2\overrightarrow{CA} + (\overrightarrow{MO} + \overrightarrow{OC})^2\overrightarrow{AB})$$

$$= \overrightarrow{OM} \cdot ((\overrightarrow{MO}^2 + 2\overrightarrow{MO} \cdot \overrightarrow{OA} + \overrightarrow{OA}^2)\overrightarrow{BC} + (\overrightarrow{MO}^2 + 2\overrightarrow{MO} \cdot \overrightarrow{OB} + \overrightarrow{OB}^2)\overrightarrow{CA}$$

$$+ (\overrightarrow{MO}^2 + 2\overrightarrow{MO} \cdot \overrightarrow{OC} + \overrightarrow{OC}^2)\overrightarrow{AB})$$

$$= \overrightarrow{OM} \cdot (\overrightarrow{MO}^2(\overrightarrow{BC} + \overrightarrow{CA} + \overrightarrow{AB})) + \overrightarrow{OM} \cdot (OA^2\overrightarrow{BC} + OB^2\overrightarrow{CA} + OC^2\overrightarrow{AB})$$

$$+ \overrightarrow{OM} \cdot ((2\overrightarrow{MO} \cdot \overrightarrow{OA})\overrightarrow{BC} + (2\overrightarrow{MO} \cdot \overrightarrow{OB})\overrightarrow{CA} + (2\overrightarrow{MO} \cdot \overrightarrow{OC})\overrightarrow{AB})$$

$$= \overrightarrow{OM} \cdot (\overrightarrow{MO}^2\vec{0}) + \overrightarrow{OM} \cdot \overrightarrow{V(O)}$$

$$+ \overrightarrow{OM} \cdot ((2\overrightarrow{MO} \cdot \overrightarrow{OA})\overrightarrow{BC} + (2\overrightarrow{MO} \cdot \overrightarrow{OB})\overrightarrow{CA} + (2\overrightarrow{MO} \cdot \overrightarrow{OC})\overrightarrow{AB})$$

$$= \vec{0} + \vec{0} + (2\overrightarrow{MO} \cdot \overrightarrow{OA})(\overrightarrow{OM} \cdot \overrightarrow{BC}) + (2\overrightarrow{MO} \cdot \overrightarrow{OB})(\overrightarrow{OM} \cdot \overrightarrow{CA})$$

$$+ (2\overrightarrow{MO} \cdot \overrightarrow{OC})(\overrightarrow{OM} \cdot \overrightarrow{AB})$$

$$= -2[(\overrightarrow{OM} \cdot \overrightarrow{OA})(\overrightarrow{OM} \cdot (\overrightarrow{OC} - \overrightarrow{OB})) + (\overrightarrow{OM} \cdot \overrightarrow{OB})(\overrightarrow{OM} \cdot (\overrightarrow{OA} - \overrightarrow{OC}))$$

$$+ (\overrightarrow{OM} \cdot \overrightarrow{OC})(\overrightarrow{OM} \cdot (\overrightarrow{OB} - \overrightarrow{OA}))]$$

$$= -2[(\overrightarrow{OM} \cdot \overrightarrow{OA})(\overrightarrow{OM} \cdot \overrightarrow{OC}) - (\overrightarrow{OM} \cdot \overrightarrow{OA})(\overrightarrow{OM} \cdot \overrightarrow{OB})$$

$$+ (\overrightarrow{OM} \cdot \overrightarrow{OB})(\overrightarrow{OM} \cdot \overrightarrow{OA}) - (\overrightarrow{OM} \cdot \overrightarrow{OB})(\overrightarrow{OM} \cdot \overrightarrow{OC})$$

$$+ (\overrightarrow{OM} \cdot \overrightarrow{OC})(\overrightarrow{OM} \cdot \overrightarrow{OB}) - (\overrightarrow{OM} \cdot \overrightarrow{OC})(\overrightarrow{OM} \cdot \overrightarrow{OA})]$$

$$= -2 \times 0$$

$$= 0.$$

Les vecteurs $\overrightarrow{OM}$ et $\overrightarrow{V(M)}$ sont orthogonaux.

17 **1.** Soit I le milieu du segment [AB] et J le milieu du segment [CD]. Pour tout point M de l'espace,

$$\overrightarrow{MA}\cdot\overrightarrow{MB}+\overrightarrow{MC}\cdot\overrightarrow{MD}=\ell^2 \Leftrightarrow (\overrightarrow{MI}+\overrightarrow{IA})\cdot(\overrightarrow{MI}+\overrightarrow{IB})+(\overrightarrow{MJ}+\overrightarrow{JC})\cdot(\overrightarrow{MJ}+\overrightarrow{JD}) = \ell^2$$

$$\Leftrightarrow (\overrightarrow{MI}+\overrightarrow{IA})\cdot(\overrightarrow{MI}-\overrightarrow{IA})+(\overrightarrow{MJ}+\overrightarrow{JC})\cdot(\overrightarrow{MJ}-\overrightarrow{JC})=\ell^2$$

$$\Leftrightarrow \overrightarrow{MI}^2-\overrightarrow{IA}^2+\overrightarrow{MJ}^2-\overrightarrow{JC}^2=\ell^2$$

$$\Leftrightarrow \overrightarrow{MI}^2+\overrightarrow{MJ}^2-\frac{AB^2}{4}-\frac{CD^2}{4}=\ell^2$$

$$\Leftrightarrow \overrightarrow{MI}^2+\overrightarrow{MJ}^2=\ell^2+\frac{AB^2}{4}+\frac{CD^2}{4}.$$

Soit O le milieu de [IJ],

$$\overrightarrow{MI}^2+\overrightarrow{MJ}^2=\ell^2+\frac{AB^2}{4}+\frac{CD^2}{4} \Leftrightarrow (\overrightarrow{MO}+\overrightarrow{OI})^2+(\overrightarrow{MO}+\overrightarrow{OJ})^2=\ell^2+\frac{AB^2}{4}+\frac{CD^2}{4}$$

$$\Leftrightarrow 2\overrightarrow{MO}^2+\overrightarrow{OI}^2+\overrightarrow{OJ}^2+2\overrightarrow{MO}\cdot(\overrightarrow{OI}+\overrightarrow{OJ})=\ell^2+\frac{AB^2}{4}+\frac{CD^2}{4}$$

$$\Leftrightarrow 2\overrightarrow{MO}^2+\frac{\overrightarrow{IJ}^2}{4}+\frac{\overrightarrow{IJ}^2}{4}+2\overrightarrow{MO}\cdot\vec{0}=\ell^2+\frac{AB^2}{4}+\frac{CD^2}{4}$$

$$\Leftrightarrow 2\overrightarrow{MO}^2=\ell^2+\frac{AB^2}{4}+\frac{CD^2}{4}-\frac{\overrightarrow{IJ}^2}{2}$$

$$\Leftrightarrow \overrightarrow{OM}^2=\frac{1}{2}\left(\ell^2+\frac{AB^2}{4}+\frac{CD^2}{4}-\frac{\overrightarrow{IJ}^2}{2}\right).$$

• Si $\frac{1}{2}\left(\ell^2+\frac{AB^2}{4}+\frac{CD^2}{4}-\frac{\overrightarrow{IJ}^2}{2}\right)>0$, l'ensemble des points M est la sphère de centre O et de rayon $\sqrt{\frac{1}{2}\left(\ell^2+\frac{AB^2}{4}+\frac{CD^2}{4}-\frac{\overrightarrow{IJ}^2}{2}\right)}$.

• Si $\frac{1}{2}\left(\ell^2+\frac{AB^2}{4}+\frac{CD^2}{4}-\frac{\overrightarrow{IJ}^2}{2}\right)=0$, l'ensemble des points M est la sphère de centre O et de rayon nul, c'est donc le seul point O.

CORRIGÉS

• Si $\frac{1}{2}\left(\ell^2 + \frac{AB^2}{4} + \frac{CD^2}{4} - \frac{\overrightarrow{IJ}^2}{2}\right) < 0$, l'ensemble des points M est vide.

2. Soit I le milieu du segment [AB] et J le milieu du segment [CD] et O le milieu de [IJ], pour tout point M de l'espace, on a :

$$\overrightarrow{MA}\cdot\overrightarrow{MB} - \overrightarrow{MC}\cdot\overrightarrow{MD} = \ell^2 \Leftrightarrow (\overrightarrow{MI}+\overrightarrow{IA})\cdot(\overrightarrow{MI}+\overrightarrow{IB}) - (\overrightarrow{MJ}+\overrightarrow{JC})\cdot(\overrightarrow{MJ}+\overrightarrow{JD}) = \ell^2$$

$$\Leftrightarrow (\overrightarrow{MI}+\overrightarrow{IA})\cdot(\overrightarrow{MI}-\overrightarrow{IA}) - (\overrightarrow{MJ}+\overrightarrow{JC})\cdot(\overrightarrow{MJ}-\overrightarrow{JC}) = \ell^2$$

$$\Leftrightarrow \overrightarrow{MI}^2 - \overrightarrow{IA}^2 - (\overrightarrow{MJ}^2 - \overrightarrow{JC}^2) = \ell^2$$

$$\Leftrightarrow \overrightarrow{MI}^2 - \overrightarrow{MJ}^2 - \frac{AB^2}{4} + \frac{CD^2}{4} = \ell^2$$

$$\Leftrightarrow \overrightarrow{MI}^2 - \overrightarrow{MJ}^2 = \ell^2 + \frac{AB^2}{4} - \frac{CD^2}{4}$$

$$\Leftrightarrow (\overrightarrow{MO}+\overrightarrow{OI})^2 - (\overrightarrow{MO}+\overrightarrow{OJ})^2 = \ell^2 + \frac{AB^2}{4} - \frac{CD^2}{4}$$

$$\Leftrightarrow \overrightarrow{OI}^2 - \overrightarrow{OJ}^2 + 2\overrightarrow{MO}\cdot(\overrightarrow{OI}-\overrightarrow{OJ}) = \ell^2 + \frac{AB^2}{4} - \frac{CD^2}{4}$$

$$\Leftrightarrow \frac{\overrightarrow{IJ}^2}{4} - \frac{\overrightarrow{IJ}^2}{4} + 2\overrightarrow{MO}\cdot\overrightarrow{JI} = \ell^2 + \frac{AB^2}{4} - \frac{CD^2}{4}$$

$$\Leftrightarrow 2\overrightarrow{MO}\cdot\overrightarrow{JI} = \ell^2 + \frac{AB^2}{4} - \frac{CD^2}{4}$$

$$\Leftrightarrow \overrightarrow{OM}\cdot\overrightarrow{JI} = \frac{1}{2}\left(\frac{CD^2}{4} - \frac{AB^2}{4} - \ell^2\right).$$

Soit k le réel $k = \frac{1}{2}\left(\frac{CD^2}{4} - \frac{AB^2}{4} - \ell^2\right)$.

• Si $k = 0$ et $I = J$, l'égalité précédente s'écrit $\overrightarrow{OM}\cdot\vec{0} = 0$, l'ensemble des points M est l'espace tout entier.

• Si $k = 0$ et $I \neq J$, l'égalité précédente s'écrit $\overrightarrow{OM}\cdot\overrightarrow{JI} = 0$, l'ensemble des points M est le plan passant par O et orthogonal au vecteur $\overrightarrow{JI}$.

• Si $k \neq 0$ et I = J, l'égalité précédente s'écrit $\overrightarrow{OM} \cdot \vec{0} = k$, l'ensemble des points M est vide.

• Si $k \neq 0$ et $I \neq J$, déterminons un point H de la droite (IJ) vérifiant $\overrightarrow{OH} \cdot \overrightarrow{JI} = k$. Le point H appartient à la droite (IJ), il existe un réel λ tel que $\overrightarrow{OH} = \lambda\overrightarrow{IJ}$. On a :

$$\overrightarrow{OH} \cdot \overrightarrow{JI} = k \Leftrightarrow \lambda\overrightarrow{IJ} \cdot \overrightarrow{JI} = k$$

$$\Leftrightarrow \lambda = -\frac{k}{IJ^2}.$$

Le point H est déterminé de manière unique.

Pour tout point M de l'espace,

$$\overrightarrow{OM} \cdot \overrightarrow{JI} = k \Leftrightarrow (\overrightarrow{OH} + \overrightarrow{HM}) \cdot \overrightarrow{JI} = k$$

$$\Leftrightarrow \overrightarrow{OH} \cdot \overrightarrow{JI} + \overrightarrow{HM} \cdot \overrightarrow{JI} = k$$

$$\Leftrightarrow k + \overrightarrow{HM} \cdot \overrightarrow{JI} = k \text{ car } \overrightarrow{OH} \cdot \overrightarrow{JI} = k$$

$$\Leftrightarrow \overrightarrow{HM} \cdot \overrightarrow{JI} = 0$$

$\Leftrightarrow$ M appartient au plan passant par H de vecteur normal $\overrightarrow{JI}$.

L'ensemble des points M est le plan passant par H de vecteur normal $\overrightarrow{JI}$.

18 Soit K le centre du cercle circonscrit au triangle ABC et Δ la droite passant par K, orthogonale au plan (ABC). Tous les points de la droite Δ sont équidistants des points A, B, C. Soit P le plan médiateur du segment [AD].

Remarque
Si M est un point de Δ d'après le théorème de Pythagore dans les triangles MKA, MKB, MKC rectangles en K, MA = MB = MC.

La droite Δ et le plan P sont sécants, car s'ils n'étaient pas sécants la droite Δ serait parallèle au plan P, donc le plan P serait perpendiculaire au plan (ABC). La droite (AD) étant orthogonale au plan P, le point D appartiendrait au plan (ABC) ce qui est contraire à l'hypothèse.

La droite Δ et le plan P sont donc sécants en un point J. Par construction le point J est équidistant des quatre points A, B, C et D, c'est le centre de la sphère circonscrite au tétraèdre ABCD.

CORRIGÉS

Sujets de type BAC

19 **1.** (AA_1) est orthogonale à (BCD).

Comme A_1 est le centre de gravité du triangle BCD, on a :

$$\overrightarrow{AA_1} = \frac{1}{3}(\overrightarrow{AB} + \overrightarrow{AC} + \overrightarrow{AD}).$$

Les triangles ACD, ABC et ABD sont rectangles en A donc $\overrightarrow{AC} \cdot \overrightarrow{AD} = \overrightarrow{AB} \cdot \overrightarrow{AC} = \overrightarrow{AB} \cdot \overrightarrow{AD} = 0$. On en déduit :

$$\overrightarrow{AA_1} \cdot \overrightarrow{CD} = \frac{1}{3}(\overrightarrow{AB} + \overrightarrow{AC} + \overrightarrow{AD}) \cdot (\overrightarrow{AD} - \overrightarrow{AC})$$

$$= \frac{1}{3}(-\overrightarrow{AC}^2 + \overrightarrow{AD}^2) \text{ car les autres produits scalaires sont nuls}$$

$$= 0, \text{ car ACD est isocèle de sommet A.}$$

On montre de la même façon que $\overrightarrow{AA_1} \cdot \overrightarrow{BC} = 0$, en décomposant $\overrightarrow{BC}$ en $\overrightarrow{AC} - \overrightarrow{AB}$.

On a donc $\overrightarrow{AA_1} \cdot \overrightarrow{CD} = \overrightarrow{AA_1} \cdot \overrightarrow{BC} = 0$.

> La droite (AA_1) qui est orthogonale à deux droites sécantes du plan (BCD) est orthogonale au plan (BCD).

2. Calcul de AA_1

Comme la droite (AB) est orthogonale aux droites sécantes (AC) et (AD), elle est orthogonale au plan (ACD), donc le volume du tétraèdre est égal à :

$$V = \frac{1}{3} \times \text{aire (ACD)} \times AB = \frac{1}{3} \times \frac{1}{2} a^2 \times a = \frac{a^3}{6}.$$

Comme (AA_1) est orthogonale au plan (BCD), on a aussi :

$$V = \frac{1}{3} \times \text{aire (BCD)} \times AA_1.$$

Le triangle BCD est équilatéral de côté $a\sqrt{2}$ (c'est l'hypoténuse d'un triangle rectangle isocèle dont la longueur des côtés de l'angle droit est a) donc :

$$\text{aire (BCD)} = \frac{1}{2}(a\sqrt{2}) \times \frac{(a\sqrt{2})\sqrt{3}}{2} = \frac{a^2\sqrt{3}}{2}$$

et : $$V = \frac{a^2\sqrt{3}\,AA_1}{6}.$$

On obtient l'égalité :

$$V = \frac{a^3}{6} = \frac{a^2\sqrt{3}}{6}\,AA_1$$

et donc : $$\boxed{AA_1 = \frac{a}{\sqrt{3}} = \frac{a\sqrt{3}}{3}.}$$

3. a) Détermination de AG

$\overrightarrow{GA} + \overrightarrow{GB} + \overrightarrow{GC} + \overrightarrow{GD} = \vec{0} \Leftrightarrow 4\overrightarrow{AG} = \overrightarrow{AB} + \overrightarrow{AC} + \overrightarrow{AD}.$

$$\overrightarrow{AG} = \frac{1}{4}(\overrightarrow{AB} + \overrightarrow{AC} + \overrightarrow{AD}) = \frac{3}{4}\,AA_1$$

$$\boxed{\text{donc G appartient au segment } [AA_1].}$$

On obtient :

$$AG = \frac{3}{4}\,AA_1 = \frac{3}{4} \times \frac{a\sqrt{3}}{3} \quad \text{donc} \quad \boxed{AG = \frac{a\sqrt{3}}{4}.}$$

b) Détermination de l'ensemble des points M de l'espace tels que

$$\|\overrightarrow{MA} + \overrightarrow{MB} + \overrightarrow{MC} + \overrightarrow{MD}\| = 2\|\overrightarrow{MB} + \overrightarrow{MC}\|.$$

Pour tout point M de l'espace, on a :

$$\overrightarrow{MA} + \overrightarrow{MB} + \overrightarrow{MC} + \overrightarrow{MD} = 4\overrightarrow{MG}$$

et : $$\overrightarrow{MB} + \overrightarrow{MC} = 2\overrightarrow{MI}.$$

On veut donc que $4MG = 4MI$, soit $MG = MI$.

$$\boxed{\text{L'ensemble cherché est donc le plan médiateur du segment } [GI].}$$

4. Le point H est le symétrique de A par rapport à G.

a) $4\overrightarrow{GA} + \overrightarrow{AC} + \overrightarrow{AD} = \overrightarrow{BA}.$

On sait que $\overrightarrow{AG} = \frac{1}{4}\,(\overrightarrow{AB} + \overrightarrow{AC} + \overrightarrow{AD}).$

On a donc $4\overrightarrow{GA} = -\,\overrightarrow{AB} - \overrightarrow{AC} - \overrightarrow{AD}$

et : $$\boxed{4\overrightarrow{GA} + \overrightarrow{AC} + \overrightarrow{AD} = -\,\overrightarrow{AB} = \overrightarrow{BA}.}$$

b) $\overrightarrow{HC}^2 - \overrightarrow{HD}^2 = \overrightarrow{DC} \cdot \overrightarrow{BA}$.

En utilisant le produit scalaire, on a :

$$HC^2 - HD^2 = \overrightarrow{HC}^2 - \overrightarrow{HD}^2 = (\overrightarrow{HC} - \overrightarrow{HD}) \cdot (\overrightarrow{HC} + \overrightarrow{HD})$$

$$HC^2 - HD^2 = \overrightarrow{DC} \cdot \overrightarrow{HC} + \overrightarrow{HD}.$$

On écrit :

$$\overrightarrow{HC} + \overrightarrow{HD} = \overrightarrow{HA} + \overrightarrow{AC} + \overrightarrow{HA} + \overrightarrow{AD} = 2\overrightarrow{HA} + \overrightarrow{AC} + \overrightarrow{AD}.$$

H est le symétrique de A par rapport à G donc $\overrightarrow{HA} = 2\overrightarrow{GA}$ et :

$$\overrightarrow{HC} + \overrightarrow{HD} = 4\overrightarrow{GA} + \overrightarrow{AC} + \overrightarrow{AD} = \overrightarrow{BA}.$$

Finalement, on a l'égalité :

$$\boxed{HC^2 - HD^2 = \overrightarrow{DC} \cdot \overrightarrow{BA}.}$$

c) HC = HD

Comme les triangles ABC et ABD sont rectangles en A, on a :

$$\overrightarrow{DC} \cdot \overrightarrow{BA} = \overrightarrow{DA} \cdot \overrightarrow{BA} + \overrightarrow{AC} \cdot \overrightarrow{BA} = 0$$

et donc : $HC^2 - HD^2 = 0,$

soit : $\boxed{HC = HD.}$

20 Soient a un réel strictement positif et OABC un tétraèdre tel que :

- OAB, OAC et OBC sont des triangles rectangles en O.
- $OA = OB = OC = a$.

On appelle I le pied de la hauteur issue de C du triangle ABC, H le pied de la hauteur issue de O du triangle OIC, et D le point de l'espace défini par $\overrightarrow{HO} = \overrightarrow{OD}$.

1. Nature du triangle ABC

Les triangles OAB, OAC et OBC sont rectangles isocèles en O donc, en utilisant le théorème de Pythagore on a $AB = BC = CA = a\sqrt{2}$.

$$\boxed{\text{Le triangle ABC est équilatéral.}}$$

2. (OH) et (AB) sont orthogonales ; H est l'orthocentre du triangle ABC.

La droite (OC) est orthogonale à (OA) et (OB) qui sont sécantes en O donc (OC) est orthogonale à toutes les droites du plan (OAB) donc à la droite (AB).

La droite (OI) est une hauteur du triangle (OAB) donc elle est orthogonale à la droite (AB).

La droite (AB) est orthogonale à deux droites sécantes du plan (OIC) ((OI) et (OC)) elle est donc orthogonale à toutes les droites du plan (OIC) donc :

$$\boxed{(AB) \perp (OH).}$$

(CI) est une hauteur du triangle ABC.

La droite (OH) est orthogonale à (IC) et (AB) qui sont deux droites sécantes donc (OH) est orthogonale à toute droite du plan (ABC) en particulier à la droite (BC).

La droite (OA) est orthogonale aux droites sécantes (OB) et (OC) donc au plan (OBC) et en particulier à la droite (BC).

La droite (BC) est orthogonale à (OH) et (OA) donc à tout le plan (OHA) et en particulier à la droite (AH) qui est donc une hauteur du triangle ABC.

Le point H est l'intersection de deux hauteurs du triangle ABC.

$$\boxed{\text{H est donc l'orthocentre du triangle ABC.}}$$

3. Calcul de OH

a) Calcul du volume V du tétraèdre OABC puis de l'aire S du triangle ABC.

Soit S_{OAB} l'aire du triangle OAB, le volume du tétraèdre OABC est

$$V = \frac{S_{OAB} \times OC}{3} = \frac{\frac{a^2}{2} \times a}{3} \text{ soit } \boxed{V = \frac{a^3}{6}.}$$

On aurait aussi pu considérer le cube d'arête OA et de volume a^3, le tétraèdre OABC est le $\frac{1}{6}$ du cube.

Le triangle ABC est équilatéral de côté $a\sqrt{2}$, sa hauteur est :

$$CI = a\sqrt{2} \times \frac{\sqrt{3}}{2} = a\,\frac{\sqrt{6}}{2} \text{ donc } S = \frac{1}{2}\, AB \times CI \text{ soit } \boxed{S = \frac{a^2\sqrt{3}}{2}.}$$

b) $\mathbf{OH = a\,\frac{\sqrt{3}}{3}}$.

On sait que $V = \frac{1}{3}\, S \times OH$ donc $\boxed{OH = \frac{3V}{S}.}$

On remplace par les valeurs trouvées et on obtient $\boxed{OH = \frac{a\sqrt{3}}{3}.}$

4. Étude du tétraèdre ABCD

L'espace est rapporté au repère orthonormal $\left(O\,;\,\frac{1}{a}\,\overrightarrow{OA}, \frac{1}{a}\,\overrightarrow{OB}, \frac{1}{a}\,\overrightarrow{OC}\right)$.

a) Le point H a pour coordonnées $\left(\frac{a}{3}\,;\frac{a}{3}\,;\frac{a}{3}\right)$.

Le triangle ABC est équilatéral donc l'orthocentre de ABC est aussi le centre de gravité de ABC. Comme les points A, B et C ont respectivement pour coordonnées $(a\,;0\,;0)$, $(0\,;a\,;0)$ et $(0\,;0\,;a)$ le point H a pour coordonnées $\left(\frac{a+0+0}{3}\,;\frac{0+a+0}{3}\,;\frac{0+0+a}{3}\right)$ soit $H\left(\frac{a}{3}\,;\frac{a}{3}\,;\frac{a}{3}\right)$.

b) Le tétraèdre ABCD est régulier (c'est-à-dire que toutes ses arêtes ont même longueur).

Le point D est le symétrique de H par rapport à O donc les coordonnées de D sont $\left(-\frac{a}{3}\,;-\frac{a}{3}\,;-\frac{a}{3}\right)$ et :

$$AD = BD = CD = \sqrt{\frac{16a^2}{9}+\frac{a^2}{9}+\frac{a^2}{9}} = a\sqrt{2}.$$

Les 6 arêtes ont même longueur.

Le tétraèdre est régulier.

c) Ω, centre de la sphère circonscrite au tétraèdre ABCD est un point de la droite (OH).

Les points équidistants de A, B et C sont sur l'intersection du plan médiateur de [AB] et du plan médiateur de [BC] c'est-à-dire la droite (OH) donc :

Ω appartient à (OH).

Les coordonnées de Ω sont donc $(x\,;x\,;x)$, on écrit que $\Omega A = \Omega D$ soit $(x-a)^2+x^2+x^2 = 3\left(x+\frac{a}{3}\right)^2$ donc $x=\frac{a}{6}$.

Le point Ω a pour coordonnées $\left(\frac{a}{6}\,;\frac{a}{6}\,;\frac{a}{6}\right)$.

21 **1.** Les droites (MN) et (PQ) sont parallèles ainsi que les droites (MR) et (NP).

À savoir
Le plan (MNP) coupe des faces parallèles suivant des droites parallèles.

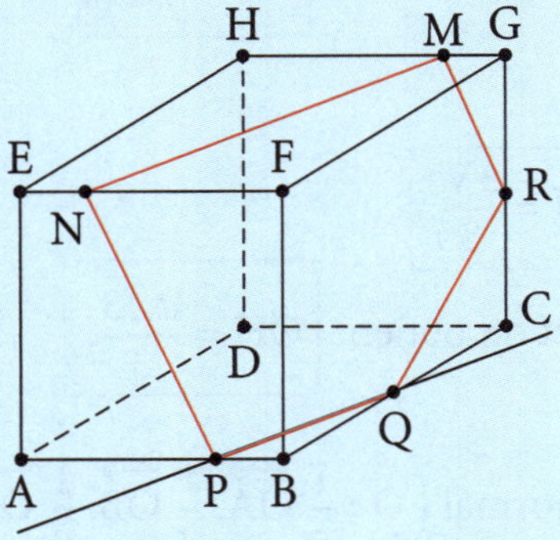

2. Dans le repère orthonormé $(A\,;\overrightarrow{AB},\overrightarrow{AD},\overrightarrow{AE})$ les coordonnées des points A, B, C, D, E, F, G, H sont $A(0,0,0)$, $B(1,0,0)$, $C(1,1,0)$, $D(0,1,0)$, $E(0,0,1)$, $F(1,0,1)$, $G(1,1,1)$, $H(0,1,1)$.

Soit (x, y, z) les coordonnées du point M, les coordonnées du vecteur $\overrightarrow{GM}$ sont $\begin{pmatrix} x-1 \\ y-1 \\ z-1 \end{pmatrix}$, les coordonnées du vecteur $\overrightarrow{GH}$ sont $\begin{pmatrix} 0-1 \\ 1-1 \\ 1-1 \end{pmatrix} = \begin{pmatrix} -1 \\ 0 \\ 0 \end{pmatrix}$ donc sachant que $\overrightarrow{GM} = \frac{1}{4}\overrightarrow{GH}$ on obtient $\begin{cases} x-1 = -\frac{1}{4} \\ y-1 = 0 \\ z-1 = 0 \end{cases}$ c'est-à-dire $x = \frac{3}{4}$, $y = 1$ et $z = 1$. On obtient de même les coordonnées des points N et P, $N\left(\frac{1}{4}, 0, 1\right)$ et $P\left(\frac{3}{4}, 0, 0\right)$.

Les droites (MN) et (PQ) sont parallèles car ce sont les intersections d'un plan (MNP) avec deux plans parallèles (ABCD) et (EFGH). Les vecteurs $\overrightarrow{MN}$ et $\overrightarrow{PQ}$ sont colinéaires. Les coordonnées du vecteur $\overrightarrow{MN}$ sont $\begin{pmatrix} -\frac{1}{2} \\ -1 \\ 0 \end{pmatrix}$. Le point Q appartient à la droite (BC) donc son abscisse est 1 et sa cote est 0 si y est l'ordonnée de Q les coordonnées du vecteur $\overrightarrow{PQ}$ sont $\begin{pmatrix} 1-\frac{3}{4} \\ y-0 \\ 0-0 \end{pmatrix} = \begin{pmatrix} \frac{1}{4} \\ y \\ 0 \end{pmatrix}$. Les vecteurs $\overrightarrow{MN}$ et $\overrightarrow{PQ}$ sont colinéaires, il existe donc un réel λ tel que $\overrightarrow{PQ} = \lambda\overrightarrow{MN}$ c'est-à-dire tel que $\begin{cases} \frac{1}{4} = \lambda\left(-\frac{1}{2}\right) \\ y = \lambda(-1) \\ 0 = \lambda(0) \end{cases}$ d'où $\lambda = -\frac{1}{2}$ et $y = \frac{1}{2}$. Les coordonnées du point Q sont $\left(1, \frac{1}{2}, 0\right)$. On obtient de même les coordonnées du point $R\left(1, 1, \frac{1}{2}\right)$ en remarquant que les vecteurs $\overrightarrow{MR}$ et $\overrightarrow{NP}$ sont colinéaires.

À l'aide des coordonnées, on obtient $MN = \frac{\sqrt{5}}{2}$, $NP = \frac{\sqrt{5}}{2}$, $PQ = \frac{\sqrt{5}}{4}$, $QR = \frac{\sqrt{2}}{2}$ et $MR = \frac{\sqrt{5}}{4}$.

3. À l'aide de deux expressions du produit scalaire, on obtient :

$$\overrightarrow{NM} \cdot \overrightarrow{NP} = \left(\frac{1}{2}\right)\left(\frac{1}{2}\right) + (1) \times (0) + 0 \times (-1) = \frac{1}{4}$$

$$= MN \times NP \times \cos \widehat{MNP} = \sqrt{\frac{1}{4} + 1}\,\sqrt{\frac{1}{4} + 1} \times \cos \widehat{MNP}$$

$$= \frac{5}{4}\cos \widehat{MNP}.$$

D'où :

$$\frac{5}{4}\cos \widehat{MNP} = \frac{1}{4} \Leftrightarrow \cos \widehat{MNP} = \frac{1}{5}.$$

À l'aide de la calculatrice, on obtient en degré $\widehat{MNP} \approx 78{,}46$.

Avec des méthodes identiques on obtient $\widehat{NMR} \approx 101{,}53$, $\widehat{NPQ} \approx 101{,}53$, $\widehat{PQR} \approx 129{,}23$ et $\widehat{MRQ} \approx 129{,}23$.

CHAPITRE 4

Représentations paramétriques et équations cartésiennes

DE QUOI S'AGIT-IL ?

Il s'agit de développer des outils de calcul qui permettent de résoudre des problèmes de géométrie dans l'espace.

L'espace E est rapporté à un repère orthonormé $(O ; \vec{i}, \vec{j}, \vec{k})$.

1 Droites et plans

• Droite définie par un point et un vecteur

Soit un point $A\begin{pmatrix} x_0 \\ y_0 \\ z_0 \end{pmatrix}$ et un vecteur non nul $\vec{u}\begin{pmatrix} \alpha \\ \beta \\ \gamma \end{pmatrix}$. La droite $\mathscr{D}$ passant par A et de vecteur directeur $\vec{u}$, notée $\mathscr{D}(A, \vec{u})$, est l'ensemble des points M de E tels que :

$$\overrightarrow{AM} = \lambda\vec{u} \text{ où } \lambda \in \mathbb{R}.$$

Une représentation paramétrique de $\mathscr{D}$ est définie par :

$$\begin{cases} x = x_0 + \lambda\alpha \\ y = y_0 + \lambda\beta \\ z = z_0 + \lambda\gamma \end{cases}$$

le paramètre λ décrivant $\mathbb{R}$.

• Plan défini par un point et deux vecteurs

Soit un point $A\begin{pmatrix} x_0 \\ y_0 \\ z_0 \end{pmatrix}$ et deux vecteurs non colinéaires $\vec{u}\begin{pmatrix} \alpha \\ \beta \\ \gamma \end{pmatrix}$ et $\vec{v}\begin{pmatrix} \alpha' \\ \beta' \\ \gamma' \end{pmatrix}$.

Le plan $\mathscr{P}$ passant par A et de vecteurs directeurs $\vec{u}$ et $\vec{v}$, que nous noterons $\mathscr{P}(A, \vec{u}, \vec{v})$ est l'ensemble des points M de E tels que :

$$\overrightarrow{AM} = \lambda\vec{u} + \lambda'\vec{v} \text{ où } (\lambda, \lambda') \in \mathbb{R}^2.$$

Une représentation paramétrique de $\mathscr{P}$ est définie par :

$$\begin{cases} x = x_0 + \lambda\alpha + \lambda'\alpha' \\ y = y_0 + \lambda\beta + \lambda'\beta' \\ z = z_0 + \lambda\gamma + \lambda'\gamma' \end{cases}$$

les paramètres λ et λ' décrivant $\mathbb{R}$.

- **Orthogonalité**

On dit que les droites $\mathscr{D}$ et $\mathscr{D}'$ de l'espace sont orthogonales si et seulement les parallèles à $\mathscr{D}$ et $\mathscr{D}'$ menées par un point de l'espace sont orthogonales dans le plan qu'elles déterminent.

> **Remarque**
> Au lieu de « orthogonal » on dit aussi « perpendiculaire ».

On dit qu'une droite $\mathscr{D}$ est orthogonale à un plan $\mathscr{P}$ si et seulement si elle est orthogonale à toute droite du plan $\mathscr{P}$.

On démontre qu'une droite $\mathscr{D}$ est orthogonale à un plan $\mathscr{P}$ si et seulement si elle est orthogonale à deux droites sécantes de $\mathscr{P}$.

On dit que deux plans sont orthogonaux si et seulement si l'un contient une droite orthogonale à l'autre.

> **Bien comprendre**
> Étant donnée une droite $\mathscr{D}$ (resp. un plan $\mathscr{P}$) et un point A, il existe un plan (resp. une droite) et un seul (resp. une seule) passant par A orthogonale à $\mathscr{D}$ (resp. à $\mathscr{P}$).

2 Plan

- Il existe un unique plan passant par le point $A(x_0, y_0, z_0)$ et orthogonal au vecteur non nul $\vec{n}(a, b, c)$; c'est l'ensemble des points $M(x, y, z)$ tels que $\vec{n} \cdot \overrightarrow{AM} = 0$.

> **Méthode**
> Cette propriété sera souvent utilisée dans les exercices ; il faudra toujours vérifier que le vecteur $\vec{n}$ est non nul.

C'est encore l'ensemble des points $M(x ; y ; z)$ tels que :

$$a(x - x_0) + b(y - y_0) + c(z - z_0) = 0.$$

- Soit a, b, c trois réels non tous nuls ; l'ensemble des points $M(x ; y ; z)$ qui vérifient la relation $ax + by + cz + d = 0$ (1) est un plan $\mathscr{P}$ orthogonal au vecteur $\vec{n}(a ; b ; c)$.

On dit que (1) est une **équation cartésienne du plan** $\mathscr{P}$.

On dit que $\vec{n}$ est un **vecteur normal** au plan.

- $\vec{n}$ étant un vecteur non nul normal au plan $\mathscr{P}$, $\vec{n}'$ étant un vecteur non nul normal au plan $\mathscr{P}'$:

– les plans $\mathscr{P}$ et $\mathscr{P}'$ sont orthogonaux si et seulement si $\vec{n}$ et $\vec{n}'$ sont orthogonaux ;

– les plans $\mathscr{P}$ et $\mathscr{P}'$ sont parallèles si et seulement si $\vec{n}$ et $\vec{n}'$ sont colinéaires.

> **Bien comprendre**
> Si les plans $\mathscr{P}$ et $\mathscr{P}'$ sont parallèles et si $ax + by + cz + d = 0$ est une équation de $\mathscr{P}$, une équation de $\mathscr{P}'$ est $ax + by + cz + d' = 0$.

COURS

3 Sphère

La sphère de centre C(a ; b ; c) et de rayon $R \geqslant 0$ est l'ensemble des points M(x ; y ; z) tels que CM = R. C'est aussi l'ensemble des points M(x ; y ; z) tels que :

$$(x-a)^2+(y-b)^2+(z-c)^2=R^2.$$

Remarque
Cette relation est l'équation de la sphère de centre C(a ; b ; c) et de rayon R.

4 Distance d'un point à un plan

• Dans un repère orthonormal la distance du point A(x_0, y_0, z_0) au plan $\mathcal{P}$ d'équation $ax+by+cz+d=0$ est :

$$d(\text{A}, \mathcal{P})=\frac{|ax_0+by_0+cz_0+d|}{\sqrt{a^2+b^2+c^2}}.$$

• Calcul des coordonnées du projeté orthogonal d'un point A(x_0, y_0, z_0) sur un plan $\mathcal{P}$ d'équation $ax+by+cz+d=0$.

On écrit les équations paramétriques de la droite d passant par A et de vecteur directeur $\vec{n}\,(a, b, c)$. Le point d'intersection de la droite d et du plan $\mathcal{P}$ est le projeté orthogonal de A sur $\mathcal{P}$.

Questions courtes

1 Position relative de droites et de plans. Projecteur orthogonal

Corrigé p. 106

Les trois parties de cet exercice sont indépendantes.
À chaque question, une affirmation vous est proposée et vous devez indiquer si elle est vraie ou fausse en justifiant votre réponse.
Dans les **parties A**, **B** et **C**, l'espace est rapporté à un repère orthonormé $(\text{O} ; \vec{i}, \vec{j}, \vec{k})$.

Partie A

On considère deux plans $\mathcal{P}_1$ et $\mathcal{P}_2$ donnés par leur équation cartésienne :

$$\mathcal{P}_1 : 2x + 3y + 4z - 1 = 0 \ ; \quad \mathcal{P}_2 : x + 2y + z = 0.$$

1. Le vecteur $\vec{n}\left(1 \ ; \dfrac{3}{2} \ ; 2\right)$ est un vecteur normal au plan $\mathcal{P}_1$.
2. Les plans $\mathcal{P}_1$ et $\mathcal{P}_2$ sont parallèles.
3. Les plans $\mathcal{P}_1$ et $\mathcal{P}_2$ sont sécants et leur intersection est une droite de vecteur directeur $\vec{u}\,(-5 \ ; 2 \ ; 1)$.

Partie B

On note R, S, T, U les points de coordonnées respectives :

$$\text{R}(2 \ ; 4 \ ; 1) \ ; \quad \text{S}(0 \ ; 4 \ ; -3) \ ; \quad \text{T}(3 \ ; 1 \ ; -3) \ ; \quad \text{U}(1 \ ; 0 \ ; -2).$$

Soit $\mathcal{P}$ le plan d'équation cartésienne $2x + 2y - z - 11 = 0$.
1. Les points R, S et T appartiennent à un plan de vecteur normal :

$$\vec{n}\,(2 \ ; 2 \ ; -1).$$

2. La droite (TU) est orthogonale à la droite (RS) et admet la représentation paramétrique suivante :

$$\begin{cases} x = -1 + 2t \\ y = -1 + t, \qquad t \in \mathbb{R}. \\ z = 1 - t \end{cases}$$

3. Le point $\text{V}(3 \ ; 2 \ ; -1)$ est le projeté orthogonal du point U sur le plan $\mathcal{P}$.

Partie C

Soient D_1 et D_2 deux droites données par un système d'équations paramétriques :

$$\text{D}_1 : \begin{cases} x = 1 + t \\ y = t, \qquad t \in \mathbb{R}, \\ z = -5 + t \end{cases} \quad \text{D}_2 : \begin{cases} x = 8 + k \\ y = 4 + k, \quad k \in \mathbb{R}. \\ z = -3 \end{cases}$$

On note Q le plan d'équation $2x - 3y + 2z = 0$.

1. Le vecteur $\vec{u}(1\,;1\,;1)$ est un vecteur directeur de la droite D_1.

2. La droite D_2 passe par le point de coordonnées $(5\,;1\,;-3)$.

3. Soient M un point de D_1 et N un point de D_2 de coordonnées respectives :

$$M(1+t\,;t\,;-5+t) \quad \text{et} \quad N(8+k\,;4+k\,;-3).$$

La droite (MN) est parallèle au plan $\mathcal{Q}$ si et seulement si $t + k = 6$.

2 QCM

Corrigé p. 108

Pour chacune des quatre questions, une seule des trois propositions est exacte. Justifier votre réponse.

L'espace est rapporté à un repère orthonormal $(O\,;\vec{i},\vec{j},\vec{k})$. On considère les points $A(3\,;1\,;3)$ et $B(-6\,;2\,;1)$.

Le plan $\mathcal{P}$ admet pour équation cartésienne $x + 2y + 2z = 5$.

1. Les coordonnées du point H, projeté orthogonal du point A sur le plan $\mathcal{P}$ sont :

a. $\left(\frac{11}{3}\,;\frac{1}{3}\,;\frac{1}{3}\right)$; **b.** $\left(\frac{8}{3}\,;\frac{1}{3}\,;\frac{7}{3}\right)$; **c.** $\left(\frac{7}{3}\,;-\frac{1}{3}\,;\frac{5}{3}\right)$.

2. La sphère de centre B et de rayon 1 :

a) coupe le plan $\mathcal{P}$ suivant un cercle ;

b) est tangente au plan $\mathcal{P}$;

c) ne coupe pas le plan $\mathcal{P}$.

3. On considère la droite $\mathcal{D}$ de l'espace passant par A et de vecteur directeur $\vec{u}(1\,;2\,;-1)$ et la droite $\mathcal{D}'$ d'équations paramétriques :

$$\begin{cases} x = 3 + 2t \\ y = 3 + t \\ z = t \end{cases} \quad (t \in \mathbb{R}).$$

Les droites $\mathcal{D}$ et $\mathcal{D}'$ sont :

a) coplanaires et parallèles ;

b) coplanaires et sécantes ;

c) non coplanaires.

4. L'ensemble des points M de l'espace équidistants des points A et B est :

a) la droite d'équations paramétriques $\begin{cases} x = -\frac{3}{2} - t \\ y = \frac{3}{2} - 7t \\ z = 2 + t \end{cases} \quad (t \in \mathbb{R})$;

b) le plan d'équation cartésienne $9x - y + 2z + 11 = 0$;

c) le plan d'équation cartésienne $x + 7y - z - 7 = 0$.

3 Positions relatives de deux plans

Corrigé p. 111

Dans l'espace rapporté à un repère orthonormal, on considère les trois plans $\mathscr{P}$, $\mathscr{P}'$ et $\mathscr{P}''$ d'équations :
$\mathscr{P} : 2x - y - z + 2 = 0$; $\mathscr{P}' : -4x + 2y + 2z + 3 = 0$;
$\mathscr{P}'' : x + 2z - 5 = 0$.
Les plans $\mathscr{P}$ et $\mathscr{P}'$ sont-ils parallèles ou orthogonaux ?
Les plans $\mathscr{P}$ et $\mathscr{P}''$ sont-ils parallèles ou orthogonaux ?

4 Droite et plan

Corrigé p. 111

On se place dans l'espace rapporté à un repère orthonormal.

La droite (AB) joignant les deux points A(1 ; 0 ; 2) et B(– 2 ; 1 ; 3) est-elle parallèle au plan $\mathscr{P}$ d'équation $x + 2y + z + 5 = 0$?

5 Distance d'un point à un plan

Corrigé p. 111

Dans l'espace rapporté à un repère orthonormal, on considère le point A(3 ; – 1 ; 2) et le plan $\mathscr{P}$ d'équation $2x + y - z + 3 = 0$.

Quelle est la distance du point A au plan $\mathscr{P}$?

Indication
Revoir le rappel de cours.

Exercices d'entraînement

6 Représentation paramétrique d'une droite

★ 10 min Corrigé p. 111

Soit $\mathscr{E}$ l'espace rapporté à un repère $(O ; \vec{i}, \vec{j}, \vec{k})$.

Soit $\mathscr{P}$ le plan de $\mathscr{E}$ d'équation $x - y + 3z = 2$.

Soit A le point de coordonnées (1 ; 0 ; 1) et $\vec{u}$ le vecteur de coordonnées (– 3 ; 1 ; 0).

1. Donner une représentation paramétrique de la droite $\mathscr{D}$ passant par A et dirigée par $\vec{u}$.

2. Calculer les coordonnées du point I d'intersection de $\mathscr{D}$ et de $\mathscr{P}$ ainsi que les coordonnées du point A′, symétrique de A par rapport à I.

Indication
Si A′ est le symétrique de A par rapport à I, le point I est le milieu de [AA′].

7 Intersection d'une droite et de plans

★ 10 min ➔ Corrigé p. 112

Soit $\mathscr{E}$ l'espace rapporté à un repère $(O ; \vec{i}, \vec{j}, \vec{k})$. Soit A le point de coordonnées $(1 ; 1 ; 2)$ et B le point de coordonnées $(-1 ; 2 ; 1)$.

1. Donner une représentation paramétrique de la droite $\mathscr{D}$ passant par A et B.

2. Déterminer les points d'intersection de $\mathscr{D}$ avec chacun des trois plans de coordonnées $(O ; \vec{i}, \vec{j})$, $(O ; \vec{j}, \vec{k})$ et $(O ; \vec{i}, \vec{k})$.

8 Intersection d'une droite et d'un plan

★ 10 min ➔ Corrigé p. 113

On donne $A(1 ; 1 ; 1)$, $B(0 ; 2 ; 3)$ et le plan $\mathscr{P}$ d'équation :

$$2x + y - z + 4 = 0.$$

Calculer les coordonnées du point d'intersection de (AB) et de $\mathscr{P}$.

Indication
Écrire une représentation paramétrique de la droite (AB).

9 Équations d'un plan

★ 10 min ➔ Corrigé p. 113

On donne $A(1 ; 0 ; 0)$, $B(0 ; 1 ; -1)$, $C(1 ; -1 ; 0)$.

1. Montrer que A, B, C ne sont pas alignés.

2. Donner une représentation paramétrique du plan (ABC).

3. Donner une équation cartésienne du plan (ABC).

10 Représentation paramétrique d'un plan

★★ 15 min ➔ Corrigé p. 114

On donne $A(1 ; 0 ; 0)$, $A'(0 ; 1 ; -2)$, $B(2 ; -1 ; 3)$, $\vec{u}\,(1 ; 1 ; 1)$, $\vec{u}\,'(-1 ; 0 ; 5)$.

1. Donner une construction géométrique du plan $\mathscr{P}$ passant par B et parallèle aux droites $\mathscr{D}(A, \vec{u})$ et $\mathscr{D}'(A', \vec{u}\,')$.

2. Donner une représentation paramétrique de $\mathscr{P}$.

11 Famille de plans

★★ 20 min ➔ Corrigé p. 115

Soit $\mathscr{P}_m$ le plan d'équation :

$$mx - y + (2 - m)z + m + 4 = 0$$

(m paramètre réel). Quand m décrit $\mathbb{R}$, on obtient une famille de plans.

Remarque
Décrire les valeurs de m pour lesquelles l'équation proposée est l'équation d'un plan.

1. Montrer que $\mathscr{P}_m$ contient une droite fixe $\mathscr{D}$ dont on donnera une représentation paramétrique de paramètre z.

2. Montrer que la droite d'intersection Δ_m d'un plan $\mathscr{P}_m$ et du plan $\mathscr{P}'$ d'équation $x + y + z = 1$ passe par un point fixe dont on déterminera les coordonnées.

12 Équations de plans

★ 15 min ➲ Corrigé p. 116

L'espace est muni d'un repère orthonormé $(O\ ;\ \vec{i}, \vec{j}, \vec{k})$. On demande de déterminer une équation cartésienne du plan $\mathcal{P}$ dans chacun des cas suivants.

a) $\mathcal{P}$ est le plan contenant la droite Δ définie par $A(1\ ;1\ ;2)$ et le vecteur $\vec{u}(-1\ ;1\ ;1)$ et orthogonal au plan Π d'équation $x-y+z+2=0$.

On pourra d'abord déterminer un vecteur $\vec{v}$ non nul orthogonal à $\vec{u}$ et à $\vec{n}(1\ ;-1\ ;1)$.

b) $\mathcal{P}$ est le plan passant par le point $A(-1\ ;0\ ;2)$ et contenant la droite Δ de représentation paramétrique :

$$\begin{cases} x = 1-2t \\ y = t \\ z = 3+t \end{cases} ;\quad t \in \mathbb{R}.$$

13 Distance d'un point à une droite

★★ 15 min ➲ Corrigé p. 116

L'espace est muni d'un repère orthonormé $(O\ ;\ \vec{i}, \vec{j}, \vec{k})$.

On demande de déterminer une équation cartésienne du plan $\mathcal{P}$ dans chacun des cas suivants.

1. $\mathcal{P}$ est le plan passant par $A(1\ ;0\ ;2)$ et orthogonal à la droite passant par les deux points $B(2\ ;-1\ ;0)$ et $C(1\ ;1\ ;1)$.

2. a) $\mathcal{P}$ est le plan passant par $A(1\ ;-1\ ;1)$ et orthogonal à la droite Δ intersection des deux plans Π et Π' d'équations :

$$x+2y+z-1=0 \quad \text{et} \quad 2x-y+z+2=0.$$

b) Déterminer les coordonnées du projeté orthogonal H de A sur la droite Δ. En déduire la distance du point A à la droite Δ.

Indication
Le point H est l'intersection de la droite Δ et du plan perpendiculaire à Δ passant par A.

14 Plans orthogonaux

★★ 15 min ➲ Corrigé p. 117

L'espace est muni d'un repère orthonormé $(O\ ;\ \vec{i}, \vec{j}, \vec{k})$. Soit $\mathcal{P}$ et $\mathcal{F}'$ les plans d'équations respectives :

$$4x+3y+1=0 \quad \text{et} \quad 6x-3y+2z+2=0.$$

Démontrer que l'ensemble des points de l'espace équidistants des deux plans précédents est la réunion de deux plans Π et Π'.

Démontrer que les deux plans Π et Π' sont orthogonaux.

Sujets de type BAC

15 Section d'un cube. Perpendiculaire commune à deux droites

★★★ 1 h Corrigé p. 118

ABCDEFGH désigne un cube de côté 1.
Le point I est le milieu du segment [BF].
Le point J est le milieu du segment [BC].
Le point K est le milieu du segment [CD].

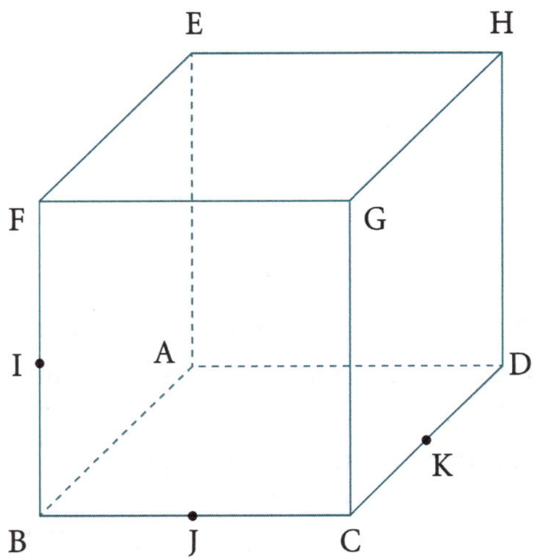

Partie A

Dans cette partie, on ne demande aucune justification.

On admet que les droites (IJ) et (CG) sont sécantes en un point L.

Construire, sur la figure ci-dessus et en laissant apparents les traits de construction :

- le point L ;
- l'intersection $\mathscr{D}$ des plans (IJK) et (CDH) ;
- la section du cube par le plan (IJK).

Partie B

L'espace est rapporté au repère $(A ; \overrightarrow{AB}, \overrightarrow{AD}, \overrightarrow{AE})$.

1. Donner les coordonnées de A, G, I, J et K dans ce repère.

2. a) Montrer que le vecteur $\overrightarrow{AG}$ est normal au plan (IJK).

b) En déduire une équation cartésienne du plan (IJK).

3. On désigne par M un point du segment [AG] et t le réel de l'intervalle [0 ; 1] tel que $\overrightarrow{AM} = t\overrightarrow{AG}$.

Démontrer que $MI^2 = 3t^2 - 3t + \frac{5}{4}$.

Démontrer que la distance MI est minimale pour le point :

$$M\left(\frac{1}{2}\,;\frac{1}{2}\,;\frac{1}{2}\right).$$

4. Démontrer que pour ce point $M\left(\frac{1}{2}\,;\frac{1}{2}\,;\frac{1}{2}\right)$:

M appartient au plan (IJK).

La droite (IM) est perpendiculaire aux droites (AG) et (BF).

16 Perpendiculaire commune à deux droites

★★★ 1 h Corrigé p. 120

On se place dans l'espace muni d'un repère orthonormé dont l'origine est le point A.

On considère les points :

$$B(10\,;-8\,;2),\ C(-1\,;-8\,;5)\ \text{et}\ D(14\,;4\,;8).$$

1. a) Déterminer un système d'équations paramétriques de chacune des droites (AB) et (CD).

b) Vérifier que les droites (AB) et (CD) ne sont pas coplanaires.

2. On considère le point I de la droite (AB) d'abscisse 5 et le point J de la droite (CD) d'abscisse 4.

a) Déterminer les coordonnées des points I et J et en déduire la distance IJ.

b) Démontrer que la droite (IJ) est perpendiculaire aux droites (AB) et (CD).

La droite (IJ) est appelée perpendiculaire commune aux droites (AB) et (CD).

3. Cette question a pour but de vérifier que la distance IJ est la distance minimale entre les droites (AB) et (CD).

Sur le schéma ci-après on a représenté les droites (AB) et (CD), les points I et J, et la droite Δ parallèle à la droite (CD) passant par I.

On considère un point M de la droite (AB) distinct du point I.

On considère un point M′ de la droite (CD) distinct du point J.

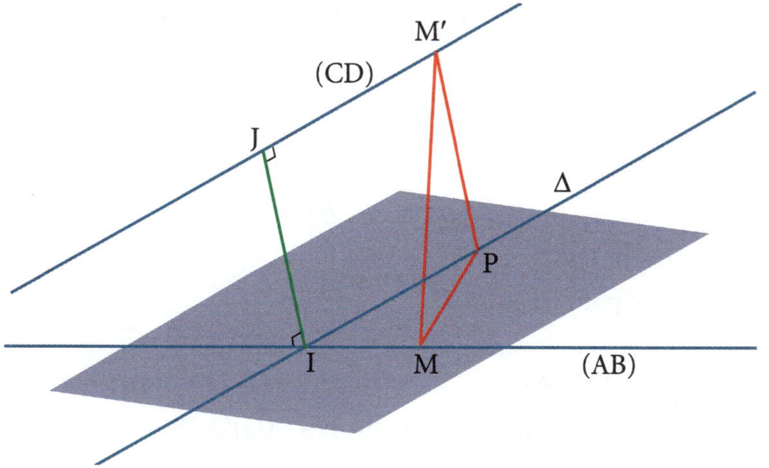

a) Justifier que la parallèle à la droite (IJ) passant par le point M′ coupe la droite Δ en un point que l'on notera P.

b) Démontrer que le triangle MPM′ est rectangle en P.

c) Justifier que $MM' > IJ$ et conclure.

17 Points équidistants de deux droites

★★★ 45 min ➔ Corrigé p. 125

On se propose dans ce problème d'étudier l'ensemble, noté Σ, des points de l'espace équidistants de deux droites $\mathcal{D}$ et $\mathcal{D}'$ non coplanaires et orthogonales.

L'espace est rapporté à un repère orthonormé $\mathcal{R} = (O\,;\,\vec{i}, \vec{j}, \vec{k})$.

La droite $\mathcal{D}$ passe par le point A de coordonnées (0 ; 0 ; 1) et admet le vecteur $\vec{u} = \vec{i} + \vec{j}$ pour vecteur directeur.

La droite $\mathcal{D}'$ passe par le point A′ de coordonnées (0 ; 0 ; – 1) et admet le vecteur $\vec{u}\,' = \vec{i} - \vec{j}$ pour vecteur directeur.

1. Vérifier que $\mathcal{D}$ et $\mathcal{D}'$ sont orthogonales et non coplanaires.

Démontrer que le point O appartient à Σ.

2. Démontrer qu'une représentation paramétrique de $\mathcal{D}$ est :

$$\begin{cases} x = t \\ y = t \\ z = 1 \end{cases}, \quad t \in \text{P}.$$

Soit $M(x\,;y\,;z)$ un point quelconque de l'espace.

Calculer la distance de M à la droite $\mathscr{D}$ en fonction de x, y et z.

3. Calculer de même la distance de M à la droite $\mathscr{D}'$.

4. En déduire que M appartient à Σ si et seulement si $xy + 2z = 0$.

18 Distance minimale

★★★ 45 min ➲ Corrigé p. 126

Dans l'espace muni d'un repère orthonormal, $(O\,;\vec{i},\vec{j},\vec{k})$, on considère les points A, B et C de coordonnées $(0\,;6\,;0)$, $(0\,;0\,;8)$ et $(4\,;0\,;8)$.

1. a) Faire une figure que l'on complétera au fur et à mesure (unité graphique : 1 cm).

b) Démontrer que :

- les droites (BC) et (BA) sont orthogonales ;
- les droites (CO) et (OA) sont orthogonales ;
- la droite (BC) est orthogonale au plan (OAB).

> **Indication**
> Revoir la formule du volume d'un tétraèdre.

c) Déterminer, en cm^3, le volume du tétraèdre OABC.

d) Démontrer que les quatre points O, A, B et C se trouvent sur une sphère dont on déterminera le centre et le rayon.

2. À tout réel a de l'intervalle ouvert $]0\,;8[$ est associé le point $M(0\,;0\,;a)$. Le plan Π qui contient M et est orthogonal à la droite (OB) rencontre les droites (OC), (AC) et (AB) respectivement en N, P et Q.

a) Déterminer la nature du quadrilatère MNPQ.

b) La droite (PM) est-elle orthogonale à la droite (OB) ? Pour quelle valeur de a, la droite (MP) est-elle orthogonale à la droite (AC) ?

c) Déterminer MP^2 en fonction de a.

Pour quelle valeur de a, la distance MP est-elle minimale ?

CORRIGÉS

Questions courtes

1 Partie A

1. Le vecteur $\vec{n}$ est normal au plan $\mathcal{P}_1$.

Le vecteur $\vec{u_1}(2, 3, 4)$ est normal au plan $\mathcal{P}_1$ d'équation :

$$2x + 3y + 4z - 1 = 0.$$

Or $\vec{n} = \frac{1}{2}\vec{u_1}$, donc $\vec{n}$ est également normal au plan $\mathcal{P}_1$.

L'affirmation de l'énoncé est vraie.

2. Parallélisme des plans $\mathcal{P}_1$ et $\mathcal{P}_2$

Les vecteurs $\vec{u_1}(2, 3, 4)$ et $\vec{u_2}(1, 2, 1)$ sont normaux à $\mathcal{P}_1$ et $\mathcal{P}_2$ respectivement. Si ces plans étaient parallèles, les vecteurs seraient colinéaires, ce qui n'est pas le cas.

Donc les plans $\mathcal{P}_1$ et $\mathcal{P}_2$ ne sont pas parallèles.

L'affirmation de l'énoncé est fausse.

3. Intersection des plans $\mathcal{P}_1$ et $\mathcal{P}_2$

Les plans $\mathcal{P}_1$ et $\mathcal{P}_2$ ne sont pas parallèles, donc ils sont sécants. Le point $M(x, y, z)$ appartient à $\mathcal{P}_1 \cap \mathcal{P}_2$ si et seulement si :

$$\begin{cases} 2x + 3y + 4z - 1 = 0 \\ x + 2y + 2z = 0 \end{cases}$$

$$\Leftrightarrow \begin{cases} z = -x - 2y \\ 2x + 3y - 4x - 8y - 1 = -2x - 5y - 1 = 0 \end{cases}$$

$$\Leftrightarrow \begin{cases} x = -\frac{5}{2}y - \frac{1}{2} \\ z = \frac{5}{2}y + \frac{1}{2} - 2y = \frac{1}{2}y + \frac{1}{2} \end{cases}$$

Une représentation paramétrique de $\mathcal{P}_1 \cap \mathcal{P}_2$ est :

$$\begin{cases} x = -\frac{5}{2}y - \frac{1}{2} \\ y = y, \qquad y \in \mathbb{R}. \\ z = \frac{1}{2}y + \frac{1}{2} \end{cases}$$

Un vecteur directeur de $\mathcal{P}_1 \cap \mathcal{P}_2$ est $\vec{w}\left(-\frac{5}{2}, 1, \frac{1}{2}\right)$.

Donc $\vec{u} = 2\vec{w}$ est un vecteur directeur de $\mathcal{P}_1 \cap \mathcal{P}_2$.

L'affirmation de l'énoncé est vraie.

Partie B

1. Appartenance des points R, S, T à $\mathcal{P}$

On teste si les coordonnées des points vérifient l'équation de $\mathcal{P}$:

$$2 \times 2 + 2 \times 4 - 1 - 1 = 0$$

$$2 \times 0 + 2 \times 4 + 3 - 11 = 0$$

$$2 \times 3 + 2 \times 1 + 3 - 11 = 0.$$

Or le plan $\mathcal{P}$ a pour vecteur normal $\vec{n}(2, 2, 1)$.

Donc l'affirmation de l'énoncé est vraie.

2. Orthogonalité de [TU] et [RS] et représentation paramétrique de [RU]

Le vecteur $\overrightarrow{TU}$ a pour coordonnées $(-2, -1, 1)$ et le vecteur $\overrightarrow{RS}$ a pour coordonnées $(-2, 0, -4)$.

Or $\overrightarrow{TU} \cdot \overrightarrow{RS} = 4 + 0 - 4 = 0$, donc les droites (TU) et (RS) sont orthogonales.

Considérons le point C de coordonnées $(-1, -1, 1)$. Le vecteur $\overrightarrow{TC}$ a pour coordonnées $(-4, -2, 4)$. Les vecteurs $\overrightarrow{TC}$ et $\overrightarrow{TU}$ ne sont pas colinéaires, donc C n'appartient pas à la droite (TU).

Donc (TU) n'a pas pour représentation paramétrique $\begin{cases} x = -1 + 2t \\ y = -1 + t \\ z = 1 - t \end{cases}$ car une telle droite passe par le point $C(t = 0)$.

L'affirmation de l'énoncé est fausse.

3. Projeté orthogonal de U sur le plan $\mathcal{P}$

Le vecteur $\overrightarrow{UV}$ a pour coordonnées $(2, 2, 1)$. Si V était le projeté orthogonal de U sur $\mathcal{P}$, le vecteur $\overrightarrow{UV}$ serait normal à $\mathcal{P}$, donc colinéaire à $\vec{n}$, ce qui n'est pas le cas. **L'affirmation de l'énoncé est fausse.**

Partie C

1. Vecteur directeur de D_1

D_1 a pour équations paramétriques $\begin{cases} x = 1 + 1 \times t \\ y = 0 + 1 \times t, \quad t \in \mathbb{R}. \\ z = -5 + 1 \times t \end{cases}$

Donc le vecteur $\vec{u}(1, 1, 1)$ est un vecteur directeur de D_1.

L'affirmation de l'énoncé est exacte.

2. Le point (5, 1, – 3) appartient à D_2

Pour $k = -3$, les équations paramétriques de D_2 sont $\begin{cases} x = 5 \\ y = 1 \\ z = -3 \end{cases}$.

Donc le point de coordonnées (5, 1, – 3) appartient à D_2.

L'affirmation de l'énoncé est exacte.

3. Parallélisme de la droite (MN) et du plan Q

Le vecteur $\overrightarrow{MN}$ a pour coordonnées $(7 + k - t, 4 + k - t, 2 - t)$.
Un vecteur de coordonnées (x, y, z) a une direction parallèle à $\mathcal{P}$ si, et seulement si, $2x - 3y + 2z = 0$.
Ainsi (MN) est parallèle à $\mathcal{P}$ si, et seulement si :

$$2(7 + k - t) - 3(4 + k - t) + 2(2 - t) = 0.$$
$$-k - t + 6 = 0 \text{ soit } k + t = 6.$$

L'affirmation de l'énoncé est exacte.

2 **1.** Le plan $\mathcal{P}$ a pour vecteur normal $\vec{n}$ de coordonnées (1 ; 2 ; 2).
H est le projeté orthogonal du point A sur le plan $\mathcal{P}$ si et seulement si $H \in \mathcal{P}$ et $\overrightarrow{AH}$ est colinéaire à $\vec{n}$.

Dans **a)**, $\overrightarrow{AH}$ a pour coordonnées $(x_H - x_A ; y_H - y_A ; z_H - z_A)$

soit $\left(\frac{11}{3} - 3 ; \frac{1}{3} - 1 ; \frac{1}{3} - 3\right) = \left(\frac{2}{3} ; -\frac{2}{3} ; -\frac{8}{3}\right)$

$$\left(\frac{2}{3} ; -\frac{2}{3} ; -\frac{8}{3}\right) = \frac{2}{3}(1 ; -1 ; -4).$$

$\overrightarrow{AH}$ n'est pas colinéaire à $\vec{n}(1 ; 2 ; 2)$.

a) est fausse.

Dans **b)**, $\overrightarrow{AH}$ a pour coordonnées :

$$\left(\frac{8}{3} - 3 ; \frac{1}{3} - 1 ; \frac{7}{3} - 3\right) = \left(-\frac{1}{3} ; -\frac{2}{3} ; -\frac{2}{3}\right)$$

donc : $$\overrightarrow{AH} = -\frac{1}{3}\vec{n}.$$

De plus, $x_H + 2y_H + 2z_H = \frac{8}{3} + 2 \times \frac{1}{3} + 2 \times \frac{7}{3} = \frac{24}{3} = 8.$

Les coordonnées de H ne vérifient pas l'équation du plan $\mathcal{P}$ donc H n'est pas le projeté orthogonal de A sur $\mathcal{P}$.

b) est fausse.

Donc **c)**, $\overrightarrow{AH}$ a pour coordonnées :

$$\left(\frac{7}{3}-3\,;-\frac{1}{3}-1\,;\frac{5}{3}-3\right)=\left(-\frac{2}{3}\,;-\frac{4}{3}\,;-\frac{4}{3}\right)$$

donc : $$\overrightarrow{AH}=-\frac{2}{3}(1\,;2\,;2)=-\frac{2}{3}\vec{n}.$$

De plus, $x_H+2y_H+2z_H=\frac{7}{3}+2\times\left(-\frac{1}{3}\right)+2\times\frac{5}{3}=\frac{15}{3}=5$

donc les coordonnées de H vérifient l'équation de $\mathcal{P}$.

c) est vraie.

2. La position de la sphère de centre B de rayon 1, par rapport au plan $\mathcal{P}$ est déterminée par la distance du point B au plan $\mathcal{P}$.

Étant donnés un plan $\mathcal{P}$ d'équation $ax+by+cz+d=0$ et un point M_0 de coordonnées $(x_0\,;y_0\,;z_0)$, la distance de M_0 à $\mathcal{P}$ est :

$$d=\frac{|ax_0+by_0+cz_0+d|}{\sqrt{a^2+b^2+c^2}}.$$

La distance de $B(-6\,;2\,;1)$ à $\mathcal{P}$ d'équation $x+2y+2z-5=0$ est :

$$d=\frac{|-6+2\times2+2\times1-5|}{\sqrt{1+2^2+2^2}}=\frac{5}{3}.$$

Puisque la distance du point B au plan $\mathcal{P}$ est supérieure au rayon de la sphère, la sphère ne coupe pas le plan $\mathcal{P}$.

c) est vraie, **a)** et **b)** sont fausses.

3. Au vu de la représentation paramétrique de $\mathcal{D}'$, $\mathcal{D}'$ passe par $A'(3\,;3\,;0)$ et a pour vecteur directeur $\vec{u}\,'(2\,;1\,;1)$.

$\vec{u}$ et $\vec{u}\,'$ n'étant pas colinéaires, $\mathcal{D}$ et $\mathcal{D}'$ ne sont pas parallèles.

a) est fausse.

$\vec{u}$ et $\vec{u}\,'$ n'étant pas colinéaires, on considère le plan $\mathcal{P}'$ passant par A, de vecteurs directeurs $\vec{u}$ et $\vec{u}\,'$.

La droite $\mathcal{D}$ est incluse dans ce plan.

Si $\mathcal{D}$ et $\mathcal{D}'$ sont sécantes au point I, I appartient à $\mathcal{D}$ donc à $\mathcal{P}'$.

CORRIGÉS

La droite $\mathcal{D}'$ passe par I (appartenant à($\mathcal{P}'$) et a pour vecteur directeur $\vec{u}\,'$ donc $\mathcal{D}'$ est incluse dans $\mathcal{P}'$ donc A′ appartient à $\mathcal{P}'$.

Réciproquement, si A′ appartient à $\mathcal{P}'$, $\mathcal{D}$ et $\mathcal{D}'$ sont incluses dans $\mathcal{P}$ où elles sont sécantes puisqu'elles ne sont pas parallèles.

En conclusion $\mathcal{D}$ et $\mathcal{D}'$ sont coplanaires si et seulement si A′ appartient à $\mathcal{P}'$ défini par $(A ; \vec{u}, \vec{u}\,')$.
A′ appartient à $\mathcal{P}'$ si et seulement si il existe 2 réels a et b tels que :

$$\overrightarrow{AA'} = a\vec{u} + b\vec{u}\,'.$$

$\overrightarrow{AA'}$ a pour coordonnées $(3 - 3 ; 3 - 1 ; 0 - 3) = (0 ; 2 ; -3)$
$a\vec{u} + b\vec{u}\,'$ a pour coordonnées $(a + 2b ; 2a + b ; -a + b)$.

On résout le système (S) $\begin{cases} a + 2b = 0 \\ 2a + b = 2 \\ -a + b = -3 \end{cases}$.

(S) équivaut à $\begin{cases} a = -2b \\ -4b + b = 2 \\ 2b + b = -3 \end{cases}$ et à $\begin{cases} a = -2b \\ b = -\dfrac{2}{3} \\ b = -1 \end{cases}$.

Ce système n'a pas de solutions, b ne peut être égal en même temps à (-1) et $\left(-\dfrac{2}{3}\right)$. Donc A′ n'appartient pas à $\mathcal{P}'$. $\mathcal{D}$ et $\mathcal{D}'$ ne sont pas coplanaires.

a) et **b)** sont fausses et **c)** est vraie.

4. L'ensemble des points M de l'espace équidistants de A et B est un plan : le plan médiateur de [AB], qui passe par I milieu de [AB] et a pour vecteur normal $\overrightarrow{AB}$.
$\overrightarrow{AB}$ a pour coordonnées $(-6 - 3 ; 2 - 1 ; 1 - 3) = (-9 ; 1 ; -2)$.

I a pour coordonnées, $\left(\dfrac{x_A + x_B}{2} ; \dfrac{y_A + y_B}{2} ; \dfrac{z_A + z_B}{2}\right)$

soit : $$\left(-\frac{3}{2} ; \frac{3}{2} ; 2\right).$$

a) est faux l'ensemble des points équidistants de A et B n'étant pas une droite.

c) est faux, le plan proposé ayant pour vecteur normal $\vec{u}\,(1 ; 7 ; -1)$ non colinéaire à $\overrightarrow{AB}$.

Dans **b)**, le plan proposé a pour) vecteur normal $\vec{n}(9\,;-1\,;2)$, $\vec{n}=-\overrightarrow{AB}$ et

$$9x_1-y_1+2z_1+11=9\times\left(-\frac{3}{2}\right)-\frac{3}{2}+2\times2+11=0$$

donc I appartient au plan.

Le plan proposé est bien le plan médiateur de [AB].

a) et **c)** sont fausses et **b)** est vraie.

3 Les vecteurs $\vec{n}(2\,;-1\,;-1)$, $\vec{n}'(-4\,;2\,;2)$ et $\vec{n}''(1\,;0\,;2)$ sont respectivement orthogonaux aux plans $\mathscr{P}$, $\mathscr{P}'$ et $\mathscr{P}''$.

Comme $\vec{n}$ et $\vec{n}'$ sont colinéaires, **les plans $\mathscr{P}$ et $\mathscr{P}'$ sont parallèles.**

> **Remarque**
> $\vec{n}'=-2\vec{n}$.

Comme $\vec{n}\cdot\vec{n}''=0$, **les plans $\mathscr{P}$ et $\mathscr{P}''$ et $\mathscr{P}'$ et $\mathscr{P}''$ sont orthogonaux.**

4 La droite (AB) est dirigée par le vecteur $\overrightarrow{AB}(-3\,;1\,;1)$. Le vecteur $\vec{n}(1\,;2\,;1)$ est normal au plan $\mathscr{P}$.

Comme $\overrightarrow{AB}\cdot\vec{n}=0$, **la droite (AB) est parallèle au plan $\mathscr{P}$.**

5 La distance d du point A au plan $\mathscr{P}$ est donnée par la formule :

$$d=\frac{|2\times3+1\times(-1)+(-1)\times2+3|}{\sqrt{2^2+(-1)^2+1^2}}=\frac{6}{\sqrt{6}}$$

$$d=\sqrt{6}.$$

Exercices d'entraînement

6 **1.** Un point M de coordonnées $(x\,;y\,;z)$ de l'espace $\mathscr{E}$ appartient à la droite $\mathscr{D}$ si, et seulement si, les vecteurs $\overrightarrow{AM}$ et $\vec{u}$ sont colinéaires, ce qui s'écrit, le vecteur $\vec{u}$ étant non nul :

> **Remarque**
> Le réel t (le paramètre) est le coefficient de colinéarité : $\overrightarrow{AM}=t\vec{u}$.

$$\mathrm{M}\in\mathscr{D}\Leftrightarrow \text{il existe } t\in\mathbb{R}\ \begin{cases}x-1=-3t\\ y=t\\ z-1=0\end{cases}.$$

CORRIGÉS

Une représentation paramétrique de $\mathscr{D}$ est donc :

$$\begin{cases} x = 1 - 3t \\ y = t \\ z = 1 \end{cases}, t \in \mathbb{R}.$$

2. Le point M de paramètre t de la droite $\mathscr{D}$ appartient à $\mathscr{P}$ si, et seulement si, ses coordonnées vérifient l'équation donnée de $\mathscr{P}$, soit :

$$1 - 3t - t + 3 = 2 \Leftrightarrow t = \frac{1}{2}.$$

Les coordonnées de I sont donc :

$$x = -\frac{1}{2}; \quad y = \frac{1}{2}; \quad z = 1.$$

$\overrightarrow{OA'} = 2\overrightarrow{OI} - \overrightarrow{OA}$, d'où les coordonnées $(x' ; y' ; z')$ de A′ :

$$\begin{cases} x' = -2 \\ y' = 1 \\ z' = 1. \end{cases}$$

Rappel
$\vec{IA} + \vec{IA'} = \vec{0}$, donc :
$\vec{IO} + \vec{OA} + \vec{IO} + \vec{OA'} = \vec{0}$.

7 **1.** Un point M de coordonnées $(x ; y ; z)$ de l'espace $\mathscr{E}$ appartient à la droite $\mathscr{D}$ si, et seulement si, les vecteurs $\overrightarrow{AM}$ et $\overrightarrow{AB}$ sont colinéaires, ce qui s'écrit :

$$M \in \mathscr{D} \Leftrightarrow \text{ il existe } t \in \mathbb{R}, \begin{cases} x - 1 = -2t \\ y - 1 = t \\ z - 2 = -t. \end{cases}$$

Rappel
Le vecteur $\vec{AB}$ a pour coordonnées $(-2 ; 1 ; -1)$.

Une représentation paramétrique de $\mathscr{D}$ est donc :

$$\begin{cases} x = 1 - 2t \\ y = 1 + t \\ z = 2 - t \end{cases}, t \in \mathbb{R}.$$

2. Un point M de $\mathscr{D}$ appartient au plan $(O ; \vec{i}, \vec{j})$ si, et seulement si, sa cote z est nulle, ce qui se produit pour $t = 2$. **Les coordonnées du point d'intersection de $\mathscr{D}$ et du plan $(O ; \vec{i}, \vec{j})$ sont donc $(-3 ; 3 ; 0)$.**
En procédant de façon analogue, on voit que le paramètre du point d'intersection de $\mathscr{D}$ avec le plan $(O ; \vec{j}, \vec{k})$ est $t = \frac{1}{2}$.

Les coordonnées du point d'intersection de $\mathcal{D}$ avec le plan $(O ; \vec{j}, \vec{k})$ sont $\left(0 ; \frac{3}{2} ; \frac{3}{2}\right)$. De même, le paramètre du point d'intersection de $\mathcal{D}$ avec le plan $(O ; \vec{i}, \vec{k})$ est $t = -1$ et **les coordonnées du point d'intersection de $\mathcal{D}$ avec le plan $(O ; \vec{i}, \vec{k})$ sont $(3 ; 0 ; 3)$.**

8 La droite (AB) est l'ensemble des points $M(x ; y ; z)$ tels que :

$$\overrightarrow{AM} = \lambda\overrightarrow{AB}$$

(λ décrivant $\mathbb{R}$) soit :

$$\begin{pmatrix} x-1 \\ y-1 \\ z-1 \end{pmatrix} = \lambda\begin{pmatrix} 0-1 \\ 2-1 \\ 3-1 \end{pmatrix} \Leftrightarrow \begin{cases} x = 1-\lambda \\ y = 1+\lambda \\ z = 1+2\lambda. \end{cases}$$

Un point $C(x ; y ; z)$ de la droite (AB) appartient à $\mathcal{P}$ si et seulement si :

$$\begin{cases} x = 1-\lambda \\ y = 1+\lambda \\ z = 1+2\lambda \\ 2x+y-z+4 = 0. \end{cases}$$

Le paramètre λ associé à C est solution de l'équation :

$$2(1-\lambda)+(1+\lambda)-(1+2\lambda)+4 = 0.$$

D'où $\lambda = 2$ et $\boxed{C(-1 ; 3 ; 5).}$

Méthode

Pour déterminer les coordonnées du point d'intersection d'une droite et d'un plan, le plus efficace est d'écrire les équations paramétriques de la droite et une équation cartésienne du plan.

9 **1.** $\overrightarrow{AB}\begin{pmatrix} -1 \\ 1 \\ -1 \end{pmatrix}$, $\overrightarrow{AC}\begin{pmatrix} 0 \\ -1 \\ 0 \end{pmatrix}$,

Par exemple, $(-1)(-1)-(1)(0) = 1$, donc $\overrightarrow{AB}$ et $\overrightarrow{AC}$ ne sont pas colinéaires.
Les points A, B, C ne sont pas alignés.

2. $M(x ; y ; z)$ appartient au plan (ABC) si et seulement s'il existe $(\lambda ; \lambda') \in \mathbb{R}^2$ tel que :

$$\overrightarrow{AM} = \lambda\overrightarrow{AB}+\lambda'\overrightarrow{AC},$$

$$\begin{pmatrix} x-1 \\ y \\ z \end{pmatrix} = \lambda\begin{pmatrix} -1 \\ 1 \\ -1 \end{pmatrix} + \lambda'\begin{pmatrix} 0 \\ -1 \\ 0 \end{pmatrix}$$

CORRIGÉS

CORRIGÉS

$$(1)\quad \begin{cases} x = 1-\lambda \\ y = \lambda - \lambda' \\ z = -\lambda \end{cases} (\lambda\,;\lambda') \in \mathbb{R}^2.$$

Remarque
(1) est une représentation paramétrique du plan (ABC).

3. Une relation entre les coordonnées, indépendante de λ et λ', est :

$$x = 1 + z$$

c'est-à-dire :

$$(2) \quad x - z - 1 = 0.$$

Réciproquement, soit un point $M(x\,;y\,;z)$ tel qu'on ait (2).
En prenant $\lambda = -z$ et $\lambda' = \lambda - y$, on a (1).
Une équation cartésienne du plan (ABC) est donc :

$$x - z - 1 = 0.$$

10 **1.** Les vecteurs $\vec{u}$ et $\vec{u}\,'$ ne sont pas colinéaires, donc $\mathcal{P}$ existe et est unique. $\mathcal{P}$ est parallèle à $\mathcal{D}$ si et seulement s'il contient une parallèle à $\mathcal{D}$ et le plan $\mathcal{P}$ est parallèle à $\mathcal{D}'$ si et seulement s'il contient une parallèle à $\mathcal{D}'$.

Donc $\mathcal{P}$ est le plan contenant les deux droites Δ et Δ' passant par B et parallèles respectivement à $\mathcal{D}$ et $\mathcal{D}'$.

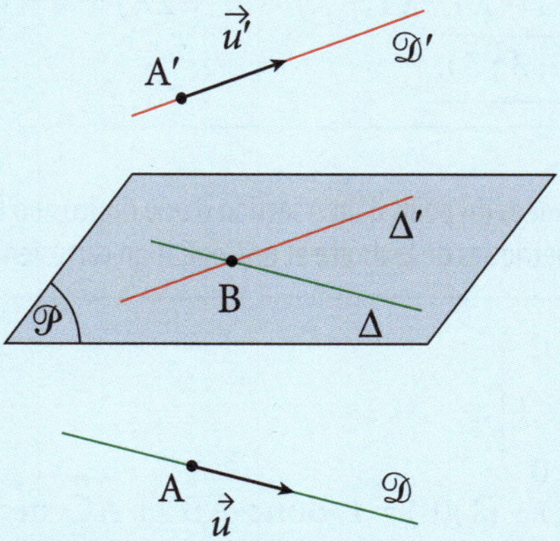

2. $M(x\,;y\,;z)$ appartient à $\mathcal{P}$ si et seulement si :

$$\overrightarrow{BM} = \lambda\vec{u} + \lambda'\vec{u}\,',\ (\lambda\,;\lambda') \in \mathbb{R}^2$$

$$\begin{pmatrix} x-2 \\ y+1 \\ z-3 \end{pmatrix} = \lambda \begin{pmatrix} 1 \\ 1 \\ 1 \end{pmatrix} + \lambda' \begin{pmatrix} -1 \\ 0 \\ 5 \end{pmatrix},\ (\lambda\,;\lambda') \in \mathbb{R}^2$$

$$\begin{cases} x = 2 + \lambda - \lambda' \\ y = -1 + \lambda \\ z = 3 + \lambda + 5\lambda' \end{cases}, (\lambda ; \lambda') \in \mathbb{R}^2.$$

11 **1.** Pour tout m, $mx - y + (2 - m)z + m + 4 = 0$ est une équation d'un plan car le coefficient de y est non nul.

Pour tout m, $mx - y + (2 - m)z + m + 4 = 0$ est équivalente à :

$$m(x - z + 1) - y + 2z + 4 = 0.$$

Méthode

$ax + by + cz + d = 0$ est l'équation d'un plan si $(a ; b ; c) \neq (0 ; 0 ; 0)$, toujours le vérifier.

Cette équation est vérifiée quel que soit m si et seulement si :

$$\begin{cases} x - z + 1 = 0 \\ -y + 2z + 4 = 0 \end{cases} \text{ c'est-à-dire } \begin{cases} x = -1 - z \\ y = 4 + 2z \\ z = z \end{cases}.$$

On reconnaît, sous cette dernière forme, une représentation paramétrique de droite $\mathcal{D}$ passant par A(– 1 ; 4 ; 0) et de vecteur $\vec{u}\,(1 ; 2 ; 1)$, le paramètre étant z.

Les plans $\mathcal{P}_m$ contiennent donc tous cette droite $\mathcal{D}(\mathrm{A} ; \vec{u})$.

Point méthode

Dire qu'une équation $Am + B = 0$ est vérifiée pour tout m, équivaut à dire que cette équation admet une infinité de solutions, ce qui est équivalent à écrire $A = B = 0$.

2. La droite Δ_m passe par le point B d'intersection de $\mathcal{D}$ et $\mathcal{P}'$. Les coordonnées x, y, z de B sont solutions du système :

$$\begin{cases} x = -1 + z \\ y = 4 + 2z \\ x + y + z = 1 \end{cases} \text{ soit : } \boxed{\mathrm{B}\left(-\frac{3}{2} ; 3 ; -\frac{1}{2}\right).}$$

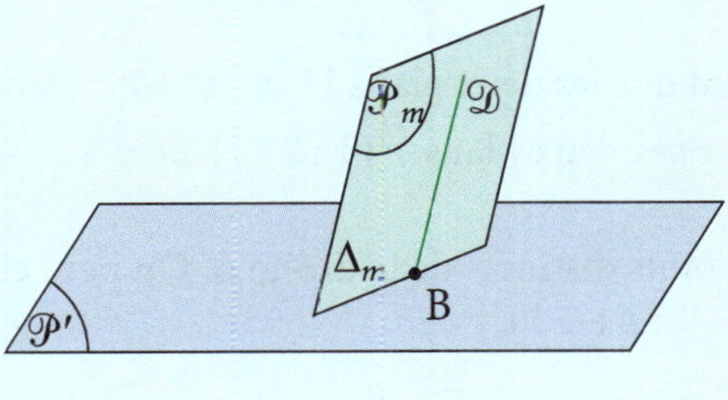

CORRIGÉS

12 a) Le vecteur $\vec{n}(1\,;-1\,;1)$ est orthogonal au plan Π. Le plan $\mathcal{P}$ cherché est donc le plan $(A\,;\vec{u}\,;\vec{n})$. Un vecteur $\vec{v}(\alpha\,;\beta\,;\gamma)$ est orthogonal à $\vec{u}$ et à $\vec{n}$ si et seulement si $\begin{cases}\vec{v}\cdot\vec{u}=0\\ \vec{v}\cdot\vec{n}=0\end{cases}$ soit $\begin{cases}-\alpha+\beta+\gamma=0\\ \alpha-\beta+\gamma=0\end{cases}$.

On peut prendre le vecteur $\vec{v}(1\,;1\,;0)$.

Le plan $\mathcal{P}$ est le plan passant par A et admettant $\vec{v}$ pour vecteur normal. Il admet donc pour équation cartésienne $(x-1)+(y-1)=0$ soit :

$$\boxed{x+y-2=0.}$$

b) La droite Δ passe par le point $B(1\,;0\,;3)$, elle est dirigée par le vecteur $\vec{u}(-2\,;1\,;1)$. Le plan $\mathcal{P}$ est donc le plan $(A\,;\overrightarrow{AB},\vec{u})$. On cherche un vecteur $\vec{v}(\alpha\,;\beta\,;\gamma)\neq\vec{0}$ orthogonal aux deux vecteurs $\overrightarrow{AB}(2\,;0\,;1)$ et $\vec{u}$.

$$\begin{cases}\vec{v}\cdot\overrightarrow{AB}=0\\ \vec{v}\cdot\vec{u}=0\end{cases}\Leftrightarrow\begin{cases}2\alpha+\gamma=0\\ -2\alpha+\beta+\gamma=0\end{cases}.$$

On peut prendre le vecteur $\vec{v}(1\,;4\,;-2)$.

Le plan $\mathcal{P}$ passe par A et admet le vecteur $\vec{v}$ pour vecteur normal. Il admet donc pour équation cartésienne $(x+1)+4y-2(z-2)=0$ soit :

$$\boxed{x+4y-2z+5=0.}$$

13 1. Le vecteur $\overrightarrow{BC}$ a pour coordonnées $(-1\,;2\,;1)$. Le plan $\mathcal{P}$ est le plan passant par A et admettant pour vecteur normal $\overrightarrow{BC}$, il admet donc pour équation :

Remarque

Le vecteur $\overrightarrow{BC}$ est non nul.

$$-(x-1)+2y+(z-2)=0$$

$$\boxed{x-2y-z+1=0.}$$

2. a) Notons d'abord que les deux plans Π et Π′ sont bien sécants puisque les vecteurs normaux à ces deux plans $\vec{n}(1\,;2\,;1)$ et $\vec{n}'(2\,;-1\,;1)$ ne sont pas colinéaires.

On cherche deux points distincts de la droite Δ. On peut choisir, par exemple, $B(-3\,;0\,;4)$ et $C(0\,;1\,;-1)$.

On est maintenant ramené au problème traité à la question précédente : déterminer une équation du plan passant par A et orthogonal à la droite (BC). Le vecteur $\overrightarrow{BC}(3\ ;1\ ;-5)$ est normal au plan $\mathcal{P}$ qui admet donc pour équation :

$$3(x-1)+(y+1)-5(z-1)=0$$

$$\boxed{3x+y-5z+3=0.}$$

b) Le point H est l'intersection de la droite Δ et du plan $\mathcal{P}$. Ses coordonnées vérifient donc le système :

$$\begin{cases} x+2y+z-1=0 \\ 2x-y+z+2=0 \\ 3x+y-5z+3=0 \end{cases} \Leftrightarrow \begin{cases} x+2y+z-1=0 \\ -5y-z+4=0 \\ -5y-8z+6=0 \end{cases} \Leftrightarrow \begin{cases} x+2y+z-1=0 \\ -5y-z+4=0 \\ 7z-2=0 \end{cases} \Leftrightarrow \begin{cases} x=-\dfrac{27}{35} \\ y=\dfrac{26}{35} \\ z=\dfrac{2}{7}. \end{cases}$$

Le vecteur $\overrightarrow{AH}$ a pour coordonnées $\left(-\dfrac{62}{35}\ ;\dfrac{61}{35}\ ;-\dfrac{5}{7}\right)$. La distance de A à la droite Δ est donc $AH=\dfrac{1}{35}\sqrt{62^2+61^2+25^2}$ soit :

$$\boxed{AH=3\sqrt{\frac{26}{35}}.}$$

14 Rappelons que la distance du point $M_0(x_0\ ;y_0\ ;z_0)$ au plan d'équation :

$$ax+by+cz+d=0,$$

est donnée par la formule :

$$\frac{|ax_0+by_0+cz_0+d|}{\sqrt{a^2+b^2+c^2}}.$$

Par conséquent, $M(x\ ;y\ ;z)$ est équidistant de $\mathcal{P}$ et $\mathcal{P}'$ si, et seulement si :

$$\frac{|4x+3y+1|}{5}=\frac{|6x-3y+2z+2|}{7}.$$

$$\begin{cases} 7(4x+3y+1)=5(6x-3y+2z+2) \\ \text{ou} \\ 7(4x+3y+1)=-5(6x-3y+2z+2). \end{cases}$$

Après simplification, on trouve donc que l'ensemble étudié est la réunion des deux plans Π et Π′ d'équations respectives :

$$2x-36y+10z+3=0 \text{ et } 58x+6y+10z+17=0.$$

Un vecteur normal au plan Π est $\vec{n}(2 ; -36 ; 10)$.
Un vecteur normal au plan Π' est $\vec{n}'(58 ; 6 ; 10)$.
Or $\vec{n}$ et $\vec{n}'$ sont orthogonaux puisque :

$$\vec{n} \cdot \vec{n}' = 2 \times 58 + (-36) \times 6 + 10 \times 10 = 0.$$

Les deux plans Π et Π' sont donc bien orthogonaux.

Remarque
Les plans Π et Π' sont appelés plans bissecteurs des deux plans $\mathscr{P}$ et $\mathscr{P}'$ Ils sont orthogonaux et contiennent tous deux la droite Δ intersection de $\mathscr{P}$ et $\mathscr{P}'$.

Sujets de type BAC

15 Partie A

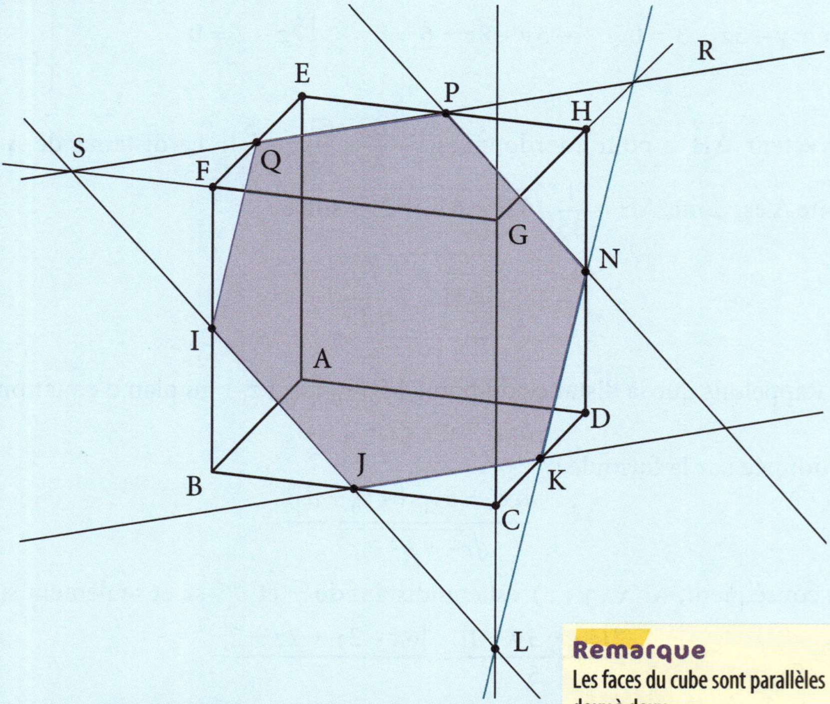

Les points L et K appartiennent aux plans (IJK) et (CDH), donc la droite $\mathscr{D}$ est la droite (LK).
Pour terminer la section du cube on utilise la propriété : un plan coupe 2 plans parallèles selon des droites parallèles, donc :

(NP) // (IJ), (PQ) // (KJ).

Remarque
Les faces du cube sont parallèles deux à deux.
On peut aussi faire apparaître le point S intersection de (IJ) avec (FG) et le point R intersection de (LK) avec (GH). Les points R, P, Q, S, sont alignés.

Partie B

1. Coordonnées des points A, G, I, J et K dans le repère $(A ; \overrightarrow{AB}, \overrightarrow{AD}, \overrightarrow{AE})$

$$A(0;0;0),\ G(1;1;1),\ I\left(1;0;\frac{1}{2}\right),\ J\left(1;\frac{1}{2};0\right),\ K\left(\frac{1}{2};1;0\right).$$

2. a) Le vecteur $\overrightarrow{AG}$ est normal au plan (IJK).

$\overrightarrow{AG}(1;1;1)$, $\overrightarrow{IJ}\left(0;\frac{1}{2};-\frac{1}{2}\right)$, $\overrightarrow{JK}\left(-\frac{1}{2};\frac{1}{2};0\right)$.

$\overrightarrow{AG}\cdot\overrightarrow{IJ} = 0+\frac{1}{2}-\frac{1}{2}=0$, $\overrightarrow{AG}\cdot\overrightarrow{JK} = -\frac{1}{2}+\frac{1}{2}=0$.

Le vecteur $\overrightarrow{AG}$ est orthogonal à 2 vecteurs non colinéaires du plan (IJK).

Donc $\overrightarrow{AG}$ est normal au plan (IJK).

> **Remarque**
> Les vecteurs $\overrightarrow{IJ}$ et $\overrightarrow{JK}$ ne sont pas colinéaires car il n'existe pas de réel λ tel que $\overrightarrow{JK} = \lambda\overrightarrow{IJ}$.

b) Équation cartésienne du plan (IJK)

Pour tout point $M(x ; y ; z)$ du plan (IJK) :

$$\overrightarrow{AG}\cdot\overrightarrow{IM} = 0$$

$$1(x-1)+1(y)+1\left(z-\frac{1}{2}\right)=0$$

$$x+y+z-\frac{3}{2}=0.$$

3. a) Pour tout t de $[0 ; 1]$, $MI^2 = 3t^2-3t+\frac{5}{4}$

Pour tout t de $[0 ; 1]$, on pose $\overrightarrow{AM} = t\overrightarrow{AG}$, donc $M(t ; t ; t)$. $\overrightarrow{MI}\left(t-1, t ; t-\frac{1}{2}\right)$, d'où :

$$MI^2 = (t-1)^2+t^2+\left(t-\frac{1}{2}\right)^2$$

$$= t^2-2t+1+t^2+t^2-t+\frac{1}{4}$$

$$MI^2 = 3t^2-3t+\frac{5}{4}.$$

> **Remarque**
> $3\left(t-\frac{1}{2}\right)^2+\frac{1}{2}$ est la forme canonique du trinôme $3t^2-3t+\frac{5}{4}$. On peut aussi étudier les variations sur $[0 ; 1]$ de cette fonction trinôme du second degré.

b) La longueur MI est minimale pour $M\left(\frac{1}{2}\,;\frac{1}{2}\,;\frac{1}{2}\right)$.

$MI^2 = 3(t^2 - t) + \frac{5}{4} = 3\left(t - \frac{1}{2}\right)^2 + \frac{1}{2}$.

Comme $\left(t - \frac{1}{2}\right)^2 \geqslant 0$, MI^2, donc MI (car positive), est minimale pour $t = \frac{1}{2}$, d'où :

$$\boxed{M\left(\frac{1}{2}\,;\frac{1}{2}\,;\frac{1}{2}\right).}$$

4. a) Le point M appartient au plan (IJK).

Une équation du plan (IJK) est $x + y + z - \frac{3}{2} = 0$.

Si $x = y = z = \frac{1}{2}$, alors $\frac{1}{2} + \frac{1}{2} + \frac{1}{2} - \frac{3}{2} = 0$, donc :

$$\boxed{M \in (IJK).}$$

b) La droite (IM) est perpendiculaire aux droites (AG) et (BF).

Les coordonnées des vecteurs $\overrightarrow{IM}$ et $\overrightarrow{AG}$ sont :

$$\overrightarrow{IM}\left(-\frac{1}{2}\,;\frac{1}{2}\,;0\right),\quad \overrightarrow{AG}(1\,;1\,;1)$$

donc $\overrightarrow{IM} \cdot \overrightarrow{AG} = -\frac{1}{2} + \frac{1}{2} + 0 = 0$.

Les droites (IM) et (AG) sont perpendiculaires car sécantes en M.
Les coordonnées du vecteur $\overrightarrow{BF}$ sont (0 ; 0 ; 1), d'où

$$\overrightarrow{IM} \cdot \overrightarrow{BF} = \left(-\frac{1}{2}\right) \times 0 + \left(\frac{1}{2}\right) \times 0 + 0 \times 1 = 0.$$

Les droites (IM) et (BF) sont perpendiculaires car sécantes en I.
La droite (IM) est la perpendiculaire commune aux droites (BF) et (AG).

16 1. a) Représentation paramétrique de la droite (AB)
La droite (AB) passe par le point A(0 ; 0 ; 0) et a pour vecteur directeur n'importe quel vecteur non nul colinéaire au vecteur $\overrightarrow{AB}$:

$$\overrightarrow{AB}(x_B - x_A\,;y_B - y_A\,;z_B - z_A) = (10\,;-8\,;2).$$

Le vecteur $\vec{u} = \frac{1}{2}\overrightarrow{AB}$ de coordonnées (5 ; – 4 ; 1) est donc un vecteur directeur de (AB).

Un point M(x ; y ; z) de l'espace appartient à (AB) si et seulement si il existe un réel t tel que :

$$\overrightarrow{AM} = t\vec{u} \Leftrightarrow \begin{pmatrix} x-0 \\ y-0 \\ z-0 \end{pmatrix} = t\begin{pmatrix} 5 \\ -4 \\ 1 \end{pmatrix}.$$

Un système d'équations paramétriques de (AB) est :

$$\begin{cases} x = 5t \\ y = -4t, \ t \in \mathbb{R}. \\ z = t \end{cases}$$

> **Remarque**
> Il existe une infinité de systèmes d'équations paramétriques de (AB).

• **Représentation paramétrique de la droite** (CD)

$\overrightarrow{CD}$ a pour coordonnées :

$$(x_D - x_C \,;\, y_D - y_C \,;\, z_D - z_C) = (14 - (-1) \,;\, 4 - (-8) \,;\, 8 - 5)$$
$$= (15 \,;\, 12 \,;\, 3) = 3(5 \,;\, 4 \,;\, 1).$$

Le vecteur $\vec{v} = \frac{1}{3}\overrightarrow{CD}$ de coordonnées (5 ; 4 ; 1) est un vecteur directeur de (CD).

M(x ; y ; z) appartient à (CD) si et seulement si il existe un réel k tel que :

$$\overrightarrow{CM} = k\vec{v} \Leftrightarrow \begin{pmatrix} x-(-1) \\ y-(-8) \\ z-5 \end{pmatrix} = k\begin{pmatrix} 5 \\ 4 \\ 1 \end{pmatrix}.$$

Un système d'équations paramétriques de (CD) est :

$$\begin{cases} x = -1 + 5k \\ y = -8 + 4k, \quad k \in \mathbb{R}. \\ z = 5 + k \end{cases}$$

b) Position relative des droites (AB) et (CD)

Les vecteurs $\vec{u}$ et $\vec{v}$ ont deux coordonnées égales, mais pas la troisième. Il ne sont donc pas colinéaires et les droites (AB) et (CD) ne sont pas parallèles.

Sont-elles sécantes ?

Un point $M(x\,;y\,;z)$ est commun aux deux droites si et seulement si il existe deux réels t et k tels que :

$$\begin{cases} x = 5t = -1 + 5k \\ y = -4t = -8 + 4k \\ z = t = 5 + k \end{cases}$$

$5t = -1 + 5k$ équivaut à :

$$5(t - k) = -1$$

$$t - k = -\frac{1}{5}.$$

$t = 5 + k$ équivaut à $t - k = 5$.

$(t - k)$ ne peut pas être égal en même temps à 5 et à $\left(-\frac{1}{5}\right)$, donc il n'existe pas de réels t et k solutions de ce système.

(AB) et (CD) n'ont pas de point commun, elles ne sont pas sécantes.

Rappel
Dans l'espace, deux droites qui n'ont pas de point commun sont soit parallèles (donc coplanaires) soit non coplanaires.

N'étant ni parallèles ni sécantes, (AB) et (CD) sont nécessairement non coplanaires.

(AB) et (CD) sont non coplanaires.

2. a) Coordonnées du point I

I appartient à (AB), donc il existe un réel t tel que :

$$\begin{cases} x_I = 5t \\ y_I = -4t \\ z_I = t \end{cases}$$

L'abscisse de I est 5, d'où $5t = 5$, donc $t = 1$.

Alors $y_I = -4t = -4$ et $z_I = t = 1$.

$$\boxed{I(5\,;-4\,;1).}$$

• **Coordonnées de J**

J appartient à (CD), donc il existe un réel k tel que :

$$\begin{cases} x_J = -1 + 5k \\ y_J = -8 + 4k \\ z_J = 5 + k \end{cases}$$

L'abscisse de J est 4, d'où $-1+5k=4$ donc $5k=5$ et $k=1$.

Alors $y_J=-8+4k=-8+4=-4$ et $z_J=5+k=6$.

$$\boxed{J(4\,;-4\,;6).}$$

• **Distance IJ**

Le repère est orthonormé, d'où :

$$\begin{aligned} IJ^2 &= (x_I-x_J)^2+(y_I-y_J)^2+(z_I-z_J)^2 \\ &= (4-5)^2+(-4-(-4))^2+(6-1)^2 \\ &= (-1)^2+0^2+5^2=26. \end{aligned}$$

$$\boxed{IJ=\sqrt{26}.}$$

b) La droite (IJ) est perpendiculaire aux droites (AB) et (CD).

Le vecteur $\overrightarrow{IJ}$ a pour coordonnées :

$$(x_J-x_I\,;y_J-y_I\,;z_J-z_I)=(-1\,;0\,;5).$$

$\overrightarrow{IJ}$ dirige la droite (IJ), $\vec{u}$ dirige (AB) et $\vec{v}$ dirige (CD).

$\overrightarrow{IJ}\cdot\vec{u}=(-1)\times5+0\times(-4)+5\times1=0.$

$\overrightarrow{IJ}\cdot\vec{v}=(-1)\times5+0\times4+5\times1=0.$

Le vecteur $\overrightarrow{IJ}$ est orthogonal aux vecteurs non nuls $\vec{u}$ et $\vec{v}$.

Les droites (IJ) et (AB) ont en commun le point I et leurs vecteurs directeurs sont orthogonaux, elles sont donc perpendiculaires.

De même, (IJ) et (CD) ont en commun le point J et leurs vecteurs directeurs sont orthogonaux.

(IJ) est perpendiculaire aux droites (AB) et (CD).

3. a) Existence du point P

Soit Δ_1 la droite passant par M′, parallèle à la droite (IJ). On veut montrer que Δ_1 et Δ sont sécantes.

(AB) et (CD) n'ont aucun point commun. I appartient à (AB), donc I n'appartient pas à (CD).

Les points I, C et D ne sont pas alignés, ils définissent un plan que l'on appelle $\mathcal{P}$.

$\mathcal{P}$ contient la droite (CD), donc contient les points distincts J et M′. La droite (CD) est la droite (JM′), donc :

$$\mathcal{P}=(ICD)=(IJM').$$

$\mathcal{P}$ contient I et (CD), donc $\mathcal{P}$ contient la droite Δ passant par I, parallèle à (CD).

$\mathscr{P}$ contient M′ et (IJ), donc $\mathscr{P}$ contient la droite Δ_1 passant par M′, parallèle à (IJ).

Δ et Δ_1 sont deux droites du même plan $\mathscr{P}$, parallèles respectivement aux droites perpendiculaires (CD) et (IJ).

Δ et Δ_1 sont deux droites perpendiculaires du plan $\mathscr{P}$, donc deux droites sécantes. Elles se coupent en un point noté P.

La parallèle à (IJ) passant par M′ coupe Δ en un point P.

b) Nature du triangle MPM′

La droite Δ, parallèle à (CD), a pour vecteur directeur $\vec{v}$.

La droite (AB) a pour vecteur directeur $\vec{u}$.

$\vec{u}$ et $\vec{v}$ ne sont pas colinéaires et les deux droites Δ et (AB) ont en commun le point I. Ces deux droites sont sécantes et déterminent un plan $\mathscr{P}_1$:

$$\mathscr{P}_1 = (\Delta, (AB)) = (IPM).$$

Le vecteur $\vec{IJ}$ est orthogonal aux vecteurs $\vec{u}$ et $\vec{v}$, donc la droite (IJ) est perpendiculaire au plan $\mathscr{P}_1$.

(M′P), parallèle à (IJ), est aussi perpendiculaire à $\mathscr{P}_1$ et le coupe en P, point de Δ.

(M′P) est donc perpendiculaire à toutes les droites du plan $\mathscr{P}_1$ passant par P, en particulier (PM).

> **Rappel**
> Une droite (IJ) est perpendiculaire à un plan $\mathscr{P}_1$ si et seulement si $\vec{IJ}$ est orthogonal à 2 vecteurs $\vec{u}$ et $\vec{v}$ non colinéaires de $\mathscr{P}_1$.

Le triangle MPM′ est rectangle en P.

c) Comparaison des distances MM′ et IJ

Dans le triangle MPM′, l'hypoténuse est le côté de plus grande longueur, donc :

$$MM' > M'P.$$

De plus, dans le plan $\mathscr{P}$, le quadrilatère IJM′P est un parallélogramme puisque ses côtés sont deux à deux parallèles, donc $M'P = IJ$. D'où :

$$\boxed{MM' > IJ.}$$

• Conclusion

Si $M \neq I$ et $M' \neq J$, alors $MM' > IJ$.

Lorsque $M = I$ et $M' \neq J$, le triangle IJM′ est rectangle en J puisque (CD) et (IJ) sont perpendiculaires. Dans ce triangle, l'hypoténuse est [IM′], donc :

$$IM' > IJ.$$

Lorsque $M \neq I$ et $M' = J$, le triangle IJM est rectangle en I et $JM > IJ$.

Enfin si $M = I$ et $M' = J$, $MM' = IJ$.

Dans tous les cas, la distance MM′ est supérieure ou égale à la distance IJ.

La distance IJ est la distance minimale entre les droites (AB) et (CD).

17 **1.** Les vecteurs directeurs $\vec{u}$ et $\vec{u}\,'$ des deux droites $\mathcal{D}$ et $\mathcal{D}'$ sont orthogonaux puisque $\vec{u} \cdot \vec{u}\,' = 1 - 1 = 0$.

Les deux droites $\mathcal{D}$ et $\mathcal{D}'$ sont donc orthogonales.

Les droites $\mathcal{D}$ et $\mathcal{D}'$ n'ont pas de point commun puisqu'elles se trouvent dans les deux plans parallèles distincts d'équations :

$$z = 1 \text{ et } z = -1.$$

Ces droites ne peuvent donc être coplanaires (sinon, étant orthogonales, elles seraient sécantes).

Le vecteur $\overrightarrow{OA}$ est orthogonal au vecteur $\vec{u}$. Par suite, A est le projeté orthogonal de O sur $\mathcal{D}$. La distance de O à A est donc égale à 1.

De façon analogue, la distance de O à $\mathcal{D}'$ est égale à 1, **donc O appartient à Σ.**

2. Soit M un point quelconque de l'espace de coordonnées $(x\,;y\,;z)$. Pour que M appartienne à $\mathcal{D}$, il faut et il suffit qu'il existe $t \in \mathbb{R}$ tel que $\overrightarrow{AM} = t\vec{u}$, ce qui se traduit par : il existe $t \in \mathbb{R}$ tel que $\begin{cases} x = t \\ y = t \\ z = 1. \end{cases}$

Soit encore M un point quelconque de l'espace et H le point d'intersection de $\mathcal{D}$ et du plan perpendiculaire à $\mathcal{D}$ passant par M. Le paramètre t du point H sur la droite $\mathcal{D}$ est déterminé par la condition $\vec{u} \cdot \overrightarrow{HM} = 0$, qui se traduit par :

$$(x - t) + (y - t) = 0 \Leftrightarrow t = \frac{x + y}{2}.$$

Les coordonnées de H sont donc $\left(\frac{x+y}{2}\,;\frac{x+y}{2}\,;1\right)$ et la distance de M à la droite $\mathcal{D}$ est la distance de H à M :

$$\boxed{\text{HM} = \sqrt{2\left(\frac{x-y}{2}\right)^2 + (z-1)^2}\,.}$$

3. De façon analogue, une représentation paramétrique de $\mathcal{D}'$ est :

$$\begin{cases} x = t' \\ y = -\,t', \; t' \in \mathbb{R}. \\ z = -1 \end{cases}$$

Un point quelconque M de l'espace se projette orthogonalement en H′ sur $\mathscr{D}'$.
Le paramètre t' de H′ sur $\mathscr{D}'$ est déterminé par la condition $\overrightarrow{u'} \cdot \overrightarrow{H'M} = 0$, ce qui donne $t' = \dfrac{x-y}{2}$.
Enfin, la distance de M à $\mathscr{D}'$ est :

$$\boxed{H'M = \sqrt{2\left(\frac{x+y}{2}\right)^2 + (z+1)^2}\,.}$$

4. Le point M est sur Σ si et seulement si $HM^2 = H'M^2$, ce qui se traduit par :

$$\frac{1}{2}(x-y)^2 + (z-1)^2 = \frac{1}{2}(x+y)^2 + (z+1)^2,$$

$$\frac{1}{2}(x^2+y^2) - xy + z^2 - 2z + 1 = \frac{1}{2}(x^2+y^2) + xy + z^2 + 1 + 2z,$$

$$\boxed{xy + 2z = 0.}$$

18 **1. a)**

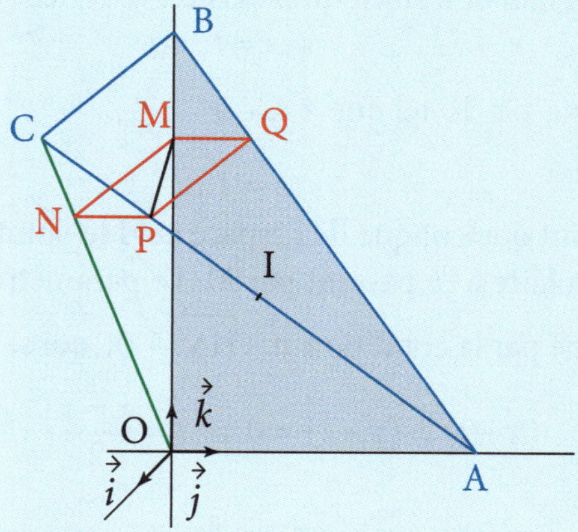

b) Puisque $\overrightarrow{BC} = 4\vec{i}$, la droite (BC) est orthogonale au plan $(O\,;\vec{j},\vec{k})$ et, en particulier, **la droite (BC) est orthogonale à la droite (BA).**

Puisque $\overrightarrow{OA} = 6\vec{j}$, la droite (OA) est orthogonale au plan $(O\,;\vec{i},\vec{k})$ et, en particulier, **la droite (OA) est orthogonale à la droite (OC).**

La droite (BC) est orthogonale au plan $(O\,;\vec{j},\vec{k})$ qui n'est autre que le plan (OAB), **donc (BC) est orthogonale à (OAB).**

c) Le triangle OAB est rectangle en O et OA = 6 cm, OB = 8 cm.

L'aire du triangle OAB est donc $\dfrac{1}{2} \times 6 \times 8\ \text{cm}^2 = 24\ \text{cm}^2$.

Comme la droite (BC) est orthogonale au plan (OAB) et que BC = 4 cm, le volume du tétraèdre OABC est :

$$V = \frac{1}{3} \times 24 \times 4 \text{ cm}^3 = 32 \text{ cm}^3.$$

d) Soit I le milieu de [AC]. Le triangle ABC étant rectangle en B :

$$\text{IA} = \text{IB} = \text{IC}.$$

De façon analogue, comme le triangle OAC est rectangle en O :

$$\text{IO} = \text{IA} = \text{IC}.$$

Les quatre points O, A, B et C sont donc sur la sphère de centre I(2 ; 3 ; 4) et de rayon $R = \text{IO} = \sqrt{4+9+16} = \sqrt{29}$.

2. a) La droite (OA) est parallèle au plan Π. Par suite, l'intersection du plan Π et d'un plan quelconque passant par (OA) est parallèle à (OA). Il en est ainsi pour la droite (MQ) (intersection de (OAB) et de Π) et pour la droite (NP) (intersection de (OAC) et de Π).

De même, la droite (BC) étant parallèle à Π, la droite (MN) (intersection de (OBC) et de Π) et la droite (PQ) (intersection de (ABC) et de Π) sont parallèles à (BC).

Le quadrilatère MNPQ ayant ses côtés opposés parallèles est un parallélogramme. Mais, comme les droites (OA) et (BC), donc aussi les droites (MQ) et (MN), sont orthogonales, **le quadrilatère MNPQ est un rectangle**.

b) La droite (OB) étant orthogonale au plan Π est orthogonale à toutes les droites de ce plan et, en particulier à la droite (MP).

Cherchons les coordonnées de P en fonction de a. La droite (AC) passe par A(0 ; 6 ; 0) et est dirigée par $\overrightarrow{AC}$ qui a pour coordonnées (4 ; −6 ; 8).

Une représentation paramétrique de la droite (AC) est donc :

$$\begin{cases} x = 4t \\ y = 6 - 6t, \quad t \in \mathbb{R}. \\ z = 8t \end{cases}$$

Comme la cote de P est a, le paramètre du point P est $t = \frac{a}{8}$ et ses coordonnées sont donc $\left(\frac{a}{2} ; 6 - \frac{3a}{4} ; a\right)$.

Les coordonnées du vecteur $\overrightarrow{MP}$ sont $\left(\frac{a}{2}\,;\,6-\frac{3a}{4}\,;\,0\right)$, d'où :

$$\overrightarrow{MP}\cdot\overrightarrow{AC} = 4\times\frac{a}{2} - 6\times\left(6-\frac{3a}{4}\right) = \frac{13a}{2} - 36.$$

Par suite, (MP) est orthogonale à (AC) si, et seulement si : $\boxed{a = \frac{72}{13}}$

On note que cette valeur est bien comprise entre 0 et 8.

c) $MP^2 = \frac{a^2}{4} + \left(6-\frac{3a}{4}\right)^2 = \frac{13}{16}a^2 - 9a + 36.$

Appelons f l'application de $]0\,;\,8[$ dans $\mathbb{R}$ définie par $f(a) = \frac{13}{16}a^2 - 9a + 36.$

$f'(a) = \frac{13}{8}a - 9$. Cette dérivée est nulle pour $a = \frac{72}{13}$, négative sur $\left]0\,;\,\frac{72}{13}\right[$ et positive sur $\left]\frac{72}{13}\,;\,8\right[$ **Par suite, la valeur minimale de f, donc aussi de MP, est obtenue pour $a = \frac{72}{13}$.** Notons que, pour cette même valeur de a, la droite (MP) est orthogonale à la droite (AC).

CHAPITRE 5

Suites numériques

DE QUOI S'AGIT-IL ?

Dans ce chapitre, il s'agit de développer la notion de suite, étudiée en Première, et d'utiliser les propriétés de nouvelles fonctions introduites en Terminale.

1 Limite d'une suite

1 Notations

Une suite numérique est une application de $\mathbb{N}$ dans $\mathbb{R}$:

$$u : \begin{cases} \mathbb{N} \to \mathbb{R} \\ n \mapsto u(n). \end{cases}$$

Attention !
En général u_n n'est pas le $n^{\text{ième}}$ terme de la suite.
Par exemple si u_0 est le premier terme de la suite, u_n est le $(n+1)^{\text{ième}}$ terme.

Au lieu de $u(n)$ on écrit u_n.

La suite u se note en général $(u_n)_{n \in \mathbb{N}}$ ou plus simplement (u_n).

On dit aussi que u_n est **le terme général de rang *n* ou d'indice *n*** de la suite $(u_n)_{n \in \mathbb{N}}$.

Si u_0 n'est pas défini, la suite est notée $(u_n)_{n \in \mathbb{N}^*}$.

De même, si u_0 et u_1 ne sont pas définis, la suite sera notée $(u_n)_{n \geqslant 2}$.

2 Définitions

Soit (u_n) une suite numérique.

- On dit que (u_n) a pour limite $+\infty$ (resp. $-\infty$) si tout intervalle de la forme $[A, +\infty[$ (resp. $]-\infty, A]$) contient tous les termes de la suite à partir d'un certain rang.

On note alors : $\lim\limits_{n \to +\infty} u_n = +\infty$ (resp. $\lim\limits_{n \to +\infty} u_n = -\infty$).

- On dit que (u_n) a pour limite ℓ (ℓ étant un nombre réel) si tout intervalle ouvert contenant ℓ contient tous les termes de la suite à partir d'un certain rang.

On note alors : $\lim\limits_{n \to +\infty} u_n = \ell$.

- On dit que (u_n) est **convergente** ou qu'elle converge s'il existe un réel ℓ tel que $\lim\limits_{n \to +\infty} u_n = \ell$.

- On dit que (u_n) est **divergente** ou qu'elle diverge si elle n'est pas convergente.

Dans ce cas, la limite peut être $+\infty$ ou $-\infty$ ou la suite n'admet aucune limite.

Exemples : Les suites (n), (n^2), (n^3), (e^n), $(\sqrt{n})$ ont pour limite $+\infty$.
La suite $((-1)^n)$ n'a pas de limite (ni finie ni infinie).

→ Bien comprendre

À partir d'une fonction $f : \mathbb{R} \to \mathbb{R}$ il existe en général deux façons de créer une suite :

- se donner la relation $u_n = f(n)$,
- ou se donner la relation de récurrence : $u_{n+1} = f(u_n)$ ainsi que le premier terme u_0.

Ce n'est que dans le premier cas que l'étude de f permet de conclure sur le sens de variation et la limite de (u_n).

COURS

2 Limite et comparaison

1 Majoration ou minoration d'une suite par une autre suite

Si, à partir d'un certain rang :

- $u_n \geqslant v_n$ et si $\lim\limits_{n \to +\infty} v_n = +\infty$, alors $\lim\limits_{n \to +\infty} u_n = +\infty$;
- $u_n \leqslant v_n$ et si $\lim\limits_{n \to +\infty} v_n = -\infty$, alors $\lim\limits_{n \to +\infty} u_n = -\infty$.

2 Théorème d'encadrement

Si (a_n) et (b_n) sont deux suites convergentes de même limite ℓ et si (u_n) est une suite telle que l'on ait, à partir d'un certain rang, $a_n \leqslant u_n \leqslant b_n$, alors la suite (u_n) est elle-même convergente et de limite ℓ.

Conséquence : Soit (v_n) une suite telle que $\lim\limits_{n \to +\infty} v_n = 0$.

Si (u_n) est une suite et ℓ est un réel tels que, à partir d'un certain rang, $|u_n - \ell| \leqslant v_n$, alors $\lim\limits_{n \to +\infty} u_n = \ell$.

3 Prolongement des inégalités à la limite

Si (u_n) et (v_n) sont deux suites convergentes telles qu'à partir d'un certain rang, $u_n \leqslant v_n$, alors $\lim\limits_{n \to +\infty} u_n \leqslant \lim\limits_{n \to +\infty} v_n$.

COURS

3 Opérations sur les limites

Remarque
L'abréviation F.I. signifie « forme indéterminée », ce qui ne signifie pas qu'il n'y a pas de réponse, seulement que la réponse n'est pas automatique.

Soit u et v deux suites.

1 Limite d'une somme

Si u tend vers	ℓ	ℓ	ℓ	$+\infty$	$-\infty$	$+\infty$
et si v tend vers	ℓ'	$+\infty$	$-\infty$	$+\infty$	$-\infty$	$-\infty$
alors $u+v$ tend vers	$\ell+\ell'$	$+\infty$	$-\infty$	$+\infty$	$-\infty$	F.I.

2 Limite d'un produit

Si u tend vers	ℓ	$\ell>0$	$\ell>0$	$\ell<0$	$\ell<0$	$+\infty$	$+\infty$	$-\infty$	0
et si v tend vers	ℓ'	$+\infty$	$-\infty$	$+\infty$	$-\infty$	$+\infty$	$-\infty$	$-\infty$	$\pm\infty$
alors uv tend vers	$\ell\ell'$	$+\infty$	$-\infty$	$-\infty$	$+\infty$	$+\infty$	$-\infty$	$+\infty$	F.I.

3 Limite d'un quotient

Cas où la suite v ne tend pas vers 0 :

Si u tend vers	ℓ	ℓ	$+\infty$	$+\infty$	$-\infty$	$-\infty$	$\pm\infty$
et si v tend vers	$\ell'\neq 0$	$\pm\infty$	$\ell'>0$	$\ell'<0$	$\ell'>0$	$\ell'<0$	$\pm\infty$
alors $\frac{u}{v}$ tend vers	$\frac{\ell}{\ell'}$	0	$+\infty$	$-\infty$	$-\infty$	$+\infty$	F.I.

Cas où la suite v tend vers 0 :

Si u tend vers	$\ell>0$ ou $+\infty$	$\ell<0$ ou $-\infty$	$\ell>0$ ou $+\infty$	$\ell<0$ ou $-\infty$	0
et si v tend vers	0 en restant positive à partir d'un certain rang		0 en restant négative à partir d'un certain rang		0
alors $\frac{u}{v}$ tend vers	$+\infty$	$-\infty$	$-\infty$	$+\infty$	F.I.

→ Bien comprendre
Les théorèmes précédents sont encore vrais si l'une des suites est constante (la suite est convergente et a pour limite la constante).

4 Applications

- Si P est un polynôme, la limite de $P(n)$ lorsque n tend vers $+\infty$ est celle de son terme de plus haut degré.
- Si P et Q sont deux polynômes, la limite de $\frac{P(n)}{Q(n)}$ lorsque n tend vers $+\infty$ est celle du quotient des termes de plus haut degré.

4 Propriétés des suites

1 Sens de variation

- On dit que la suite (u_n) est **croissante** (resp. **strictement croissante**) lorsque, pour tout entier n, $u_n \leqslant u_{n+1}$ (resp. $u_n < u_{n+1}$).
- On dit que la suite (u_n) est **décroissante** (resp. **strictement décroissante**) lorsque, pour tout entier n, $u_n \geqslant u_{n+1}$ (resp. $u_n > u_{n+1}$).
- On dit que la suite (u_n) est monotone lorsqu'elle est soit croissante soit décroissante.

2 Suite bornée

- On dit que la suite (u_n) est **majorée** (resp. **minorée**) s'il existe un réel M (resp. m) tel que, pour tout entier n, $u_n \leqslant M$ (resp. $m \leqslant u_n$).
- On dit que la suite (u_n) est **bornée** si elle est à la fois majorée et minorée.

Remarque

Une suite (u_n) est bornée si et seulement si il existe un réel M tel que pour tout entier n, $|u_n| \leqslant M$.

→ À savoir

Toute suite convergente est bornée. Mais la réciproque est fausse.

3 Comportement asymptotique d'une suite monotone

Soit (u_n) une suite croissante :

- si elle est majorée, alors elle converge vers une limite finie ℓ ;
- si elle n'est pas majorée, alors $\lim\limits_{n \to +\infty} u_n = +\infty$.

Remarque

Lorsqu'une suite croissante converge, sa limite est un majorant de la suite.

Lorsqu'une suite décroissante converge, sa limite est un minorant de la suite.

Soit (u_n) une suite décroissante :

- si elle est minorée, alors elle converge vers une limite finie ℓ ;
- si elle n'est pas minorée, alors $\lim\limits_{n \to +\infty} u_n = -\infty$.

COURS

5 Limites usuelles

1 Puissances

Soit α un entier relatif.

- Si $\alpha > 0$, alors $\lim\limits_{n \to +\infty} n^\alpha = +\infty$.
- Si $\alpha < 0$, alors $\lim\limits_{n \to +\infty} n^\alpha = 0$.

2 Exponentielle

$$\lim_{n \to +\infty} e^n = +\infty \qquad \lim_{n \to +\infty} e^{-n} = 0.$$

3 Formes indéterminées exponentielles

Soit α un entier relatif quelconque.

$$\lim_{n \to +\infty} \frac{e^n}{n^\alpha} = +\infty \qquad \lim_{n \to +\infty} n^\alpha e^{-n} = 0.$$

6 Rappels sur les suites arithmétiques et géométriques

1 Suite arithmétique

$$\begin{cases} u_0 \text{ est donné,} \\ \text{pour tout entier naturel } n,\ u_{n+1} = u_n + r. \end{cases}$$

La constante r est appelée **la raison** de la suite arithmétique.

COURS

- $u_n = u_0 + nr$.
- $1 + 2 + \ldots + n = \dfrac{n(n+1)}{2}$, d'où l'on déduit :

$$S_n = u_0 + u_1 + \ldots + u_n = \frac{(u_0 + u_n)(n+1)}{2}.$$

- $$\lim_{n \to +\infty} u_n = \begin{cases} +\infty & \text{si } r > 0 \\ u_0 & \text{si } r = 0 \\ -\infty & \text{si } r < 0 \end{cases}$$

Remarque
Si $r = 0$, la suite (u_n) est constante et pour tout entier $n \geqslant 0$, $u_n = u_0$.

2 Suite géométrique

$$\begin{cases} u_0 \text{ est donné,} \\ \text{pour tout entier naturel } n,\ u_{n+1} = qu_n. \end{cases}$$

La constante q est appelée **la raison** de la suite géométrique $u_n = u_0 q^n$.

$$1 + q + \ldots + q^n = \begin{cases} \dfrac{1-q^{n+1}}{1-q} & \text{si } q \neq 1 \\ n+1 & \text{si } q = 1 \end{cases}$$

$$\lim_{n \to +\infty} q^n = \begin{cases} +\infty & \text{si } q > 1 \\ 1 & \text{si } q = 1 \\ 0 & \text{si } -1 < q < 1 \\ \text{n'existe pas} & \text{si } q \leqslant -1 \end{cases}$$

Remarque
Si $q = -1$, la suite (q^n) est divergente mais reste bornée.

Si $q < -1$, la suite (q^n) est non bornée puisque $\lim_{n \to +\infty} |q^n| = +\infty$.

7 Suites adjacentes

1 Définition

On dit que deux suites u et v sont adjacentes si l'une est croissante, l'autre décroissante et si la différence $u - v$ (ou $v - u$) converge vers 0.

2 Théorème des suites adjacentes

Lorsque deux suites u et v sont adjacentes, elles sont toutes deux convergentes et ont la même limite.

De plus cette limite commune est comprise entre un terme quelconque de u et un terme quelconque de v.

3 Exemple

Les deux suites $\left(1-\frac{1}{n}\right)_{n \in \mathbb{N}^*}$ et $\left(1+\frac{1}{n}\right)_{n \in \mathbb{N}^*}$ sont adjacentes. En effet :

- on vérifie aisément que la suite $\left(1-\frac{1}{n}\right)_{n \in \mathbb{N}^*}$ est croissante ;
- de même, on vérifie que la suite $\left(1+\frac{1}{n}\right)_{n \in \mathbb{N}^*}$ est décroissante ;
- de plus $\left(1+\frac{1}{n}\right)-\left(1-\frac{1}{n}\right)=\frac{2}{n}$ et la suite $\left(\frac{2}{n}\right)_{n \in \mathbb{N}^*}$ converge vers 0.

8 Le raisonnement par récurrence

Soit une propriété dépendant d'un entier naturel n. On veut démontrer que cette propriété est vraie pour tout entier naturel n supérieur ou égal à un entier n_0.

Pour cela :

(1) on vérifie que la propriété est vraie au rang n_0 ;

(2) on suppose que la propriété est vraie à un certain rang n au moins égal à n_0 et on démontre qu'elle est alors vraie au rang $n+1$.

Questions courtes

1 Sommes

➔ Corrigé p. 146

1. Calculer la somme $S = \left(\frac{1}{3}\right)^2 + \left(\frac{1}{3}\right)^3 + \dots + \left(\frac{1}{3}\right)^{15}$.

2. Calculer la somme $S = 7 + 11 + 15 + 19 + \dots + 47$.

Indication
Avant tout calcul sur une suite, repérer si elle n'est pas d'un type connu.

2 Calcul d'un terme

➔ Corrigé p. 146

1. Quel est le terme d'indice 20 d'une suite arithmétique de premier terme d'indice 0 égal à –1 et de raison $\frac{5}{4}$?

Attention
Ne pas confondre terme d'indice n et n^e terme.

2. Quel est le 101e terme d'une suite géométrique de premier terme 5 et de raison $\sqrt{2}$?

3 Sens de variation et convergence

➔ Corrigé p. 146

1. Déterminer le sens de variation de la suite (u_n), définie pour tout entier naturel par $u_{n+1} = u_n - 2$.

2. Tous les termes de la suite (u_n) sont strictement positifs.
La suite (u_n) est-elle strictement croissante ?

3. La suite (v_n) est strictement croissante et $v_0 = \frac{1}{2}$.
Les termes de la suite (v_n) sont-ils strictement positifs ?

Méthode
Revoir comment étudier le sens de variation d'une suite (étude du signe de « $u_{n+1} - u_n$ »).

4. La suite (u_n) est strictement croissante. A-t-elle pour limite $+\infty$?

5. La suite (u_n) est telle que pour tout entier n :

$$0 \leqslant u_{n+1} \leqslant \frac{1}{2} u_n.$$

La suite (u_n) est-elle convergente ?

4 Suites et intégrales

➔ Corrigé p. 148

Pour tout entier naturel non nul n, on pose $u_n = \int_1^n \frac{1}{t^2}\,\mathrm{d}t$.

Démontrer que, pour tout entier naturel n non nul, $u_n \geqslant 0$. Démontrer que la suite (u_n) est strictement croissante.

Déterminer, si elle existe, la limite de la suite (u_n).

5 Vrai ou faux

➔ Corrigé p. 148

On justifiera les réponses.

1. Si une suite n'est pas convergente, alors elle tend vers $+\infty$ ou vers $-\infty$.

2. Si $\lim\limits_{n \to +\infty} (u_n - v_n) = 0$, alors (u_n) et (v_n) sont convergentes de même limite ℓ.

3. Si une suite positive est décroissante, alors elle est convergente.

4. Si $\lim\limits_{n \to +\infty} (u_n) = 0$, alors :

$$\lim_{n \to +\infty} \left(\frac{1}{u_n}\right) = +\infty \quad \text{ou} \quad \lim_{n \to +\infty} \left(\frac{1}{u_n}\right) = -\infty.$$

5. Si tous les termes de la suite (u_n) sont strictement positifs, alors la suite (u_n) est strictement croissante.

6. Si la suite (u_n) est strictement croissante et si $u_0 = \frac{1}{2}$, alors tous les termes de la suite (u_n) sont strictement positifs.

6 Suites et fonctions exponentielle

➔ Corrigé p. 149

1. Soit (u_n) la suite définie, pour tout entier naturel n, par $u_n = \mathrm{e}^{-n+1}$.

La suite (u_n) est-elle géométrique ?

> **Remarque**
> Attention à la caractérisation d'une suite géométrique.

2. Déterminer le sens de variations de la suite (u_n), définie pour tout entier naturel n non nul par :

$$u_n = 1 + \mathrm{e}^{-\sqrt{n}}.$$

3. Soit u_n la suite, définie pour tout entier naturel n non nul, par :

$$u_n = \int_1^n e^{-t}\, dt.$$

Déterminer le sens de variation de la suite (u_n).

Exercices d'entraînement

7 Suite définie par $u_n = f(n)$, limites

★ 5 min Corrigé p. 150

Calculer :

a) $\lim\limits_{n \to +\infty} \dfrac{n^2 + 3n - 1}{8n^2 - n + 1}$; **b)** $\lim\limits_{n \to +\infty} \dfrac{5n^3 + n^2 - n}{n^2 + n - 1}$.

8 Suite définie par $u_n = f(n)$, sens de variation

★ 10 min Corrigé p. 151

Pour tout entier naturel n, on définit la suite (u_n) par :

$$u_n = \frac{n(n+2)}{(n+1)^2}.$$

Étudier les variations de la suite (u_n) et sa limite.

9 Utilisation du symbole « Σ »

★★ 10 min Corrigé p. 152

Pour tout entier n, on définit la suite (u_n) par :

$$u_n = \frac{1}{1 \times 3} + \frac{1}{3 \times 5} + \ldots + \frac{1}{(2n+1)(2n+3)}$$

$$u_n = \sum_{p=0}^{n} \frac{1}{(2p+1)(2p+3)}.$$

Conseil
a et b sont des réels indépendants de p, on les calcule par identification.

1. Déterminer deux réels a et b tels que, pour tout entier naturel p :

$$\frac{1}{(2p+1)(2p+3)} = \frac{a}{(2p+1)} + \frac{b}{(2p+3)}.$$

2. En déduire, pour tout entier n, une expression plus simple de (u_n) et déterminer :

$$\lim_{n \to +\infty} u_n.$$

10 Existence de limites

★★ 30 min ➔ Corrigé p. 153

1. Déterminer suivant les valeurs des deux réels strictement positifs a et b la limite, si elle existe, de la suite (u_n) définie pour tout entier naturel n par :

$$u_n = \frac{a^n - b^n}{a^n + b^n}.$$

> **Conseil**
> Utiliser les suites géométriques.

2. Dans les cas suivants, les suites (u_n) et (v_n) ont-elles la même limite ? Sont-elles adjacentes ?

Justifier les réponses.

a) $u_n = 1 - 10^{-n}$ et $v_n = 1 + 10^{-n}$.

b) $u_n = \sqrt{n+1}$ et $v_n = \sqrt{n+1} + \frac{1}{n}$.

c) $u_n = 1 - \frac{1}{n}$ et $v_n = 1 - \frac{(-1)^n}{n}$.

11 Limite et fonction trigonométrique

★★ 15 min ➔ Corrigé p. 154

Déterminer la limite, si elle existe, de la suite (u_n) définie pour tout entier naturel non nul n par :

$$u_n = 2^n \sin\frac{\pi}{2^n}.$$

> **Conseil**
> Utiliser $\lim\limits_{x \to 0} \frac{\sin x}{x} = 1$.

12 Minoration et limite

★★ 15 min ➔ Corrigé p. 155

Soit la suite réelle (u_n) définie par $u_0 = -2$ et, pour tout entier naturel n :

$$u_{n+1} = u_n + n^2 - n.$$

1. Démontrer qu'à partir d'un certain rang, $u_n > n$.

2. En déduire la limite de la suite (u_n).

3. Écrire un script Python qui calcule la plus petite valeur de n telle que $u_n > n$.

13 Suites définies par une relation de récurrence

★★ 30 min ➲ Corrigé p. 156

Soit a et b deux suites réelles définies sur $\mathbb{N}$ par $a_0 = 2$, $b_0 = 4$ et pour tout entier naturel n :

$$\begin{cases} a_{n+1} = \frac{1}{4}(a_n + 3b_n) \\ b_{n+1} = \frac{1}{4}(3a_n + b_n) \end{cases}.$$

Δ étant une droite rapportée au repère $(O\,;\vec{i})$, pour tout entier n, on désigne par A_n et B_n les points de Δ d'abscisses respectives a_n et b_n.

1. Placer les points A_0, B_0, A_1, B_1, A_2 et B_2 sur la droite Δ.

2. Soit u la suite réelle définie sur $\mathbb{N}$ par :

$$u_n = a_n + b_n.$$

a) Démontrer que la suite u est constante.

b) En déduire que, pour tout entier naturel n, les segments $[A_nB_n]$ ont le même milieu I dont on déterminera l'abscisse.

3. Soit v la suite réelle définie sur $\mathbb{N}$ par :

$$v_n = a_n - b_n.$$

a) Démontrer que la suite v est géométrique, déterminer sa limite si elle existe.

b) Que peut-on dire de la distance A_nB_n lorsque n tend vers $+\infty$?

4. a) Exprimer pour tout entier n, a_n et b_n en fonction de n.

b) Démontrer que les suites (a_n) et (b_n) sont convergentes et ont la même limite.

14 Suites monotones

★★ 20 min ➲ Corrigé p. 157

Soit (u_n) la suite définie par $u_0 = 2$ et pour tout entier naturel n :

$$u_{n+1} = \frac{1}{3}u_n + 5.$$

1. a) Démontrer que la suite (u_n) est croissante et majorée par $\frac{15}{2}$.

b) Que peut-on en déduire ?

> **Remarque**
> La suite $(u_n)_{n \in \mathbb{N}}$ est appelée arithmético-géométrique :
> $(\forall n \in \mathbb{N})(u_{n+1} = au_n + b)$.

2. On pose, pour tout entier naturel n et pour tout nombre réel h :

$$v_n = u_n + h.$$

a) Déterminer h pour que la suite (v_n) soit géométrique.

b) Exprimer, pour tout entier n, le terme u_n en fonction de n.

c) En déduire la limite de la suite (u_n).

15 Utilisation d'une suite annexe

★★ 30 min ➔ Corrigé p. 159

On considère la suite (u_n) définie par $u_0 = \frac{1}{2}$ et telle que pour tout entier naturel n :

$$u_{n+1} = \frac{3u_n}{1+2u_n}.$$

1. a) Calculer u_1 et u_2.

b) Démontrer, par récurrence, que pour tout entier naturel n, $u_n > 0$.

2. On admet que $u_n < 1$ pour tout entier naturel n.
Montrer que la suite (u_n) est croissante.

3. Soit (v_n) la suite définie, pour tout entier naturel n, par $v_n = \frac{u_n}{1-u_n}$.

a) Montrer que la suite (v_n) est une suite géométrique de raison 3.

b) Exprimer, pour tout entier naturel n, v_n en fonction de n.

c) En déduire que, pour tout entier naturel n, $u_n = \frac{3^n}{3^n+1}$.

d) Valider alors l'hypothèse faite à la question **2**.

e) Déterminer la limite de la suite (u_n).

16 Suite homographique

★★ 30 min ➔ Corrigé p. 160

Soit (u_n) la suite définie par $u_0 = 0$ et pour tout entier naturel n :

$$u_{n+1} = \frac{2u_n+3}{u_n+4}.$$

1. Calculer u_1 et u_2.

2. a) Démontrer que pour tout entier naturel non nul n, $0 < u_n < 1$.

b) Démontrer que la suite (u_n) est croissante.

c) Que peut-on en déduire ?

Remarque

Une suite définie par une relation de la forme $u_{n+1} = \frac{au_n+b}{cu_n+d}$ est dite homographique.

3. Soit (v_n) la suite définie pour tout entier naturel n, par :

$$v_n = \frac{u_n - 1}{u_n + 3}.$$

a) Démontrer que la suite (v_n) est géométrique.

b) Calculer, pour tout entier naturel n, u_n en fonction de n.

c) Démontrer que la suite (u_n) converge et déterminer sa limite.

17 Deux suites

★★ 30 min ➲ Corrigé p. 162

1. Démontrer que pour tout entier naturel non nul :

$$2^n \geqslant n + 1$$

2. Soit (u_n) et (v_n) les deux suites définies pour tout entier n non nul par :

$$u_n = \sum_{k=1}^{n} \frac{1}{k2^k} = \frac{1}{1 \times 2^1} + \frac{1}{2 \times 2^2} + \ldots + \frac{1}{(n-1)2^{n-1}} + \frac{1}{n2^n};$$

$$v_n = u_n + \frac{1}{n} - \frac{1}{n2^n}.$$

a) Montrer que la suite (u_n) est croissante.

b) Montrer que la suite (v_n) est décroissante.

c) Montrer que $\lim\limits_{n \to +\infty} v_n - u_n = 0$.

Sujets de type BAC

18 Suite homographique. Représentations graphiques

★★ 50 min ➲ Corrigé p. 164

Soit (u_n) la suite définie par $u_0 = 4$ et pour tout nombre entier naturel n :

$$u_{n+1} = \frac{4u_n - 1}{u_n + 2}.$$

Si f est la fonction définie sur l'intervalle $]-2\,;+\infty[$ par $f(x) = \dfrac{4x-1}{x+2}$, alors pour tout nombre entier naturel n, $u_{n+1} = f(u_n)$.
On donne ci-après une partie de la courbe représentative $\mathscr{C}$ de la fonction f ainsi que la droite Δ d'équation $y = x$.

1. a) Sur l'axe des abscisses, placer u_0, puis construire u_1, u_2 et u_3 en laissant apparents les traits de construction.

b) Quelles conjectures peut-on émettre sur le sens de variation et sur la convergence de la suite (u_n) ?

2. a) Démontrer par récurrence que, pour tout nombre entier naturel n :

$$u_n - 1 > 0.$$

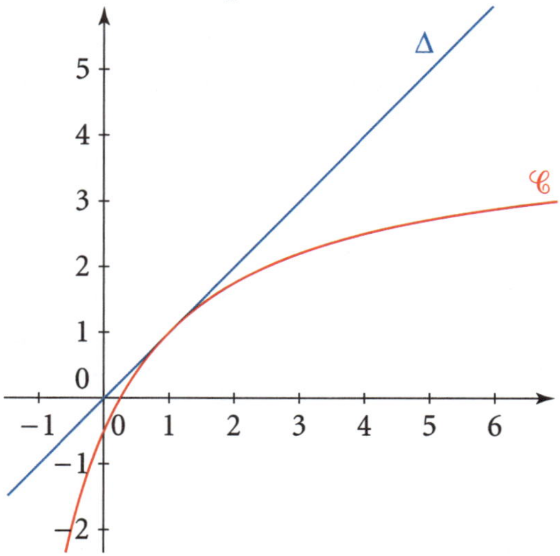

b) Valider par une démonstration les conjectures émises à la question **1.b)**.

3. Dans cette question, on se propose d'étudier la suite (u_n) par une autre méthode, en déterminant une expression de u_n en fonction de n.

Pour tout nombre entier naturel n, on pose $v_n = \dfrac{1}{u_n - 1}$.

a) Démontrer que la suite (v_n) est une suite arithmétique de raison $\dfrac{1}{3}$.

b) Pour tout nombre entier naturel n, exprimer v_n, puis u_n, en fonction de n.

c) En déduire la limite de la suite (u_n).

Approfondissements

19 Fonction racine carrée et suite

➲ Corrigé p. 166

On considère la suite u de premier terme $u_0 = 0$ et définie pour tout entier naturel n par la relation de récurrence :

$$u_{n+1} = \frac{\sqrt{2}}{2}\sqrt{1 + u_n}.$$

1. Montrer que pour tout entier naturel n non nul, on a :

$$\frac{\sqrt{2}}{2} \leqslant u_n \leqslant 1.$$

2. Étudier le sens de variation et la convergence de la suite u.

3. Déterminer la limite a de la suite u (il est nécessaire d'avoir traité le chapitre sur la continuité).

20 Fonction exponentielle et suite

➲ Corrigé p. 169

On se propose d'étudier la suite (u_n) définie sur l'ensemble des entiers naturels $\mathbb{N}$ par :

$$u_0 = 1 \quad \text{et} \quad u_{n+1} = u_n e^{-u_n} \quad \text{pour tout entier } n \text{ de } \mathbb{N}$$

puis la convergence de la suite (S_n) définie pour tout entier naturel n par :

$$S_n = \sum_{p=0}^{n} u_p.$$

1. a) Montrer que pour tout entier naturel n, le réel u_n est positif.

b) Déterminer le sens de variation de la suite (u_n).

c) En déduire que la suite (u_n) est convergente et déterminer sa limite (il est nécessaire d'avoir traité le chapitre sur la continuité ou admettre que la limite est égale à 0).

2. Montrer que pour tout entier naturel n :

$$u_{n+1} = e^{-S_n}$$

et en déduire que la suite (S_n) diverge vers $+\infty$.

Questions courtes

1 **1.** $S=\left(\frac{1}{3}\right)^2+\left(\frac{1}{3}\right)^3+\cdots+\left(\frac{1}{3}\right)^{15}$ est la somme de $14=15-2+1$ termes consécutifs d'une suite géométrique de premier terme $\left(\frac{1}{3}\right)^2$ et de raison $\frac{1}{3}$. La raison est différente de 1, donc :

$$S=\frac{\left(\frac{1}{3}\right)^2-\left(\frac{1}{3}\right)^{16}}{1-\frac{1}{3}} \text{ soit : } \boxed{S=\frac{3}{2}\left[\left(\frac{1}{3}\right)^2-\left(\frac{1}{3}\right)^{16}\right]=\frac{1}{2}\left[\frac{1}{3}-\left(\frac{1}{3}\right)^{15}\right].}$$

Remarque
Attention, même si l'inégalité $\frac{1}{3}\neq 1$ est évidente, il faut toujours le préciser.

2. $S=7+11+15+19+\cdots+47$ est la somme de termes consécutifs d'une suite arithmétique de premier terme 7 et de raison 4.
$47=7+4\times 10$, donc si $u_0=7$ désigne le premier terme de la suite, 47 en est le terme d'indice 10 (c'est le 11e terme) :

$$S=\frac{11\times(47+7)}{2} \text{ soit : } \boxed{S=297.}$$

Remarque
Il faut apprendre à compter les termes d'une somme.

2 **1.** Si (u_n) est une suite arithmétique de raison r, alors pour tout entier n, $u_n=u_0+nr$. Ainsi $u_{20}=-1+20\times\left(\frac{5}{4}\right)=24$, donc : $\boxed{u_{20}=24}$

2. Si le premier terme est u_0, le 101e est le terme d'indice 100 et :

$u_{100}=5(\sqrt{2})^{100}=5\times 2^{50}$ soit : $\boxed{u_{100}=5\,629\,499\,534\,213\,120.}$

3 **1.** Pour étudier le sens de variation d'une suite (u_n), il faut déterminer pour tout entier n, le signe de $u_{n+1}-u_n$.
Pour tout entier n, $u_{n+1}-u_n=-2$, donc $u_{n+1}-u_n<0$.

La suite (u_n) est décroissante.

2. Si tous les termes de la suite (u_n) sont strictement positifs, on ne peut rien dire du sens de variation de la suite.

Par exemple, la suite $\left(1-\dfrac{1}{n+1}\right)$ est strictement croissante, la suite $(2-(-1)^n)$ n'est ni croissante, ni décroissante ($u_0 = 2,\ u_1 = 3,\ u_2 = 1,\ u_3 = 3,$ les termes de la suite prennent alternativement les valeurs 1 et 3).

3. La suite (v_n) est strictement croissante et $v_0 = \dfrac{1}{2}\cdot$ Donc tous les termes de la suite sont strictement supérieurs à $\dfrac{1}{2}$, donc sont **strictement positifs.**

4. Par exemple, la suite définie, pour tout entier non nul n, par $u_n = 1-\dfrac{1}{n}$ est strictement croissante, car pour tout entier n non nul :

$$u_{n+1}-u_n = \frac{1}{n}-\frac{1}{n+1} = \frac{1}{n(n+1)} > 0$$

et $\lim\limits_{n\to+\infty} u_n = 1$,

donc cette suite n'a pas pour limite $+\infty$.

Une suite croissante n'a pas obligatoirement $+\infty$ pour limite.

Remarque
Il existe des suites strictement croissantes, et qui sont soit convergentes soit divergentes (ayant pour limite $+\infty$).

5. La suite (u_n) est telle que pour tout entier n, $0 \leqslant u_{n+1} \leqslant \dfrac{1}{2}u_n$.

On peut démontrer par récurrence que, pour tout entier n, $u_n \leqslant \left(\dfrac{1}{2}\right)^n u_0$.

La propriété est vraie au rang 0, car $u_0 \leqslant \left(\dfrac{1}{2}\right)^0 u_0$ (en effet, $\left(\dfrac{1}{2}\right)^0 = 1$).

Supposons la propriété vraie à un certain rang n : $u_n \leqslant \left(\dfrac{1}{2}\right)^n u_0$ et, le réel $\dfrac{1}{2}$ étant strictement positif, on peut multiplier les deux membres de l'inégalité par $\dfrac{1}{2}$ sans changer le sens de l'inégalité,

soit $\dfrac{1}{2}u_n \leqslant \dfrac{1}{2}\left(\dfrac{1}{2}\right)^n u_0$ ou encore $\dfrac{1}{2}u_n \leqslant \left(\dfrac{1}{2}\right)^{n+1} u_0$.

Donc, sachant que $u_{n+1} \leqslant \dfrac{1}{2}u_n$, $u_{n+1} \leqslant \left(\dfrac{1}{2}\right)^{n+1} u_0$.

Donc d'après le principe de récurrence, pour tout entier naturel n :

$$u_n \leqslant \left(\frac{1}{2}\right)^n u_0.$$

CORRIGÉS

• Par hypothèse, à partir de l'indice 1, tous les termes sont positifs, donc pour tout n non nul, $0 \leqslant u_{n+1} \leqslant \left(\frac{1}{2}\right)^n u_0$.

Le réel $\frac{1}{2}$ étant compris entre -1 et 1, $\lim\limits_{n \to +\infty} \left(\frac{1}{2}\right)^n = 0$.

En utilisant le théorème d'encadrement, dit théorème des gendarmes :

$$\lim_{n \to +\infty} u_n = 0.$$

Une suite (u_n) telle que, pour tout entier n, $0 \leqslant u_{n+1} \leqslant \frac{1}{2} u_n$, est convergente.

4 Pour tout entier naturel non nul n, on pose :

$$u_n = \int_1^n \frac{1}{t^2}\,\mathrm{d}t.$$

La fonction $t \mapsto \frac{1}{t^2}$ est continue sur $\mathbb{R}_+^*$, l'intégrale est donc bien définie et :

$$u_n = \int_1^n \frac{1}{t^2}\,\mathrm{d}t = \left[-\frac{1}{t}\right]_1^n = 1 - \frac{1}{n}.$$

Donc, pour tout entier naturel n non nul, $u_n \geqslant 0$.

> **Méthode**
> Après le cours sur les intégrales, une autre démonstration est possible : sur $\mathbb{R}_+^*$, la fonction $t \mapsto \frac{1}{t^2}$ est positive et pour tout entier naturel n non nul, $n \geqslant 1$, donc :
> $$\int_1^n \frac{1}{t^2}\,\mathrm{d}t \geqslant 0.$$

Pour tout entier naturel n non nul :

$$u_{n+1} - u_n = \left(1 - \frac{1}{n+1}\right) - \left(1 - \frac{1}{n}\right) = \frac{1}{n} - \frac{1}{n+1} = \frac{1}{n(n+1)}.$$

La suite (u_n) est strictement croissante.

La limite de la suite (u_n) est la limite de la suite $\left(1 - \frac{1}{n}\right)$ donc :

$$\boxed{\lim_{n \to +\infty} u_n = 1.}$$

5 **1. Faux** ➜ Par exemple la suite $((-1)^n)$ n'a pas de limite et ne tend ni vers $-\infty$ ni vers $+\infty$ puisque ses termes ne valent que 1 ou -1.

2. Faux ➜ Par exemple on pose pour tout entier n, $u_n = n + \frac{1}{n}$ et $v_n = n$.

Alors $u_n - v_n = \frac{1}{n}$, donc $\lim\limits_{n \to +\infty} (u_n - v_n) = 0$ mais les deux suites divergent vers $+\infty$.

3. Vrai ➜ Une suite positive est minorée par 0 : $\forall n \in \mathbb{N},\ 0 \leqslant u_n$. Une suite positive et décroissante est donc décroissante et minorée. Donc d'après un résultat du cours, elle converge.

4. Faux → Par exemple si on pose $u_n = \dfrac{(-1)^n}{n}$ pour $n \in \mathbb{N}^*$, alors $\lim\limits_{n \to +\infty} |u_n| = \lim\limits_{n \to +\infty} \dfrac{1}{n} = 0$ donc $\lim\limits_{n \to +\infty} (u_n) = 0$. Mais $\dfrac{1}{u_n} = (-1)^n n$ ne tend ni vers $+\infty$ ni vers $-\infty$ car les termes d'indices pairs sont tous positifs et les termes d'indices impairs tous négatifs.

5. Faux → Par exemple on pose $u_n = 1 - \dfrac{(-1)^n}{n}$ pour $n \in \mathbb{N}^*$. Alors on a :

$$\frac{1}{2} = u_2 < u_4 < \ldots < u_{2n} < 1 < u_{2n+1} < u_{2n-1} < \ldots < u_3 < u_1 = 2.$$

Tous les termes de la suite sont donc strictement positifs (puisque compris entre $\dfrac{1}{2}$ et 2). Cependant la suite n'est pas strictement croissante (ni même croissante) puisque $u_4 = 1 - \dfrac{1}{4}$ est plus petit que $u_3 = 1 + \dfrac{1}{3}$.

6. Vrai → Si la suite est strictement croissante alors pour tout entier naturel n on a :

$$u_0 < u_1 < u_2 \ldots < u_n,$$

et donc en particulier $u_0 < u_n$. Donc si $u_0 = \dfrac{1}{2}$ on aura $0 < u_n$ pour tout n.

6 **1.** La suite est définie pour tout entier n.

Pour tout entier n, le réel e^{-n+1} est non nul (propriété de l'exponentielle).

Formons alors pour tout entier n, le quotient :

$$\frac{u_{n+1}}{u_n} = \frac{e^{-(n+1)+1}}{e^{-n+1}} = e^{-1}.$$

La suite (u_n) est donc une suite géométrique de raison e^{-1} et de premier terme $u_0 = e$.

Remarque

Pour démontrer qu'une suite est géométrique, on démontre que pour tout entier n, le quotient $\dfrac{u_{n+1}}{u_n}$ est une constante (c'est-à-dire indépendant de n) si l'on a démontré **au préalable** que tous les termes sont non nuls, sinon on revient à la définition d'une suite géométrique.

Autre méthode

qui n'exige pas de démontrer au préalable que tous les termes sont non nuls. On écrit :
$u_{n+1} = e^{-(n+1)+1} = e^{-n-1+1} = e^{-n+1}e^{-1} = u_n e^{-1}$, donc la suite (u_n) est une suite géométrique de raison e^{-1}.

2. Dans ce cas, on a l'expression de (u_n) en fonction de n pour tout n, on remarque que le sens de variation de la suite (u_n) est le sens de variation de la fonction définie sur $\mathbb{R}_+^*$ par :

$$f(x) = 1 + \mathrm{e}^{-\sqrt{x}}.$$

La fonction f est dérivable sur $\mathbb{R}_+^*$, et pour tout x de $\mathbb{R}_+^*$:

$$f'(x) = -\frac{1}{2\sqrt{x}}\mathrm{e}^{-\sqrt{x}}.$$

Pour tout x de $\mathbb{R}_+^*$, $f'(x) < 0$, la fonction f est strictement décroissante sur $\mathbb{R}_+^*$. **La suite (u_n) est donc strictement décroissante.**

3. Pour tout entier n non nul :

$$u_{n+1} - u_n = \int_1^{n+1} \mathrm{e}^{-t}\mathrm{d}t - \int_1^{n} \mathrm{e}^{-t}\mathrm{d}t = \int_1^{n+1} \mathrm{e}^{-t}\mathrm{d}t + \int_n^{1} \mathrm{e}^{-t}\mathrm{d}t$$

$$= \int_n^{n+1} \mathrm{e}^{-t}\mathrm{d}t \quad \text{(d'après la relation de Chasles).}$$

Sur l'intervalle $[n\,;n+1]$ $(n < n+1)$, la fonction $t \mapsto \mathrm{e}^{-t}$ est continue et positive et l'intégrale est donc positive. **La suite est donc croissante.**

Exercices d'entraînement

7 **a)** Pour tout entier n, le réel $8n^2 - n + 1$ est non nul, car le discriminant du trinôme $t(n) = 8n^2 - n + 1$ est $\Delta = (-1)^2 - 4 \times 8 = -31 < 0$; le trinôme t n'a donc pas de racine.
Pour tout entier non nul n :

$$\frac{n^2 + 3n - 1}{8n^2 - n + 1} = \frac{n^2\left(1 + 3\frac{1}{n} - \frac{1}{n^2}\right)}{n^2\left(8 - \frac{1}{n} + \frac{1}{n^2}\right)} = \frac{1 + 3\frac{1}{n} - \frac{1}{n^2}}{8 - \frac{1}{n} + \frac{1}{n^2}}.$$

Or $\lim\limits_{n \to +\infty}\left(1 + 3\frac{1}{n} - \frac{1}{n^2}\right) = 1$ et $\lim\limits_{n \to +\infty}\left(8 - \frac{1}{n} + \frac{1}{n^2}\right) = 8$. Donc :

$$\boxed{\lim_{n \to +\infty} \frac{n^2 + 3n - 1}{8n^2 - n + 1} = \frac{1}{8}.}$$

b) Le trinôme du second degré $t_1(x) = x^2 + x - 1$ a deux racines sur $\mathbb{R}$:

$$x_1 = \frac{-1+\sqrt{5}}{2} \quad \text{et} \quad x_2 = \frac{-1-\sqrt{5}}{2}.$$

Ces deux racines ne sont pas entières, donc le trinôme t_1 est non nul sur $\mathbb{N}$.

Pour tout entier n non nul :

$$\frac{5n^3+n^2-n}{n^2+n-1} = \frac{n^3\left(5+\frac{1}{n}-\frac{1}{n^2}\right)}{n^2\left(1+\frac{1}{n}-\frac{1}{n^2}\right)} = n \times \frac{5+\frac{1}{n}-\frac{1}{n^2}}{1+\frac{1}{n}-\frac{1}{n^2}}.$$

Or $\lim\limits_{n \to +\infty} \dfrac{5+\frac{1}{n}-\frac{1}{n^2}}{1+\frac{1}{n}-\frac{1}{n^2}} = 5$ et $\lim\limits_{n \to +\infty} n = +\infty$.

Donc d'après les théorèmes sur les limites des produits de suites :

$$\boxed{\lim_{n \to +\infty} \frac{5n^3+n^2-n}{n^2+n-1} = +\infty.}$$

8 La suite (u_n) est bien définie, pour tout entier naturel n, car l'entier $(n+1)^2 \geqslant 1$ n'est jamais nul.

La suite (u_n) est la restriction à $\mathbb{N}$ de la fonction f définie sur $[0\,;+\infty[$ par :

$$f(x) = \frac{x(x+2)}{(x+1)^2} = \frac{x^2+2x}{(x+1)^2}.$$

Le sens de variation de la suite (u_n) est celui de la fonction f sur $[0\,;+\infty[$.

La fonction f est une fonction rationnelle ayant un dénominateur non nul sur $[0\,;+\infty[$, elle est donc dérivable sur $[0\,;+\infty[$ et, pour tout réel x de $[0\,;+\infty[$:

$$\begin{aligned} f'(x) &= \frac{(2x+2)(x+1)^2-(x^2+2x)\times 2(x+1)}{(x+1)^4} \\ &= \frac{(x+1)[(2x+2)(x+1)-2(x^2+2x)]}{(x+1)^4} \\ &= \frac{(2x+2)(x+1)-2(x^2+2x)}{(x+1)^3} = \frac{2}{(x+1)^3}. \end{aligned}$$

Pour tout x de $[0\ ;+\infty[$, $f'(x) > 0$, la fonction f est donc strictement croissante sur $[0\ ;+\infty[$, la suite (u_n) est donc strictement croissante.

En suivant la même démarche que dans l'exercice précédent, on obtient :

$$\lim_{n \to +\infty} u_n = 1.$$

9 **1.** On utilise une méthode d'identification, pour tout entier naturel p :

$$\frac{1}{(2p+1)(2p+3)} = \frac{a}{2p+1} + \frac{b}{2p+3} = \frac{2(a+b)p + 3a + b}{(2p+1)(2p+3)},$$

si et seulement si $\begin{cases} 2(a+b) = 0 \\ 3a + b = 1 \end{cases}$, c'est-à-dire $a = \frac{1}{2}$ et $b = -\frac{1}{2}$.

On a donc pour tout entier naturel p :

$$\frac{1}{(2p+1)(2p+3)} = \frac{1}{2}\left(\frac{1}{2p+1}\right) - \frac{1}{2}\left(\frac{1}{2p+3}\right).$$

2. On peut écrire en faisant varier p de 0 à n :

> **Remarque**
> Une telle somme est dite parfois « télescopique » car tous les termes « disparaissent », exceptés le premier et le dernier.

- $\frac{1}{1 \times 3} = \frac{1}{2}\left(\frac{1}{1}\right) - \frac{1}{2}\left(\frac{1}{3}\right)$;
- $\frac{1}{3 \times 5} = \frac{1}{2}\left(\frac{1}{3}\right) - \frac{1}{2}\left(\frac{1}{5}\right)$;
- … ;
- $\frac{1}{(2p+1)(2p+3)} = \frac{1}{2}\left(\frac{1}{2p+1}\right) - \frac{1}{2}\left(\frac{1}{2p+3}\right)$;
- ………………………………………………
- $\frac{1}{(2n+1)(2n+3)} = \frac{1}{2}\left(\frac{1}{2n+1}\right) - \frac{1}{2}\left(\frac{1}{2n+3}\right)$.

En faisant la somme membre à membre de toutes ces égalités, on obtient pour tout entier n :

> **Conseil**
> Cette méthode est à retenir.

$$u_n = \frac{1}{1 \times 3} + \frac{1}{3 \times 5} + \dots + \frac{1}{(2n+1)(2n+3)}$$

$$= \frac{1}{2}\left(\frac{1}{1}\right) - \frac{1}{2}\left(\frac{1}{3}\right) + \frac{1}{2}\left(\frac{1}{3}\right) - \frac{1}{2}\left(\frac{1}{5}\right) + \dots + \frac{1}{2}\left(\frac{1}{2n+1}\right) - \frac{1}{2}\left(\frac{1}{2n+3}\right)$$

$$= \frac{1}{2}\left(\frac{1}{1}\right) - \frac{1}{2}\left(\frac{1}{2n+3}\right) = \frac{2n+3-1}{2(2n+3)} = \frac{2(n+1)}{2(2n+3)} = \frac{n+1}{2n+3}.$$

Pour tout entier naturel n :

$$u_n = \frac{n+1}{2n+3}.$$

En suivant la même démarche que dans l'exercice **7** :

$$\boxed{\lim_{n \to +\infty} u_n = \frac{1}{2}}$$

10 **1.** Les réels a et b sont strictement positifs, donc pour tout entier naturel n, les réels a^n et b^n sont non nuls et strictement positifs, donc pour tout entier naturel n, le réel $a^n + b^n$ est non nul.
La suite est définie pour tout entier n.

> **Rappel**
> Ne jamais oublier d'étudier l'existence des expressions avant de les manipuler.

En mettant a^n ou b^n en facteur au numérateur et au dénominateur, on fait apparaître des expressions de la forme $\left(\frac{a}{b}\right)^n$ ou $\left(\frac{b}{a}\right)^n$. Pour tout entier naturel n :

soit $u_n = \dfrac{a^n\left(1-\left(\frac{b}{a}\right)^n\right)}{a^n\left(1+\left(\frac{b}{a}\right)^n\right)} = \dfrac{1-\left(\frac{b}{a}\right)^n}{1+\left(\frac{b}{a}\right)^n}$; soit $u_n = \dfrac{b^n\left(\left(\frac{a}{b}\right)^n-1\right)}{b^n\left(\left(\frac{a}{b}\right)^n+1\right)} = \dfrac{\left(\frac{a}{b}\right)^n-1}{\left(\frac{a}{b}\right)^n+1}$.

On sait que si q est un réel strictement compris entre -1 et 1, alors $\lim\limits_{n \to +\infty} q^n = 0$.
On choisira donc l'une ou l'autre des expressions de u_n suivant la position relative de a et de b.

> **Rappel**
> Si $-1 < x < 1$ et n un entier naturel, alors $\lim\limits_{n \to +\infty} x^n = 0$.

• Si $0 < a < b$, $0 < \frac{a}{b} < 1$; donc $\lim\limits_{n \to +\infty} \left(\frac{a}{b}\right)^n = 0$ et :

$$\lim_{n \to +\infty} u_n = \lim_{n \to +\infty} \frac{\left(\frac{a}{b}\right)^n - 1}{\left(\frac{a}{b}\right)^n + 1} \text{ donc : } \boxed{\lim_{n \to +\infty} u_n = -1.}$$

(en utilisant les théorèmes sur les opérations des limites de suites).

• Si $0 < b < a$, $0 < \frac{b}{a} < 1$; donc $\lim\limits_{n \to +\infty} \left(\frac{b}{a}\right)^n = 0$ et donc :

$$\lim_{n \to +\infty} u_n = \lim_{n \to +\infty} \frac{1-\left(\frac{b}{a}\right)^n}{1+\left(\frac{b}{a}\right)^n} \text{ donc : } \boxed{\lim_{n \to +\infty} u_n = 1.}$$

• Si $a = b$, pour tout entier naturel n, $u_n = \dfrac{a^n - a^n}{a^n + a^n} = 0$ et : $\boxed{\lim\limits_{n \to +\infty} u_n = 0.}$

2. a) • La suite (u_n) est croissante, en effet :

$$u_{n+1}-u_n=(1-10^{-n-1})-(1-10^{-n})=-\frac{1}{10^{n+1}}+\frac{1}{10^n}=\frac{9}{10^{n+1}}>0.$$

• La suite (v_n) est décroissante :

$$v_{n+1}-v_n=(1+10^{-n-1})-(1+10^{-n})=\frac{1}{10^{n+1}}-\frac{1}{10^n}=-\frac{9}{10^{n+1}}<0.$$

• La suite (v_n-u_n) tend vers 0 car :

$$v_n-u_n=(1+10^{-n})-(1-10^{-n})=2\cdot 10^{-n}.$$

Ces trois conditions étant réunies, les deux suites (u_n) et (v_n) sont adjacentes. Elles ont donc la même limite. Ici :

$$\boxed{\lim_{n\to+\infty}u_n=\lim_{n\to+\infty}v_n=1.}$$

b) Les suites (u_n) et (v_n) tendent toutes les deux vers $+\infty$ mais elles ne sont pas adjacentes car cette limite commune n'est pas finie.

c) $\lim\limits_{n\to+\infty}\left(1-\dfrac{1}{n}\right)=1$ et $\lim\limits_{n\to+\infty}\left(1-\dfrac{(-1)^n}{n}\right)=1$ car

$$\lim_{n\to+\infty}\left|\frac{(-1)^n}{n}\right|=\lim_{n\to+\infty}\left(\frac{1}{n}\right)=0.$$

Donc les suites (u_n) et (v_n) ont la même limite 1.
Mais elles ne sont pas adjacentes car (u_n) est croissante mais (v_n) n'est pas décroissante. En effet : $v_2=1-\dfrac{1}{2}=\dfrac{1}{2}<1$ et $v_3=1+\dfrac{1}{3}>1$, donc $v_2<v_3$.

11 Pour tout entier naturel n, $u_n=2^n\sin\dfrac{\pi}{2^n}$. $\lim\limits_{n\to+\infty}\dfrac{\pi}{2^n}=0$ car $\lim\limits_{n\to+\infty}2^n=+\infty$.

La seule limite du cours contenant la fonction sinus est $\lim\limits_{x\to0}\dfrac{\sin x}{x}=1$, donc en utilisant les théorèmes sur la composée des fonctions, si l'on définit pour tout n, la suite (v_n) par $v_n=\dfrac{\pi}{2^n}$, $\lim\limits_{n\to+\infty}\dfrac{\sin v_n}{v_n}=1$.

Pour tout entier naturel n, le réel $\dfrac{\pi}{2^n}$ est non nul, donc pour tout entier n :

$$u_n=2^n\sin\frac{\pi}{2^n}=2^n\frac{\sin\frac{\pi}{2^n}}{\frac{\pi}{2^n}}\times\frac{\pi}{2^n}=\pi\times\frac{\sin\frac{\pi}{2^n}}{\frac{\pi}{2^n}}.$$

Donc, en utilisant le résultat précédent :

$$\boxed{\lim_{n\to+\infty}u_n=\pi.}$$

12 **1.** Soit (u_n) la suite définie sur $\mathbb{N}$ par $u_0 = -2$ et pour tout entier naturel n :

$$u_{n+1} = u_n + n^2 - n.$$

On a successivement :

- $u_1 = u_0 + 0^2 - 0 = -2$; • $u_2 = u_1 + 1^2 - 1 = -2$;
- $u_3 = u_2 + 2^2 - 2 = 0$; • $u_4 = u_3 + 3^2 - 3 = 6$.

La question étant de démontrer que « à partir d'un certain rang » pour tout entier n, $u_n > n$, il semble que ce premier rang est 4.

Remarque
Lorsque, dans un énoncé, il y a à partir d'un certain rang, il ne faut pas toujours trouver « le premier » qui vérifie la propriété.

Démontrons par récurrence que pour tout entier naturel n supérieur ou égal à 4 :

$$u_n > n.$$

- La propriété est vraie pour $n = 4$.
- Si, pour un entier $n \geqslant 4$, $u_n > n$, alors :

$$u_{n+1} = u_n + n^2 - n > n + n^2 - n, \quad \text{donc } u_{n+1} > n^2.$$

Démontrons que, pour tout entier n supérieur ou égal à 4, $n^2 > n + 1$; pour cela étudions le signe de $n^2 - (n+1) = n^2 - n - 1$.
Le trinôme $x^2 - x - 1$ est strictement positif si et seulement si :

$$x < \frac{1-\sqrt{5}}{2} = -0{,}62 \quad \text{ou} \quad x > \frac{1+\sqrt{5}}{2} = 1{,}62 ;$$

donc pour tout entier n supérieur ou égal à 4, $n^2 - n - 1 > 0$ et donc $n^2 > n + 1$, d'où $u_{n+1} > n + 1$.

- D'après le principe de récurrence, pour tout n supérieur ou égal à 4 :

$$\boxed{u_n > n.}$$

2. Pour tout entier naturel n supérieur ou égal à 4, $u_n > n$ et $\lim\limits_{n \to +\infty} n = +\infty$, donc :

$$\boxed{\lim_{n \to +\infty} u_n = +\infty.}$$

3.

```
def exo13() :
    n = 0
    u = - 2
    while u <= n :
        u = u + n * n - n
        n = n + 1
    return n
Exécution
>>> ...module lycee actif...
>>> exo13()
4
>>>
```

CORRIGÉS

13 **1.** Sachant que $a_0 = 2$ et $b_0 = 4$, il vient successivement :

$$a_1 = \frac{1}{4}(2 + 3 \times 4) = \frac{7}{2}, \text{ puis } b_1 = \frac{1}{4}(3 \times 2 + 4) = \frac{13}{4},$$

$$a_2 = \frac{11}{4}, \text{ puis } b_2 = \frac{13}{4}.$$

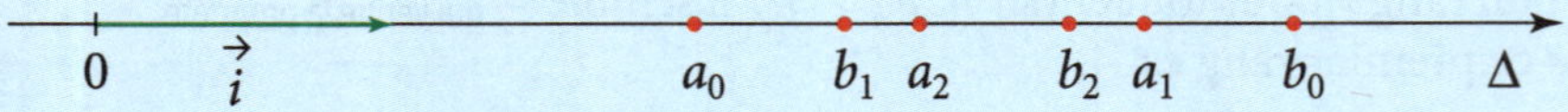

2. a) Pour tout entier naturel n :

$$u_{n+1} = a_{n+1} + b_{n+1}$$

$$u_{n+1} = \frac{1}{4}(a_n + 3b_n) + \frac{1}{4}(3a_n + b_n) = \frac{1}{4}(4a_n + 4b_n) = a_n + b_n = u_n.$$

Donc, pour tout entier naturel n, $u_{n+1} = u_n$, on peut donc en déduire par un raisonnement par récurrence que pour tout entier naturel n, $u_n = u_0 = a_0 + b_0 = 6$.

La suite u est donc constante.

b) Pour tout entier n, l'abscisse du milieu du segment $[A_nB_n]$ est la demi-somme des abscisses des points A_n et B_n, soit $\dfrac{a_n + b_n}{2} = \dfrac{u_n}{2} = 3$.

Tous les segments $[A_nB_n]$ ont le même milieu I, d'abscisse 3.

3. a) Pour tout entier naturel n :

$$v_{n+1} = a_{n+1} - b_{n+1} = \frac{1}{4}(a_n + 3b_n) - \frac{1}{4}(3a_n + b_n)$$
$$= \frac{1}{4}(-2a_n + 2b_n) = -\frac{1}{2}(a_n - b_n) = -\frac{1}{2}v_n.$$

La suite $(v_n)_{n \in \mathbb{N}}$ est une suite géométrique de raison $-\dfrac{1}{2}$ et de premier terme $v_0 = a_0 - b_0 = 2 - 4 = -2$.

La raison de cette suite géométrique est strictement comprise entre −1 et 1. Donc **la suite v est convergente et sa limite est 0.**

b) Pour tout entier naturel n, la distance A_nB_n est égale à $|a_n - b_n| = |v_n|$.

Pour tout entier naturel n, $v_n = \left(-\dfrac{1}{2}\right)^n v_0 = (-2)\left(-\dfrac{1}{2}\right)^n = \left(-\dfrac{1}{2}\right)^{n-1}$, donc pour tout entier naturel n :

$$A_n B_n = |v_n| = \left|\left(-\frac{1}{2}\right)^{n-1}\right| = \left(\left|-\frac{1}{2}\right|\right)^{n-1} = \left(\frac{1}{2}\right)^{n-1}.$$

Cette suite a pour limite 0, donc la suite $(v_n)_{n \in \mathbb{N}}$ a pour limite 0, donc :

$$\boxed{\lim_{n \to +\infty} A_n B_n = 0.}$$

4. a) Pour tout entier naturel n, $u_n = 6$ et $v_n = \left(-\frac{1}{2}\right)^{n-1}$, donc pour tout entier naturel n :

$$\begin{cases} a_n + b_n = 6 \\ a_n - b_n = \left(-\frac{1}{2}\right)^{n-1} \end{cases}$$

On obtient par soustraction et addition le système équivalent :

$$\begin{cases} 2a_n = 6 + \left(-\frac{1}{2}\right)^{n-1} \\ 2b_n = 6 - \left(-\frac{1}{2}\right)^{n-1} \end{cases}, \text{ soit } \boxed{\begin{cases} a_n = 3 - \left(-\frac{1}{2}\right)^{n} \\ b_n = 3 + \left(-\frac{1}{2}\right)^{n} \end{cases}}.$$

b) Le réel $-\frac{1}{2}$ est strictement compris entre -1 et 1, donc $\lim\limits_{n \to +\infty} \left(-\frac{1}{2}\right)^n = 0$, donc :

$$\boxed{\lim_{n \to +\infty} a_n = \lim_{n \to +\infty} b_n = 3.}$$

14 Soit $(u_n)_{n \in \mathbb{N}}$ la suite définie par $u_0 = 2$ et pour tout entier naturel n :

$$u_{n+1} = \frac{1}{3}u_n + 5.$$

1. a) Démontrons par récurrence que tous les termes de la suite $(u_n)_{n \in \mathbb{N}}$ sont inférieurs à $\frac{15}{2}$.

- La propriété est vraie au rang 0, car 2 est inférieur à $\frac{15}{2}$.
- Supposons que pour un certain entier naturel n, $u_n < \frac{15}{2}$; on a alors successivement :

$$\frac{1}{3}u_n < \frac{1}{3} \times \frac{15}{2}\,; \quad \frac{1}{3}u_n < \frac{5}{2}\,; \quad \frac{1}{3}u_n + 5 < \frac{5}{2} + 5\,; \quad \frac{1}{3}u_n + 5 < \frac{15}{2}\,; \quad u_{n+1} < \frac{15}{2}.$$

• D'après le principe de récurrence, la propriété est vraie pour tout entier naturel n. Démontrons que la suite (u_n) est croissante, et, pour cela, calculons pour tout entier n, le signe de la différence $u_{n+1} - u_n$:

$$u_{n+1} - u_n = \frac{1}{3}u_n + 5 - u_n = -\frac{2}{3}u_n + 5 = \frac{-2u_n + 15}{3}.$$

Comme $u_n < \frac{15}{2}$, pour tout $n \in \mathbb{N}$, $-2u_n + 15 > 0$; donc la différence $u_{n+1} - u_n$ est positive pour tout entier n. **Donc la suite est croissante.**

b) La suite $(u_n)_{n \in \mathbb{N}}$ est croissante et majorée. **Donc la suite (u_n) est convergente.**

2. a) Pour tout entier naturel n, et pour tout réel h, on pose $v_n = u_n + h$, donc :

$$v_{n+1} = u_{n+1} + h = \frac{1}{3}u_n + 5 + h$$

$$v_{n+1} = \frac{1}{3}(v_n - h) + 5 + h = \frac{1}{3}v_n + 5 + \frac{2}{3}h.\text{ m}$$

La suite $(v_n)_{n \in \mathbb{N}}$ est géométrique si et seulement si $5 + \frac{2}{3}h = 0$, c'est-à-dire :

$$\boxed{h = -\frac{15}{2}.}$$

b) Si $h = -\frac{15}{2}$, $(v_n)_{n \in \mathbb{N}}$ est une suite géometrique de raison $\frac{1}{3}$ et de premier terme :

$$v_0 = u_0 - \frac{15}{2} = 2 - \frac{15}{2} = -\frac{11}{2}.$$

Pour tout entier n, $v_n = v_0\left(\frac{1}{3}\right)^n = -\frac{11}{2}\left(\frac{1}{3}\right)^n$.

Donc pour tout entier n :

$$\boxed{u_n = v_n - h = \left(-\frac{11}{2}\right)\left(\frac{1}{3}\right)^n + \frac{15}{2}.}$$

c) La suite $(v_n)_{n \in \mathrm{N}}$ est une suite géometrique dont la raison est strictement comprise entre -1 et 1. Elle est convergente et sa limite est 0.

La limite de la suite $(u_n)_{n \in \mathbb{N}}$ est donc $-h$, c'est-à-dire $\frac{15}{2}$.

15 **1. a)** $u_1 = \frac{3}{4} = 0{,}75$, $u_2 = \frac{3u_1}{1+2u_1} = 0{,}9$.

b) Soit, pour n entier naturel, la propriété $\mathcal{P}_n$: « $0 < u_n$ ». Démontrons que la propriété $\mathcal{P}_n$ est vraie pour tout $n \in \mathbb{N}$ par récurrence sur n :

• On a $u_0 = \frac{1}{2} > 0$ donc la propriété $\mathcal{P}_0$ est vraie.

• Soit n un entier naturel quelconque tel que $\mathcal{P}_n$ est vraie. Montrons $\mathcal{P}_{n+1}$:

$u_{n+1} = \frac{3u_n}{1+2u_n}$. Le terme u_{n+1} est un quotient dont le numérateur et le dénominateur sont strictement positifs donc $u_{n+1} > 0$.

La propriété est vraie au rang 0 et en supposant qu'elle est vraie au rang n elle l'est encore au rang $n+1$.

Par conséquent, pour tout entier naturel n, $0 < u_n$.

2. Soit n entier naturel :

$$u_{n+1} - u_n = \frac{3u_n}{1+2u_n} - u_n = \frac{3u_n - u_n(1+2u_n)}{1+2u_n} = \frac{2u_n - 2u_n^2}{1+2u_n} = \frac{2u_n(1-u_n)}{1+2u_n}.$$

On sait que $0 < u_n < 1$ donc $u_n(1-u_n) > 0$ et $u_{n+1} - u_n > 0$:

La suite (u_n) est croissante.

3. a) $$v_{n+1} = \frac{u_{n+1}}{1-u_{n+1}} = \frac{\frac{3u_n}{1+2u_n}}{1-\frac{3u_n}{1+2u_n}} = \frac{\frac{3u_n}{1+2u_n}}{\frac{1+2u_n-3u_n}{1+2u_n}} = \frac{3u_n}{1+2u_n} \times \frac{1+2u_n}{1-u_n}$$

$$= \frac{3u_n}{1-u_n} = 3v_n.$$

Il résulte de ce calcul que la suite (v_n) est une suite géométrique de raison 3.

b) $v_0 = \frac{\frac{1}{2}}{1-\frac{1}{2}} = 1$, donc pour tout entier naturel $n, v_n = 3^n$.

c) $v_n = \dfrac{u_n}{1-u_n} \Leftrightarrow 3^n = \dfrac{u_n}{1-u_n} \Leftrightarrow 3^n(1-u_n) = u_n \Leftrightarrow 3^n = 3^n u_n + u_n$

$$\Leftrightarrow u_n = \frac{3^n}{1+3^n}$$

$$\boxed{u_n = \frac{3^n}{1+3^n}.}$$

d) On a évidemment $0 < 3^n < 3^n + 1$, donc $u_n < 1$ pour tout entier naturel *n*.

e) Dans l'expression $\dfrac{3^n}{1+3^n}$ on divise numérateur et dénominateur par 3^n. On obtient : $u_n = \dfrac{1}{\dfrac{1}{3^n}+1}$. Or $\lim\limits_{n \to +\infty}\left(\dfrac{1}{3^n}\right) = 0$ donc :

$$\boxed{\lim_{n \to +\infty} u_n = 1.}$$

16 **1.** $u_1 = \dfrac{2 \times 0 + 3}{0+4} = \mathbf{\dfrac{3}{4}}$ et $u_2 = \dfrac{2 \times \dfrac{3}{4} + 3}{\dfrac{3}{4} + 4} = \mathbf{\dfrac{18}{19}}$.

2. a) Démontrons par récurrence que tous les termes de la suite (u_n) sont strictement positifs pour tout $n > 0$.

- $u_1 = \dfrac{3}{4}$ est strictement positif.
- Supposons que pour un entier *n* non nul on ait $u_n > 0$, les deux réels $2u_n + 3$ et $u_n + 4$ sont strictement positifs et donc leur quotient l'est aussi ; on a donc $u_{n+1} > 0$.
- D'après le principe de récurrence pour tout entier *n* non nul, $u_n > 0$.

La suite (u_n) est donc bien définie car pour tout entier naturel *n*, le réel $u_n + 4$ est non nul.

Démontrons par récurrence que pour tout entier naturel *n*, $u_n < 1$.

- $u_0 = 0$, donc la propriété est vérifiée au rang 0.
- Supposons que pour un entier *n*, on ait $u_n < 1$; calculons $1 - u_{n+1}$:

$$1 - u_{n+1} = 1 - \frac{2u_n + 3}{u_n + 4} = \frac{u_n + 4 - (2u_n + 3)}{u_n + 4} = \frac{1 - u_n}{u_n + 4}.$$

Le numérateur $1 - u_n$ est strictement positif par hypothèse, et le dénominateur est strictement positif.

Donc $1 - u_{n+1} > 0$.

• D'après le principe de récurrence pour tout entier n, $u_n < 1$.

Donc pour tout entier naturel n non nul :

$$\boxed{0 < u_n < 1.}$$

b) Pour déterminer le sens de variation de la suite (u_n), déterminons pour tout entier n le signe de $u_{n+1} - u_n$. Pour tout entier naturel n :

$$u_{n+1} - u_n = \frac{2u_n + 3}{u_n + 4} - u_n = \frac{-u_n^2 - 2u_n + 3}{u_n + 4}.$$

Le trinôme $-x^2 - 2x + 3$ a une racine évidente 1, l'autre racine est donc -3, et donc pour tout réel x, $-x^2 - 2x + 3 = -(x-1)(x+3)$, donc pour tout entier n :

$$u_{n+1} - u_n = \frac{-(u_n - 1)(u_n + 3)}{u_n + 4}.$$

Pour tout entier n, les réels $-(u_n - 1)$, $u_n + 3$, et $u_n + 4$ sont strictement positifs, le réel $u_{n+1} - u_n$ est donc strictement positif.

La suite (u_n) est strictement croissante, donc croissante.

c) La suite (u_n) est croissante et majorée par 1.
La suite (u_n) est donc convergente.

3. Pour tout entier n, le terme v_n est défini, car le réel $u_n + 3$ est non nul.

a) Pour tout entier n :

$$v_{n+1} = \frac{u_{n+1} - 1}{u_{n+1} + 3} = \frac{\dfrac{2u_n + 3}{u_n + 4} - 1}{\dfrac{2u_n + 3}{u_n + 4} + 3} = \frac{2u_n + 3 - u_n - 4}{2u_n + 3 + 3u_n + 12} = \frac{u_n - 1}{5(u_n + 3)} = \frac{1}{5}v_n.$$

La suite $(v_n)_{n \in \mathbb{N}}$ est géométrique de raison $\frac{1}{5}$ et de premier terme :

$$v_0 = \frac{u_0 - 1}{u_0 + 3} = -\frac{1}{3}.$$

Pour tout entier n :

$$\boxed{v_n = -\frac{1}{3}\left(\frac{1}{5}\right)^n.}$$

b) Pour tout entier n :

$$v_n(u_n + 3) = u_n - 1 \quad \text{et} \quad u_n(v_n - 1) = -1 - 3v_n.$$

Pour tout entier n, le réel v_n est différent de 1, car sinon (raisonnons par l'absurde) on aurait $v_n = 1$ et donc $\frac{u_n - 1}{u_n + 3} = 1$ soit $u_n - 1 = u_n + 3$, ce qui est impossible.

Donc pour tout entier n, $u_n = \frac{-1 - 3v_n}{v_n - 1} = \frac{-1 - 3\left(-\frac{1}{3}\left(\frac{1}{5}\right)^n\right)}{-\frac{1}{3}\left(\frac{1}{5}\right)^n - 1}$

$$u_n = \frac{-1 + \left(\frac{1}{5}\right)^n}{-\frac{1}{3}\left(\frac{1}{5}\right)^n - 1}.$$

c) Le réel $\frac{1}{5}$ est strictement compris entre -1 et 1, donc $\lim_{n \to +\infty} \left(\frac{1}{5}\right)^n = 0$, en utilisant les théorèmes sur les limites, lorsque n tend vers $+\infty$, la suite $(u_n)_{n \in \mathbb{N}}$ a pour limite $\frac{-1}{-1} = 1$.

$$\lim_{n \to +\infty} u_n = 1.$$

17 **1.** Démontrons par récurrence que pour tout entier n non nul, $2^n \geqslant n + 1$.

- La propriété est vraie au rang 1, car $2^1 \geqslant 1 + 1$.
- Supposons la propriété vraie pour un certain entier n non nul :

$$2^{n+1} = 2^n \times 2 \text{ et } 2^n \geqslant n + 1\text{, donc } 2^n \times 2 \geqslant 2(n + 1).$$

Démontrons que pour tout entier n, $2(n + 1) \geqslant n + 2$, et pour cela formons la différence $2(n + 1) - (n + 2) = n$ qui est strictement positif, donc :

$$2^{n+1} \geqslant n + 2.$$

- D'après le principe de récurrence, pour tout entier naturel non nul n :

$$2^n \geqslant n + 1.$$

2. a) Déterminons le sens de variation de la suite (u_n) ; pour cela déterminons pour tout entier n, le signe de $u_{n+1} - u_n$.
Pour tout entier naturel n non nul :

$$u_n = \sum_{k=1}^{n} \frac{1}{k2^k} = \frac{1}{1 \times 2^1} + \frac{1}{2 \times 2^2} + \ldots + \frac{1}{(n-1) \times 2^{n-1}} + \frac{1}{n \times 2^n}.$$

Donc pour tout entier n :

$$u_{n+1}-u_n = \frac{1}{1\times 2^1}+\ldots+\frac{1}{n\times 2^n}+\frac{1}{(n+1)\times 2^{n+1}}-\left(\frac{1}{1\times 2^1}+\ldots+\frac{1}{n\times 2^n}\right)$$
$$= \frac{1}{(n+1)\times 2^{n+1}}.$$

Donc pour tout entier naturel n non nul, le réel $u_{n+1}-u_n$ est strictement positif. **La suite (u_n) est donc strictement croissante, donc croissante.**

Remarque
Si deux suites sont telles que l'une est croissante, l'autre décroissante et si la suite différence tend vers 0, on dit que les deux suites sont adjacentes.
On peut démontrer que deux suites adjacentes sont convergentes et ont la même limite.

b) Déterminons le sens de variation de la suite (v_n). Pour cela déterminons pour tout entier n, le signe de $v_{n+1}-v_n$.

Pour tout entier naturel n non nul :

$$v_n = u_n+\frac{1}{n}-\frac{1}{n2^n}.$$

Donc pour tout entier naturel n non nul :

$$v_{n+1}-v_n = u_{n+1}+\frac{1}{n+1}-\frac{1}{(n+1)2^{n+1}}-\left(u_n+\frac{1}{n}-\frac{1}{n2^n}\right)$$
$$= u_{n+1}-u_n+\frac{1}{n+1}-\frac{1}{(n+1)2^{n+1}}-\frac{1}{n}+\frac{1}{n2^n}$$
$$= \frac{1}{(n+1)\times 2^{n+1}}+\frac{1}{n+1}-\frac{1}{(n+1)2^{n+1}}-\frac{1}{n}+\frac{1}{n2^n}$$
$$= \frac{1}{n+1}-\frac{1}{n}+\frac{1}{n2^n} = \frac{n2^n-(n+1)2^n+n+1}{n(n+1)2^n}$$
$$= \frac{n+1-2^n}{n(n+1)2^n}.$$

Le dénominateur $n(n+1)2^n$ est un réel strictement positif, le numérateur d'après la première question est négatif ou nul, le quotient est donc négatif ou nul. **La suite (v_n) est donc décroissante.**

c) Déterminons la limite de la suite (v_n-u_n).

Pour tout entier naturel non nul n, $v_n-u_n=\frac{1}{n}-\frac{1}{n2^n}$.

$\lim\limits_{n\to+\infty}\frac{1}{n}=0$ et $\lim\limits_{n\to+\infty}2^n=+\infty$, donc $\lim\limits_{n\to+\infty}n2^n=+\infty$ (produit de deux suites ayant pour limite $+\infty$).

On peut donc conclure que $\lim\limits_{n \to +\infty} \frac{1}{n2^n} = 0$ et :

$$\boxed{\lim_{n \to +\infty} (v_n - u_n) = 0.}$$

Sujets de type BAC

18 1. a) Construction

Soit A_n le point de l'axe des abscisses, d'abscisse u_n, on construit successivement :

- le point C_n de la courbe $\mathscr{C}$ ayant pour abscisse u_n, c'est-à-dire de coordonnées $(u_n ; f(u_n) = u_{n+1})$ (la droite (A_nC_n) est parallèle à l'axe des ordonnées) ;
- le point D_n de la droite d'équation $y = x$ ayant même ordonnée que le point C_n (la droite (C_nD_n) est parallèle à l'axe des abscisses) et est sur la première bissectrice, donc son abscisse est égale à son ordonnée, les coordonnées de D_n sont $(u_{n+1} ; u_{n+1})$;
- le point A_{n+1} de l'axe des abscisses ayant même abscisse que D_n, l'abscisse de A_{n+1} est u_{n+1}.

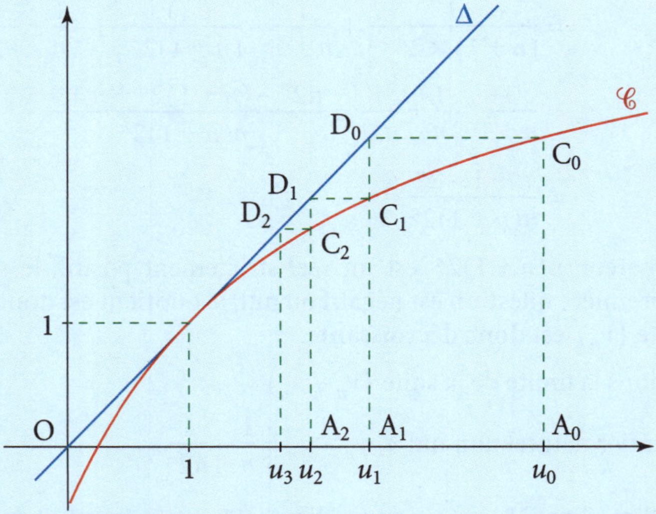

On construit ainsi successivement les points A_0, A_1, A_2, A_3 d'abscisses respectives u_0, u_1, u_2, u_3.

b) Conjectures sur le sens de variation et sur la convergence de la suite (u_n) : **la suite (u_n) semble être décroissante et convergente et avoir pour limite 1.**

2. a) La fonction f est une fonction rationnelle définie sur $]-2\,;+\infty[$, elle est donc dérivable sur cet intervalle et, pour tout réel x de $]-2\,;+\infty[$:

$$f'(x)=\frac{9}{(x+2)^2}.$$

Pour tout réel x de $]-2\,;+\infty[$, $f'(x)>0$, la fonction f est strictement croissante sur $]-2\,;+\infty[$.

Montrons par récurrence que pour tout entier naturel n, $u_n>1$.

- $u_0=4$, donc $u_0-1>0$.
- Supposons que pour un certain entier naturel n, $u_n>1$.
- La fonction f est strictement croissante sur $]-2\,;+\infty[$, donc $f(u_n)>f(1)=1$ soit $u_{n+1}>1$.

D'après le principe de récurrence, pour tout entier naturel n, $u_n-1>0$.

Pour tout entier naturel n, $u_n>1$, donc le réel 1 est un minorant de la suite (u_n).

b) Démonstration des conjectures émises à la question **1. b)**.

Pour tout entier naturel n :

$$u_{n+1}-u_n=\frac{4u_n-1}{u_n+2}-u_n=\frac{-u_n^2+2u_n-1}{u_n+2}=-\frac{(u_n-1)^2}{u_n+2}.$$

Pour tout entier naturel n, $u_n>1$, donc $u_n+2>0$ et $u_n-1\neq 0$, donc $(u_n-1)^2>0$.

Donc, pour tout entier naturel n, $-\dfrac{(u_n-1)^2}{u_n+2}<0$,

c'est-à-dire $u_{n+1}-u_n<0$, la suite (u_n) est strictement décroissante.

La suite (u_n) est décroissante et minorée par 1, elle est donc convergente.

3. a) La suite (v_n) est une suite arithmétique de raison $\dfrac{1}{3}$.

Pour tout entier naturel n :

$$\begin{aligned}v_{n+1}-v_n&=\frac{1}{u_{n+1}-1}-\frac{1}{u_n-1}\\&=\frac{u_n+2}{4u_n-1-u_n-2}-\frac{1}{u_n-1}\\&=\frac{u_n+2}{3(u_n-1)}-\frac{1}{u_n-1}\end{aligned}$$

CORRIGÉS

$$v_{n+1} - v_n = \frac{u_n - 1}{3(u_n - 1)}.$$

Pour tout entier naturel n, $u_n > 1$, donc $u_n \neq 1$, le réel $u_n - 1$ est non nul, d'où pour tout n de $\mathbb{N}$:

$$v_{n+1} - v_n = \frac{1}{3}.$$

Donc (v_n) est une suite arithmétique de raison $\frac{1}{3}$.

b) $v_0 = \frac{1}{u_0 - 1} = \frac{1}{3}$, la suite (v_n) est une suite arithmétique de raison $\frac{1}{3}$ et de premier terme $v_0 = \frac{1}{3}$, donc pour tout entier naturel n :

$$\boxed{v_n = \frac{1}{3} + \frac{1}{3}n.}$$

Pour tout entier naturel n, $v_n = \frac{1}{u_n - 1}$, le réel $\frac{1}{u_n - 1}$, donc v_n, est non nul.

On en déduit que $u_n - 1 = \frac{1}{v_n}$, donc pour tout entier naturel n :

$$u_n = 1 + \frac{1}{v_n} = 1 + \frac{1}{\frac{1}{3} + \frac{1}{3}n} = 1 + \frac{3}{n+1},$$

donc :

$$\boxed{u_n = \frac{n+4}{n+1}.}$$

c) Limite de la suite (u_n)

$$\lim_{n \to +\infty} u_n = \lim_{n \to +\infty} \frac{n\left(1 + \frac{4}{n}\right)}{n\left(1 + \frac{1}{n}\right)} \text{ soit : } \boxed{\lim_{n \mapsto +\infty} u_n = 1.}$$

Approfondissements

19 Soit u la suite définie par $u_0 = 0$ et pour tout entier naturel n par $u_{n+1} = \frac{\sqrt{2}}{2}\sqrt{1 + u_n}$.

1. Inégalité

Méthode : la propriété devant être démontrée pour tout entier naturel non nul, on peut utiliser un raisonnement par récurrence en initialisant la démonstration au rang 1.

– On a $u_1 = \frac{\sqrt{2}}{2}\sqrt{1+u_0} = \frac{\sqrt{2}}{2}\sqrt{1+0} = \frac{\sqrt{2}}{2} \in \left[\frac{\sqrt{2}}{2} ; 1\right]$.

– Supposons la propriété vraie pour un certain entier naturel n non nul, c'est-à-dire que, pour cet entier naturel non nul n, on a $\frac{\sqrt{2}}{2} \leqslant u_n \leqslant 1$.

– On a successivement :

$$1 < 1 + \frac{\sqrt{2}}{2} \leqslant 1 + u_n \leqslant 1 + 1.$$

La fonction racine carrée est croissante sur $\mathbb{R}^*$ donc :

$$1 < \sqrt{1 + \frac{\sqrt{2}}{2}} \leqslant \sqrt{1+u_n} \leqslant \sqrt{2}$$

$$1 \leqslant \sqrt{1+u_n} \leqslant \sqrt{2}$$

Le nombre $\frac{\sqrt{2}}{2}$ est strictement positif, on obtient une inégalité équivalente en multipliant les trois membres par $\frac{\sqrt{2}}{2}$.

$$\frac{\sqrt{2}}{2} \leqslant \frac{\sqrt{2}}{2}\sqrt{1+u_n} \leqslant \frac{\sqrt{2}}{2}\sqrt{2}$$

$$\frac{\sqrt{2}}{2} \leqslant u_{n+1} \leqslant 1$$

La propriété est donc vraie au rang $n + 1$.

D'après le principe de récurrence, la propriété est vérifiée pour tout entier naturel n non nul.

La double inégalité précédente permet aussi de démontrer que la suite (u_n) est définie pour tout n.

On peut écrire que pour tout n, $u_n \geqslant 0$ donc que le calcul de $\sqrt{1+u_n}$ est toujours possible et donc que la suite est bien définie sur $\mathbb{N}$.

2. Sens de variation de (u_n)

Méthode : l'expression $u_{n+1} - u_n$ comportant un radical, on utilise l'égalité $a - b = \dfrac{a^2 - b^2}{a+b}$ vraie pour tout couple (a, b) tel que $a + b \neq 0$.

Sous réserve d'existence, pour tout n de $\mathbb{N}$:

$$u_{n+1} - u_n = \frac{\sqrt{2}}{2}\sqrt{1+u_n} - u_n$$

$$= \frac{\left(\frac{\sqrt{2}}{2}\sqrt{1+u_n}\right)^2 - (u_n)^2}{\frac{\sqrt{2}}{2}\sqrt{1+u_n} + u_n}$$

Si , $n = 0$, $\dfrac{\sqrt{2}}{2}\sqrt{1+u_n} + u_n = u_1 + u_0 = u_1 = \dfrac{\sqrt{2}}{2} \neq 0$.

Si $n > 0$, $\dfrac{\sqrt{2}}{2}\sqrt{1+u_n} + u_n = u_{n+1} + u_n$ est la somme de deux nombres supérieurs à $\dfrac{\sqrt{2}}{2}$; c'est donc un nombre supérieur à $\sqrt{2}$ donc non nul. L'expression précédente existe pour tout n de $\mathbb{N}$.

Pour tout n de $\mathbb{N}$: $u_{n+1} - u_n = \dfrac{\frac{1}{2}(1+u_n) - (u_n)^2}{\frac{\sqrt{2}}{2}\sqrt{1+u_n} + u_n} = \dfrac{1}{2}\,\dfrac{-2(u_n)^2 + u_n + 1}{\frac{\sqrt{2}}{2}\sqrt{1+u_n} + u_n}$.

Le dénominateur est la somme de deux nombres positifs et est non nul, il est donc strictement positif. Pour tout n de $\mathbb{N}$, $u_{n+1} - u_n$ a le signe de $-2(u_n)^2 + u_n + 1 = (u_n - 1)(-2u_n - 1)$.

Pour tout entier naturel n, $u_n \geqslant 0$ donc $-2u_n - 1 \leqslant 0$ et pour tout entier naturel n, $u_n \leqslant 1$ donc $u_n - 1 \leqslant 0$ donc pour tout entier naturel n, $(u_n - 1)(-2u_n - 1) \geqslant 0$ et donc $u_{n+1} - u_n \geqslant 0$. La suite est croissante, de plus on sait qu'elle est majorée par 1, elle est donc convergente.

3. Limite de la suite (u_n)

Méthode : la suite est définie par une relation du type $u_{n+1} = f(u_n)$. On utilise la continuité de f et on résout l'équation $f(x) = x$.

Soit f la fonction définie sur $\mathbb{R}^+$ par $f(x) = \frac{\sqrt{2}}{2}\sqrt{1+x}$. Pour tout x de $\mathbb{R}^+$, $1 + x > 0$ donc $x \mapsto \sqrt{1+x}$ est définie sur $\mathbb{R}^+$ ainsi que la fonction f.
La fonction f est continue sur $\mathbb{R}^+$ car produit de deux fonctions continues sur $\mathbb{R}^+$, la fonction constante égale à $\frac{\sqrt{2}}{2}$ et la fonction $x \mapsto \sqrt{1+x}$, composée de la fonction affine $x \mapsto 1 + x$ continue et strictement positive sur $\mathbb{R}^+$ et de la fonction racine carrée continue sur $\mathbb{R}^+$.
Les limites possibles de la suite (u_n) définie par $u_0 = 0$ et $u_{n+1} = f(u_n)$ sont les solutions de l'équation $f(x) = x$.
Pour tout x de $\mathbb{R}^+$,

$$\begin{aligned} f(x) = x &\Leftrightarrow \frac{\sqrt{2}}{2}\sqrt{1+x} = x \\ &\Leftrightarrow \frac{1}{\sqrt{2}}\sqrt{1+x} = x \\ &\Leftrightarrow \sqrt{1+x} = \sqrt{2}x. \end{aligned}$$

Les deux membres de l'équation étant positifs, l'équation proposée est équivalente (c'est-à-dire a les mêmes solutions dans $\mathbb{R}^+$) que l'équation obtenue en élevant les deux membres au carré.
Pour tout x de $\mathbb{R}^+$,

$$\begin{aligned} f(x) = x &\Leftrightarrow (\sqrt{1+x})^2 = (\sqrt{2}x)^2 \\ &\Leftrightarrow 1 + x = 2x^2 \\ &\Leftrightarrow 2x^2 - x - 1 = 0. \end{aligned}$$

Le nombre 1 est racine de la dernière équation, l'autre racine est donc égale à $-\frac{1}{2}$ (produit des racines).

La fonction f est continue au point 1. Tous les termes de la suite sauf u_0 appartiennent à $\left[\frac{\sqrt{2}}{2}\,;1\right]$. Le nombre 1 est compatible avec la dernière remarque, c'est donc la limite de la suite.

20 Soit (u_n) la suite définie sur l'ensemble des entiers naturels $\mathbb{N}$ par $u_0 = 1$ et $u_{n+1} = u_n e^{-u_n}$ pour tout entier n de $\mathbb{N}$.

CORRIGÉS

1. a) Pour tout entier naturel n, le réel u_n est positif.

La démonstration se fait par récurrence.

– On a $u_0 = 1 \geqslant 0$;

– Supposons que pour un certain entier naturel n, $u_n \geqslant 0$;

– Pour tout réel x, $e^x > 0$ donc le réel $u_{n+1} = u_n e^{-u_n}$ est le produit de deux réels positifs, il est donc positif.

D'après le principe de récurrence, pour tout entier naturel n, $u_n \geqslant 0$.

b) Étude du sens de variation de la suite (u_n)

Pour tout entier naturel n,

$$u_{n+1} - u_n = u_n e^{-u_n} - u_n = u_n(e^{-u_n} - 1).$$

On a, pour tout entier naturel n,

$u_n \geqslant 0 \Leftrightarrow -u_n \leqslant 0$

$\Leftrightarrow e^{-u_n} \leqslant e^0$ car la fonction exponentielle est strictement croissante de $\mathbb{R}$ sur $\mathbb{R}_+^*$.

$\Leftrightarrow e^{-u_n} \leqslant 1$

$\Leftrightarrow e^{-u_n} - 1 \leqslant 0.$

Donc, pour tout entier naturel n, $u_{n+1} - u_n$, produit d'un nombre positif (u_n) et d'un nombre négatif $(e^{-u_n} - 1)$ est négatif, la suite (u_n) est décroissante.

c) Convergence de la suite (u_n)

La suite (u_n) est décroissante et positive (minorée par 0), elle est donc convergente et a une limite $\ell \geqslant 0$.

Soit f la fonction définie sur $\mathbb{R}^+$ par $f(x) = xe^{-x}$, on a pour tout entier naturel n, $u_{n+1} = f(u_n)$. La fonction f est continue sur $\mathbb{R}^+$ comme produit de deux fonctions continues sur $\mathbb{R}^+$ (la fonction identité $x \mapsto x$ et la fonction $x \mapsto e^{-x}$ composée de la fonction affine $x \mapsto -x$ continue sur $\mathbb{R}^+$ et de la fonction exponentielle continue sur $\mathbb{R}$).

La suite (u_n) définie par $u_0 = 1$ et pour tout entier naturel n par $u_{n+1} = f(u_n)$ est convergente. La fonction f est continue sur $\mathbb{R}^+$, la limite de la suite (u_n) se trouve parmi les solutions sur $\mathbb{R}^+$ de l'équation $f(x) = x$.

Pour tout x de $\mathbb{R}^+$,

$f(x) = x \Leftrightarrow xe^{-x} = x$

$\Leftrightarrow x(e^{-x} - 1) = 0$

$\Leftrightarrow x = 0$ ou $e^{-x} - 1 = 0$

$\Leftrightarrow x = 0$ ou $e^{-x} = 1$

$\Leftrightarrow x = 0$ ou $-x = 0$ car la fonction exponentielle prend une seule fois la valeur 1 en 0.

$\Leftrightarrow x = 0.$

L'équation admet une seule solution 0. La fonction f est continue en 0, tous les termes de la suite sont positifs. La limite de la suite est 0.

2. Soit, pour n entier naturel quelconque, la propriété $\mathcal{P}_n$: « $u_{n+1} = \mathrm{e}^{-\mathrm{S}_n}$ ». Montrons que $\mathcal{P}_n$ est vraie pour tout n par récurrence sur n.

Pour $n = 0$: On a d'une part $u_0 = 1$ et $u_1 = u_0 \mathrm{e}^{-u_0} = \mathrm{e}^{-1}$.

D'autre part $\mathrm{S}_0 = u_0 = 1$ et $\mathrm{e}^{-\mathrm{S}_0} = \mathrm{e}^{-u_0} = \mathrm{e}^{-1}$.

On a donc $u_1 = \mathrm{e}^{-\mathrm{S}_0}$, et donc $\mathcal{P}_0$ est vraie.

Soit n un entier naturel quelconque tel que $\mathcal{P}_n$ est vraie. Montrons $\mathcal{P}_{n+1}$:

On a alors :

$$\begin{aligned} u_{n+2} &= u_{n+1}\mathrm{e}^{-u_{n+1}} \\ &= \mathrm{e}^{-\mathrm{S}_n}\mathrm{e}^{-u_{n+1}} \text{ d'après } \mathcal{P}_n. \\ &= \mathrm{e}^{-\mathrm{S}-u_{n+1}} \\ &= \mathrm{e}^{-\mathrm{S}_{n+1}} \end{aligned}$$

Donc $\mathcal{P}_{n+1}$ est vraie et par le principe de récurrence $\mathcal{P}_n$ est vraie pour tout n :

$$\boxed{\forall n \in \mathbb{N}, u_{n+1} = \mathrm{e}^{-\mathrm{S}_n}.}$$

On a $\mathrm{S}_{n+1} = \sum_{p=0}^{n+1} u_p = \sum_{p=0}^{n} u_p + u_{n+1} = \mathrm{S}_n + u_{n+1}$. À la question **1. a)**, on a vu que tous les termes u_p étaient positifs. On en déduit $\mathrm{S}_{n+1} \geqslant \mathrm{S}_n$: la suite (S_n) est croissante.

La suite (S_n) étant croissante on n'a, d'après le cours, que deux possibilités :

- Soit elle converge vers une limite finie ℓ,
- Soit elle tend vers $+\infty$.

Supposons que la suite (S_n) converge vers une limite finie ℓ.

Dans ce cas la suite $(\mathrm{e}^{-\mathrm{S}_n})$ convergerait vers $\mathrm{e}^{-\ell}$. En reprenant l'égalité $u_{n+1} = \mathrm{e}^{-\mathrm{S}_n}$ on aurait par passage à la limite : $\lim\limits_{n \to +\infty} u_{n+1} = \mathrm{e}^{-\ell}$.

Mais on sait depuis la question **1. c)** que $\lim\limits_{n \to +\infty} u_n = 0$.

Or $e^{-\ell}$ est un réel non nul quelle que soit la valeur de ℓ, donc il y a contradiction et la suite (S_n) n'a pas de limite finie ℓ :

$$\boxed{\lim_{n \to +\infty} S_n = +\infty.}$$

CORRIGÉS

La Prépa attitude

1. Les deux théorèmes : toute suite croissante majorée est convergente et toute suite décroissante minorée est convergente permettent de démontrer la convergence mais ne permettent pas de connaître la limite, le majorant connu dans le premier théorème est plus grand que la limite de la suite, le minorant connu dans le deuxième théorème est plus petit que la limite de la suite. L'information obtenue est très imprécise.

2. Le théorème d'encadrement (appelé parfois des gendarmes) permet de conclure à la convergence de la suite encadrée et permet de connaître la limite de cette suite qui est la limite commune des deux suites majorante et minorante.

3. Une autre réponse à la double question de la convergence et du calcul de la limite est la notion de **suites adjacentes**.

Prolongement au cours de Terminale

Définition de deux suites adjacentes

On dit que deux suites u et v sont adjacentes, si l'une est croissante, l'autre est décroissante et une suite différence (il y en a deux possibles) converge vers 0.

Théorème des suites adjacentes

Si deux suites u et v sont adjacentes, elles sont toutes les deux convergentes et ont la même limite.

Cette limite commune est comprise entre les deux premiers termes des suites u et v.

Exemple : Les deux suites $\left(1-\frac{1}{n}\right)_{n\in\mathbb{N}^*}$ et $\left(1+\frac{1}{n}\right)_{n\in\mathbb{N}^*}$ sont adjacentes, on peut vérifier très aisément en faisant la différence de deux termes consécutifs que la suite $\left(1-\frac{1}{n}\right)_{n\in\mathbb{N}^*}$ est croissante, et que la suite $\left(1+\frac{1}{n}\right)_{n\in\mathbb{N}^*}$ est décroissante.

Une suite différence converge vers 0 (par exemple, pour tout n non nul $1+\frac{1}{n}-\left(1-\frac{1}{n}\right)=\frac{2}{n}$). La suite $\left(\frac{2}{n}\right)_{n\in\mathbb{N}^*}$ converge vers 0. D'après le théorème sur les suites adjacentes, les deux suites $\left(1-\frac{1}{n}\right)_{n\in\mathbb{N}^*}$ et $\left(1+\frac{1}{n}\right)_{n\in\mathbb{N}^*}$ sont convergentes et ont la même limite.

EXERCICES

➲ Corrigés p. 175

1 Dans les cas suivants, les suites (u_n) et (v_n) ont-elles la même limite ? Sont-elles adjacentes ?

Justifier les réponses.

1. $u_n=1-10^{-n}$ et $v_n=1+10^{-n}$;

2. $u_n=\ln(n+1)$ et $v_n=\ln(n+1)+\frac{1}{n}$;

3. $u_n=1-\frac{1}{n}$ et $v_n=1+\frac{(-1)^n}{n}$.

2 Calcul de limites par majoration ou minoration

1. En procédant par des majorations ou des minorations, déterminer la limite, si elle existe, de la suite suivante définie pour tout entier non nul par :

$u_n=n^2-\cos^2(\pi n)$.

2. En procédant par des majorations ou des minorations, déterminer les limites, si elles existent, des suites (u_n) définies par :

a) $u_n=\dfrac{5n+(-1)^n}{n+(-1)^n}$;

b) $u_n=\dfrac{n^2+\sin n}{5n^3+\cos(\pi n)}$.

3 Calcul approché de π par la méthode d'Archimède

Soit C un cercle de centre O et de rayon 1. On construit, pour $n\geqslant 1$, deux polygones réguliers notés P_n et Q_n ayant 3×2^n côtés, P_n étant inscrit dans C, Q_n circonscrit à C, et tels que si A_1 est un sommet de P_n il existe un sommet A_1' de Q_n tel que O, A_1 et A_1' soient alignés. On admettra que le périmètre du cercle (égal à 2π) est encadré par ceux des polygones P_n et Q_n.

Dans la suite, on note p_n et q_n les demi-périmètres respectifs de P_n et Q_n.

1. Montrer qu'on a $p_1=3$ et $q_1=2\sqrt{3}$.

2. a) Évaluer, en fonction de n, l'angle au centre qui intercepte l'un des côtés de P_n ou Q_n.

b) En déduire, pour tout entier $n \geqslant 1$, les relations :

$$p_n = 3 \times 2^n \sin\frac{\pi}{3 \times 2^n} \text{ et } q_n = 3 \times 2^n \tan\frac{\pi}{3 \times 2^n}.$$

3. On pose $\alpha = \dfrac{\pi}{3 \times 2^{n+1}}$.

Exprimer p_n et q_n en fonction de n et α. Montrer qu'on a, pour $n \geqslant 1$:

$$\frac{1}{q_{n+1}} = \frac{1}{2}\left(\frac{1}{p_n} + \frac{1}{q_n}\right) \quad \text{et} \quad p_{n+1} = \sqrt{p_n q_{n+1}}.$$

4. a) Soient a et b deux réels $0 < a < b$. Montrer qu'on a :

$$a < \sqrt{ab} < b \quad \text{et} \quad a < \frac{2ab}{a+b} < \frac{a+b}{2} < b.$$

b) Montrer par récurrence qu'on a pour tout entier $n \in \mathbb{N}^*$, $p_n < q_n$.

c) En déduire que la suite (p_n) est croissante et que la suite (q_n) est décroissante.

d) Démontrer que les suites (p_n) et (q_n) sont convergentes.

e) Montrer qu'on a, pour tout $n \geqslant 1$, $q_{n+1} - p_{n+1} \leqslant \dfrac{1}{2}(q_n - p_n)$. En déduire que les deux suites (p_n) et (q_n) sont adjacentes.

Que peut-on en conclure sur les limites des suites (p_n) et (q_n) ?

5. Démontrer, pour tout entier n non nul : $p_n < \pi < q_n$ et en déduire que la limite commune des deux suites (p_n) et (q_n) est le nombre π.

6. Écrire un programme Python permettant d'obtenir un encadrement de π d'amplitude inférieure à 10^{-10} et afficher le résultat sur la console.

CORRIGÉS

1 **1.** Pour tout entier naturel n, 10^{-n} existe donc les deux suites (u_n) et (v_n) sont définies sur $\mathbb{N}$.

Méthode : on vérifie rapidement que les termes des suites existent à partir d'un certain rang et on calcule leur limite. On utilise la définition des suites adjacentes.

On a, pour tout entier naturel n : $10^{-n} = \dfrac{1}{10^n} = \left(\dfrac{1}{10}\right)^n$

On a $-1 < \frac{1}{10} < 1$ donc $\lim_{n \to +\infty} \left(\frac{1}{10}\right)^n = 0$.

On a $-\left(\frac{1}{10}\right)^n = (-1) \times \left(\frac{1}{10}\right)^n$. La suite $\left(-\left(\frac{1}{10}\right)^n\right)$ est le produit de deux suites convergentes, la suite constante égale à -1 et la suite $\left(\left(\frac{1}{10}\right)^n\right)$ de limite 0, elle a donc pour limite le produit des limites, donc 0.

La suite (u_n) est la somme de la suite constante égale à 1 donc convergente et de limite 1 et de la suite $\left(-10^{-n}\right)$ convergente et de limite 0, la limite d'une suite somme de deux suites convergentes est une suite convergente ayant pour limite la somme des limites, donc 1.

De même, la suite (v_n) a pour limite 1, les deux suites ont la même limite, on peut donc se poser la question de savoir si elles sont adjacentes.

Pour déterminer le sens de variation de la suite (u_n), on détermine, pour tout entier naturel n, le signe de :

$$\begin{aligned} u_{n+1} - u_n &= 1 - 10^{-(n+1)} - \left(1 - 10^{-n}\right) \\ &= 10^{-n} - 10^{-(n+1)} \\ &= 10^{-n}\left(1 - 10^{-1}\right) = 10^{-n}\left(1 - \frac{1}{10}\right) \\ &= \frac{9}{10} 10^{-n} \end{aligned}$$

Pour tout entier naturel n, $10^{-n} > 0$ donc :

$$\forall n \in \mathbb{N}, u_{n+1} - u_n > 0$$

La suite (u_n) est strictement croissante donc croissante.

Pour tout entier naturel n,

$$\begin{aligned} v_{n+1} - v_n &= 1 + 10^{-(n+1)} - \left(1 + 10^{-n}\right) \\ &= 10^{-(n+1)} - 10^{-n} = 10^{-n}\left(10^{-1} - 1\right) \\ &= -\frac{9}{10} 10^{-n} \end{aligned}$$

Donc $\forall n \in \mathbb{N}, v_{n+1} - v_n < 0$

La suite (v_n) est strictement décroissante donc décroissante.

Étude de la convergence vers 0 de la suite $(v_n - u_n)$. Deux démonstrations possibles.

AMBITION PRÉPA

– Pour tout entier naturel n,

$$\begin{aligned} v_n - u_n &= 1 + 10^{-n} - \left(1 - 10^{-n}\right) \\ &= 2 \times 10^{-n} \end{aligned}$$

$\lim\limits_{n \to +\infty} \left(v_n - u_n\right) = \lim\limits_{n \to +\infty} 2 \times 10^{-n} = 0$.

– Les deux suites (u_n) et (v_n) sont convergentes et ont la même limite 1, la suite différence $(v_n - u_n)$ est donc convergente et a pour limite la différence des limites donc 0.

En résumé, l'une des suites est croissante, l'autre est décroissante et la suite différence des deux suites tend vers 0 donc les deux suites sont adjacentes.

2. La suite (u_n) est définie pour tout entier naturel n car, pour tout entier naturel n, on a $n + 1 \geqslant 1 > 0$ et le logarithme d'un réel strictement positif est toujours calculable.

On a $\lim\limits_{n \to +\infty} (n + 1) = +\infty$ et $\lim\limits_{n \to +\infty} \ln n = +\infty$ donc par composition des limites $\lim\limits_{n \to +\infty} u_n = \lim\limits_{n \to +\infty} \ln(n + 1) = +\infty$. La suite (u_n) diverge vers $+\infty$.

La suite (v_n) est définie pour tout entier naturel non nul n, car la fonction $n \mapsto \dfrac{1}{n}$ est définie pour tout entier naturel non nul. On a $\lim\limits_{n \to +\infty} \ln(n + 1) = +\infty$ et $\lim\limits_{n \to +\infty} \dfrac{1}{n} = 0$ d'après les théorèmes du cours sur la limite de la somme de deux suites, $\lim\limits_{n \to +\infty} v_n = +\infty$. La suite (v_n) diverge vers $+\infty$.

Les deux suites (u_n) et (v_n) ne peuvent être adjacentes car, si elles l'étaient, elles seraient toutes deux convergentes.

3. Les deux suites (u_n) et (v_n) sont définies pour tout entier naturel n, non nul par $u_n = 1 - \dfrac{1}{n}$ et $v_n = 1 + \dfrac{(-1)^n}{n}$.

On a $\lim\limits_{n \to +\infty} \dfrac{1}{n} = 0$, la suite (u_n) est la somme d'une suite constante égale à 1 et d'une suite convergeant vers 0, donc d'après le théorème sur la somme de suites convergentes, on a $\lim\limits_{n \to +\infty} u_n = 1$.

AMBITION PRÉPA

Trois démonstrations possibles pour étudier la limite de la suite (v_n).

– Cette suite est la somme de la suite constante égale à 1 et de la suite (w_n) définie pour tout entier naturel non nul n par $w_n = \dfrac{(-1)^n}{n}$. La suite (w_n) est le produit de la suite $\left((-1)^n\right)$ et de la suite $\left(\dfrac{1}{n}\right)$ qui a pour limite 0. Selon la parité de n, $(-1)^n$ est égal à -1 (si n impair) ou à 1 (si n est pair) donc pour tout entier n non nul :

$$-1 \leqslant (-1)^n \leqslant 1$$

La suite $\left((-1)^n\right)$ est une suite bornée, d'après le cours le produit d'une suite bornée par une suite ayant pour limite 0 a pour limite 0. La suite (w_n) est convergente et a pour limite 0. La suite (v_n) est convergente et a pour limite 1.

– D'après la question précédente, pour tout entier naturel n non nul :

$$-1 \leqslant (-1)^n \leqslant 1$$

En multipliant les trois membres de cette double inégalité par le réel strictement positif $\dfrac{1}{n}$, on a :

$$\frac{-1}{n} \leqslant \frac{(-1)^n}{n} \leqslant \frac{1}{n}$$

On a $\lim\limits_{n\to+\infty} \dfrac{1}{n} = \lim\limits_{n\to+\infty} \dfrac{-1}{n} = 0$, donc d'après le théorème d'encadrement $\lim\limits_{n\to+\infty} \dfrac{(-1)^n}{n} = 0$ donc $\lim\limits_{n\to+\infty} v_n = 1$.

– On a, pour tout entier naturel n non nul :

$$\left|\frac{(-1)^n}{n}\right| = \frac{1}{n}$$

On utilise un théorème important du cours : une suite (x_n) a pour limite 0 si et seulement si la suite $(|x_n|)$ a pour limite 0. **Attention, ce théorème n'existe que pour les suites de limite nulle.**

Par application du théorème précédent, $\lim\limits_{n\to+\infty} \dfrac{1}{n} = 0$ donc $\lim\limits_{n\to+\infty} \dfrac{(-1)^n}{n} = 0$ et donc $\lim\limits_{n\to+\infty} v_n = 1$.

Les deux suites (u_n) et (v_n) sont convergentes et ont la même limite, elles sont peut-être adjacentes.

Pour tout entier naturel non nul n,

$$u_{n+1} - u_n = 1 - \frac{1}{n+1} - \left(1 - \frac{1}{n}\right) = \frac{1}{n} - \frac{1}{n+1}$$

$$= \frac{n+1-n}{n(n+1)} = \frac{1}{n(n+1)}$$

Donc $\forall n \in \mathbb{N}^*, \frac{1}{n(n+1)} > 0$ donc $\forall n \in \mathbb{N}^*, u_{n+1} - u_n > 0$.

La suite (u_n) est strictement croissante donc croissante.

Pour tout entier naturel non nul n,

$$v_{n+1} - v_n = 1 + \frac{(-1)^{n+1}}{n+1} - \left(1 + \frac{(-1)^n}{n}\right) = \frac{(-1)^{n+1}}{n+1} - \frac{(-1)^n}{n}$$

$$= \frac{(-1)^{n+1}}{n+1} + \frac{(-1)^{n+1}}{n} = (-1)^{n+1}\left(\frac{1}{n+1} + \frac{1}{n}\right)$$

$$= \frac{(-1)^{n+1}}{n+1} + \frac{(-1)^{n+1}}{n} = (-1)^{n+1}\left(\frac{1}{n+1} + \frac{1}{n}\right)$$

$$= (-1)^{n+1} \frac{2n+1}{n(n+1)}$$

Pour tout entier naturel non nul n, le signe de la différence $v_{n+1} - v_n$ est le signe de $(-1)^{n+1}$ car le réel $\frac{2n+1}{n(n+1)}$ est strictement positif, donc le signe de $v_{n+1} - v_n$ change selon la parité de n, la suite (v_n) n'est ni croissante, ni décroissante. Les deux suites (u_n) et (v_n) ne sont pas adjacentes.

2 **1.** Pour tout réel x, $-1 \leqslant \cos x \leqslant 1$, donc $0 \leqslant \cos^2 x \leqslant 1$.

Donc pour tout entier naturel n, on a successivement :

$$0 \leqslant \cos^2(\pi n) \leqslant 1 \quad \text{et} \quad -1 \leqslant \cos^2(\pi n) \leqslant 0$$

et en ajoutant n^2 aux trois membres : $n^2 - 1 \leqslant n^2 - \cos^2(\pi n) \leqslant n^2$.

$\lim\limits_{n \to +\infty} (n^2 - 1) = +\infty$, donc : $\lim\limits_{n \to +\infty} \left(n^2 - \cos^2(\pi n)\right) = +\infty$.

AMBITION PRÉPA

2. a) La première suite (u_n) est définie pour tout n supérieur ou égal à 2, car, si n est pair, le réel $n + (-1)^n = n + 1$ est non nul, et si n est impair et supérieur à 2, le réel $n + (-1)^n = n - 1$ est non nul.

Remarque
Si $n = 1$, alors $n + (-1)^n = 0$.

Pour tout entier supérieur ou égal à 2 :

$$u_n = \frac{5n + (-1)^n}{n + (-1)^n} = \frac{n\left(5 + \frac{(-1)^n}{n}\right)}{n\left(1 + \frac{(-1)^n}{n}\right)} = \frac{5 + \frac{(-1)^n}{n}}{1 + \frac{(-1)^n}{n}}.$$

Pour tout entier supérieur ou égal à 2 : $\left|\frac{(-1)^n}{n}\right| = \frac{\left|(-1)^n\right|}{|n|} = \frac{1}{n}$

$$\lim_{n \to +\infty} \frac{1}{n} = 0, \text{ donc } \lim_{n \to +\infty} \frac{(-1)^n}{n} = 0, \text{ donc } \lim_{n \to +\infty} \left(5 + \frac{(-1)^n}{n}\right) = 5.$$

De même $\lim\limits_{n \to +\infty} \frac{(-1)^n}{n} = 0$ et $\lim\limits_{n \to +\infty} \left(1 + \frac{(-1)^n}{n}\right) = 1$, d'où : $\lim\limits_{n \to +\infty} u_n = 5$.

b) Pour tout entier n, les deux réels $(n^2 + \sin n)$ et $(5n^3 + \cos \pi n)$ existent. Si $n = 0$, le dénominateur est égal à 1 et si $n \geqslant 1$ le dénominateur est supérieur ou égal à 4 car le réel $\cos \pi n$ appartient à $\{-1 ; 1\}$, la suite (u_n) est donc définie sur $\mathbb{N}$.

Pour tout entier naturel non nul n :

$$u_n = \frac{n^2 + \sin n}{5n^3 + \cos \pi n} = \frac{n^2\left(1 + \frac{\sin n}{n^2}\right)}{n^3\left(5 + \frac{\cos \pi n}{n^3}\right)} = \frac{1}{n} \times \frac{1 + \frac{\sin n}{n^2}}{5 + \frac{\cos \pi n}{n^3}}.$$

En raisonnant comme précédemment, pour tout entier non nul n :

$$\left|\frac{\sin n}{n^2}\right| = \frac{|\sin n|}{\left|n^2\right|} = \frac{|\sin n|}{n^2} \leqslant \frac{1}{n^2}.$$

et donc $\lim\limits_{n \to +\infty} \frac{\sin n}{n^2} = 0$ et $\lim\limits_{n \to +\infty} \left(1 + \frac{\sin n}{n^2}\right) = 1$.

De même pour tout entier non nul n : $\left|\dfrac{\cos \pi n}{n^3}\right| = \dfrac{|\cos \pi n|}{|n^3|} = \dfrac{|\cos \pi n|}{n^3} \leqslant \dfrac{1}{n^3}$.

et donc $\lim\limits_{n \to +\infty} \dfrac{\cos \pi n}{n^3} = 0$ et $\lim\limits_{n \to +\infty} \left(5 + \dfrac{\cos \pi n}{n^3}\right) = 5$.

D'où en utilisant les théorèmes sur les limites de quotients de deux suites :

$$\lim_{n \to +\infty} \left(\frac{1 + \dfrac{\sin n}{n^2}}{5 + \dfrac{\cos \pi n}{n^3}} \right) = \frac{1}{5}.$$

Mais $\lim\limits_{n \to +\infty} \dfrac{1}{n} = 0$, d'où en utilisant les théorèmes sur les limites du produit de deux suites : $\lim\limits_{n \to +\infty} u_n = 0 \times \dfrac{1}{5} = 0$.

3 **1.** Le polygone P_1 est un hexagone régulier. L'angle au centre qui intercepte un de ses côtés est donc égale à 60° et, si A et B désignent deux sommets consécutifs, le triangle OAB est équilatéral. On en déduit que AB = 1 et $p_1 = 3$.

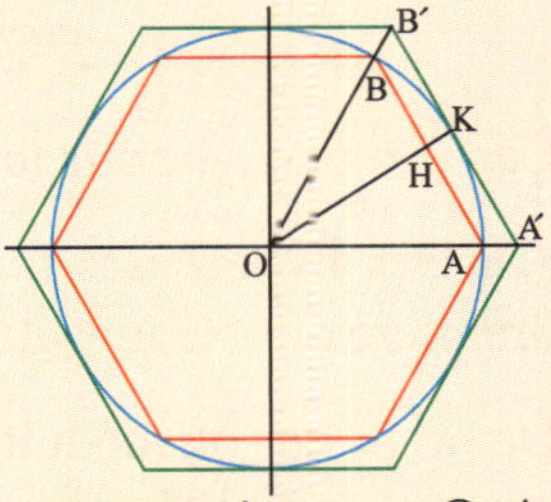

Soit H le pied de la hauteur issue de O. $\text{OH} = \dfrac{\sqrt{3}}{2}$.

Soit A′ et B′ les deux sommets consécutifs de Q tels que respectivement O, A, A′ et O, B, B′ soient alignés. La droite (A′B′) est tangente en K au cercle C.
Les points O, H et K sont alignés et OK = 1.
Le polygone Q_1 se déduit de P_1 par une homothétie de centre O et de rapport $\dfrac{\text{OK}}{\text{OH}} = \dfrac{2}{\sqrt{3}}$.
Les demi-périmètres sont dans le rapport de l'homothétie :

$$q_1 = 3 \times \frac{2}{\sqrt{3}} = 2\sqrt{3}.$$

2. a) L'angle au centre qui intercepte un côté de P_n ou de Q_n est égal à $\dfrac{2\pi}{3 \times 2^n} = \dfrac{\pi}{3 \times 2^{n-1}}$ radians.

b) Pour le polygone P_n, un côté a pour longueur a_n telle que $\dfrac{a_n}{2} = \sin \dfrac{\pi}{3 \times 2^n}$.

D'où $p_n = 3 \times 2^{n-1} a_n = 3 \times 2^n \sin \dfrac{\pi}{3 \times 2^n}$.

AMBITION PRÉPA

Le rapport de l'homothétie qui transforme P_n en Q_n, est le quotient du rayon par la distance de O à un côté de P_n. Cette distance est égale à $\cos\dfrac{\pi}{3\times 2^n}$ et le rapport est égal à l'inverse de ce nombre.

D'où : $q_n = \dfrac{p_n}{\cos\dfrac{\pi}{3\times 2^n}} = 3\times 2^n \tan\dfrac{\pi}{3\times 2^n}$.

3. $p_n = 3\times 2^n \sin 2\alpha$ et $q_n = 3\times 2^n \tan 2\alpha$. On a donc :

$$\frac{1}{2}\left(\frac{1}{p_n}+\frac{1}{q_n}\right) = \frac{1}{3\times 2^{n+1}}\left(\frac{1}{\sin 2\alpha}+\frac{\cos 2\alpha}{\sin 2\alpha}\right) = \frac{1}{3\times 2^{n+1}}\times\frac{1+\cos 2\alpha}{\sin 2\alpha}$$

$$= \frac{1}{3\times 2^{n+1}}\times\frac{2\cos^2\alpha}{2\sin\alpha\cos\alpha} = \frac{1}{3\times 2^{n+1}}\times\frac{1}{\tan\alpha} = \frac{1}{q_{n+1}}.$$

$$\sqrt{p_n q_{n+1}} = \sqrt{3\times 2^n \sin 2\alpha \times 3\times 2^{n+1}\tan\alpha} = 3\times 2^{n+1}\sqrt{\sin\alpha\cos\alpha\tan\alpha}$$

$$= 3\times 2^{n+1}\sin\alpha.$$

Car $0 < \alpha < \dfrac{\pi}{2}$ pour tout $n \geqslant 1$, donc $\sin\alpha > 0$.

4. a) Des hypothèses faites sur a et b on déduit que $a^2 < ab < b^2$, d'où la première double inégalité puisqu'ici a et b sont strictement positifs.

De $a^2 < ab$ on déduit que $a^2 + ab < 2ab$ d'où le premier membre de la seconde inégalité.

La deuxième inégalité à établir : $\dfrac{2ab}{a+b} < \dfrac{a+b}{2}$ est équivalente à $4ab < (a+b)^2$ c'est-à-dire $(a+b)^2 - 4ab > 0$ ce qui est évident puisque $(a+b)^2 - 4ab = (a-b)^2$. Enfin, $\dfrac{a+b}{2} < b$ car $a < b$.

b) Pour $n = 1$, on a vu le résultat dans la première question. Supposons l'inégalité $p_n < q_n$ vraie au rang n. On a alors $\dfrac{1}{q_{n+1}} = \dfrac{1}{2}\times\left(\dfrac{1}{p_n}+\dfrac{1}{q_n}\right)$, soit $q_{n+1} = \dfrac{2p_n q_n}{p_n + q_n}$.

De l'inégalité $a < \dfrac{2ab}{a+b} < b$ on déduit, en posant $a = p_n$ et $b = q_n$, $p_n < q_{n+1} < q_n$.

Puis la double inégalité : $a < \sqrt{ab} < b$ justifie, en posant $a = p_n$ et $b = q_{n+1}$ que l'on a : $p_n < p_{n+1} < q_{n+1}$.

Et donc, par récurrence, l'inégalité $p_n < q_n$ est vraie pour tout n.

AMBITION PRÉPA

c) L'inégalité $p_n < p_{n+1}$ justifie la croissance de la suite (p_n).

Ci-dessus, on a établi que $q_{n+1} < q_n$ et donc la suite (q_n) est décroissante.

d) Soit $n \in \mathbb{N}^*$.

La suite (p_n) étant croissante, on a tout d'abord $p_1 \leqslant p_2 \leqslant \ldots \leqslant p_n$.

De même la suite (q_n) est décroissante donc on a $q_n \leqslant q_{n-1} \leqslant \ldots \leqslant q_1$.

Comme de plus $p_n \leqslant q_n$, on en déduit l'enchaînement d'inégalités suivant :

$$p_1 \leqslant p_2 \leqslant \ldots \leqslant p_n \leqslant q_n \leqslant q_{n-1} \leqslant \ldots \leqslant q_1.$$

De là il résulte que la suite (p_n) est croissante et majorée par q_1 : elle est donc convergente.

De même la suite (q_n) est décroissante et minorée par p_1, donc elle converge également.

e) $q_{n+1} - p_{n+1} = \dfrac{2p_nq_n}{p_n + q_n} - p_{n+1}$.

Or $p_{n+1} \geqslant p_n$ donc

$$\frac{2p_nq_n}{p_n + q_n} - p_{n+1} \leqslant \frac{2p_nq_n}{p_n + q_n} - p_n = \frac{2p_nq_n - p_n^2 - p_nq_n}{p_n + q_n} = \frac{p_n}{p_n + q_n}(q_n - p_n).$$

De plus $p_n + q_n \geqslant 2p_n$ donc $\dfrac{p_n}{p_n + q_n} \leqslant \dfrac{1}{2}$. D'où le résultat :

$$q_{n+1} - p_{n+1} \leqslant \frac{1}{2}(q_n - p_n).$$

On a, pour tout n, $q_n - p_n \geqslant 0$. Il en résulte, par une récurrence immédiate :

$$0 \leqslant q_n - p_n \leqslant \left(\frac{1}{2}\right)^{n-1}(q_1 - p_1).$$

On sait que $\lim\limits_{n \to +\infty} \left(\dfrac{1}{2}\right)^n = 0$ donc $\lim\limits_{n \to +\infty} \left(\dfrac{1}{2}\right)^{n-1}(q_1 - p_1) = 0$.

Par le théorème des gendarmes, on en déduit que $\lim\limits_{n \to +\infty} (q_n - p_n) = 0$.

Conclusion : la suite (p_n) est croissante, la suite (q_n) est décroissante, et la suite différence $q_n - p_n$ tend vers 0. **Donc les suites (p_n) et (q_n) sont adjacentes et convergent vers la même limite.**

5. On sait que pour tout $x \in \left]0\,;\dfrac{\pi}{2}\right[$, $\sin(x) < x < \tan(x)$. En appliquant cette double inégalité à $x = \dfrac{\pi}{3 \times 2^n}$, on obtient $p_n < \pi < q_n$.

On peut alors faire tendre n vers $+\infty$ et utiliser le théorème de prolongement des inégalités (larges) : $\lim\limits_{n\to+\infty} p_n \leqslant \pi \leqslant \lim\limits_{n\to+\infty} q_n$. Mais comme $\lim\limits_{n\to+\infty} p_n = \lim\limits_{n\to+\infty} q_n$, on en déduit :

$$\pi = \lim_{n\to+\infty} p_n = \lim_{n\to+\infty} q_n.$$

6. On sait que pour tout $x \in \left]0\,;\frac{\pi}{2}\right[$, $\sin(x) < x < \tan(x)$. En appliquant cette double inégalité à $x = \frac{\pi}{3\times 2^n}$, on obtient $p_n < \pi < q_n$.

On peut calculer les termes successifs p_k et q_k grâce aux formules :

$$\begin{cases} q_1 = 2\sqrt{3} \text{ et } p_1 = 3, \\ q_{k+1} = \dfrac{2p_kq_k}{p_k+q_k} \text{ et } p_{k+1} = \sqrt{p_kq_{k+1}}. \end{cases}$$

De plus la formule établie : $q_{k+1} - p_{k+1} \leqslant \frac{1}{2}(q_k - p_k)$ montre que l'amplitude $q_k - p_k$ diminue de plus de moitié à chaque fois que l'on change de k. Il suffit donc de calculer successivement les termes p_k et q_k et de s'arrêter dès que l'amplitude $q_k - p_k$ est inférieure à 10^{-10}. Si n est cette première valeur de k l'encadrement de π : $p_n < \pi < q_n$ répond à la condition demandée.

On pourra également introduire un compteur pour n de façon à obtenir la valeur de n :

```
def     valeurPi() :
        q=2*sqrt(3)
        p=3
        n=1
        while    q-p > 10**(-10) :
                 q=2*p*q/(p+q)
                 p=sqrt(p*q)
                 n=n+1
        return(p,q,n)

*** Console de processus distant réinitialisée ***
>>>
>>> valeurPi()
(3.1415926535814367, 3.1415926536065033, 18)
>>>
```

CHAPITRE 6

Limites des fonctions

DE QUOI S'AGIT-IL ?

Dans ce chapitre, il s'agit d'étudier le comportement de fonctions aux bornes de l'ensemble de définitions.

1 Limite d'une fonction

1 Points en lesquels se pose un problème de limite

Soit f une fonction de $\mathbb{R}$ dans $\mathbb{R}$ dont le domaine sera noté $\mathcal{D}_f$.

Soit ℓ et a deux éléments dont chacun peut être un réel ou $-\infty$ ou $+\infty$.

Intuitivement, on dira que $f(x)$ tend vers ℓ lorsque x tend vers a si $f(x)$ se rapproche de plus en plus de ℓ lorsque x s'approche de plus en plus de a.

Avant d'expliquer plus rigoureusement cette notion demandons-nous déjà en quels points a ce problème a un sens. En premier lieu il faut pouvoir calculer $f(x)$ pour des x de plus en plus proche de a. Il faut donc pouvoir s'approcher aussi près qu'on veut de a par des points x de $\mathcal{D}_f$. Ceci implique que a soit lui-même un élément de $\mathcal{D}_f$ ou une borne de $\mathcal{D}_f$. Par exemple si $\mathcal{D}_f =]-\infty\,;0[\cup[1\,;2[$, les éléments dont on peut s'approcher aussi près qu'on veut tout en restant dans $\mathcal{D}_f$ sont tous les points de $\mathcal{D}_f$ ainsi que les bornes $-\infty$, 0, 1 et 2.

Par contre il faut retirer les points isolés du domaine, s'il y en a. Par exemple si $f(x) = \sqrt{x^2(x-2)(1-x)}$, fonction dont le domaine est $\mathcal{D}_f = \{0\} \cup [1\,;2]$, le problème de la limite en 0 ne se pose pas car on ne peut pas s'en approcher aussi près qu'on veut en restant dans $\mathcal{D}_f$.

En général, les points en lesquels on s'intéresse à la limite sont tous les points du domaine $\mathcal{D}_f$ qui ne sont pas des points isolés, ainsi que les bornes de ce domaine (même si elles n'en font pas partie).

2 Définitions

- **Voisinages :** si a est un réel, on appelle **voisinage de a** tout intervalle ouvert V_a contenant a. Par exemple $]a-h\,;a+h[$ pour $h > 0$ est un voisinage de a.

Un voisinage de $+\infty$ (resp. $-\infty$) est un intervalle de la forme $[A\,;+\infty[$ (resp. $]-\infty\,;A]$).

- **Limite finie.** Ici ℓ et a sont des réels.

On dit que **$f(x)$ tend vers ℓ lorsque x tend vers a** si, pour tout voisinage V_ℓ de ℓ, on peut trouver un voisinage V_a de a tel que pour tout $x \in \mathcal{D}_f$:

$$x \in V_a \Rightarrow f(x) \in V_\ell.$$

On démontre que, lorsqu'il existe, le réel ℓ est unique. On note alors :

$$\lim_{x \to +a} f(x) = \ell.$$

Remarque

On écrit aussi plus simplement :

$$\lim_a f = \ell.$$

Bien comprendre

Si $a \in \mathcal{D}_f$ et si $\lim\limits_{a} f = \ell$, alors $\ell = f(a)$.

- **Limite à droite :** on suppose ici qu'il existe un réel $h > 0$ tel que $]a\,;\,a+h[\, \subset \mathcal{D}_f$.

On dit que **$f(x)$ tend vers ℓ lorsque x tend vers a^+** si, pour tout voisinage V_ℓ de ℓ, on peut trouver un réel $\delta > 0$ tel que pour tout réel x :

$$x \in\,]a\,;\,a+\delta[\, \Rightarrow f(x) \in V_\ell.$$

On note alors :

$$\lim_{x \to a^+} f(x) = \ell.$$

Remarque

On écrit aussi plus simplement :

$$\lim_{a^+} f = \ell.$$

Le réel ℓ s'appelle **la limite à droite de f au point a.**

On définit de même **la limite à gauche au point a** en remplaçant dans les lignes ci-dessus l'intervalle $]a\,;\,a+h[$ par $]a-h\,;\,a[$ et l'intervalle $]a\,;\,a+\delta[$ par $]a-\delta\,;\,a[$.

Bien comprendre

On suppose ici qu'il existe un réel $h > 0$ tel que $]a-h\,;\,a[\, \cup\,]a\,;\,a+h[\, \subset \mathcal{D}_f$.

Si $a \in \mathcal{D}_f$ alors : $\lim\limits_{a} f$ existe si et seulement si $\lim\limits_{a^-} f = f(a) = \lim\limits_{a^+} f$.

Si $a \notin \mathcal{D}_f$ alors : $\lim\limits_{a} f$ existe si et seulement si $\lim\limits_{a^-} f = \lim\limits_{a^+} f$.

- **Limite infinie :** on suppose ici qu'il existe un réel $h > 0$ tel que $]a\,;\,a+h[\, \subset \mathcal{D}_f$.

On dit que **$f(x)$ tend vers $+\infty$ lorsque x tend vers a^+** si, pour tout voisinage V de $+\infty$ on peut trouver un réel $\delta > 0$ tel que pour tout réel x :

$$x \in\,]a\,;\,a+\delta[\, \Rightarrow f(x) \in V.$$

On note alors :

$$\lim_{x \to a^+} f(x) = +\infty.$$

Remarque

On écrit aussi plus simplement :

$$\lim_{a^+} f = +\infty.$$

On définit de même $\lim\limits_{x \to a^+} f(x) = -\infty$, $\lim\limits_{x \to a^-} f(x) = +\infty$, $\lim\limits_{x \to a^-} f(x) = -\infty$.

Bien comprendre

Lorsque $\lim\limits_{x \to a^+} f(x) = +\infty$ ou $-\infty$, on dit que la courbe représentative de f admet en a^+ une asymptote parallèle à l'axe des ordonnées d'équation $x = a$.

COURS

- **Limite en $+\infty$ ou en $-\infty$:** on suppose qu'il existe un réel A tel que $[A\,;+\infty[\subset \mathcal{D}_f$.

On dit que **$f(x)$ tend vers ℓ lorsque x tend vers $+\infty$** si, pour tout voisinage V_ℓ de ℓ, on peut trouver un voisinage V de $+\infty$ tel que pour tout réel x :

$$x \in V \Rightarrow f(x) \in V_\ell.$$

On note alors :

$$\lim_{x \to +\infty} f(x) = \ell.$$

On définit de même $\lim_{x \to -\infty} f(x) = \ell$.

Remarque
On écrit aussi plus simplement :
$\lim_{+\infty} f = \ell$.

Bien comprendre

Lorsque pour un réel ℓ on a $\lim_{x \to +\infty} f(x) = \ell$, on dit que la courbe représentative de f admet en $+\infty$ une asymptote parallèle à l'axe des abscisses d'équation $y = \ell$.
Il faut alors étudier le signe de $f(x) - \ell$ pour savoir si la courbe est au-dessus ou au-dessous de l'asymptote.

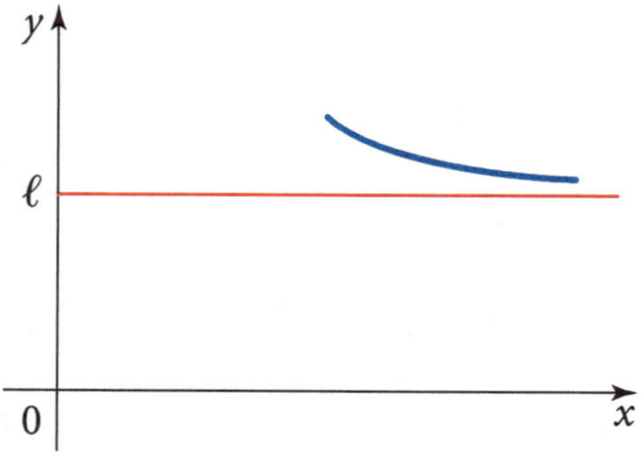

$f(x) \geqslant \ell$

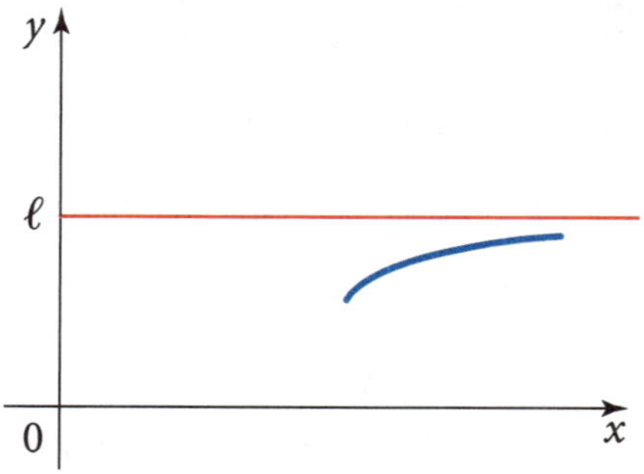

$f(x) \leqslant \ell$

2 Limite et comparaison

Dans ce paragraphe $a \in \mathbb{R} \cup \{-\infty\,;+\infty\}$.

1 Majoration ou minoration par une autre fonction

- Si, dans un voisinage de a on a $f(x) \geqslant g(x)$ et si $\lim_a g = +\infty$, alors $\lim_a f = +\infty$.

- Si, dans un voisinage de a on a $f(x) \leqslant g(x)$ et si $\lim\limits_{a} g = -\infty$, alors $\lim\limits_{a} f = -\infty$.

2 Prolongement des inégalités à la limite

Si dans un voisinage de a on a $f(x) \leqslant g(x)$ et si f et g admettent une limite en a alors $\lim\limits_{a} f \leqslant \lim\limits_{a} g$.

Attention !
Avant de passer à la limite il faut s'assurer que les limites de f et g existent.

3 Le théorème des gendarmes

Si g et d sont deux fonctions telles que $\lim\limits_{a} g = \lim\limits_{a} d$ et si f est une fonction telle que dans un voisinage de a on a $g(x) \leqslant f(x) \leqslant d(x)$, alors la fonction f possède une limite en a telle que : $\lim\limits_{a} g = \lim\limits_{a} f = \lim\limits_{a} d$.

Bien comprendre

L'intérêt du théorème des gendarmes est surtout d'affirmer **l'existence** d'une limite pour f en a.
En effet, lorsqu'on sait que cette limite existe, le théorème de prolongement des inégalités suffit pour conclure à l'égalité des trois limites : $\lim\limits_{a} g = \lim\limits_{a} f = \lim\limits_{a} d$.

3 Opérations sur les limites

Remarque
L'abréviation F.I. signifie « forme indéterminée », ne veut pas dire qu'il n'y a pas de réponse, mais qu'il faut faire une étude supplémentaire.

Soit f et g deux fonctions dont a étudié la limite en a (resp. a^+, a^-, $+\infty$, $-\infty$).

1 Limite d'une somme

Si f tend vers	ℓ	ℓ	ℓ	$+\infty$	$-\infty$	$+\infty$
et si g tend vers	ℓ'	$+\infty$	$-\infty$	$+\infty$	$-\infty$	$-\infty$
alors $f+g$ tend vers	$\ell+\ell'$	$+\infty$	$-\infty$	$+\infty$	$-\infty$	F.I.

2 Limite d'un produit

Si f tend vers	ℓ	$\ell>0$	$\ell>0$	$\ell<0$	$\ell<0$	$+\infty$	$+\infty$	$-\infty$	0
et si g tend vers	ℓ'	$+\infty$	$-\infty$	$+\infty$	$-\infty$	$+\infty$	$-\infty$	$-\infty$	$\pm\infty$
alors fg tend vers	$\ell\ell'$	$+\infty$	$-\infty$	$-\infty$	$+\infty$	$+\infty$	$-\infty$	$+\infty$	F.I.

COURS

3 Limite d'un quotient

Cas où la fonction g ne tend pas vers 0 :

Si f tend vers	ℓ	ℓ	$+\infty$	$+\infty$	$-\infty$	$-\infty$	$\pm\infty$
et si g tend vers	$\ell' \neq 0$	$\pm\infty$	$\ell' > 0$	$\ell' < 0$	$\ell' > 0$	$\ell' < 0$	$\pm\infty$
alors $\frac{f}{g}$ tend vers	$\frac{\ell}{\ell'}$	0	$+\infty$	$-\infty$	$-\infty$	$+\infty$	F.I.

Cas où la fonction g tend vers 0 :

Si f tend vers	$\ell > 0$ ou $+\infty$	$\ell < 0$ ou $-\infty$	$\ell > 0$ ou $+\infty$	$\ell < 0$ ou $-\infty$	0
et si g tend vers	0 en restant positive		0 en restant négative		0
alors $\frac{f}{g}$ tend vers	$+\infty$	$-\infty$	$-\infty$	$+\infty$	F.I.

4 Applications

- Si P est un polynôme, la limite de $P(x)$ lorsque x tend vers $+\infty$ ou $-\infty$ est celle de son terme de plus haut degré.

- Si P et Q sont deux polynômes, la limite de $\frac{P(x)}{Q(x)}$ lorsque x tend vers $+\infty$ ou $-\infty$ est celle du quotient des termes de plus haut degré.

5 Composition

Soit f et g deux fonctions, a, b, et c des éléments de $\mathbb{R} \cup \{-\infty\,;+\infty\}$.

Si $\lim\limits_{a} f = b$ et $\lim\limits_{b} g = c$ alors $\lim\limits_{a} (g \circ f) = c$.

→ Bien comprendre

- Pour la rédaction on procède ainsi, on écrit :
« posons $t = f(x)$; $\lim\limits_{x \to a} t = \lim\limits_{x \to a} f(x) = b$, donc $\lim\limits_{x \to a} g(f(x)) = \lim\limits_{t \to b} g(t) = c$ ».
- Ce théorème se décline de multiples façons car on peut prendre des limites à droite ou à gauche.
Par exemple si on a seulement $\lim g = c$ il faut s'assurer que $f(x)$ tend vers b par valeurs supérieures, c'est-à-dire que l'on a $f(x^{b^+}) > b$ dans un voisinage de a, pour pouvoir écrire :
« posons $t = f(x)$; $\lim\limits_{x \to a} t = \lim\limits_{x \to a} f(x) = b^+$, donc $\lim\limits_{x \to a} g(f(x)) = \lim\limits_{t \to b^+} g(t) = c$ ».

4 Limites usuelles

1 Puissances

Soit $k \in \mathbb{N}^*$:

$$\lim_{x \to +\infty} x^k = +\infty \qquad \lim_{x \to +\infty} x^{-k} = 0.$$

2 Racine carrée

$$\lim_{x \to +\infty} \sqrt{x} = +\infty.$$

3 Exponentielle

$$\lim_{x \to +\infty} \mathrm{e}^x = +\infty \qquad \lim_{x \to -\infty} \mathrm{e}^x = 0.$$

4 Formes indéterminées exponentielles

Soit $k \in \mathbb{N}^*$:

$$\lim_{x \to +\infty} \frac{\mathrm{e}^x}{x^k} = +\infty \qquad \lim_{x \to -\infty} x^k \mathrm{e}^x = 0.$$

Questions courtes

1 Limites

➜ Corrigé p. 199

Calculer les limites suivantes :

a) $\lim\limits_{x \to +\infty} (-2x^3 + 5x + 4)$; **b)** $\lim\limits_{x \to +\infty} \dfrac{1}{x^2+1}$; **c)** $\lim\limits_{x \to -\infty} \dfrac{1-3x^4}{2x+5}$;

d) $\lim\limits_{x \to 1} \dfrac{x^2+3}{x-1}$; **e)** $\lim\limits_{x \to 4} \dfrac{\sqrt{x}-2}{x-4}$; **f)** $\lim\limits_{x \to -\infty} \left(\dfrac{1}{x} - \dfrac{1}{x^2}\right)$.

2 Vrai ou faux

➜ Corrigé p. 200

On justifiera les réponses.

1. La courbe représentative de la fonction $x \mapsto \dfrac{-1}{x^2}$ admet les deux axes du repère comme asymptotes.

2. Si une fonction f est strictement croissante sur $\mathbb{R}$, alors $\lim\limits_{x \to +\infty} f(x) = +\infty$.

3. Si $f(x) < g(x)$ dans un voisinage de a et si $\lim\limits_{a} f$ et $\lim\limits_{a} g$ existent alors $\lim\limits_{a} f < \lim\limits_{a} g$.

4. $\lim\limits_{x \to 1^+} \dfrac{1}{1-x} = -\infty$.

5. $\lim\limits_{x \to 0} \dfrac{1}{x} = +\infty$.

3 QCM

➜ Corrigé p. 202

Pour chaque question indiquer la réponse exacte.

	a)	b)	c)
1. La droite d'équation $y = 0$ est asymptote à la courbe représentative de la fonction :	$x \mapsto x^2 - x$	$x \mapsto \dfrac{2x-3}{x^2+5}$	$x \mapsto \dfrac{x^2+5}{2x-3}$

	a)	b)	c)
2. Si f est une fonction telle que $\lim\limits_{x \to +\infty} f(x) = -2$, alors la droite d'équation :	$x = -2$ est asymptote à la courbe représentative de f en $+\infty$.	$y = -2$ est asymptote à la courbe représentative de f en $+\infty$.	$x = -2$ est asymptote à la courbe représentative de f.
3. Si f est une fonction telle que $\lim\limits_{-1} f = +\infty$, alors la droite d'équation :	$x = -1$ est asymptote à la courbe représentative de f en $+\infty$.	$y = -1$ est asymptote à la courbe représentative de f en $+\infty$.	$x = -1$ est asymptote à la courbe représentative de f.
4. Si $\mathcal{D}$ est une asymptote parallèle à l'axe des abscisses à la courbe $\mathcal{C}$ représentative d'une fonction f alors $\mathcal{C}$ et $\mathcal{D}$:	N'ont pas de point d'intersection.	Peuvent avoir une infinité de points d'intersection.	Ont au plus un point d'intersection.
5. Si f est une fonction telle que $\lim\limits_{+\infty} f = +\infty$, alors :	f est croissante sur $\mathbb{R}$.	Il existe un réel A tel que f est croissante sur $[A\,;+\infty[$.	On ne peut pas conclure sur le sens de variation de f.

4 Limites

Corrigé p. 203

Déterminer dans chaque cas la limite demandée :

a) $\lim\limits_{x \to -3^+} \dfrac{1}{-2x-6}$; **b)** $\lim\limits_{x \to 0^+} \left(\left(1 + \dfrac{1}{2\sqrt{x}}\right)(x-2)\right)$; **c)** $\lim\limits_{x \to 3^+} \dfrac{2-3x}{x-3}$;

d) $\lim\limits_{x \to +\infty} \dfrac{1+2\sqrt{x}-3x}{x}$; **e)** $\lim\limits_{x \to -\infty} \dfrac{5x+2}{\sqrt{-x}}$; **f)** $\lim\limits_{x \to +\infty} \dfrac{3x(-x+1)(2x+1)}{(x+2)(x^2+3)(3x-1)}$.

5 Asymptote

Corrigé p. 204

Soit $\mathcal{C}$ la représentation graphique de la fonction f définie sur $\mathbb{R}$ par :

$$f(x) = 5 + \frac{x}{x^2+1}.$$

$\mathcal{C}$ admet-elle une asymptote ?

Exercices d'entraînement

6 Limite

➲ Corrigé p. 204

1. Déterminer $\lim\limits_{x \to -\infty} (2x + \sqrt{4x^2 - x + 1})$.

Indication : on pourra utiliser la quantité conjuguée et factoriser $2x$ au dénominateur.

2. Qu'en déduit-on pour la courbe représentative de la fonction f :

$$x \mapsto 2x + \sqrt{4x^2 - x + 1} \ ?$$

7 Asymptotes

➲ Corrigé p. 205

Soit $f : \mathbb{R} \to \mathbb{R}$ la fonction définie par : $f(x) = \dfrac{x^2 + 5x + 1}{x^2 + x - 2}$.

1. Déterminer le domaine de définition de la fonction f.

2. Combien d'asymptotes possède la courbe représentative de cette fonction ?

8 Étude d'asymptotes

➲ Corrigé p. 207

Soit $f : \mathbb{R} \to \mathbb{R}$ la fonction définie par : $f(x) = \dfrac{3x^2 - 4}{x^2 - 1}$ et $\mathscr{C}_f$ sa courbe représentative.

1. a) Montrer que la courbe $\mathscr{C}_f$ possède une asymptote parallèle à l'axe des abscisses.

b) Étudier la position relative de la courbe $\mathscr{C}_f$ par rapport à cette asymptote.

2. a) Déterminer les limites à gauche et à droite de la fonction f au point 1.

b) Que peut-on en déduire ?

3. Existe-t-il un autre point possédant une propriété similaire ?

9 Limites de fonctions rationnelles

➲ Corrigé p. 208

1. Soit f la fonction définie par :

$$f(x) = \frac{x^3 + x^2 - 2}{x^2 + x - 2}.$$

Déterminer les limites de f en $+\infty$, $-\infty$, 1 et -2.

2. Soit f la fonction définie par :

$$f(x) = \frac{x^2 + 1}{(x-1)^2}.$$

Déterminer les limites de f en $+\infty$, $-\infty$ et 1.

10 Limites d'une fonction contenant un radical

Corrigé p. 210

Soit f la fonction définie par :

$$f(x) = \frac{\sqrt{x+1}-1}{x^3}.$$

Déterminer les limites de f en $+\infty$, en 0.

11 Limites d'une fonction contenant un radical

Corrigé p. 211

Soit f la fonction définie par :

$$f(x) = \sqrt{x^2+2x+3}-(x+1).$$

Déterminer les limites de f en $-\infty$, en $+\infty$.

12 Limites d'une fonction contenant un radical

Corrigé p. 212

Soit f la fonction définie par :

$$f(x) = \sqrt{x^2-1}+3x.$$

Déterminer, si elles existent, les limites de f en $+\infty$ et en $-\infty$.

13 Limites d'une fonction contenant des radicaux

Corrigé p. 213

Soit f la fonction définie par :

$$f(x) = \frac{\sqrt{x+3}-2}{\sqrt{x}-1}.$$

Déterminer la limite de f en 1.

14 Autour des fonctions sinus et cosinus

Corrigé p. 215

1. Soit x un réel de $\left[0\,;\frac{\pi}{2}\right]$.

Sur la figure ci-contre représentant le cercle trigonométrique, x est égal à la longueur de l'arc $\overset{\frown}{AM}$.

Montrer que $x \leqslant x$.

2. a) Montrer que pour tout x réel on a $|\sin x| \leqslant |x|$ $\left(\text{on distinguera les cas } |x| \leqslant \frac{\pi}{2} \text{ et } |x| > \frac{\pi}{2}\right)$.

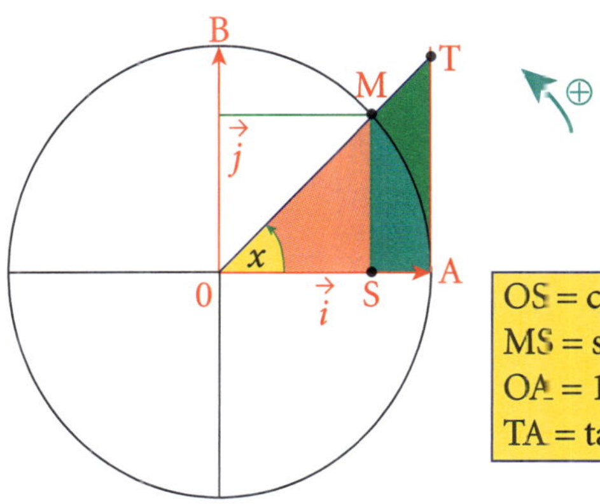

OS = cos(x)
MS = sin(x)
OA = 1
TA = tan(x)

En déduire que $\lim\limits_{x \to 0} \sin x = 0$.

b) Montrer que $\lim\limits_{x \to 0} \cos x = 1$.

15 Étude de sin(x) en $+\infty$

➲ Corrigé p. 216

1. Soit f une fonction de $\mathbb{R}$ dans $\mathbb{R}$ dont le domaine sera noté $\mathcal{D}_f$ et a un élément de $\mathbb{R} \cup \{-\infty ; +\infty\}$. On suppose qu'il existe un réel ℓ tel que $\lim\limits_{a} \ell = \ell$.

Soit par ailleurs une suite (u_n) telle que :

• pour n assez grand $u_n \in \mathcal{D}_f$

et

• $\lim\limits_{n \to +\infty} u_n = a$.

a) Soit V_ℓ un voisinage de ℓ. Établir l'existence d'un voisinage V_a de a tel que pour tout $x \in \mathcal{D}_f$, si $x \in V_a$ alors $f(x) \in V_\ell$.

En déduire que pour n assez grand $f(u_n) \in V_\ell$.

b) En déduire que $\lim\limits_{n \to +\infty} f(u_n) = \ell$.

2. On pose $f(x) = \sin(x)$ et on suppose que f a une limite en $+\infty$ c'est-à-dire qu'il existe un réel ℓ tel que $\lim\limits_{x \to +\infty} \sin(x) = \ell$.

a) On pose, pour tout entier naturel $n \in \mathbb{N}$, $u_n = n\pi$.

Que vaut $f(u_n)$ pour $n \in \mathbb{N}$? À l'aide de la question **1. b)** quelle est alors la valeur de ℓ ?

b) On pose à présent pour tout $n \in \mathbb{N}$, $v_n = \dfrac{\pi}{2} + kn\pi$.

Que vaut $f(v_n)$ pour $n \in \mathbb{N}$ et qu'en déduit-on concernant la valeur de ℓ ?

c) En déduire que $\sin(x)$ n'a pas de limite lorsque x tend vers $+\infty$.

3. Montrer que $\sin\left(\dfrac{1}{x}\right)$ n'a pas de limite lorsque x tend vers 0^+.

16 Étude d'une suite

➲ Corrigé p. 217

Soit (u_n) la suite numérique définie sur $\mathbb{N}$ par :

$$\begin{cases} u_0 = 0 \\ u_{n+1} = \sqrt{3u_n + 4}. \end{cases}$$

1. a) Démontrer que (u_n) est majorée par 4.

b) Démontrer que (u_n) est strictement croissante.

c) En déduire que (u_n) converge et déterminer sa limite.

2. a) Démontrer que, pour tout entier naturel n :

$$4 - u_{n+1} \leqslant \frac{1}{2}(4 - u_n).$$

b) Retrouver le résultat du **1. c)**.

17 Asymptotes obliques

➲ Corrigé p. 220

On rappelle qu'une droite oblique est une droite non parallèle aux axes de coordonnées.

Définition : Soit f une fonction définie au voisinage de $+\infty$ et $\mathcal{C}_f$ sa courbe représentative.

On dit qu'une droite $\mathcal{D}$ d'équation $y = ax + b$ avec $a \neq 0$ est **asymptote oblique** à $\mathcal{C}_f$ en $+\infty$ si et seulement si :

$$\lim_{x \to +\infty} [f(x) - (ax + b)] = 0.$$

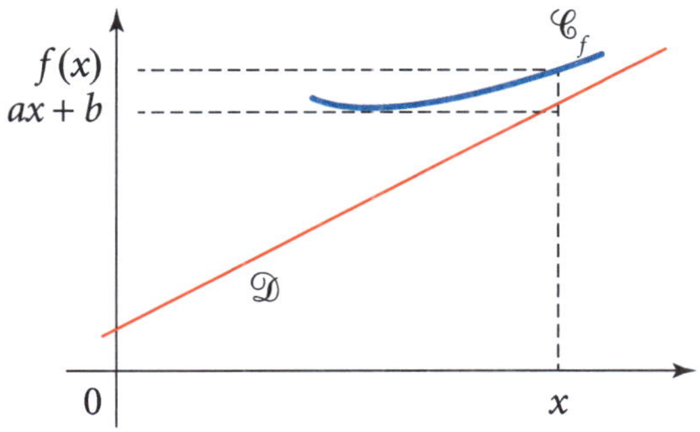

On définit de même une asymptote oblique en $-\infty$.

La différence $\Delta(x) = f(x) - (ax + b)$ s'appelle **l'écart** entre la courbe et son asymptote.

1. Montrer que si la droite $\mathcal{D}$ d'équation $y = ax + b$ est asymptote oblique à $\mathcal{C}_f$ en $+\infty$ alors :

$$\begin{cases} \lim\limits_{x \to +\infty} \dfrac{f(x)}{x} = a \\ \text{et} \\ \lim\limits_{x \to +\infty} (f(x) - ax) = b. \end{cases}$$

2. On considère la fonction f définie sur $\mathbb{R} \setminus \{-2\,;2\}$ par : $f(x) = \dfrac{2x^2 - x^2 - 8x + 7}{x^2 - 4}$, et on note $\mathscr{C}_f$ sa courbe représentative.

a) Montrer que la droite $\mathscr{D}$ d'équation $y = 2x - 1$ est asymptote à la courbe représentative de f en $+\infty$ et en $-\infty$.

b) Étudiez les positions relatives de $\mathscr{C}_f$ et de $\mathscr{D}$.

3. On considère la fonction f définie sur $\mathbb{R} \setminus \{-2\}$ par : $f(x) = \dfrac{x^2 - x - 3}{x + 2}$, et on note $\mathscr{C}_f$ sa courbe représentative.

a) Déterminer des réels a, b et c tels que : $f(x) = ax + b + \dfrac{c}{x+2}$.

b) En déduire que $\mathscr{C}_f$ admet une asymptote oblique en $-\infty$ dont donnera une équation.

4. Soit $f : \mathbb{R} \to \mathbb{R}$ la fonction définie par : $f(x) = \sqrt{x^2 - 4x}$.

a) Quel est l'ensemble de définition de f ?

b) Déterminer $a = \lim\limits_{x \to +\infty} \dfrac{f(x)}{x}$ et $b = \lim\limits_{x \to +\infty} (f(x) - ax)$.

c) Montrer que la droite $\mathscr{D}$ d'équation $y = ax + b$ est asymptote oblique à la courbe représentative de f en $+\infty$.

5. a) Montrer que la courbe représentative de la fonction f définie par $f(x) = \dfrac{x^3 + 4}{x^2}$ admet une asymptote oblique en $+\infty$.

b) Déterminer sur quel ensemble l'écart entre la courbe et l'asymptote est en valeur absolue inférieur à un centième d'unité.

Questions courtes

1 **a)** $\lim\limits_{x \to +\infty} (-2x^3 + 5x + 4) = \lim\limits_{x \to +\infty} (-2x^3)$ d'où :

$$\boxed{\lim_{x \to +\infty} (-2x^3 + 5x + 4) = -\infty.}$$

b) $\lim\limits_{x \to +\infty} \dfrac{1}{x^2+1} = \lim\limits_{x \to +\infty} \dfrac{1}{x^2} = 0$, donc : $\boxed{\lim\limits_{x \to +\infty} \dfrac{1}{x^2+1} = 0.}$

c) $\lim\limits_{x \to -\infty} \dfrac{1-3x^4}{2x+5} = \lim\limits_{x \to -\infty} \dfrac{-3x^4}{2x} = \lim\limits_{x \to -\infty} \dfrac{-3x^3}{2}$ donc : $\boxed{\lim\limits_{x \to -\infty} \dfrac{1-3x^4}{2x+5} = +\infty.}$

d) Pour étudier $\lim\limits_{x \to 1} \dfrac{x^2+3}{x-1}$, deux cas sont à envisager :

- $\begin{cases} \lim\limits_{x \to 1} (x^2+3) = 4 \\ \lim\limits_{x \to 1} (x-1) = 0 \\ x-1 > 0 \text{ si } x > 1 \end{cases}$ donc : $\boxed{\lim\limits_{\substack{x \to 1 \\ x > 1}} \dfrac{x^2+3}{x-1} = +\infty.}$

Remarque

On écrit aussi $\lim\limits_{x \to 1^+}$ ou $\lim\limits_{x \to 1^-}$.

- $\begin{cases} \lim\limits_{x \to 1} (x^2+3) = 4 \\ \lim\limits_{x \to 1} (x-1) = 0 \\ x-1 < 0 \text{ si } x < 1 \end{cases}$ donc : $\boxed{\lim\limits_{\substack{x \to 1 \\ x < 1}} \dfrac{x^2+3}{x-1} = -\infty.}$

e) $\lim\limits_{x \to 4} \dfrac{\sqrt{x}-2}{x-4} = \lim\limits_{x \to 4} \dfrac{(\sqrt{x}-2)(\sqrt{x}+2)}{(x-4)(\sqrt{x}+2)}$ car $\sqrt{x}+2 > 0$ donc $\sqrt{n}+2 \neq 0$

$$= \lim_{x \to 4} \frac{x-4}{(x-4)(\sqrt{x}+2)}$$

$$= \lim_{x \to 4} \frac{1}{\sqrt{x}+2} \text{ car } x \neq 4.$$

Remarque

Attention, $x \mapsto \dfrac{\sqrt{x}-2}{x-4}$ n'est pas une fonction rationnelle. On peut aussi utiliser la dérivabilité de la fonction $x \mapsto \sqrt{x}$ au point 4.

Donc : $\boxed{\lim\limits_{x \to 4} \dfrac{\sqrt{x}-2}{x-4} = \dfrac{1}{4}.}$

f) $\lim\limits_{x \to -\infty} \dfrac{1}{x} = 0$ et $\lim\limits_{x \to -\infty} \dfrac{1}{x^2} = 0$ donc :

$$\lim_{x \to -\infty} \left(\frac{1}{x} - \frac{1}{x^2}\right) = 0.$$

2 **1. Vrai** ➜ Posons $f(x) = \dfrac{-1}{x^2}$: $\lim\limits_{x \to +\infty} f(x) = 0$: l'axe des abscisses est asymptote à la courbe représentative de f en $+\infty$ (et aussi en $-\infty$ puisque $\lim\limits_{x \to -\infty} f(x) = 0$).

> **Attention !**
> $\dfrac{1}{x}$ n'a pas de limite en 0 mais tend vers $+\infty$ quand en 0^+ et vers $-\infty$ en 0^-.

$\lim\limits_{x \to 0} f(x) = -\infty$ puisque $\lim\limits_{x \to 0} x^2 = 0$ et $x^2 \geqslant 0$: l'axe des ordonnées est également asymptote en 0^+ et en 0^-.

2. Faux ➜ D'après le cours, si la fonction f est majorée, elle a une limite finie en $+\infty$. Cherchons un exemple. On peut partir de la fonction f définie par $f(x) = -\dfrac{1}{x}$. Cette fonction est strictement croissante sur $\mathbb{R}_+^*$ et tend vers 0 en $+\infty$. Mais elle ne répond pas à la question puisqu'on veut une fonction définie sur $\mathbb{R}$. Pour cela déformons-la un peu pour la faire passer par l'origine en posant pour $x \in \mathbb{R}_+$: $g_1(x) = 1 - \dfrac{1}{x+1}$. Pour la définir sur $\mathbb{R}$ on peut faire une symétrie par rapport à l'origine ce qui revient à poser $g_2(x) = -g_1(-x)$ pour $x \in \mathbb{R}_-$ et donc : $g(x) = \begin{cases} 1 - \dfrac{1}{x+1} & \text{si } x \in \mathbb{R}_+ \\ -1 + \dfrac{1}{-x+1} & \text{si } x \in \mathbb{R}_- \end{cases}$: la fonction g ainsi définie fournit un contre-exemple.

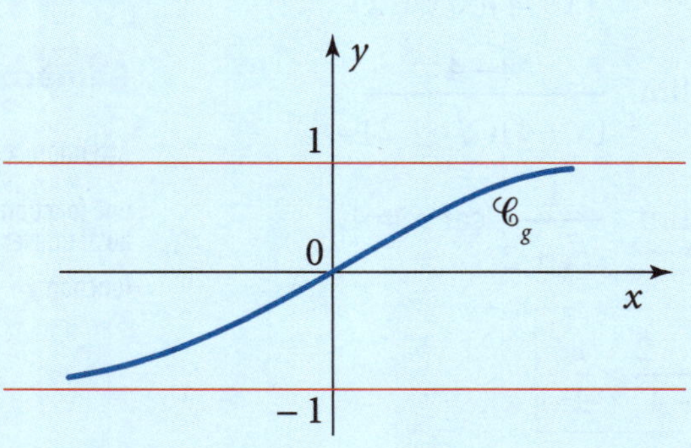

Montrons que la fonction g est strictement croissante sur $\mathbb{R}$: soit $x,\ x' \in \mathbb{R}$ vérifiant $x < x'$. Distinguons 3 cas : $0 \leqslant x < x'$, $x < x' \leqslant 0$ et $x < 0 < x'$.

Premier cas : $0 \leqslant x < x'$. On a alors successivement :

$$0 \leqslant x < x' \Rightarrow 0 < x+1 < x'+1 \Rightarrow \frac{1}{x'+1} < \frac{1}{x+1}$$

$$\Rightarrow -\frac{1}{x+1} < -\frac{1}{x'+1} \Rightarrow g(x) < g(x').$$

La fonction g est donc strictement croissante sur $\mathbb{R}_+$.

Deuxième cas : la fonction g étant impaire, elle est également strictement croissante sur $\mathbb{R}_-$.

Troisième cas : $x < 0 < x'$. Dans ce cas on a $x < 0$ donc $g(x) < 0$ et $x' > 0$ donc $g(x') > 0$, soit encore $g(x) < g(x')$.

Donc g est strictement croissante sur $\mathbb{R}$ et $\lim\limits_{x \to +\infty} g(x) = 1$.

3. Faux ➜ Posons par exemple $f(x) = \frac{1}{x^2}$ et $g(x) = \frac{1}{2}$. $[2\,;+\infty[$ est un voisinage de $+\infty$ sur lequel on a $f(x) < g(x)$. Néanmoins,

$$\lim_{x \to +\infty} f(x) = 0 = \lim_{x \to +\infty} g(x).$$

➜ Autre méthode

Seules les inégalités larges peuvent être prolongées à la limite. Ce qui signifie que même en cas d'inégalité stricte : $f(x) < g(x)$ les limites peuvent être égales.

4. Vrai ➜ Pour $x > 1$ on a $1 - x < 0$, donc $\lim\limits_{x \to 1^+} 1 - x = 0$ et $1 - x < 0$. Il en résulte $\lim\limits_{x \to 1^+} \frac{1}{1-x} = -\infty$.

5. Faux ➜ $\lim\limits_{x \to 0^+} \frac{1}{x} = +\infty$ et $\lim\limits_{x \to -\infty} \frac{1}{x} = -\infty$: limites différentes, donc :

$\frac{1}{x}$ n'a pas de limite en 0, seulement une limite à droite et une limite à gauche.

3 **1.** Dire que la droite d'équation $y = 0$ est asymptote à la courbe représentative de la fonction f c'est dire que $\lim_{x \to +\infty} f(x) = 0$ ou que $\lim_{x \to -\infty} f(x) = 0$ (ou les deux). La seule fonction qui satisfait cette condition est la **b)**.

2. Lorsque la limite en $+\infty$ est finie et vaut ℓ, l'asymptote à la courbe est la droite parallèle à l'axe des abscisses d'équation $y = \ell$. La bonne réponse est la **b)**.

3. La réponse **a)** ne veut rien dire : une droite d'équation $x = a$ est parallèle à l'axe des ordonnées alors qu'une asymptote en $+\infty$ est parallèle à l'axe des abscisses.

La bonne réponse est la **c)**.

4. La bonne réponse est la **b)**. On peut considérer par exemple une sinusoïde amortie, qui est le graphe de la fonction $f(x) = \dfrac{\sin x}{x}$: cette fonction s'annule en tous les points de la forme $k\pi$, $k \in \mathbb{Z}^*$ donc $\mathscr{C}_f$ et Oy ont une infinité de points d'intersection. Par ailleurs on a $\lim_{x \to +\infty} f(x) = 0$ $\left(\text{puisque } |f(x)| \leqslant \dfrac{1}{|x|}\right)$ donc la droite $\mathscr{D} = \mathrm{O}y$ est asymptote à $\mathscr{C}_f$ en $+\infty$:

La courbe et son asymptote peuvent avoir une infinité de points d'intersection.

5. La bonne réponse est la **c)**. Pour construire un exemple d'une fonction qui ne reste jamais monotone, commençons par construire une fonction f_1 sur $[0\,;1]$ qui réponde aux critères suivants :

- on veut une fonction non monotone sur $[0\,;1]$;
- et telle que $f_1(0) = 0$ et $f_1(1) = 1$.

Comme par exemple $f_1(x) = x(3-2x)$: cette fonction croit sur $\left[0\,;\dfrac{3}{4}\right]$ et décroit sur $\left[\dfrac{3}{4}\,;1\right]$. Il suffit alors de translater son graphe de proche en proche par des translations successives de vecteurs $\vec{\mathrm{V}}(1\,;1)$ pour obtenir une fonction non monotone sur aucun intervalle du type $[\mathrm{A}\,;+\infty[$. La fonction ainsi obtenue se définit ainsi :

$$f(x+k) = f_1(x) + k \text{ pour } x \in [0, 1] \text{ et } k \in \mathbb{N}.$$

Par ailleurs on a $f(x) \geqslant x$, donc $\lim_{x \to +\infty} f(x) = +\infty$.

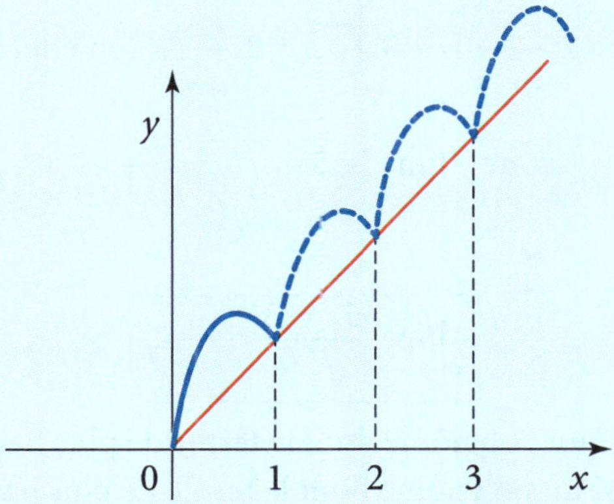

On a ainsi un exemple de fonction f qui n'est croissante sur aucun intervalle du type $[A\ ;+\infty[$ et qui cependant tend vers $+\infty$ lorsque x tend vers $+\infty$.

4 **a)** $\lim\limits_{x\to-3^+}(-2x-6)=0$ mais comme $x>-3$, $-2x<6$ et donc $-2x-6<0$, donc $\lim\limits_{x\to-3^+}(-2x-6)=0$ et $-2x-6<0$ si $x>3$:

$$\lim_{x\to-3^+}\frac{1}{-2x-6}=-\infty.$$

b) $\lim\limits_{x\to0^+}\frac{1}{\sqrt{x}}=+\infty$ donc $\lim\limits_{x\to0^+}\left(1+\frac{1}{2\sqrt{x}}\right)=+\infty$. De plus $\lim\limits_{x\to0^+}(x-2)=-2$, donc :

$$\lim_{x\to0^+}\left(\left(1+\frac{1}{2\sqrt{x}}\right)(x-2)\right)=-\infty.$$

c) $\lim\limits_{x\to3^+}(2-3x)=-7$ et $\lim\limits_{x\to3^+}(x-3)=0$ et $x-3>0$ pour $x>3$, donc :

$$\lim_{x\to3^+}\frac{2-3x}{x-3}=-\infty.$$

Remarque
Pour lever l'indétermination on développe l'expression suivant les puissances de x : x^{-1}, $x^{-\frac{1}{2}}$, x^0.

d) $\frac{1+2\sqrt{x}-3x}{x}=\frac{1}{x}+\frac{2}{\sqrt{x}}-3$. $\lim\limits_{x\to+\infty}\frac{1}{x}=0$ et $\lim\limits_{x\to+\infty}\frac{2}{\sqrt{x}}=0$, par conséquent :

$$\lim_{x\to+\infty}\frac{1+2\sqrt{x}-3x}{x}=-3.$$

e) $\dfrac{5x+2}{\sqrt{-x}} = 5\dfrac{x}{\sqrt{-x}} + 2\dfrac{1}{\sqrt{-x}} = -5\sqrt{-x} + 2\dfrac{1}{\sqrt{-x}}$ (en effet : $x = -(-x)^2$).

Or $\lim\limits_{x \to -\infty} \sqrt{-x} = +\infty$ donc $\lim\limits_{x \to -\infty} (-5 - \sqrt{-x}) = -\infty$ et $\lim\limits_{x \to -\infty} \dfrac{1}{\sqrt{-x}} = 0$. Et donc :

$$\lim_{x \to -\infty} \frac{5x+2}{\sqrt{-x}} = -\infty.$$

f) Le numérateur est un polynôme dont le terme de plus haut degré est $-6x^3$. Le dénominateur est un polynôme dont le terme de plus haut degré est $3x^4$.

La limite d'une fraction rationnelle est la limite de ses termes de plus haut degré :

$$\lim_{x \to +\infty} \frac{3x(-x+1)(2x+1)}{(x+2)(x^2+3)(2x+1)} = \lim_{x \to +\infty} \frac{-6x^3}{3x^4} = \lim_{x \to +\infty} \frac{-2}{x} = 0$$

$$\lim_{x \to +\infty} \frac{3x(-x+1)(2x+1)}{(x+2)(x^2+3)(3x-1)} = 0.$$

5 $\lim\limits_{x \to +\infty} \dfrac{x}{x^2+1} = 0$: en effet, $\dfrac{x}{x^2+1}$ est une fraction rationnelle donc on prend la limite des termes de plus haut degré, donc $\lim\limits_{x \to +\infty} f(x) = 5$. De même $\lim\limits_{x \to -\infty} f(x) = 5$ et donc :

la courbe représentative de f admet la droite d'équation $y = 5$ comme asymptote au voisinage de $-\infty$ et de $+\infty$.

Exercices d'entraînement

6 Remarque : $4x^2 - x + 1 > 0$ pour tout x réel donc la limite en $-\infty$ est envisageable.

$$\lim_{x \to -\infty} 2x = -\infty \text{ et } \lim_{x \to -\infty} \sqrt{4x^2 - x + 1} = +\infty.$$

Donc on est en présence d'une forme indéterminée du type $-\infty+\infty$. Utilisons la quantité conjuguée :

> **Remarque**
> Lorsqu'il y a des radicaux, la quantité conjuguée permet souvent de lever l'indétermination.

$$2x+\sqrt{4x^2-x+1}=\frac{4x^2-(4x^2-x+1)}{2x-\sqrt{4x^2-x+1}}=\frac{x-1}{2x-\sqrt{4x^2-x+1}}$$

$$=\frac{x-1}{2x-|2x|\sqrt{1-\frac{1}{4x}+\frac{1}{4x^2}}}\text{ car }\sqrt{4x^2}=|2x|$$

$$=\frac{x-1}{2x\left(1+\sqrt{1-\frac{1}{4x}+\frac{1}{4x^2}}\right)}\text{ car }|2x|=-2x\text{ pour }x<0$$

$$=\frac{x-1}{2x}\,\frac{1}{1+\sqrt{1-\frac{1}{4x}+\frac{1}{4x^2}}}.$$

L'indétermination est alors levée car :

$$\lim_{x\to-\infty}\frac{x-1}{2x}=\frac{1}{2}\quad\text{et}\quad\lim_{x\to-\infty}1+\sqrt{1-\frac{1}{4x}+\frac{1}{4x^2}}=2.$$

Donc :

$$\boxed{\lim_{x\to-\infty}(2x+\sqrt{4x^2-x+1})=\frac{1}{4}.}$$

7 **1.** $f(x)$ existe si et seulement si

$$x^2+x-2\neq 0.$$

Or $x^2+x-2=(x-1)(x+2)$: en effet, 1 est racine évidente et l'autre racine est -2.

Donc $x^2+x-2=0$ si et seulement si $x=1$ ou $x=-2$:

$$\boxed{\mathscr{D}_f=\mathbb{R}\backslash\{-2\,;1\}.}$$

> **Remarque**
> Pour factoriser un trinôme du second degré :
> $ax^2+bx+c \quad (a\neq 0)$
> penser aux racines évidentes : -1, 0, 1 (voire même 2 et -2).
> Lorsqu'on en a trouvé une, le produit des racines $\frac{c}{a}$ permet d'obtenir l'autre facilement.

CORRIGÉS

2. Étudions les limites en $+\infty$ et $-\infty$: la fonction f est une fraction rationnelle donc sa limite en $+\infty$ et en $-\infty$ est la limite du quotient des termes de plus haut degré :

$$\lim_{x \to +\infty} f(x) = \lim_{x \to +\infty} \frac{x^2}{x^2} = 1.$$

De même $\lim\limits_{x \to -\infty} f(x) = \lim\limits_{x \to -\infty} \frac{x^2}{x^2} = 1.$

La droite D_1 (parallèle à l'axe des abscisses) d'équation $y = 1$ est donc asymptote à la courbe représentative de la fonction f en $-\infty$ et en $+\infty$.

Étudions à présent les limites en -2^- et -2^+ :

D'une part : $\lim\limits_{x \to -2^-} (x^2 + 5x + 1) = -5$;

D'autre part : $\lim\limits_{x \to -2^-} (x - 1) = -3$ et $\lim\limits_{x \to -2^-} (x + 2) = 0^-$

donc $\lim\limits_{x \to -2^-} (x^2 + x - 2) = \lim\limits_{x \to -2^-} (x - 1)(x + 2) = (-3) \times 0^- = 0^+$.

Il en résulte : $\lim\limits_{x \to -2^-} f(x) = -\infty$.

On obtient de même : $\lim\limits_{x \to -2^+} f(x) = +\infty$.

La droite D_2 (parallèle à l'axe des ordonnées) d'équation $x = -2$ est donc asymptote à la courbe représentative de la fonction f en -2^- et en -2^+.

Étudions les limites en 1^- et 1^+ :

D'une part : $\lim\limits_{x \to 1^-} (x^2 + 5x + 1) = 7$;

D'autre part : $\lim\limits_{x \to 1^-} (x - 1) = 0^-$ (car $x - 1 < 0$ pour $x < 1$) et $\lim\limits_{x \to 1^-} (x + 2) = 3$

donc $\lim\limits_{x \to 1^-} (x^2 + x - 2) = \lim\limits_{x \to 1^-} (x - 1)(x + 2) = 0^- \times 3 = 0^-$.

Il en résulte : $\lim\limits_{x \to 1^-} f(x) = -\infty$.

On obtient de même : $\lim\limits_{x \to 1^+} f(x) = +\infty$.

La droite D_3 (parallèle à l'axe des ordonnées) d'équation $x = 1$ est donc asymptote à la courbe représentative de la fonction f en 1^- et en 1^+.

CORRIGÉS

8 **1. a)** La fonction f est une fraction rationnelle. Sa limite en $+\infty$ ou en $-\infty$ est donc égale à la limite du quotient de ses termes de plus haut degré :

$\lim\limits_{x \to +\infty} f(x) = \lim\limits_{x \to +\infty} \dfrac{3x^2}{x^2} = 3$; de même $\lim\limits_{x \to -\infty} f(x) = 3$. Par conséquent :

$\mathscr{C}_f$ admet en $-\infty$ et en $+\infty$ pour asymptote la droite D d'équation $y = 3$.

b) Il faut étudier le signe de $\Delta(x) = f(x) - 3$:

$$\Delta(x) = f(x) - 3 = \frac{3x^2 - 4}{x^2 - 1} - 3 = \frac{3x^2 - 4 - 3(x^2 - 1)}{x^2 - 1} = \frac{-1}{x^2 - 1}.$$

D'où le tableau suivant permettant d'obtenir la position de $\mathscr{C}_f$ par rapport à D en fonction du signe de $\Delta(x)$:

x	$-\infty$		-1		1		$+\infty$
$x^2 - 1$		$+$	0	$-$	0	$+$	
$\Delta(x)$		$-$	||	$+$	||	$-$	
$\mathscr{C}_f$ est		**au-dessous de D**	||	**au-dessus de D**	||	au-dessous de D	

2. a) $\lim\limits_{x \to 1^-} (3x^2 - 4) = -1$ et $\lim\limits_{x \to 1^-} (x^2 - 1) = 0^-$: en effet comme le montre le tableau ci-dessus, lorsque x est proche de 1 mais inférieur à 1, $x^2 - 1$ est négatif.

Par conséquent $\boxed{\lim\limits_{x \to 1^-} f(x) = +\infty.}$

De même $\lim\limits_{x \to 1^+} (3x^2 - 4) = -1$ et $\lim\limits_{x \to 1^+} (x^2 - 1) = 0^+$ et donc

$$\boxed{\lim_{x \to 1^+} f(x) = -\infty.}$$

b) On en déduit que $\mathscr{C}_f$ possède une asymptote parallèle à l'axe des ordonnées d'équation $x = 1$ en 1^- et en 1^+.

3. $\lim\limits_{x \to -1^-} (3x^2 - 4) = -1$ et $\lim\limits_{x \to -1^-} (x^2 - 1) = 0^+$ donc $\boxed{\lim\limits_{x \to -1^-} f(x) = -\infty.}$

$\lim\limits_{x \to -1^+} (3x^2 - 4) = -1$ et $\lim\limits_{x \to -1^+} (x^2 - 1) = 0^-$ donc $\boxed{\lim\limits_{x \to -1^+} f(x) = +\infty.}$

On en déduit que $\mathscr{C}_f$ possède une seconde asymptote parallèle à l'axe des ordonnées d'équation $x = -1$.

CORRIGÉS

9 **1.** Soit f la fonction définie sur $\mathbb{R}$ par $f(x) = \dfrac{x^3 + x^2 - 2}{x^2 + x - 2}$.

Pour tout réel x, $x^3 + x^2 - 2$ et $x^2 + x - 2$ existent.
$f(x)$ existe si le dénominateur $x^2 + x - 2$ est non nul.

Remarque
La fonction f est une fonction rationnelle.

Or, dans $\mathbb{R}$, l'équation $x^2 + x - 2 = 0$ admet une racine évidente $x = 1$; l'autre racine est alors égale au produit des racines, soit $\dfrac{-2}{1} = -2$.

Le quotient $\dfrac{x^3 + x^2 - 2}{x^2 + x - 2}$ existe si $x \neq 1$ et $x \neq -2$.

L'ensemble de définition de f est :

$$\mathscr{D} =]-\infty\,; -2[\cup]-2\,; 1[\cup]1\,; +\infty[.$$

• **Limite de f en $+\infty$ et en $-\infty$**

En $+\infty$ et en $-\infty$, le numérateur et le dénominateur de f ont pour limite l'infini.
Pour lever l'indétermination, on utilise les propriétés des fonctions rationnelles ou on transforme l'écriture de $f(x)$. Pour tout réel x non nul de $\mathscr{D}$:

$$f(x) = \frac{x^3\left(1 + \frac{1}{x} - \frac{2}{x^3}\right)}{x^2\left(1 + \frac{1}{x} - \frac{2}{x^2}\right)} = \frac{x\left(1 + \frac{1}{x} - \frac{2}{x^3}\right)}{1 + \frac{1}{x} - \frac{2}{x^2}}. \quad \textbf{(1)}$$

$\lim\limits_{x \to +\infty} \dfrac{1}{x} = 0$ et $\lim\limits_{x \to +\infty} \dfrac{2}{x^3} = 0$, d'où :

$$\lim_{x \to +\infty} \left(1 + \frac{1}{x} - \frac{2}{x^3}\right) = 1 \quad \text{et} \quad \lim_{x \to +\infty} x\left(1 + \frac{1}{x} - \frac{2}{x^3}\right) = \lim_{x \to +\infty} x \times 1 = +\infty.$$

De même : $\lim\limits_{x \to +\infty} \left(1 + \dfrac{1}{x} - \dfrac{2}{x^2}\right) = 1.$

Le numérateur a pour limite $+\infty$ et le dénominateur a pour limite 1 donc :

$$\boxed{\lim_{x \to +\infty} f(x) = +\infty.}$$

De même, $\lim\limits_{x \to -\infty} \dfrac{1}{x} = 0$ et $\lim\limits_{x \to -\infty} \dfrac{2}{x^3} = 0$, d'où :

$$\lim_{x \to -\infty} \left(1 + \frac{1}{x} - \frac{2}{x^3}\right) = 1 \quad \text{et} \quad \lim_{x \to -\infty} x\left(1 + \frac{1}{x} - \frac{2}{x^3}\right) = -\infty.$$

De même $\lim\limits_{x \to -\infty} \left(1 + \frac{1}{x} - \frac{2}{x^2}\right) = 1.$

Le numérateur de $f(x)$ a pour limite $-\infty$ et le dénominateur a pour limite 1, donc, d'après les théorèmes sur les limites de quotients :

$$\lim_{x \to -\infty} f(x) = -\infty.$$

• **Limite de *f* en 1**

$\lim\limits_{x \to 1} (x^3 + x^2 - 2) = 0$ et $\lim\limits_{x \to 1} (x^2 + x - 2) = 0$. La limite de f en 1 présente une forme indéterminée : le numérateur et le dénominateur ont pour limite zéro.

On remarque que le polynôme $x \mapsto x^3 + x^2 - 2$ s'annule pour $x = 1$.

On peut donc le factoriser par $x - 1$ et, en faisant une identification, on obtient pour tout réel x : $x^3 + x^2 - 2 = (x-1)(x^2 + 2x + 2)$.

Le dénominateur $x^2 + x - 2$ a pour racines $x = 1$ et $x = -2$, d'où pour tout réel x, la factorisation : $x^2 + x - 2 = (x-1)(x+2)$.

Pour tout réel x de $\mathscr{D}$, le réel $x - 1$ est non nul et on peut donc simplifier par $x - 1$:

$$f(x) = \frac{x^2 + 2x + 2}{x + 2} \quad \text{et} \quad \lim_{x \to 1} f(x) = \lim_{x \to 1} \frac{x^2 + 2x + 2}{x + 2} = \frac{5}{3}.$$

$$\lim_{x \to 1} f(x) = \frac{5}{3}.$$

Bien retenir

Si x_0 est une racine d'un polynome P, il existe un polynome Q tel que pour tout x de $\mathbb{R}$, $P(x) = (x - x_0)Q(x)$, on détermine le degré de Q ($d°Q = d°P - 1$) puis on utilise une identification.

• **Limite de *f* en – 2**

Pour tout réel x de $\mathscr{D}$, $f(x) = \dfrac{x^2 + 2x + 2}{x + 2}$.

$\lim\limits_{x \to -2} (x^2 + 2x + 2) = 2$, $\lim\limits_{x \to -2} (x + 2) = 0$ et $x + 2 \geqslant 0$ d'où :

$$\lim_{\substack{x \to -2 \\ x > -2}} f(x) = +\infty.$$

De même $\lim\limits_{x \to -2} (x^2 + 2x + 2) = 2$, $\lim\limits_{x \to -2} (x + 2) = 0$ et $x + 2 \leqslant 0$ d'où :

$$\lim_{\substack{x \to -2 \\ x < -2}} f(x) = -\infty.$$

2. Soit f la fonction définie dans $\mathbb{R}$ par :

$$f(x) = \frac{x^2+1}{(x-1)^2}.$$

Remarque
La fonction f est une fonction rationnelle.

$f(x)$ existe si $(x-1)^2 \neq 0$, donc si $x \neq 1$.

L'ensemble de définition de f est $\mathscr{D} = \mathbb{R} - \{1\} = \left]-\infty\,;1\right[\cup \left]1\,;+\infty\right[$.

• Limite de f en $+\infty$ et en $-\infty$

$f(x)$ est le quotient de deux polynômes. Lorsque x tend vers $+\infty$ ou $-\infty$, la limite de $f(x)$ présente une forme indéterminée. Pour lever l'indétermination on écrit $f(x)$, pour tout réel x non nul de $\mathscr{D}$, sous la forme :

$$f(x) = \frac{x^2\left(1+\frac{1}{x^2}\right)}{x^2\left(1-\frac{1}{x}\right)^2} = \frac{1+\frac{1}{x^2}}{\left(1-\frac{1}{x}\right)^2}.$$

$$\lim_{x\to+\infty}\left(1+\frac{1}{x^2}\right) = 1, \quad \text{car} \quad \lim_{x\to+\infty}\frac{1}{x^2} = 0\,;$$

$$\lim_{x\to+\infty}\left(1-\frac{1}{x}\right)^2 = 1, \quad \text{car} \quad \lim_{x\to+\infty}\frac{1}{x} = 0 \text{ et } \lim_{x\to+\infty}\left(1-\frac{1}{x}\right) = 1.$$

D'où, en appliquant les théorèmes sur les limites de quotients :

$$\boxed{\lim_{x\to+\infty} f(x) = 1.}$$

En reprenant les mêmes calculs, on obtient la limite en $-\infty$:

$$\boxed{\lim_{x\to-\infty} f(x) = 1.}$$

• Limite de f en 1

$\lim\limits_{x\to 1}(x^2+1) = 2$, $\lim\limits_{x\to 1}(x-1)^2 = 0$ et $(x-1)^2 \geqslant 0$ donc :

$$\boxed{\lim_{x\to 1} f(x) = \lim_{x\to 1}\frac{x^2+1}{(x-1)^2} = +\infty.}$$

10 Soit la fonction f définie par $f(x) = \dfrac{\sqrt{x+1}-1}{x^3}$.

$f(x)$ existe si $\begin{cases} x+1 \geqslant 0 \\ x^3 \neq 0 \end{cases}$, c'est-à-dire $\begin{cases} x \geqslant -1 \\ x \neq 0 \end{cases}$.

L'ensemble de définition de f est $\mathscr{D} = \left[-1\,;\,0\right[\cup \left]0\,;\,+\infty\right[$.

• **Limite de *f* en $+\infty$**

En $+\infty$, la limite de f présente une forme indéterminée. Pour lever l'indétermination, on écrit pour tout réel x de $\mathcal{D}$:

$$f(x) = \frac{(\sqrt{x+1}-1)(\sqrt{x+1}+1)}{x^3(\sqrt{x+1}+1)} = \frac{x}{x^3(\sqrt{x+1}+1)}.$$

Pour tout réel x de $\mathcal{D}$, le nombre $\sqrt{x+1}+1$ est strictement positif, donc non nul car c'est la somme d'un réel positif $\sqrt{x+1}$ et du réel 1 qui est strictement positif. Donc, pour tout réel x de $\mathcal{D}$, $f(x) = \dfrac{1}{x^2(\sqrt{x+1}+1)}$.

$\lim\limits_{x \to +\infty} \sqrt{x+1} = +\infty$ et $\lim\limits_{x \to +\infty} x^2 = +\infty$, d'où $\lim\limits_{x \to +\infty} x^2(\sqrt{x+1}+1) = +\infty$.

Donc :
$$\lim_{x \to +\infty} f(x) = \lim_{x \to +\infty} \frac{1}{x^2(\sqrt{x+1}+1)} = 0.$$

• **Limite de *f* en 0**

La limite du quotient $\dfrac{\sqrt{x+1}-1}{x^2}$ présente une forme indéterminée. Reprenons la seconde expression de f.

$\lim\limits_{x \to 0} (\sqrt{x+1}+1) = 2$, d'où $\lim\limits_{x \to 0} x^2(\sqrt{x+1}+1) = 0$.

Pour tout x de $\mathcal{D}$, $x^2(\sqrt{x+1}+1) > 0$, donc :

$$\lim_{x \to 0} f(x) = +\infty.$$

11 Soit f définie dans $\mathbb{R}$ par :

$$f(x) = \sqrt{x^2+2x+3} - (x+1).$$

$f(x)$ existe si et seulement si $x^2 + 2x + 3 \geqslant 0$.

Ce trinôme en x a pour discriminant $\Delta = 4 - 4 \times 3 = -8 < 0$. Il est donc strictement positif pour tout réel x.

L'ensemble de définition de f est $\mathcal{D} = \mathbb{R}$.

• **Limite de *f* en $-\infty$**

$\lim\limits_{x \to -\infty} (x^2 + 2x + 3) = \lim\limits_{x \to -\infty} x^2 = +\infty$, car la limite en $-\infty$ d'un polynôme est la même que la limite de son terme de plus haut degré.

CORRIGÉS

En utilisant le théorème sur la limite d'une fonction composée :

$$\lim_{x \to -\infty} \sqrt{x^2 + 2x + 3} = +\infty ;$$

$$\lim_{x \to -\infty} (x+1) = -\infty \quad \text{et} \quad \lim_{x \to -\infty} [-(x+1)] = +\infty.$$

D'où, d'après la limite d'une somme de fonctions :

$$\lim_{x \to -\infty} [\sqrt{x^2 + 2x + 3} - (x+1)] = +\infty.$$

• **Limite en $+\infty$**

Comme précédemment, $\lim_{x \to +\infty} \sqrt{x^2 + 2x + 3} = +\infty$ et $\lim_{x \to +\infty} (x+1) = +\infty$.

La limite de f en $+\infty$ présente une forme indéterminée. Pour lever l'indétermination, on transforme l'expression de $f(x)$.

Pour tout réel x, $f(x) = \sqrt{x^2 + 2x + 3} - (x+1)$.

Pour tout réel x positif, $\sqrt{x^2 + 2x + 3} + x + 1 > 1$, donc $\sqrt{x^2 + 2x + 3} + x + 1 \neq 0$.

$$f(x) = \frac{[\sqrt{x^2 + 2x + 3} - (x+1)][\sqrt{x^2 + 2x + 3} + (x+1)]}{\sqrt{x^2 + 2x + 3} + (x+1)}$$

$$f(x) = \frac{x^2 + 2x + 3 - (x+1)^2}{\sqrt{x^2 + 2x + 3} + x + 1} = \frac{2}{\sqrt{x^2 + 2x + 3} + x + 1}.$$

$$\lim_{x \to +\infty} \sqrt{x^2 + 2x + 3} = +\infty \quad \text{et} \quad \lim_{x \to +\infty} (x+1) = +\infty,$$

donc $\lim_{x \to +\infty} \sqrt{x^2 + 2x + 3} + x + 1 = +\infty$ et :

$$\lim_{x \to +\infty} f(x) = \lim_{x \to +\infty} \frac{2}{\sqrt{x^2 + 2x + 3} + x + 1} = 0.$$

12 Soit f la fonction définie par :

$$f(x) = \sqrt{x^2 - 1} + 3x.$$

La fonction trinôme : $x \mapsto (x^2 - 1)$ admet comme racine les réels -1 et 1.

Cette fonction est donc positive sur l'ensemble $]-\infty ; -1] \cup [1 ; +\infty[$, car le coefficient de x^2 est positif.

La fonction $x \mapsto \sqrt{x^2 - 1}$ est donc définie sur $]-\infty ; -1] \cup [1 ; +\infty[$ et la fonction $x \mapsto 3x$ est définie sur $\mathbb{R}$, donc sur $]-\infty ; -1] \cup [1 ; +\infty[$;

la fonction f, somme des deux fonctions précédentes, est définie sur :

$$]-\infty\,;-1] \cup [1\,;+\infty[.$$

$\lim\limits_{x \to +\infty} x^2 - 1 = \lim\limits_{x \to +\infty} x^2 = +\infty$, donc en utilisant le théorème sur la composition des limites :

> **Méthode**
> Une fonction polynôme se comporte comme son terme de plus haut degré.

$$\lim_{x \to +\infty} \sqrt{x^2 - 1} = +\infty.$$

$\lim\limits_{x \to +\infty} 3x = +\infty$, donc d'après le théorème sur la somme des limites :

$$\lim_{x \to +\infty} \sqrt{x^2 - 1} + 3x = +\infty.$$

De même $\lim\limits_{x \to -\infty} \sqrt{x^2 - 1} = +\infty$ et $\lim\limits_{x \to -\infty} 3x = -\infty$: on est donc face à une forme indéterminée et, pour trouver la limite, il faut transformer l'expression. Pour tout x de $]-\infty\,;-1]$ le réel x est non nul, on peut donc écrire :

$$\sqrt{x^2 - 1} + 3x = \sqrt{x^2\left(1 - \frac{1}{x^2}\right)} + 3x = \sqrt{x^2}\sqrt{1 - \frac{1}{x^2}} + 3x,$$

car si $x \in\,]-\infty\,;-1]$, les réels x^2 et $1 - \frac{1}{x^2}$ sont positifs.

D'où pour tout x de $]-\infty\,;-1]$:

$$\sqrt{x^2 - 1} + 3x = |x|\sqrt{1 - \frac{1}{x^2}} + 3x = -x\sqrt{1 - \frac{1}{x^2}} + 3x = x\left(3 - \sqrt{1 - \frac{1}{x^2}}\right).$$

$\lim\limits_{x \to -\infty} \left(1 - \frac{1}{x^2}\right) = 1$, donc, par composition des limites :

$$\lim_{x \to -\infty} \sqrt{1 - \frac{1}{x^2}} = 1 \quad \text{et} \quad \lim_{x \to -\infty} 3 - \sqrt{1 - \frac{1}{x^2}} = 2.$$

En utilisant le théorème sur le produit des limites :

$$\boxed{\lim_{x \to -\infty} \sqrt{x^2 - 1} + 3x = \lim_{x \to -\infty} x\left(3 - \sqrt{1 - \frac{1}{x^2}}\right) = -\infty.}$$

13 Soit f la fonction définie par :

$$f(x) = \frac{\sqrt{x - 3} - 2}{\sqrt{x} - 1}.$$

- La fonction f est le quotient de la fonction $x \mapsto (\sqrt{x + 3} - 2)$ et de $x \mapsto \sqrt{x} - 1$.

CORRIGÉS

La fonction $x \mapsto (x+3)$ est positive ou nulle si et seulement si $x \in [-3 ; +\infty[$.

La fonction $x \mapsto (\sqrt{x+3}-2)$ existe donc sur $[-3 ; +\infty[$.

La fonction $x \mapsto (\sqrt{x}-1)$ existe si $x \in [0 ; +\infty[$ et est non nulle si $x \neq 1$.

La fonction f existe si le numérateur existe, le dénominateur existe et si le dénominateur est non nul, donc si x appartient à $[0 ; 1[\cup]1 ; +\infty[$.

• L'ensemble de définition étant $[0 ; 1[\cup]1 ; +\infty[$, on peut chercher la limite en 1.

$\lim\limits_{x \to 1} x+3 = 4$, donc $\lim\limits_{x \to 1} \sqrt{x+3} = 2$ et $\lim\limits_{x \to 1} \sqrt{x+3}-2 = 0$.

$\lim\limits_{x \to 1} \sqrt{x}-1 = 0$.

On aboutit à une forme indéterminée et on utilise la méthode de la quantité conjuguée.

Pour tout x de $[0 ; 1 [\cup] 1 ; +\infty[$, le réel $\sqrt{x+3}+2$ est non nul et donc :

$$\sqrt{x+3}-2 = \frac{(\sqrt{x+3}-2)(\sqrt{x+3}+2)}{\sqrt{x+3}+2} = \frac{(\sqrt{x+3})^2-4}{\sqrt{x+3}+2}$$

$$= \frac{x+3-4}{\sqrt{x+3}+2} = \frac{x-1}{\sqrt{x+3}+2}.$$

Pour tout x de $[0 ; 1 [\cup] 1 ; +\infty[$, le réel $\sqrt{x}+1$ est non nul et :

$$\sqrt{x}-1 = \frac{(\sqrt{x}-1)(\sqrt{x}+1)}{\sqrt{x}+1} = \frac{x-1}{\sqrt{x}+1}.$$

D'où pour tout x de $[0 ; 1 [\cup] 1 ; +\infty[$:

$$f(x) = \frac{\dfrac{x-1}{\sqrt{x+3}+2}}{\dfrac{x-1}{\sqrt{x}+1}} = \frac{\sqrt{x}+1}{\sqrt{x+3}+2} \times \frac{x-1}{x-1}.$$

Le réel x est différent de 1, on peut donc simplifier par la quantité non nulle $x-1$, d'où pour tout x de $[0 ; 1 [\cup] 1 ; +\infty[$:

$$f(x) = \frac{\sqrt{x}+1}{\sqrt{x+3}+2}.$$

$\lim\limits_{x \to 1} \sqrt{x}+1 = 2$ et $\lim\limits_{x \to 1} \sqrt{x+3}+2 = 4$ par composition des limites.

Donc, en utilisant le théorème sur la limite d'un quotient :

$$\lim_{x \to 1} f(x) = \frac{2}{4} = \frac{1}{2}.$$

14 **1.** La longueur de l'arc AM est évidemment supérieure à celle du segment [AM] (le plus court chemin entre deux points étant la ligne droite), donc : AM $\leqslant x$. Par ailleurs, dans le triangle rectangle AMS, AM est l'hypoténuse et MS est l'un des côtés de l'angle droit, donc MS $\leqslant$ AM. Or MS $= \sin x$, donc $\sin x \leqslant \text{AM} \leqslant x$ d'où l'on déduit : $\boxed{\sin x \leqslant x}$.

2. a) • Pour $x \in \left[0\,;\frac{\pi}{2}\right]$ l'inégalité $\sin x \leqslant x$ est équivalente à $|\sin x| \leqslant |x|$.

• Pour $x \in \left[-\frac{\pi}{2}\,;0\right]$, $-x \in \left[0\,;\frac{\pi}{2}\right]$ donc on a $\sin(-x) \leqslant -x$ soit encore $|\sin x| \leqslant |x|$ puisque $|\sin x| = -\sin x$ et $|x| = -x$ dans ce cas.

Donc l'inégalité $|\sin x| \leqslant |x|$ est valable pour $|x| \leqslant \frac{\pi}{2}$.

• Pour $|x| \geqslant \frac{\pi}{2}$ on a $|\sin x| \leqslant 1 \leqslant \frac{\pi}{2} \leqslant |x|$.

Donc l'inégalité $|\sin x| \leqslant |x|$ reste valable pour $|x| \geqslant \frac{\pi}{2}$. Et donc :

Pour tout x réel on a $|\sin x| \leqslant |x|$.

Pour tout x réel on a donc : $-|x| \leqslant \sin x \leqslant |x|$. Or $\lim\limits_{x \to 0} |x| = \lim\limits_{x \to 0} (-|x|) = 0$, donc d'après le théorème des gendarmes on en déduit :

$$\boxed{\lim_{x \to 0} \sin x = 0.}$$

b) On sait que $\cos^2 x = 1 - \sin^2 x$, donc $\lim\limits_{x \to 0} \cos^2 x = 1$. Mais dans le voisinage de 0 : $\left]-\frac{\pi}{2}\,;\frac{\pi}{2}\right[$ on a $\cos x \geqslant 0$. Donc $\boxed{\lim\limits_{x \to 0} \cos x = 1}$.

15 **1. a)** Il s'agit de la définition même de la limite.

b) V_a étant le voisinage de a obtenu à la question précédente, et sachant que $\lim_{n \to +\infty} u_n = a$ on aura, par définition de la limite d'une suite :

$$\text{pour } n \text{ assez grand } u_n \in V_a.$$

Et comme $u_n \in \mathcal{D}_f$, il en résulte d'après ce qui a été établi que $f(u_n) \in V_\ell$.

On vient donc de prouver ceci : pour tout voisinage V_ℓ fixé de ℓ, appartient à V_ℓ pour n assez grand.

Ceci n'est autre que la définition de la limite d'une suite :

$$\boxed{\lim_{n \to +\infty} f(u_n) = \ell.}$$

Autre méthode

Ce résultat sert essentiellement à prouver qu'une fonction f n'a pas de limite en un point a. Pour cela il suffit en effet de trouver deux suites (u_n) et (v_n) qui convergent toutes les deux vers a mais telles que les deux suites $(f(u_n))$ et $(f(v_n))$ aient des limites distinctes.

C'est ce qui sera fait aux questions **2.** et **3.** suivantes.

2. Supposons que la fonction sinus ait une limite ℓ en $+\infty$.

a) Si on pose pour tout entier naturel n, $u_n = n\pi$, on a tout déjà $\lim_{n \to +\infty} u_n = +\infty$. Ensuite $f(u_n) \sin n\pi = 0$ et la suite $(f(u_n))$ est la suite constante égale à 0. Elle converge évidemment vers 0 : $\lim_{n \to +\infty} f(u_n) = 0$.

Or d'après la question **1. b)** cette suite converge également vers ℓ. D'après le théorème d'unicité de la limite, on en déduit $\ell = 0$.

b) Pour $v_n = \dfrac{\pi}{2} + 2n\pi$, on a aussi $\lim_{n \to +\infty} v_n = +\infty$ mais cette fois $\lim_{n \to +\infty} f(v_n) = 1$.

c) On devrait avoir simultanément $\ell = 0$ et $\ell = 1$, ce qui est impossible. Il y a contradiction et donc l'hypothèse de départ était fausse :

la fonction sinus n'admet pas de limite en $+\infty$.

3. Posons $f(x) = \sin\left(\dfrac{1}{x}\right)$.

1re méthode. On peut reprendre le même raisonnement et construire deux suites (u_n) et (v_n) qui, cette fois, tendent vers 0^+ mais telles que les deux suites $(f(u_n))$ et $(f(v_n))$ ont des limites différentes. Par exemple :

$$u_n = \frac{1}{n\pi} \quad \text{et} \quad v_n = \frac{1}{\frac{\pi}{2} + 2n\pi}.$$

On a bien : $\lim\limits_{n \to +\infty} u_n = \lim\limits_{n \to +\infty} v_n = 0^+$.

Pourtant $(f(u_n))$ est la suite constante et égale à 0 et $(f(v_n))$ est la suite constante et égale à 1. Donc ces deux suites ont des limites différentes.

On en conclut alors, grâce au **1. b)**, que la fonction f n'a pas de limite en 0^+.

2e méthode. Utiliser le théorème de composition. Notons φ la fonction définie sur $]0\,;+\infty[$ par $\varphi(x) = \frac{1}{x}$. On a alors

$$f(\varphi(x)) = \sin\left(\frac{1}{\varphi(x)}\right) = \sin\left(\frac{1}{\frac{1}{x}}\right) = \sin(x).$$

Donc $f \circ \varphi = \sin$. Supposons que la fonction f admette une limite ℓ en 0^+ (finie ou non). Posons $t = \varphi(x)$. Comme $\lim\limits_{x \to +\infty} t = \lim\limits_{x \to +\infty} \varphi(x) = 0^+$, on a, par le théorème de composition : $\lim\limits_{x \to +\infty} f(\varphi(x)) = \lim\limits_{t \to 0^+} f(t) = \ell$. La fonction $f \circ \varphi$ aurait ainsi, par composition, la limite ℓ en $+\infty$. Or $f \circ \varphi = \sin$ et l'on sait depuis le **2. b)** que la fonction sinus n'a pas de limite en $+\infty$, d'où la contradiction.

La conclusion est donc la même par cette méthode :

$$\mathbf{\sin\left(\frac{1}{x}\right)} \textbf{ n'a pas de limite lorsque } \boldsymbol{x} \textbf{ tend vers } \mathbf{0^+}.$$

16 Soit (u_n) la suite définie sur $\mathbb{N}$ par : $\begin{cases} u_0 = 0 \\ u_{n+1} = \sqrt{3u_n + 4} \end{cases}$.

1. a) Montrons par récurrence que, pour tout entier naturel n, on a :

$\mathcal{P}_n$: « $0 \leqslant u_n < 4$ ».

- Si $n = 0$, on a $u_0 = 0$, donc $\mathcal{P}_0$ est vraie.
- Soit n un entier naturel quelconque tel que $\mathcal{P}_n$ est vraie. Montrons $\mathcal{P}_{n+1}$:

De $0 \leqslant u_n < 4$, on déduit : $0 \leqslant 3u_n < 12$ puis $4 \leqslant 3u_n + 4 < 16$.

Les trois membres sont positifs ou nuls et la fonction racine carrée est strictement croissante sur $[0\,;+\infty[$ donc $2 \leqslant \sqrt{3u_n+4} < \sqrt{16}$, d'où $2 \leqslant u_{n+1} < 4$ et $\mathcal{P}_{n+1}$ est vraie. D'après le principe de récurrence la propriété $\mathcal{P}_n$ est donc vraie pour tout n et en particulier :

La suite (u_n) est majorée par 4.

Remarque : d'après ce qui vient d'être démontré on a même $u_n \geqslant 2$ pour $n \in \mathbb{N}^*$.

b) Montrons que la suite (u_n) est strictement croissante.

$$u_{n+1} - u_n = \sqrt{3u_n+4} - u_n = \frac{(\sqrt{3u_n+4} - u_n)(\sqrt{3u_n+4} + u_n)}{\sqrt{3u_n+4} + u_n}$$

$$= \frac{(3u_n + 4 - u_n^2)}{\sqrt{3u_n+4} + u_n} = \frac{-(u_n+1)(u_n-4)}{\sqrt{3u_n+4} + u_n}.$$

Pour la dernière égalité on commence par factoriser le trinôme $-x^2 + 3x + 4$:

- -1 est racine évidente ;
- le produit des racines de ce trinôme est ici égal à -4.

L'autre racine est donc 4. Et comme le coefficient de x^2 est -1 il en résulte la factorisation : $-x^2 + 3x + 4 = -(x+1)(x-4)$.

On en déduit $u_{n+1} - u_n > 0$. En effet :

- $u_n + 1 \geqslant 1$ car $u_n \geqslant 0$ donc $u_n + 1 > 0$;
- $-(u_n - 4) > 0$ car $u_n < 4$;
- $\sqrt{3u_n+4} + u_n \geqslant 2 + u_n > 0$ puisque $u_n \geqslant 0$ pour tout $n \in \mathbb{N}$.

Et donc :

La suite (u_n) est strictement croissante.

c) Ainsi, la suite (u_n) est croissante (strictement) et majorée (par 4). Elle est donc convergente. Soit ℓ sa limite.

On a $u_{n+1}^2 = 3u_n + 4$. Examinons la limite de chaque membre de cette égalité :

- $\lim\limits_{n \to +\infty} u_{n+1}^2 = \ell^2$;
- $\lim\limits_{n \to +\infty} 3u_n + 4 = 3\ell + 4$.

Par unicité de la limite on en déduit : $\ell^2 = 3\ell + 4$, c'est-à-dire :

$$-\ell^2 + 3\ell + 4 = 0.$$

Le réel ℓ est donc une racine du trinôme $-x^2 + 3x + 4$ étudié précédemment. Donc les seules valeurs possibles pour ℓ sont -1 et 4.

Mais on a vu par ailleurs que l'on a $u_n \geqslant 0$ pour tout n. Par passage à la limite dans cette inégalité on en déduit : $\ell \geqslant 0$. La valeur $\ell = -1$ est donc à exclure. Il en résulte :

$$\boxed{\lim_{n \to +\infty} u_n = 4.}$$

2. a) Comme $4 + u_{n+1}$ est non nul (puisque supérieur à 4), on peut écrire :

$$\begin{aligned} 4 - u_{n+1} &= \frac{(4 - u_{n+1})(4 + u_{n+1})}{4 + u_{n+1}} = \frac{16 - u_{n+1}^2}{4 + u_{n+1}} \\ &= \frac{12 - 3u_n}{4 + u_{n+1}} \\ &= \frac{3}{4 + u_{n+1}}(4 - u_n). \end{aligned}$$

On a vu en **1. a)** que $u_{n+1} \geqslant 2$, donc $4 + u_{n+1} \geqslant 6$. Il en résulte :

$\dfrac{3}{4 + u_{n+1}} \leqslant \dfrac{3}{6} = \dfrac{1}{2}$ et donc en multipliant les deux membres de cette inégalité par $(4 - u_n)$ (qui est positif) on obtient : $\dfrac{3}{4 + u_{n+1}}(4 - u_n) \leqslant \dfrac{1}{2}(4 - u_n)$.

D'où :

$$\boxed{4 - u_{n+1} \leqslant \frac{1}{2}(4 - u_n).}$$

b) Pour n entier naturel soit $\mathcal{P}_n$ la propriété :

$$\mathcal{P}_n : \quad « \, 4 - u_n \leqslant \left(\frac{1}{2}\right)^{n-2} ».$$

Montrons la propriété $\mathcal{P}_n$ par récurrence sur n :

- Pour $n = 0$: $4 - u_0 = 4$ et $\left(\dfrac{1}{2}\right)^{0-2} = 4$. On a bien $4 \leqslant 4$ donc $\mathcal{P}_0$ est vraie.

• Soit n un entier naturel quelconque tel que $\mathcal{P}_n$ est vraie. Montrons $\mathcal{P}_{n+1}$:

$$\begin{aligned} 4 - u_{n+1} &\leqslant (4 - u_n) \text{ d'après } \mathbf{a)} \\ &\leqslant \frac{1}{2}\left(\frac{1}{2}\right)^{n-2} \text{ d'après } \mathcal{P}_n \\ &\leqslant \left(\frac{1}{2}\right)^{(n+1)-2}. \end{aligned}$$

Donc $\mathcal{P}_{n+1}$ est vraie.

Et par le principe de récurrence la propriété $\mathcal{P}_n$ est vraie pour tout $n \in \mathbb{N}$.

Mais on sait aussi que $4 - u_n \geqslant 0$ pour tout n. On a donc pour tout $n \in \mathbb{N}$:

$$0 \leqslant 4 - u_n \leqslant \left(\frac{1}{2}\right)^{n-2}.$$

Or $\lim\limits_{n \to +\infty} \left(\frac{1}{2}\right)^{n-2} = 0$ et $\lim\limits_{n \to +\infty} 0 = 0$. Par le théorème des gendarmes on en déduit $\lim\limits_{n \to +\infty} (4 - u_n) = 0$ ou encore :

$$\boxed{\lim_{n \to +\infty} u_n = 4.}$$

17 **1.** On a $\Delta(x) = f(x) - (ax + b)$ soit $f(x) = ax + b + \Delta(x)$. On en déduit :

$$\frac{f(x)}{x} = a + \frac{b}{x} + \frac{\Delta(x)}{x}.$$

En faisant tendre x vers $+\infty$ et sachant que $\lim\limits_{x \to +\infty} \frac{b}{x} = \lim\limits_{x \to +\infty} \frac{\Delta(x)}{x} = 0$, on obtient :

$$\boxed{\lim_{x \to +\infty} \frac{f(x)}{x} = a.}$$

On a $f(x) - ax = b + \Delta(x)$. Or $\lim\limits_{x \to +\infty} \Delta(x) = 0$, on en déduit :

$$\boxed{\lim_{x \to +\infty} (f(x) - ax) = b.}$$

2. a) Pour tout $x \in \mathbb{R} \setminus \{-2\,;2\}$,

$$\Delta(x) = f(x) - (2x-1) = \frac{2x^3 - x^2 - 8x + 7 - (2x-1)(x^2-4)}{x^2-4}$$

$$= \frac{3}{x^2-4}.$$

$\lim\limits_{x \to +\infty} x^2 - 4 = +\infty$, donc $\lim\limits_{x \to +\infty} \Delta(x) = 0$ et la droite $\mathcal{D}$ d'équation $y = 2x - 1$ est asymptote à la courbe représentative de f en $+\infty$.

De même $\lim\limits_{x \to -\infty} x^2 - 4 = +\infty$, donc $\lim\limits_{x \to -\infty} \Delta(x) = 0$ et la droite $\mathcal{D}$ d'équation $y = 2x - 1$ est asymptote à la courbe représentative de f en $-\infty$.

Conclusion : la droite $\mathcal{D}$ d'équation $y = 2x - 1$ est asymptote à la courbe représentative de f en $+\infty$ et en $-\infty$.

b) Il s'agit à présent d'étudier le signe de $\Delta(x) = \dfrac{3}{x^2-4}$.

$x^2 - 4$ est un trinôme du second degré dont les racines sont -2 et 2. On peut alors faire le tableau de signe ci-dessous et en déduire la position de $\mathscr{C}_f$ par rapport à $\mathcal{D}$:

x	$-\infty$		-2		2		$+\infty$
x^2-4		+	0	−	0	+	
$\Delta(x)$		+	‖	−	‖	+	
$\mathscr{C}_f$ est		**au-dessus de $\mathcal{D}$**	‖	**au-dessous de $\mathcal{D}$**	‖	**au-dessus de $\mathcal{D}$**	

3. a) Pour tout $x \in \mathbb{R} \setminus \{-2\}$,

$$ax + b + \frac{c}{x+2} = \frac{(ax+b)(x+2)+c}{x+2} = \frac{ax^2 + (2a+b)x + 2b + c}{x+2}.$$

On identifie les coefficients du numérateur avec ceux du numérateur de $\dfrac{x^2 - x - 3}{x+2}$:

$$\begin{cases} a = 1 \\ 2a + b = -1 \\ 2b + c = -3 \end{cases} \Leftrightarrow \begin{cases} a = 1 \\ b = -3 \\ c = 3 \end{cases}, \quad \text{donc :}$$

$$f(x) = x - 3 + \frac{3}{x+2}.$$

b) $\Delta(x) = f(x) - (x-3) = \frac{3}{x+2}$. Or $\lim_{x \to -\infty} x - 3 = -\infty$, donc $\lim_{x \to -\infty} \Delta(x) = 0$ et

la droite $\mathscr{D}$ d'équation $y = x - 3$ est asymptote à $\mathscr{C}_f$ en $-\infty$.

4. a) $f(x)$ existe si et seulement si $x^2 - 4x \geqslant 0$. Mais $x^2 - 4x = x(x-4)$ d'où le signe de $x^2 - 4x$:

x	$-\infty$		0		4		$+\infty$
$x^2 - 4x$		$+$	0	$-$	0	$+$	

$$\mathscr{D}_f =]-\infty\,;0] \cup [4\,;+\infty[.$$

b) Pour $x \geqslant 4$: $\frac{f(x)}{x} = \frac{\sqrt{x^2-4x}}{x} = \sqrt{\frac{x^2-4}{x^2}}$ (car pour $x \geqslant 4$ $x = \sqrt{x^2}$)

$$= \sqrt{1 - \frac{4}{x}}.$$

$\lim_{x \to +\infty} \frac{4}{x} = 0$, donc $\lim_{x \to +\infty} \frac{f(x)}{x} = 1$: $a = 1$. On remarque qu'on a bien ici $a \neq 0$.

$$f(x) - ax = \sqrt{x^2 - 4x} - x = \frac{(\sqrt{x^2-4x} - x)(\sqrt{x^2-4x} + x)}{\sqrt{x^2-4x} + x} = \frac{-4x}{x\left(\sqrt{1 - \frac{4}{x}} + 1\right)}$$

$$= \frac{-4}{\sqrt{1 - \frac{4}{x}} + 1}.$$

$\lim_{x \to +\infty} \sqrt{1 - \frac{4}{x}} + 1 = 2$, donc $\lim_{x \to +\infty} (f(x) - ax) = -2$: $b = -2$.

$$a = 1 \quad \text{et} \quad b = -2.$$

CORRIGÉS

c) $\Delta(x) = f(x) - (x-2) = \sqrt{x^2 - 4x} - (x-2)$

$$= \frac{\sqrt{x^2 - 4x} - (x-2)(\sqrt{x^2 - 4x} + (x-2))}{\sqrt{x^2 - 4x} + (x-2)}$$

$$= \frac{-4}{\sqrt{x^2 - 4x} + (x-2)}.$$

Or d'une part $\sqrt{x^2 - 4x} = |x|\sqrt{1 - \frac{4}{x}}$ donc $\lim\limits_{x \to +\infty} \sqrt{x^2 - 4x} = +\infty$ et d'autre part

$\lim\limits_{x \to +\infty} (x-2) = +\infty$, donc

$$\lim_{x \to +\infty} (\sqrt{x^2 - 4x} + (x-2)) = +\infty \quad \text{et} \quad \lim_{x \to +\infty} \Delta(x) = 0.$$

Donc la droite $\mathcal{D}$ d'équation $y = x - 2$ est bien asymptote oblique à la courbe représentative de f en $+\infty$.

5. a) $f(x) = \dfrac{x^3 + 4}{x^2} = x + \dfrac{4}{x^2}$. Donc en posant $\Delta(x) = f(x) - x$ on obtient $\Delta(x) = \dfrac{4}{x^2}$ d'où $\lim\limits_{x \to +\infty} \Delta(x) = 0$.

> **Remarques**
> Dans ce cas la droite $\mathcal{D}$ est aussi asymptote en $-\infty$.
> De plus, $\Delta(x)$ étant positif, la courbe est toujours au-dessus de l'asymptote.

Conclusion : la droite d'équation $\mathcal{D}$ d'équation $y = x$ est asymptote oblique à la courbe représentative de f en $+\infty$.

b) L'écart entre la courbe et son asymptote est $\Delta(x) = \dfrac{4}{x^2}$.

Comme $\Delta(x) > 0$, $|\Delta(x)| = \Delta(x) = \dfrac{4}{x^2}$.

$$|\Delta(x)| < 10^{-2} \Leftrightarrow \frac{4}{x^2} < 10^{-2} \Leftrightarrow \frac{x^2}{4} > 100 \Leftrightarrow x^2 > 400$$

$$\Leftrightarrow x \in \,]-\infty\,;-20[\, \cup \,]20\,;+\infty[.$$

Conclusion : L'écart entre la courbe et son asymptote est inférieur à 1/100e d'unité pour x supérieur à 20 ou inférieur à -20.

CHAPITRE 7

Compléments sur la dérivation

DE QUOI S'AGIT-IL ?

Dans ce chapitre, il s'agit d'utiliser l'outil de la dérivation pour déterminer le sens de variation de fonctions.

1 Nombre dérivé. Fonction dérivée

① Nombre dérivé ; fonction dérivable en x_0

- Soit une fonction f définie sur un intervalle contenant x_0 et A un nombre réel. On dit que A est le nombre dérivé de f en x_0 si :

$$\lim_{h \to 0} \frac{f(x_0+h)-f(x_0)}{h} = A \quad \text{ou} \quad \lim_{x \to x_0} \frac{f(x)-f(x_0)}{x-x_0} = A.$$

On dit alors que f **est dérivable en** $\boldsymbol{x_0}$.

On définit de même les dérivées à droite (resp. à gauche) en x_0 :

$$\lim_{\substack{h \to 0 \\ h>0}} \frac{f(x_0+h)-f(x_0)}{h} \ \left(\text{resp. } \lim_{\substack{h \to 0 \\ h<0}} \frac{f(x_0+h)-f(x_0)}{h}\right).$$

- Si f est dérivable en x_0, alors f est continue en x_0.

Remarque
Attention, la réciproque est fausse : la fonction $x \mapsto |x|$ est continue en 0 et n'est pas dérivable en 0.

② Fonction dérivée

Soit une fonction f définie sur un intervalle et admettant un nombre dérivé en tout point.

L'application qui, à tout x_0 de cet intervalle, associe le nombre dérivé de f en x_0 est appelée **fonction dérivée** ou plus simplement dérivée de f. Elle est définie sur cet intervalle. On la note f'.

③ Interprétation graphique du nombre dérivé

Soit $\mathscr{C}$ la courbe représentant f dans un plan rapporté à un repère $(O ; \vec{i}, \vec{j})$. Si f est dérivable en x_0, $\mathscr{C}$ admet une **tangente** en $M_0(x_0 ; f(x_0))$ non parallèle à la droite $(O, \vec{j})$, de coefficient directeur $f'(x_0)$.

Une équation de cette tangente est :

$$y = f(x_0) + (x - x_0)f'(x_0).$$

Si la limite de $h \mapsto \dfrac{f(x_0+h)-f(x_0)}{h}$ en 0 (ou à droite ou à gauche de 0) est $+\infty$ ou $-\infty$, la courbe $\mathscr{C}$ représentative de f admet une tangente (ou une demi-tangente) en $M_0(x_0 ; f(x_0))$ parallèle à la droite $(O, \vec{j})$.

2 Formules sur les dérivées

Ensembles de définition	$f(x)$	$f'(x)$
$D_f = D_{f'} = \mathbb{R}$	a	0
	$ax + b$	a
	$ax^2 + bx + c$	$2ax + b$
	$x^n \ (n \in \mathbb{N}^*)$	nx^{n-1}
$D_f = D_{f'} = \mathbb{R}^*$	$\frac{1}{x}$	$-\frac{1}{x^2}$
$D_f = [0, +\infty[$ et $D_{f'} =]0, +\infty[$	$\sqrt{x}$	$\frac{1}{2\sqrt{x}}$
$D_f = D_{f'} = \mathbb{R}$	$\cos x$	$-\sin x$
	$\sin x$	$\cos x$
$D_f = D_{f'} = \mathbb{R} - \left\{\frac{\pi}{2} + k\pi, (k \in \mathbb{Z})\right\}$	$\tan x$	$1 + \tan^2 x = \frac{1}{\cos^2 x}$
$D_f = D_{f'} = \mathbb{R}_+^*$	$\ln x$	$\frac{1}{x}$
$D_f = D_{f'} = \mathbb{R}$	e^x	e^x

Conditions	Fonctions	Fonction dérivée définie sur I
u et v dérivables sur un intervalle I et λ constante	$u+v$	$u'+v'$
	uv	$u'v+uv'$
	λu	$\lambda u'$
u et v dérivables sur I $v \neq 0$ sur I	$\frac{1}{v}$	$-\frac{v'}{v^2}$
	$\frac{u}{v}$	$\frac{u'v-uv'}{v^2}$
u dérivable sur I v dérivable sur J avec $u(\mathrm{I}) \subset \mathrm{J}$	$v \circ u$	$(v' \circ u) \times u'$
u dérivable sur I $u > 0$ sur I	$\sqrt{u}$	$\frac{u'}{2\sqrt{u}}$
n entier > 0 $n \in \mathbb{N}^*$ u dérivable sur I $n \in \mathbb{Z}^*$ u dérivable sur I et $u \neq 0$ sur I	u^n $(n \in \mathbb{Z}^*)$	$nu^{n-1}u'$
u dérivable sur I $u > 0$ sur I	$\ln u$	$\frac{u'}{u}$
u dérivable sur I	$\ln\|u\|$ est dérivable en tout point où u est non nulle	$\frac{u'}{u}$
u dérivable sur I	e^u	$e^u u'$

Bien comprendre

- On ne peut étudier la dérivabilité qu'en un point où la fonction est, non seulement définie, mais aussi définie sur un intervalle non vide contenant ce point.
- Les théorème globaux (opérations) peuvent ne pas permettre de conclure à la dérivabilité en un point, mais cela ne signifie pas que la fonction n'est pas dérivable (le vérifier à l'aide de la définition).
- La formule $(u^n)' = nu'u^{n-1}$ est également vérifiée pour $n = \frac{1}{2}$.

3 Dérivée seconde

Soit f une fonction dérivable sur un intervalle I non vide et non réduit à un réel, si la fonction f' est dérivable en un point x_0 de I, la dérivée de f' en x_0 est appelée dérivée seconde de f en x_0, on la note $f'(x_0)$.

Si une fonction f admet une dérivée seconde en tout point d'un intervalle I, la fonction f est dite deux fois dérivable sur I et la fonction qui à tout réel x de I associe $f''(x)$ est appelée fonction dérivée seconde, on la note f''.

Remarque

On peut définir successivement les dérivées troisième, quatrième et plus généralement n^{e} pour $n \geqslant 1$.

4 Convexité

Définitions : Soit f une fonction définie sur un intervalle I non vide et non réduit à un point. On dit que f est convexe sur I si quels que soient les points M_1 et M_2 distincts de la courbe représentative de f, la corde $[M_1M_2]$ est au-dessus de l'arc d'extrémités M_1 et M_2 de la courbe.

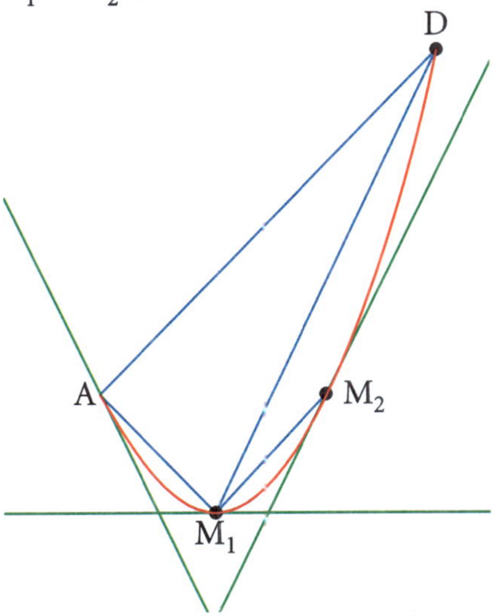

Exemples : La fonction exponentielle est convexe sur $\mathbb{R}$, la fonction carrée est convexe sur $\mathbb{R}$, la fonction inverse est convexe sur $\mathbb{R}_+^*$.

Soit f une fonction définie sur un intervalle I non vide et non réduit à un point. On dit que f est concave sur I, si quels que soient les points M_1 et M_2 distincts de la courbe représentative de f, la corde $[M_1M_2]$ est au-dessous de l'arc d'extrémités M_1 et M_2 de la courbe.

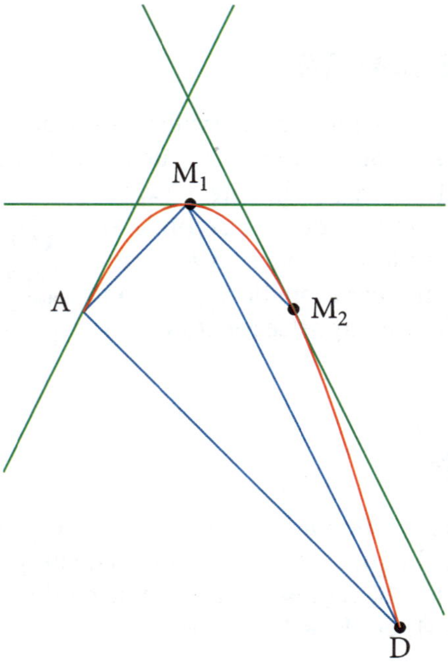

Exemple : La fonction racine carrée est concave sur $\mathbb{R}^+$, la fonction cube est concave sur $\mathbb{R}^-$.

Remarque : Une fonction f est concave sur un intervalle I si et seulement si la fonction $-f$ est convexe sur I.

Propriétés :

Une fonction f est convexe sur un intervalle I non vide et non réduit à un point si et seulement si quels que soient les réels distincts x_1 et x_2 de I et le réel k tel que $0 \leqslant k \leqslant 1$:

$$f(kx_1 + (1-k)x_2) \leqslant kf(x_1) + (1-k)f(x_2).$$

Si une fonction f est une fonction convexe (resp. concave) et dérivable sur un intervalle I non vide et non réduit à un point, la courbe d'équation $y = f(x)$ est, sur I, au-dessus (resp. au-dessous) de chacune de ses tangentes.

5 Convexité et dérivabilité

Si f est une fonction dérivable sur un intervalle I non vide et non réduit à un point et si f' est croissante sur I alors f est convexe sur I.

Si f est une fonction deux fois dérivable sur un intervalle I non vide et non réduit à un point et si pour tout x de I, $f''(x) \geqslant 0$ alors f est convexe sur I.

Si f est une fonction deux fois dérivable sur un intervalle I non vide, non réduit à un point et si pour tout x de I, $f''(x) \leqslant 0$ alors f est concave sur I

Si f est une fonction deux fois dérivable sur un intervalle ouvert I contenant le réel x_0 et si la dérivée seconde de f s'annule en x_0 et change de signe, on dit que la fonction f admet un point d'inflexion en x_0.

Remarque : En un point d'inflexion, la courbe « traverse » la tangente en ce point. Il y a en ce point un changement de concavité.

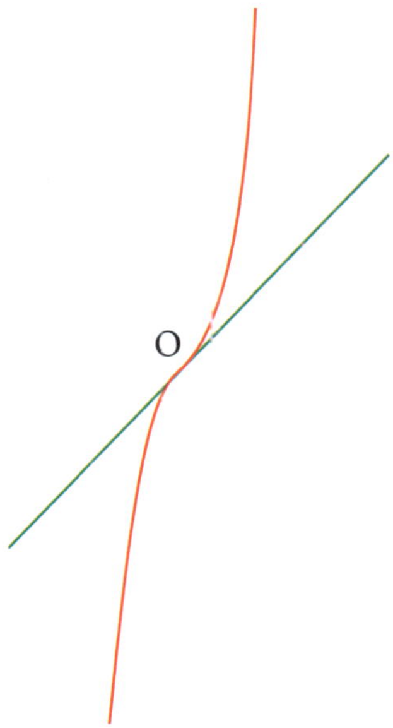

Questions courtes

1 Exemples et contre exemples

Corrigé p. 237

1. Soit f une fonction définie sur un intervalle non vide $]a\,;b[$ de $\mathbb{R}$.

Qu'appelle-t-on dérivée de f au point x_0 de $]a\,;b[$?

2. Soit f une fonction continue sur $\mathbb{R}^+$.

Est-elle dérivable sur $\mathbb{R}^+$?

Si non, donner un contre-exemple.

3. Si une fonction est dérivable sur $[a\,;\,b]$, la fonction f est-elle continue sur $[a\,;\,b]$?

2 Calcul et existence de la dérivée

Corrigé p. 237

1. Si f est une fonction rationnelle, préciser sur quel ensemble la fonction f est dérivable.

2. Sur quel ensemble la fonction tangente est-elle dérivable ?

3. Calculer la dérivée $(n+1)$-ième d'un polynôme de degré n.

4. Calculer la dérivée de la fonction $x \mapsto (x-3)^2$ au point 0.

5. Calculer la dérivée seconde de la fonction $x \mapsto \dfrac{1}{1+x^2}$ au point 0.

3 Équation d'une tangente

Corrigé p. 238

1. Écrire une équation de la tangente à la représentation graphique de la fonction :

a) $x \mapsto x-1$ au point d'abscisse 5 ;

b) $x \mapsto \dfrac{1}{x} - 1$ au point d'abscisse 1 ;

c) $x \mapsto \sqrt{x}$ au point d'abscisse 0.

2. Soit f une fonction dérivable sur son ensemble de définition $\mathcal{D}$, et x_0 un réel de $\mathcal{D}$ tel que :

$$f'(x_0) = 0\,.$$

Écrire une équation de la tangente à la représentation graphique de la fonction f au point d'abscisse x_0.

4 Ensemble de points

➔ Corrigé p. 239

1. Soit f une fonction paire dérivable sur $\mathbb{R}$.

Démontrer que sa fonction dérivée est impaire.

2. Déterminer le plus grand ensemble sur lequel la fonction $x \mapsto x^2\sqrt{x}$ est dérivable.

3. Déterminer les points de la représentation graphique de la fonction :

$$x \mapsto (x^2 + 1)$$

où la tangente est parallèle à la droite d'équation $y = 3x + 1$.

4. Déterminer les points de la représentation graphique de la fonction :

$$x \mapsto (x^3 + 1)$$

où la tangente est parallèle à la droite d'équation $y = -x + 1$.

5. Comment déterminer les positions relatives d'une courbe et d'une tangente à cette courbe ?

6. Soit $\mathscr{C}$ la représentation d'une fonction f dans un repère $(O ; \vec{i}, \vec{j})$, $\mathscr{T}$ la tangente à $\mathscr{C}$ en un point M de $\mathscr{C}$.

La droite $\mathscr{T}$ peut-elle « traverser » la courbe $\mathscr{C}$ au point M ?

5 Convexité

➔ Corrigé p. 241

Soit f une fonction dérivable et concave sur l'intervalle $[0 ; 10]$. Soit $\mathscr{C}$ la courbe représentative de f sur $[0 ; 10]$. Soit (T) la tangente à $\mathscr{C}$ au point A de $\mathscr{C}$ dont une équation est $y = 3x + 1$.

Les affirmations suivantes sont-elles vraies ou fausses ?

1. $f(5) \leqslant 16$.

2. $f(10) \geqslant 35$.

3. $f(0) \leqslant 1$.

6 Convexité

➔ Corrigé p. 241

Soit f la fonction définie sur $\mathbb{R}$ par $f(x) = xe^{-x} + 1$ et $\mathscr{C}$ sa courbe représentative dans un repère orthonormé du plan.

1. Étudier la convexité de la fonction f.

2. Existe-t-il un point de $\mathscr{C}$ en lequel la tangente à $\mathscr{C}$ traverse la courbe $\mathscr{C}$?

Exercices d'entraînement

7 Nombre dérivé

★ 10 min ➔ Corrigé p. 242

Soit f la fonction définie sur $[0; +\infty[$ par :

$$f(x) = 2x + 5 + x\sqrt{x}.$$

Démontrer que f est dérivable en 0 et calculer $f'(0)$.

Conseil
Commencer par vérifier que 0 appartient à l'ensemble de définition.

8 Nombre dérivé

★ 10 min ➔ Corrigé p. 243

Soit f la fonction définie sur $]-\infty\,;-1[\,\cup\,]-1\,;+\infty[$ par :

$$f(x) = x(x+5)\left(\frac{x-1}{x+1}\right)^3.$$

Démontrer que f est dérivable en 0 et calculer $f'(0)$.

9 Calculs pratiques. Utilisation d'un formulaire

★ 15 min ➔ Corrigé p. 243

Calculer les fonctions dérivées des fonctions définies sur $\mathbb{R}$ par :

1. $f(x) = \cos^2 x$; **2.** $g(x) = \cos(x^2)$; **3.** $h(x) = \cos^2(x^2)$.

10 Utilisation d'un formulaire

★ 15 min ➔ Corrigé p. 244

Soit f la fonction définie sur $\mathbb{R}$, par $f(x) = x(x + \sqrt{1+x^2})$.

Démontrer que pour tout réel x :

$$f'(x) = \frac{(x + \sqrt{1+x^2})^2}{\sqrt{1+x^2}}$$

et que pour tout réel x, $f'(x) > 0$.

Conseil
Étudier la « forme » de $f(x)$: produit, somme, quotient… ?

11 Calculs de limites

★★ 20 min ➔ Corrigé p. 246

Déterminer les limites suivantes, si elles existent :

1. $\lim\limits_{x \to 1} \dfrac{\sqrt{1+x^2} - \sqrt{2}}{x-1}$;

2. $\lim\limits_{x \to \frac{\pi}{4}} \dfrac{\sin x - \frac{\sqrt{2}}{2}}{x - \frac{\pi}{4}}$;

3. $\lim\limits_{x \to 1} \dfrac{\sin^2(\pi x)}{x-1}$.

12 Dérivées successives

★★ 20 min Corrigé p. 247

Calculer les dérivées successives de la fonction définie sur $\mathbb{R}$, par :

$$f(x) = (3x+4)^5.$$

13 Dérivées successives

★★ 30 min Corrigé p. 248

Soit a un réel et f la fonction définie sur $]-\infty\,;a[\,\cup\,]a\,;+\infty[$, par :

$$f(x) = \frac{1}{x-a}.$$

1. Démontrer par un raisonnement par récurrence que pour tout entier $n \geqslant 1$ et pour tout réel x différent de a :

$$f^{(n)}(x) = \frac{(-1)^n n!}{(x-a)^{n+1}},$$

où $n!$ désigne le nombre « factorielle n ».

> **Indication**
> $0!=1\,;1!=1$ et
> $n!=n(n-1)\ldots\times 2\times 1$ si $n\geqslant 2$.

2. Soit g la fonction définie sur $]-\infty\,;1[\,\cup\,]1\,;2[\,\cup\,]2\,;+\infty[$ par :

$$g(x) = \frac{2x-3}{(x-1)(x-2)}.$$

a) Démontrer que, pour tout réel x de $]-\infty\,;1[\,\cup\,]1\,;2[\,\cup\,]2\,;+\infty[$, on peut écrire $g(x)$ sous la forme :

$$g(x) = \frac{A}{(x-1)} + \frac{B}{(x-2)},$$

où A et B sont des constantes que l'on déterminera.

b) Soit n un entier naturel non nul, calculer pour tout réel x de l'intervalle $]-\infty\,;1[\,\cup\,]1\,;2[\,\cup\,]2\,;+\infty[$, l'expression $g^{(n)}(x)$.

14 Tangente

★★ 15 min Corrigé p. 250

Soit f la fonction définie sur $[0\,;+\infty[$, par :

$$f(x) = 3 + 2x + 5x\sqrt{x}.$$

1. La fonction f est-elle dérivable en 0 ?

2. Donner une équation de la tangente Δ à la courbe $\mathscr{C}$ représentant f, au point d'abscisse 0 de la courbe.

3. Étudier la position de Δ par rapport à la courbe $\mathscr{C}$.

> **Indication**
> Revenir à la définition de la dérivée.

15 Tangente

★★ 15 min Corrigé p. 250

Soit f la fonction définie sur $\mathbb{R}$, par $f(x) = x^3 + 3x^2 - x + 1$.

1. Donner une équation de la tangente Δ à la courbe $\mathscr{C}$ représentant f, au point d'abscisse -1 de la courbe.

2. Étudier la position de Δ par rapport à la courbe $\mathscr{C}$.

16 Généralisation

★★ 15 min ➜ Corrigé p. 251

Soit n un entier naturel non nul, et f_n la fonction définie sur l'intervalle $]-\infty\,;1]$, par :

$$f_n(x) = x^n\sqrt{1-x}.$$

Étudier la dérivabilité de f_n en 1, puis interpréter géométriquement le résultat.

17 Fonction partie entière

★★★ 20 min ➜ Corrigé p. 252

On appelle partie entière du réel x, l'entier relatif n tel que :

$$n \leqslant x < n+1.$$

On note $\mathrm{E}(x)$ la partie entière du réel x.

Soit f la fonction définie sur $[-1\,;2]$, par :

$$f(x) = \mathrm{E}(x)\sin(\pi x).$$

Conseil
Écrire la définition de la fonction partie entière et faire sa représentation graphique.

1. Écrire $f(x)$ plus simplement pour x appartenant à chacun des intervalles $[-1\,;\,0]$, $[0\,;1]$ et $[1\,;2]$.

2. Étudier la dérivabilité de f en 0 et en 1. Interpréter graphiquement les résultats.

18 Convexité

★★ 5 min ➜ Corrigé p. 254

Soit h une fonction définie et convexe sur $[0\,;1]$. Soit f la fonction définie sur $\left[0\,;\frac{1}{2}\right]$ par $f(x) = h(x) + h(1-x)$.

1. a) Montrer que si a est un réel de $\left[0\,;\frac{1}{2}\right[$ alors $1-a$ appartient à $\left]\frac{1}{2}\,;1\right]$.

b) Montrer que si a est un réel de $\left[0\,;\frac{1}{2}\right[$ et b un réel vérifiant $0 \leqslant a \leqslant b < \frac{1}{2}$ alors on a :

$$a \leqslant b \leqslant 1-a.$$

En déduire qu'alors il existe un réel λ de $[0\,;1]$ tel que

$$b = \lambda a + (1-\lambda)(1-a).$$

2. Soient deux réels a et b tels que $0 \leqslant a \leqslant b < \frac{1}{2}$, montrer que :

$$h(b) \leqslant \lambda h(a) + (1-\lambda)h(1-a)$$

et

$$h(1-b) \leqslant (1-\lambda)h(a) + \lambda h(1-a).$$

3. En déduire que f est décroissante sur $\left[0\,;\frac{1}{2}\right[$.

Questions courtes

1 **1.** Soit f une fonction définie sur un intervalle non vide $]a\,;b[$ de $\mathbb{R}$, on dit que f est dérivable au point x_0 de $]a\,;b[$, si la fonction :

$$x \mapsto \frac{f(x)-f(x_0)}{x-x_0},$$

définie sur $]a\,;b[\,-\{x_0\}$, admet une limite quand x tend vers x_0. Cette limite, quand elle existe, est appelée dérivée de f en x_0.

2. Soit f une fonction continue sur $\mathbb{R}^+$. En général, la fonction f n'est pas dérivable sur $\mathbb{R}^+$; c'est la réciproque qui est vraie.

Par exemple, la fonction $x \mapsto \sqrt{x}$ est continue sur $\mathbb{R}^+$ et n'est pas dérivable sur $\mathbb{R}^+$, car elle n'est pas dérivable en 0.

3. Si une fonction est dérivable sur $[a\,;b]$, elle est continue sur $[a\,;b]$.

2 **1.** Si f est une fonction rationnelle (fonction quotient de deux fonctions polynômes), la fonction f est dérivable sur son ensemble de définition, c'est-à-dire **l'ensemble des réels privés des racines du polynôme dénominateur.**

2. La fonction tangente est dérivable sur son ensemble de définition, c'est-à-dire :

$$\boxed{\mathbb{R}-\left\{(2k+1)\frac{\pi}{2}\ ,\ k\in\mathbb{Z}\right\}.}$$

3. Lorsque l'on dérive successivement un polynôme, son degré diminue de 1 à chaque fois ; donc, lorsque l'on dérive n fois un polynôme de degré n, son degré est diminué de n. C'est donc un polynôme de degré 0 ou le polynôme nul, mais donc, dans tous les cas, un polynôme constant. La dérivée d'une fonction constante est la fonction nulle.

La dérivée $(n+1)$-ième d'un polynôme de degré n est donc la fonction nulle.

4. La fonction f :

$$x \mapsto (x-3)^2$$

est une fonction polynôme, elle est dérivable en tout point de $\mathbb{R}$, donc en particulier au point 0.

Pour tout x de $\mathbb{R}$, $f'(x)=2(x-3)$ donc :

$$\boxed{f'(0)=-6.}$$

CORRIGÉS

5. Soit f la fonction définie par $f\ x \mapsto \dfrac{1}{1+x^2}$.

La fonction f est une fonction rationnelle, dont le polynôme au dénominateur n'a pas de racine réelle, son ensemble de définition est $\mathbb{R}$. La fonction f est donc dérivable sur $\mathbb{R}$ et, pour tout x de $\mathbb{R}$:

$$f'(x) = -\frac{2x}{(1+x^2)^2}.$$

En appliquant un raisonnement identique, pour tout x de $\mathbb{R}$:

$$f''(x) = -\frac{2(1+x^2)^2 - (2x)\times 2\times(1+x^2)\times(2x)}{(1+x^2)^4}$$

$$= -\frac{2(1+x^2)[(1+x^2)-4x^2]}{(1+x^2)^4}$$

$$= -\frac{2(1+x^2)[1-3x^2]}{(1+x^2)^4} = \frac{2(3x^2-1)}{(1+x^2)^3}.$$

D'où : $\boxed{f''(0) = -2}$.

3 **1. a)** La représentation graphique de la fonction $x \mapsto (x-1)$ est une droite $\mathscr{D}$, **en tout point la tangente coïncide avec la droite** $\mathscr{D}$.

Remarque
Il faut mémoriser le résultat de la question **1. a)**

b) La fonction $x \mapsto \dfrac{1}{x} - 1$ est une fonction rationnelle, son ensemble de définition est $\mathbb{R}^*$.

Elle est dérivable sur son ensemble de définition, donc la représentation graphique de cette fonction admet, en tout point ayant une abscisse appartenant à $\mathbb{R}^*$, une tangente.

Une équation de la tangente à la représentation graphique de la fonction $x \mapsto \dfrac{1}{x} - 1$ au point d'abscisse 1 est :

$$y - f(1) = f'(1)(x-1).$$

Pour tout x de R^*, $f'(x) = -\dfrac{1}{x^2}$, donc $f'(1) = -1$.

De plus $f(1) = 0$, donc une équation de la tangente demandée est :

$$y - 0 = (-1)(x-1)$$

$$\boxed{y = -x + 1.}$$

c) La fonction $f : x \mapsto \sqrt{x}$ est définie sur $\mathbb{R}^+$, dérivable sur $\mathbb{R}^{*+}$, et :

$$\begin{aligned}\lim_{x \to 0} \frac{f(x) - f(0)}{x - 0} &= \lim_{x \to 0} \frac{\sqrt{x} - 0}{x} \\ &= \lim_{x \to 0} \frac{1}{\sqrt{x}} \\ &= +\infty.\end{aligned}$$

La fonction f n'est pas dérivable en 0, mais la limite du taux d'accroissement en 0 est $+\infty$ quand x tend vers 0, donc **sa représentation graphique admet au point d'abscisse 0, une tangente parallèle à l'axe des ordonnées d'équation $x = 0$.**

2. Soit f une fonction dérivable sur son ensemble de définition $\mathcal{D}$, et x_0 un réel de $\mathcal{D}$ tel que $f'(x_0) = 0$.

La tangente à la représentation graphique de la fonction f au point d'abscisse x_0 est parallèle à l'axe des abscisses, une équation est :

$$\boxed{y = f(x_0).}$$

4 **1.** Soit f une fonction paire dérivable sur $\mathbb{R}$, soit g la fonction définie sur $\mathbb{R}$, par $g(x) = f(-x)$, la fonction f étant paire, on a aussi pour tout x de $\mathbb{R}$:

$$g(x) = f(x).$$

> **Remarque**
> Soit f une fonction dérivable sur $\mathbb{R}$, si f est paire (resp. impaire), f' est impaire (resp. paire).

La fonction g est dérivable sur $\mathbb{R}$, en utilisant le théorème sur la dérivation des fonctions composées et l'on a pour tout x de $\mathbb{R}$:

$$g'(x) = -f'(-x),$$

mais aussi $g'(x) = f'(x)$, donc pour tout x de $\mathbb{R}$:

$$-f'(-x) = f'(x).$$

La fonction dérivée de f est donc impaire.

2. La fonction $x \mapsto \sqrt{x}$ est définie sur $\mathbb{R}^-$;

la fonction $x \mapsto x^2$ est définie sur $\mathbb{R}$;

donc la fonction $x \mapsto x^2\sqrt{x}$ est définie sur $\mathbb{R}^+$.

CORRIGÉS

Le plus grand ensemble sur lequel la fonction $x \mapsto x^2\sqrt{x}$ est dérivable est nécessairement un sous-ensemble de son ensemble de définition.

La fonction $x \mapsto \sqrt{x}$ est dérivable sur $\mathbb{R}^{*+}$, la fonction $x \mapsto x^2$ est dérivable sur $\mathbb{R}$, donc sur $\mathbb{R}^{*+}$, donc la fonction $x \mapsto x^2\sqrt{x}$ est dérivable sur $\mathbb{R}^{*+}$ comme produit de fonctions dérivables sur $\mathbb{R}^{*+}$.

Remarque
Les théorèmes généraux sur les fonctions dérivables permettent de trouver un ensemble sur lequel la fonction est dérivable, mais cela ne veut pas dire qu'il n'y a pas d'autres points en lesquels la fonction est dérivable.

Les théorèmes sur les opérations sur les fonctions dérivables ne permettent pas de conclure sur la dérivabilité ou non de la fonction en 0. Pour cela il faut revenir à la définition et construire le taux d'accroissement de la fonction entre un réel x strictement positif et 0.

Pour tout x strictement positif, $\dfrac{x^2\sqrt{x}-0}{x-0} = x\sqrt{x}$, donc :

$$\lim_{x \to 0} \frac{x^2\sqrt{x}-0}{x-0} = 0.$$

La fonction $x \mapsto x^2\sqrt{x}$ est dérivable en 0 et sa dérivée est nulle en ce point.

La fonction $x \mapsto x^2\sqrt{x}$ est donc dérivable sur $\mathbb{R}^+$.

3. La fonction f: $x \mapsto (x^2+1)$ est une fonction polynôme, elle est dérivable en tout point de $\mathbb{R}$.

Sa représentation graphique admet en tout point d'abscisse x_0 une tangente dont une équation est :

Remarque
L'ensemble sur lequel la fonction est dérivable est inclus nécessairement dans l'ensemble de définition.

$$y - f(x_0) = f'(x_0)(x - x_0)$$

$$y - (x_0^2 + 1) = 2x_0(x - x_0)$$

$$y = 2x_0 x - x_0^2 + 1.$$

Cette droite sera parallèle à la droite d'équation $y = 3x + 1$, si et seulement si $2x_0 = 3$ (les coefficients directeurs sont égaux) soit :

$$x_0 = \frac{3}{2}.$$

Au point d'abscisse $\dfrac{3}{2}$, la courbe représentative de f admet une tangente parallèle à la droite d'équation $y = 3x + 1$.

4. La fonction $x \mapsto (x^3 + 1)$ est une fonction polynôme, elle est dérivable en tout point de $\mathbb{R}$, sa représentation graphique admet en tout point d'abscisse x_0 une tangente dont une équation est :

$$y - f(x_0) = f'(x_0)(x - x_0)$$

$$y - (x_0^3 + 1) = 3x_0^2 (x - x_0)$$

$$y = 3x_0^2 x - 2x_0^3 + 1.$$

Cette droite sera parallèle à la droite d'équation $y = -x + 1$ si et seulement si $3x_0^2 = -1$ (les coefficients directeurs sont égaux).

Cette équation n'a pas de solution, il n'y a **donc pas de point où la tangente est parallèle à la droite d'équation $y = -x + 1$.**

5. Pour étudier les positions relatives des représentations graphiques d'une fonction f et d'une droite d'équation $y = ax + b$ dans un même repère, **on détermine le signe de $f(x) - (ax + b)$.**

Remarque

Plus généralement, pour étudier la position relative des représentations graphiques des fonctions f et g, on étudie le signe de $f(x) - g(x)$ selon les valeurs de x.

6. Soit $\mathscr{C}$ la représentation d'une fonction f dans un repère $(O ; \vec{i}, \vec{j})$, $\mathscr{T}$ la tangente à $\mathscr{C}$ en un point M de $\mathscr{C}$.

La droite $\mathscr{T}$ peut traverser la courbe $\mathscr{C}$ au point M. Par exemple, soit f la fonction $x \mapsto x^3$, la tangente $\mathscr{T}$ au point O a pour équation $y = 0$.

La position relative de $\mathscr{T}$ et de $\mathscr{C}$ est donnée par le signe de $x^3 - 0 = x^3$.

Si $x > 0$, la courbe $\mathscr{C}$ est **au-dessus** de $\mathscr{T}$ et si $x < 0$, la courbe est **au-dessous** de $\mathscr{T}$. La droite $\mathscr{T}$ traverse la courbe $\mathscr{C}$. On dit que la tangente $\mathscr{T}$ est une tangente d'inflexion.

5 **1.** La fonction est concave sur $[0 ; 10]$ donc la courbe est « en dessous » des tangentes à la courbe en tous les points d'abscisse compris entre 0 et 10. Le point d'abscisse 5 de la tangente (T) a pour ordonnée $3 \times 5 + 1 = 16$ donc $f(5) \leqslant 16$ est vraie.

2. Le point d'abscisse 10 de la tangente (T) a pour ordonnée $3 \times 10 + 1 = 31$ donc $f(10) \leqslant 31$, la proposition est fausse.

3. Le point d'abscisse 0 de la tangente (T) a pour ordonnée $3 \times 0 + 1 = 1$ donc la proposition $f(0) \leqslant 1$ est vraie.

6 **1.** La fonction f définie sur $\mathbb{R}$ par $f(x) = xe^{-x} + 1$ est deux fois dérivable sur $\mathbb{R}$ et l'on a pour tout x de $\mathbb{R}$:

$$f'(x) = e^{-x} - xe^{-x}$$

$$f''(x) = -e^{-x} - e^{-x} + xe^{-x} = e^{-x}(x - 2).$$

Pour tout réel x, la fonction exponentielle est positive donc pour tout réel x, $f''(x)$ est du signe de $x-2$ donc pour tout réel x :

- si $x \leqslant 2$, $f''(x) \leqslant 0$, la fonction f est concave sur $]-\infty\,;2]$;
- si $x \geqslant 2$, $f''(x) \geqslant 0$, la fonction f est convexe sur $[2\,;+\infty[$.

2. La dérivée seconde s'annule en 2 et change de signe en 2. Le point d'abscisse 2 de la courbe représentative de f est un point d'inflexion, la courbe traverse sa tangente en ce point.

Exercices d'entraînement

7 La fonction f définie sur $[0\,;+\infty[$, par $f(x) = 2x + 5 + x\sqrt{x}$ est la somme des fonctions :

$$u : x \mapsto 2x+5 \quad \text{et} \quad v : x \mapsto x\sqrt{x}.$$

La fonction u est une fonction affine, elle est dérivable sur tout intervalle de $\mathbb{R}$.

La fonction v est le produit de la fonction $x \mapsto x$ dérivable sur tout intervalle de $\mathbb{R}$ et de la fonction $x \mapsto \sqrt{x}$ dérivable sur $]0\,;+\infty[$.

La fonction v est donc dérivable sur $]0\,;+\infty[$ (produit de fonctions dérivables sur $]0\,;+\infty[$).

La fonction f, somme des fonctions u et v dérivables sur $]0\,;+\infty[$, est dérivable sur $]0\,;+\infty[$.

Les théorèmes sur les opérations sur les fonctions dérivables ne permettent pas d'affirmer la dérivabilité ou la non dérivabilité de la fonction f en 0, il est nécessaire de revenir à la définition pour conclure.

> **Remarque**
> Les théorèmes généraux sur les fonctions dérivables permettent de trouver un ensemble sur lequel la fonction est dérivable, mais cela ne veut pas dire qu'il n'y a pas d'autres points en lesquels la fonction est dérivable.

Pour tout réel x de $]0\,;+\infty[$:

$$\frac{f(x)-f(0)}{x-0} = \frac{(2x+5+x\sqrt{x})-5}{x} = \frac{2x+x\sqrt{x}}{x} = 2+\sqrt{x} \text{ (car le réel } x \text{ est non nul).}$$

D'où $\lim\limits_{x \to 0} \dfrac{f(x)-f(0)}{x-0} = \lim\limits_{x \to 0} (2+\sqrt{x}) = 2.$

La fonction f est dérivable en 0 et a pour nombre dérivé 2.

La fonction f est donc dérivable sur $[0\,;+\infty[$.

CORRIGÉS

8 Soit f la fonction définie sur $]-\infty\,;-1[\,\cup\,]-1\,;+\infty[$ par :

$$f(x)=x\,(x+5)\left(\frac{x-1}{x+1}\right)^3.$$

La fonction f est le produit des deux fonctions :

$$u: x\mapsto x\,(x+5)\ \text{ et }\ v: x\mapsto\left(\frac{x-1}{x+1}\right)^3.$$

La fonction u est une fonction polynôme, elle est donc dérivable sur tout intervalle de $\mathbb{R}$.

La fonction v est une fonction rationnelle, elle est donc dérivable sur son ensemble de définition, $]-\infty\,;-1[\,\cup\,]-1\,;+\infty[$.

La fonction f est donc dérivable sur $]-\infty\,;-1[\,\cup\,]-1\,;+\infty[$, donc en particulier au point 0.

→ Point méthode

Pour calculer la dérivée de f au point 0, on peut calculer, en utilisant le formulaire, la fonction dérivée de f et calculer sa valeur au point 0, ou calculer la dérivée de f en utilisant la définition de la dérivée en un point. Dans l'exemple proposé, la deuxième méthode est la plus simple.

Pour tout réel x différent de -1 et de 0 (car le taux d'accroissement de f entre 0 et x n'est pas défini en 0) :

$$\frac{f(x)-f(0)}{x-0}=\frac{x(x+5)\left(\frac{x-1}{x+1}\right)^3-0}{x}=\frac{x(x+5)\left(\frac{x-1}{x+1}\right)^3}{x}$$

$$=(x+5)\left(\frac{x-1}{x+1}\right)^3\ \text{(car le réel } x \text{ est non nul).}$$

D'où $\lim\limits_{x\to 0}\dfrac{f(x)-f(0)}{x-0}=\lim\limits_{x\to 0}\,(x+5)\left(\dfrac{x-1}{x+1}\right)^3=-5.$

La dérivée de f en 0 est -5.

9 **1.** La fonction f est le carré de la fonction cosinus qui est dérivable sur $\mathbb{R}$, la fonction f est donc dérivable sur $\mathbb{R}$. On a donc en utilisant le formulaire :

$$f=\cos^2,\ \text{donc}\ f'=2(\cos)\,(\cos)'=2(\cos)\,(-\sin).$$

Donc pour tout réel x, $f'(x)=-2(\cos x)\,(\sin x)=-\sin 2x$.

$$\boxed{f'(x)=-\sin 2x.}$$

CORRIGÉS

2. La fonction g est la composée de la fonction $u : x \mapsto x^2$ qui est une fonction polynôme, donc dérivable sur $\mathbb{R}$, et de la fonction cos qui est dérivable sur $\mathbb{R}$; la fonction g est donc dérivable sur $\mathbb{R}$.
$g = \cos \circ u$, donc en utilisant le formulaire :

$$g' = ((-\sin) \circ u) \times u'.$$

D'où pour tout réel x :

$$g'(x) = (-\sin x^2) \times (2x)$$

$$\boxed{g'(x) = -2x \sin (x^2).}$$

3. La fonction h est la composée de la fonction $u : x \mapsto x^2$, qui est une fonction polynôme, donc dérivable sur $\mathbb{R}$, et de la fonction $\cos^2$ qui est dérivable sur $\mathbb{R}$ (carré d'une fonction dérivable sur $\mathbb{R}$), la fonction h est donc dérivable sur $\mathbb{R}$.
Donc $h = (\cos^2) \circ u$, d'où en utilisant le formulaire :

$$h' = [(\cos^2)' \circ u] \times u' = [(2 \cos \times (-\sin)) \circ u] \times u'.$$

D'où pour tout réel x :

$$h'(x) = 2 (\cos x^2)(-\sin x^2) \times (2x)$$

$$= -4x (\sin x^2)(\cos x^2)$$

$$\boxed{h'(x) = -2x \sin 2x^2.}$$

10 Soit f la fonction définie sur $\mathbb{R}$, par :

$$f(x) = x(x + \sqrt{1+x^2}).$$

f est le produit des fonctions $u : x \mapsto x$ et $v : x \mapsto x + \sqrt{1+x^2}$.
La fonction u est la fonction identité, qui est définie et dérivable sur $\mathbb{R}$.

La fonction v est la somme des fonctions $v_1 : x \mapsto x$, qui est la fonction identité, donc définie et dérivable sur $\mathbb{R}$, et de la fonction $v_2 : x \mapsto \sqrt{1+x^2}$.

v_2 est la composée de la fonction $x \mapsto (1 + x^2)$ qui est dérivable et strictement positive sur $\mathbb{R}$ et de la fonction racine carrée, qui est dérivable sur $\mathbb{R}_+^*$, la fonction v_2 est donc dérivable sur $\mathbb{R}$.
La fonction v est dérivable sur $\mathbb{R}$ et donc aussi la fonction f.

La dérivée sur $\mathbb{R}$ de la fonction $v_2 : x \mapsto \sqrt{1+x^2}$ est la fonction :

$$x \mapsto \frac{1}{2\sqrt{1+x^2}} \times (2x).$$

En utilisant la dérivée de la fonction $\sqrt{u}$, où u est une fonction dérivable sur un intervalle I et **strictement positive** sur I :

$$(\sqrt{u})' = \frac{1}{2\sqrt{u}}u'.$$

La dérivée sur $\mathbb{R}$ de la fonction $x \mapsto x + \sqrt{1+x^2}$ est donc :

$$x \mapsto 1 + \frac{x}{\sqrt{1+x^2}}.$$

D'où, en utilisant la formule de la dérivée du produit de deux fonctions dérivables sur un intervalle, pour tout réel x :

$$\begin{aligned} f'(x) &= 1 \times (x + \sqrt{1+x^2}) + x \times \left(1 + \frac{x}{\sqrt{1+x^2}}\right) \\ &= x + \sqrt{1+x^2} + x\left(\frac{\sqrt{1+x^2}+x}{\sqrt{1+x^2}}\right) \\ &= (x + \sqrt{1+x^2})\left(1 + \frac{x}{\sqrt{1+x^2}}\right) \\ &= (x + \sqrt{1+x^2})\left(\frac{\sqrt{1+x^2}+x}{\sqrt{1+x^2}}\right) \end{aligned}$$

$$\boxed{f'(x) = \frac{\left(x + \sqrt{1+x^2}\right)^2}{\sqrt{1+x^2}}.}$$

Pour tout réel x, le réel $\sqrt{1+x^2}$ est strictement positif. Montrons que le réel $x + \sqrt{1+x^2}$ est non nul pour tout réel x, ce qui permet d'en déduire que le réel $(x + \sqrt{1+x^2})^2$ est strictement positif et donc que pour tout réel x, $f'(x) > 0$.

Résolvons sur $\mathbb{R}$ l'équation $x + \sqrt{1+x^2} = 0$. Pour tout réel x :

$$x + \sqrt{1+x^2} = 0 \Leftrightarrow \sqrt{1+x^2} = -x.$$

Sur $\mathbb{R}^{*+}$, cette équation n'a pas de solution, car le premier membre est strictement positif et le second membre est strictement négatif.

Pour tout réel x de $\mathbb{R}^-$, les deux membres de l'équation sont positifs, on obtient donc une équation équivalente en élevant les deux membres au carré :

$$\sqrt{1+x^2} = -x \Leftrightarrow 1 + x^2 = (-x)^2 \Leftrightarrow 1 + x^2 = x^2 \Leftrightarrow 1 = 0 \times x^2.$$

Cette dernière équation n'a pas de solution, donc l'équation proposée n'a pas de solution dans $\mathbb{R}^-$. N'en ayant pas dans $\mathbb{R}^{*+}$, elle n'en a pas dans $\mathbb{R}$.

Donc pour tout réel x, $x + \sqrt{1+x^2} \neq 0$ et donc $(x + \sqrt{1+x^2})^2 > 0$.

Donc pour tout réel x, $f'(x) > 0$.

11 Les limites proposées ont une « forme » qui ressemble à un taux d'accroissement ; la méthode à employer alors consiste à reconnaître les différents éléments de l'expression proposée.

1. Calculons $\lim\limits_{x \to 1} \dfrac{\sqrt{1+x^2} - \sqrt{2}}{x-1}$. Posons $f(x) = \sqrt{1+x^2}$.

La fonction f ainsi construite est définie sur $\mathbb{R}$; elle est la composée de la fonction $x \mapsto (1+x^2)$ qui est dérivable et **strictement positive** sur $\mathbb{R}$ et de la fonction racine carrée qui est dérivable sur $\mathbb{R}^{*+}$.

La fonction f est donc dérivable sur $\mathbb{R}$, donc en tout point de $\mathbb{R}$ et donc en particulier au point 1.

Pour tout réel x, $f'(x) = \dfrac{2x}{2\sqrt{1+x^2}} = \dfrac{x}{\sqrt{1+x^2}}$, donc $f'(1) = \dfrac{1}{\sqrt{2}} = \dfrac{\sqrt{2}}{2}$.

$f(1) = \sqrt{2}$, donc le taux d'accroissement de f entre 1 et x est, pour tout réel x différent de 1 :

$$\frac{f(x) - f(1)}{x-1} = \frac{\sqrt{1+x^2} - \sqrt{2}}{x-1}.$$

La limite demandée est donc la dérivée de la fonction f au point 1, soit :

$$\boxed{\lim_{x \to 1} \frac{\sqrt{1+x^2} - \sqrt{2}}{x-1} = \frac{\sqrt{2}}{2}.}$$

2. Calculons $\lim\limits_{x \to \frac{\pi}{4}} \dfrac{\sin x - \frac{\sqrt{2}}{2}}{x - \frac{\pi}{4}}$.

La méthode est la même qu'à la question précédente. Soit f la fonction sinus définie sur $\mathbb{R}$ et dérivable sur $\mathbb{R}$, donc en particulier au point $\dfrac{\pi}{4}$; $\sin \dfrac{\pi}{4} = \dfrac{\sqrt{2}}{2}$, donc :

$$\lim_{x \to \frac{\pi}{4}} \frac{\sin x - \frac{\sqrt{2}}{2}}{x - \frac{\pi}{4}} = \lim_{x \to \frac{\pi}{4}} \frac{\sin x - \sin \frac{\pi}{4}}{x - \frac{\pi}{4}} = \sin' \frac{\pi}{4} = \cos \frac{\pi}{4} = \frac{\sqrt{2}}{2}.$$

$$\lim_{x \to \frac{\pi}{4}} \frac{\sin x - \frac{\sqrt{2}}{2}}{x - \frac{\pi}{4}} = \frac{\sqrt{2}}{2}.$$

3. Calculons $\lim_{x \to 1} \frac{\sin^2 \pi x}{x-1}$. La méthode est la même qu'à la question précédente.
Soit f la fonction définie sur $\mathbb{R}$ par :

$$f(x) = \sin^2 \pi x.$$

Cette fonction est la composée de la fonction $x \mapsto \pi x$, qui est dérivable sur $\mathbb{R}$, et de la fonction $\sin^2$, qui est le carré d'une fonction dérivable sur $\mathbb{R}$ et est donc dérivable sur $\mathbb{R}$.

La fonction f est donc dérivable sur $\mathbb{R}$, donc en particulier au point 1.

$f(1) = \sin^2 \pi = 0$, et pour tout x de $\mathbb{R}$:

$$f'(x) = 2\sin(\pi x) \times (\cos \pi x) \times \pi,$$

$\sin \pi = 0$, donc $f'(1) = 0$, d'où :

$$\lim_{x \to 1} \frac{\sin^2 \pi x}{x-1} = \lim_{x \to 1} \frac{\sin^2 \pi x - \sin^2 \pi}{x-1} = f'(1) = 0.$$

12 La fonction f est une fonction polynôme de degré 5, elle est dérivable sur $\mathbb{R}$, sa fonction dérivée est un polynôme de degré 4, on peut, en faisant une récurrence, démontrer que la fonction f admet des dérivées de tout ordre et que la fonction obtenue est un polynôme.

Les degrés diminuant d'un à chaque étape, on peut affirmer que f' est de degré 4, que f'' est de degré 3, que $f^{(3)}$ est de degré 2, que $f^{(4)}$ est de degré 1, que $f^{(5)}$ est de degré 0, et est donc une fonction constante.

Toutes les dérivées suivantes sont donc la fonction nulle.

Pour tout x de $\mathbb{R}$:

$f'(x) = 5(3x+4)^4 \times 3$

$f''(x) = 5 \times 4 \times (3x+4)^3 \times 3 \times 3 = 20(3x+4)^3 \times 3^2$

$f^{(3)}(x) = 5 \times 4 \times 3 \times (3x+4)^2 \times 3 \times 3 \times 3 = 60(3x+4)^2 \times 3^3$

$f^{(4)}(x) = 5 \times 4 \times 3 \times 2 \times (3x+4)^1 \times 3 \times 3 \times 3 \times 3 = 120(3x+4) \times 3^4$

$f^{(5)}(x) = 5 \times 4 \times 3 \times 2 \times 1 \times 3 \times 3 \times 3 \times 3 \times 3 = 5! \times 3^5$

$f^{(n)}(x) = 0$ si $n > 5$.

À chaque étape, si l'on pose pour tout x de $\mathbb{R}$, $u(x) = (3x+4)^k$, où k est un entier naturel :

$$u'(x) = k(3x+4)^{k-1} \times 3$$

car la dérivée de la fonction affine $x \mapsto (3x+4)$ est la fonction $x \mapsto 3$.

Méthode
Si a et b sont deux réels, la dérivée de la fonction $g : x \mapsto f(ax+b)$ est telle que pour tout x de $\mathbb{R}$:
$g'(x) = af'(ax+b)$.

13 Soit a un nombre réel et f la fonction définie sur $]-\infty\,;a[\,\cup\,]a\,;+\infty[$, par :

$$f(x) = \frac{1}{x-a}.$$

La fonction f est une fonction rationnelle, elle est donc dérivable sur son ensemble de définition.

1. Pour tout réel x différent de a :

$$f'(x) = -\frac{1}{(x-a)^2},$$

L'expression est identique à celle proposée en prenant $n = 1$, car $1! = 1$.

Méthode
On utlise la formule du cours :
$\left(\frac{1}{u}\right)' = -\frac{u'}{u^2}$
avec $u(x) = x - a$ pour $x \neq a$.

Supposons que pour un entier n non nul, on ait pour tout x différent de a :

$$f^{(n)}(x) = \frac{(-1)^n n!}{(x-a)^{n+1}}.$$

La fonction $f^{(n)}$, ainsi définie sur $]-\infty\,;a[\,\cup\,]a\,;+\infty[$, est rationnelle, elle est donc dérivable sur son ensemble de définition, et l'on peut écrire pour tout réel x différent de a :

$$f^{(n)}(x) = (-1)^n\, n! \times (x-a)^{-(n+1)}.$$

La fonction dérivée de la fonction $x \mapsto (x-a)$ étant $x \mapsto 1$, pour tout x différent de a :

Méthode
On utlise la formule du cours :
$(u^n)' = nu^{n-1}u'$ $(n \in \mathbb{N})$
avec $u(x) = (x-a)$ pour $x \in \mathbb{R}$.

$$\begin{aligned} f^{(n+1)}(x) = (f^{(n)})'(x) &= (-1)^n n! \times [-(n+1)](x-a)^{-(n+1)-1} \\ &= (-1)^n \times (-1) \times n! \times (n+1) \times (x-a)^{-n-2} \\ &= (-1)^{n+1} \times (n+1)! \times \frac{1}{(x-a)^{n+2}}. \end{aligned}$$

La dernière expression a la forme voulue, on peut donc en déduire en utilisant le principe de récurrence que pour tout entier $n \geqslant 1$ et pour tout réel x différent de a :

$$f^{(n)}(x) = \frac{(-1)^n n!}{(x-a)^{n+1}}$$

Rappel
$0! = 1$.

où $n!$ désigne le nombre factorielle (n).

CORRIGÉS

2. Soit g la fonction définie sur $]-\infty\,;1[\cup]1\,;2[\cup]2\,;+\infty[$ par :

$$g(x)=\frac{2x-3}{(x-1)(x-2)}.$$

a) Pour tout réel x de $]-\infty\,;1[\cup]1\,;2[\cup]2\,;+\infty[$:

$$\frac{A}{(x-1)}+\frac{B}{(x-2)}=\frac{A(x-2)+(x-1)B}{(x-1)(x-2)}=\frac{(A+B)x-2A-B}{(x-1)(x-2)}.$$

L'expression précédente est égale à $g(x)$ pour tout réel x de l'intervalle $]-\infty\,;1[\cup]1\,;2[\cup]2\,;+\infty[$, si et seulement si :

$$\begin{cases}A+B=2\\-2A-B=-3.\end{cases}$$

Remarque
On dit que l'on procède par identification.

Le système précédent admet pour unique solution $A=1$ et $B=1$.
Donc pour tout réel x différent de 1 et de 2 :

$$g(x)=\frac{2x-3}{(x-1)(x-2)}$$

$$g(x)=\frac{1}{(x-1)}+\frac{1}{(x-2)}.$$

$$\boxed{g(x)=\frac{1}{x-1}+\frac{1}{x-2}.}$$

b) On peut démontrer aisément par récurrence que la dérivée n-ième d'une somme est la somme des dérivées n-ième, dans la mesure où chacune d'entre elle existe.

D'où en utilisant le résultat de la question **1.**, pour tout réel x différent de 1 et de 2 et tout entier n non nul :

$$g^{(n)}(x)=\frac{(-1)^n n!}{(x-1)^{n+1}}+\frac{(-1)^n n!}{(x-2)^{n+1}}$$

$$g^{(n)}(x)=\frac{(-1)^n n!(x-2)^{n+1}+(-1)^n n!(x-1)^{n+1}}{(x-1)^{n+1}(x-2)^{n+1}}$$

$$\boxed{g^{(n)}(x)=\frac{(-1)^n n![(x-2)^{n+1}+(x-1)^{n+1}]}{(x-1)^{n+1}(x-2)^{n+1}}.}$$

14 Soit f la fonction définie sur $]0\,;+\infty[$, par :

$$f(x) = 3 + 2x + 5x\sqrt{x}.$$

Remarque
L'utilisation des théorèmes sur les fonctions dérivables ne préjuge en rien de la dérivabilité ou non de la fonction en d'autres points de l'ensemble de définition de la fonction.

1. La fonction f est la somme de la fonction affine $u : x \mapsto 3 + 2x$ qui est définie et dérivable sur $\mathbb{R}$ et de la fonction $v : x \mapsto 5x\sqrt{x}$ qui est définie sur $\mathbb{R}^+$ et dérivable sur $]0\,;+\infty[$ (produit de la fonction $x \mapsto 5x$ et de la fonction racine carrée, qui est dérivable sur $]0\,;+\infty[$).

La fonction f est donc dérivable sur $]0\,;+\infty[$.

La fonction f est définie en 0 et $f(0) = 3$. Étudions la dérivabilité de f en 0 ; pour cela formons le taux d'accroissement de la fonction f entre 0 et x.

Pour tout réel x de $]0\,;+\infty[$:

$$\frac{f(x)-f(0)}{x-0} = \frac{3+2x+5x\sqrt{x}-3}{x} = \frac{2x+5x\sqrt{x}}{x}$$
$$= \frac{x(2+5\sqrt{x})}{x} = 2+5\sqrt{x}$$

car le réel x est non nul.

Donc $\lim\limits_{x\to 0} \dfrac{f(x)-f(0)}{x-0} = \lim\limits_{x\to 0}(2+5\sqrt{x}) = 2.$

La fonction f est donc dérivable en 0, et le nombre dérivé en ce point est 2.

2. Une équation de la tangente Δ à la courbe $\mathscr{C}$ représentant f, au point d'abscisse 0 de la courbe, est :

$$y - f(0) = f'(0)(x-0)$$
$$y - 3 = 2x$$
$$\boxed{y = 3 + 2x.}$$

3. Pour étudier la position relative de Δ et de $\mathscr{C}$, on étudie le signe de la différence :

$$f(x) - (3+2x) = 5x\sqrt{x}.$$

Donc pour tout x de $[0\,;+\infty[$, la différence précédente est positive et la **courbe $\mathscr{C}$ est au-dessus de la droite Δ.**

15 Soit f la fonction définie sur $\mathbb{R}$, par :

$$f(x) = x^3 + 3x^2 - x + 1.$$

1. La fonction f est une fonction polynôme, elle est dérivable sur $\mathbb{R}$.

$f(-1) = -1 + 3 + 1 + 1 = 4$, et pour tout réel x :

$$f'(x) = 3x^2 + 6x - 1$$

donc $f'(-1) = 3 - 6 - 1 = -4$.

Donc une équation de la tangente Δ à la courbe $\mathscr{C}$ représentant f, au point d'abscisse -1 de la courbe a pour équation :

$$y - f(-1) = f'(-1)(x - (-1))$$
$$y - 4 = -4(x + 1)$$
$$\boxed{y = -4x.}$$

2. Étudions le signe de la différence $f(x) - (-4x)$.

Pour tout réel x :

$f(x) - (-4x) = x^3 + 3x^2 - x + 1 + 4x = x^3 + 3x^2 + 3x + 1 = (x + 1)^3$.

L'expression $(x + 1)^3$ a le signe de $x + 1$, donc si $x \leqslant -1$, $f(x) - (-4x) \leqslant 0$ et la courbe $\mathscr{C}$ est **au-dessous** de la droite Δ et si $x \geqslant -1$, $f(x) - (-4x) \geqslant 0$ et la courbe $\mathscr{C}$ est **au-dessus** de la droite Δ.

La courbe $\mathscr{C}$ « traverse » sa tangente au point d'abscisse -1.

> **Remarque**
> On dit que le point correspondant est un point d'inflexion de la courbe $\mathscr{C}$.

16 Soit n un entier naturel non nul, et f_n la fonction définie sur $]-\infty\ ;\ 1]$ par :

$$f_n(x) = x^n\sqrt{1 - x}.$$

La fonction f_n est le produit de la fonction polynôme $u : x \mapsto x^n$ et de la fonction $v : x \mapsto \sqrt{1 - x}$. La fonction u est dérivable sur $\mathbb{R}$, donc sur tout intervalle de $\mathbb{R}$. La fonction v est la composée de la fonction $x \mapsto (1 - x)$ qui est dérivable sur $\mathbb{R}$, donc sur $]-\infty\ ;\ 1]$, et strictement positive sur $]-\infty\ ;\ 1[$, et de la fonction racine carrée qui est dérivable sur $\mathbb{R}_+^*$.

La fonction v est donc dérivable sur $]-\infty\ ;\ 1[$, et, en utilisant les théorèmes sur le produit, f_n est dérivable sur $]-\infty\ ;\ 1[$.

> **Remarque**
> Le fait que f soit dérivable sur $]-\infty\ ;\ 1[$ ne préjuge en rien de la dérivabilité ou non de f au point 1.

On étudie le taux d'accroissement de f_n en 1.

Pour tout réel x de $]-\infty\ ;\ 1[$:

$$\frac{f_n(x) - f_n(1)}{x - 1} = \frac{x^n\sqrt{1 - x} - 0}{x - 1} = \frac{x^n\sqrt{1 - x}}{x - 1}.$$

Le réel x étant différent de 1, multiplions numérateur et dénominateur par le réel non nul $\sqrt{1-x}$, il vient :

$$\frac{f_n(x)-f_n(1)}{x-1}=\frac{x^n(\sqrt{1-x})^2}{(x-1)\sqrt{1-x}}=\frac{x^n(1-x)}{(x-1)\sqrt{1-x}}.$$

Le réel x étant différent de 1, le réel $1-x$ est non nul et donc :

$$\frac{f_n(x)-f_n(1)}{x-1}=\frac{x^n}{(-1)\sqrt{1-x}}=\frac{-x^n}{\sqrt{1-x}}.$$

Mais $\lim\limits_{x\to 1}(-x^n)=-1$ et $\lim\limits_{x\to 1}\sqrt{1-x}=0$, donc, sachant que pour tout réel x de $]-\infty\,;1[$, $\sqrt{1-x}>0$, $\lim\limits_{x\to 1}\frac{-x^n}{\sqrt{1-x}}=-\infty$ et donc :

$$\lim_{x\to 1}\frac{f_n(x)-f_n(1)}{x-1}=-\infty.$$

La fonction f_n n'est pas dérivable en 1, et la courbe représentative de f_n dans un repère $(O\,;\vec{i},\vec{j})$ admet au point d'abscisse 1, une tangente parallèle à l'axe des ordonnées $(O\,;\vec{j})$.

17 On appelle partie entière du réel x, l'entier relatif n tel que $n\leqslant x<n+1$.
On note E (x) la partie entière du réel x.

Soit f la fonction définie sur $[-1\,;2]$, par :

$$f(x)=E(x)\sin(\pi x),$$

où E (x) désigne la partie entière du réel x.

1. En utilisant la définition de la partie entière d'un nombre réel :

- pour tout x de $[-1\,;0[$, $E(x)=-1$ et $f(x)=-\sin(\pi x)$;
- pour tout x de $[0;1[$, $E(x)=0$ et $f(x)=0$;
- pour tout x de $[1;2[$, $E(x)=1$ et $f(x)=\sin(\pi x)$;
- si $x=2$, $E(x)=2$ et $f(2)=2\sin(2\pi)=0$.

Mais on peut remarquer que $-\sin(\pi\times 0)=0$, et donc sachant que $f(0)=0$, on peut écrire pour tout x de $[-1\,;0]$:

$$\boxed{f(x)=-\sin(\pi x).}$$

De même, $\sin(\pi\times 1)=0$, donc pour tout x de $[0\,;1]$: $\boxed{f(x)=0.}$

De même, $\sin(\pi \times 2) = 0 = f(2)$, donc pour tout x de $[1 ; 2]$:

$$\boxed{f(x) = \sin(\pi x).}$$

2. La restriction de f à $[0 ; 1]$ est dérivable car la fonction f est constante, la dérivée de f sur cet intervalle est la fonction nulle.

La restriction de f à $[-1 ; 0]$ est dérivable, car la fonction $x \mapsto (-\sin(\pi x))$ est dérivable sur $\mathbb{R}$.

La dérivée de cette dernière fonction est $x \mapsto -\pi\cos(\pi x)$, donc la dérivée de la restriction de f à $[-1 ; 0]$ en 0 est $-\pi\cos(0) = -\pi$.

En conclusion, les dérivées à droite et à gauche de f en 0, ne sont pas égales ; la fonction f n'est donc pas dérivable en 0. La courbe représentative de f admet au point d'abscisse 0, deux demi tangentes de coefficients directeurs respectifs 0 et $-\pi$.

Remarque

On va utiliser une autre méthode, pour l'étude de la dérivabilité de la fonction f au point 1. On va étudier la limite du taux d'accroissement de f entre 1 et x, pour x appartenant respectivement à $[0 ; 1[$ et $[1 ; 2]$.

Pour tout x de $[0 ; 1[$, $\dfrac{f(x)-f(1)}{x-1} = \dfrac{0-0}{x-1} = 0$, donc :

$$\lim_{x \to 1^-} \frac{f(x)-f(1)}{x-1} = \lim_{x \to 1^-} 0 = 0.$$

Pour tout h de $]0 ; 1]$:

$$\frac{f(1+h)-f(1)}{h} = \frac{\sin(\pi(1+h))-0}{h} = \frac{\sin(\pi+\pi h)}{h} = -\frac{\sin(\pi h)}{h}.$$

$$\text{Donc : } \lim_{h \to 0^+}\left(-\frac{\sin(\pi h)}{h}\right) = -\lim_{h \to 0^+}\frac{\sin(\pi h)}{h} = -\pi \times \lim_{h \to 0^+}\frac{\sin(\pi h)}{\pi h}.$$

$$= -\pi \lim_{u \to 0^+}\frac{\sin(u)}{u}, \text{ en posant } \pi h = u$$

$$= -\pi, \quad \text{car } \lim_{u \to 0^+}\frac{\sin(u)}{u} = 1.$$

La fonction f n'est pas dérivable en 1, car elle admet des dérivées à droite et à gauche distinctes.

La courbe représentative de f admet au point d'abscisse 1, deux demi-tangentes de coefficients directeurs respectifs, 0 et $-\pi$.

Rappel

On dit que la courbe représentative de f admet au point d'abscisse 1 un point anguleux.

18 • **1. a)** Pour tout réel a de $\left[0\,;\frac{1}{2}\right[$, on a successivement :

$$0 \geqslant -a > -\frac{1}{2}$$

$$1 \geqslant 1-a > 1-\frac{1}{2}$$

$$1 \geqslant 1-a > \frac{1}{2}$$

donc si a appartient à $\left[0\,;\frac{1}{2}\right[$, alors $1-a$ appartient à $\left]\frac{1}{2}\,;1\right]$.

b) Si deux réels a et b vérifient $0 \leqslant a \leqslant b < \frac{1}{2}$, on a donc :

$$a \leqslant b < \frac{1}{2} < 1-a.$$

Le réel b appartient au segment $[a\,;1-a]$.
Montrons qu'il existe un réel λ appartenant à $[0\,;1]$ tel que :

$$b = \lambda a + (1-\lambda)(1-a) = \lambda(2a-1).$$

$$b = \lambda a + (1-\lambda)(1-a) \Leftrightarrow b = \lambda(2a-1) + 1 - a$$

$$\Leftrightarrow \lambda(2a-1) = b - 1 + a.$$

Le réel a étant différent de $\frac{1}{2}$, on a :

$$b = \lambda a + (1-\lambda)(1-a) \Leftrightarrow \lambda = \frac{b-1+a}{2a-1}.$$

L'équivalence précédente démontre l'existence d'un réel λ vérifiant l'égalité.
Montrons que le réel λ appartient à $[0\,;1]$.

Pour tous réels a et b tels que $0 \leqslant a \leqslant b < \frac{1}{2}$,

• les réels a et b sont strictement inférieurs à $\frac{1}{2}$ donc $2a-1<0$ et $a+b<1$ donc $a+b-1<0$ donc le réel λ est strictement positif.

• $1-\lambda = 1 - \frac{b-1+a}{2a-1} = \frac{a-b}{2a-1}$, le réel $2a-1$ est strictement négatif et le réel $a-b$ est négatif ou nul donc le réel λ est positif ou nul.

En conclusion : si deux réels a et b vérifient $0 \leqslant a \leqslant b < \frac{1}{2}$, il existe un réel λ appartenant à $[0\,;1]$ tel que $b = \lambda a + (1-\lambda)(1-a)$.

2. On a $h(b) = h(\lambda a + (1-\lambda)(1-a))$, la fonction h est convexe sur $[0\,;1]$ donc :

$$h(b) = h(\lambda a + (1-\lambda)(1-a)) \leqslant \lambda h(a) + (1-\lambda)h(1-a).$$

Si $b = \lambda a + (1-\lambda)(1-a)$ alors :

$$\begin{aligned}1 - b &= 1 - [\lambda a + (1-\lambda)(1-a)]\\ &= 1 - \lambda a - (1-\lambda)(1-a)\\ &= \lambda(1-a) + (1-\lambda)a.\end{aligned}$$

D'après la question **1. a.** $0 \leqslant a < \dfrac{1}{2} < 1 - a \leqslant 1$. La fonction h est convexe sur $[0\,;1]$ elle est donc convexe sur $[a\,;1-a]$ donc :

$$h(1-b) = h(\lambda(1-a) + (1-\lambda)a) \leqslant \lambda h(1-a) + (1-\lambda)h(a).$$

3. D'après la question précédente :

$$\begin{aligned}f(b) &= h(b) + h(1-b)\\ &\leqslant \lambda h(a) + (1-\lambda)h(1-a) + \lambda h(1-a) + (1-\lambda)h(a).\end{aligned}$$

On a :

$$\lambda h(a) + (1-\lambda)h(1-a) + \lambda h(1-a) + (1-\lambda)h(a) = h(a) + h(1-a) = f(a).$$

Donc pour tous réels a et b tels que $0 \leqslant a \leqslant b < \dfrac{1}{2}$ on a :

$$f(b) \leqslant f(a).$$

La fonction f est décroissante sur $\left[0\,;\dfrac{1}{2}\right[$.

La Prépa attitude

Dans le chapitre précédent, on a vu que lorsque la fonction f est continue et strictement monotone d'un intervalle I sur un intervalle $J = f(I)$, alors la fonction réciproque $f^{-1} : J \to I$ est également continue.

En supposant que f soit dérivable sur I, il s'agit à présent de savoir à quelle(s) condition(s) f^{-1} le sera sur J et de calculer sa dérivée.

Prolongement au cours de Terminale

Théorème

Soit f une fonction continue et strictement monotone de l'intervalle I sur l'intervalle $J = f(I)$.

❶ Soit $b \in J$ et $a = f^{-1}(b)$. Si f est dérivable en a, alors :

- si $f'(a) \neq 0$, f^{-1} est dérivable en b et $\left(f^{-1}\right)'(b) = \dfrac{1}{f'(a)}$;
- si $f'(a) = 0$, f^{-1} n'est pas dérivable en b.

❷ Si f est dérivable sur I et si f' ne s'annule pas sur I alors f^{-1} est dérivable sur J et :

$$\forall x \in J, \quad \left(f^{-1}\right)'(x) = \frac{1}{f'\left(f^{-1}(x)\right)}$$

Démonstration :

❶ On sait déjà que f^{-1} est continue sur J. Pour $t \in J$, posons $x = f^{-1}(t)$. On a donc $f(x) = t$, et, avec les notations posées :

$$\frac{f^{-1}(t) - f^{-1}(b)}{t - b} = \frac{x - a}{f(x) - f(a)} = \frac{1}{\dfrac{f(x) - f(a)}{x - a}}$$

f^{-1} est continue en b, donc $\lim\limits_{t \to b} f^{-1}(t) = f^{-1}(b)$, c'est-à-dire $\lim\limits_{t \to b} x = a$.

AMBITION PRÉPA

Comme f est dérivable en a, $\lim\limits_{x \to a} \dfrac{f(x) - f(a)}{x - a} = f'(a) = f'\left(f^{-1}(b)\right)$.

Donc si $f'(a) \neq 0$, $\lim\limits_{t \to b} \dfrac{f^{-1}(t) - f^{-1}(b)}{t - b} = \dfrac{1}{f'(a)} = \dfrac{1}{f'\left(f^{-1}(b)\right)}$.

Et si $f'(a) = 0$, f^{-1} n'est pas dérivable en b.

❷ est la conséquence directe de ❶ quand on fait varier b dans J.

Une application : la fonction Arctangente

Nécessite la lecture de la partie Ambition prépa des chapitres 8 et 10.

Soit f la restriction à l'intervalle $\left]-\dfrac{\pi}{2} ; \dfrac{\pi}{2}\right[$ de la fonction tangente :

$$\begin{cases} \bullet\ f \text{ est continue sur } \left]-\dfrac{\pi}{2} ; \dfrac{\pi}{2}\right[; \\ \bullet\ f \text{ est strictement croissante sur } \left]-\dfrac{\pi}{2} ; \dfrac{\pi}{2}\right[; \\ \bullet\ \lim\limits_{x \to -\frac{\pi}{2}} f(x) = -\infty, \qquad \lim\limits_{x \to \frac{\pi}{2}} f(x) = +\infty. \end{cases}$$

x	$-\pi / 2$		$\pi / 2$
f	$-\infty$	↗	$+\infty$

Donc f réalise une bijection de $\left]-\dfrac{\pi}{2} ; \dfrac{\pi}{2}\right[$ sur $\left]-\infty . +\infty\right[$. La fonction f admet donc une fonction réciproque définie sur $\mathbb{R}$.

x	$-\infty$		$+\infty$
f^{-1}	$-\pi / 2$	↗	$\pi / 2$

La fonction f^{-1} est appelée « Arctangente » et est notée Arctan.

Soit $x \in \mathbb{R}$, alors :

$$y = \operatorname{Arctan}(x) \Leftrightarrow y \in \left]-\frac{\pi}{2} ; \frac{\pi}{2}\right[\text{ et } \tan(y) = x$$

Arctan(x) est l'unique élément de $\left]-\frac{\pi}{2}\,;\,\frac{\pi}{2}\right[$ dont la tangente est x.

Valeurs remarquables :

Arctan $0 = 0$; Arctan $1 = \frac{\pi}{4}$; Arctan $\sqrt{3} = \frac{\pi}{3}$;

Arctan $\frac{1}{\sqrt{3}} = \frac{\pi}{6}$;

$\forall x \in \left]-\frac{\pi}{2}\,;\,\frac{\pi}{2}\right[$, Arctan(tan x) $= x$;

$\lim\limits_{x\to-\infty} \text{Arctan}\, x = -\frac{\pi}{2}$, $\lim\limits_{x\to+\infty} \text{Arctan}\, x = \frac{\pi}{2}$.

Remarque

$\forall x \in \mathbb{R}$, tan(Arctan x) $= x$.

Mais Arctan(tan x) ne vaut pas toujours x !

Théorème

Arctan est dérivable sur $\mathbb{R}$ et :

$$\forall x \in \mathbb{R},\quad (\text{Arctan})'(x) = \frac{1}{1+x^2}$$

Démonstration : Comme restriction de la fonction tangente, f est dérivable sur $\left]-\frac{\pi}{2}\,;\,\frac{\pi}{2}\right[$ et : $\forall x \in \left]-\frac{\pi}{2}\,;\,\frac{\pi}{2}\right[$, $f'(x) = 1 + \tan^2 x \neq 0$. Donc Arctan $= f^{-1}$ est dérivable sur $\mathbb{R}$, et :

$$(\text{Arctan})'(x) = \frac{1}{1+\tan^2(\text{Arctan}\, x)} = \frac{1}{1+x^2}$$

Représentation graphique

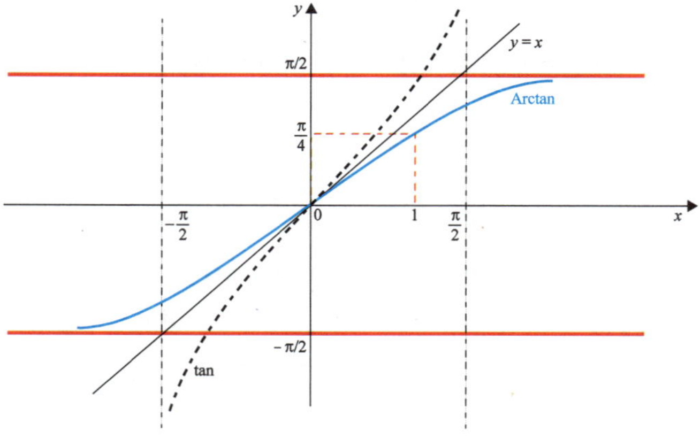

EXERCICES

➲ Corrigés p. 260

1 Soit la fonction $f : x \mapsto x^4 - 4x^2 + 1$ définie sur $\mathbb{R}$.

1. Étudier le sens de variation de f.

Montrer que la fonction $f_1 : x \mapsto x^4 - 4x^2 + 1$ de $\left[0 ; \sqrt{2}\right]$ dans $\left[-3 ; 1\right]$ est bijective.

2. Calculer f_1^{-1}. Représenter graphiquement, dans un même repère orthonormé, les applications f_1 et f_1^{-1}.

3. Calculer $\left(f_1^{-1}\right)'(-2)$.

2 On veut montrer les égalités suivantes :

$$\forall x > 0, \quad \operatorname{Arctan} x + \operatorname{Arctan}\frac{1}{x} = \frac{\pi}{2}$$

$$\forall x < 0, \quad \operatorname{Arctan} x + \operatorname{Arctan}\frac{1}{x} = -\frac{\pi}{2}$$

Méthode 1 : pour $x > 0$, on posera $a = \operatorname{Arctan} x$ et $b = \operatorname{Arctan}\frac{1}{x}$ et on commencera par comparer $\tan b$ et $\tan\left(\frac{\pi}{2} - a\right)$.

Méthode 2 : calculer la dérivée de la fonction $f : \mathbb{R} \to \mathbb{R}$ définie par :

$$f(x) = \operatorname{Arctan} x + \operatorname{Arctan}\frac{1}{x}.$$

Les deux méthodes sont à savoir par cœur.

3 On veut simplifier l'expression : $f(t) = \operatorname{Arctan}\frac{2t}{1-t^2}$, définie pour tout $t \in \mathbb{R} \setminus \{-1 ; 1\}$.

Méthode : dériver la fonction f.

4 Vérifier les égalités suivantes :

a) $\frac{\pi}{4} = \operatorname{Arctan}\frac{1}{2} + \operatorname{Arctan}\frac{1}{5} + \operatorname{Arctan}\frac{1}{8}$.

b) $2 \operatorname{Arctan}\frac{1}{2} = \operatorname{Arctan}\frac{4}{3}$.

Indication : pour chaque égalité, on pourra commencer par comparer les tangentes des deux membres.

5 Simplifier : $\cos(4\arctan x)$

6 Fonction valeur absolue

Soit f la fonction définie sur $\mathbb{R}$ par :

$$f(x) = \frac{1}{1 + |x|}.$$

Étudier la dérivabilité de f et calculer la dérivée éventuelle.

Préciser les demi-tangentes au point d'abscisse 0 de la courbe représentative de la fonction f.

CORRIGÉS

1 **1.** La fonction f est une fonction polynôme, elle est donc dérivable sur $\mathbb{R}$ et pour tout x de $\mathbb{R}$,

$$f'(x) = 4x^3 - 8x = 4x\left(x^2 - 2\right) = 4x\left(x - \sqrt{2}\right)\left(x + \sqrt{2}\right)$$

La fonction f étant une fonction polynôme, son comportement en $-\infty$ et en $+\infty$ est le comportement de son terme de plus haut degré, d'où

$$\lim_{x \to -\infty} f(x) = \lim_{x \to +\infty} f(x) = \lim_{x \to +\infty} x^4 = +\infty$$

D'où le tableau de variation de f.

x	$-\infty$		$-\sqrt{2}$		0		$\sqrt{2}$		$+\infty$
x		$-$		$-$	0	$+$		$+$	
$\left(x - \sqrt{2}\right)\left(x + \sqrt{2}\right)$		$+$	0	$-$		$-$	0	$+$	
$f'(x)$		$-$	0	$+$	0	$-$	0	$+$	
f	$+\infty$	↘	-3	↗	1	↘	-3	↗	$+\infty$

L'application f_1 est la restriction de f à $\left[0 ; \sqrt{2}\right]$ son tableau de variation est :

x	0		$\sqrt{2}$
f_1	1	↘	-3

La fonction f_1 est continue et strictement décroissante sur $\left[0 ; \sqrt{2}\right]$, on a $f_1(0) = 1$ et $f_1\left(\sqrt{2}\right) = -3$, la fonction f_1 est donc une bijection de $\left[0 ; \sqrt{2}\right]$ sur $\left[-3 ; 1\right]$.

2. D'après la question précédente, la fonction f_1 admet une fonction réciproque définie sur $\left[-3 ; 1\right]$ à valeurs sur $\left[0 ; \sqrt{2}\right]$ continue strictement décroissante.

On a le tableau de variation suivant :

x	-3	1
f_1^{-1}	$\sqrt{2}$ ↘	0

Les représentations graphiques $\mathscr{C}_{f_1}$ et $\mathscr{C}_{f_1^{-1}}$ de f_1 et de f_1^{-1} dans un même repère orthonormé sont symétriques par rapport à la première bissectrice des axes.

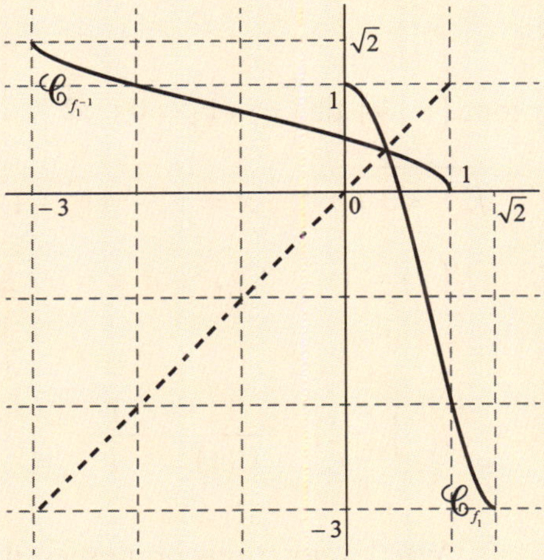

Pour tout x de $\left[0 ; \sqrt{2}\right]$ et tout y de $[-3 ; 1]$, on a

$$y = x^4 - 4x^2 + 1 \Leftrightarrow x^4 - 4x^2 + 1 - y = 0$$

$$\Leftrightarrow \begin{cases} X = x^2 \\ X^2 - 4X + 1 - y = 0 \end{cases}$$

Le discriminant de la deuxième équation est :

$$\Delta = 16 - 4(1-y) = 12 + 4y = 4(3+y)$$

AMBITION PRÉPA

qui est positif car y appartient à $[-3\,;1]$. La deuxième équation a donc deux solutions :

$$X=\frac{4+\sqrt{4(3+y)}}{2}=2+\sqrt{3+y} \quad \text{ou} \quad X=2-\sqrt{3+y}$$

Quand y décrit $[-3\,;1]$, x décrit $\left[0\,;\sqrt{2}\right]$ et donc $X=x^2$ décrit $[0\,;2]$ donc $X=2-\sqrt{3+y}$ et $x^2=2-\sqrt{3+y}$ donc $x=\sqrt{2-\sqrt{3+y}}$ ou $x=-\sqrt{2-\sqrt{3+y}}$. Le réel x est positif donc $f_1^{-1}(y)=\sqrt{2-\sqrt{3+y}}$. La fonction f_1^{-1} est donc la fonction définie sur $[-3\,;1]$ à valeurs sur $\left[0\,;\sqrt{2}\right]$ qui à x associe $f_1^{-1}(x)=\sqrt{2-\sqrt{3+x}}$.

3. Pour calculer la dérivée au point – 2, on peut dériver la fonction f_1^{-1} sur $]-3\,;1[$ à l'aide des formules classiques du cours car la fonction f_1^{-1} n'est pas dérivable en – 3 et en 1.

Autre méthode : pour tout $(x\,;y)$ de $[-3\,;1]\times\left[0\,;\sqrt{2}\right]$

$$y=\sqrt{2-\sqrt{3+x}} \Leftrightarrow x=y^4-4y^2+1$$

Pour tout y de $\left]0\,;\sqrt{2}\right[$, $f_1'(y)=4y^3-8y$, pour $x=-2$ la valeur correspondante de y est 1 et $f_1'(1)=-4$ d'où

$$\left(f_1^{-1}\right)'(-2)=\frac{1}{f'(1)}=-\frac{1}{4}$$

2 **Méthode 1.** Soit $x>0$. Avec les notations proposées, il s'agit de montrer : $a+b=\frac{\pi}{2}$, ou encore : $b=\frac{\pi}{2}-a$.

- $\tan b=\tan\left(\operatorname{Arctan}\frac{1}{x}\right)=\frac{1}{x}$.
- $\tan\left(\frac{\pi}{2}-a\right)=\frac{1}{\tan a}=\frac{1}{\tan(\operatorname{Arctan} x)}=\frac{1}{x}$.

D'où l'égalité $\tan b=\tan\left(\frac{\pi}{2}-a\right)$.

Or, ici on a $x > 0$, donc $\frac{1}{x} > 0$ et donc $b = \text{Arctan}\,\frac{1}{x} \in \left]0\,;\frac{\pi}{2}\right[\subset \left]-\frac{\pi}{2}\,;\frac{\pi}{2}\right[$.

De même, $a = \text{Arctan}\,x \in \left]0\,;\frac{\pi}{2}\right[$, donc $\frac{\pi}{2} - a \in \left]0\,;\frac{\pi}{2}\right[\subset \left]-\frac{\pi}{2}\,;\frac{\pi}{2}\right[$.

Dans $\left]-\frac{\pi}{2}\,;\frac{\pi}{2}\right[$ deux réels qui ont la même tangente ne peuvent être qu'égaux car la fonction tangente est une bijection de $\left]-\frac{\pi}{2}\,;\frac{\pi}{2}\right[$ sur $\mathbb{R}$, donc $b = \frac{\pi}{2} - a$.

On en conclut :

$$\forall x > 0, \quad \text{Arctan}\,x + \text{Arctan}\frac{1}{x} = \frac{\pi}{2}$$

Pour $x < 0$, on a $-x > 0$ donc, d'après ce qui précède,

$$\text{Arctan}(-x) + \text{Arctan}\left(\frac{1}{-x}\right) = \frac{\pi}{2}.$$

Mais, comme la fonction tangente, la fonction Arctangente est impaire et donc :

$$\text{Arctan}(-x) = -\text{Arctan}\,x \text{ et } \text{Arctan}\left(\frac{1}{-x}\right) = \text{Arctan}\left(-\frac{1}{x}\right) = -\text{Arctan}\frac{1}{x}.$$

On en conclut :

$$\forall x < 0, \quad \text{Arctan}\,x + \text{Arctan}\frac{1}{x} = -\frac{\pi}{2}$$

Méthode 2. La fonction $f : \mathbb{R} \to \mathbb{R}$ définie par $f(x) = \text{Arctan}\,x + \text{Arctan}\frac{1}{x}$ est définie, continue et dérivable sur $\mathbb{R}^*$ et :

$$\forall x \in \mathbb{R}^*, \quad f'(x) = \frac{1}{1+x^2} + \left(-\frac{1}{x^2}\right)\frac{1}{1+\left(\frac{1}{x^2}\right)},$$

en vertu de la formule de composition : $(\text{Arctan}\,u)' = \frac{u'}{1+u^2}$. Et donc :

$$\forall x \in \mathbb{R}^*, \quad f'(x) = \frac{1}{1+x^2} - \frac{1}{x^2\left(1+\frac{1}{x^2}\right)} = \frac{1}{1+x^2} - \frac{1}{1+x^2} = 0.$$

ATTENTION : en conclure ici que f est constante serait une grossière erreur. En effet, le théorème qui affirme : « Si $f' = 0$, alors f est constante » n'est valable que sur un intervalle. Or, ici, $\mathbb{R}^*$ n'est pas un intervalle. Il faut donc distinguer deux cas :

Sur $\left]0\,;+\infty\right[$: $f'(x)=0$. Donc sur l'intervalle $\left]0\,;+\infty\right[$ f est constante :

$$\exists C\in\mathbb{R},\ \forall x\in\left]0\,;+\infty\right[,\ f(x)=C.$$

Pour déterminer la constante C évaluons f en un point de $\left]0\,;+\infty\right[$, par exemple $x=1$: $f(1)=\text{Arctan}1+\text{Arctan}\dfrac{1}{1}=2\text{Arctan}1=2\dfrac{\pi}{4}=\dfrac{\pi}{2}$. Donc $C=\dfrac{\pi}{2}$.

Sur $\left]-\infty\,;0\right[$ on a de même $f'(x)=0$; donc :

$$\exists C'\in\mathbb{R},\ \forall x\in\left]-\infty\,;0\right[,\ f(x)=C'.$$

On peut de même évaluer f en -1 pour déterminer C' :

$f(-1)=\text{Arctan}(-1)+\text{Arctan}\left(\dfrac{1}{-1}\right)=2\text{Arctan}(-1)=-\dfrac{\pi}{2}$. Donc $C'=-\dfrac{\pi}{2}$.

Conclusion :

$$\forall x\in\mathbb{R}^*,\ \text{Arctan}x+\text{Arctan}\frac{1}{x}=f(x)=\varepsilon_x\frac{\pi}{2}\quad\text{avec } \varepsilon_x=\begin{cases}-1 & \text{si } x<0\\ 1 & \text{si } x>0\end{cases}$$

3 On a $f=\text{Arctan}\circ u$ avec $u(t)=\dfrac{2t}{1-t^2}$. En vertu du théorème de dérivation d'une fonction composée, la fonction f est donc dérivable en tout point de $\mathbb{R}\setminus\{-1\,;1\}$ et l'on a : $f'(t)=\dfrac{u'(t)}{1+u^2(t)}$.

Or :

- $u'(t)=2\dfrac{1.(1-t^2)-t(-2t)}{(1-t^2)^2}=2\dfrac{1+t^2}{(1-t^2)^2}$
- et $1+u^2(t)=1+\left(\dfrac{2t}{1-t^2}\right)^2=\dfrac{(1-t^2)^2+4t^2}{(1-t^2)^2}=\dfrac{1+2t^2+t^4}{(1-t^2)^2}=\dfrac{(1+t^2)^2}{(1-t^2)^2}$

Et donc $f'(t)=\dfrac{u'(t)}{1+u^2(t)}=\dfrac{2}{1+t^2}$.

Mais $\dfrac{2}{1+t^2}$ est aussi la dérivée de $2\text{Arctan}t$ donc sur tout intervalle $I\subset\mathbb{R}\setminus\{-1\,;1\}$, la fonction f et la fonction 2Arctan diffèrent d'une constante réelle.

Or $\mathbb{R}\setminus\{-1\,;1\}=\left]-\infty\,;-1\right[\cup\left]-1\,;1\right[\cup\left]1\,;+\infty\right[$, il y a donc trois constantes à déterminer :

• Sur $\left]-\infty\,;-1\right[$: $f(t)=2\text{Arctan}t+C$.

Pour déterminer C, on peut par exemple faire tendre t vers $-\infty$:

$$\lim_{t\to-\infty}\frac{2t}{1-t^2}=0 \text{ donc } \lim_{t\to-\infty}f(t)=\lim_{t\to-\infty}\text{Arctan}\frac{2t}{1-t^2}=\text{Arctan}0=0.$$

$$\lim_{t\to-\infty}(2\text{Arctan}t+C)=2\left(-\frac{\pi}{2}\right)+C=-\pi+C.$$

Par identification, on déduit $0=-\pi+C$, donc $C=\pi$:

$$\forall t\in\left]-\infty\,;-1\right[,\quad f(t)=2\text{Arctan}t+\pi.$$

• Sur $\left]-1\,;1\right[$: $f(t)=2\text{Arctan}t+C$.

Pour déterminer C, on peut prendre par exemple la valeur en 0 :

$f(0)=2\text{Arctan}0+C$, et $f(0)=0$ donc $C=0$.

$$\forall t\in\left]-1\,;1\right[,\quad f(t)=2\text{Arctan}t.$$

• Sur $\left]1\,;+\infty\right[$: $f(t)=2\text{Arctan}t+C$.

Pour déterminer C, on peut faire tendre t vers $+\infty$:

$$\lim_{t\to+\infty}\frac{2t}{1-t^2}=0 \text{ donc } \lim_{t\to+\infty}f(t)=\lim_{t\to+\infty}\text{Arctan}\frac{2t}{1-t^2}=\text{Arctan}0=0.$$

$$\lim_{t\to+\infty}(2\text{Arctan}t+C)=2\left(\frac{\pi}{2}\right)+C=\pi+C.$$

Donc ici $C=-\pi$: $\forall t\in\left]1\,,+\infty\right[,\quad f(t)=2\text{Arctan}t-\pi$.

4 **a)** Posons $a=\text{Arctan}\frac{1}{2}$, $b=\text{Arctan}\frac{1}{5}$, $c=\text{Arctan}\frac{1}{8}$. On veut prouver $a+b+c=\frac{\pi}{4}$. Pour cela, calculons d'abord $\tan(a+b+c)$:

$$\tan(a+b+c)=\tan((a+b)+c)=\frac{\tan(a+b)+\tan c}{1-\tan(a+b)\tan c}=\frac{\tan(a+b)+\frac{1}{8}}{1-\tan(a+b)\frac{1}{8}}$$

$$=\frac{8.\tan(a+b)+1}{8-\tan(a+b)}.$$

AMBITION PRÉPA

Mais $\tan(a+b)=\dfrac{\tan a+\tan b}{1-\tan a\tan b}=\dfrac{\frac{1}{2}+\frac{1}{5}}{1-\frac{1}{2}\times\frac{1}{5}}=\dfrac{7/10}{9/10}=\dfrac{7}{9}$.

On remplace $\tan(a+b)$ par $\dfrac{7}{9}$ dans l'expression précédente, et donc :

$$\tan(a+b+c)=\frac{8\times\frac{7}{9}+1}{8-\frac{7}{9}}=\frac{56+9}{72-7}=\frac{65}{65}=1$$

À ce stade, on en déduit seulement $a+b+c=\dfrac{\pi}{4}+k\pi,\ k\in\mathbb{Z}$. Pour déterminer précisément la valeur de k, il faut localiser $a+b+c$ dans un intervalle d'amplitude inférieure à π.

Or, la fonction Arctan est strictement croissante sur $\mathbb{R}$ et $\begin{cases}\text{Arctan}0=0\\ \text{Arctan}1=\dfrac{\pi}{4}\end{cases}$.

Comme $\dfrac{1}{2}$, $\dfrac{1}{5}$ et $\dfrac{1}{8}$ sont tous les trois dans $[0\,;1]$ on en déduit que a, b et c sont tous les trois dans $\left[0\,;\dfrac{\pi}{4}\right]$. Donc $a+b+c\in\left[0\,;\dfrac{3\pi}{4}\right]$. Mais l'unique réel x de $\left[0\,;\dfrac{3\pi}{4}\right]$ vérifiant $\tan x=1$ est $\dfrac{\pi}{4}$ et donc $a+b+c=\dfrac{\pi}{4}$:

$$\text{Arctan}\frac{1}{2}+\text{Arctan}\frac{1}{5}+\text{Arctan}\frac{1}{8}=\frac{\pi}{4}$$

b) Posons $a=\text{Arctan}\dfrac{1}{2}$ et $b=\text{Arctan}\dfrac{4}{3}$. Alors :

$\tan 2a=\dfrac{2\tan a}{1-\tan^2 a}=\dfrac{2.\frac{1}{2}}{1-\frac{1}{4}}=\dfrac{1}{3/4}=\dfrac{4}{3}$. Par ailleurs $\tan b=\dfrac{4}{3}$.

$2a$ et b ont donc la même tangente. Pour conclure $2a=b$, il faut localiser $2a$ et b dans un même intervalle d'amplitude inférieure à π. Or :

- $\dfrac{1}{2}\in[0\,;1[$ donc $a=\text{Arctan}\dfrac{1}{2}\in\left[0\,;\dfrac{\pi}{4}\right[$ et $2a\in\left[0\,;\dfrac{\pi}{2}\right[$.
- $\dfrac{4}{3}\in\mathbb{R}^+$ donc $b=\text{Arctan}\dfrac{4}{3}\in\left[0\,;\dfrac{\pi}{2}\right[$

Dans l'intervalle $\left[0\,;\frac{\pi}{2}\right[$ l'équation $\tan x = \frac{4}{3}$ a une solution unique, donc $2a = b$:

$$2\text{Arctan}\frac{1}{2} = \text{Arctan}\frac{4}{3}$$

5 Pour simplifier $\cos(4\text{Arctan}x)$, il faut exprimer $\cos 4a$ en fonction de $\tan a$. En effet, lorsqu'on pose $a = \text{Arctan}x$, ce que l'on sait essentiellement de a c'est que $\tan a = x$.

Or, $\cos 2a = 2\cos^2 a - 1$ avec $\cos^2 a = \dfrac{1}{1+\tan^2 a} = \dfrac{1}{1+x^2}$.

Donc $\cos 2a = 2\dfrac{1}{1+x^2} - 1 = \dfrac{2-\left(1+x^2\right)}{1+x^2} = \dfrac{1-x^2}{1+x^2}$.

Puis

$$\cos 4a = 2\cos^2 2a - 1 = 2\left(\frac{1-x^2}{1+x^2}\right)^2 - 1 = \frac{2\left(1-x^2\right)^2 - \left(1+x^2\right)^2}{\left(1+x^2\right)^2}$$

$$= \frac{1-6x^2+x^4}{\left(1+x^2\right)^2}.$$

Donc :

$$\cos(4\text{Arctan}x) = \frac{1-6x^2+x^4}{\left(1+x^2\right)^2}$$

6 Soit f la fonction définie sur $\mathbb{R}$ par $f(x) = \dfrac{1}{1+|x|}$.

La fonction f est l'inverse de la fonction $x \mapsto 1+|x|$ qui est non nulle pour tout réel x.

Pour tout réel x de $]-\infty\,;0]$, $f(x) = \dfrac{1}{1-x}$,

et pour tout réel x de $[0\,;+\infty[$, $f(x) = \dfrac{1}{1+x}$.

La fonction $x \mapsto \dfrac{1}{1-x}$ est une fonction rationnelle définie sur $]-\infty\,;0]$, elle est donc dérivable sur cet intervalle.

De même, la fonction $x \mapsto \dfrac{1}{1+x}$ est dérivable sur $\left[0\,;+\infty\right[$. La fonction f est donc dérivable sur $\left]-\infty\,;0\right]$ et sur $\left[0\,;+\infty\right[$.

- Pour tout x de $\left]-\infty\,;0\right]$, $f'(x) = \dfrac{-1}{(1-x)^2} = \dfrac{1}{(1-x)^2}$.
- Pour tout x de $\left[0\,;+\infty\right[$, $f'(x) = -\dfrac{1}{(1+x)^2}$.

La dérivée à gauche de 0 est donc $\dfrac{1}{(1-0)^2} = 1$; la dérivée à droite de 0 est donc $-\dfrac{1}{(1+0)^2} = -1$; la fonction f n'est donc pas dérivable en 0.

Une autre méthode est d'étudier le comportement du taux d'accroissement de f entre 0 et un réel x. Pour tout réel x de $\left]-\infty\,;0\right[$:

$$\frac{f(x)-f(0)}{x-0} = \frac{\frac{1}{1-x}-1}{x}, \text{ car sur cet intervalle, } f(x) = \frac{1}{1-x}\ ;$$

$$= \frac{\frac{1-(1-x)}{1-x}}{x} = \frac{x}{x(1-x)}$$

$$= \frac{1}{1-x}, \text{ car sur cet intervalle } x \neq 0.$$

Donc :

$$\lim_{x\to 0^-} \frac{f(x)-f(0)}{x-0} = \lim_{x\to 0^-} \frac{1}{1-x} = 1.$$

La fonction est dérivable à gauche de 0 et a pour dérivée à gauche le réel 1.

Pour tout réel x de $\left]0\,;+\infty\right[$:

$$\frac{f(x)-f(0)}{x-0} = \frac{\frac{1}{1+x}-1}{x}, \text{ car, sur cet intervalle, } f(x) = \frac{1}{1+x}\ ;$$

$$= \frac{\frac{1-(1+x)}{1+x}}{x} = \frac{-x}{x(1+x)} = \frac{-1}{1+x}, \text{ car sur cet intervalle } x \neq 0.$$

Donc $\lim\limits_{x \to 0^+} \dfrac{f(x) - f(0)}{x - 0} = \lim\limits_{x \to 0^+} \dfrac{-1}{1 + x} = -1.$

La fonction f est dérivable à droite de 0 et a pour dérivée à droite le réel – 1.

La fonction f n'est pas dérivable en 0, elle admet une dérivée à droite et une dérivée à gauche différentes.

La courbe représentative de f dans un repère $(O ; \vec{i}, \vec{j})$ admet au point d'abscisse 0, deux demi-tangentes de coefficients directeurs – 1 et 1.

On dit que le point de la courbe représentative de f de coordonnées $(0 ; 1)$ est un **point anguleux**.

CHAPITRE 8

Continuité

DE QUOI S'AGIT-IL ?

Dans ce chapitre, il s'agit d'exposer le comportement d'une fonction sur son ensemble de définition.

1 Fonction continue

① Définitions

- **Continuité en un point x_0 de $\mathbb{R}$**

Soit une fonction f définie sur un intervalle I contenant x_0 et non réduit à ce point. On dit que f est continue en x_0 si la limite f en x_0 existe. Cette dernière limite lorsqu'elle existe ne peut être que $f(x_0)$.

Bien retenir
On n'étudie jamais la continuité en un point où la fonction n'est pas définie.

- **Continuité sur un intervalle**

On dit que f est continue sur un intervalle si la restriction de f à cet intervalle est continue en tout point de cet intervalle.

② Dérivabilité et continuité

Toute fonction dérivable en un point x_0 (resp. sur un intervalle I non vide et non réduit à un point) est continue en ce point (resp. sur l'intervalle I).

③ Opérations

- Soit deux fonctions f et g continues en x_0 et un nombre réel λ.

Alors les fonctions $f+g$, λf, fg sont continues en x_0 ;

et si, de plus, $g(x_0) \neq 0$, alors $\frac{1}{g}$ et $\frac{f}{g}$ sont continues en x_0.

- Si f est une fonction continue en x_0 et si g est une fonction continue en $f(x_0)$, alors la fonction $g \circ f$ est continue en x_0.
- Toute fonction polynôme est continue en tout point de $\mathbb{R}$.

Toute fonction rationnelle est continue sur tout intervalle non vide inclus dans son ensemble de définition.

La fonction racine carrée est continue sur $\mathbb{R}^+$.

Les fonctions cosinus et sinus sont continues sur $\mathbb{R}$.

④ Propriétés des fonctions continues sur un intervalle

- Si f est continue sur $[a\,;b]$ avec $a < b$, alors pour tout y compris entre $f(a)$ et $f(b)$, il existe au moins un réel c de $[a\,;b]$ tel que $f(c) = y$.
- Si f est continue sur un segment, l'image par f de ce segment est un segment.

Bien retenir
Pour démontrer la continuité sur un intervalle, on utilise les théorèmes précédents, sauf peut-être en quelques points.

- Si f est continue et strictement monotone sur un intervalle I, pour tout λ appartenant à $f(\mathrm{I})$, l'équation $f(x) = \lambda$ admet une solution unique sur I.

5 Image d'une suite par une fonction

- Soit une suite (u_n) et f une fonction numérique de la variable réelle x.

Si $\lim\limits_{n \to +\infty} (u_n) = ,$ (finie ou non) et si $\lim\limits_{x \to \ell} f(x) = \ell'$ (finie ou non),

alors $\lim\limits_{n \to +\infty} f(u_n) = \ell'$.

- Soit une suite (u_n) définie par une relation de récurrence $u_{n+1} = f(u_n)$.

Si $\lim\limits_{n \to +\infty} (u_n) = \ell$ (finie) et si f est continue en ℓ, alors $\ell = f(\ell)$.

Questions courtes

1 Continuité

➔ Corrigé p. 278

Soit f la fonction définie sur $[-5\,;5]$ par :

$$\begin{cases} \text{si } x \in [-5\,;-3], f(x) = -2 \\ \text{si } x \in\,]-3\,;2], f(x) = x+1 \\ \text{si } x \in\,]2\,;5], f(x) = 3. \end{cases}$$

f est-elle continue sur $[-5\,;5]$?

2 Continuité

➔ Corrigé p. 278

Soit f la fonction définie sur $\mathbb{R}$ par :

$$\begin{cases} \text{si } x < 1, f(x) = x^2 \\ \text{si } x \geqslant 1, f(x) = \dfrac{1}{x}. \end{cases}$$

f est-elle continue sur $\mathbb{R}$?

3 Image d'un intervalle

➔ Corrigé p. 278

Déterminer l'image de l'intervalle $[2\,;10]$ par la fonction f définie sur $\mathbb{R}^*$ par :

$$f(x) = \frac{1}{x}.$$

4 Image d'un intervalle

➔ Corrigé p. 278

Soit f une fonction continue sur $[1\,;5]$ telle que l'image de l'intervalle $[1\,;5]$ par f est l'intervalle $[2\,;3]$.

Que peut-on dire de l'image de l'intervalle $[1\,;5]$ par la fonction f^2 ?

Même question pour la fonction $f \circ f$.

5 Image d'un intervalle

Corrigé p. 279

L'image de l'intervalle $[-4\ ;\ 3]$ par la fonction f continue est l'intervalle $[0\ ;\ 5]$. Quelle est l'image de l'intervalle $[-4\ ;\ 3]$ par la fonction $g : x \mapsto 1 - f(x)$?

6 Équation

Corrigé p. 280

f est une fonction continue strictement croissante sur $\mathrm{I} = [3\ ;\ 10]$.

On donne $f(3) = -1$ et $f(10) = 8$.

Quelle est l'image par f de l'intervalle $[3\ ;\ 10]$?

Les équations $2f(x) = 15$ et $3 + f(x) = 0$, ont-elles des solutions dans I ?

7 Lecture d'un tableau

Corrigé p. 280

On donne le tableau de variation d'une fonction définie et continue sur $\mathbb{R}$.

x	$-\infty$		1		4		$+\infty$
f	$+\infty$	↘	-3	↗	2	↘	0

Indiquer le nombre de solutions des équations :

a) $f(x) = 3$; **b)** $f(x) = 2$; **c)** $f(x) = 1$; **d)** $f(x) = -4$

Exercices d'entraînement

8 Continuité

Corrigé p. 281

Soit f la fonction définie sur $\mathbb{R}$ par :

$$\begin{cases} \text{si } x \geqslant 1, f(x) = x^2 + 1 \\ \text{si } x < 1, f(x) = 3 - x. \end{cases}$$

Démontrer que la fonction f est continue en tout point de $\mathbb{R}$.

9 Existence de solutions

➲ Corrigé p. 281

Démontrer que, pour tout m de $[2\ ;+\infty[$, l'équation :

$$x^4+2x^2+2=m$$

admet une solution et une seule appartenant à $[0\ ;+\infty[$.

10 Existence de solutions

➲ Corrigé p. 282

f est une fonction continue strictement croissante sur $\mathrm{I}=[-10\ ;2]$ telle que :

$$f(-10)=-3 \text{ et } f(2)=7.$$

g est une fonction continue strictement décroissante sur I telle que :

$$g(-10)=5 \text{ et } g(2)=-1.$$

L'équation $f(x)=g(x)$ a-t-elle une solution dans I ?

11 Existence de solutions

➲ Corrigé p. 282

Démontrer que l'équation :

$$x^6+3x^2-3=0$$

a une solution et une seule α appartenant à $]0\ ;1[$.

Donner, par la méthode du balayage, une valeur approchée de α à 10^{-2} près par défaut.

12 Suite et continuité

➲ Corrigé p. 283

Soit (u_n) la suite numérique définie sur $\mathbb{N}$ par :

$$\begin{cases} u_0=0 \\ u_{n+1}=\sqrt{3u_n+4}. \end{cases}$$

1. a) Démontrer que (u_n) est majorée par 4.

b) Démontrer que (u_n) est strictement croissante.

c) En déduire que (u_n) converge et déterminer sa limite.

2. a) Démontrer que, pour tout entier naturel n :

$$4-u_{n+1}\leqslant\frac{1}{2}(4-u_n).$$

b) Retrouver le résultat du **1. c)**.

Approfondissements

13 Équation fonctionnelle

Corrigé p. 286

Déterminer toutes les fonctions f continues sur $\mathbb{R}$ telles que pour tout x de $\mathbb{R}$,

$$(f(x))^2 = f(x).$$

14 Équation

Corrigé p. 287

Soit f une fonction continue sur l'intervalle $[0\,;1]$ telle que $f([0\,;1]) \subseteq [0\,;1]$. Montrer qu'il existe c appartenant à $[0\,;1]$ tel que $f(c) = c$.

Ind. Il sera possible d'utiliser la fonction g définie sur $[0\,;1]$ par $g(x) = f(x) - x$.

15 Équation et suite

Corrigé p. 287

a) Montrer que pour tout entier naturel n, l'équation :

$$x^4 + x^3 = n$$

d'inconnue x admet dans $\mathbb{R}^+$ une solution et une seule notée u_n.

b) Déterminer, si elle existe, la limite de la suite (u_n).

CORRIGÉS

Questions courtes

1 Sur l'intervalle $[-5\,;-3]$, f est constante ; elle est donc continue sur $[-5\,;-3]$.
Sur $]-3\,;\,2]$, f est une fonction affine, elle est donc continue sur $]-3\,;\,2]$.

$\lim\limits_{\substack{x \to -3 \\ x > -3}} f(x) = \lim\limits_{x \to -3} (x+1) = -2 = f(-3)$. f est donc continue en -3.

De même, sur $]2\,;\,5]$, f est constante, elle est donc continue sur $]2\,;\,5]$.

$\lim\limits_{\substack{x \to 2 \\ x > 2}} f(x) = \lim\limits_{x \to 2} 3 = 3 = f(2)$. Donc f est continue en 2.

f est donc continue en tout point de $[-5\,;\,5]$.

2 Sur $]-\infty\,;\,1[$, $f(x) = x^2$, la fonction $x \mapsto x^2$ est continue sur $\mathbb{R}$, donc f est continue sur $]-\infty\,;\,1[$.

Sur $]1\,;\,+\infty[$, $f(x) = \dfrac{1}{x}$, la fonction $x \mapsto \dfrac{1}{x}$ est continue sur $\mathbb{R}^*$, donc f est continue sur $]1\,;\,+\infty[$.

On étudie la continuité en 1 :

$\lim\limits_{\substack{x \to 1 \\ x < 1}} f(x) = \lim\limits_{\substack{x \to 1 \\ x < 1}} x^2 = 1 = f(1)$. $\lim\limits_{\substack{x \to 1 \\ x > 1}} f(x) = \lim\limits_{\substack{x \to 1 \\ x > 1}} \dfrac{1}{x} = 1 = f(1)$.

f est donc continue en 1. **f est donc continue sur $\mathbb{R}$.**

3 La fonction $f : x \mapsto f(x) = \dfrac{1}{x}$ est définie et continue sur $]0\,;\,+\infty[$, donc l'image par f de l'intervalle $[2\,;10]$ est l'intervalle $f([2\,;10]) = [f(10)\,;f(2)]$ (car f est strictement décroissante sur $\mathbb{R}^{+*}$).

L'image par f de $[2\,;10]$ est donc $\left[\dfrac{1}{10}\,;\,\dfrac{1}{2}\right]$.

4 Pour tout réel x de $[1\,;5]$, l'image $f(x)$ appartient à $[2\,;3]$, donc pour tout $x \in [1\,;5]$:

$$2 \leqslant f(x) \leqslant 3.$$

Les trois membres des inégalités précédentes sont positifs, la fonction carrée est strictement croissante sur $\mathbb{R}^+$, donc :

$$2^2 \leqslant [f(x)]^2 \leqslant 3^2, \text{ soit } 4 \leqslant [f(x)]^2 \leqslant 9.$$

La fonction f est continue sur l'intervalle [2 ; 3] donc la fonction f^2 est continue sur [2 ; 3] et l'image de l'intervalle [2 ; 3] est un intervalle inclus dans [4 ; 9].

Il existe un réel a de $[1\ ;5]$ qui a pour image 2 par f et donc 4 par f^2 et il existe un réel b de $[1\ ;5]$ qui a pour image 3 par f, donc 9 par f^2, **donc l'image de l'intervalle $[1\,;5]$ par f^2 est l'intervalle $[4\,;9]$.**

• Par hypothèse, l'image par f de l'intervalle $[1\ ;5]$ est l'intervalle $[2\ ;3]$. Comme $[2\ ;3]$ est inclus dans $[1\ ;5]$, les images par f des réels de l'intervalle $[1\ ;5]$ appartiennent à $[1\ ;5]$.

Donc l'image par $f \circ f$ de $[1\ ;5]$ est inclus dans $[2\ ;3]$.

Mais le graphique ci-dessous montre que l'inclusion peut être stricte.

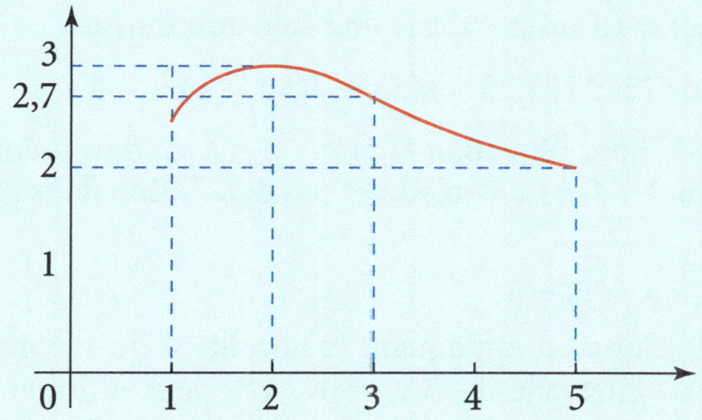

$f([1\,;5]) = [2\,;3]$ et $f([2\,;3]) = [2{,}7\,;3] \subsetneq [2\,;3]$.

5 Tout réel x de $[-4\,;3]$ a une image $f(x)$ telle que $0 \leqslant f(x) \leqslant 5$. D'où :

$$0 \geqslant -f(x) \geqslant -5$$

$$1 \geqslant 1-f(x) \geqslant -4$$

$$1 \geqslant g(x) \geqslant -4.$$

Donc les images par g des réels x de $[-4\,;3]$ sont dans l'intervalle $[-4\,;1]$ et $g([-4\,;3])$ est un intervalle car, f étant continue, g l'est aussi. Par hypothèse, $f([-4\,;3]) = [0\,;5]$;

donc il existe un réel a de $[-4\,;3]$ ayant par f une image égale à 0 et donc $g(a) = 1-f(a) = 1-0 = 1$.

De même, il existe un réel b de $[-4\,;3]$ qui a, par f, une image égale à 5 et donc $g(b) = 1-f(b) = 1-5 = -4$.

$$\boxed{g([-4\,;3]) = [-4\,;1].}$$

CORRIGÉS

6 f est continue, donc l'image par f de l'intervalle $[3\,;10]$ est un intervalle.

Comme f est strictement croissante sur $[3\,;10]$, l'image par f de l'intervalle $[3\,;10]$ est $[f(3)\,;f(10)] = [-1\,;8]$.

Pour tout réel x de $[3\,;10]$, l'équation $2f(x) = 15$ est équivalente à $f(x) = \frac{15}{2}$.

Comme $\frac{15}{2} \in [-1\,;\,8]$, d'après le théorème des valeurs intermédiaires, il existe au moins un réel x_0 dans $[3\,;10]$ tel que $f(x_0) = \frac{15}{2}$.

Et puisque f est strictement croissante sur $[3\,;10]$, ce réel x_0 est unique.

L'équation $2f(x) = 15$ admet donc une solution unique.

Pour tout réel x de $[3\,;\,10]$, $3 + f(x) = 0 \Leftrightarrow f(x) = -3$.

Or $-3 \notin [-1\,;8]$, donc l'équation $f(x) = -3$ n'a pas de solution dans $[3\,;\,10]$ et **donc l'équation $3 + f(x) = 0$ n'admet pas de solution dans $[3\,;10]$.**

7 **a)** Soit l'équation $f(x) = 3$.

$3 \in [-3\,;+\infty[$, donc en appliquant le corollaire du théorème des valeurs intermédiaires à l'intervalle $[-3\,;+\infty[$, on peut affirmer que l'équation $f(x) = 3$ a une solution dans $]-\infty\,;\,1]$.

$3 \notin [-3\,;\,2]$ et $3 \notin\,]0\,;\,2]$, donc l'équation $f(x) = 3$ n'a pas d'autre solution.

L'équation $f(x) = 3$ admet donc une solution unique.

b) Soit l'équation $f(x) = 2$.

$2 \in [-3\,;+\infty[$, comme précédemment, on en conclut que l'équation $f(x) = 2$ a une solution et une seule dans $]-\infty\,;\,1]$.

$f(4) = 2$, donc 4 est une autre solution et c'est la seule solution sur $[1\,;\,+\infty[$, car si $x \in [1\,;+\infty[\backslash\{4\}$, alors $f(x) < 2$.

L'équation $f(x) = 2$ admet donc deux solutions.

c) Soit l'équation $f(x) = 1$.

$1 \in [-3\,;+\infty[$, $1 \in [-3\,;2]$, $1 \in\,]0\,;2]$.

Donc l'équation $f(x) = 1$, admet une solution et une seule dans chacun des intervalles $]-\infty\,;\,1]$, $[1\,;\,4]$ et $[4\,;\,+\infty[$.

d) Soit l'équation $f(x) = -4$.

La fonction f est minorée par -3 sur $\mathbb{R}$, **donc l'équation $f(x) = -4$ n'a pas de solution dans $\mathbb{R}$.**

Exercices d'entraînement

8 Soit f la fonction définie sur $\mathbb{R}$ par :

$$\begin{cases} f(x) = x^2 + 1, \text{ si } x \geqslant 1 \\ f(x) = 3 - x, \text{ si } x < 1 \end{cases}.$$

La fonction f est continue sur $[1 ; +\infty[$, car, sur $[1 ; +\infty[$, la fonction f est une fonction polynôme, de même la fonction f est continue sur $]-\infty ; 1[$.

Attention, cela ne veut pas dire que f est continue sur :

$$]-\infty ; 1[\cup [1 ; +\infty[=]-\infty ; +\infty[;$$

il faut démontrer que $\lim\limits_{x \to 1^+} f(x) = \lim\limits_{x \to 1^-} f(x) = f(1)$.

- $\lim\limits_{x \to 1^+} f(x) = \lim\limits_{x \to 1^+} x^2 + 1 = 2$;
- $\lim\limits_{x \to 1^-} f(x) = \lim\limits_{x \to 1^-} 3 - x = 2$;
- $f(1) = 1^2 + 1 = 2$.

La fonction f est continue en 1. **La fonction f est donc continue sur $\mathbb{R}$.**

9 Soit f la fonction définie sur $[0 ; +\infty[$ par $f(x) = x^4 + 2x^2 + 2$.

La fonction f est une fonction polynôme, elle est donc dérivable sur $[0 ; +\infty[$ et pour tout x de $[0 ; +\infty[$:

$$f'(x) = 4x^3 + 4x = 4x(x^2 + 1).$$

Donc pour tout x de $]0 ; +\infty[$, $f'(x) > 0$; d'où le tableau de variation :

x	0		$+\infty$
$f'(x)$	0	+	
f	2	↗	$+\infty$

Rappel
Dans un tableau de variation, les flèches indiquent la continuité et la stricte monotonie.

$f(0) = 2$ et $\lim\limits_{x \to +\infty} f(x) = \lim\limits_{x \to +\infty} x^4 = +\infty$.

La fonction f est donc continue, strictement croissante sur $[0 ; +\infty[$, $f(0) = 2$ et $\lim\limits_{+\infty} f = +\infty$.

Tout réel de $[2 ; +\infty[$ admet alors un unique antécédent appartenant à $[0 ; +\infty[$, c'est-à-dire que, **pour tout m de $[2 ; +\infty[$, l'équation $f(x) = m$ a une solution et une seule appartenant à $[0 ; +\infty[$.**

10 Considérons la fonction $f - g$ définie sur $[-10 ; 2]$ par :

$$(f-g)(x) = f(x) - g(x).$$

Démontrons que $f - g$ est croissante sur $[-10 ; 2]$.

Soit deux réels a et b distincts quelconques dans $[-10 ; 2]$.

Supposons $a < b$ et étudions le signe de $(f-g)(a) - (f-g)(b)$.

$$(f-g)(a) - (f-g)(b) = f(a) - g(a) - f(b) + g(b)$$

$$= f(a) - f(b) - [g(a) - g(b)].$$

f étant strictement croissante sur $[-10 ; 2]$, si $a < b$ alors $f(a) - f(b) < 0$.

g étant strictement décroissante sur $[-10 ; 2]$, si $a < b$ alors $g(a) - g(b) > 0$.

On en déduit que $(f-g)(a) - (f-g)(b) < 0$,

donc $f - g$ est strictement croissante sur $[-10 ; 2]$.

> **Remarque**
> On aurait pu aussi écrire : $f - g = f + (-g)$.
> Comme $(-g)$ est strictement croissante, alors la somme $f + (-g)$ est strictement croissante, d'où le résultat.

D'autre part, f et g étant continues sur $[-10 ; 2]$, $(f-g)$ est continue sur $[-10 ; 2]$ et :

$(f-g)(-10) = f(-10) - g(-10) = -3 - 5 = -8$;

$(f-g)(2) = f(2) - g(2) = 7 - (-1) = 8$.

La fonction $f - g$ prend une fois et une seule toutes les valeurs de l'intervalle $[-8 ; 8]$ et donc s'annule une fois et une seule.

L'équation $f(x) = g(x)$ étant équivalente pour tout x de $[-10 ; 2]$ à $f(x) - g(x) = 0$ et à $(f-g)(x) = 0$, on peut conclure que **l'équation $f(x) = g(x)$ a une solution et une seule dans I.**

11 Soit f la fonction définie sur $]0 ; 1[$ par :

$$f(x) = x^6 + 3x^2 - 3.$$

f est une fonction polynôme ; elle est donc dérivable et pour tout x de l'intervalle $]0 ; 1[$:

$$f'(x) = 6x^5 + 6x = 6x(x^4 + 1).$$

Pour tout x de $]0\,;1[$, $f'(x) > 0$: la fonction f est donc strictement croissante sur $]0\,;1[$.

$\lim\limits_{x \to 0} f(x) = -3$ et $\lim\limits_{x \to 1} f(x) = 1$; d'où le tableau de variation :

x	0	1
$f'(x)$	‖ +	‖
f	‖ -3 ↗	1 ‖

En résumé, la fonction f est continue et strictement croissante sur $]0\,;1[$; $\lim\limits_{x \to 0} f(x) = -3$ et $\lim\limits_{x \to 1} f(x) = 1$; donc tout élément de $]-3\,;1[$ admet un antécédent et un seul par f.

Le réel 0 appartient à $]-3\,;1[$: il existe donc un unique réel α appartenant à $]0\,;1[$ tel que $f(\alpha) = 0$. À l'aide d'une calculatrice, on trouve :

$$f(0{,}89) \approx -0{,}126\,;\quad f(0{,}90) \approx -0{,}039 \text{ et } f(0{,}91) \approx 0{,}052.$$

$$\boxed{0{,}90 < \alpha < 0{,}91.}$$

Une valeur de α à 10^{-2} près par défaut est 0,90.

12 Soit la suite (u_n) définie sur $\mathbb{N}$ par $\begin{cases} u_0 = 0 \\ u_{n+1} = \sqrt{3u_n + 4} \end{cases}$.

1. a) Démontrons par récurrence que pour tout entier naturel n, non nul ;

$$0 < u_n < 4 \qquad \textbf{(E)}$$

- Si $n = 1$, la relation **(E)** est vraie car $u_1 = 2$ et $0 < u_1 < 4$.
- Supposons que pour un entier naturel n non nul **(E)** soit vérifiée :

$$0 < u_n < 4.$$

On en déduit $0 < 3u_n < 12$, puis $4 < 3u_n + 4 < 16$.

Les trois membres étant positifs et la fonction racine carrée étant strictement croissante sur $[0\,;+\infty[$, $\sqrt{4} < \sqrt{3u_n + 4} < \sqrt{16}$.

D'où $0 < u_{n+1} < 4$.

• D'après le principe de récurrence, pour tout entier naturel n non nul, $0 < u_n < 4$ et $u_0 = 0$.

La suite (u_n) est donc majorée par 4, et pour tout n, $u_n < 4$.

b) Démontrons que la suite (u_n) est strictement croissante.

Pour tout entier naturel n :

$$u_{n+1} - u_n = \sqrt{3u_n + 4} - u_n = \frac{(\sqrt{3u_n + 4} - u_n)(\sqrt{3u_n + 4} + u_n)}{\sqrt{3u_n + 4} + u_n}.$$

Pour tout entier n de $\mathbb{N}$, $\sqrt{3u_n + 4} + u_n = u_{n+1} + u_n > 0$ car seul le terme u_0 est nul, tous les autres sont strictement positifs.

On obtient donc, pour tout entier naturel n :

$$u_{n+1} - u_n = \frac{3u_n + 4 - u_n^2}{\sqrt{3u_n + 4} + u_n} = \frac{(u_n + 1)(4 - u_n)}{\sqrt{3u_n + 4} + u_n}.$$

La suite (u_n) est strictement majorée par 4 et tous les termes sont positifs ou nuls, donc, pour tout entier naturel n, $u_n + 1 > 0$ et $4 - u_n > 0$, donc $u_{n+1} - u_n > 0$. **La suite (u_n) est donc strictement croissante.**

c) La suite (u_n) est strictement croissante et majorée par 4, elle est donc convergente. Soit ℓ la limite de la suite (u_n).

La fonction $x \mapsto \sqrt{3x + 4}$ est continue sur son ensemble de définition $\mathcal{D} = \left]-\frac{4}{3} ; +\infty\right[$, donc sur $[0 ; 4]$; et, puisque la suite (u_n) converge vers ℓ :

$$\lim_{n \to +\infty} (u_{n+1}) = \ell = \lim_{n \to +\infty} \sqrt{3u_n + 4} = \sqrt{3\ell + 4}.$$

Le nombre ℓ cherché est solution de $\ell = \sqrt{3\ell + 4}$.

Les termes de la suite (u_n) étant positifs, , est positif et l'équation précédente est équivalente à l'équation $\ell^2 = 3\ell + 4$, c'est-à-dire $\ell^2 - 3\ell - 4 = 0$, soit $(\ell + 1)(\ell - 4) = 0$.

On obtient, soit $\ell = -1$ ce qui ne convient pas, soit $\ell = 4$ qui est positif.

La limite de la suite (u_n) est donc 4 : $\boxed{\ell = 4.}$

2. a) Pour tout entier naturel n, $4 - u_{n+1} = 4 - \sqrt{3u_n + 4}$.

Comme pour tout entier n naturel, $4 + \sqrt{3u_n + 4} > 0$:

$$4 - u_{n+1} = \frac{(4 - \sqrt{3u_n + 4})(4 + \sqrt{3u_n + 4})}{4 + \sqrt{3u_n + 4}}$$

$$= \frac{16 - (3u_n + 4)}{4 + \sqrt{3u_n + 4}} = \frac{12 - 3u_n}{4 + \sqrt{3u_n + 4}} = \frac{3}{4 + \sqrt{3u_n + 4}} \times (4 - u_n).$$

Posons pour tout x réel de $[0 ; 4]$, $\varphi(x) = \dfrac{3}{4 + \sqrt{3x + 4}}$.

φ est dérivable sur $[0 ; 4]$, car $3x + 4 > 0$ pour tout réel x de $[0 ; 4]$.

Pour tout x de $[0 ; 4]$:

$$\varphi'(x) = 3 \times \frac{-\dfrac{3}{2\sqrt{3x + 4}}}{(4 + \sqrt{3x + 4})^2} = -\frac{9}{2} \times \frac{1}{\sqrt{3x + 4}(4 + \sqrt{3x + 4})^2} < 0.$$

La fonction φ est strictement décroissante sur $[0 ; 4]$.

$\varphi(0) = \dfrac{1}{2}$ et donc pour tout réel x de $[0 ; 4]$, $\varphi(x) \leqslant \dfrac{1}{2}$.

On en déduit que, pour tout entier naturel n, $(u_n) \in [0 ; 4]$ donc :

$$\frac{3}{4 + \sqrt{3u_n + 4}} \leqslant \frac{1}{2}.$$

Donc pour entier naturel n :

$$\frac{3}{4 + \sqrt{3u_n + 4}}(4 - u_n) \leqslant \frac{1}{2}(4 - u_n), \text{ car } 4 - u_n \geqslant 0$$

d'où :

$$4 - u_{n+1} \leqslant \frac{1}{2}(4 - u_n).$$

b) Démontrons, par récurrence que, pour tout entier naturel n ;

$$(4 - u_n) \leqslant \left(\frac{1}{2}\right)^n (4 - u_0), \text{ soit } (4 - u_n) \leqslant \left(\frac{1}{2}\right)^n \times 4. \qquad \textbf{(F)}$$

- La relation **(F)** est vraie pour l'entier $n = 0$. En effet $4 - u_0 = 4$ et $\left(\dfrac{1}{2}\right)^0 \times 4 = 4$.
- Supposons qu'il existe un entier naturel n tel que **(F)** soit vraie :

$$4 - u_n \leqslant \left(\frac{1}{2}\right)^n \times 4.$$

Démontrons que la relation **(F)** est vraie pour l'entier $n + 1$:

$$4 - u_{n+1} \leqslant \frac{1}{2}(4 - u_n) \quad \text{d'après a)}.$$

Par hypothèse $4 - u_n \leqslant \left(\frac{1}{2}\right)^n \times 4$ d'où :

$$\frac{1}{2}(4 - u_n) \leqslant \frac{1}{2} \times \left(\frac{1}{2}\right)^n \times 4$$

$$4 - u_{n+1} \leqslant \frac{1}{2}(4 - u_n) \leqslant \left(\frac{1}{2}\right)^{n+1} \times 4.$$

La relation **(F)** est donc vraie pour l'entier $n + 1$.

• D'après le principe de récurrence, la relation **(F)** est vraie pour tout entier naturel n. D'où le calcul de la limite en $+\infty$ de $4 - u_n$.

Pour tout n de $\mathbb{N}$, $0 \leqslant 4 - u_n \leqslant \left(\frac{1}{2}\right)^n \times 4$,

avec $\lim\limits_{n \to +\infty} \left(\frac{1}{2}\right)^n \times 4 = 0$, car $-1 < \frac{1}{2} < 1$. Donc d'après le théorème sur les limites et les encadrements $\lim\limits_{n \to +\infty} (4 - u_n) = 0$, d'où : $\boxed{\lim\limits_{n \to +\infty} u_n = 4.}$

On retrouve le résultat du **1. c)**.

Approfondissements

13 Pour tout x de $\mathbb{R}$

$$\begin{aligned}(f(x))^2 = f(x) &\Leftrightarrow (f(x))^2 - f(x) = 0 \\ &\Leftrightarrow f(x)(f(x) - 1) = 0 \\ &\Leftrightarrow f(x) = 0 \text{ ou } f(x) = 1\end{aligned}$$

donc pour tout x de $\mathbb{R}$, $f(x) \in \{0\,;1\}$, ce que l'on peut écrire $f(\mathbb{R}) \subseteq \{0\,;1\}$.

L'ensemble $\mathbb{R}$ est un intervalle (on écrit $\mathbb{R} =]-\infty\,;+\infty[$), la fonction f étant continue sur l'intervalle $\mathbb{R}$, d'après le théorème des valeurs intermédiaires, l'ensemble $f(\mathbb{R})$ est un intervalle inclus dans $\{0\,;1\}$ donc $f(\mathbb{R}) = [0\,;0]$ ou $f(\mathbb{R}) = [1\,;1]$; c'est-à-dire pour tout x de $\mathbb{R}$, $f(x) = 0$ ou pour tout x de $\mathbb{R}$, $f(x) = 1$. La fonction f est donc la fonction constante égale à 0 ou la fonction constante égale à 1.

Réciproquement les deux fonctions constantes égales à 0 ou à 1 vérifient la relation demandée.

14 Soit g la fonction définie sur $[0\,;1]$ par $g(x)=f(x)-x$. La fonction g est la somme de la fonction f et de la fonction u définie pour tout x de $[0\,;1]$ par $u(x)=-x$. La fonction f est par hypothèse continue sur $[0\,;1]$ et la fonction u est la restriction de la fonction $-\mathrm{id}_{\mathbb{R}}$ à $[0\,;1]$ où $\mathrm{id}_{\mathbb{R}}$ désigne la fonction identité de $\mathbb{R}$, la fonction u est donc continue sur $[0\,;1]$.

La fonction g somme de deux fonctions continues sur $[0\,;1]$ est continue sur $[0\,;1]$. On a $g(0)=f(0)-0\geqslant 0$ car $f(0)\in[0\,;1]$ et $g(1)=f(1)-1\leqslant 0$ car $f(1)\in[0\,;1]$. La fonction g est continue sur l'intervalle $[0\,;1]$ et vérifie $g(1)\leqslant 0\leqslant g(0)$, d'après le théorème des valeurs intermédiaires il existe un réel c de $[0\,;1]$ tel que $g(c)=0$ vérifiant $f(c)=c$.

15 **a)** Soit f la fonction définie sur $[0\,;+\infty[$ par $f(x)=x^4+x^3$. La fonction f est une fonction polynôme, elle est dérivable en tout point de $[0\,;+\infty[$ et pour tout x de $[0\,;+\infty[$, on a $f'(x)=4x^3+3x^2$.

Pour tout x de $]0\,;+\infty[$, $f'(x)>0$ donc f est strictement croissante sur $]0\,;+\infty[$, de plus f étant dérivable en 0 est continue en 0 et donc f est strictement croissante sur $[0\,;+\infty[$. On a $f(0)=0$ et $\lim\limits_{x\to+\infty} f(x)=\lim\limits_{x\to+\infty} x^4=+\infty$, d'où le tableau de variation de f.

x	0		$+\infty$
$f'(x)$	0	$+$	
f	0	↗	$+\infty$

La fonction f est une fonction continue strictement croissante sur $[0\,;+\infty[$ donc d'après le théorème des fonctions continues strictement croissantes sur un intervalle, la fonction f définit une bijection de $[0\,;+\infty[$ sur $\left]f(0)\,;\lim\limits_{x\to+\infty} f(x)\right[=[0\,;+\infty[$. Pour tout n de $\mathbb{N}$, l'entier n appartient à

CORRIGÉS

$\left]f(0)\,;\ \lim_{x\to+\infty} f(x)\right[$ donc il existe un unique antécédent à n par f, on le désigne par u_n.

$$\forall n \in \mathbb{N}, f(u_n) = n$$

b) Si f^{-1} désigne la bijection réciproque de f définie sur $[0\ ;+\infty[$ à valeurs sur $[0\ ;+\infty[$, la fonction f^{-1} est continue strictement croissante sur $[0\ ;+\infty[$.

$$\forall n \in \mathbb{N}, u_n = f^{-1}(n)$$

Le tableau de variation de f^{-1} est

y	0	$+\infty$
f^{-1}	0 ↗	$+\infty$

On a $\lim_{y\to+\infty} f^{-1}(y) = +\infty$ et donc $\lim_{n\to+\infty} u_n = \lim_{n\to+\infty} f^{-1}(n) = +\infty$.

La Prépa attitude

Voici **quatre propriétés** sur les fonctions continues sur un intervalle :

1. Théorème des valeurs intermédiaires. Si f est une fonction continue sur le segment $[a\,;b]$ alors pour tout réel y compris entre $f(a)$ et $f(b)$, il existe au moins un réel c de $[a\,;b]$ tel que $f(c)=y$.

2. Si f est une fonction continue sur un intervalle I, alors l'ensemble $f(I)=\{f(x)\,/\,x\in I\}$ est un intervalle.

3. Si f est une fonction continue sur un intervalle fermé et borné (segment) I, l'image $f(I)$ par f de ce segment est un segment. Dans le cas où I n'est pas un intervalle fermé, on ne peut pas prévoir ce que sera l'intervalle $f(I)$, par exemple I peut être un intervalle ouvert et $f(I)$ un intervalle fermé.

4. Si f est une fonction continue et strictement monotone sur un intervalle I, pour tout λ de l'intervalle $f(I)$, l'équation $f(x)=\lambda$ admet une solution unique sur I.

Prolongement au cours de Terminale

Définition d'une bijection

Soit f une fonction d'un intervalle I vers un ensemble B telle que pour tout y de B il existe un unique élément x de I tel que $f(x)=y$. On dit alors que f réalise une bijection de I vers B.

Exemple : Soit f la fonction de $\mathbb{R}$ dans $\mathbb{R}$ définie pour tout x de $\mathbb{R}$ par $f(x)=3x+5$. L'ensemble de définition de f est $\mathbb{R}$, car pour tout réel x on peut calculer $f(x)$. Pour tout y de $\mathbb{R}$

$$\begin{aligned} f(x)=y &\Leftrightarrow 3x+5=y \\ &\Leftrightarrow x=\frac{1}{3}(y-5) \end{aligned}$$

Donc pour tout y de $\mathbb{R}$, il existe un unique antécédent $x=\frac{1}{3}(y-5)$ de $\mathbb{R}$ tel que $f(x)=y$. La fonction f réalise une bijection de $\mathbb{R}$ dans $\mathbb{R}$.

AMBITION PRÉPA

Définition d'une fonction réciproque

Si f réalise une bijection d'un intervalle I vers un ensemble B, alors il existe une fonction définie sur B à valeurs dans I notée f^{-1} appelée fonction réciproque de f telle que

$$\forall x \in I, \forall y \in B, \quad f(x) = y \Leftrightarrow x = f^{-1}(y)$$

La fonction f^{-1} ainsi construite réalise aussi une bijection de B vers I.

Exemple : Dans l'exemple précédent, la fonction de $\mathbb{R}$ dans $\mathbb{R}$ qui à tout x de $\mathbb{R}$ associe $\frac{1}{3}(x-5)$ est la fonction réciproque de f, elle réalise une bijection de $\mathbb{R}$ dans $\mathbb{R}$.

Propriétés

Soit f une fonction continue et strictement monotone sur un intervalle I, la fonction f réalise une bijection de I sur $f(I)$. Il existe une fonction appelée fonction réciproque notée f^{-1} qui réalise une bijection de $f(I)$ sur I. La fonction f^{-1} est **continue** sur $f(I)$ et **varie dans le même sens que** f. Les représentations graphiques de f et de f^{-1} dans un même repère orthonormé sont symétriques par rapport à la première bissectrice (la droite d'équation $y = x$).

Exemple : Soit f la fonction de $[0\,;+\infty[$ dans $\mathbb{R}$ définie pour tout x de $\mathbb{R}^+$ par $f(x) = x^2$. La fonction f est dérivable sur $\mathbb{R}^+$ donc continue sur $\mathbb{R}^+$. Pour tout x de $]0\,;+\infty[$, on a $f'(x) = 2x > 0$, la fonction f est donc strictement croissante sur $]0\,;+\infty[$, la fonction f étant continue en 0, elle est strictement croissante sur $[0\,;+\infty[$. On a $f(0) = 0$ et $\lim_{x \to +\infty} f(x) = +\infty$ donc f réalise une bijection de $[0\,;+\infty[$ sur $[0\,;+\infty[$, elle admet donc une fonction réciproque notée f^{-1} définie sur $[0\,;+\infty[$ continue et strictement croissante $\mathbb{R}^+$. On a

x	0		$+\infty$
$f'(x)$		$+$	
f	0	$\nearrow$	$+\infty$

et

x	0		$+\infty$
f^{-1}	0	$\nearrow$	$+\infty$

$$\forall x \in [0\,;+\infty[, \forall y \in [0\,;+\infty[, \quad y = x^2 \Leftrightarrow x = \sqrt{y}$$

La fonction réciproque de la fonction carré de $\mathbb{R}^+$ dans $\mathbb{R}^+$ est la fonction racine carrée.

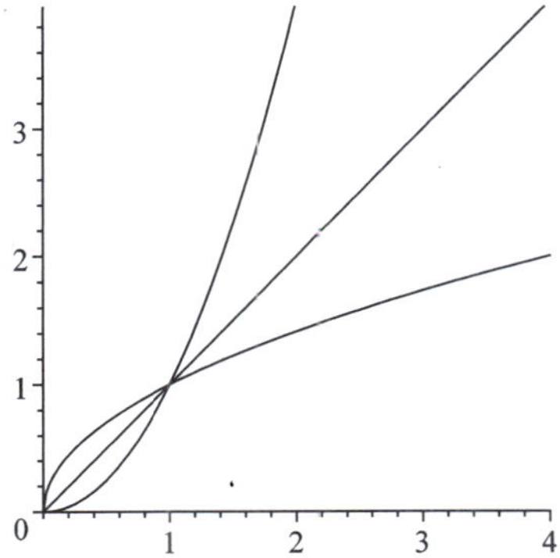

EXERCICES

➔ Corrigés p. 292

1 Pour tout élément n de $\mathbb{N}^*$, on définit sur l'intervalle $I = [0\,;+\infty[$, la fonction f_n par $f_n(x) = x^n$.

a) Montrer que pour tout entier naturel non nul n, la fonction f_n réalise une bijection de I sur un intervalle J que vous déterminerez.

b) Pour tout n entier naturel strictement supérieur à 1, on désigne par racine $n^{\text{ième}}$ et on note f_n^{-1} la fonction réciproque de f_n.

- Pour tout n entier naturel strictement supérieur à 1, construire le tableau de variation de f_n^{-1}. Donner une expression de $f_n^{-1}(y)$ en fonction de n et y pour tout y de J.
- Pour tout n entier naturel strictement supérieur à 1, construire dans un même repère orthonormé les représentations graphiques de f_n et de f_n^{-1}.

2 Soit f la fonction définie sur $I = \left[-\dfrac{1}{2}\,;+\infty\right[$ par $f(x) = 4x^2 + 4x + 2$.

a) Montrer que f réalise une bijection de I sur un intervalle J que l'on déterminera.

b) Construire le tableau de variation de l'application réciproque f^{-1}. Donner une expression de $f^{-1}(y)$ en fonction y pour tout y de J.

c) Dans un même repère orthonormé, dessiner les représentations graphiques des fonctions f et f^{-1}.

3 Soit f la fonction définie sur $[0\,;1]$ par $f(x) = x - 2\sqrt{x} + 1$.

a) Étudier les variations de f.

b) Montrer que f est une bijection de $[0\,;1]$ sur un intervalle que vous déterminerez.

c) Construire le tableau de variation de la fonction f^{-1}.

d) Montrer que pour tout x de $[0\,;1]$, $f \circ f(x) = x$. Que peut-on en déduire?

e) Construire dans un même repère orthonormé les courbes représentatives $\mathscr{C}_f$ et $\mathscr{C}_{f^{-1}}$ de f et de f^{-1}.

CORRIGÉS

1 **a)** • Si $n = 1$, la fonction f_1 est définie sur $I = [0\,;+\infty[$ par $f_1(x) = x$, la fonction f_1 est continue et strictement croissante sur $[0\,;+\infty[$, on a $f_1(0) = 0$ et $\lim\limits_{x \to +\infty} f_1(x) = \lim\limits_{x \to +\infty} x = +\infty$, la fonction f_1 réalise une bijection de $[0\,;+\infty[$ sur $J = [0\,;+\infty[$.

• Si $n > 1$, la fonction polynôme $x \mapsto x^n$ est dérivable donc continue sur $[0\,;+\infty[$, et pour tout x de $[0\,;+\infty[$, $f_n'(x) = nx^{n-1}$. Donc pour tout x de $]0\,;+\infty[$, $f_n'(x) > 0$, la fonction f_n est strictement croissante sur $]0\,;+\infty[$, la fonction f_n étant continue en 0, la fonction f_n est strictement croissante sur $[0\,;+\infty[$.

De plus $f_n(0) = 0$ et $\lim\limits_{x \to +\infty} f_n(x) = \lim\limits_{x \to +\infty} x^n = +\infty$ donc f_n réalise une bijection de $[0\,;+\infty[$ sur $J = \left[f_n(0)\,;\lim\limits_{+\infty} f_n\right[= [0\,;+\infty[$.

b) • Si $n = 1$, l'application réciproque de f_1 est la fonction f_1 elle même, $f_1 = f_1^{-1}$.

• Si $n > 1$, la fonction f_n réalise une bijection de $[0\,;+\infty[$ sur $J = [0\,;+\infty[$, elle admet donc une fonction réciproque définie sur $[0\,;+\infty[$ continue et strictement croissante.

x	0		$+\infty$
$f_n'(x)$	0	$+$	
f_n	0	$\nearrow$	$+\infty$

et

x	0		$+\infty$
f_n^{-1}	0	$\nearrow$	$+\infty$

La représentation graphique est donnée pour $n = 5$.

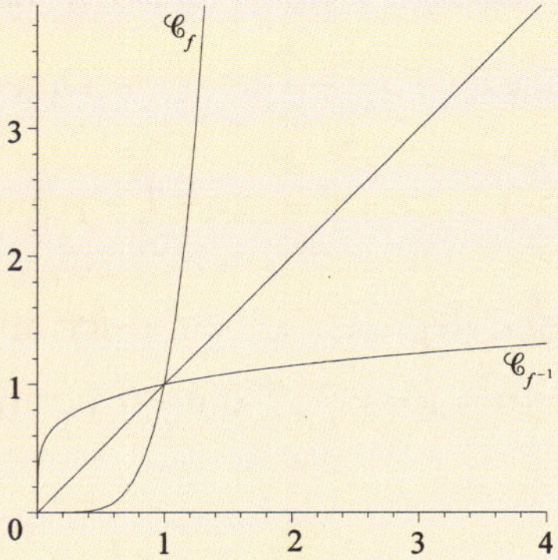

Remarque

Les deux courbes $\mathscr{C}_f$ et $\mathscr{C}_{f^{-1}}$ se coupent sur l'axe de symétrie.

Pour $x \in [0\,;1]$, $\mathscr{C}_f$ est en dessous de $\mathscr{C}_{f^{-1}}$.

Pour $x \in [1\,;+\infty]$, $\mathscr{C}_f$ est au-dessus de $\mathscr{C}_{f^{-1}}$.

2 **a)** La fonction f est une fonction polynôme, elle est définie sur $\left[-\frac{1}{2}\,;+\infty\right[$, dérivable et donc continue sur cet intervalle.

Pour tout x de $\left[-\frac{1}{2}\,;+\infty\right[$, $f'(x) = 8x + 4 = 8\left(x + \frac{1}{2}\right)$. On a pour tout x de $\left]-\frac{1}{2}\,;+\infty\right[$, $f'(x) > 0$, la fonction f est donc strictement croissante sur $\left]-\frac{1}{2}\,;+\infty\right[$, étant continue en $-\frac{1}{2}$ elle est strictement croissante sur $\left[-\frac{1}{2}\,;+\infty\right[$.

On a $f\left(-\frac{1}{2}\right) = 4\left(-\frac{1}{2}\right)^2 + 4\left(-\frac{1}{2}\right) + 2 = 1$ et $\lim\limits_{x\to+\infty} f(x) = \lim\limits_{x\to+\infty} 4x^2 = +\infty$.

x	$-\frac{1}{2}$		$+\infty$
$f'(x)$	0	$+$	
f	1	$\nearrow$	$+\infty$

La fonction f réalise une bijection de $\left[-\frac{1}{2}\,;+\infty\right[$ sur $[1\,;+\infty[$.

AMBITION PRÉPA

b) Il existe donc une fonction réciproque définie sur $\left[1\,;+\infty\right[$ à valeurs sur $\left[-\dfrac{1}{2}\,;+\infty\right[$ continue et variant dans le même sens que f donc strictement croissante.

x	1	$+\infty$
f^{-1}	$-\dfrac{1}{2}$ ↗	$+\infty$

Pour tout y de $J = \left[1\,;+\infty\right[$, il existe un réel x unique de $I = \left[-\dfrac{1}{2}\,;+\infty\right[$ tel que

$y = 4x^2 + 4x + 2 \Leftrightarrow 4x^2 + 4x + 2 - y = 0$.

La dernière équation est une équation du second degré en x, son discriminant est égal à $\Delta = 4^2 - 4 \times 4(2 - y) = 16y - 16 = 16(y - 1)$ qui est positif car $y \geqslant 1$. Deux cas :

- si $y = 1$, l'équation admet une racine double $x = -\dfrac{4}{2 \times 4} = -\dfrac{1}{2}$.
- si $y > 1$, l'équation admet deux racines distinctes

$$x = \frac{-4 + \sqrt{16(y-1)}}{8} = \frac{-1 + \sqrt{y-1}}{2} \text{ ou } x = \frac{-4 - \sqrt{16(y-1)}}{8} = \frac{-1 - \sqrt{y-1}}{2}.$$

La deuxième est strictement inférieure à $-\dfrac{1}{2}$ car $\sqrt{y-1} > 0$. Donc étant donnée que l'on sait que l'équation a toujours une solution et une seule, on a $x = \dfrac{-1 + \sqrt{(y-1)}}{2}$, on peut remarquer que si l'on remplace y par 1 on trouve $x = -\dfrac{1}{2}$.

La fonction f^{-1} est la fonction de $\left[1\,;+\infty\right[$ sur $\left[-\dfrac{1}{2}\,;+\infty\right[$ qui, à tout y de $\left[1\,;+\infty\right[$ associe $x = \dfrac{-1 + \sqrt{(y-1)}}{2}$.

c) Représentation graphique :

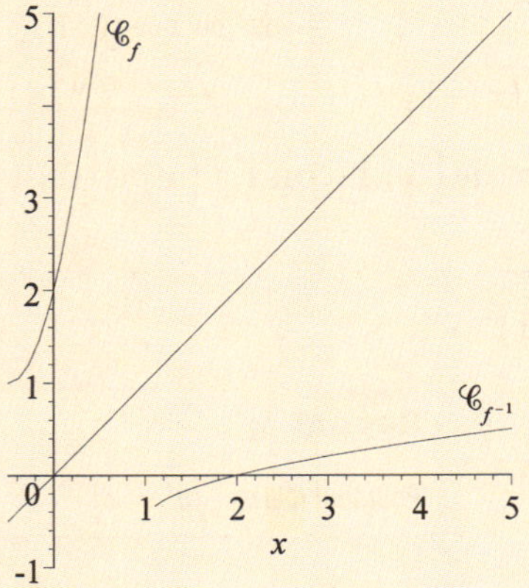

> **Remarque**
> Les deux représentations graphiques sont symétriques par rapport à la droite d'équation $y = x$.

3 **a)** La fonction f est la somme d'une fonction affine $x \mapsto x+1$ et de la fonction $x \mapsto -2\sqrt{x}$. Ces deux fonctions sont continues sur $[0\,;1]$ et toutes deux dérivables sur $]0\,;1]$.

Pour tout x de $]0\,;1]$,

$$f'(x) = 1 - 2\frac{1}{2\sqrt{x}} = \frac{\sqrt{x}-1}{\sqrt{x}}$$

> **Remarque**
> La fonction $x \mapsto \sqrt{x}$ définie sur $[0\,;+\infty[$ n'est pas dérivable en 0.

Pour tout x de $]0\,;1[$ on a $\sqrt{x}-1<0$ donc pour tout x de $]0\,;1[$, on a $f'(x)<0$, la fonction f est donc strictement décroissante sur $]0\,;1[$, étant continue en 0 et en 1 elle est strictement décroissante sur $[0\,;1]$.

x	0	1
f	1 ↘	0

La fonction f est continue et strictement décroissante sur $[0\,;1]$, $f(0)=1$ et $f(1)=0$.

b) La fonction f réalise donc une bijection de $[0\,;1]$ sur $[f(1)\,;f(0)] = [0\,;1]$.

c) Il existe donc une fonction réciproque définie sur $[0\,;1]$ à valeurs sur $[0\,;1]$ continue et variant dans le même sens que f donc strictement décroissante.

x	0	1
f^{-1}	1 ↘	0

AMBITION PRÉPA

d) Pour tout x de $[0\,;1]$, on a $\left(\sqrt{x}\right)^2 = x$ d'où

$$f(x) = x - 2\sqrt{x} + 1 = \left(\sqrt{x}\right)^2 - 2\sqrt{x} + 1 = \left(\sqrt{x} - 1\right)^2$$

Remarque
Pour tout x de $[0\,;1]$
$\sqrt{x} - 1 \leqslant 0$

D'après l'étude des variations de f, pour tout x de $[0\,;1]$, on a $f(x) \in [0\,;1]$, on peut donc calculer

$$f \circ f(x) = f(f(x)) = \left(\sqrt{x} - 1\right)^2 - 2\sqrt{\left(\sqrt{x} - 1\right)^2} + 1$$
$$= x - 2\sqrt{x} + 1 - 2\left|\sqrt{x} - 1\right| + 1$$
$$= x - 2\sqrt{x} + 1 - 2\left(1 - \sqrt{x}\right) + 1$$
$$= x$$

Rappel
Pour tout réel a, $\sqrt{a^2} = |a|$.

Pour tout réel x de $[0\,;1]$, soit $M(x\,;y)$ un point de la courbe représentative de f, on a donc $y = f(x)$ et le réel y appartient à $[0\,;1]$ d'après le tableau de variation de f. Soit M' le symétrique de M par rapport à la première bissectrice des axes. Le point M' a pour coordonnées $(y\,;x)$, le point M' appartient à la courbe représentative de f car $y \in [0\,;1]$ et $f(y) = f(f(x)) = x$. On a $f = f^{-1}$, ce qui montre que $\mathscr{C}_f$ est symétrique par rapport à la première bissectrice des axes.

D'autre part $x = f^{-1}(y)$ donc le point M' appartient à la courbe représentative de f^{-1}. Les courbes représentatives de f et de f^{-1} sont confondues, elles admettent toutes les deux la droite d'équation $y = x$ comme axe de symétrie.

e) Représentation graphique :

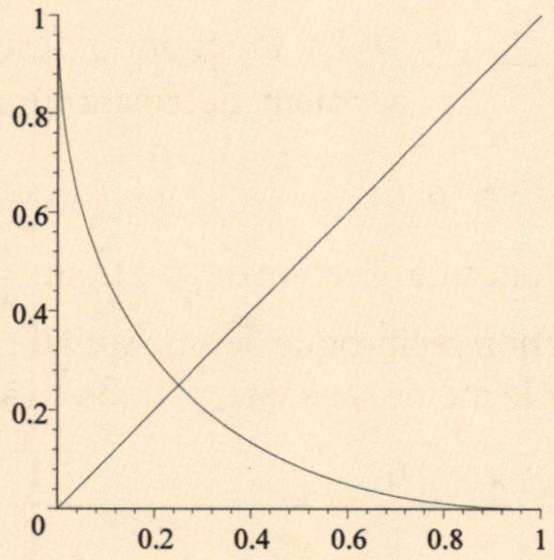

AMBITION PRÉPA

CHAPITRE 9

Fonction logarithme

DE QUOI S'AGIT-IL ?

Dans ce chapitre il s'agit d'étudier la fonction logarithme utilisée en chimie, biologie, économie, histoire…

1 La fonction logarithme

La fonction exponentielle est continue et strictement croissante sur $]-\infty\,;+\infty[$, $\lim\limits_{x \to -\infty} \exp x = 0$ et $\lim\limits_{x \to +\infty} \exp x = +\infty$ la fonction exponentielle prend une fois et une seule toutes les valeurs réelles strictement positives.

1 Définition

Pour tout x de $]0\,;+\infty[$, l'équation $x = \mathrm{e}^y$ (dont l'inconnue est y), a une unique solution appelée **logarithme népérien de x.**

On dit que la fonction logarithme est la fonction réciproque de la fonction exponentielle, mais aussi que la fonction exponentielle est la fonction réciproque de la fonction logarithme.

Remarque

On peut définir la fonction logarithme népérien, comme l'unique fonction f dérivable sur $\mathbb{R}_+^*$ telle que pour tout x de $\mathbb{R}_+^*$, $f'(x) = \frac{1}{x}$ et $f(1) = 0$.

2 Propriétés

Pour tout $x > 0$:

$$(\ln)'(x) = \frac{1}{x} \quad \text{et} \quad \ln 1 = 0.$$

- Pour tout $x > 0$, $\exp(\ln x) = x$.
- Pour tout x de $\mathbb{R}$, $\ln(\exp x) = x$.

Ou, avec l'autre notation de la fonction exponentielle :

- Pour tout $x > 0$, $\mathrm{e}^{\ln x} = x$.
- Pour tout x de $\mathbb{R}$, $\ln(\mathrm{e}^x) = x$.

- **Formules**

Quels que soient $a > 0$, $b > 0$, $\alpha = \frac{p}{q}$ $(p \in \mathbb{Z}, q \in \mathbb{N}^*)$ en posant $a^{\frac{p}{q}} = \sqrt[q]{a^p}$:

$$\ln ab = \ln a + \ln b\,; \quad \ln a^\alpha = \alpha \ln a\,; \quad \ln \frac{1}{b} = -\ln b\,; \quad \ln \frac{a}{b} = \ln a - \ln b.$$

- **Étude de la fonction ln**

x	0		1		$+\infty$
$\frac{1}{x}$	‖	$+$	1	$+$	
$\ln$	‖ $-\infty$	↗	0	↗	$+\infty$

Représentation graphique de la fonction ln

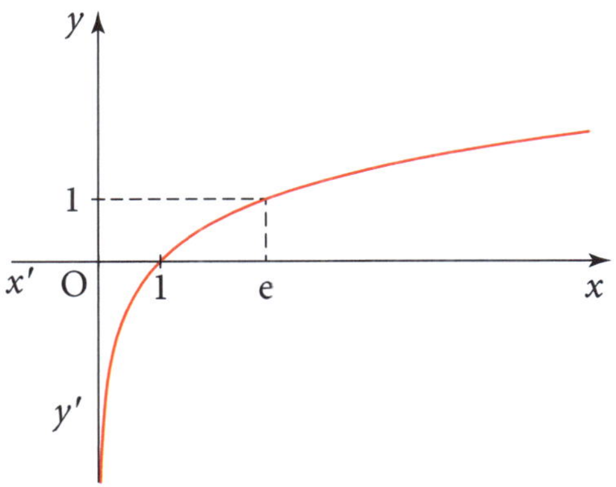

- **Nombre e**

C'est le nombre tel que $\ln \mathrm{e} = 1$; $\mathrm{e} \approx 2{,}718\,28$.

Bien retenir

Pour tout réel y, l'équation $\ln x = y$ a une solution et une seule x_0 ;
si $y > 0$, alors $x_0 > 1$, si $y < 0$, alors $0 < x_0 < 1$, si $y = 0$, alors $x_0 = 1$.

3 Limites remarquables

Si $n \in \mathbb{N}^*$:

$$\lim_{x \to +\infty} \frac{\ln x}{x^n} = 0 ; \quad \lim_{x \to 1} \frac{\ln x}{x - 1} = \lim_{x \to 0} \frac{\ln(x+1)}{x} = 1.$$

4 Propriétés des représentations graphiques des fonctions logarithme népérien et exponentielle

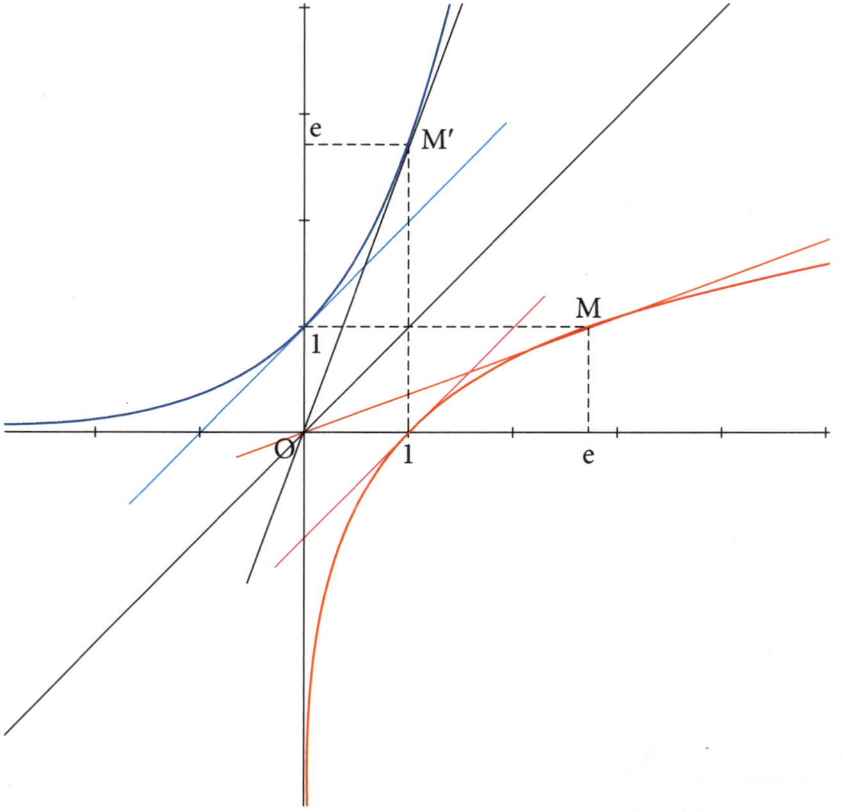

- Dans un repère orthonormé, les représentations graphiques des fonctions logarithme et exponentielle sont symétriques par rapport à la droite d'équation $y = x$.

La fonction logarithme est concave, sa courbe représentative est en dessous de toutes ses tangentes, elle coupe l'axe des abscisses au point de coordonnées (1 ; 0), la tangente en ce point est parallèle à la droite d'équation $y = x$ une équation de cette tangente est $y = x - 1$. La tangente au point M d'abscisse e passe par l'origine du repère, une équation de cette tangente est $y = \frac{1}{e}x$. L'axe des ordonnées est asymptote à la courbe représentative de la fonction logarithme.

- La fonction exponentielle est convexe, sa courbe représentative est au dessus de toutes ses tangentes, elle coupe l'axe des ordonnées au point de coordonnées

(0 ; 1), la tangente en ce point est parallèle à la droite d'équation $y = x$ une équation de cette tangente est $y = x + 1$. La tangente au point M′ d'abscisse 1 passe par l'origine du repère, une équation de cette tangente est $y = \mathrm{e}x$. L'axe des abscisses est asymptote à la courbe représentative de la fonction exponentielle.

2 Fonctions puissances

1 Définitions

Soit α un nombre réel et x un réel strictement positif on note $x^{\alpha} = \mathrm{e}^{\alpha \ln x}$.

2 Propriétés

α et β deux réels, x un réel strictement positif

$$\frac{1}{x^{\alpha}} = x^{-\alpha}, \quad x^{\alpha} \times x^{\beta} = x^{\alpha+\beta}, \quad (x^{\alpha})^{\beta} = x^{\alpha\beta}.$$

3 Fonctions dérivées

Soit α un nombre réel et soit f la fonction définie sur $\mathbb{R}_+^*$ par $f(x) = x^{\alpha}$.
La fonction f est dérivable sur $\mathbb{R}_+^*$ et pour tout x de $\mathbb{R}_+^*$, $f'(x) = \alpha x^{\alpha-1}$.

Questions courtes

1 Formule fondamentale

➔ Corrigé p. 307

1. A-t-on pour tout réel x non nul l'égalité $\ln x^2 = 2\ln x$?

2. Résoudre dans $\mathbb{R}$, l'équation :

$$\ln(1-x^2) = \ln(1-x) + \ln(1+x).$$

Indication
Attention à l'ensemble de définition des expressions.

2 Lien logarithme – exponentielle

➔ Corrigé p. 307

1. Soit n un entier relatif, l'équation $\ln x = n$ a-t-elle des solutions ? Si oui, quelles sont ces solutions ?

2. Simplifier $\ln(3e^2)$.

Indication
Utiliser le point méthode p. 267 du résumé de cours.

3 Fonction logarithme

➔ Corrigé p. 308

1. Comment déduit-on la représentation graphique de $f : x \mapsto \ln 2x$ de celle de $g : x \mapsto \ln x$?

2. Quelle est la fonction dérivée de la fonction f définie sur $\mathbb{R}^{+*}$ par :

$$f(x) = \ln \frac{1}{x} ?$$

4 Limites

➔ Corrigé p. 308

1. Calculer $\lim\limits_{x \to 1} \frac{\ln x}{1-x}$, puis $\lim\limits_{x \to 0} x \ln x^2$.

2. Calculer $\lim\limits_{x \to +\infty} \frac{\ln x}{x^2}$, puis $\lim\limits_{x \to +\infty} \ln\left(\frac{x^2-1}{2x^2}\right)$.

Indication
$\lim\limits_{x \to 0} x \ln x = 0.$

5 Propriétés de la représentation graphique du logarithme

➔ Corrigé p. 309

1. Soit $\mathscr{C}$ la représentation graphique de la fonction logarithme népérien. Que représente pour $\mathscr{C}$ la droite $\mathscr{D}$ d'équation $y = x - 1$?

2. Existe-t-il des nombres réels x dont le logarithme népérien est strictement négatif ?

Indication
Il faut apprendre à lire les propriétés des fonctions exponentielle et logarithme népérien sur les courbes représentatives.

6 Fonction exponentielle

➲ Corrigé p. 309

1. Peut-on simplifier les expressions $\ln e^x$ et $e^{\ln x}$?

2. Quelle est la fonction dérivée de $x \mapsto e^x$?

7 Limites

➲ Corrigé p. 310

1. Calculer $\lim\limits_{x \to 0} \dfrac{1 - e^x}{x}$, puis $\lim\limits_{x \to 0} \dfrac{1}{x}\, e^{\frac{1}{x}}$.

2. Calculer $\lim\limits_{x \to +\infty} \dfrac{e^x + 2}{2e^x}$, puis $\lim\limits_{x \to -\infty} \dfrac{e^x + 2}{2e^x}$.

8 Lien exponentielle, logarithme

➲ Corrigé p. 311

1. Soit n un entier relatif ; l'équation $e^x = n$ a-t-elle des solutions dans $\mathbb{R}$?
Si oui, quelles sont ces solutions ?

2. Simplifier l'écriture de $e^{2\ln 3 + 1}$.

9 Propriétés de la représentation graphique de l'exponentielle

➲ Corrigé p. 311

1. Soit Γ la représentation graphique de la fonction exponentielle.
Que représente pour Γ la droite Δ d'équation $y = x + 1$?

2. La représentation graphique Γ de la fonction exponentielle admet-elle une tangente parallèle à l'axe des abscisses ?

10 Ensemble de définition

➲ Corrigé p. 311

Sur quel ensemble $\mathcal{D}$, la fonction f définie dans $\mathbb{R}$ par :

$$f(x) = \ln(1 - e^{2x}),$$

est-elle définie ?

11 Suites et fonction logarithme

➲ Corrigé p. 312

1. Soit (u_n) la suite définie, pour tout entier naturel n non nul, par :

$$u_n = \ln\left(\frac{4}{n^2}\right).$$

La suite (u_n) est-elle arithmétique ?

Indication
Revoir les caractéristiques d'une suite arithmétique.

2. Soit (u_n) la suite définie, pour tout entier naturel n, par :

$$u_n = \ln\left(\frac{4}{2^n}\right).$$

La suite (u_n) est-elle arithmétique ?

3. Calculer, si elle existe, la limite suivante : $\lim\limits_{n \to +\infty} n^2 \ln\left(\frac{1+n^2}{n^2}\right)$.

Exercices d'entraînement

12 Simplifications

5 min Corrigé p. 313

Calculer les deux nombres réels :

$$A = \frac{\sqrt{2}\,\sqrt[3]{16}\,\sqrt[5]{8}}{\sqrt[30]{2^{13}}} \quad \text{et} \quad B = \frac{\sqrt[5]{2}\,\sqrt{8}}{\sqrt{\sqrt[5]{128}}}.$$

13 Inéquations

10 min Corrigé p. 313

Résoudre dans $\mathbb{R}$ l'inéquation : $\ln(3x^2 - x) \leqslant \ln(x+1)$.

Indication
Attention à l'ensemble de définition.

14 Équations

★ 15 min Corrigé p. 314

1. Soit P le polynôme défini sur $\mathbb{R}$ par :

$$P(x) = x^3 - x^2 - 14x + 24.$$

a) Montrer qu'il existe un polynôme Q tel que, pour tout x de $\mathbb{R}$:

$$P(x) = (x-2)Q(x).$$

b) Résoudre dans $\mathbb{R}$ l'équation $P(x) = 0$.

2. En déduire les solutions dans $\mathbb{R}$ des équations suivantes :

a) $2\ln x + \ln(x-1) = \ln(14x - 24)$.

b) $e^{2x} - e^x + 24e^{-x} - 14 = 0$.

15 Équations

★★ 10 min Corrigé p. 317

Résoudre dans $\mathbb{R}$ l'équation $2^{2x} - 5^x - 4^{x-1} + 25^{\frac{x}{2}-1} = 0$.

16 Limites

★★ 30 min Corrigé p. 317

Déterminer les limites suivantes :

a) $\lim\limits_{x \to +\infty} (x^2 + \ln x)$; **b)** $\lim\limits_{x \to +\infty} (x^2 - \ln x)$; **c)** $\lim\limits_{x \to 0} (x \ln x)$;

d) $\lim\limits_{x \to 0} \dfrac{\ln x}{x}$; **e)** $\lim\limits_{x \to +\infty} \dfrac{(\ln x)^3}{x^2}$; **f)** $\lim\limits_{x \to +\infty} (e^x - x + 1)$;

g) $\lim\limits_{x \to -\infty} \dfrac{e^x}{x^2}$; **h)** $\lim\limits_{x \to 0} x^{\frac{1}{x}}$; **i)** $\lim\limits_{x \to +\infty} x^{\frac{1}{x}}$.

Indication
Il faut se ramener aux limites du résumé de cours

Sujets de type BAC

17 Fonction logarithme et suite

★★★ 45 min Corrigé p. 320

Partie A – Étude d'une fonction

Dans cette partie, on étudie une fonction.

Soit f la fonction numérique définie sur $]-1\,;+\infty[$ par $f(x) = x - \ln(x+1)$.

On note $\mathscr{C}$ la courbe représentative de f dans un repère orthonormé $(O\,;\vec{i},\vec{j})$ (unité graphique : 2 cm).

1. Étudier les variations de la fonction f sur $]-1\,;+\infty[$.

Calculer les limites de f aux bornes de l'ensemble de définition.

Former le tableau de variation.

Préciser le signe de $f(x)$ lorsque x appartient à l'intervalle $]-1\,;+\infty[$.

2. On veut étudier la position relative de $\mathscr{C}$ et de la courbe $\mathscr{P}$ d'équation :

$$y = \frac{1}{2}x^2.$$

Pour cela on introduit la fonction g définie sur $]-1\,;+\infty[$ par :

$$g(x) = f(x) - \frac{x^2}{2}.$$

Étudier les variations de la fonction g et en déduire le signe de $g(x)$ lorsque x appartient à l'intervalle $]-1\,;+\infty[$.

Discuter la position relative de $\mathscr{C}$ et $\mathscr{P}$.

3. Tracer les courbes $\mathscr{C}$ et $\mathscr{P}$ dans le repère $(O\,;\vec{i},\vec{j})$.

Partie B – Étude d'une suite

Dans cette partie, on étudie la suite (u_n) définie pour tout entier naturel n supérieur ou égal à 1 par :

$$u_n = f\left(\frac{1}{n}\right) = \frac{1}{n} - \ln\left(1 + \frac{1}{n}\right).$$

1. a) Déterminer la limite de la suite (u_n).

b) On souhaite préciser la rapidité de convergence de la suite (u_n).

En utilisant la **partie A.**, démontrer que pour tout entier $n > 1$:

$$0 \leqslant u_n \leqslant \frac{1}{2n^2}.$$

En déduire un entier n_0 tel que pour tout $n \geqslant n_0$, $u_n \leqslant 10^{-10}$.

2. On va préciser davantage le rapport qui existe entre la suite (u_n) et la suite de référence $\left(\frac{1}{2n^2}\right)$.

a) Soit h la fonction numérique définie sur $[0\,;+\infty[$ par :

$$h(x) = f(x) - \frac{x^2}{2} + \frac{x^3}{3}.$$

Étudier les variations de la fonction h et en déduire le signe de $h(x)$ lorsque x appartient à l'intervalle $[0\,;+\infty[$.

b) En déduire que pour tout entier $n \geqslant 1$:

$$\frac{1}{2n^2} - \frac{1}{3n^3} \leqslant u_n \leqslant \frac{1}{2n^2}.$$

c) Déterminer la limite de la suite $(2n^2 \times u_n)$ lorsque n tend vers $+\infty$.

CORRIGÉS

Questions courtes

1 **1.** Soit l'égalité $\ln x^2 = 2\ln x$ où x est un réel non nul.

Le premier membre de cette égalité existe si x est non nul et le second membre existe si x est strictement positif.

L'égalité n'a lieu que si x est strictement positif.

Pour tout réel x strictement positif : $\boxed{\ln x^2 = 2\ln x.}$

> **Rappel**
> Toujours commencer par chercher les ensembles de définition des différentes expressions.

2. Soit l'équation $\ln(1-x^2)=\ln(1-x)+\ln(1+x)$.

Le premier membre existe si $1-x^2>0$ soit $-1<x<1$.

Le second membre existe si :

$$\begin{cases} 1-x>0 \\ 1+x>0 \end{cases} \Leftrightarrow -1<x<1.$$

Les deux membres sont définis pour tout réel x de l'intervalle $]-1\,;1[$.

On remarque que pour tout réel $x \in\ ]-1\,;1[$, $1-x^2=(1-x)(1+x)$, et $1-x^2>0$; $1-x>0$ et $1+x>0$.

Donc, pour tout réel x de $]-1\,;1[$:

$$\ln(1-x^2)=\ln(1-x)+\ln(1+x).$$

L'ensemble des solutions de l'équation est :

$$\boxed{\mathcal{S}=]-1\,;1[.}$$

2 **1.** Pour tout réel x de $\mathbb{R}^{+*}$:

$$\ln x = n \Leftrightarrow \ln x = n\ln \mathrm{e} \text{ car } \ln \mathrm{e} = 1$$

$$\Leftrightarrow \ln x = \ln \mathrm{e}^n \Leftrightarrow x = \mathrm{e}^n.$$

Pour tout entier relatif n, l'équation $\ln x = n$ admet une solution dans $\mathbb{R}^{+*}$:

$$\boxed{x=\mathrm{e}^n.}$$

> **Indication**
> On applique les propriétés de la fonction logarithme :
> • pour tous réels a et b de $\mathbb{R}^{+*}$, $\ln ab = \ln a + \ln b$
> • pour tout réel a de $\mathbb{R}^{+*}$ et tout entier relatif n, $\ln a^n = n\ln a$.

2. $\ln(3\mathrm{e}^2) = \ln 3 + \ln \mathrm{e}^2 = \ln 3 + 2\ \ln \mathrm{e} = \ln 3 + 2.$

3 **1.** La fonction f est définie pour tout réel x strictement positif, et pour tout réel $x > 0$:

$$f(x) = \ln 2x = \ln x + \ln 2.$$

Donc la représentation graphique de f se déduit de la représentation graphique de g par une translation de vecteur $\vec{u} = (\ln 2)\vec{j}$, $(O\,;\,\vec{i}, \vec{j})$ étant un repère du plan.

2. Pour tout réel x de $\mathbb{R}^{+*}$, $f(x) = \ln \dfrac{1}{x} = -\ln x$.

Donc f est dérivable sur $\mathbb{R}^{+*}$ et pour tout réel $x > 0$:

$$\boxed{f'(x) = -\frac{1}{x}.}$$

4 **1.** Pour tout réel $x > 0$, $\dfrac{\ln x}{1-x} = \dfrac{\ln x - \ln 1}{-(x-1)} = -\dfrac{\ln x - \ln 1}{x-1}$.

On reconnaît le taux d'accroissement de la fonction ln entre les réels 1 et x. La limite du rapport $\dfrac{\ln x - \ln 1}{x-1}$ lorsque x tend vers 1 est égal au nombre dérivé de la fonction ln au point 1 soit $(\ln)'(1) = 1$. D'où :

$$\lim_{x \to 1} \frac{\ln x}{1-x} = -1.$$

La fonction $x \mapsto x \ln x^2$ est définie sur $\mathbb{R}^*$.

Rappel
Si $x < 0$, $\ln x^2 = 2\ln(-x)$.

1er cas : $\lim\limits_{\substack{x \to 0 \\ x > 0}} x \ln x^2 = \lim\limits_{\substack{x \to 0 \\ x > 0}} 2x \ln x = 0$ car $\lim\limits_{\substack{x \to 0 \\ x > 0}} x \ln x = 0$.

2e cas : $\lim\limits_{\substack{x \to 0 \\ x < 0}} x \ln x^2 = \lim\limits_{\substack{x \to 0 \\ x < 0}} x \ln(-x)^2 = \lim\limits_{\substack{x \to 0 \\ x < 0}} 2x \ln(-x) = \lim\limits_{\substack{x \to 0 \\ x < 0}} -2(-x)\ln(-x) = 0$,

car lorsque x est strictement négatif, $-x$ est strictement positif et $(-x)\ln(-x)$ a pour limite 0 lorsque $-x$ tend vers 0.

La limite à droite et la limite à gauche en zéro étant égales :

$$\boxed{\lim_{x \to 0} (x \ln x^2) = 0.}$$

2. Lorsque x tend vers $+\infty$, x est strictement positif, donc $\frac{\ln x}{x^2}$ existe et :

$$\lim_{x \to +\infty} \frac{\ln x}{x^2} = \lim_{x \to +\infty} \frac{\ln x}{x} \times \frac{1}{x} = 0 \text{ car } \lim_{x \to +\infty} \frac{\ln x}{x} = 0 \text{ et } \lim_{x \to +\infty} \frac{1}{x} = 0.$$

$\ln\left(\frac{x^2-1}{2x^2}\right)$ existe si $\frac{x^2-1}{2x^2}$ existe et est strictement positif, c'est-à-dire :

$$\begin{cases} x^2 \neq 0 \\ x^2 - 1 > 0 \end{cases} \Leftrightarrow \begin{cases} x \neq 0 \\ x < -1 \text{ ou } x > 1 \end{cases} \Leftrightarrow x \in]-\infty\,;-1[\,\cup\,]1\,;+\infty[.$$

$$\lim_{x \to +\infty} \ln \frac{x^2-1}{2x^2} = \lim_{x \to +\infty} \ln \frac{1-\frac{1}{x^2}}{2};$$

$$\lim_{x \to +\infty} \left(1 - \frac{1}{x^2}\right) = 1 \text{ et } \lim_{x \to +\infty} \frac{1-\frac{1}{x^2}}{2} = \frac{1}{2} \text{ donc :}$$

$$\boxed{\lim_{x \to +\infty} \ln \frac{x^2-1}{2x^2} = \ln \frac{1}{2}.}$$

5 **1.** En posant pour $x > 0$, $f(x) = \ln x$ et $x_0 = 1$, l'équation de la tangente à $\mathscr{C}$ est :

$$y = f'(x_0)(x - x_0) + f(x_0);$$

$f(x_0) = \ln 1 = 0$ et $f'(x_0) = \frac{1}{1} = 1$, donc l'équation est la tangente à $\mathscr{C}$ au point d'abscisse 1 est :

$$y = 1(x-1) + 0.$$

$$\boxed{y = x - 1.}$$

2. Tous les réels de l'intervalle $]0\,;1[$ ont un logarithme népérien strictement négatif :

$$\boxed{0 < x < 1 \quad \Leftrightarrow \quad \ln x < 0.}$$

6 **1.** Pour tout réel x,

$$\boxed{\ln e^x = x.}$$

Rappel
Bien retenir les domaines de validité des deux égalités.

Pour tout réel x de $\mathbb{R}^{+*}$,

$$\boxed{e^{\ln x} = x.}$$

2. La fonction exponentielle de base e est égale à sa fonction dérivée.
Si, pour tout réel x, $f(x) = e^x$ alors, pour tout réel x :

$$f'(x) = e^x.$$

7 **1.** $\lim\limits_{x \to 0} \dfrac{1 - e^x}{x} = \lim\limits_{x \to 0} \left(-\dfrac{e^x - e^0}{x - 0}\right).$

On reconnaît le taux d'accroissement de la fonction exponentielle entre les réels 0 et x. La fonction exponentielle étant dérivable sur $\mathbb{R}$ de fonction dérivée $x \mapsto e^x$:

$$\lim_{x \to 0} \frac{1 - e^x}{x} = -e^0 = -1.$$

La fonction $x \mapsto \dfrac{1}{x} e^{\frac{1}{x}}$ est définie sur $\mathbb{R}^*$.

1er cas : $\lim\limits_{\substack{x \to 0 \\ x > 0}} \dfrac{1}{x} e^{\frac{1}{x}} = \lim\limits_{u \to +\infty} u e^u$ en posant $u = \dfrac{1}{x}$, $\lim\limits_{u \to +\infty} e^u = +\infty$ donc :

$$\lim_{\substack{x \to 0 \\ x > 0}} \frac{1}{x} e^{\frac{1}{x}} = +\infty.$$

2e cas : $\lim\limits_{\substack{x \to 0 \\ x < 0}} \dfrac{1}{x} e^{\frac{1}{x}} = \lim\limits_{u \to -\infty} u e^u$, en posant $u = \dfrac{1}{x}$; $\lim\limits_{u \to -\infty} u e^u = 0$ (d'après cours)

donc :

$$\lim_{\substack{x \to 0 \\ x < 0}} \frac{1}{x} e^{\frac{1}{x}} = 0.$$

2. La fonction $x \mapsto \dfrac{e^x + 2}{2e^x}$ est définie sur $\mathbb{R}$ car le numérateur existe pour tout réel x, le dénominateur existe pour tout réel x et il est non nul (strictement positif) pour tout réel x. On peut donc étudier la limite de cette fonction lorsque x tend vers $+\infty$ et vers $-\infty$:

- $\lim\limits_{x \to +\infty} \dfrac{e^x + 2}{2e^x} = \lim\limits_{x \to +\infty} \dfrac{e^x\left(1 + \dfrac{2}{e^x}\right)}{2e^x} = \lim\limits_{x \to +\infty} \dfrac{1 + 2e^{-x}}{2}$;

• $\lim\limits_{x \to +\infty} e^{-x} = 0$, d'où $\lim\limits_{x \to +\infty} (1 + 2e^{-x}) = 1$ d'où :

$$\lim_{x \to +\infty} \frac{e^x + 2}{2e^x} = \frac{1}{2}.$$

• $\lim\limits_{x \to -\infty} e^x = 0$, d'où $\lim\limits_{x \to -\infty} (e^x + 2) = 2$ et $\lim\limits_{x \to -\infty} (2e^x) = 0$ avec $2e^x > 0$, d'où :

$$\lim_{x \to -\infty} \frac{e^x + 2}{2e^x} = +\infty.$$

8 **1.** Pour tout réel x, e^x est un réel strictement positif.

• Si n est un entier négatif ou nul, l'équation $e^x = n$ n'a pas de solution dans $\mathbb{R}$.

• Si n est un entier strictement positif, les deux membres de l'équation $e^x = n$ sont strictement positifs, d'où $\ln e^x = \ln n$, soit :

$$x = \ln n.$$

L'équation $e^x = n$ où n est élément de $\mathbb{Z}$, admet une solution si n est strictement positif. Cette solution est $\ln n$.

2. $e^{2\ln 3 + 1} = e^{2\ln 3} \times e^1 = e^{\ln 3^2} \times e = 3^2 \times e = \mathbf{9e}$.

9 **1. La droite Δ est la tangente à la courbe Γ au point d'abscisse 0.**

2. Il n'existe pas de réel x_0 tel que $e^{x_0} = 0$ donc **la courbe Γ n'admet pas de tangente parallèle à l'axe des abscisses.**

Rappel

Le coefficient directeur d'une droite parallèle à l'axe des abscisses est nul et le coefficient directeur de la tangente à la courbe représentative de la fonction f au point d'abscisse x_0 est $f'(x_0)$.

10 Soit, pour x réel, $f(x) = \ln(1 - e^{2x})$.
f est définie si et seulement si $1 - e^{2x} > 0$.

Pour tout réel x, l'inéquation précédente est équivalente à $e^{2x} < 1$, soit $e^{2x} < e^0$.

Comme la fonction exponentielle est strictement croissante sur $\mathbb{R}$, on a l'inéquation équivalente suivante $2x < 0$, soit $x < 0$.

L'ensemble de définition de f est :

$$\mathscr{D} =]-\infty\,;0[.$$

11 **1.** La suite est définie pour tout entier non nul n, car le réel $\frac{4}{n^2}$ est strictement positif pour tout entier n non nul.

Pour tout entier n non nul :

$$u_{n+1} - u_n = \ln\left(\frac{4}{(n+1)^2}\right) - \ln\frac{4}{n^2}$$
$$= \ln 4 - \ln(n+1)^2 - (\ln 4 - \ln n^2)$$

(car les trois entiers 4, n^2 et $(n+1)^2$ sont strictement positifs.)

> **Remarque**
> Pour démontrer qu'une suite est arithmétique, on démontre que pour tout entier non nul n, la différence $u_{n+1} - u_n$ est une constante (c'est-à-dire indépendante de n).

$$u_{n+1} - u_n = \ln n^2 - \ln(n+1)^2 = \ln\left(\frac{n^2}{(n+1)^2}\right) = \ln\left(\frac{n}{n+1}\right)^2 = 2\ln\left(\frac{n}{n+1}\right)$$

(car le réel $\frac{n}{n+1}$ est strictement positif).

La suite (u_n) n'est pas arithmétique.

2. La suite est définie pour tout entier n, car le réel $\frac{4}{2^n}$ est strictement positif pour tout entier n.

Pour tout entier n non nul :

$$u_{n+1} - u_n = \ln\left(\frac{4}{2^{n+1}}\right) - \ln\frac{4}{2^n}$$
$$= \ln 4 - \ln 2^{n+1} - (\ln 4 - \ln 2^n)$$

(car les trois entiers 4, 2^n et 2^{n+1} sont strictement positifs).

> **Remarque**
> Pour démontrer qu'une suite est arithmétique, on démontre que pour tout entier non nul n, la différence $u_{n+1} - u_n$ est une constante (c'est-à-dire indépendante de n).

$$u_{n+1} - u_n = \ln 2^n - \ln 2^{n+1} = n\ln 2 - (n+1)\ln 2 = -\ln 2.$$

La suite (u_n) est une suite arithmétique de raison $-\ln 2$ et de premier terme $u_0 = \ln\frac{4}{2^0} = \ln 4 = 2\ln 2$.

3. Pour tout entier naturel n non nul :

$$n^2 \ln\left(\frac{1+n^2}{n^2}\right) = n^2 \ln\left(1 + \frac{1}{n^2}\right) = \frac{\ln\left(1+\frac{1}{n^2}\right)}{\frac{1}{n^2}}.$$

On sait que $\lim\limits_{x \to 0} \dfrac{\ln(1+x)}{x} = 1$, donc en utilisant le théorème sur la composition des limites et en remarquant que $\lim\limits_{n \to +\infty} \dfrac{1}{n^2} = 0$:

$$\lim_{n \to +\infty} n^2 \ln\left(\frac{1+n^2}{n^2}\right) = 1.$$

Exercices d'entraînement

12 Soit le réel A défini par $A = \dfrac{\sqrt{2}\,\sqrt[3]{16}\,\sqrt[5]{8}}{\sqrt[30]{2^{13}}}$.

$\sqrt{2} = 2^{\frac{1}{2}}$; $\sqrt[3]{16} = (2^4)^{\frac{1}{3}} = 2^{\frac{4}{3}}$; $\sqrt[5]{8} = (2^3)^{\frac{1}{5}} = 2^{\frac{3}{5}}$; $\sqrt[30]{2^{13}} = 2^{\frac{13}{30}}$.

D'où $A = \dfrac{2^{\frac{1}{2}}\,2^{\frac{4}{3}}\,2^{\frac{3}{5}}}{2^{\frac{13}{30}}} = 2^{\frac{1}{2}+\frac{4}{3}+\frac{3}{5}}\,2^{-\frac{13}{30}} = 2^{\frac{73}{30}-\frac{13}{30}} = 2^{\frac{60}{30}} = 2^2 = 4.$

$$A = 4.$$

De même : $B = \dfrac{\sqrt[5]{2}\,\sqrt{8}}{\sqrt{\sqrt[5]{128}}} = \dfrac{2^{\frac{1}{5}}\,2^{\frac{3}{2}}}{\left((2^7)^{\frac{1}{5}}\right)^{\frac{1}{2}}} = \dfrac{2^{\frac{1}{5}}\,2^{\frac{3}{2}}}{2^{7\times\frac{1}{5}\times\frac{1}{2}}} = \dfrac{2^{\frac{17}{10}}}{2^{\frac{7}{10}}} = 2^{\frac{17}{10}-\frac{7}{10}} = 2^1 = 2.$

$$B = 2.$$

13 Soit l'inéquation $\ln(3x^2 - x) \leqslant \ln(x+1)$. **(1)**

Cette inéquation existe si et seulement si les deux membres de l'inéquation existent, c'est-à-dire si et seulement si :

$$\begin{cases} 3x^2 - x > 0 \\ x + 1 > 0 \end{cases}, \text{ c'est-à-dire } \begin{cases} x(3x-1) > 0 \\ x > -1. \end{cases}$$

CORRIGÉS

L'ensemble des solutions est donc l'intersection des ensembles solution des deux inéquations :

$$\left(]-\infty\,;0[\,\cup\,\left]\frac{1}{3}\,;+\infty\right[\right)\cap(\,]-1\,;+\infty[\,)$$

(la première inéquation est un trinôme du second degré dont les racines sont 0 et $\frac{1}{3}$ et dont le coefficient dominant est positif égal à 3).

L'ensemble de définition de l'inéquation est donc :

$$D=\,]-1\,;0[\,\cup\,\left]\frac{1}{3}\,;+\infty\right[\,.$$

La fonction logarithme étant strictement croissante sur $\mathbb{R}^{+*}$, pour tout x de D, l'inéquation $\ln(3x^2-x)\leqslant\ln(x+1)$ est équivalente à :

$$3x^2-x\leqslant x+1$$
$$3x^2-2x-1\leqslant 0.$$

Remarque
Ne jamais oublier de rechercher les solutions appartenant à l'ensemble de définition.

Les réels 1 et $-\frac{1}{3}$ sont racines du trinôme $3x^2-2x-1$; l'inéquation **(1)** est donc équivalente, pour tout x de D, à :

$$3\left(x+\frac{1}{3}\right)(x-1)\leqslant 0.$$

Sur $\mathbb{R}$, l'inéquation $3\left(x+\frac{1}{3}\right)(x-1)\leqslant 0$ a comme ensemble de solution :

$$S=\left]-\infty\,,-\frac{1}{3}\right]\cup[\,1\,,+\infty[,$$

l'ensemble des solutions de l'inéquation **(1)** est donc :

$$S\cap D=\left]-1\,,-\frac{1}{3}\right]\cup[\,1\,,+\infty[.$$

14 **1. a)** Soit P le polynôme défini sur $\mathbb{R}$ par $P(x)=x^3-x^2-14x+24$.
Le polynôme P est de degré 3, donc le polynôme Q, s'il existe, est de degré 2.

Le polynôme Q étant de degré 2, il existe trois réels a, b et c tels que pour tout x de $\mathbb{R}$, $Q(x)=ax^2+bx+c$.

On détermine les réels a, b et c par identification. Pour tout réel x :

$P(x)=(x-2)Q(x)$

$$\Leftrightarrow x^3-x^2-14x+24=(x-2)(ax^2+bx+c)$$
$$=ax^3+(-2a+b)x^2+(c-2b)x-2c.$$

Pour tout réel x :

$$P(x) = (x-2)Q(x) \Leftrightarrow \begin{cases} a = 1 \\ -2a + b = -1 \\ c - 2b = -14 \\ -2c = 24 \end{cases}$$

$$\Leftrightarrow \begin{cases} a = 1 \\ b = -1 + 2a = 1 \\ c = -14 + 2b = -12. \end{cases}$$

> **Rappel**
> Si le réel x_0 est racine d'un polynôme P, alors il existe un polynôme Q tel que pour tout réel x, $P(x) = (x - x_0)Q(x)$.
> On détermine Q par identification.

Donc pour tout réel x :

$$\boxed{P(x) = (x-2)(x^2 + x - 12).}$$

b) Pour tout réel x :

$P(x) = 0 \Leftrightarrow (x-2)(x^2 + x - 12) = 0$

$\Leftrightarrow x - 2 = 0$ ou $x^2 + x - 12 = 0$.

Le discriminant de l'équation du second degré $x^2 + x - 12 = 0$ est :

$$\Delta = 1 - 4(-12) = 49 = 7^2,$$

ce discriminant étant strictement positif, l'équation admet deux racines distinctes :

$$x_1 = \frac{-1+7}{2} = 3 \text{ et } x_2 = \frac{-1-7}{2} = -4.$$

Donc l'ensemble des racines de P est :

$$\boxed{\{-4\,;\,2\,;\,3\}.}$$

2. a) Résolvons dans $\mathbb{R}$, l'équation suivante :

$$2\ln x + \ln(x-1) = \ln(14x - 24). \quad (1)$$

L'équation précédente est définie pour tout x de $\mathbb{R}$ tel que :

$$\begin{cases} x > 0 \\ x - 1 > 0 \\ 14x - 24 > 0 \end{cases} \text{ c'est-à-dire } \begin{cases} x > 0 \\ x > 1 \\ x > \dfrac{24}{14} \end{cases}.$$

Ces trois équations sont vérifiées simultanément si et seulement si $x > \dfrac{24}{14} = \dfrac{12}{7}$.

L'ensemble de définition est $\left]\frac{12}{7}\ ;+\infty\right[$.

Pour tout $x > \frac{12}{7}$, l'équation **(1)** est équivalente successivement à :

$$\ln x^2 + \ln(x-1) = \ln(14x-24)$$

$$\ln x^2(x-1) = \ln(14x-24).$$

Les deux réels $x^2(x-1)$ et $(14x-24)$ étant strictement positifs, la dernière équation est équivalente successivement à :

$$x^2(x-1) = (14x-24) \Leftrightarrow x^3 - x^2 - 14x + 24 = 0 \Leftrightarrow P(x) = 0.$$

L'ensemble des solutions de (1) est l'ensemble des racines de $P(x) = 0$ appartenant à $\left]\frac{12}{7}\ ;+\infty\right[$, soit l'ensemble $\{2\ ;3\}$.

b) Soit l'équation $e^{2x} - e^x + 24e^{-x} - 14 = 0$. **(2)**

Elle est définie pour tout réel x ; elle est équivalente successivement à :

> **Indication**
> $e^x \times e^{-x} = e^{x+(-x)} = e^0 = 1$.

$$e^{2x} - e^x + 24e^{-x} - 14 = 0 \Leftrightarrow e^{2x} - e^x + 24\frac{1}{e^x} - 14 = 0$$

$$\Leftrightarrow \frac{e^x(e^{2x} - e^x - 14) + 24}{e^x} = 0$$

$$\Leftrightarrow e^x(e^{2x} - e^x - 14) + 24 = 0$$

$$\Leftrightarrow e^{3x} - e^{2x} - 14e^x + 24 = 0.$$

Posons pour tout réel x, $X = e^x$.

En remarquant que $e^{3x} = (e^x)^3$ et $e^{2x} = (e^x)^2$, l'équation **(2)** s'écrit :

$$X^3 - X^2 - 14X + 24 = 0.$$

Les racines de cette équation sont -4, 2 et 3.

Si $X = -4$, alors $e^x = -4$ ce qui est impossible car $e^x > 0$ pour tout réel x.

Si $X = 2$, alors $e^x = 2$ donc $x = \ln 2$.

Si $X = 3$, alors $e^x = 3$ donc $x = \ln 3$.

L'ensemble des solutions de l'équation **(2)** est :

$$\boxed{\{\ln 2\ ;\ln 3\}.}$$

15 Soit (1) l'équation $2^{2x} - 5^x - 4^{x-1} + 25^{\frac{x}{2}-1} = 0$. L'équation précédente est définie sur $\mathbb{R}$ et est équivalente, en utilisant les propriétés des fonctions exponentielles, successivement à :

$$2^{2x} - (2^2)^{x-1} - 5^x + (5^2)^{\frac{x}{2}-1} = 0 \Leftrightarrow 2^{2x} - 2^{2x-2} - 5^x + 5^{2\left(\frac{x}{2}-1\right)} = 0$$

$$\Leftrightarrow 2^{2x} - 2^{2x-2} - 5^x + 5^{x-2} = 0$$

$$\Leftrightarrow 2^{2x} - 2^{-2}2^{2x} - 5^x + 5^{-2}5^x = 0$$

$$\Leftrightarrow 2^{2x} - \frac{1}{4}2^{2x} - 5^x + \frac{1}{5^2}5^x = 0.$$

Ceci équivaut pour tout x de $\mathbb{R}$ à :

$$\frac{3}{4}2^{2x} = \frac{24}{25}5^x \Leftrightarrow \frac{2^{2x}}{5^x} = \frac{24}{25} \times \frac{4}{3} \Leftrightarrow \frac{(2^2)^x}{5^x} = \frac{32}{25} \Leftrightarrow \frac{4^x}{5^x} = \frac{32}{25} \Leftrightarrow \left(\frac{4}{5}\right)^x = \frac{32}{25}.$$

Les deux membres étant strictement positifs, l'équation précédente est équivalente à celle obtenue en prenant les logarithmes des deux membres, soit :

$$x \ln\left(\frac{4}{5}\right) = \ln\left(\frac{32}{25}\right) = \ln 32 - \ln 25$$

$$x = \frac{\ln 32 - \ln 25}{\ln 4 - \ln 5} = \frac{5\ln 2 - 2\ln 5}{2\ln 2 - \ln 5} \approx -1{,}106$$

$$\boxed{x \approx -1{,}106.}$$

16 **a)** La fonction $x \mapsto x^2 + \ln x$ est définie sur $]0\ ;\ +\infty[$, on peut donc chercher la limite de cette fonction en $+\infty$:

$\lim\limits_{x \to +\infty} x^2 = +\infty$ et $\lim\limits_{x \to +\infty} \ln x = +\infty$, donc (limite d'une somme) :

$$\boxed{\lim_{x \to +\infty} (x^2 + \ln x) = +\infty.}$$

b) La fonction $x \mapsto x^2 - \ln x$ est définie sur $]0\ ;\ +\infty[$, on peut donc chercher la limite de cette fonction en $+\infty$:

$$\lim_{x \to +\infty} x^2 = +\infty \text{ et } \lim_{x \to +\infty} \ln x = +\infty\ ;$$

on ne peut conclure à l'aide des théorèmes sur les opérations sur les limites, c'est une forme indéterminée.

Pour tout x de $]0\,;+\infty[$:

$$x^2-\ln x = x\left(x-\frac{\ln x}{x}\right).$$

$\lim\limits_{x\to+\infty}\frac{\ln x}{x}=0$ et donc $\lim\limits_{x\to+\infty}\left(x-\frac{\ln x}{x}\right)=+\infty$,

d'où $\lim\limits_{x\to+\infty}(x^2-\ln x)=\lim\limits_{x\to+\infty}x\left(x-\frac{\ln x}{x}\right)$

$$\boxed{\lim_{x\to+\infty}(x^2-\ln x)=+\infty.}$$

Rappel
Il faut choisir un ensemble sur lequel x est non nul, lorsque l'on met x en facteur.

c) La fonction $f: x\mapsto x\ln x$ est définie sur $]0\,;+\infty[$, on peut donc chercher la limite de cette fonction en 0.

$\lim\limits_{x\to 0}x=0$ et $\lim\limits_{x\to 0}\ln x=-\infty$, donc on ne peut conclure à l'aide des théorèmes sur les opérations sur les limites, c'est une forme indéterminée.

Posons pour tout x de $]0\,;+\infty[$, $X=\frac{1}{x}$ ou $x=\frac{1}{X}$.

Le réel X est strictement positif, et, pour tout $x\in\,]0\,;+\infty[$:

$$x\ln x=\frac{1}{X}\ln\frac{1}{X}=-\frac{\ln X}{X},\text{ car }\ln\frac{1}{X}=-\ln X.$$

La fonction f est donc la composée de la fonction $x\mapsto\frac{1}{x}=X$ et de la fonction $X\mapsto-\frac{\ln X}{X}$,

$\lim\limits_{x\to 0}X=+\infty$ car $x\in\,]0\,;+\infty[$ et

$$\lim_{X\to+\infty}-\frac{\ln X}{X}=0.$$

Remarque
Le résultat et la démonstration sont à connaître.

D'où en utilisant le théorème sur la limite d'une fonction composée :

$$\boxed{\lim_{x\to 0}x\ln x=0.}$$

d) La fonction $f: x\mapsto\frac{\ln x}{x}$ est définie sur $]0\,;+\infty[$, on peut donc chercher la limite de cette fonction en 0. $\lim\limits_{x\to 0}x=0$ et $\lim\limits_{x\to 0}\ln x=-\infty$;

le réel x étant strictement positif, $\lim\limits_{x\to 0}\frac{1}{x}=+\infty$ et donc :

$$\boxed{\lim_{x\to 0}\frac{\ln x}{x}=\lim_{x\to 0}(\ln x)\,\frac{1}{x}=-\infty.}$$

Indication
On utilise le théorème sur la limite d'un produit.

CORRIGÉS

e) La fonction $f : x \mapsto \dfrac{(\ln x)^3}{x^2}$ est définie sur $]0\,;+\infty[$, on peut donc chercher la limite de cette fonction en $+\infty$.

$\lim\limits_{x \to +\infty} x^2 = +\infty$ et $\lim\limits_{x \to +\infty} (\ln x)^3 = +\infty$, donc on ne peut conclure à l'aide des théorèmes sur les opérations sur les limites, c'est une forme indéterminée.

Posons $t = x^{\frac{1}{3}}$, c'est-à-dire $x = t^3$ avec $t > 0$; d'où $x^2 = t^6$.

Pour tout $x > 0$:

$$f(x) = \frac{(\ln t^3)^3}{t^6} = \frac{(3\ln t)^3}{t^6} = 27\frac{(\ln t)^3}{t^6} = 27\left(\frac{\ln t}{t^2}\right)^3.$$

D'après les théorèmes sur les croissances comparées, $\lim\limits_{t \to +\infty} \dfrac{\ln t}{t^2} = 0$, d'où :

$$\lim_{x \to +\infty} \frac{(\ln x)^3}{x^2} = 0.$$

f) La fonction $f : x \mapsto e^x - x + 1$ est définie sur $\mathbb{R}$, on peut donc chercher la limite de cette fonction en $+\infty$.

$\lim\limits_{x \to +\infty} e^x = +\infty$ et $\lim\limits_{x \to +\infty} -x + 1 = -\infty$, donc on ne peut conclure à l'aide des théorèmes sur les opérations sur les limites, c'est une forme indéterminée.

Pour tout x de $]0;+\infty[$; $e^x - x + 1 = x\left(\dfrac{e^x}{x} - 1 + \dfrac{1}{x}\right)$ et $\lim\limits_{x \to +\infty} \dfrac{e^x}{x} = +\infty$

(d'après le cours) et $\lim\limits_{x \to +\infty} \left(-1 + \dfrac{1}{x}\right) = -1$. Donc, d'après les théorèmes sur l'addition des fonctions, $\lim\limits_{x \to +\infty} \left(\dfrac{e^x}{x} - 1 + \dfrac{1}{x}\right) = +\infty$; d'où :

$$\lim_{x \to +\infty} (e^x - x + 1) = \lim_{x \to +\infty} x\left(\frac{e^x}{x} - 1 + \frac{1}{x}\right)$$

$$\lim_{x \to +\infty} (e^x - x + 1) = +\infty.$$

g) La fonction $x \mapsto \dfrac{e^x}{x^2}$ est définie sur $]-\infty\,;0[\,\cup\,]0\,;+\infty[$, on peut donc chercher la limite de cette fonction en $-\infty$.

CORRIGÉS

$\lim\limits_{x \to -\infty} e^x = 0$ et $\lim\limits_{x \to -\infty} x^2 = +\infty$, donc d'après les théorèmes sur les quotients de limites :

$$\boxed{\lim_{x \to -\infty} \frac{e^x}{x^2} = 0.}$$

h) La fonction $f : x \mapsto x^{\frac{1}{x}} = e^{\frac{1}{x}\ln x}$ est définie sur $]0\,;+\infty[$, on peut donc chercher la limite en 0.

La fonction f est la composée de la fonction $x \mapsto \dfrac{\ln x}{x}$ et de la fonction exponentielle et :

$$\lim_{x \to 0} \frac{\ln x}{x} = -\infty \text{ et } \lim_{t \to -\infty} e^t = 0.$$

Donc d'après les théorèmes sur la composition des limites :

$$\boxed{\lim_{x \to 0} x^{\frac{1}{x}} = \lim_{x \to 0} e^{\frac{1}{x}\ln x} = 0.}$$

i) La fonction $f : x \mapsto x^{\frac{1}{x}} = e^{\frac{1}{x}\ln x}$ est définie sur $]0\,;+\infty[$, on peut donc chercher la limite en $+\infty$.

La fonction f est la composée de la fonction $x \mapsto \dfrac{\ln x}{x}$ et de la fonction exponentielle :

$$\lim_{x \to +\infty} \frac{\ln x}{x} = 0 \text{ et } \lim_{t \to 0} e^t = 1.$$

Donc d'après les théorèmes sur la composition des limites :

$$\boxed{\lim_{x \to +\infty} x^{\frac{1}{x}} = \lim_{x \to +\infty} e^{\frac{1}{x}\ln x} = 1.}$$

Sujets de type BAC

17 Partie A

Soit f la fonction définie sur $]-1\,;+\infty[$ par $f(x) = x - \ln(1+x)$.

1. f est la différence des fonctions $x \mapsto x$ et $x \mapsto \ln(1+x)$, toutes deux définies sur $]-1\,;+\infty[$.

La première est affine, donc dérivable sur $]-1\,;+\infty[$, la deuxième est la composée de la fonction affine $x \mapsto 1+x$ qui est dérivable et strictement positive sur $]-1\,;+\infty[$ et de la fonction logarithme qui est dérivable sur $\mathbb{R}_+^*$.

La fonction f est donc dérivable sur $]-1\,;+\infty[$ et, pour tout x de $]-1\,;+\infty[$:

$$f'(x) = 1 - \frac{1}{1+x} = \frac{x}{1+x}.$$

Le réel $1+x$ est strictement positif sur $]-1\,;+\infty[$, donc $f'(x)$ est du signe de x. La fonction f est donc strictement décroissante sur $]-1\,;0]$ et strictement croissante sur $]0\,;+\infty[$.

Calculons les limites de f en -1 et en $+\infty$. Pour tout x non nul :

$$f(x) = x\left(1 - \frac{\ln(1+x)}{x}\right) = x\left(1 - \frac{\ln x\left(\frac{1}{x}+1\right)}{x}\right).$$

Pour tout x de $]0\,;+\infty[$, les deux réels x et $\frac{1}{x}+1$ sont strictement positifs, donc $\ln x\left(\frac{1}{x}+1\right) = \ln x + \ln\left(\frac{1}{x}+1\right)$, donc pour tout x de $]0\,;+\infty[$:

$$f(x) = x\left(1 - \frac{\ln x + \ln\left(\frac{1}{x}+1\right)}{x}\right) = x\left(1 - \frac{\ln x}{x} - \frac{\ln\left(\frac{1}{x}+1\right)}{x}\right).$$

- $\lim\limits_{x\to+\infty} \frac{\ln x}{x} = 0$ et $\lim\limits_{x\to+\infty} \ln\left(\frac{1}{x}+1\right) = 0$ car $\lim\limits_{x\to+\infty}\left(\frac{1}{x}+1\right) = 1$;

et donc $\lim\limits_{x\to+\infty} \frac{\ln\left(\frac{1}{x}+1\right)}{x} = 0$, donc $\lim\limits_{x\to+\infty}\left(1 - \frac{\ln x}{x} - \frac{\ln\left(\frac{1}{x}+1\right)}{x}\right) = 1$ d'où :

$$\boxed{\lim_{x\to+\infty} f(x) = +\infty.}$$

- $\lim\limits_{x\to-1} x = -1$ et $\lim\limits_{x\to-1} \ln(1+x) = -\infty$ car $\lim\limits_{x\to-1}(1+x) = 0$;

et donc $\lim\limits_{x\to-1} f(x) = +\infty$.

La courbe $\mathscr{C}$ admet une asymptote verticale d'équation $x = -1$.

D'où le tableau de variation de f :

x	-1		0		$+\infty$
$f'(x)$	‖	$-$	0	$+$	
f	‖ $+\infty$	↘	0	↗	$+\infty$

La fonction f admet un minimum absolu en 0 et $f(0) = 0$.

Donc pour tout x de $]-1\ ;+\infty[$: $\boxed{f(x) \geqslant 0.}$

2. Pour étudier la position relative de $\mathscr{C}$ et $\mathscr{P}$, on détermine le signe de la fonction g sur $]-1\ ;+\infty[$, et, pour cela, une méthode est de construire le tableau de variation de g.

Pour tout x de $]-1\ ;+\infty[$, $g(x) = f(x) - \dfrac{x^2}{2}$.

La fonction g est la somme de deux fonctions dérivables sur $]-1\ ;+\infty[$, la fonction f et la fonction $x \mapsto \left(-\dfrac{x^2}{2}\right)$.

La fonction g est donc dérivable sur $]-1\ ;+\infty[$, et pour tout x de $]-1\ ;+\infty[$:

$$g'(x) = f'(x) - x = \frac{x}{1+x} - x = \frac{-x^2}{1+x}.$$

Pour tout x non nul de $]-1\ ;+\infty[$, $g'(x)$ est strictement négatif et la fonction g est donc strictement décroissante sur $]-1\ ;+\infty[$; $g(0) = 0$.

D'où le tableau de variation de g :

x	-1		0		$+\infty$
$g'(x)$	‖	$-$	0	$-$	
g	‖	↘	0	↘	

La fonction g étant strictement décroissante sur $]-1\ ;+\infty[$ et $g(0) = 0$, on peut en déduire que :

- **$g(x) > 0$ si et seulement si $x \in\ ]-1\ ;0[$ et dans ce cas $\mathscr{C}$ est au-dessus de $\mathscr{P}$;**

• **$g(x) < 0$ si et seulement si $x \in]0\ ;+\infty[$ et dans ce cas $\mathscr{C}$ est au-dessous de $\mathscr{P}$.**

3. Traçons $\mathscr{C}$ et $\mathscr{P}$ dans un même repère $(\mathrm{O}\ ;\vec{i},\vec{j})$.

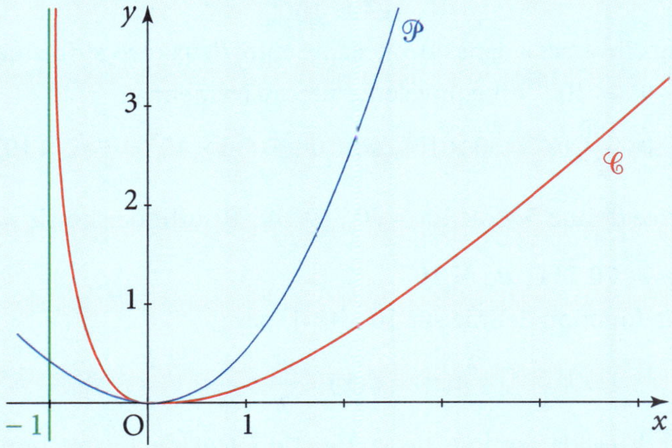

Partie B

1. Soit (u_n) la suite définie pour tout entier non nul par $u_n = f\left(\frac{1}{n}\right)$.

a) $\lim\limits_{n \to +\infty} u_n = \lim\limits_{n \to +\infty} f\left(\frac{1}{n}\right) = \lim\limits_{x \to 0} f(x) = f(0) = 0.$

b) Pour tout $x \geqslant 0$, $f(x) \geqslant 0$ et $g(x) \leqslant 0$,

soit $f(x) - \frac{x^2}{2} \leqslant 0$, donc $f(x) \leqslant \frac{x^2}{2}$.

Donc pour tout $x \geqslant 0$:

$$0 \leqslant f(x) \leqslant \frac{x^2}{2}.$$

Pour tout entier naturel n non nul, le réel $\frac{1}{n}$ est strictement positif, l'inégalité précédente est donc vérifiée en remplaçant x par $\frac{1}{n}$.

Donc pour tout entier naturel n non nul :

$$0 \leqslant f\left(\frac{1}{n}\right) \leqslant \frac{1}{2n^2} \text{ soit } 0 \leqslant u_n \leqslant \frac{1}{2n^2}.$$

CORRIGÉS

Pour réaliser $u_n \leqslant 10^{-10}$ il suffit de réaliser $\frac{1}{2n^2} \leqslant 10^{-10}$, c'est-à-dire, les deux membres étant strictement positifs :

$$2n^2 \geqslant 10^{10},$$

(« passage aux inverses » dans une inégalité entre deux réels strictement positifs).

Remarque
Les inverses de deux réels strictement positifs sont dans l'ordre inverse des deux réels.

L'inégalité $2n^2 \geqslant 10^{10}$ est équivalente successivement à :

$$n^2 \geqslant \frac{100}{2}10^8 = 50 \times 10^8, \text{ soit } n \geqslant \sqrt{50} \times 10^4 = 5\sqrt{2} \times 10^4.$$

La calculatrice donne $5\sqrt{2} \times 10^4 \approx 70\,710,68$. Il suffit de choisir $n_0 = 70\,711$.

Pour tout $n \geqslant 70\,711$, $u_n \leqslant 10^{-10}$.

2. a) Soit h la fonction définie sur $[0\,;+\infty[$ par :

$$h(x) = f(x) - \frac{x^2}{2} + \frac{x^3}{3}.$$

La fonction h est la somme de la fonction f et de la fonction polynôme $x \mapsto -\frac{x^2}{2} + \frac{x^3}{3}$, toutes deux dérivables sur $[0\,;+\infty[$.

Donc pour tout x de $[0\,;+\infty[$:

$$h'(x) = f'(x) - x + x^2 = \frac{x}{1+x} - x + x^2$$

$$= \frac{x - x - x^2 + x^2 + x^3}{1+x} = \frac{x^3}{1+x}.$$

Pour tout réel x de $]0\,;+\infty[$, $\frac{x^3}{1+x} > 0$ et donc la fonction h est strictement croissante sur $[0\,;+\infty[$, $h(0) = 0$ donc, sur $\mathbb{R}^+$:

$$\boxed{h(x) \geqslant 0.}$$

b) Pour tout entier n non nul, le réel $\frac{1}{n}$ est strictement positif et donc $h\left(\frac{1}{n}\right) \geqslant 0$, c'est-à-dire pour tout entier n non nul :

$$f\left(\frac{1}{n}\right) - \frac{1}{2n^2} + \frac{1}{3n^3} \geqslant 0, \text{ soit } u_n - \frac{1}{2n^2} + \frac{1}{3n^3} \geqslant 0.$$

Ainsi $u_n \geqslant \frac{1}{2n^2} - \frac{1}{3n^3}$.

On a démontré à la question **1.b)** de la **partie B** que pour tout entier n non nul $u_n \leqslant \frac{1}{2n^2}$, donc pour tout entier n non nul :

$$\boxed{\frac{1}{2n^2} - \frac{1}{3n^3} \leqslant u_n \leqslant \frac{1}{2n^2}.}$$

c) Pour tout entier n non nul, le réel $2n^2$ est strictement positif, on peut donc multiplier les trois membres de l'inégalité précédente par $2n^2$, sans changer le sens de l'inégalité :

$$2n^2\left(\frac{1}{2n^2} - \frac{1}{3n^3}\right) \leqslant 2n^2 u_n \leqslant 2n^2 \frac{1}{2n^2}, \text{ soit } 1 - \frac{2}{3n} \leqslant 2n^2 u_n \leqslant 1.$$

Donc $\lim\limits_{n \to +\infty} 2n^2 u_n = 1$ car $\lim\limits_{n \to +\infty} 1 - \frac{2}{3n} = 1$.

On peut écrire pour tout entier n non nul, $2n^2 u_n = \dfrac{u_n}{\frac{1}{2n^2}}$.

Le rapport de ces deux suites ayant pour limite 1, **les deux suites définies sur $\mathbb{N}^*$, (u_n) et $\left(\frac{1}{2n^2}\right)$ converge à la « même vitesse » vers 0.**

CORRIGÉS

AMBITION PRÉPA

La Prépa attitude

Il faut savoir que toute fonction $f : \mathbb{R} \to \mathbb{R}$ définie sur $\mathbb{R}$ est la somme, d'une manière unique, d'une fonction paire et d'une fonction impaire.

Prouvons l'unicité : si l'on veut pouvoir écrire f sous la forme $f = g + h$ avec g paire et h impaire, il faudra que pour tout réel x on ait :

$$\begin{cases} f(x) = g(x) + h(x) \\ f(-x) = g(x) - h(x) \end{cases}$$

car $g(-x) = g(x)$ et $h(-x) = -h(x)$.

Ce qui, par demi-somme et demi-différence, fournit :

$$g(x) = \frac{f(x) + f(-x)}{2} \quad \text{et} \quad h(x) = \frac{f(x) - f(-x)}{2}.$$

Ce qui prouve déjà que, si elles existent, g et h sont uniques (puisque nécessairement données par ces expressions).

Pour l'existence, il suffit de vérifier que la fonction posée pour g est bien paire, que celle posée pour h est bien impaire et que la somme des deux est bien égale à f, ce qui est évident.

Prolongement au cours de Terminale

La fonction exponentielle n'est ni paire ni impaire, par conséquent elle s'écrit comme somme d'une fonction paire et d'une fonction impaire à l'aide de la décomposition :

$$e^x = \frac{e^x + e^{-x}}{2} + \frac{e^x - e^{-x}}{2}$$

D'où les définitions suivantes :

Définitions

On appelle fonction sinus hyperbolique, notée sinh, et fonction cosinus hyperbolique, notée cosh, les fonctions définies sur $\mathbb{R}$ par les relations :

$$\forall x \in \mathbb{R}, \qquad \cosh(x) = \frac{e^x + e^{-x}}{2}, \quad \sinh(x) = \frac{e^x - e^{-x}}{2}$$

Ce sont donc les parties paires et impaires de l'exponentielle.

L'objectif ici est d'étudier ces fonctions et de développer un formulaire de trigonométrie hyperbolique.

D'après les définitions, il est clair que l'on a :

$$\forall x \in \mathbb{R}, \quad \cosh(x) + \sinh(x) = \mathrm{e}^{x}, \quad \cosh(x) - \sinh(x) = \mathrm{e}^{-x}$$

D'où par multiplication :

$$\forall x \in \mathbb{R}, \quad \cosh^2(x) - \sinh^2(x) = 1$$

De même que le point de coordonnées $(\cos t, \sin t)$ décrit le cercle d'équation $x^2 + y^2 = 1$, le point de coordonnées $(\varepsilon \cosh t, \sinh t)$ (avec $\varepsilon \in \{-1 ; +1\}$) décrit l'hyperbole d'équation $x^2 - y^2 = 1$, d'où le nom de « fonctions hyperboliques » attaché à ces dernières.

Étude des fonctions hyperboliques

La fonction $\cosh$ étant paire et la fonction $\sinh$ étant impaire, on peut limiter notre étude à $\mathbb{R}_+$ et, après avoir tracé leur représentation graphique sur ce domaine, on complétera le graphe par symétrie par rapport à l'axe des ordonnées pour la fonction $\cosh$ et par symétrie par rapport à l'origine pour la fonction $\sinh$.

Les arguments habituels indiquent que les fonctions $\cosh$ et $\sinh$ sont dérivables et donc continues sur $\mathbb{R}$. De plus :

$$\forall x \in \mathbb{R}, \quad \cosh'(x) = \frac{\mathrm{e}^{x} - \mathrm{e}^{-x}}{2} = \sinh(x), \quad \sinh'(x) = \frac{\mathrm{e}^{x} + \mathrm{e}^{-x}}{2} = \cosh(x)$$

Formules semblables à celles de la trigonométrie classique, mais sans changement de signe.

Or, les fonctions $\sinh$ et $\cosh$ sont manifestement strictement positives sur $\mathbb{R}_+^*$. Par conséquent, les fonctions $\cosh$ et $\sinh$ sont strictement croissantes sur $\mathbb{R}_+$.

De plus : $\cosh(x) - \dfrac{\mathrm{e}^{x}}{2} = \dfrac{\mathrm{e}^{-x}}{2}$ et : $\sinh(x) - \dfrac{\mathrm{e}^{x}}{2} = -\dfrac{\mathrm{e}^{-x}}{2}$.

Donc $\lim\limits_{x \to +\infty} \left(\cosh(x) - \dfrac{\mathrm{e}^{x}}{2} \right) = \lim\limits_{x \to +\infty} \left(\sinh(x) - \dfrac{\mathrm{e}^{x}}{2} \right) = 0$.

Enfin $\cosh(0) = 1,\ \sinh(0) = 0$, d'où les tableaux de variation et les représentations graphiques de ces fonctions :

x	0		$+\infty$
$\cosh'(x)$	0	$+$	
$\cosh$	1	$\nearrow$	$+\infty$

x	0		$+\infty$
$\sinh'(x)$	1	$+$	
$\sinh$	0	$\nearrow$	$+\infty$

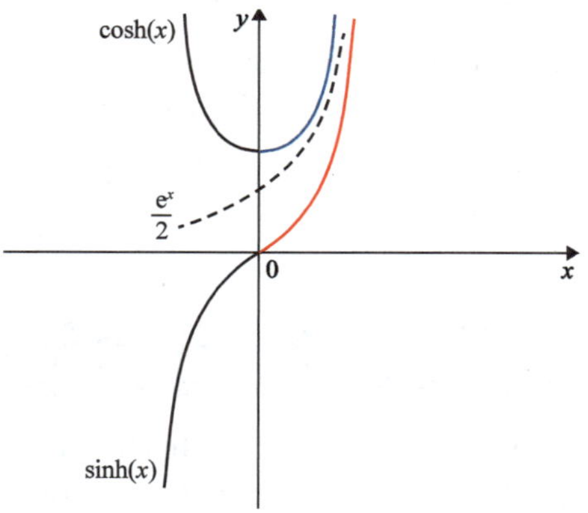

EXERCICES

Corrigés p. 331

1 La fonction Argsinh

1. Montrer que la fonction sinh réalise une bijection de $\mathbb{R}$ sur $\mathbb{R}$. Elle admet donc une fonction réciproque, appelée fonction argument sinus hyperbolique et notée Argsinh, définie sur $\mathbb{R}$.

2. Soit $x \in \mathbb{R}$. On pose $y = \text{Argsinh}x$.

Montrer que $\cosh y = \sqrt{x^2 + 1}$.

3. En utilisant le résultat du chapitre précédent sur la dérivée de la fonction réciproque, montrer que la fonction Argsinh est dérivable sur $\mathbb{R}$ et que l'on a :

$$\forall x \in \mathbb{R}, \quad \text{Argsinh}'(x) = \frac{1}{\sqrt{x^2 + 1}}$$

4. On reprend les notations de la question 2.

En remarquant que $e^y = \sinh y + \cosh y$, montrer :

$$\forall x \in \mathbb{R}, \quad \text{Argsinh}x = \ln\left(x + \sqrt{x^2 + 1}\right).$$

2 La fonction Argcosh

1. Montrer que la fonction cosh réalise une bijection de $\mathbb{R}_+$ sur $\left[1, +\infty\right[$. Elle admet donc une fonction réciproque, appelée fonction argument cosinus hyperbolique et notée Argcosh, définie sur $\left[1, +\infty\right[$.

2. Soit $x \in \left[1, +\infty\right[$. On pose $y = \text{Argcosh}x$.

Montrer que $\sinh y = \sqrt{x^2 - 1}$.

3. En utilisant le résultat du chapitre précédent sur la dérivée de la fonction réciproque, montrer que la fonction Argcosh est dérivable sur $\left]1, +\infty\right[$ et que l'on a :

$$\forall x \in \left]1, +\infty\right[, \quad \text{Argcosh}'(x) = \frac{1}{\sqrt{x^2 - 1}}$$

4. On reprend les notations de la question 2.

En remarquant que $e^y = \sinh y + \cosh y$, montrer :

$$\forall x \in \left[1, +\infty\right[, \quad \text{Argcosh}x = \ln\left(x + \sqrt{x^2 - 1}\right).$$

3 Fonction logarithme

Le but de l'exercice est l'étude de la fonction f définie sur $[0\,; +\infty[$ par :

$$\begin{cases} f(x) = x\ln\left(\dfrac{x+2}{x}\right) + \dfrac{x}{4} + \dfrac{1}{2} & \text{pour } x > 0. \\ f(0) = \dfrac{1}{2}. \end{cases}$$

> **Indication**
> L'ensemble de définition de f est $[0\,;+\infty[$.

Le plan est rapporté au repère orthonormal $\left(O\,; \vec{i}, \vec{j}\right)$, unité graphique : 2 cm. On désigne par $\mathscr{C}$ la représentation graphique de f.

Partie A. Étude d'une fonction auxiliaire

Soit g la fonction définie sur $]0\,; +\infty[$ par :

$$g(x) = \ln(x+2) - \ln x - \frac{2}{x+2} + \frac{1}{4}.$$

1. Étudier le sens de variation de g.

2. Déterminer $\lim\limits_{+\infty} g$.

3. En déduire le signe de $g(x)$ pour tout x de $]0\,; +\infty[$.

AMBITION PRÉPA

Partie B. Étude de la fonction principale

1. a) Soit la fonction φ définie sur $]0 ; +\infty[$ par :

$$\varphi(x) = x\ln\left(\frac{x+2}{x}\right).$$

Déterminer $\lim\limits_{0} \varphi$.

b) En déduire $\lim\limits_{0} f$.

2. La fonction f est-elle dérivable en 0 ?
Donner une interprétation graphique du résultat.

3. Étudier le sens de variation de f.

4. a) Démontrer que $\lim\limits_{x\to+\infty} x\ln\left(\frac{x+2}{x}\right) = 2$.

b) En déduire $\lim\limits_{+\infty} f$.

c) Soit $\mathscr{D}$ la droite d'équation $y = \frac{x}{4} + \frac{5}{2}$.

i) Montrer que $\lim\limits_{x\to+\infty} f(x) - \left(\frac{x}{4} + \frac{5}{2}\right) = 0$.

ii) Interpréter géométriquement le résultat.

5. Tracer dans le repère $\left(O ; \vec{i}, \vec{j}\right)$ la droite $\mathscr{D}$ et la courbe $\mathscr{C}$.

> **Indication**
> On pourra poser $x = \frac{1}{t}$.

> **Indication**
> On vérifiera que $f'(x) = g(x)$.

> **Indication**
> On pourra utiliser le résultat $\lim\limits_{h\to 0} \frac{\ln(1+h)}{h} = 1$.

4 Fonction logarithme et équation

Soit f la fonction numérique définie sur l'intervalle $]0 ; +\infty[$ par :

$$f(x) = x + \frac{1}{8}\ln x - x\ln x.$$

On note $\mathscr{C}$ la courbe représentative de f dans le plan muni d'un repère orthonormé $\left(O ; \vec{i}, \vec{j}\right)$ en prenant 2 cm comme unité graphique.

Partie A. Signe de la dérivée f'

1. Calculer $f'(x)$ et $f''(x)$.

2. Prouver que l'équation $f'(x) = 0$ admet une solution unique. On note α cette solution.

Justifier que $1 < \alpha < 1{,}2$.

3. Déterminer le signe de $f'(x)$ suivant les valeurs de x.

Partie B. Construction de $\mathscr{C}$

1. Calculer les limites de f en 0 et en $+\infty$.

Donner le tableau de variation de f.

2. Tracer la courbe $\mathscr{C}$.

Indication

$\lim\limits_{x \to 0} x \ln x = 0$.

CORRIGÉS

1 **1.** La fonction sinh est :

- continue sur $\mathbb{R}$,
- strictement croissante sur $\mathbb{R}$,
- et : $\lim\limits_{x \to +\infty} \sinh(x) = +\infty$; $\lim\limits_{x \to -\infty} \sinh(x) = -\infty$.

En vertu du théorème de la bijection, elle réalise une bijection de $\mathbb{R}$ sur $\mathbb{R}$ et admet une fonction réciproque, notée Argsinh, définie sur $\mathbb{R}$ par :

$$\forall x \in \mathbb{R}, \qquad y = \text{Argsinh}x \Leftrightarrow \sinh y = x$$

2. On sait que : $\cosh^2(y) - \sinh^2(y) = 1$. Donc $\cosh^2(y) = \sinh^2(y) + 1 = x^2 + 1$.

De plus $\cosh y$ est toujours positif (et même supérieur ou égal à 1). Donc :

$$\cosh y = \sqrt{x^2 + 1}.$$

3. De plus, la fonction $f = \sinh$ étant dérivable, de dérivée jamais nulle, il a été vu et démontré dans le chapitre précédent qu'il en résultait que la fonction $f^{-1} = \text{Argsinh}$ était dérivable sur $\mathbb{R}$. Et de plus, pour tout x réel :

$$\text{Argsinh}'(x) = \frac{1}{f'\left(f^{-1}(x)\right)} = \frac{1}{\cosh(\text{Argsinh}x)} = \frac{1}{\sqrt{\sinh^2(\text{Argsinh}x) + 1}} = \frac{1}{\sqrt{x^2 + 1}}$$

4. On sait que pour tout réel y, $e^y = \sinh y + \cosh y$. En particulier pour $y = \text{Argsinh}x$, on a $\sinh y = x$ et $\cosh y = \sqrt{x^2 + 1}$.

Donc $e^y = x + \sqrt{x^2 + 1}$.

Par passage au logarithme : $y = \ln\left(x + \sqrt{x^2 + 1}\right)$.

Comme ici $y = \text{Argsinh}x$, on conclut :

$$\forall x \in \mathbb{R}, \quad \text{Argsinh}x = \ln\left(x + \sqrt{x^2 + 1}\right)$$

Remarque

On voit ainsi que la fonction Argsh se réduit à des fonctions plus classiques.

AMBITION PRÉPA

2 **1.** La fonction cosh est : continue sur $\mathbb{R}_+$; strictement croissante sur $\mathbb{R}_+$.
Et : $\cosh(0) = 1$; $\lim\limits_{x \to +\infty} \cosh(x) = +\infty$.
En vertu du théorème de la bijection, elle réalise une bijection de $\mathbb{R}_+$ sur $\left[1, +\infty\right[$ et admet donc une fonction réciproque, notée Argcosh, définie sur $\left[1, +\infty\right[$ par :

$$\forall x \in \left[1, +\infty\right[, \quad y = \text{Argcosh}x \Leftrightarrow y \geqslant 0 \text{ et } \cosh y = x$$

2. Soit $y = \text{Argcosh}x$, avec $x \in \left[1, +\infty\right[$.
Onsaitque: $\cosh^2(y) - \sinh^2(y) = 1$.Donc $\sinh^2(y) = \cosh^2(y) - 1 = x^2 - 1$.
De plus on a $\sinh(y) \geqslant 0$ pour $y \geqslant 0$. Donc : $\sinh y = \sqrt{x^2 - 1}$.

3. La fonction $f = \cosh$ est dérivable, de dérivée jamais nulle sur $\mathbb{R}_+^*$ ($\cosh'(x) = \sinh x$) et de plus $\cosh 0 = 1$.
En vertu du théorème sur la dérivée de la fonction réciproque, il en résulte que la fonction : $f^{-1} = \text{Argcosh}$ est dérivable sur $\left]1, +\infty\right[$ et que pour tout $x \in \left]1, +\infty\right[$ on a :

$$\text{Argcosh}'(x) = \frac{1}{f'\left(f^{-1}(x)\right)} = \frac{1}{\sinh(\text{Argcosh}x)}$$

$$= \frac{1}{\sqrt{\cosh^2(\text{Argcosh}x) - 1}} = \frac{1}{\sqrt{x^2 - 1}}$$

4. On sait que pour tout réel y, $e^y = \sinh y + \cosh y$.

En particulier pour $y = \text{Argcosh}x$, on a $\cosh y = x$ et $\sinh y = \sqrt{x^2 - 1}$.
Donc $e^y = x + \sqrt{x^2 - 1}$.
Par passage au logarithme :

$$y = \ln\left(x + \sqrt{x^2 - 1}\right).$$

Comme ici $y = \text{Argcosh}x$, on conclut :

$$\forall x \in \left[1, +\infty\right[, \quad \text{Argcosh}x = \ln\left(x + \sqrt{x^2 - 1}\right).$$

3 **Partie A**

Soit g la fonction définie sur $\mathbb{R}_+^*$ par :

$$g(x) = \ln(x+2) - \ln x - \frac{2}{x+2} + \frac{1}{4}.$$

1. La fonction g est dérivable sur $]0\,;+\infty[$ car elle est la somme de quatre fonctions dérivables sur $]0\,;+\infty[$ et, pour tout x de $]0\,;+\infty[$:

$$g'(x) = \frac{1}{x+2} - \frac{1}{x} + \frac{2}{(x+2)^2} = \frac{x(x+2)-(x+2)^2+2x}{x(x+2)^2} = \frac{-4}{x(x+2)^2}.$$

Pour tout réel x de $]0\,;+\infty[$, $g'(x) < 0$, et donc **la fonction g est strictement décroissante sur $\mathbb{R}_+^*$.**

2. Pour tout $x > 0$, $g(x) = \ln\frac{x+2}{x} - \frac{2}{x+2} + \frac{1}{4}$.

$$\lim_{x\to+\infty} -\frac{2}{x+2} = 0 \text{ et } \lim_{x\to+\infty} \frac{x+2}{x} = 1.$$

Donc $\lim\limits_{x\to+\infty}\left[\ln\left(\frac{x+2}{x}\right)\right] = 0$, d'après le théorème sur la composition des limites sachant que $\ln 1 = 0$. Donc :

$$\lim_{x\to+\infty} g(x) = \frac{1}{4}.$$

3. La fonction g étant décroissante sur $]0\,;+\infty[$, et ayant pour limite $\frac{1}{4}$ en $+\infty$, pour tout x de $]0\,;+\infty[$, $g(x) > \frac{1}{4}$.

Donc pour tout x de $\mathbb{R}_+^*$,

$$g(x) > 0.$$

Partie B.

Soit f la fonction sur $\mathbb{R}^+$ par :

$$\begin{cases} f(x) = x\ln\left(\dfrac{x+2}{x}\right) - \dfrac{x}{4} + \dfrac{1}{2}, \text{ pour } x > 0 \\ f(0) = \dfrac{1}{2}. \end{cases}$$

1. a) Soit φ la fonction définie sur $]0\,;+\infty[$ par $\varphi(x) = x\ln\left(\dfrac{x+2}{x}\right)$

Pour tout x de $]0\,;+\infty[$, $\varphi(x) = x\ln\left(1+\frac{2}{x}\right) = \frac{\ln(1+2t)}{t}$ en posant $t = \frac{1}{x}$.

Pour tout $t > 0$: $\frac{\ln(1+2t)}{t} = \frac{\ln(1+2t)}{1+2t} \times \frac{1+2t}{t}$.

Comme $\lim\limits_{x\to 0} t = +\infty$ (car $x > 0$), $\lim\limits_{t\to+\infty}(1+2t) = +\infty$ et $\lim\limits_{X\to+\infty}\frac{\ln X}{X} = 0$, les théorèmes sur la composition des limites permettent d'écrire :

$$\lim_{t\to+\infty}\frac{\ln(1+2t)}{1+2t} = 0.$$

$\lim\limits_{t\to+\infty}\frac{(1+2t)}{t} = 2$ donc : $\lim\limits_{x\to 0}\varphi(x) = \lim\limits_{t\to+\infty}\frac{\ln(1+2t)}{1+2t}\times\frac{1+2t}{t} = 0\times 2 = 0.$

$$\lim_{x\to 0}\varphi(x) = 0.$$

b) Pour tout $x > 0$, $f(x) = \varphi(x) + \frac{x}{4} + \frac{1}{2}$ et :

$\lim\limits_{x\to 0}\varphi(x) = 0$ et $\lim\limits_{x\to 0}\frac{x}{4}+\frac{1}{2} = \frac{1}{2}$, donc $\lim\limits_{x\to 0}\left(\varphi(x)+\frac{x}{4}+\frac{1}{2}\right) = \frac{1}{2}$.

Donc $\lim\limits_{x\to 0+} f(x) = \frac{1}{2} = f(0)$.

La fonction f est donc continue en 0.

Indication

Pour démontrer la dérivabilité d'une fonction en un point, il faut utiliser la définition.

2. Pour démontrer la dérivabilité de f en 0, calculons la limite en 0 du taux d'accroissement défini pour tout réel x de $]0\,;+\infty[$ par :

$$\frac{f(x)-f(0)}{x-0} = \frac{x\ln\left(\frac{x+2}{x}\right)+\frac{x}{4}+\frac{1}{2}-\frac{1}{2}}{x} = \frac{x\ln\left(\frac{x+2}{x}\right)+\frac{x}{4}}{x}.$$

$\frac{f(x)-f(0)}{x-0} = \ln\left(\frac{x+2}{x}\right)+\frac{1}{4}$ en simplifiant par x, le réel x étant non nul.

Pour tout réel x de $]0\,;+\infty[$, $\ln\left(\frac{x+2}{x}\right) = \ln\left(1+\frac{2}{x}\right)$.

Le réel x étant strictement positif, $\lim\limits_{x\to 0}\frac{2}{x} = +\infty$ et donc :

$$\lim_{x\to 0}\ln\left(1+\frac{2}{x}\right) = +\infty, \text{ donc } \lim_{x\to 0}\frac{f(x)-f(0)}{x-0} = +\infty.$$

La fonction f n'est pas dérivable en 0, la courbe représentative de f admet au point d'abscisse 0 une tangente parallèle à l'axe des ordonnées.

3. Pour tout réel x de $]0\,;+\infty[$:

$$f(x) = x\ln\left(\frac{x+2}{x}\right) + \frac{x}{4} + \frac{1}{2} = x\ln(x+2) - x\ln x + \frac{x}{4} + \frac{1}{2},$$

la fonction f somme de fonctions dérivables sur $]0\,;+\infty[$ est donc dérivable sur $]0\,;+\infty[$ et pour tout x de $]0\,;+\infty[$:

$$f'(x) = \ln(x+2) + x\frac{1}{x+2} - \ln x + \left(-x\frac{1}{x}\right) + \frac{1}{4}$$

$$= \ln(x+2) - \ln x + \frac{x}{x+2} - 1 + \frac{1}{4} = \ln\left(\frac{x+2}{x}\right) + \frac{x+2-2}{x+2} - \frac{3}{4}$$

$$= \ln\left(\frac{x+2}{x}\right) + 1 - \frac{2}{x+2} - \frac{3}{4} = \ln\left(\frac{x+2}{x}\right) - \frac{2}{x+2} + \frac{1}{4} = g(x).$$

Donc pour tout x de $]0\,;+\infty[$, $f'(x) > 0$ et la **fonction f est strictement croissante sur $]0\,;+\infty[$.**

4. a) Pour tout x de $]0\,;+\infty[$, $\varphi(x) = x\ln\left(\frac{x+2}{x}\right) = x\ln\left(1+\frac{2}{x}\right)$.

Posons $h = \frac{2}{x}$, il vient pour tout $x > 0$, $\varphi(x) = \frac{2}{h}\ln(1+h) = 2\frac{\ln(1+h)}{h}$.

$\lim\limits_{x\to+\infty} \frac{2}{x} = 0$ et $\lim\limits_{h\to 0} = \frac{\ln(1+h)}{h} = 1$, donc d'après le théorème sur la composition des limites : $\lim\limits_{x\to+\infty} x\ln\left(1+\frac{2}{x}\right) = 2$.

b) $\lim\limits_{x\to+\infty} \frac{x}{4} + \frac{1}{2} = +\infty$, donc en utilisant la question précédente et le théorème sur la limite de la somme de deux fonctions : $\lim\limits_{x\to+\infty} f(x) = +\infty$.

c) i) Pour tout x de $\mathbb{R}_+^*$:

$$f(x) - \left(\frac{x}{4}+\frac{5}{2}\right) = x\ln\left(\frac{x+2}{x}\right) + \frac{x}{4} + \frac{1}{2} - \left(\frac{x}{4}+\frac{5}{2}\right) = x\ln\left(\frac{x+2}{x}\right) - 2$$

$$= \varphi(x) - 2.$$

D'après la question **4.a)** de la **partie B**, $\lim\limits_{x\to+\infty} \varphi(x) = 2$, donc :

$$\lim_{x\to+\infty}\left[f(x) - \left(\frac{x}{4}+\frac{5}{2}\right)\right] = 0.$$

ii) Si M et M′ sont deux points de $\mathscr{C}$ et de $\mathscr{D}$ de même abscisse $x > 0$, la différence des ordonnées des points M et M′ tend vers 0.

Remarque

On dit que la droite $\mathscr{D}$ est asymptote à la courbe $\mathscr{C}$ au vosinage de $+\infty$.

AMBITION PRÉPA

5. Représentation graphique

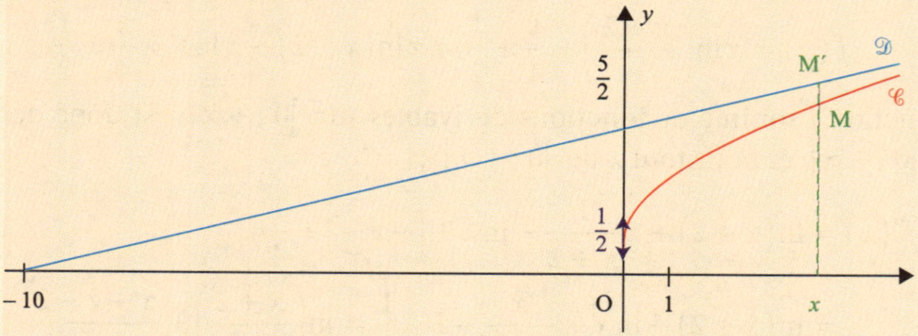

4 Soit f la fonction définie sur $]0\,;+\infty[$ par $f(x)=x+\dfrac{1}{8}\ln x - x\ln x$.

Partie A

1. La fonction f est la somme des fonctions $x\mapsto x$, $x\mapsto \dfrac{1}{8}\ln x$ et $x\mapsto -x\ln x$, les deux premières sont dérivables car fonction affine et fonction logarithme, la troisième est le produit de deux fonctions dérivables sur $\mathbb{R}_+^*$.

La fonction f est donc dérivable sur $\mathbb{R}_+^*$ et pour tout x de $]0\,;+\infty[$:

$$f'(x)=1+\frac{1}{8}\times\frac{1}{x}-\ln x - x\times\frac{1}{x}=1+\frac{1}{8x}-\ln x-1=\frac{1}{8x}-\ln x.$$

La fonction f' définie sur $]0\,;+\infty[$ est la somme des fonctions $x\mapsto\dfrac{1}{8x}$ et $x\mapsto -\ln x$ qui sont toutes deux dérivables sur $]0\,;+\infty[$.

Donc f' est dérivable sur $\mathbb{R}_+^*$ et pour tout x de $]0\,;+\infty[$, $f''(x)=-\dfrac{1}{8x^2}-\dfrac{1}{x}$.

La fonction f'' est donc strictement négative sur $\mathbb{R}_+^*$, donc la fonction f' est strictement décroissante sur $]0\,;+\infty[$.

$$\lim_{x\to+\infty}f'(x)=\lim_{x\to+\infty}\left(\frac{1}{8x}-\ln x\right)=-\infty\,;\quad \lim_{x\to0^+}\frac{1}{8x}=+\infty \text{ et } \lim_{x\to0}-\ln x=+\infty,$$

donc : $\displaystyle\lim_{x\to0}f'(x)=\lim_{x\to0}\left(\frac{1}{8x}-\ln x\right)=+\infty$.

D'où le tableau de variation de f' :

x	0	$+\infty$
f'	‖ $+\infty$ ↘	$-\infty$

2. La fonction f' est continue sur $]0\,;+\infty[$ car elle est dérivable ; elle est strictement décroissante ; de plus $\lim\limits_{0} f' = +\infty$ et $\lim\limits_{+\infty} f' = -\infty$.

Donc tout réel possède un antécédent et un seul par f', il existe donc un unique α de $]0\,;+\infty[$ tel que $f'(\alpha) = 0$.

> **Remarque**
>
> On peut aussi utiliser le tableau de variation de f'.

$$f'(1) = \frac{1}{8} \text{ et } f'(1{,}2) = -0{,}078.$$

Donc $f'(1{,}2) < f'(\alpha) < f'(1)$.

La fonction f' étant décroissante sur $]0\,;+\infty[$, $1 < \alpha < 1.2$.

3. La fonction f' étant strictement décroissante sur $]0\,;+\infty[$ et $f'(\alpha) = 0$:

$$\text{si } 0 < x < \alpha, f'(x) > 0\,;$$
$$\text{si } \alpha < x, f'(x) < 0\,;$$
$$\text{si } x = \alpha, f'(x) = 0.$$

Partie B

1. $\lim\limits_{x\to 0} x\ln x = 0$ et $\lim\limits_{x\to 0} \ln x = -\infty$, donc $\lim\limits_{x\to 0} f(x) = -\infty$.

La droite d'équation $x = 0$ est asymptote à $\mathscr{C}$.

Pour tout réel x de $]0\,;+\infty[$ différent de 1 : $f(x) = x\ln x\left(\dfrac{1}{\ln x} + \dfrac{1}{8x} - 1\right)$.

$\lim\limits_{x\to+\infty} \dfrac{1}{\ln x} = 0$ et $\lim\limits_{x\to+\infty} \dfrac{1}{8x} = 0$, donc $\lim\limits_{x\to+\infty} \dfrac{1}{\ln x} + \dfrac{1}{8x} - 1 = -1$.

$\lim\limits_{x\to+\infty} x\ln x = +\infty$, d'où $\lim\limits_{x\to+\infty} f(x) = -\infty$.

Le tableau de variation de f est :

x	0		α		$+\infty$
$f'(x)$	‖	$+$	0	$-$	
f	‖ $-\infty$	↗	$f(\alpha)$	↘	$-\infty$

$f(\alpha) = \alpha + \dfrac{1}{8}\ln\alpha - \alpha\ln\alpha.$

En prenant pour α la valeur approchée 1,1 on obtient $f(\alpha) \approx 1{,}01$.

2. D'où la représentation graphique :

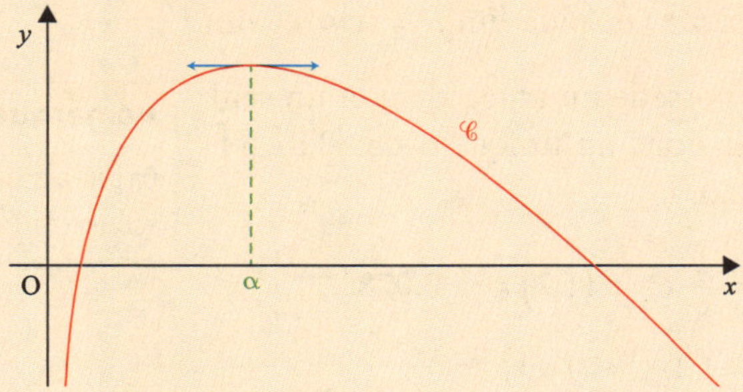

CHAPITRE 10

Fonctions sinus et cosinus

DE QUOI S'AGIT-IL ?

Dans ce chapitre on étudie de nouvelles fonctions très utilisées dans l'étude des phénomènes périodiques.

1 Étude de la fonction cosinus

- La fonction cosinus : $x \mapsto \cos x$ définie sur $\mathbb{R}$ est une fonction **paire**.

Une période de cette fonction est 2π.

Toutes les périodes sont $k \times 2\pi$ $(k \in \mathbb{Z}^*)$.

- Le tableau de variation de la fonction cos sur $[0\ ;\ \pi]$ est :

x	0		π
cos	1	↘	-1

- Courbe représentative :

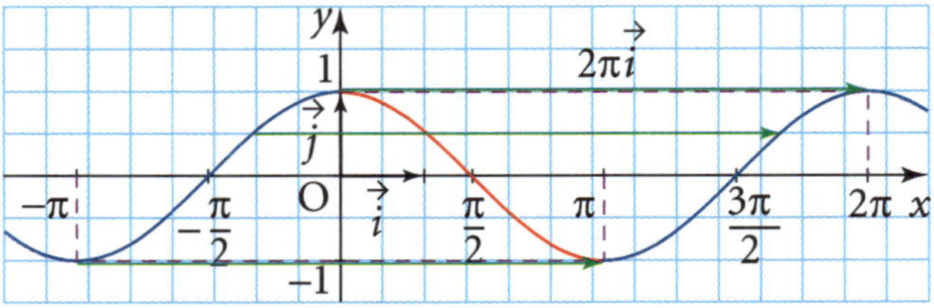

On construit la partie de la courbe sur $[0\ ;\ \pi]$ (en rouge), on complète par symétrie par rapport à (Oy), puis par translations de vecteur $k \times 2\pi \vec{i}$ $(k \in \mathbb{Z}^*)$.

2 Étude de la fonction sinus

- La fonction sinus : $x \mapsto \sin x$ définie sur $\mathbb{R}$ est une fonction **impaire**.

Une période de cette fonction est 2π.

Toutes les périodes sont $k \times 2\pi$ $(k \in \mathbb{Z}^*)$.

- Tableau de variation

x	0		$\frac{\pi}{2}$		π
sin	0	↗	1	↘	0

Remarque

On appelle fonction tangente notée tan la fonction définie sur $\mathbb{R} \setminus \left\{ (2k+1)\frac{\pi}{2} \ /\ k \in \mathbb{Z} \right\}$ par :

$$\tan x = \frac{\sin x}{\cos x}.$$

Une période de la fonction tan est π.

- Courbe représentative :

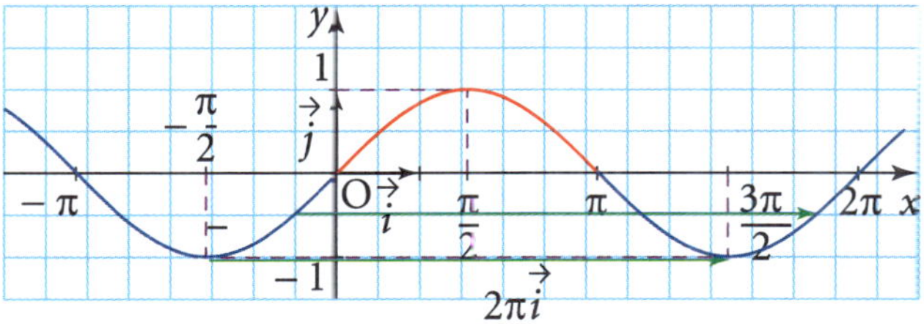

On construit la partie de la courbe sur $[0 ; \pi]$ (en rouge), on complète par symétrie par rapport à O, puis par translations de vecteur $k \times 2\pi \vec{i}$ $(k \in \mathbb{Z}^*)$.

Bien retenir

Quelques formules trigonométriques très souvent utilisées a et b réels :

$\cos^2 a + \sin^2 a = 1$

$\cos(a+b) = \cos a \cos b - \sin a \sin b$

$\sin(a+b) = \sin a \cos b + \sin b \cos a$

$\cos 2a = 1 - 2\sin^2 a = 2\cos^2 a - 1 = \cos^2 a - \sin^2 a$

$\sin 2a = 2 \sin a \cos a.$

$\cos^2 \frac{x}{2} = \frac{1 + \cos x}{2}$

$\sin^2 \frac{x}{2} = \frac{1 - \cos x}{2}$

3 Équations

Pour tous réels x et a :

$\cos x = \cos a \Leftrightarrow x = a + k2\pi$ ou $x = -a + k \cdot 2\pi$ avec $k \in \mathbb{Z}$.

$\sin x = \sin a \Leftrightarrow x = a + k2\pi$ ou $x = \pi - a + k \cdot 2\pi$ avec $k \in \mathbb{Z}$.

Questions courtes

1 Équation en cosinus

Corrigé p. 347

Résoudre dans $\mathbb{R}$, l'équation : $\cos x = \frac{\sqrt{3}}{2}$. Placer sur le cercle trigonométrique les points représentant les réels solutions.

2 Équation en cosinus

Corrigé p. 347

Résoudre dans $\mathbb{R}$, l'équation : $\cos 2x + 1 = 0$. Placer sur le cercle trigonométrique les points représentant les réels solutions.

3 Équation en cosinus

Corrigé p. 348

Résoudre dans $\mathbb{R}$, l'équation : $\cos 4x = \cos x$. Placer sur le cercle trigonométrique les points représentant les réels solutions.

4 Équation en sinus

Corrigé p. 348

Résoudre dans $\mathbb{R}$, l'équation : $2\sin x - 1 = 0$.

5 Équation en sinus

Corrigé p. 349

Résoudre dans $\mathbb{R}$, l'équation : $\sqrt{2}\sin\left(2x - \frac{\pi}{6}\right) = 1$.

6 Équation en sinus

Corrigé p. 350

Résoudre dans $\mathbb{R}$, l'équation : $\sin(5x) = \sin(2x)$.

7 Équation en sinus et cosinus

Corrigé p. 350

Résoudre dans $\mathbb{R}$, l'équation : $\cos x = \sin x$.

8 Équation en sinus et cosinus

Corrigé p. 350

Résoudre dans $\mathbb{R}$, l'équation : $\cos\left(x + \frac{\pi}{3}\right) + \sin\left(2x - \frac{\pi}{3}\right) = 0$.

9 Inéquation en cosinus

Corrigé p. 351

Résoudre dans $[-\pi\,;\pi]$, l'inéquation : $\cos x \geqslant \frac{1}{\sqrt{2}}$.

10 Inéquation en sinus

Corrigé p. 352

Résoudre dans $[-\pi\,;\pi]$, l'inéquation : $2\sin x + 1 \leqslant 0$.

Exercices d'entraînement

11 Équation se ramenant au second degré

★ 10 min Corrigé p. 353

Résoudre dans $\mathbb{R}$, l'équation : $2\sin^2 x + \sin x - 1 = 0$.

12 Équation se ramenant au second degré

★ 10 min Corrigé p. 354

Résoudre dans $\mathbb{R}$, l'équation : $8\sin^2 x - 9\cos x - 8 = 0$.

13 Équation bicarrée

★ 10 min Corrigé p. 354

Résoudre dans $\mathbb{R}$, l'équation : $\sin^4 x - \sin^2 x - 2 = 0$.

14 Inéquation

★ 15 min Corrigé p. 355

Résoudre dans $[-\pi\,;\pi]$, l'inéquation : $(2\sin x + 1)(2\cos x - 1) \leqslant 0$.

15 Encadrements

★★ 20 min Corrigé p. 357

1. Démontrer que :

$$\left(\forall x \in \left]0, \frac{\pi}{2}\right[\right) \quad x - \frac{x^3}{6} < \sin x < x.$$

2. Démontrer que :

$$\left(\forall x \in \left]0, \frac{\pi}{2}\right[\right) \quad 1 - \frac{x^2}{2} < \cos x < 1 - \frac{x^2}{2} + \frac{x^4}{24}.$$

Sujets de type BAC

16 Fonction trigonométrique

★★ 20 min Corrigé p. 359

Étudier les variations et représenter graphiquement dans un repère orthogonal la fonction numérique de variable réelle définie par $f(x) = 2\sin x + 1$.

17 Fonction trigonométrique

★ 20 min ➔ Corrigé p. 360

Même exercice que le précédent avec :

$$f(x) = \sin 2x.$$

18 Fonction trigonométrique

★★ 20 min ➔ Corrigé p. 360

Même exercice que le précédent avec :

$$f(x) = \frac{\cos x}{\cos x + 1}.$$

19 Sinusoïde amortie

★★ 50 min ➔ Corrigé p. 362

Le plan est rapporté à un repère orthogonal $(O\,;\vec{i},\vec{j})$.

Soit la fonction f définie sur $[0\,;+\infty[$ par $f(x) = e^{-x}\cos(4x)$ et Γ sa courbe représentative tracée dans le repère $(O\,;\vec{i},\vec{j})$.

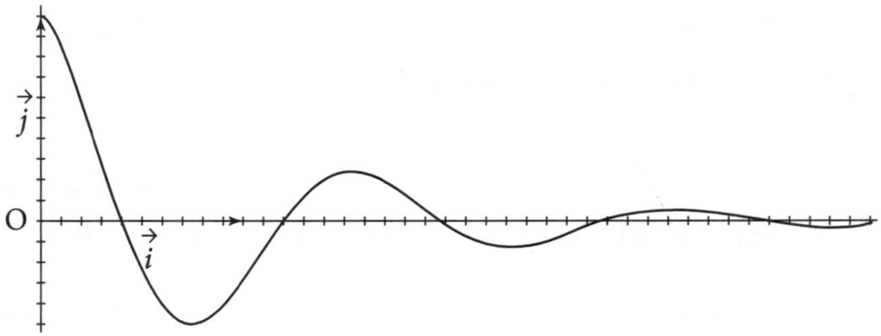

On considère également la fonction g définie sur $[0\,;+\infty[$ par $g(x) = e^{-x}$ et on nomme $\mathscr{C}$ sa courbe représentative dans le repère $(O\,;\vec{i},\vec{j})$.

1. a) Montrer que, pour tout réel x appartenant à l'intervalle $[0\,;+\infty[$:

$$-e^{-x} \leqslant f(x) \leqslant e^{-x}.$$

b) En déduire la limite de f en $+\infty$.

2. Déterminer les coordonnées des points communs aux courbes Γ et $\mathscr{C}$.

3. On définit la suite (u_n) sur $\mathbb{N}$ par $u_n = f\left(n\frac{\pi}{2}\right)$.

a) Montrer que la suite (u_n) est une suite géométrique. En préciser la raison.

b) En déduire le sens de variation de la suite (u_n) et étudier sa convergence.

4. a) Montrer que, pour tout réel x appartenant à l'intervalle $[0\,;+\infty[$:

$$f'(x) = -\,e^{-x}(\cos(4x) + 4\sin(4x)).$$

b) En déduire que les courbes Γ et $\mathscr{C}$ ont même tangente en chacun de leurs points communs.

5. Donner une valeur approchée à 10^{-1} près par excès du coefficient directeur de la droite $\mathscr{T}$, tangente à la courbe Γ au point d'abscisse $\frac{\pi}{2}$.

Compléter le graphique en y traçant et $\mathscr{T}$ et $\mathscr{C}$.

20 Encadrement, équation

★★★ 1 h Corrigé p. 364

Le plan est rapporté à un repère orthogonal $(O\,;\vec{i},\vec{j})$.

L'unité graphique est 4 cm sur l'axe des abscisses et 2 cm sur l'axe des ordonnées.

Soit f la fonction définie sur $\mathbb{R}$ par $f(x) = (2 + \cos x)e^{1-x}$.

On note $\mathscr{C}$ la courbe représentative de f dans le repère $(O\,;\vec{i},\vec{j})$.

1. Montrer que, pour tout x de $\mathbb{R}$, $f(x) > 0$.

2. a) Montrer que, pour tout x de $\mathbb{R}$, $\sqrt{2}\cos\left(x - \frac{\pi}{4}\right) = \cos x + \sin x$.

b) En déduire que, pour tout x de $\mathbb{R}$, $2 + \cos x + \sin x > 0$.

c) Montrer que f est strictement décroissante sur $\mathbb{R}$.

3. a) Montrer que, pour tout x de $\mathbb{R}$, $e^{1-x} \leqslant f(x) \leqslant 3e^{1-x}$.

b) En déduire les limites de f en $+\infty$ et en $-\infty$.

c) Interpréter géométriquement le résultat obtenu lors du calcul de la limite de f en $+\infty$.

4. a) Montrer que, sur l'intervalle $[0\,;\pi]$, l'équation $f(x) = 3$ admet une solution unique α.

b) Donner un encadrement de α d'amplitude 10^{-2}.

5. Représenter la courbe $\mathscr{C}$ sur $[0\,;4]$.

21 Problème concret

★★★ 1 h Corrigé p. 367

Un lapin désire traverser une route de 4 mètres de largeur. Un camion, occupant toute la route, arrive à sa rencontre à la vitesse de 60 km/h. Le lapin décide au dernier moment de traverser, alors que le camion n'est plus qu'à 7 mètres de lui. Son démarrage est foudroyant et on suppose qu'il effectue la traversée en ligne droite au maximum de ses possibilités, c'est-à-dire à ... 30 km/h !

L'avant du camion est représenté par le segment $[CC']$ sur le schéma ci-dessous.

Le lapin part du point A en direction de D.
Cette direction est repérée par l'angle $\theta = \widehat{BAD}$ avec $0 \leqslant \theta < \frac{\pi}{2}$ (en radians).

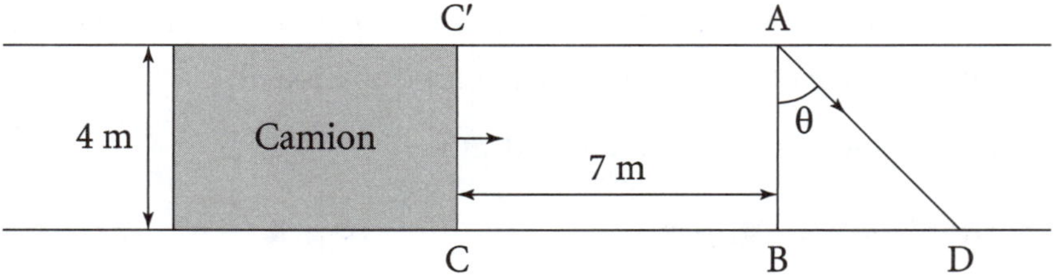

1. Déterminer les distances AD et CD en fonction de θ et les temps t_1 et t_2 mis par le lapin et le camion pour parcourir respectivement les distances AD et CD.

2. On pose $f(\theta) = \frac{7}{2} + 2\tan\theta - \frac{4}{\cos\theta}$.

Montrer que le lapin aura traversé la route avant le passage du camion si, et seulement si, $f(\theta) > 0$.

3. Conclure.

Rappel : La fonction $x \mapsto \tan x = \frac{\sin x}{\cos x}$ est dérivable sur $\left[0 ; \frac{\pi}{2}\right[$ et a pour dérivée la fonction $x \mapsto \frac{1}{\cos^2 x}$.

Questions courtes

1 Pour tout réel x, on a :

$$\cos x = \frac{\sqrt{3}}{2} \Leftrightarrow \cos x = \cos\frac{\pi}{3}$$

$$\Leftrightarrow x = \frac{\pi}{3} + k2\pi \text{ ou } x = -\frac{\pi}{3} + k2\pi \text{ avec } k \in \mathbb{Z}.$$

Il y a deux points représentant les réels solutions sur le cercle trigonométrique.

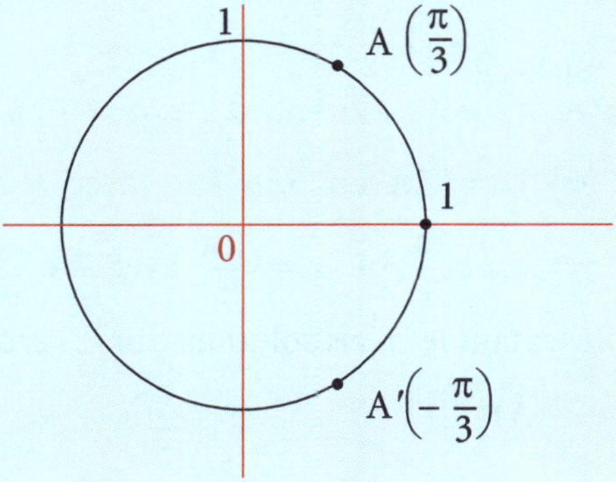

2 Pour tout réel x, on a :

$$\cos 2x + 1 = 0 \Leftrightarrow \cos 2x = -1$$

$$\Leftrightarrow \cos 2x = \cos\pi$$

$$\Leftrightarrow 2x = \pi + k2\pi \text{ ou } 2x = -\pi + k2\pi \text{ avec } k \in \mathbb{Z}$$

$$\Leftrightarrow x = \frac{\pi}{2} + k\pi \text{ ou } x = -\frac{\pi}{2} + k\pi \text{ avec } k \in \mathbb{Z}.$$

$x = -\frac{\pi}{2} + k\pi = -\frac{\pi}{2} + \pi + (k-1)\pi = \frac{\pi}{2} + (k-1)\pi$ donc en posant $k' = k - 1$ l'ensemble des réels tels que $x = -\frac{\pi}{2} + k\pi$ avec $k \in \mathbb{Z}$ est aussi l'ensemble des réels tels que $x = \frac{\pi}{2} + k'\pi$ avec $k' \in \mathbb{Z}$. L'ensemble des solutions de l'équation $\cos 2x + 1 = 0$ est l'ensemble des réels x tels que $x = \frac{\pi}{2} + k\pi$.

Il y a deux points représentant les réels solutions sur le cercle trigonométrique.

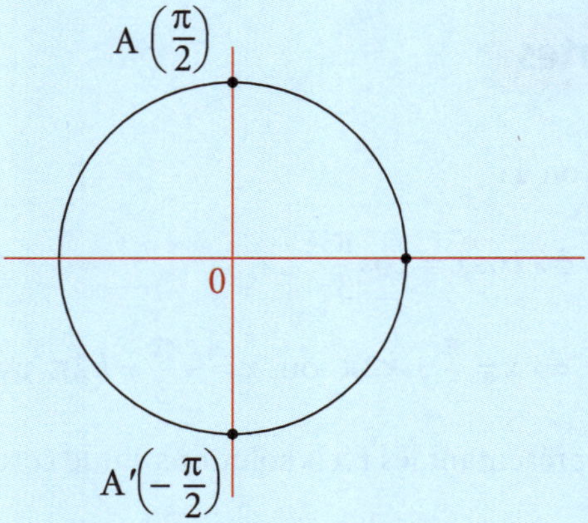

3 Pour tout réel x, on a :

$$\cos 4x = \cos x \Leftrightarrow 4x = x + k2\pi \text{ ou } 4x = -x + k2\pi \text{ avec } k \in \mathbb{Z}$$

$$\Leftrightarrow 3x = k2\pi \text{ ou } 5x = k2\pi \text{ avec } k \in \mathbb{Z}$$

$$\Leftrightarrow x = k\frac{2\pi}{3} \text{ ou } x = k\frac{2\pi}{5} \text{ avec } k \in \mathbb{Z}.$$

Il y a sept points représentant les réels solutions sur le cercle trigonométrique.

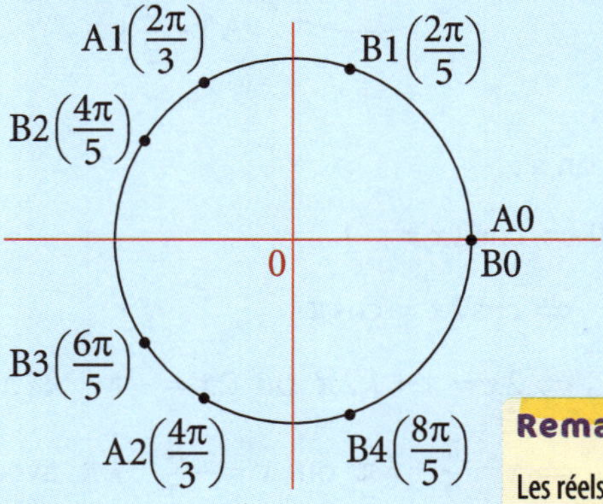

Remarque

Les réels $x = k\frac{2\pi}{3}$ sont représentés par trois points du cercle trigonométrique en choisissant $k=0, k=1, k=2$. On constate que si $k=4$, on obtient A1, si $k=-1$ on obtient A2 etc.

4 Pour tout réel x, on a :

$$2\sin x = 1 \Leftrightarrow \sin x = \frac{1}{2}$$

$$\Leftrightarrow \sin x = \sin\frac{\pi}{6}$$

$$\Leftrightarrow x = \frac{\pi}{6} + k2\pi \text{ ou } x = \pi - \frac{\pi}{6} + k2\pi \text{ avec } k \in \mathbb{Z}$$

$$\Leftrightarrow x = \frac{\pi}{6} + k2\pi \text{ ou } x = \frac{5\pi}{6} + k2\pi \text{ avec } k \in \mathbb{Z}.$$

Il y a deux points représentant les réels solutions sur le cercle trigonométrique.

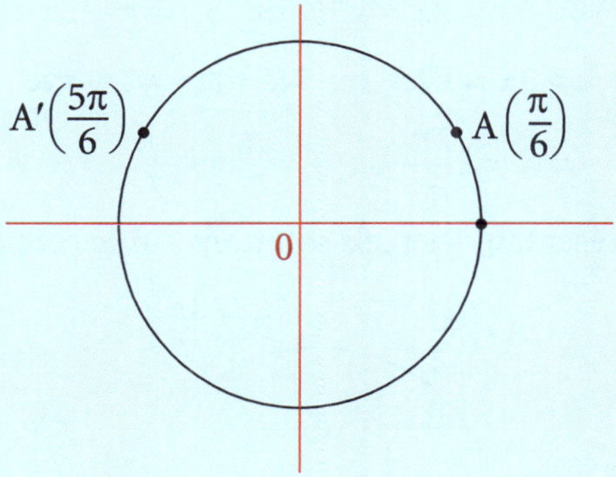

5 Pour tout réel x, on a :

$$\sqrt{2}\sin\left(2x-\frac{\pi}{6}\right)=1 \Leftrightarrow \sin\left(2x-\frac{\pi}{6}\right)=\frac{1}{\sqrt{2}}=\frac{\sqrt{2}}{2}$$

$$\Leftrightarrow \sin\left(2x-\frac{\pi}{6}\right)=\sin\frac{\pi}{4}$$

$$\Leftrightarrow 2x-\frac{\pi}{6}=\frac{\pi}{4}+k2\pi \text{ ou } 2x-\frac{\pi}{6}=\pi-\frac{\pi}{4}+k2\pi \text{ avec } k\in\mathbb{Z}$$

$$\Leftrightarrow 2x=\frac{5\pi}{12}+k2\pi \text{ ou } 2x=\frac{11\pi}{12}+k2\pi \text{ avec } k\in\mathbb{Z}$$

$$\Leftrightarrow x=\frac{5\pi}{24}+k\pi \text{ ou } x=\frac{11\pi}{24}+k\pi \text{ avec } k\in\mathbb{Z}.$$

Il y a quatre points représentant les réels solutions sur le cercle trigonométrique.

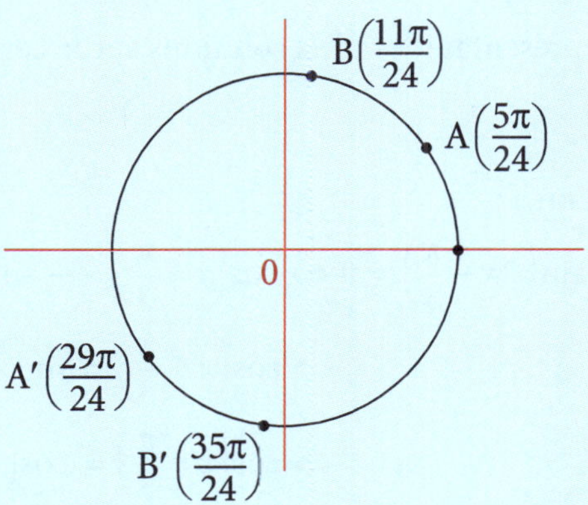

CORRIGÉS

6 Pour tout réel x, on a :

$$\sin(5x) = \sin(2x) \Leftrightarrow 5x = 2x + k2\pi \text{ ou } 5x = \pi - 2x + k2\pi \text{ avec } k \in \mathbb{Z}$$

$$\Leftrightarrow 3x = k2\pi \text{ ou } 7x = \pi + k2\pi \text{ avec } k \in \mathbb{Z}$$

$$\Leftrightarrow x = k\frac{2\pi}{3} \text{ ou } x = \frac{\pi}{7} + k\frac{2\pi}{7} \text{ avec } k \in \mathbb{Z}.$$

Il y a dix points représentant les réels solutions sur le cercle trigonométrique.

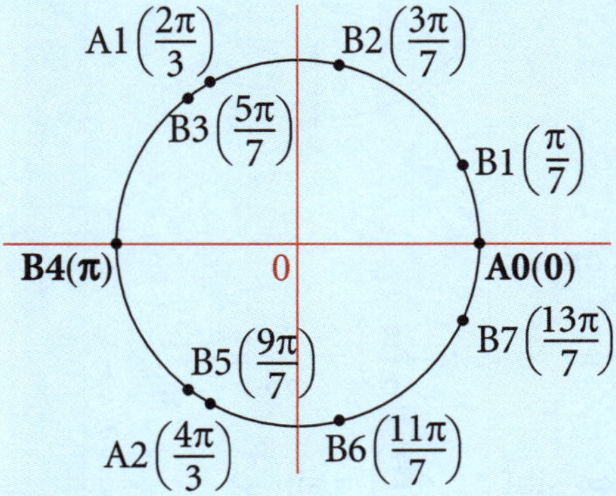

7 Pour tout réel x, on a :

$$\cos x = \sin x \Leftrightarrow \cos x = \cos\left(\frac{\pi}{2} - x\right)$$

$$\Leftrightarrow x = \frac{\pi}{2} - x + k2\pi \text{ ou } x = -\left(\frac{\pi}{2} - x\right) + k2\pi \text{ avec } k \in \mathbb{Z}$$

$$\Leftrightarrow 2x = \frac{\pi}{2} + k2\pi \text{ ou } 0x = -\frac{\pi}{2} + k2\pi \text{ avec } k \in \mathbb{Z}$$

$$\Leftrightarrow x = \frac{\pi}{4} + k\pi \text{ la deuxième égalité est impossible.}$$

Il y a deux points représentant les réels solutions sur le cercle trigonométrique $A_0\left(\frac{\pi}{4}\right)$ et $A_1\left(\frac{5\pi}{4}\right)$.

8 Pour tout réel x, on a :

$$\cos\left(x + \frac{\pi}{3}\right) + \sin\left(2x - \frac{\pi}{3}\right) = 0 \Leftrightarrow \cos\left(x + \frac{\pi}{3}\right) = -\sin\left(2x - \frac{\pi}{3}\right)$$

$$\Leftrightarrow \cos\left(x + \frac{\pi}{3}\right) = \sin\left(\frac{\pi}{3} - 2x\right)$$

$$\Leftrightarrow \cos\left(x + \frac{\pi}{3}\right) = \cos\left(\frac{\pi}{2} - \left(\frac{\pi}{3} - 2x\right)\right)$$

en remarquant que pour tout réel x, $\sin(-x) = -\sin x$ et $\sin x = \cos\left(\frac{\pi}{2} - x\right)$.
Pour tout réel x,

$$\cos\left(x + \frac{\pi}{3}\right) + \sin\left(2x - \frac{\pi}{3}\right) = 0 \Leftrightarrow \cos\left(x + \frac{\pi}{3}\right) = \cos\left(\frac{\pi}{6} + 2x\right)$$

$$\Leftrightarrow x + \frac{\pi}{3} = \frac{\pi}{6} + 2x + k2\pi \text{ ou } x + \frac{\pi}{3} = -\left(\frac{\pi}{6} + 2x\right) + k2\pi \text{ avec } k \in \mathbb{Z}$$

$$\Leftrightarrow -x = -\frac{\pi}{6} + k2\pi \text{ ou } 3x = -\frac{\pi}{2} + k2\pi \text{ avec } k \in \mathbb{Z}$$

$$\Leftrightarrow x = \frac{\pi}{6} + k2\pi \text{ ou } x = -\frac{\pi}{6} + k\frac{2\pi}{3} \text{ avec } k \in \mathbb{Z}.$$

Il y a quatre points représentant les réels solutions sur le cercle trigonométrique correspondant à $\left\{\frac{\pi}{6} ; -\frac{\pi}{6} ; \frac{\pi}{2} ; -\frac{5\pi}{6}\right\}$.

9 Soit H le point d'abscisse $\frac{1}{\sqrt{2}}$ et d'ordonnée nulle, P et Q les points du cercle trigonométrique d'abscisse $\frac{1}{\sqrt{2}}$.

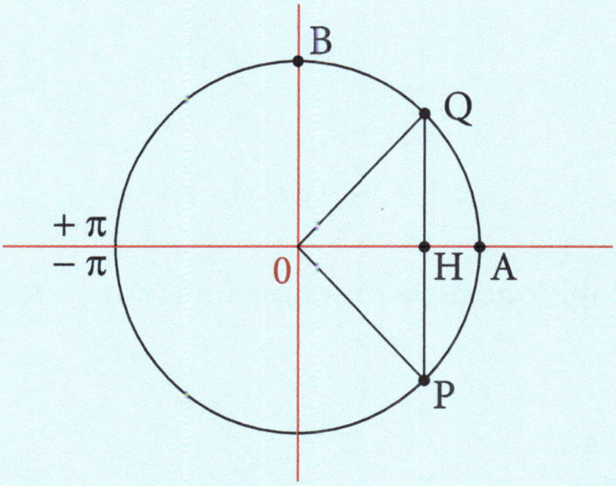

Sur l'intervalle $[-\pi ; \pi]$ le point P (resp. le point Q) est associé à $-\frac{\pi}{4}$ $\left(\text{respectivement à } \frac{\pi}{4}\right)$. Dans le repère $(O, \overrightarrow{OA}, \overrightarrow{OB})$ tous les points de l'arc $\overset{\frown}{PAQ}$ ont une abscisse supérieure à $\frac{2}{\sqrt{2}}$. Tous les réels x associés aux points de l'arc $\overset{\frown}{PAQ}$ sont des nombres compris entre $-\frac{\pi}{4}$ et $\frac{\pi}{4}$ et ont un cosinus supérieur ou égal à $\dfrac{\sqrt{2}}{2}$. L'ensemble des solutions sur $[-\pi\,;\pi]$ de l'inéquation $\cos x \geqslant \dfrac{1}{\sqrt{2}}$ est l'ensemble $\left[-\dfrac{\pi}{4}\,;\dfrac{\pi}{4}\right]$.

Autre méthode

La représentation graphique de la fonction cosinus sur $[-\pi\,;\pi]$ est :

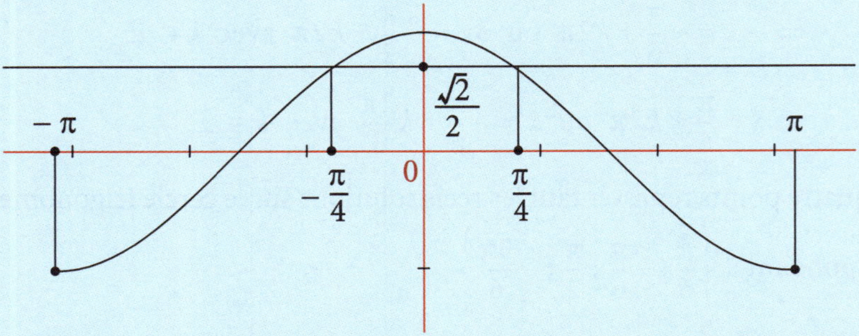

Tous les points de la courbe représentative de la fonction cosinus ayant une abscisse comprise entre $-\dfrac{\pi}{4}$ et $\dfrac{\pi}{4}$ ont une ordonnée supérieure à $\dfrac{\sqrt{2}}{2}$, l'ensemble des solutions sur $[-\pi\,;\pi]$ de l'inéquation $\cos x \geqslant \dfrac{1}{\sqrt{2}}$ est $\left[-\dfrac{\pi}{4}\,;\dfrac{\pi}{4}\right]$.

10 Pour tout réel x :

$$2\sin x + 1 \leqslant 0 \Leftrightarrow \sin x \leqslant -\frac{1}{2}.$$

La représentation graphique de la fonction sinus sur $[-\pi\,;\pi]$ est :

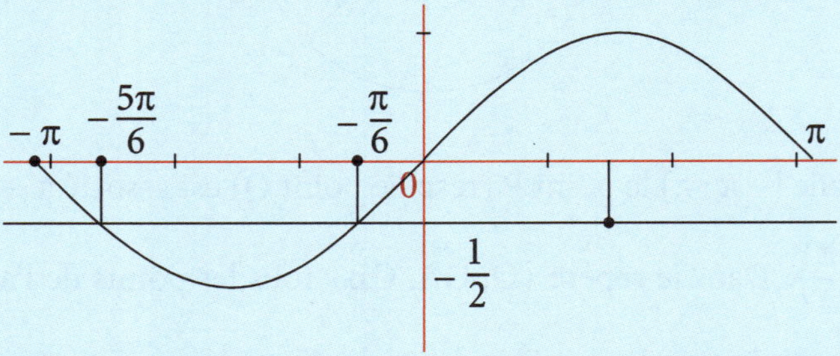

Tous les points de la courbe représentative de la fonction sinus ayant une abscisse comprise entre $-\dfrac{5\pi}{6}$ et $-\dfrac{\pi}{6}$ ont une ordonnée inférieure à $-\dfrac{1}{2}$, l'ensemble des solutions sur $[-\pi\,;\pi]$ de l'inéquation $\sin x \leqslant -\frac{1}{2}$ est $\left[-\frac{5\pi}{6}\,;-\frac{\pi}{6}\right]$.

Exercices d'entraînement

11 Posons pour tout réel x, $\sin x = X$.
On a pour tout réel x :

$$2\sin^2 x + \sin x - 1 = 0 \Leftrightarrow \begin{cases} X = \sin x \\ 2X^2 + X - 1 = 0 \end{cases}.$$

La deuxième équation admet une racine évidente -1, l'autre racine est donc égale à $\frac{1}{2}$ (réel opposé au produit des racines). Pour tout réel x :

$$2\sin^2 x + \sin x - 1 = 0 \Leftrightarrow \begin{cases} X = \sin x \\ X = -1 \text{ ou } X = \frac{1}{2} \end{cases}$$

$$\Leftrightarrow \sin x = -1 \text{ ou } \sin x = \frac{1}{2}$$

$$\Leftrightarrow \sin x = \sin\frac{3\pi}{2} \text{ ou } \sin x = \sin\frac{\pi}{6}.$$

Pour tout réel x :

$$\sin x = \sin\frac{3\pi}{2} \Leftrightarrow x = \frac{3\pi}{2} + k2\pi \text{ ou } x = \pi - \frac{3\pi}{2} + k2\pi \text{ avec } k \in \mathbb{Z}$$

$$\Leftrightarrow x = \frac{3\pi}{2} + k2\pi \text{ ou } x = -\frac{\pi}{2} + k2\pi \text{ avec } k \in \mathbb{Z}.$$

Les deux ensembles de solutions sont les mêmes, donc cette équation admet un seul ensemble de solutions $x = \frac{3\pi}{2} + k2\pi$ et il y a un seul point représentant les réels solutions sur le cercle trigonométrique.

Remarque

$$\begin{aligned} x &= -\frac{\pi}{2} + k2\pi \\ &= -\frac{\pi}{2} + 2\pi + (k-1)2\pi \\ &= \frac{3\pi}{2} + (k-1)2\pi \\ &= \frac{3\pi}{2} + k'2\pi \quad k' \in \mathbb{Z}. \end{aligned}$$

Pour tout réel x,

$$\sin x = \sin\frac{\pi}{6} \Leftrightarrow x = \frac{\pi}{6} + k2\pi \text{ ou } x = \pi - \frac{\pi}{6} + k2\pi \text{ avec } k \in \mathbb{Z}$$

$$\Leftrightarrow x = \frac{\pi}{6} + k2\pi \text{ ou } x = \frac{5\pi}{6} + k2\pi \text{ avec } k \in \mathbb{Z}.$$

Il y a deux points représentant les réels solutions sur le cercle trigonométrique, ces deux points sont symétriques par rapport à l'axe des ordonnées.

L'équation admet trois ensembles de solutions :

$$x = \frac{3\pi}{2} + k2\pi \text{ ou } x = \frac{\pi}{6} + k2\pi \text{ ou } x = \frac{5\pi}{6} + k2\pi \text{ avec } k \in \mathbb{Z}.$$

12 Pour tout réel x :

$$\begin{aligned} 8\sin^2 x - 9\cos x - 8 = 0 &\Leftrightarrow 8(1 - \cos^2 x) - 9\cos x - 8 = 0 \\ &\Leftrightarrow -8\cos^2 x - 9\cos x = 0 \\ &\Leftrightarrow 8\cos^2 x + 9\cos x = 0 \\ &\Leftrightarrow (\cos x)(8\cos x + 9) = 0 \\ &\Leftrightarrow \cos x = 0 \text{ ou } \cos x = -\frac{9}{8}. \end{aligned}$$

La deuxième équation n'a pas de solution par pour tout réel x, le réel $\cos x$ appartient à $[-1 ; 1]$, on a donc pour tout réel x :

$$\begin{aligned} 8\sin^2 x - 7\cos x - 8 = 0 &\Leftrightarrow \cos x = 0 \\ &\Leftrightarrow x = \frac{\pi}{2} + k2\pi \text{ ou } x = -\frac{\pi}{2} + k2\pi \text{ avec } k \in \mathbb{Z}. \end{aligned}$$

Il y a deux points représentant les réels solutions sur le cercle trigonométrique.

13 Pour tout réel x :

$$\sin^4 x - \sin^2 x - 2 = 0 \Leftrightarrow \begin{cases} X = \sin x \\ X^4 - X^2 - 2 = 0 \end{cases}$$

$$\Leftrightarrow \begin{cases} X = \sin x \\ Y = X^2 \\ Y^2 - Y - 2 = 0 \end{cases}.$$

L'équation $Y^2 - Y - 2 = 0$ admet une racine « évidente » $Y = -1$, l'autre racine est donc l'opposé du produit des racines donc 2. Pour tout réel x :

$$\sin^4 x - \sin^2 x - 2 = 0 \Leftrightarrow \begin{cases} X = \sin x \\ Y = X^2 \\ Y = -1 \text{ ou } Y = 2 \end{cases}$$

$$\Leftrightarrow \begin{cases} X = \sin x \\ X^2 = -1 \text{ ou } X^2 = 2 \end{cases}.$$

L'équation $X^2 = -1$ n'a pas de solution donc :

$$\sin^4 x - \sin^2 x - 2 = 0 \Leftrightarrow \begin{cases} X = \sin x \\ X = -\sqrt{2} \text{ ou } X = \sqrt{2} \end{cases}$$

$$\Leftrightarrow \sin x = -\sqrt{2} \text{ ou } \sin x = \sqrt{2}.$$

Les réels $-\sqrt{2}$ et $\sqrt{2}$ n'appartiennent pas à $[-1\,;1]$ donc l'équation proposée n'a pas de solution.

14 Pour résoudre l'inéquation, on cherche le signe de chacun des facteurs et on construira un tableau de signes.

• Signe de $2\sin x + 1$ sur $[-\pi\,;\pi]$.

Pour tout réel x de $[-\pi\,;\pi]$,

$$2\sin x + 1 = 0 \Leftrightarrow \sin x = -\frac{1}{2} \Leftrightarrow x = -\frac{\pi}{6} \text{ ou } x = -\frac{5\pi}{6}.$$

Soit E et E′ les points du cercle trigonométrique associés aux réels $-\frac{\pi}{6}$ et $-\frac{5\pi}{6}$.

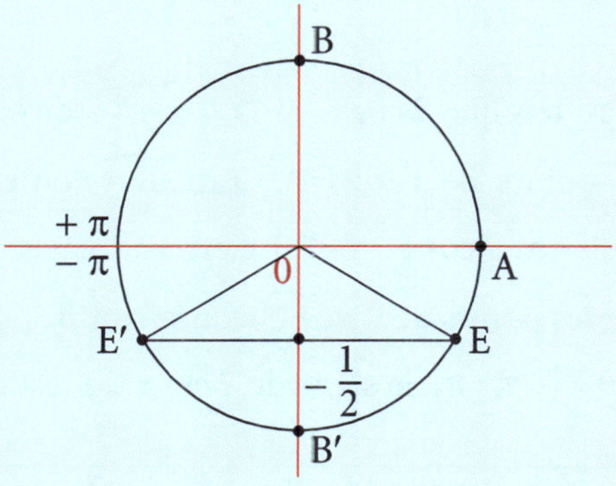

Les réels x de $[-\pi\,;\pi]$ tels que $2\sin x + 1 < 0$ c'est-à-dire tels que $x < -\frac{1}{2}$ sont représentés par les points de l'arc $\widehat{E'B'E}$ (arc $\widehat{E'E}$ contenant B′) extrémités exclues. Les réels x tels que $2\sin x + 1 \geqslant 0$ c'est-à-dire tels que $x \geqslant -\frac{1}{2}$ sont les réels représentés par les points de l'arc $\overset{\frown}{EE'}$ contenant B les extrémités étant comprises.

Lorsque x appartient à $[-\pi ; \pi]$, le signe de $2\sin x + 1$ est donné par le tableau de signes :

x	$-\pi$		$-\frac{5\pi}{6}$		$-\frac{\pi}{6}$		π
$2\sin x + 1$		+	0	–	0	+	

• Signe de $2\cos x - 1$ sur $[-\pi ; \pi]$.

Pour tout réel x de $[-\pi ; \pi]$:

$$2\cos x - 1 = 0 \Leftrightarrow \cos x = \frac{1}{2} \Leftrightarrow x = \frac{\pi}{3} \text{ ou } x = -\frac{\pi}{3}.$$

Soit F et F′ les points du cercle trigonométrique associés aux réels $\frac{\pi}{3}$ et $-\frac{\pi}{3}$.

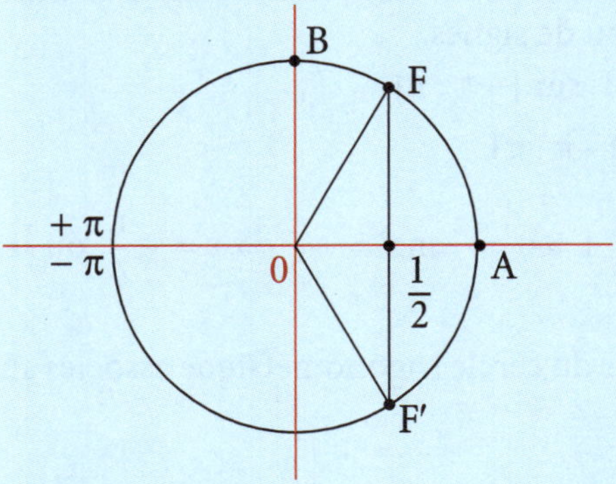

Les réels x de $[-\pi ; \pi]$ tels que $2\cos x - 1 > 0$ c'est à dire tels que $x > \frac{1}{2}$ sont représentés par les points de l'arc $\overset{\frown}{F'AF}$ (arc $\overset{\frown}{F'F}$ contenant A) extrémités exclues. Les réels x tels que $2\cos x - 1 < 0$ c'est-à-dire tels que $x < -\frac{1}{2}$ sont les réels représentés par les points de l'arc $\overset{\frown}{FF'}$ contenant B.

Lorsque x appartient à $[-\pi ; \pi]$, le signe de $2\cos x - 1$ est donné par le tableau de signes :

x	$-\pi$		$-\frac{\pi}{3}$		$\frac{\pi}{3}$		π
$2\cos x - 1$		–	0	+	0	–	

• Signe du produit $(2\cos x + 1)(2\cos x - 1)$

x	$-\pi$		$-\frac{5\pi}{6}$		$-\frac{\pi}{3}$		$-\frac{\pi}{6}$		$\frac{\pi}{3}$		π
$2\sin x + 1$		+	0	−		−	0	+		+	
$2\cos x - 1$		−		−	0	+		+	0	−	
Produit		−	0	+	0	−	0	+	0	−	

Le produit est négatif ou nul dans trois intervalles.

L'ensemble S des solutions sur $[-\pi\,;\pi]$ de $(2\sin x + 1)(2\cos x - 1) \leqslant 0$ est :

$$S = \left[-\pi\,;-\frac{5\pi}{6}\right] \cup \left[-\frac{\pi}{3}\,;-\frac{\pi}{6}\right] \cup \left[\frac{\pi}{3}\,;\pi\right].$$

15 Nous allons déduire le signe de $\sin x - x$ du sens de variation de la fonction φ définie pour tout réel x de $\left[0\,;\frac{\pi}{2}\right]$ par :

$$x \mapsto \varphi(x) = \sin x - x.$$

La dérivée vérifie : $\varphi'(x) = \cos x - 1$.

x	0		$\frac{\pi}{2}$
$\varphi'(x)$	0	−	-1
φ	0	↘	$1-\frac{\pi}{2}$

ce qui montre que, si $0 < x < \frac{\pi}{2}$, on a $\sin x - x < 0$, donc : $\sin x < x$.

De même, on définit, sur l'intervalle $\left[0\,;\frac{\pi}{2}\right]$, la fonction u par :

$$u(x) = \sin x - \left(x - \frac{x^3}{6}\right).$$

La fonction u est dérivable sur $\left[0\,;\frac{\pi}{2}\right]$ et, pour tout réel x de $\left[0\,;\frac{\pi}{2}\right]$:

$$u'(x) = \cos x - 1 + \frac{x^2}{2} = -2\sin^2\frac{x}{2} + \frac{x^2}{2} > -2\frac{x^2}{4} + \frac{x^2}{2} = 0$$

CORRIGÉS

car on a vu que, si $0 < x < \frac{\pi}{2}$ donc si $0 < \frac{x}{2} < \frac{\pi}{4}$, $\sin\frac{x}{2} < \frac{x}{2}$. D'où le tableau de variation :

x	0 $\qquad\qquad\qquad$ $\frac{\pi}{2}$
$u'(x)$	0 $\quad$ $+$
u	0 ↗

ce qui montre que, si $0 < x < \frac{\pi}{2}$, on a $x - \left(x - \frac{x^3}{6}\right) > 0$, donc :

$$\left(\forall x \in \left]0, \frac{\pi}{2}\right[\right) \qquad x - \frac{x^3}{6} < \sin x < x.$$

On a vu à la question précédente que, pour tout x de $\left]0, \frac{\pi}{2}\right[$, on a : $u'(x) = \cos x - 1 + \frac{x^2}{2} > 0$ donc : $1 - \frac{x^2}{2} < \cos x$. On peut aussi retrouver ce résultat en étudiant les variations de la fonction : $x \mapsto \cos x - 1 + \frac{x^2}{2}$ sur $\left]0, \frac{\pi}{2}\right[$. On démontre l'autre inégalité en étudiant les variations de la fonction h définie pour tout réel x de $\left[0 ; \frac{\pi}{2}\right]$ par :

$$h(x) = \cos x - \left(1 - \frac{x^2}{2} + \frac{x^4}{24}\right).$$

La fonction h est dérivable sur $\left[0 ; \frac{\pi}{2}\right]$, et pour tout réel x de $\left[0 ; \frac{\pi}{2}\right]$:

$$h'(x) = -\sin x + x - \frac{x^3}{6}.$$

D'après la question 1, pour tout réel x de $\left[0 ; \frac{\pi}{2}\right]$, $h'(x) \leqslant 0$.

x	0 $\qquad\qquad\qquad$ $\frac{\pi}{2}$
$h'(x)$	0 $\quad$ $-$
h	0 ↘

Donc pour tout réel x de $\left]0, \frac{\pi}{2}\right[$, $1 - \frac{x^2}{2} < \cos x < 1 - \frac{x^2}{2} + \frac{x^4}{24}$.

16 La fonction f est définie en tout point de $\mathbb{R}$. Elle est continue et dérivable en tout point de $\mathbb{R}$ et, pour tout réel x :
$f(x + 2\pi) = 2\sin(x + 2\pi) + 1 = 2\sin x + 1$.
La fonction f est périodique, 2π est une période.
On étudiera f sur l'ensemble $E_f = [0\ ;\ 2\pi]$ (E_f s'appelle l'ensemble d'étude de f).
Pour tout réel x, $f'(x) = 2\cos x$, d'où :

x	0		$\frac{\pi}{2}$		$\frac{3\pi}{2}$		2π
$f'(x)$		$+$	0	$-$	0	$+$	
f	1	↗	3	↘	-1	↗	1

Cherchons les points d'intersection de la courbe avec l'axe des abscisses :

$$f(x) = 0 \Leftrightarrow 2\sin x + 1 = 0$$

$$\Leftrightarrow \sin x = -\frac{1}{2} = \sin\left(-\frac{\pi}{6}\right)$$

$$\Leftrightarrow \begin{cases} x = -\dfrac{\pi}{6} + k2\pi \\ \text{ou} \\ x = \pi + \dfrac{\pi}{6} + k2\pi \quad (k \in \mathrm{Z}). \end{cases}$$

> **Remarques**
> • Pour tout x de $\mathbb{R}$, l'équation $\sin x = \sin a$ est équivalente à $x = a + k2\pi$ ou $x = \pi - a + k2\pi$ avec $k \in \mathbb{Z}$.
> • Pour tout x de $\mathbb{R}$, l'équation $\cos x = \cos a$ est équivalente à $x = a + k2\pi$ ou $x = -a + k2\pi$ avec $k \in \mathbb{Z}$.

Les réels de E_f annulant f sont $\frac{7\pi}{6}$ et $\frac{11\pi}{6}$.
Si $\mathscr{C}_f$ désigne la courbe représentative de f sur E_f, on obtiendra la courbe représentative de f sur $\mathbb{R}$ en cherchant les images de $\mathscr{C}_1$ par les translations de vecteurs $\vec{v_k}(k2\pi\ ;\ 0)$ (où $k \in \mathbb{Z}$).

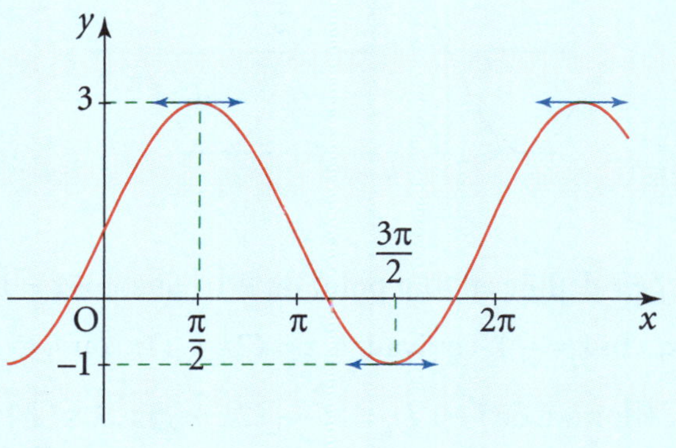

17 La fonction f est définie en tout point de $\mathbb{R}$. Elle est continue et dérivable en tout point de $\mathbb{R}$ et, pour tout réel x, $f(x+\pi) = \sin(2x+2\pi) = \sin 2x = f(x)$.

f est une fonction périodique dont une période est π.

La fonction f étant impaire, on étudiera f sur $E_f = \left[0\ ;\ \frac{\pi}{2}\right]$. $f(0) = f\left(\frac{\pi}{2}\right) = 0$.

Pour tout réel x, $f'(x) = 2\cos 2x$

• Si $x \in E_f$, $f'(x) = 0$ équivaut à $2x = \frac{\pi}{2}$ soit $x = \frac{\pi}{4}$.

D'où le tableau de variation :

x	0		$\frac{\pi}{4}$		$\frac{\pi}{2}$
$f'(x)$	2	$+$	0	$-$	-2
f	0	↗	1	↘	0

Soit $\mathscr{C}_1$ la courbe représentative de f sur $\left[0\ ;\ \frac{\pi}{2}\right]$, $\mathscr{C}_2$ la courbe symétrique de $\mathscr{C}_1$ par rapport à 0 ; $\mathscr{C}_1 \cup \mathscr{C}_2$ est la courbe représentative de f sur $\left[-\frac{\pi}{2}\ ;\ \frac{\pi}{2}\right]$, c'est-à-dire sur un intervalle d'amplitude π. La courbe représentative de f est la réunion des images de $\mathscr{C}_1 \cup \mathscr{C}_2$ par les translations de vecteurs $\vec{v_k}(k\pi, 0)$, $k \in \mathbb{Z}$.

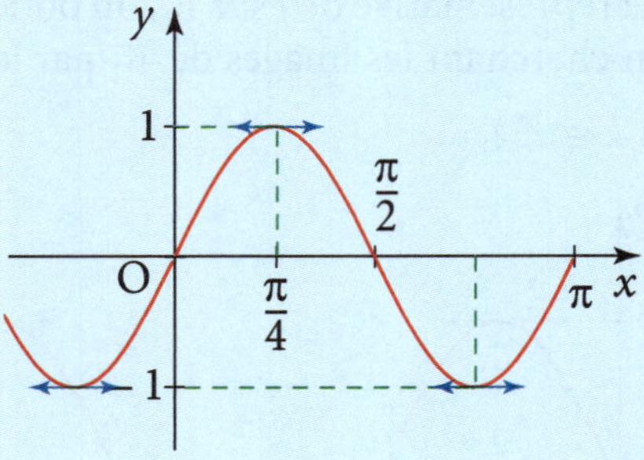

18 La fonction f est définie en tout point de $\mathbb{R}$ tel que $\cos x + 1 \neq 0$.
Pour tout réel x, $\cos x = -1$ équivaut à $x = (2k+1)\pi$ où $k \in \mathbb{Z}$.

L'ensemble de définition de f est $D_f = \mathbb{R} - \{(2k+1)\pi, k \in \mathbb{Z}\}$.

La fonction f est continue et dérivable en tout point D_f (quotient de deux fonctions dérivables, le dénominateur étant non nul) et, pour tout point de D_f :

$$f(x+2\pi)=\frac{\cos(x+2\pi)}{\cos(x+2\pi)+1}=f(x).$$

Remarque

On peut aussi écrire que pour tout x de $\mathbb{R}$, $\cos x=-1=\cos\pi$, ce qui est équivalent à $x=\pi+k2\pi$ ou $x=-\pi+k2\pi$ ($k\in\mathbb{Z}$), ce qui est équivalent à $x=(2k+1)\pi$, $k\in\mathbb{Z}$.

2π est une période de la fonction f.

La fonction f est paire (quotient de deux fonctions paires).

On étudiera donc les variations de f sur l'intervalle $E_f=[0\,;\pi[$, $f(0)=\frac{1}{2}$.

Pour tout réel x, $1+\cos x\geqslant 0$ et $\lim\limits_{x\to\pi}(1+\cos x)=0$, $\lim\limits_{x\to\pi}\cos x=-1$.

Donc $\lim\limits_{x\to\pi^-}f(x)=-\infty$ et la droite d'équation $x=\pi$ est asymptote à la courbe.

Pour tout réel x de D_f :

$$f'(x)=\frac{-\sin x(\cos x+1)-\cos x\,(-\sin x)}{(\cos x+1)^2}=\frac{-\sin x}{(1+\cos x)^2}.$$

x	0		π
$f'(x)$	0	$-$	‖
f	$\frac{1}{2}$	↘	$-\infty$ ‖

Pour tout x de D_f, $f(x)=0$ si et seulement si $\cos x=0$,

soit $x=\frac{\pi}{2}+k\pi$, $k\in\mathbb{Z}$.

Soit $\mathscr{C}_1$ la courbe représentative, dans un repère orthogonal, de f sur l'intervalle $[0\,;\pi[$, $\mathscr{C}_2$ la courbe symétrique de $\mathscr{C}_1$ par rapport à l'axe des ordonnées. $\mathscr{C}_1\cup\mathscr{C}_2$ est la courbe représentative de f sur l'intervalle $]-\pi\,;\pi[$ d'amplitude 2π. La courbe représentative de f sur D_f sera la réunion des images de $\mathscr{C}_1\cup\mathscr{C}_2$ par les translations de vecteurs $\vec{v_k}(k2\pi\,;0)$, $(k\in\mathbb{Z})$.

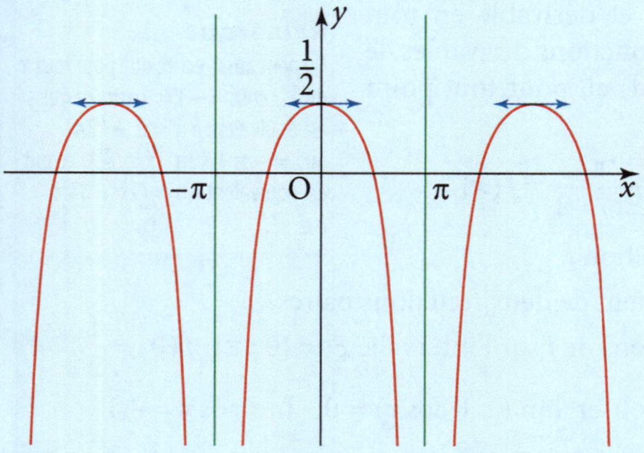

Remarque
Toutes les droites d'équation $x = (2k+1)\pi$ sont asymptotes à la courbe représentative de *f*.

19 **1. a)** *Pour tout réel x appartenant à l'intervalle* $[0\,;+\infty[$, $-\mathrm{e}^{-x} \leqslant f(x) \leqslant \mathrm{e}^{-x}$.

On a pour tout réel x, $-1 \leqslant \cos(4x) \leqslant 1$ et $\mathrm{e}^{-x} > 0$, donc par produit :

$$\boxed{-\mathrm{e}^{-x} \leqslant f(x) \leqslant \mathrm{e}^{-x}.}$$

b) *Limite de f en* $+\infty$

Comme $\lim\limits_{x \to +\infty} \mathrm{e}^{-x} = 0$ on peut utiliser le théorème des « gendarmes » :

$$\boxed{\lim_{x \to +\infty} f(x) = 0.}$$

L'axe $(\mathrm{O}\,;\vec{i}\,)$ est asymptote à Γ.

2. *Coordonnées des points communs aux courbes* Γ et $\mathscr{C}$

Quel que soit $x \in \mathbb{R}$, $\mathrm{e}^{-x} \neq 0$ donc pour tout réel x, l'équation $\mathrm{e}^{-x} = \mathrm{e}^{-x}\cos(4x)$ est équivalente à :

$$\cos 4x = 1$$

soit : $$4x = 2k\pi \quad (k \in \mathbb{Z})$$

soit : $$x = k\frac{\pi}{2} \quad (k \in \mathbb{Z})$$

Les points communs aux deux courbes sont donc les points $\mathbf{M}_k\left(k\frac{\pi}{2}\,;\mathrm{e}^{-k\frac{\pi}{2}}\right)$ **avec** $k \in \mathbb{Z}$.

3. a) *Nature de la suite* (u_n)

Sachant que $u_n = f\left(n\frac{\pi}{2}\right)$ on a :

$$u_{n+1} = f\left((n+1)\frac{\pi}{2}\right) = \mathrm{e}^{-(n+1)\frac{\pi}{2}} = \mathrm{e}^{-n\frac{\pi}{2}} \times \mathrm{e}^{-\frac{\pi}{2}}.$$

$$u_{n+1} = \mathrm{e}^{-\frac{\pi}{2}} u_n.$$

La suite (u_n) est donc une suite géométrique de raison $\mathrm{e}^{-\frac{\pi}{2}}$.

b) *Sens de variation de la suite (u_n) et étude de sa convergence*

La raison $\mathrm{e}^{-\frac{\pi}{2}}$ de la suite (u_n) vérifie $0 < \mathrm{e}^{-\frac{\pi}{2}} < 1$ et $u_0 = 1$ donc la suite (u_n) est positive décroissante et converge vers 0.

$$\boxed{\lim_{n \to +\infty} u_n = 0.}$$

4. a) *Pour tout réel x appartenant à l'intervalle* $[0 ; +\infty[$,
$f'(x) = -\mathrm{e}^{-x}[\cos(4x) + 4\sin(4x)]$.

La fonction f est le produit de deux fonctions dérivables sur $\mathbb{R}$, elle est donc dérivable sur $\mathbb{R}$ et, pour tout réel x :

$$f'(x) = -\mathrm{e}^{-x}\cos(4x) - \mathrm{e}^{-x} \times 4\sin(4x)$$

$$\boxed{f'(x) = -\mathrm{e}^{-x}[\cos(4x) + 4\sin(4x)].}$$

b) *Étude des tangentes à Γ et $\mathscr{C}$ en chacun de leurs points communs*

On sait que pour tout réel x positif, $g'(x) = -\mathrm{e}^{-x}$.

Si $x = k\dfrac{\pi}{2}$, $\cos(4x) = 1$ et $\sin(4x) = 0$.

On a :

$$f'\left(k\frac{\pi}{2}\right) = g'\left(k\frac{\pi}{2}\right) = -\mathrm{e}^{-k\frac{\pi}{2}}.$$

Donc les courbes Γ et $\mathscr{C}$ ont en chacun de leurs points communs des tangentes ayant le même coefficient directeur. Les tangentes à Γ et $\mathscr{C}$ en chacun de leurs points communs sont confondues.

5. *Valeur approchée à 10^{-1} près par excès du coefficient directeur de la droite $\mathscr{T}$ tangente à la courbe Γ au point d'abscisse $\dfrac{\pi}{2}$*

On a $f'\left(\dfrac{\pi}{2}\right) = -\mathrm{e}^{-\frac{\pi}{2}}$.

Une valeur approchée à 10^{-1} près par défaut est $-0{,}2$.

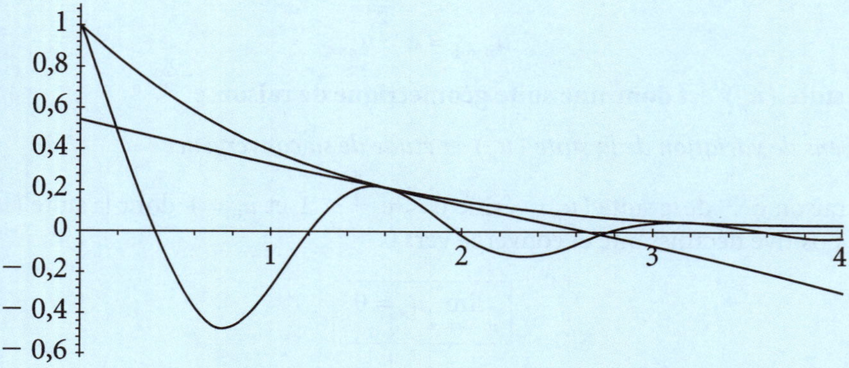

20 Le plan est rapporté à un repère orthogonal $(O\ ;\ \vec{i}, \vec{j})$. L'unité graphique est 4 cm sur l'axe des abscisses et 2 cm sur l'axe des ordonnées.
Soit f la fonction définie sur $\mathbb{R}$ par $f(x) = (2 + \cos x)e^{1-x}$.

1. Montrons que pour tout x de $\mathbb{R}$, $f(x) > 0$.

Pour tout x de $\mathbb{R}$, e^{1-x} est positif ; par ailleurs, pour tout x de $\mathbb{R}$, $\cos x$ est compris entre (– 1) et 1, donc $2 + \cos x$ est compris entre 1 et 3 et est positif ; nous avons alors :

> $f(x)$ strictement positif pour tout x de $\mathbb{R}$.

2. a) Montrons que pour tout x de $\mathbb{R}$, $\sqrt{2}\cos\left(x - \frac{\pi}{4}\right) = \cos x + \sin x$.

Transformons $\sqrt{2}\cos\left(x - \frac{\pi}{4}\right)$:

$$\sqrt{2}\cos\left(x - \frac{\pi}{4}\right) = \sqrt{2}\left(\cos x\ \cos\frac{\pi}{4} + \sin x\ \sin\frac{\pi}{4}\right)$$

$$= \sqrt{2} \times \frac{1}{\sqrt{2}} \times \cos x + \sqrt{2} \times \frac{1}{\sqrt{2}} \times \sin x = \cos x + \sin x.$$

> Pour tout x de $\mathbb{R}$, $\sqrt{2}\ \cos\left(x - \frac{\pi}{4}\right) = \cos x + \sin x$.

b) Montrons que, pour tout x de $\mathbb{R}$, $2 + \cos x + \sin x > 0$.

En utilisant le résultat précédent, il vient :

$$2 + \cos x + \sin x = 2 + \sqrt{2}\cos\left(x - \frac{\pi}{4}\right) = \sqrt{2}\left(\sqrt{2} + \cos\left(x - \frac{\pi}{4}\right)\right).$$

Or, pour tout x de $\mathbb{R}$, $\cos\left(x-\frac{\pi}{4}\right)$ est compris entre (-1) et 1 donc $\sqrt{2}+\cos\left(x-\frac{\pi}{4}\right)$ est compris entre $(-1+\sqrt{2})$ et $(1+\sqrt{2})$; $(-1+\sqrt{2})$ étant positif, nous en déduisons que, pour tout x de $\mathbb{R}$, $\sqrt{2}+\cos\left(x-\frac{\pi}{4}\right)$ est positif, donc aussi $2+\cos x+\sin x$.

Pour tout x de $\mathbb{R}$, $2+\cos x+\sin x > 0$.

c) Montrons que f est strictement décroissante sur $\mathbb{R}$.

f est dérivable sur $\mathbb{R}$ comme produit des deux fonctions dérivables $x \mapsto 2+\cos x$ et $x \mapsto e^{1-x}$, calculons $f'(x)$. La dérivée de $x \mapsto 2+\cos x$ est $x \mapsto -\sin x$, la dérivée de $x \mapsto e^{1-x}$ est $x \mapsto -e^{1-x}$. Nous avons alors pour tout x de $\mathbb{R}$:

$$f'(x) = -(\sin x)e^{1-x} - (2+\cos x)e^{1-x} = -e^{1-x}(2+\sin x+\cos x).$$

Nous remarquons que $f'(x)$ a le signe contraire de $e^{1-x}(2+\sin x+\cos x)$ qui, nous venons de le voir, est toujours strictement positif. Nous en déduisons que $f'(x)$ est strictement négatif pour tout x de $\mathbb{R}$, donc que f est strictement décroissante sur $\mathbb{R}$.

f est strictement décroissante sur $\mathbb{R}$.

3. a) Montrons que pour tout x de $\mathbb{R}$, $e^{1-x} \leqslant f(x) \leqslant 3e^{1-x}$.

Nous avons déjà remarqué que pour tout x de $\mathbb{R}$, $-1 \leqslant \cos x \leqslant +1$ donc $1 \leqslant 2+\cos x \leqslant 3$, e^{1-x} étant positif sur $\mathbb{R}$, nous en déduisons :

$$e^{1-x} \leqslant (2+\cos x)e^{1-x} \leqslant 3e^{1-x}.$$

Pour tout x de $\mathbb{R}$, $e^{1-x} \leqslant f(x) \leqslant 3e^{1-x}$.

b) Déduisons de ce résultat les limites de f en $+\infty$ et en $-\infty$.

En $+\infty$

Nous savons que $\lim\limits_{x \to +\infty} e^{1-x} = 0$; f est encadrée par deux fonctions $x \mapsto e^{1-x}$ et $x \mapsto 3e^{1-x}$ qui ont une limite nulle en $+\infty$, nous savons qu'alors :

$$\lim_{x \to +\infty} f(x) = 0.$$

En $-\infty$

$\lim\limits_{x \to -\infty} e^{1-x} = +\infty$; $f(x)$ est supérieur à e^{1-x} pour tout x de $\mathbb{R}$, nous en déduisons qu'alors :

$$\lim_{x \to -\infty} f(x) = +\infty.$$

c) Interprétons géométriquement le résultat obtenu lors du calcul de la limite de f en $+\infty$.

Nous venons de voir que $\lim_{x \to +\infty} f(x) = 0$, nous en déduisons alors que $\mathscr{C}$, courbe représentative de f admet la droite d'équation $y = 0$ comme asymptote en $+\infty$.

$\mathscr{C}$ admet l'axe des abscisses comme asymptote en $+\infty$.

4. a) Montrons que, sur l'intervalle $[0\,;\pi]$, l'équation $f(x) = 3$ admet une solution unique α.

Sur l'intervalle $[0\,;\pi]$, f est continue et strictement décroissante.

$f(0) = 3\mathrm{e} \approx 8{,}15$;

$f(\pi) = (2 + \cos\pi)\mathrm{e}^{1-\pi} = \mathrm{e}^{1-\pi} \approx 0{,}11$.

Nous remarquons que 3 est élément de l'intervalle $[f(\pi)\,; f(0)]$. D'après le théorème des valeurs intermédiaires, il existe un unique α de $[0\,;\pi]$ tel que $f(\alpha) = 3$.

b) Donnons un encadrement de α d'amplitude 10^{-2}.

Nous chercherons α par dichotomie :

- $f(0) \approx 8{,}15$; $f(1) = 2 + \cos 1 \approx 2{,}5$, donc $0 < \alpha < 1$,
- $f(0{,}5) \approx 4{,}74$, donc $0{,}5 < \alpha < 1$,
- $f(0{,}875) \approx 2{,}99$, donc $0{,}875 < \alpha < 1$.

Calculons $f(0{,}88)$; nous avons $f(0{,}88) \approx 2{,}97$, donc :

$$f(0{,}88) < f(\alpha) < f(0{,}875).$$

f étant décroissante sur $\mathbb{R}$, nous en déduisons que α est compris entre 0,875 et 0,88.

α est compris entre 0,87 et 0,88.

5. Représentons la courbe $\mathscr{C}$ sur $[0\,;4]$.

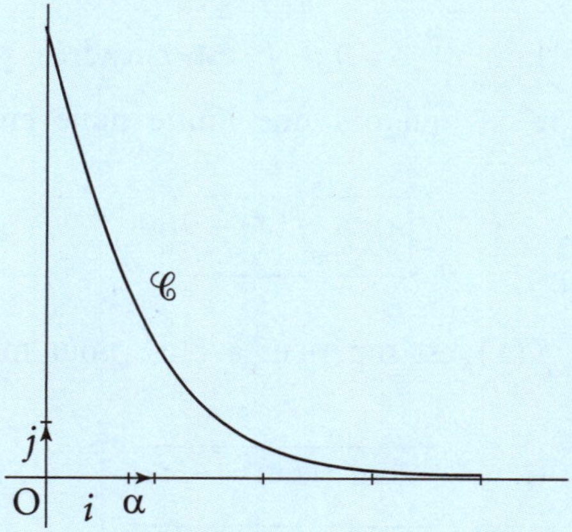

21

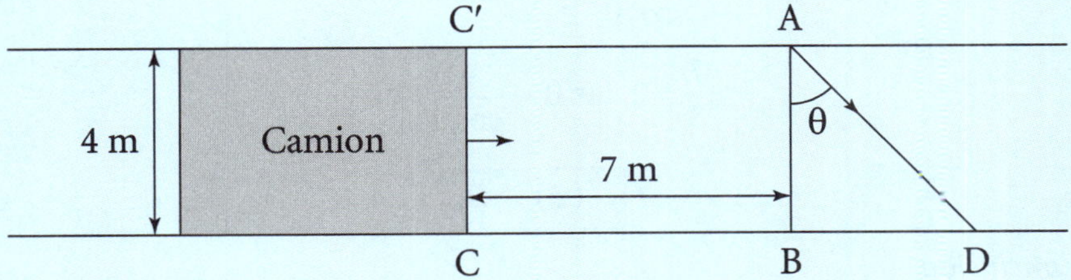

1. *Distances AD et CD en fonction de θ et temps t_1 et t_2 mis par le lapin et le camion pour parcourir respectivement les distances AD et CD.*

Dans le triangle rectangle ABD, $0 \leqslant \theta < \frac{\pi}{2}$ donc $\cos\theta \neq 0$.

$\tan\theta$ existe donc :

$$AD = \frac{AB}{\cos\theta} \text{ et } BD = AB \times \tan\theta = 4\tan\theta.$$

Donc, en exprimant les longueurs en mètres :

$$\boxed{AD = \frac{4}{\cos\theta} \text{ et } CD = 7 + 4\tan\theta.}$$

D'où :

$$t_1 = \frac{\frac{0{,}004}{\cos\theta}}{30} = \frac{0{,}000\,4}{3\cos\theta}\ ;$$

$$t_2 = \frac{0{,}007 + 0{,}004\tan\theta}{60}$$

$$t_2 = \frac{0{,}000\,7 + 0{,}000\,4\tan\theta}{6}.$$

Soit, en exprimant les temps en heures :

$$\boxed{t_1 = \frac{0{,}000\,4}{3\cos\theta} \text{ et } t_2 = \frac{0{,}000\,7 + 0{,}000\,4\tan\theta}{6}.}$$

2. *Condition pour que le lapin traverse la route avant le passage du camion*

On pose $f(\theta) = \frac{7}{2} + 2\tan\theta - \frac{4}{\cos\theta}$.

Le lapin aura traversé sans problème si, et seulement si, $t_1 < t_2$ soit :

$$\frac{0{,}000\,4}{3\cos\theta} < \frac{0{,}000\,7 + 0{,}000\,4\ \tan\theta}{6}$$

$$\frac{8}{\cos\theta} < 7 + 4\ \tan\theta$$

$$\frac{7}{2} + 2\ \tan\theta - \frac{4}{\cos\theta} > 0$$

$$\boxed{f(\theta) > 0.}$$

3. *Conclusion*

La fonction f est dérivable sur $\left[0\ ;\ \frac{\pi}{2}\right[$ comme somme de fonctions dérivables sur $\left[0\ ;\ \frac{\pi}{2}\right[$.

On étudie les variations de la fonction f. Pour tout θ de $\left[0\ ;\ \frac{\pi}{2}\right[$:

$$f'(\theta) = \frac{2 - 4\ \sin\theta}{\cos^2\theta}.$$

Le sens de variation de la fonction f dépend du signe de $2 - 4\ \sin\theta$ qui s'annule et change de signe pour $\sin\theta = \frac{1}{2}$, soit sur $\left[0\ ;\ \frac{\pi}{2}\right[$ pour $\theta = \frac{\pi}{6}$.

La fonction f est donc strictement croissante sur $\left[0\ ;\ \frac{\pi}{6}\right]$ et strictement décroissante sur $\left[\frac{\pi}{6}\ ;\ \frac{\pi}{2}\right[$.

$f(0) = -\frac{1}{2}$ et $f\left(\frac{\pi}{6}\right) = \frac{7}{2} - \frac{6\sqrt{3}}{3}$ donc $f(0) < 0 < f\left(\frac{\pi}{6}\right)$.

La fonction f est dérivable strictement croissante sur $\left[0\ ;\ \frac{\pi}{6}\right]$, on a $f(0) = -\frac{1}{2}$ et $f\left(\frac{\pi}{6}\right) = \frac{7}{2} - \frac{6\sqrt{3}}{3}$. Donc tout réel de $\left[-\frac{1}{2}\ ;\ \frac{7}{2} - \frac{6\sqrt{3}}{3}\right]$ admet un antécédent et un seul appartenant à $\left[0\ ;\ \frac{\pi}{6}\right]$.

$0 \in \left[-\frac{1}{2}\ ;\ \frac{7}{2} - \frac{6\sqrt{3}}{3}\right]$, il existe une valeur a de $\left[0\ ;\ \frac{\pi}{6}\right]$ tel que $f(a) = 0$. À la calculatrice, on trouve $a \approx 23°$.

$$\lim_{\theta \to \frac{\pi}{2}} f(\theta) = -\infty$$

La fonction f est dérivable strictement décroissante sur $\left[\frac{\pi}{6} ; \frac{\pi}{2}\right[$.

$f\left(\frac{\pi}{6}\right) = \frac{7}{2} - \frac{6\sqrt{3}}{3}$ et $\lim\limits_{\theta \to \frac{\pi}{2}} f(\theta) = -\infty$.

Donc tout réel de $\left]-\infty ; \frac{7}{2} - \frac{6\sqrt{3}}{3}\right]$ admet un antécédent et un seul appartenant à $\left[\frac{\pi}{6} ; \frac{\pi}{2}\right[$. $0 \in \left]-\infty ; \frac{7}{2} - \frac{6\sqrt{3}}{3}\right]$, il existe donc une valeur b de $\left[\frac{\pi}{6} ; \frac{\pi}{2}\right[$ tel que $f(b) = 0$. À la calculatrice on trouve $b \approx 37°$.
La fonction est donc positive si $23° < \theta < 37°$.

Le lapin aura traversé la route avant le passage du camion si, et seulement si, $23° < \theta < 37°$.

AMBITION PRÉPA

La Prépa attitude

Les **fonctions trigonométriques** ont de nombreuses applications en physique. Le programme étudie les **fonctions cosinus** et **sinus**. Dans le triangle rectangle, ont été définis dans les classes précédentes le cosinus, le sinus et la tangente d'un angle. Le complément de cours comporte des résultats sur la fonction tangente ainsi que des formules qui devront être mémorisées.

Prolongement au cours de Terminale

Fonction tangente

La fonction tangente notée tan est définie sur tout intervalle de $\mathbb{R}$ qui ne contient pas un réel de la forme $\frac{\pi}{2} + k\pi$ avec $k \in \mathbb{Z}$ et l'on a pour tout x où elle est définie : $\tan x = \frac{\sin x}{\cos x}$.

La fonction tangente est impaire et sa plus petite période positive est π, toutes les périodes sont $k \times \pi$ $\left(k \in \mathbb{Z}^*\right)$.

La fonction tangente est dérivable donc continue sur tout intervalle de $\mathbb{R}$ où elle est définie et l'on a $\tan' = 1 + \tan^2 = \frac{1}{\cos^2}$.

On a $\tan 0 = 0$ et $\lim\limits_{x \to \frac{\pi}{2}^-} \tan x = +\infty$. Le point O est centre de symétrie de la courbe représentative, les droites d'équations $x = \frac{\pi}{2} + k\pi$ avec $k \in \mathbb{Z}$ sont des asymptotes verticales à la courbe représentative de la fonction tangente.

Le tableau de variation de la fonction tan sur $\left[0 ; \frac{\pi}{2}\right[$ est donné page suivante.

On construit la partie de la courbe sur $\left[0 ; \frac{\pi}{2}\right[$ (en rouge), on complète par symétrie par rapport au point O puis par translations de vecteur $k\pi\vec{i}$ $\left(k \in \mathbb{Z}^*\right)$.

x	0		$+\frac{\pi}{2}$
tan	0	$\nearrow$	$+\infty$ ‖

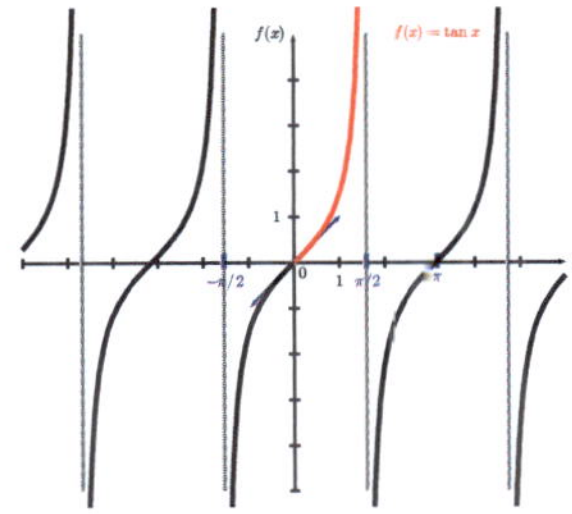

Formulaire

θ un nombre réel, $\cos^2\theta + \sin^2\theta = 1$.

θ un nombre réel différent de $\frac{\pi}{2} + k\pi$ $(k \in \mathbb{Z})$, on a $\tan\theta = \frac{\sin\theta}{\cos\theta}$.

θ un nombre réel différent de $\frac{\pi}{2} + k\pi$ $(k \in \mathbb{Z})$, on a $\cos^2\theta = \frac{1}{1+\tan^2\theta}$ et $\sin^2\theta = \frac{\tan^2\theta}{1+\tan^2\theta}$.

Valeurs remarquables

	0	$\frac{\pi}{6}$	$\frac{\pi}{4}$	$\frac{\pi}{3}$	$\frac{\pi}{2}$
tan	0	$\frac{\sqrt{3}}{3}$	1	$\sqrt{3}$	

Symétries. Soit x un nombre réel, on a, lorsque les expressions existent :

	$-x$	$\pi - x$	$\pi + x$	$\frac{\pi}{2} - x$	$\frac{\pi}{2} + x$
tan	$-\tan x$	$-\tan x$	$\tan x$	$\frac{1}{\tan x}$	$-\frac{1}{\tan x}$

Formules d'addition. a et b deux nombres réels, on a, lorsque les expressions existent :

	$a+b$	$a-b$	$2a$
tan	$\frac{\tan a + \tan b}{1 - \tan a \tan b}$	$\frac{\tan a - \tan b}{1 + \tan a \tan b}$	$\frac{2\tan a}{1 - \tan^2 a}$

AMBITION PRÉPA

EXERCICES

Corrigés p. 373

1 Soit f la fonction définie par $f(x) = \dfrac{x\sin x}{1-\cos x}$. Déterminer, si elle existe, la limite de f en 0.

2 **1. a)** Étudier les variations de la fonction numérique φ définie pour tout x de $\left[0\ ;\ \dfrac{\pi}{2}\right[$ par :

$$\varphi(x) = \tan x - x$$

b) En déduire les variations de la fonction numérique f définie pour tout x de $\left[0\ ;\ \dfrac{\pi}{2}\right[$ par :

$$f(x) = \tan x - x - \frac{x^3}{3}$$

2. a) Étudier les variations de la fonction numérique ψ définie pour tout x de $\left[0\ ;\ \dfrac{\pi}{2}\right[$ par :

$$\psi(x) = \tan x - x\sqrt{2}$$

On désignera par α le réel unique de $\left]0\ ;\ \dfrac{\pi}{2}\right[$ tel que $\tan\alpha = \sqrt{\sqrt{2}-1}$.

b) En déduire qu'il existe un réel unique β de l'intervalle $\left]\alpha\ ;\ \dfrac{\pi}{2}\right[$ tel que $\psi(\beta) = 0$.

3 **Inéquation**

Résoudre dans $[-\pi\ ;\ \pi]$, l'inéquation : $(2\sin x + 1)(2\cos x - 1) \leqslant 0$.

CORRIGÉS

1 La fonction f quotient de deux fonctions est définie en tout point où numérateur et dénominateur sont définis, le dénominateur étant non nul. Le numérateur produit de la fonction identité et de la fonction sinus est défini sur $\mathbb{R}$. La fonction $1-\cos$ est définie sur $\mathbb{R}$ et non nulle pour tout réel x tel que $\cos x \neq 1$ c'est-à-dire pour tout réel x différent de $k\times(2\pi)$ avec $k \in \mathbb{Z}$.

Le numérateur est défini sur l'intervalle $\left]-\frac{\pi}{2}\,;\frac{\pi}{2}\right[$ qui contient 0. La fonction f est donc définie sur $\left]-\frac{\pi}{2}\,;0\right[\cup\left]0\,;\frac{\pi}{2}\right[$.

> **Remarque**
> Chercher la limite en 0 de f est possible, mais cela ne signifie pas que cette limite existe

On a $\lim\limits_{x\to 0} x = \lim\limits_{x\to 0}\sin x = 0$ donc $\lim\limits_{x\to 0} x\sin x = 0$ de plus $\lim\limits_{x\to 0}\cos x = 1$ donc $\lim\limits_{x\to 0}(1-\cos x) = 0$, l'étude proposée est celle d'une « forme indéterminée ».

> **Conseil**
> Il faut modifier l'expression pour « lever l'indétermination ».

Pour tout x de $\left]-\frac{\pi}{2}\,;0\right[\cup\left]0\,;\frac{\pi}{2}\right[$

$$f(x)=\frac{x\sin x}{1-\cos x}=\frac{x^2\,\frac{\sin x}{x}}{1-\cos x}=\frac{\frac{\sin x}{x}}{\frac{1-\cos x}{x^2}}$$

$$f(x)=\frac{\frac{\sin x}{x}}{\frac{2\sin^2\frac{x}{2}}{x^2}}=\frac{\frac{\sin x}{x}}{\frac{2\sin^2\frac{x}{2}}{4\frac{x^2}{4}}}=2\frac{\sin x}{x}\,\frac{1}{\frac{\sin^2\frac{x}{2}}{\frac{x^2}{4}}}=2\frac{\sin x}{x}\,\frac{1}{\left(\frac{\sin\frac{x}{2}}{\frac{x}{2}}\right)^2}$$

En utilisant les mêmes remarques qu'à l'exercice précédent, $\lim\limits_{x\to 0}\frac{\sin x}{x}=1$ et $\lim\limits_{x\to 0}\frac{\sin\frac{x}{2}}{\frac{x}{2}}=1$ et donc : $\lim\limits_{x\to 0}\left(\frac{\sin\frac{x}{2}}{\frac{x}{2}}\right)^2=1$ et $\lim\limits_{x\to 0}\frac{x\sin x}{1-\cos x}=2$

2 **1. a)** La fonction tangente est dérivable sur $\left[0\,;\frac{\pi}{2}\right[$ donc la fonction φ, somme de fonctions dérivables sur $\left[0\,;\frac{\pi}{2}\right[$, est dérivable et donc continue sur $\left[0\,;\frac{\pi}{2}\right[$ et pour tout x de $\left[0\,;\frac{\pi}{2}\right[$: $\varphi'(x) = 1 + \tan^2 x - 1 = \tan^2 x$

Donc pour tout x de $\left[0\,;\frac{\pi}{2}\right[$, $\varphi'(x) \geqslant 0$, plus précisement on a pour tout x de $\left]0\,;\frac{\pi}{2}\right[$, $\varphi'(x) > 0$, la fonction φ est donc strictement croissante sur $\left]0\,;\frac{\pi}{2}\right[$ et étant continue en 0 est strictement croissante sur $\left[0\,;\frac{\pi}{2}\right[$.

x	0	$\frac{\pi}{2}$
$\varphi'(x)$	+	‖
φ	0 ↗	$+\infty$ ‖

De plus $\varphi(0) = \tan 0 - 0 = 0$ et $\lim\limits_{x \to \frac{\pi}{2}^-} \tan x = +\infty$ donc $\lim\limits_{x \to \frac{\pi}{2}^-} \varphi(x) = +\infty$. D'où le tableau de variations de φ.

b) La fonction f somme de la fonction tangente et d'une fonction polynôme est dérivable et donc continue sur $\left[0\,;\frac{\pi}{2}\right[$ donc, pour tout x de $\left[0\,;\frac{\pi}{2}\right[$:

$$f'(x) = 1 + \tan^2 x - 1 - x^2 = \tan^2 x - x^2$$

$$= (\tan x - x)(\tan x + x)$$
$$= \varphi(x) \times (\tan x + x)$$

Pour tout x de $\left]0\,;\frac{\pi}{2}\right[$, $\tan x > 0$ donc $\tan x + x > 0$, d'après la question précédente $\varphi(x) > 0$ donc d'après la règle des signes, $f'(x) > 0$. La fonction f est strictement croissante sur $\left]0\,;\frac{\pi}{2}\right[$ et étant continue en 0 est strictement croissante sur $\left[0\,;\frac{\pi}{2}\right[$.

x	0 $\qquad\qquad\qquad\qquad$ $\frac{\pi}{2}$
$f'(x)$	$+$
f	$0 \nearrow +\infty$

2. a) La fonction ψ, somme de la fonction tangente et d'une fonction linéaire $x \mapsto -x\sqrt{2}$, est dérivable et donc continue sur $\left[0 ; \frac{\pi}{2}\right[$ donc pour tout x de $\left[0 ; \frac{\pi}{2}\right[$:

$$\begin{aligned}\psi'(x) &= 1 + \tan^2 x - \sqrt{2} \\ &= \tan^2 x - \left(\sqrt{2} - 1\right)\end{aligned}$$

Le réel $\sqrt{2} - 1 \approx 0{,}414$ est strictement positif, d'où pour tout réel x de $\left[0 ; \frac{\pi}{2}\right[$:

$$\psi'(x) = \left(\tan x - \sqrt{\sqrt{2} - 1}\right)\left(\tan x + \sqrt{\sqrt{2} - 1}\right)$$

Pour tout réel x de $\left[0 ; \frac{\pi}{2}\right[$, le réel $\tan x + \sqrt{\sqrt{2} - 1}$ est strictement positif, car supérieur à $\sqrt{\sqrt{2} - 1} \approx 0{,}65$.

Pour tout x de $\left[0 ; \frac{\pi}{2}\right[$, $\psi'(x)$ a le signe de $\tan x - \sqrt{\sqrt{2} - 1}$. La fonction tangente est continue strictement croissante sur $\left[0 ; \frac{\pi}{2}\right[$, on a $\tan 0 = 0$ et $\lim\limits_{x \to \frac{\pi}{2}^-} \tan x = +\infty$ donc la fonction tangente prend une fois et une seule toutes les valeurs de $\left[0 ; +\infty\right[$, le réel $\sqrt{\sqrt{2} - 1}$ appartient à $\left[0 ; +\infty\right[$, il existe donc un unique réel α appartenant à $\left[0 ; \frac{\pi}{2}\right[$ tel que $\tan \alpha = \sqrt{\sqrt{2} - 1}$. On sait que $\tan 0 = 0$ donc α appartient à $\left]0 ; \frac{\pi}{2}\right[$.

AMBITION PRÉPA

La fonction tangente est strictement croissante sur $\left[0\,;\frac{\pi}{2}\right[$ donc :

si $0 \leqslant x < \alpha$ $\quad 0 \leqslant \tan x < \tan\alpha$ donc $\tan x - \sqrt{\sqrt{2}-1} < 0$ donc $\psi'(x) < 0$

si $x = \alpha$ $\quad \tan x = \tan\alpha$ donc $\tan x - \sqrt{\sqrt{2}-1} = 0$ donc $\psi'(x) = 0$

si $\alpha < x < \frac{\pi}{2}$ $\quad \tan\alpha < \tan x$ donc $\tan x - \sqrt{\sqrt{2}-1} > 0$ donc $\psi'(x) > 0$

On a $\psi(0) = 0$ de plus $\lim\limits_{x \to \frac{\pi}{2}^-} \tan x = +\infty$ donc $\lim\limits_{x \to \frac{\pi}{2}} \psi(x) = +\infty$.

$\psi(\alpha) = \tan\alpha - \alpha\sqrt{2} = \sqrt{\sqrt{2}-1} - \alpha\sqrt{2}$

D'où le tableau de variation de ψ.

x	0		α		$\frac{\pi}{2}$
$\psi'(x)$		$-$	0	$+$	‖
ψ	0	$\searrow$	$\psi(\alpha)$	$\nearrow$	$+\infty$ ‖

b) La fonction ψ est strictement décroissante sur $[0\,;\alpha]$, on a $\psi(0) = 0$ donc $\psi(\alpha) < 0$.

La fonction ψ est dérivable donc continue et strictement croissante sur $\left[\alpha\,;\,\frac{\pi}{2}\right[$, on a $\lim\limits_{x \to \frac{\pi}{2}} \psi(x) = +\infty$ donc la fonction ψ prend une fois et une seule toutes les valeurs de $\left[\psi(\alpha)\,;+\infty\right[$, le réel 0 appartient à $\left[\psi(\alpha)\,;+\infty\right[$ donc il existe un unique réel β appartenant à $\left[\alpha;\frac{\pi}{2}\right[$ tel que $\psi(\beta) = 0$ mais $\psi(\alpha) < 0$ donc le réel β appartient à l'intervalle $\left]\alpha\,;\frac{\pi}{2}\right[$.

3 Pour résoudre l'inéquation, on cherche le signe de chacun des facteurs et on construira un tableau de signes.

• Signe de $2\sin x + 1$ sur $[-\pi\,;\pi]$.

Pour tout réel x de $[-\pi\,;\pi]$,

$$2\sin x + 1 = 0 \Leftrightarrow \sin x = -\frac{1}{2} \Leftrightarrow x = -\frac{\pi}{6} \text{ ou } x = -\frac{5\pi}{6}.$$

Soit E et E′ les points du cercle trigonométrique associés aux réels $-\frac{\pi}{6}$ et $-\frac{5\pi}{6}$.

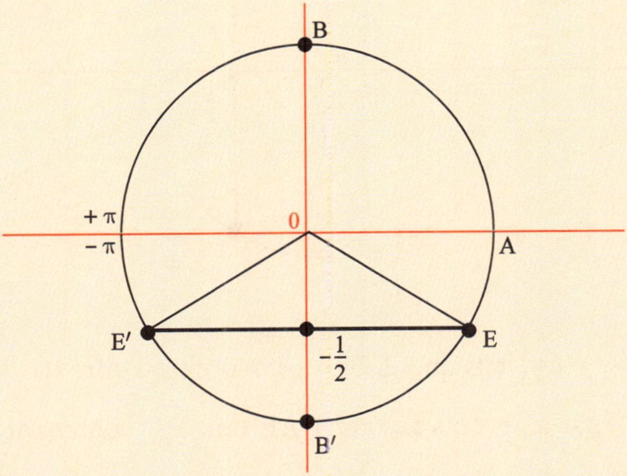

Les réels x de $[-\pi\,;\pi]$ tel que $2\sin x + 1 < 0$ c'est-à-dire tels que $\sin x < -\frac{1}{2}$ sont représentés par les points de l'arc $\overset{\frown}{\text{E'B'E}}$ (arc $\overset{\frown}{\text{E'E}}$ contenant B′) extrémités exclues. Les réels x tels que $2\sin x + 1 \geqslant 0$ c'est-à-dire tels que $\sin x \geqslant -\frac{1}{2}$ sont les réels représentés par les points de l'arc $\overset{\frown}{\text{EE'}}$ contenant B, les extrémités étant comprises.

Lorsque x appartient à $[-\pi\,;\pi]$, le signe de $2\sin x + 1$ est donné par le tableau de signes :

x	$-\pi$		$-\frac{5\pi}{6}$		$-\frac{\pi}{6}$		π
$2\sin x + 1$		+	0	−	0	+	

AMBITION PRÉPA

• Signe de $2\cos x - 1$ sur $[-\pi\,;\pi]$.

Pour tout réel x de $[-\pi\,;\pi]$:

$$2\cos x - 1 = 0 \Leftrightarrow \cos x = \frac{1}{2} \Leftrightarrow x = \frac{\pi}{3} \text{ ou } x = -\frac{\pi}{3}.$$

Soit F et F′ les points du cercle trigonométrique associés aux réels $\frac{\pi}{3}$ et $-\frac{\pi}{3}$.

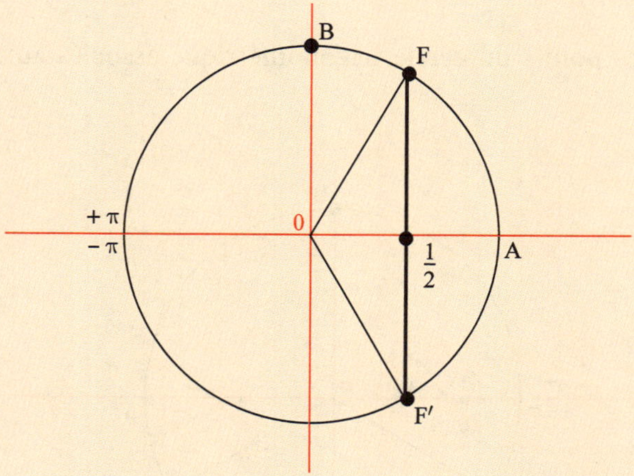

Les réels x de $[-\pi\,;\pi]$ tels que $2\cos x - 1 > 0$ c'est-à-dire tels que $\cos x > \frac{1}{2}$ sont réprésentés par les points de l'arc $\overset{\frown}{\mathrm{F'AF}}$ (arc $\overset{\frown}{\mathrm{F'F}}$ contenant A) extrémités exclues. Les réels x tels que $2\cos x - 1 < 0$ c'est-à-dire tels que $\cos x < -\frac{1}{2}$ sont les réels représentés par les points de l'arc $\overset{\frown}{\mathrm{FF'}}$ contenant B.

Lorsque x appartient à $[-\pi\,;\pi]$, le signe de $2\cos x - 1$ est donné par le tableau de signes :

x	$-\pi$		$-\frac{\pi}{3}$		$\frac{\pi}{3}$		π
$2\cos x - 1$		$-$	0	$+$	0	$-$	

• Signe du produit $(2\sin x + 1)(2\cos x - 1)$

x	$-\pi$		$-\frac{5\pi}{6}$		$-\frac{\pi}{3}$		$-\frac{\pi}{6}$		$\frac{\pi}{3}$		π
$2\sin x + 1$		+	0	−		−	0	+		+	
$2\cos x - 1$		−		−	0	+		+	0	−	
Produit		−	0	+	0	−	0	+	0	−	

Le produit est négatif ou nul dans trois intervalles.

L'ensemble S des solutions sur $[-\pi\,;\pi]$ de $(2\sin x + 1)(2\cos x - 1) \leqslant 0$ est :

$$S = \left[-\pi\,;-\frac{5\pi}{6}\right] \cup \left[-\frac{\pi}{3}\,;-\frac{\pi}{6}\right] \cup \left[\frac{\pi}{3}\,;\pi\right].$$

CHAPITRE 11

Primitives – Équations différentielles

DE QUOI S'AGIT-IL ?

Dans ce chapitre, il s'agit de définir l'outil réciproque de la dérivation et de mettre en place la notion d'équation différentielle très utilisée en physique, biologie, économie.

1 Primitives

- On dit qu'une fonction F est une primitive d'une fonction f sur un intervalle I si la fonction F est dérivable sur I et si pour tout x de I, $F'(x) = f(x)$.
- Si l'une des primitives de la fonction f sur un intervalle I est la fonction F alors toutes les primitives de f sur I sont les fonctions $F + C$ où C est une fonction arbitraire constante sur I.

Si une fonction f admet des primitives sur un intervalle I, il en existe une seule prenant une valeur arbitraire donnée en un point donné de l'intervalle I.

- Toute fonction continue sur un intervalle non vide de $\mathbb{R}$ admet des primitives sur cet intervalle.

2 Primitives usuelles

I désigne un intervalle de $\mathbb{R}$ et C une constante.

Domaine	Fonction	Primitives
sur $\mathbb{R}$	0	C
sur $\mathbb{R}$	a (constante)	$ax + C$
sur $\mathbb{R}$, si $\alpha \in \mathbb{N}$ sur I intervalle inclus dans $\mathbb{R}^*$ si α entier < -1	x^{α}	$\dfrac{x^{\alpha+1}}{\alpha+1} + C$
sur I, intervalle inclus dans $\mathbb{R}^*$	$\dfrac{1}{x}$	$\ln\lvert x\rvert + C$
sur $\mathbb{R}$ si $a \neq 0$	$\cos(ax+b)$	$\dfrac{1}{a}\sin(ax+b) + C$
sur $\mathbb{R}$ si $a \neq 0$	$\sin(ax+b)$	$-\dfrac{1}{a}\cos(ax+b) + C$
sur $\left]-\dfrac{\pi}{2} + k\pi, \dfrac{\pi}{2} + k\pi\right[$	$\dfrac{1}{\cos^2 x} = 1 + \tan^2 x$	$\tan x + C$
f et g ont pour primitives F et G sur un intervalle I	$f + g$	$F + G + C$
λ réel donné, f a pour primitive F sur I	λf	$\lambda F + C$

Domaine	Fonction	Primitives
f et g ont pour dérivées f' et g' sur I	$f'g + fg'$	$fg + C$
f et g ont pour dérivées f' et g' sur I et g ne s'annule pas sur I	$\frac{f'g - fg'}{g^2}$	$\frac{f}{g} + C$
f a pour dérivée f' sur I et f^{α} est définie sur I si $\alpha \in \mathbb{N}$ et f définie et non nulle sur I si α entier < -1	$f^{\alpha} f'$	$\frac{f^{\alpha+1}}{\alpha+1} + C$
f a pour dérivée f' sur I et f ne s'annule pas sur I	$\frac{f'}{f}$	$\ln\|f\| + C$
f a pour dérivée f' sur I	$(\exp f) \times f'$	$\exp(f) + C$
$f \circ g$ dérivable sur I	$(f' \circ g) \times g'$	$f \circ g + C$

3 Équations différentielles

Définitions :

- Une équation différentielle est une équation dont l'inconnue est une fonction y d'une variable réelle x.

Cette équation se présente sous la forme d'une égalité liant cette fonction y et certaines de ses dérivées successives y', y''…

L'image du réel x par la fonction y se note $y(x)$.

Exemples : $y' = x$, $y' = x^n$ où $n \in \mathbb{N}^*$, $y' = y$, $y' = ay + b$ où $a \in \mathbb{R}^*$ et $b \in \mathbb{R}$, $y'' + \omega^2 y = 0$ avec $\omega \in \mathbb{R}$, $y' = y^2$.

- Résoudre une équation différentielle c'est déterminer toutes les fonctions y qui vérifient l'équation sur un intervalle donné de $\mathbb{R}$.

Exemples :

- L'ensemble des fonctions solutions de l'équation différentielle $y' = x$ est l'ensemble des primitives de la fonction $x \mapsto x$ sur $\mathbb{R}$ donc l'ensemble des fonctions définies sur $\mathbb{R}$, $x \mapsto x^2 + C$ où C est une fonction constante. On peut déterminer une solution particulière en imposant une condition initiale, par exemple $y(0)$.

- L'ensemble des fonctions solutions de l'équation différentielle $y' = x^n$ où $n \in \mathbb{N}^*$ est l'ensemble des primitives de la fonction $x \mapsto x^n$ sur $\mathbb{R}$ donc l'ensemble des fonctions définies sur $\mathbb{R}$, $x \mapsto \frac{x^{n+1}}{n+1} + C$ où C est une fonction constante.

- L'ensemble des fonctions solutions de l'équation différentielle $y' = y$ est l'ensemble des fonctions définies sur $\mathbb{R}$, $x \mapsto \exp x + C$ où C est une fonction constante, la fonction exponentielle est la solution de cette équation différentielle vérifiant la condition initiale $y(0) = 1$.
- L'ensemble des fonctions solutions de l'équation différentielle $y' = ay$ où a est un réel non nul est l'ensemble des fonctions définies sur $\mathbb{R}$, $x \mapsto C\exp(ax)$ où C est une fonction constante.
- L'ensemble des fonctions solutions de l'équation différentielle $y' = ay + b$ où a est un réel non nul et b un réel quelconque est l'ensemble des fonctions définies sur $\mathbb{R}$, $x \mapsto C\exp(ax) - \frac{b}{a}$ où C est une fonction constante.
- L'ensemble des fonctions solutions de l'équation différentielle $y'' + \omega^2 y = 0$ où ω est un réel strictement positif quelconque est l'ensemble des fonctions définies sur $\mathbb{R}$, $x \mapsto A\cos\omega x + B\sin\omega x$ où A et B sont des fonctions constantes qui peuvent être précisées à l'aide de conditions initiales par exemple la donnée de $y(0)$ et de $y'(0)$.

Questions courtes

1 Fonction polynôme

Corrigé p. 392

Attention
Savoir reconnaître l'expression $u^n u'$.

1. Développer et réduire l'expression :

$$(x+3)(x^2+3).$$

2. Déterminer les primitives de la fonction f définie par :

$$f(x) = ((x+3)(x^2+3))^3(x+1)^2.$$

2 Fonctions rationnelles

Corrigé p. 392

1. Déterminer les primitives sur $]0\,;+\infty[$ de la fonction f définie par :

$$f(x) = x^2 + \frac{1}{x^2}.$$

2. Déterminer les primitives sur $]0\,;+\infty[$ de la fonction f définie par :

$$f(x) = \frac{x^4 - x^3 + 2}{x^3}.$$

3. Déterminer les primitives sur $]1\,;+\infty[$ de la fonction f définie par :

$$f(x) = \frac{1}{(x-1)^3}.$$

Exercices d'entraînement

3 Fonctions rationnelles

★ 10 min Corrigé p. 394

Déterminer sur $]-1\,;+\infty[$, les primitives des fonctions f suivantes définies par :

1. $f(x) = \dfrac{x+2}{(x+1)^4}$

(Ind. On écrira $x+2 = x+1+1$)

2. $f(x) = \dfrac{x^3}{(x+1)^5}$

(Ind. On écrira $x^3 = ((x+1)-1)^3$)

4 Fonction rationnelle

★ 10 min ➔ Corrigé p. 395

1. Montrer que la fonction f définie sur $\mathbb{R}$ par :

$$f(x) = \frac{x^2 + 2x}{(x^2 + x + 1)^2}$$

admet une primitive s'écrivant :

$$x \mapsto \frac{\alpha x + \beta}{x^2 + x + 1}$$

où α et β sont deux réels à déterminer.

2. Déterminer toutes les primitives f sur $\mathbb{R}$.

5 Fonction rationnelle

★★ 15 min ➔ Corrigé p. 396

Soit f la fonction définie sur $]1\,;+\infty[$ par :

$$f(x) = \frac{x(x^2 + 3)}{(x^2 - 1)^2}.$$

1. Déterminer quatre réels a, b, c et d tels que, pour tout réel x de $]1\,;+\infty[$ on ait :

$$\frac{x(x^2 + 3)}{(x^2 - 1)^2} = \frac{a}{(x-1)^2} + \frac{b}{(x-1)} + \frac{c}{(x+1)^2} + \frac{d}{(x+1)}.$$

2. Déterminer toutes les primitives de f sur $]1\,;+\infty[$.

6 Fonction racine carrée

★★ 15 min ➔ Corrigé p. 397

1. Après avoir remarqué que le polynôme $x^3 - 3x + 2$ admet une racine « évidente », déterminer l'ensemble des racines du polynôme $x^3 - 3x + 2$.

2. Montrer que la fonction f définie par $f(x) = \dfrac{x^2 - 1}{\sqrt{x^3 - 3x + 2}}$ est continue sur l'intervalle $]1\,;+\infty[$.

3. Déterminer l'ensemble des primitives de la fonction f sur l'intervalle $]1\,;+\infty[$.

7 Fonction racine carrée

★★ 15 min ➔ Corrigé p. 398

1. Déterminer la dérivée de la fonction définie sur $\mathbb{R}$ par $g(x) = x + \sqrt{x^2 + 1}$.

2. Déterminer les primitives sur $\mathbb{R}$ de la fonction f_1 définie par :

$$f_1(x) = \frac{(x + \sqrt{x^2 + 1})^2}{\sqrt{x^2 + 1}}.$$

3. Déterminer les primitives sur $\mathbb{R}$ de la fonction f_2 définie par :

$$f_2(x) = \frac{1}{\sqrt{x^2+1}\left(x+\sqrt{x^2+1}\right)}.$$

8 Fonctions trigonométriques

★ 10 min Corrigé p. 399

Déterminer les primitives sur $\mathbb{R}$ des fonctions suivantes définies par :

1. $f_1(x) = \cos 2x$.

2. $f_2(x) = \sin\left(\frac{2x}{3} + \frac{\pi}{4}\right)$.

3. $f_3(x) = \cos\left(\frac{\pi}{3} - \frac{3x}{4}\right)$.

9 Fonctions trigonométriques

★★ 15 min Corrigé p. 400

1. a) Montrer que pour tout réel x, $\cos^3 x = (1 - \sin^2 x)\cos x$.

b) En déduire l'ensemble des primitives sur $\mathbb{R}$, de la fonction f_1 définie par $f_1(x) = \cos^3 x$.

2. Déterminer l'ensemble des primitives sur $\mathbb{R}$, de la fonction f_2 définie par $f_2(x) = \sin^3 x$.

10 Fonctions trigonométriques

★★★ 20 min Corrigé p. 401

1. Déterminer sur $\left[0\,;\frac{\pi}{2}\right[$, l'ensemble des primitives de la fonction f_1 définie par $f_1(x) = \frac{\sin x}{\cos^3 x}$.

2. Déterminer sur $\left]0\,;\frac{\pi}{2}\right[$, l'ensemble des primitives de la fonction f_2 définie par $f_2(x) = \frac{\cos 2x}{\sin^2 2x}$.

3. Déterminer sur $]0\,;\pi[$, l'ensemble des primitives de la fonction f_3 définie par $f_3(x) = \frac{\cos x}{1 - \cos 2x}$.

4. Déterminer sur $\left[0\,;\frac{\pi}{6}\right[$, l'ensemble des primitives de la fonction f_4 définie par :

$$f_4(x) = \frac{\sin 3x}{1 + \cos 6x}.$$

Sujets de type BAC

11 Équation différentielle

★★ 20 min ➔ Corrigé p. 404

On se propose de déterminer toutes les fonctions f définies et dérivables sur l'intervalle $]0\,;+\infty[$ vérifiant l'équation différentielle :

$$\text{(E)} : \quad xf'(x) - (2x+1)f(x) = 8x^2.$$

1. a) Démontrer que si f est solution de (E) alors la fonction g définie sur l'intervalle $]0\,;+\infty[$ par $g(x) = \dfrac{f(x)}{x}$ est une solution de l'équation différentielle :

$$\text{(E')} : \quad y' = 2y + 8.$$

b) Démontrer que si h est solution de (E′) alors la fonction f définie par $f(x) = xh(x)$ est solution de (E).

2. Résoudre (E′) et en déduire toutes les solutions de (E).

3. Existe-t-il une fonction f solution de l'équation différentielle (E) dont la représentation graphique dans un repère donné passe par le point $A(\ln 2\,;0)$? Si oui la préciser.

12 Lecture graphique Équation différentielle

★★ 35 min ➔ Corrigé p. 405

Partie A **Lectures graphiques**

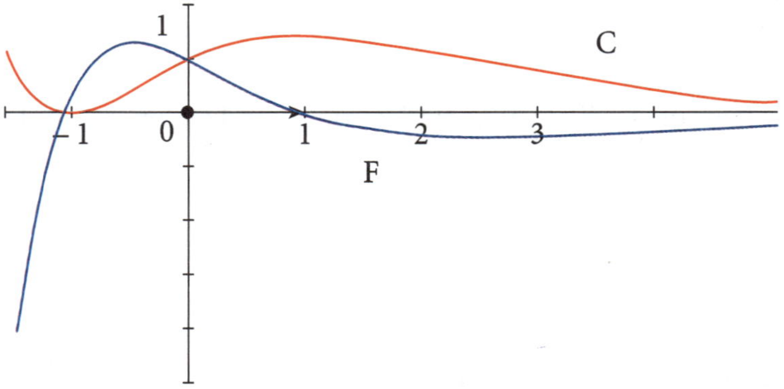

On donne dans un repère orthogonal les courbes C et F représentatives de deux fonctions définies et dérivables sur $\mathbb{R}$. On sait que l'une de ces fonctions est la fonction dérivée de l'autre, on peut donc les noter g et g'.

1. Associer à chacune des fonctions g et g' sa représentation graphique. On justifiera le résultat en donnant un tableau où figurera sur l'intervalle $\left[-\frac{3}{2} ; 5\right]$ le signe de $g'(x)$ et les variations de g.

2. Quel est le coefficient directeur de la tangente à C au point d'abscisse 0 ?

Partie B

Soit l'équation différentielle (E) : $y' + y = 2(x+1)e^{-x}$.

1. Montrer que la fonction f_0 définie sur $\mathbb{R}$ par $f_0(x) = (x^2 + 2x)e^{-x}$ est une solution de l'équation (E).

2. Résoudre l'équation différentielle (E′) : $y' + y = 0$.

3. Soit u une solution de (E′). Montrer que la fonction $f_0 + u$ est une solution de (E).

On admettra que, réciproquement, toute solution f de (E) est de la forme $f = f_0 + u$ où u est une solution de (E′).

En déduire, pour $x \in \mathbb{R}$, l'expression de $f(x)$ lorsque f est solution de (E).

4. Sachant que la fonction g de la **partie A** est solution de (E), déterminer $g(x)$ pour $x \in \mathbb{R}$.

5. Déterminer la solution h de l'équation (E) dont la représentation graphique admet au point d'abscisse 0 une tangente de coefficient directeur 0

13 Équation différentielle Application à la biologie

★★★ 45 min Corrigé p. 407

Partie A

Soit f la fonction définie sur $\mathbb{R}$ par $f(x) = \dfrac{3e^{\frac{x}{4}}}{2 + e^{\frac{x}{4}}}$.

1. Démontrer que $f(x) = \dfrac{3}{1 + 2e^{-\frac{x}{4}}}$.

2. Étudier les limites de la fonction f en $+\infty$ et en $-\infty$.

3. Étudier les variations de la fonction f.

Partie B

1. On a étudié en laboratoire l'évolution d'une population de petits rongeurs. La taille de la population, au temps t, est notée $g(t)$. On définit ainsi une fonction g de l'intervalle $[0 ; +\infty[$ dans $\mathbb{R}$. La variable réelle t désigne le temps, exprimé en années. L'unité choisie pour $g(t)$ est la centaine d'individus. Le modèle utilisé pour décrire cette évolution consiste à prendre pour g une solution, sur l'intervalle $[0\,;+\infty[$, de l'équation différentielle (E_1) $y' = \frac{y}{4}$.

a) Résoudre l'équation différentielle (E_1).

b) Déterminer l'expression de $g(t)$ lorsque, à la date $t = 0$, la population comprend 100 rongeurs, c'est-à-dire $g(0) = 1$.

c) Après combien d'années la population dépassera-t-elle 300 rongeurs pour la première fois ?

2. En réalité, dans un secteur observé d'une région donnée, un prédateur empêche une telle croissance en tuant une certaine quantité de rongeurs. On note $u(t)$ le nombre de rongeurs vivants au temps t (exprimé en années) dans cette région, et on admet que la fonction u, ainsi définie, satisfait aux conditions :

$$(E_2) : \begin{cases} u'(t) = \dfrac{u(t)}{4} - \dfrac{(u(t))^2}{12} & \text{pour tout nombre réel } t \text{ positif ou nul,} \\ u(0) = 1 & \end{cases}$$

où u' désigne la fonction dérivée de la fonction u.

a) On suppose que, pour tout réel positif t, on $u(t) > 0$. On considère, sur l'intervalle $[0\,;+\infty[$, la fonction h définie par $h = \frac{1}{u}$. Démontrer que la fonction u satisfait aux conditions (E_2) si, et seulement si, la fonction h satisfait aux conditions :

$$(E_3) : \begin{cases} h'(t) = -\dfrac{1}{4}h(t) + \dfrac{1}{12} & \text{pour tout nombre réel } t \text{ positif ou nul,} \\ h(0) = 1 & \end{cases}$$

où h' désigne la fonction dérivée de la fonction h.

b) Donner les solutions de l'équation différentielle $y' = -\frac{1}{4}y + \frac{1}{12}$ et en déduire l'expression de la fonction h, puis celle de la fonction u.

c) Dans ce modèle, comment se comporte la taille de la population étudiée lorsque t tend vers $+\infty$?

14 Équation différentielle Méthode d'Euler

★★★ 1 h Corrigé p. 410

Le plan est muni d'un repère orthonormal $(O\,;\,\vec{i}, \vec{j})$.

On s'intéresse aux fonctions f dérivables sur $[0\,;+\infty[$ vérifiant les conditions :

$$\begin{cases} (1) \text{ pour tout réel } x \text{ appartenant à } [0\,;+\infty[,\ f'(x) = 4-(f(x))^2\,; \\ (2)\ f(0)=0. \end{cases}$$

On admet qu'il existe une unique fonction f vérifiant simultanément (1) et (2).

Afin d'obtenir une approximation de la courbe représentative de la fonction f, on utilise la méthode itérative d'Euler avec un pas égal à 0,2.

On construit une suite de points notés (M_n), d'abscisse x_n et d'ordonnée y_n telles que :

- $x_{n+1} - x_n = 0{,}2$;
- $\dfrac{y_{n+1}-y_n}{x_{n+1}-x_n} = f'(x_n)$.

1. Montrer que :

$$\begin{cases} x_0 = 0 \quad \text{et pour tout entier naturel } n, \quad x_{n+1} = x_n + 0{,}2\,; \\ y_0 = 0 \quad \text{et pour tout entier naturel } n, \quad y_{n+1} = -0{,}2y_n^2 + y_n + 0{,}8. \end{cases}$$

2. a) Les coordonnées des premiers points sont consignées dans le tableau ci-dessous. Compléter ce tableau. On donnera les résultats à 10^{-4} près.

n	0	1	2	3	4	5	6	7
x_n	0	0,2	0,4					
y_n	0	0,800 0	1,472 0					

b) Placer, dans le repère orthonormé du plan, les points M_n pour n entier naturel inférieur ou égal à 7.

c) D'après ce graphique, que peut-on conjecturer sur le sens de variation de la suite (y_n) et sur sa convergence ?

3. a) Pour x réel, on pose $p(x) = -0{,}2x^2 + x + 0{,}8$.

Montrer que si $x \in [0\,;2]$ alors $p(x) \in [0\,;2]$.

b) Montrer que pour tout entier naturel n, $0 \leqslant y_n \leqslant 2$.

c) Étudier le sens de variation de la suite (y_n).

d) La suite (y_n) est-elle convergente ?

Questions courtes

1 **1.** Pour tout réel x, $(x+3)(x^2+3) = x^3 + 3x^2 + 3x + 9$.

2. La fonction f est une fonction polynôme, elle est donc continue sur l'intervalle $]-\infty\,;+\infty[$ et y admet donc des primitives. Pour tout réel x :

$$f(x) = ((x+3)(x^2+3))^2(x+1)^2$$
$$= (x^3+3x^2+3x+9)^3(x+1)^2.$$

Soit u la fonction polynôme définie par :
$u(x) = (x+3)(x^2+3) = x^3+3x^2+3x+9$, on a :

$$u'(x) = (3x^2+6x+3) = 3(x^2+2x+1) = 3(x+1)^2.$$

Donc pour tout réel x :

$$f(x) = [u(x)]^3\frac{1}{3}u'(x)$$

$$= \frac{1}{3}[u(x)]^3u'(x).$$

D'après le tableau des primitives, l'ensemble des primitives de f est l'ensemble des fonctions F définies sur $\mathbb{R}$ par :

$$F(x) = \frac{1}{3}\,\frac{[u(x)]^4}{4} + C$$

$$= \frac{1}{12}\,(x^3+3x^2+3x+9)^4 + C$$

$$= \frac{1}{12}\,((x+3)(x^2+3))^4 + C$$

où C est une fonction constante quelconque.

2 **1.** La fonction f définie sur l'intervalle $]0\,;+\infty[$ par : $f(x) = x^2 + \dfrac{1}{x^2}$ est continue sur l'intervalle $]0\,;+\infty[$, elle y admet donc des primitives. D'après le tableau des primitives, l'ensemble des primitives de f est l'ensemble des fonctions F définies sur $]0\,;+\infty[$ par :

$$F(x) = \frac{x^3}{3} - \frac{1}{x} + C$$

où C est une fonction constante quelconque.

2. La fonction f définie sur l'intervalle $]0\,;+\infty[$ par : $f(x)=\dfrac{x^4-x^3+2}{x^3}$ est continue sur l'intervalle $]0\,;+\infty[$, elle y admet donc des primitives. On a pour tout x de $]0\,;+\infty[$:

$$f(x)=x-1+\frac{2}{x^3}=x-1+2x^{-3}.$$

D'après le tableau des primitives, l'ensemble des primitives de f est l'ensemble des fonctions F définies sur $]0\,;+\infty[$ par :

$$\begin{aligned}\mathrm{F}(x)&=\frac{x^2}{2}-x+2\,\frac{x^{-3+1}}{-3+1}+\mathrm{C}=\frac{1}{2}\,x^2-x+2\,\frac{x^{-2}}{-2}+\mathrm{C}\\&=\frac{1}{2}\,x^2-x-\frac{1}{x^2}+\mathrm{C}\end{aligned}$$

où C est une fonction constante quelconque.

3. La fonction f définie sur l'intervalle $]1\,;+\infty[$ par : $f(x)=\dfrac{1}{(x-1)^3}$ est continue sur l'intervalle $]1\,;+\infty[$, elle y admet donc des primitives. Pour tout x de $]1\,;+\infty[$, si on pose $u(x)=x-1$ on a $u'(x)=1$ et donc :

$$f(x)=\frac{1}{(u(x))^3}=\frac{u'(x)}{(u(x))^3}=(u(x))^{-3}u'(x).$$

D'après le tableau des primitives, l'ensemble des primitives de f est l'ensemble des fonctions F définies sur $]1\,;+\infty[$ par :

$$\begin{aligned}\mathrm{F}(x)&=\frac{(u(x))^{-3+1}}{-3+1}+\mathrm{C}=\frac{(u(x))^{-2}}{-2}+\mathrm{C}\\&=-\frac{1}{2}\,\frac{1}{(u(x))^2}+\mathrm{C}\\&=-\frac{1}{2}\,\frac{1}{(x-1)^2}+\mathrm{C}\end{aligned}$$

où C est une fonction constante quelconque.

CORRIGÉS

Exercices d'entraînement

3 **1.** La fonction f définie sur $]-1\,;+\infty[$ par $f(x)=\dfrac{x+2}{(x+1)^4}$ est continue sur l'intervalle $]-1\,;+\infty[$, elle y admet donc des primitives.
Pour tout x de $]-1\,;+\infty[$:

$$f(x)=\frac{x+2}{(x+1)^4}=\frac{x+1+1}{(x+1)^4}=\frac{x+1}{(x+1)^4}+\frac{1}{(x+1)^4}$$

$$=\frac{1}{(x+1)^3}+\frac{1}{(x+1)^4}.$$

Pour tout x de $]-1\,;+\infty[$, si on pose $u(x)=x+1$ on a $u'(x)=1$ et donc :

$$f(x)=\frac{1}{(u(x))^3}+\frac{1}{(u(x))^4}=\frac{u'(x)}{(u(x))^3}+\frac{u'(x)}{(u(x))^4}$$

$$=(u(x))^{-3}u'(x)+(u(x))^{-4}u'(x).$$

D'après le tableau des primitives, l'ensemble des primitives de f est l'ensemble des fonctions F définies sur $]-1\,;+\infty[$ par :

$$F(x)=\frac{(u(x))^{-3+1}}{-3+1}+\frac{(u(x))^{-4+1}}{-4+1}+C=\frac{(u(x))^{-2}}{-2}+\frac{(u(x))^{-3}}{-3}+C$$

$$=-\frac{1}{2}\,\frac{1}{(u(x))^2}-\frac{1}{3}\,\frac{1}{(u(x))^3}+C$$

$$=-\frac{1}{2}\,\frac{1}{(x+1)^2}-\frac{1}{3}\,\frac{1}{(x+1)^3}+C$$

où C est une fonction constante quelconque.

2. La fonction f définie sur $]-1\,;+\infty[$ par $f(x)=\dfrac{x^3}{(x+1)^5}$ est continue sur l'intervalle $]-1\,;+\infty[$, elle y admet donc des primitives.
Pour tout x de $]-1\,;+\infty[$,

$$f(x)=\frac{x^3}{(x+1)^5}=\frac{((x+1)-1)^3}{(x+1)^5}=\frac{(x+1)^3-3(x+1)^2+3(x+1)-1}{(x+1)^5}$$

$$=\frac{1}{(x+1)^2}-3\,\frac{1}{(x+1)^3}+3\,\frac{1}{(x+1)^4}-\frac{1}{(x+1)^5}.$$

Pour tout x de $]-1\,;+\infty[$, si on pose $u(x)=x+1$ on a $u'(x)=1$ et donc :

$$\begin{aligned} f(x) &= \frac{1}{(u(x))^2}-3\,\frac{1}{(u(x))^3}+3\,\frac{1}{(u(x))^4}-\frac{1}{(u(x))^5}\\ &= \frac{u'(x)}{(u(x))^2}-3\,\frac{u'(x)}{(u(x))^3}+3\,\frac{u'(x)}{(u(x))^4}-\frac{u'(x)}{(u(x))^5}\\ &= (u(x))^{-2}u'(x)-3(u(x))^{-3}u'(x)+3(u(x))^{-4}u'(x)-(u(x))^{-5}u'(x). \end{aligned}$$

D'après le tableau des primitives, l'ensemble des primitives de f est l'ensemble des fonctions F définies sur $]-1\,;+\infty[$ par :

$$\begin{aligned} \mathrm{F}(x) &= \frac{(u(x))^{-2+1}}{-2+1}-3\,\frac{(u(x))^{-3+1}}{-3+1}+3\,\frac{(u(x))^{-4+1}}{-4+1}-\frac{(u(x))^{-5+1}}{-5+1}+\mathrm{C}\\ &= -\frac{1}{u(x)}+\frac{3}{2}\,\frac{1}{(u(x))^2}-\frac{1}{(u(x))^3}+\frac{1}{4}\,\frac{1}{(u(x))^4}+\mathrm{C}\\ &= \frac{1}{x+1}+\frac{3}{2}\,\frac{1}{(x+1)^2}-\frac{1}{(x+1)^3}+\frac{1}{4}\,\frac{1}{(x+1)^4}+\mathrm{C}\\ &= \frac{-4x^3-6x^2-4x-1}{4(x+1)^4}+\mathrm{C} \end{aligned}$$

où C est une fonction constante quelconque.

4 **1.** Pour tout réel x, le trinôme x^2+x+1 est non nul. La fonction f définie sur $\mathbb{R}$ par $f(x)=\dfrac{x^2+2x}{(x^2+x+1)^2}$ est continue sur l'intervalle $]-\infty\,;+\infty[$, elle y admet donc des primitives.

La fonction G définie sur $\mathbb{R}$ par $\mathrm{G}(x)=\dfrac{\alpha x+\beta}{x^2+x+1}$ est une primitive de f sur $\mathbb{R}$ si pour tout x de $\mathbb{R}$, on a :

$$\mathrm{G}'(x)=\frac{x^2+2x}{(x^2+x+1)^2}.$$

Pour tout x de $\mathbb{R}$:

$$\begin{aligned} \mathrm{G}'(x) &= \frac{\alpha(x^2+x+1)-(\alpha x+\beta)(2x+1)}{(x^2+x+1)^2}=\frac{-\alpha x^2-(2\beta)x+\alpha-\beta}{(x^2+x+1)^2}\\ &= \frac{x^2+2x}{(x^2+x+1)^2}. \end{aligned}$$

Par identification on obtient :

$$\begin{cases} -\alpha = 1 \\ -2\beta = 2 \\ \alpha - \beta = 0 \end{cases} \Leftrightarrow \begin{cases} \alpha = -1 \\ \beta = -1 \end{cases}.$$

Sur $\mathbb{R}$, la fonction G définie par $G(x) = \dfrac{-x-1}{x^2+x+1}$ est une primitive de f.

2. L'ensemble des primitives de f sur $\mathbb{R}$ est l'ensemble des fonctions F définies sur $\mathbb{R}$ par :

$$F(x) = \frac{-x-1}{x^2+x+1} + C$$

où C est une fonction constante quelconque.

5 **1.** On procède par identification. Pour tout réel x de $]1\,;+\infty[$:

$$\frac{a}{(x-1)^2} + \frac{b}{(x-1)} + \frac{c}{(x+1)^2} + \frac{d}{(x+1)}$$
$$= \frac{a(x+1)^2 + b(x-1)(x+1)^2 + c(x-1)^2 + d(x-1)^2(x+1)}{(x-1)^2(x+1)^2}$$
$$= \frac{(b+d)x^3 + (a+b+c-d)x^2 + (2a-b-2c-d)x + a-b+c+d}{(x-1)^2(x+1)^2}.$$

Pour tout réel x de $]1\,;+\infty[$,

$$\frac{x(x^2+3)}{(x^2-1)^2} = \frac{a}{(x-1)^2} + \frac{b}{(x-1)} + \frac{c}{(x+1)^2} + \frac{d}{(x+1)}$$
$$\Leftrightarrow \frac{x(x^2+3)}{(x^2-1)^2} = \frac{(b+d)x^3 + (a+b+c-d)x^2 + (2a-b-2c-d)x + a-b+c+d}{(x-1)^2(x+1)^2}$$
$$\Leftrightarrow \begin{cases} b+d=1 \\ a+b+c-d=0 \\ 2a-b-2c-d=3 \\ a-b+c+d=0 \end{cases} \Leftrightarrow \begin{cases} b+d=1 \\ a+b+c-d=0 \\ 2a-2c=3+b+d=4 \\ 2a+2c=0 \end{cases}$$
$$\Leftrightarrow \begin{cases} a=1 \\ b=\dfrac{1}{2} \\ c=-1 \\ d=\dfrac{1}{2} \end{cases}.$$

Remarque
La 4e égalité du 2e système est la somme membre à membre des 2e et 4e égalités du 1er système.

Pour tout x de $]1\,;+\infty[$,

$$f(x)=\frac{1}{(x-1)^2}+\frac{1}{2}\,\frac{1}{(x-1)}-\frac{1}{(x+1)^2}+\frac{1}{2}\,\frac{1}{(x+1)}.$$

2. La fonction f est continue sur l'intervalle $]1\,;+\infty[$, elle y admet donc des primitives. Posons pour tout x de $]1\,;+\infty[$, $u(x)=x-1$ et $v(x)=x+1$ on a $u'(x)=v'(x)=1$. Donc pour tout x de $]1\,;+\infty[$:

$$f(x)=\frac{u'(x)}{(u(x))^2}+\frac{1}{2}\,\frac{u'(x)}{u(x)}-\frac{v'(x)}{(v(x))^2}+\frac{1}{2}\,\frac{v'(x)}{v(x)}$$

$$=u'(x)(u(x))^{-2}-v'(x)(v(x))^{-2}+\frac{1}{2}\,\frac{u'(x)}{u(x)}+\frac{1}{2}\,\frac{v'(x)}{v(x)}.$$

Sur $]1\,;+\infty[$ les fonctions u et v sont strictement positives donc d'après le tableau des primitives, une primitive de $\frac{u'}{u}$ est $\ln(u)$ et une primitive de $\frac{v'}{v}$ est $\ln(v)$. L'ensemble des primitives de f est l'ensemble des fonctions F définies sur $]1\,;+\infty[$ par :

$$\mathrm{F}(x)=\frac{(u(x))^{-2+1}}{-2+1}-\frac{(v(x))^{-2+1}}{-2+1}+\frac{1}{2}\ln(u(x))+\frac{1}{2}\ln(v(x))+\mathrm{C}$$

$$=-\frac{1}{u(x)}+\frac{1}{v(x)}+\frac{1}{2}\ln(u(x))+\frac{1}{2}\ln(v(x))+\mathrm{C}$$

$$=-\frac{1}{x-1}+\frac{1}{x+1}+\frac{1}{2}\ln(x-1)+\frac{1}{2}\ln(x+1)+\mathrm{C}$$

$$=\frac{-2}{x^2-1}+\frac{1}{2}\ln(x^2-1)+\mathrm{C}$$

où C est une fonction constante quelconque.

6 **1.** Le réel 1 est une racine « évidente » de x^3-3x+2 donc pour tout réel x, il existe trois réels a, b et c tels que :

$$x^3-3x+2=(x-1)(ax^2+bx+c)$$

$$=ax^3+(b-a)x^2+(c-b)x-c.$$

D'où par identification :

$$\begin{cases}a=1\\ b-a=0\\ c-b=-3\\ -c=2\end{cases}\Leftrightarrow\begin{cases}a=1\\ b=1\\ c=-2\end{cases}.$$

CORRIGÉS

Pour tout réel x :

$$x^3 - 3x + 2 = (x-1)(x^2 + x - 2).$$

Les racines du trinôme $x^2 + x - 2$ sont – 2 et 1 donc pour tout réel x :

$$\begin{aligned} x^3 - 3x + 2 &= (x-1)(x-1)(x+2) \\ &= (x-1)^2(x+2). \end{aligned}$$

L'ensemble des racines du polynôme $x^3 - 3x + 2$ sont – 2 et 1.

2. La fonction $x \mapsto x^3 - 3x + 2$ est continue et strictement positive sur $]1\,;+\infty[$ donc la fonction $x \mapsto \sqrt{x^3 - 3x + 2}$ est continue et strictement positive sur $]1\,;+\infty[$ et donc la fonction f est continue sur l'intervalle $]1\,;+\infty[$, elle y admet donc des primitives.

3. Posons pour tout x de $]1\,;+\infty[$, $u(x) = x^3 - 3x + 2$, on a $u'(x) = 3x^2 - 3$, donc pour tout x de $]1\,;+\infty[$:

$$f(x) = \frac{1}{3}\,\frac{u'(x)}{\sqrt{u(x)}}.$$

La fonction u est strictement positive sur $]1\,;+\infty[$, donc d'après le tableau des primitives, l'ensemble des primitives de f sur $]1\,;+\infty[$ est l'ensemble des fonctions F telles que pour tout x de $]1\,;+\infty[$:

$$\begin{aligned} \mathrm{F}(x) &= \frac{1}{3}\,2\sqrt{u(x)} + \mathrm{C} \\ &= \frac{2}{3}\,\sqrt{u(x)} + \mathrm{C} \\ &= \frac{2}{3}\,\sqrt{x^3 - 3x + 2} + \mathrm{C} \end{aligned}$$

où C est une fonction constante quelconque.

7 **1.** La fonction $x \mapsto \sqrt{x^2 + 1}$ est dérivable sur $\mathbb{R}$ car pour tout réel x la fonction $x \mapsto x^2 + 1$ est dérivable et strictement positive sur $\mathbb{R}$. Pour tout réel x :

$$g'(x) = 1 + \frac{2x}{2\sqrt{x^2+1}} = \frac{x + \sqrt{x^2+1}}{\sqrt{x^2+1}}.$$

2. La fonction f_1 est continue sur $\mathbb{R}$, elle y admet des primitives et pour tout x de $\mathbb{R}$:

$$\begin{aligned} f_1(x) &= \left(\frac{x + \sqrt{x^2+1}}{\sqrt{x^2+1}}\right)(x + \sqrt{x^2+1}) \\ &= g(x)g'(x). \end{aligned}$$

D'après le tableau des primitives l'ensemble des primitives de f_1 sur $\mathbb{R}$ est l'ensemble des fonctions F_1 telles que :

$$F_1(x) = \frac{1}{2}(g(x))^2 + C$$
$$= \frac{1}{2}\left(x + \sqrt{x^2+1}\right)^2 + C$$

où C est une fonction constante quelconque.

3. Pour tout x de $\mathbb{R}$:

$$f_2(x) = \frac{1}{\sqrt{x^2+1}\left(x+\sqrt{x^2+1}\right)} = \frac{\left(x+\sqrt{x^2+1}\right)}{\sqrt{x^2+1}\left(x+\sqrt{x^2+1}\right)^2} = \frac{\dfrac{\left(x+\sqrt{x^2+1}\right)}{\sqrt{x^2+1}}}{\left(x+\sqrt{x^2+1}\right)^2}$$

en multipliant numérateur et dénominateur par le réel non nul $\left(x+\sqrt{x^2+1}\right)$.
Le réel $x+\sqrt{x^2+1}$ est strictement positif si x strictement positif, il est égal à 1 si $x = 0$.

Pour tout x strictement négatif $x+\sqrt{x^2+1} = \dfrac{x^2-\left(\sqrt{x^2+1}\right)^2}{x-\sqrt{x^2+1}}$, le dénominateur est strictement négatif et le numérateur est égal à – 1.
Dans tous les cas, le réel $x+\sqrt{x^2+1}$ est non nul.

$$f_2(x) = \frac{g'(x)}{(g(x))^2}.$$

D'après le tableau des primitives l'ensemble des primitives de f_2 sur $\mathbb{R}$ est l'ensemble des fonctions F_2 telles que :

$$F_2(x) = -\frac{1}{g(x)} + C$$
$$= -\frac{1}{x+\sqrt{x^2+1}} + C$$

où C est une fonction constante quelconque.

8 Les fonctions f_1, f_2 et f_3 sont continues sur $\mathbb{R}$, elles admettent donc des primitives sur $\mathbb{R}$. Il faut utiliser directement le tableau des primitives.

1. L'ensemble des primitives sur $\mathbb{R}$ de la fonction f_1 définie sur $\mathbb{R}$ par $f_1(x) = \cos 2x$ est l'ensemble des fonctions F_1 définies sur $\mathbb{R}$ par :

$$F_1(x) = \frac{1}{2}\sin 2x + C$$

où C est une fonction constante quelconque.

2. L'ensemble des primitives sur $\mathbb{R}$ de la fonction f_2 définie sur $\mathbb{R}$ par $f_2(x) = \sin\left(\frac{2x}{3} + \frac{\pi}{4}\right)$ est l'ensemble des fonctions F_2 définies sur $\mathbb{R}$ par :

$$F_2(x) = -\frac{3}{2}\cos\left(\frac{2x}{3} + \frac{\pi}{4}\right) + C$$

où C est une fonction constante quelconque.

3. L'ensemble des primitives sur $\mathbb{R}$ de la fonction f_3 définie sur $\mathbb{R}$ par $f_3(x) = \cos\left(\frac{\pi}{3} - \frac{3x}{4}\right) = \cos\left(-\frac{3x}{4} + \frac{\pi}{3}\right)$ est l'ensemble des fonctions F_3 définies sur $\mathbb{R}$ par :

$$F_3(x) = -\frac{4}{3}\sin\left(-\frac{3x}{4} + \frac{\pi}{3}\right) + C$$

où C est une fonction constante quelconque.

9 **1. a)** Pour tout réel x, $\cos^3 x = \cos^2 x \cos x = (1 - \sin^2 x)\cos x$ car $\cos^2 x + \sin^2 x = 1$.

b) La fonction $x \mapsto \cos^3 x$ est continue sur $\mathbb{R}$, elle y admet des primitives. Posons pour tout réel x, $u(x) = \sin x$ on a $u'(x) = \cos x$ donc pour tout réel x on a :

$$\begin{aligned} f_1(x) &= (1 - (u(x))^2)u'(x) \\ &= u'(x) - (u(x))^2 u'(x). \end{aligned}$$

D'après le tableau des primitives, l'ensemble des primitives est l'ensemble des fonctions F_1 définies sur $\mathbb{R}$ par :

$$\begin{aligned} F_1(x) &= u(x) - \frac{1}{3}(u(x))^3 + C \\ &= \sin x - \frac{1}{3}\sin^3 x + C \end{aligned}$$

où C est une fonction constante quelconque.

2. De la même manière $\sin^3 x = \sin^2 x \sin x = (1 - \cos^2 x)\sin x$ car $\cos^2 x + \sin^2 x = 1$.

La fonction $x \mapsto \sin^3 x$ est continue sur $\mathbb{R}$, elle y admet des primitives. Posons pour tout réel x, $u(x) = \cos x$ on a $u'(x) = -\sin x$ donc pour tout réel x on a :

$$f_2(x) = (1 - (u(x))^2)(-u'(x))$$
$$= -u'(x) + (u(x))^2 u'(x).$$

D'après le tableau des primitives, l'ensemble des primitives est l'ensemble des fonctions F_2 définies sur $\mathbb{R}$ par :

$$F_2(x) = -u(x) + \frac{1}{3}(u(x))^3 + C$$
$$= -\cos x + \frac{1}{3}\cos^3 x + C$$

où C est une fonction constante quelconque.

10 **1.** La fonction $f_1 : x \mapsto \dfrac{\sin x}{\cos^3 x}$ est continue sur l'intervalle $\left[0 ; \dfrac{\pi}{2}\right[$, elle y admet des primitives. Posons $u(x) = \cos x$, on a $u'(x) = -\sin x$ donc pour tout réel x de $\left[0 ; \dfrac{\pi}{2}\right[$,

$$f_1(x) = \frac{1}{(u(x))^3}(-u'(x))$$
$$= -(u(x))^{-3} u'(x).$$

D'après le tableau des primitives, l'ensemble des primitives est l'ensemble des fonctions F_1 définies sur $\left[0 ; \dfrac{\pi}{2}\right[$ par :

$$F_1(x) = -\frac{(u(x))^{-3+1}}{-3+1} + C$$
$$= \frac{1}{2}\,\frac{1}{(u(x))^2} + C$$
$$= \frac{1}{2}\,\frac{1}{\cos^2 x} + C$$

où C est une fonction constante quelconque.

2. La fonction $f_2 : x \mapsto \dfrac{\cos 2x}{\sin^2 2x}$ est continue sur l'intervalle $\left]0\,;\,\dfrac{\pi}{2}\right[$ car si x appartient à $\left]0\,;\,\dfrac{\pi}{2}\right[$, le réel $2x$ appartient à $]0\,;\,\pi[$ et sur cet intervalle la fonction sinus est non nulle. La fonction f_2 admet donc des primitives sur $\left]0\,;\,\dfrac{\pi}{2}\right[$.

Posons $u(x) = \sin 2x$, on a $u'(x) = 2\cos 2x$ donc pour tout réel x de $\left]0\,;\,\dfrac{\pi}{2}\right[$:

$$f_2(x) = \frac{1}{(u(x))^2}\left(\frac{1}{2}\,u'(x)\right)$$
$$= \frac{1}{2}(u(x))^{-2}u'(x).$$

D'après le tableau des primitives, l'ensemble des primitives est l'ensemble des fonctions F_2 définies sur $\left]0\,;\,\dfrac{\pi}{2}\right[$ par :

$$F_2(x) = \frac{1}{2}\,\frac{(u(x))^{-2+1}}{-2+1} + C$$
$$= -\frac{1}{2}\,\frac{1}{u(x)} + C$$
$$= -\frac{1}{2}\,\frac{1}{\sin 2x} + C$$

où C est une fonction constante quelconque.

3. Pour tout x de $]0\,;\,\pi[$

$$1 - \cos 2x = 1 - (1 - 2\sin^2 x) = 2\sin^2 x.$$

La fonction f_3 est continue sur $]0\,;\pi[$, car sur $]0\,;\pi[$, la fonction $x \mapsto 1 - \cos 2x = 2\sin^2 x$ est continue et non nulle. Posons $u(x) = \sin x$ on a $u'(x) = \cos x$ donc pour tout réel x de $]0\,;\pi[$:

$$f_3(x) = \frac{\cos x}{1 - \cos 2x} = \frac{\cos x}{2\sin^2 x}$$
$$= \frac{1}{2}\,\frac{u'(x)}{(u(x))^2}$$
$$= \frac{1}{2}(u(x))^{-2}u'(x).$$

D'après le tableau des primitives, l'ensemble des primitives est l'ensemble des fonctions F_3 définies sur $\left]0\,;\,\frac{\pi}{2}\right[$ par :

$$F_3(x) = \frac{1}{2}\,\frac{(u(x))^{-2+1}}{-2+1} + C$$

$$= -\frac{1}{2}\,\frac{1}{u(x)} + C$$

$$= -\frac{1}{2}\,\frac{1}{\sin x} + C$$

où C est une fonction constante quelconque.

4. Pour tout réel x de $\left[0\,;\,\frac{\pi}{6}\right[$ on a :

$$\cos 6x = \cos(2 \times (3x)) = 2(\cos 3x)^2 - 1$$

donc :

$$1 + \cos 6x = 2(\cos 3x)^2.$$

Pour tout réel x de $\left[0\,;\,\frac{\pi}{6}\right[$ le réel $3x$ appartient à $\left[0\,;\,\frac{\pi}{2}\right[$ donc $\cos 3x$ est non nul. La fonction f_4 est donc le quotient de fonctions continues sur $\mathbb{R}$, le dénominateur étant non nul sur $\left[0\,;\,\frac{\pi}{6}\right[$, la fonction f_4 admet donc des primitives F_4 sur $\left[0\,;\,\frac{\pi}{6}\right[$. Posons $u(x) = \cos 3x$ on a $u'(x) = -3\sin 3x$. Pour tout réel x de $\left[0\,;\,\frac{\pi}{6}\right[$:

$$f_4(x) = \frac{\sin 3x}{1 + \cos 6x} = \frac{\sin 3x}{2(\cos 3x)^2}$$

$$= \frac{-\frac{1}{3}u'(x)}{2(u(x))^2}$$

$$= -\frac{1}{6}(u(x))^{-2}u'(x).$$

D'après le tableau des primitives, l'ensemble des primitives est l'ensemble des fonctions F_4 définies sur $\left[0\,;\,\frac{\pi}{6}\right[$ par :

$$F_4(x) = -\frac{1}{6}\,\frac{(u(x))^{-2+1}}{-2+1} + C$$

$$= \frac{1}{6}\,\frac{1}{u(x)} + C$$

$$= \frac{1}{6}\,\frac{1}{\cos 3x} + C$$

où C est une fonction constante quelconque.

CORRIGÉS

Sujets de type BAC

11 **1. a)** La fonction g définie sur l'intervalle $]0\,;+\infty[$ par $g(x)=\dfrac{f(x)}{x}$ est dérivable sur $]0\,;+\infty[$ comme quotient de deux fonctions dérivables, le dénominateur étant non nul sur $]0\,;+\infty[$. Pour tout réel x de $]0\,;+\infty[$, on a :

$$g'(x)=\frac{xf'(x)-f(x)}{x^2}.$$

Si de plus la fonction f est solution de (E) on a pour tout réel x de $]0\,;+\infty[$:

$$xf'(x)-(2x+1)f(x)=8x^2 \Leftrightarrow \frac{xf'(x)-(2x+1)f(x)}{x^2}=8 \text{ car } x\neq 0$$

$$\Leftrightarrow \frac{xf'(x)-f(x)}{x^2}-\frac{2f(x)}{x}=8$$

$$\Leftrightarrow g'(x)-2g(x)=8.$$

La fonction f est solution de (E) sur $]0\,;+\infty[$ si et seulement si la fonction g est solution sur $]0\,;+\infty[$ de l'équation différentielle (E′) :

$$y'=2y+8.$$

b) Si la fonction h est solution de (E′) sur $]0\,;+\infty[$, la fonction h est dérivable sur $]0\,;+\infty[$ et donc la fonction f définie sur $]0\,;+\infty[$ par $f(x)=xh(x)$ est aussi dérivable sur $]0\,;+\infty[$.

Pour tout réel x de $]0\,;+\infty[$, $f'(x)=h(x)+xh'(x)$.

La fonction h est solution de (E′) sur $]0\,;+\infty[$, donc pour tout réel x de $]0\,;+\infty[$,

$$h'(x)=2h(x)+8 \Leftrightarrow xh'(x)=2xh(x)+8x$$

$$\Leftrightarrow f'(x)-h(x)=2f(x)+8x$$

$$\Leftrightarrow xf'(x)=2xf(x)+f(x)+8x^2$$

$$\Leftrightarrow xf'(x)-(2x+1)f(x)=8x^2.$$

La fonction f est solution sur $]0\,;+\infty[$ de l'équation différentielle (E).

2. Résolution de (E′) sur $]0\,;+\infty[$:

- La fonction constante $x\mapsto -\dfrac{8}{2}=-4$ est solution de l'équation (E′) sur $]0\,;+\infty[$ car pour tout réel x de $]0\,;+\infty[$, la dérivée de la fonction constante est nulle et :

$$0=2\times(-4)+8.$$

• Les solutions sur $]0\,;+\infty[$ de l'équation $y' = 2y$ sont les fonctions de la forme :

$$x \mapsto \mathrm{K}e^{2x},\ \mathrm{K} \in \mathbb{R}.$$

Les solutions de (E′) sur $]0\,;+\infty[$ sont donc les fonctions définies pour tout réel $x > 0$ par :

$$x \mapsto \mathrm{K}e^{2x} - 4 \quad \text{avec} \quad \mathrm{K} \in \mathbb{R}.$$

3. D'après **1.** l'ensemble des solutions de (E) sont les fonctions définies sur $]0\,;+\infty[$ par $f(x) = x(\mathrm{K}e^{2x} - 4)$. On cherche parmi les fonctions solutions celles dont la représentation graphique passe par le point de coordonnées $(\ln 2\,;0)$, une telle fonction vérifie $f(\ln 2) = 0$ donc vérifie :

$$\mathrm{K}\ln 2 e^{2\ln 2} - 4\ln 2 = 0 \Leftrightarrow \mathrm{K}\ln 2 e^{\ln 2^2} - 4\ln 2 = 0$$

$$\Leftrightarrow 4\mathrm{K}\ln 2 - 4\ln 2 = 0$$

$$\Leftrightarrow 4\mathrm{K} - 4 = 0 \Leftrightarrow \mathrm{K} = 1.$$

Il existe sur $]0\,;+\infty[$ une solution et une seule de (E) qui s'annule en $\ln 2$, elle est définie sur $]0\,;+\infty[$ par :

$$x \mapsto xe^{2x} - 4x.$$

12 Partie A Lectures graphiques

1. On remarque que la fonction φ associée à la courbe C est positive sur $\mathbb{R}$; si φ était la fonction dérivée, l'autre serait croissante sur $\mathbb{R}$ ce qui n'est pas le cas. Donc la représentation graphique de g' est la courbe F et on vérifie que :
• sur $]-\infty\,;-1[$, $g'(x) < 0$ donc g est strictement décroissante sur $]-\infty\,;-1]$
• sur $]-1\,;1[$, $g'(x) > 0$ donc g est strictement croissante sur $[-1\,;1]$
• sur $]1\,;+\infty[$, $g'(x) < 0$ donc g est strictement décroissante sur $[1\,;+\infty[$.
La représentation graphique de g est la courbe C ; celle de g' est la courbe F.

x	$-\frac{3}{2}$		-1		1		5
$g'(x)$		$-$	0	$+$	0	$-$	
$g(x)$	$g\left(-\frac{3}{2}\right)$	↘	0	↗	$g(1)$	↘	$g(5)$

2. Coefficient directeur de la tangente à C au point d'abscisse 0
Le coefficient directeur de la tangente à C au point d'abscisse O est $g'(0)$. La représentation graphique F de g' passe par le point $(0\,;1)$ donc $g'(0) = 1$.
La tangente à C au point d'abscisse 0 a pour coefficient directeur 1.

CORRIGÉS

Partie B

Soit l'équation différentielle (E) : $y' + y = 2(x+1)e^{-x}$.

1. Montrons que f_0 est solution de (E).

Pour tout réel x, $f_0(x) = (x^2 + 2x)e^{-x}$

$$f'_0(x) = (2x+2)e^{-x} - (x^2+2x)e^{-x} = (-x^2+2)e^{-x}.$$

Pour tout réel x,

$$f'_0(x) + f_0(x) = (-x^2+2)e^{-x} + (x^2+2x)e^{-x} = (2x+2)e^{-x} = 2(x+1)e^{-x}.$$

La fonction f_0 est bien une solution de (E).

2. Résolution de l'équation différentielle (E′) : $y' + y = 0$

Elle est de la forme $y' + ay = 0$ où $a = 1$. Les fonctions φ solutions de (E′) sont définies dans $\mathbb{R}$ par :

$$\varphi(x) = ke^{-x} \text{ où } k \text{ est un réel quelconque.}$$

3. *u* est une solution de (E′).

Donc par hypothèse, pour tout réel x, $u'(x) + u(x) = 0$. f_0 est solution de (E) donc pour tout réel x, $f'_0(x) + f_0(x) = 2(x+1)e^{-x}$.

En additionnant ces deux égalités membre à membre, on obtient :

pour tout réel x, $(f_0+u)'(x) + (f_0+u)(x) = 2(x+1)e^{-x}$.

Ce qui montre que la fonction $f_0 + u$ est une solution de (E).

En admettant que toute solution de (E) est de la forme $f_0 + u$, on a : f est solution de E si et seulement si, pour tout réel x,

$$\boxed{f(x) = (x^2+2x)e^{-x} + ke^{-x} \quad \text{où } k \in \mathbb{R}.}$$

4. Si g est solution de (E) alors pour tout réel x,

$$g(x) = (x^2+2x)e^{-x} + ke^{-x}.$$

C passe par le point (0 ; 1) donc $g(0) = 1$.

On en déduit alors que $1 = k$.

La fonction g est définie sur $\mathbb{R}$ par $g(x) = (x^2+2x)e^{-x} + e^{-x}$ soit

$$\boxed{g(x) = (x^2+2x+1)e^{-x}.}$$

5. Détermination de *h* solution de (E)

h est solution de l'équation (E) donc pour tout réel x,

$$h(x) = (x^2 + 2x)e^{-x} + ke^{-x} \quad \text{où } k \in \mathbb{R}.$$

La représentation graphique de h admet au point d'abscisse 0 une tangente de coefficient directeur nul donc $h'(0) = 0$. Calculons, pour tout réel x, $h'(x) = (2x + 2)e^{-x} - (x^2 + 2x)e^{-x} - ke^{-x}$ d'où $h'(0) = 2 - k = 0$. Il en résulte que $k = 2$ et que h est définie sur $\mathbb{R}$ par :

$$\boxed{h(x) = (x^2 + 2x + 2)e^{-x}.}$$

13 Partie A

1. Pour tout réel x, $f(x) = \dfrac{3e^{\frac{x}{4}}}{2 + e^{\frac{x}{4}}}$.

En multipliant numérateur et dénominateur par $e^{-\frac{x}{4}}$ on obtient :

$$f(x) = \frac{3}{2e^{-\frac{x}{4}} + 1}.$$

2. Limites de la fonction *f* en + ∞ et en – ∞

On sait que $\lim\limits_{x \to +\infty} e^{-\frac{x}{4}} = 0$ donc $\lim\limits_{x \to +\infty} \left(1 + 2e^{-\frac{x}{4}}\right) = 1$ et en utilisant $f(x) = \dfrac{3}{1 + 2e^{-\frac{x}{4}}}$ on a :

$$\boxed{\lim_{x \to +\infty} f(x) = 3.}$$

On sait que $\lim\limits_{x \to -\infty} e^{\frac{x}{4}} = 0$ donc :

$$\lim_{x \to -\infty} \left(2 + e^{\frac{x}{4}}\right) = 2 \quad \text{et} \quad \lim_{x \to -\infty} \frac{3e^{\frac{x}{4}}}{2 + e^{\frac{x}{4}}} = 0.$$

On a :

$$\boxed{\lim_{x \to -\infty} f(x) = 0.}$$

3. Variations de la fonction *f*

La fonction f est le quotient des deux fonctions $x \mapsto 3e^{\frac{x}{4}}$ et $x \mapsto 2 + e^{\frac{x}{4}}$. Ces deux fonctions sont dérivables sur $\mathbb{R}$, la fonction du dénominateur étant supérieure ou égale à 2 ne s'annule pas sur $\mathbb{R}$ et on a pour tout x de $\mathbb{R}$:

$$f'(x) = \frac{\frac{3}{4}e^{\frac{x}{4}}\left(2 + e^{\frac{x}{4}}\right) - 3e^{\frac{x}{4}}\left(\frac{1}{4}e^{\frac{x}{4}}\right)}{\left(2 + e^{\frac{x}{4}}\right)^2} = \frac{3e^{\frac{x}{4}}\left(2 + e^{\frac{x}{4}} - e^{\frac{x}{4}}\right)}{4\left(2 + e^{\frac{x}{4}}\right)^2}$$

$$f'(x) = \frac{3e^{\frac{x}{4}}}{2\left(2 + e^{\frac{x}{4}}\right)^2}.$$

$f'(x)$ est strictement positif sur $\mathbb{R}$ donc :

f est une fonction strictement croissante sur $\mathbb{R}$.

Partie B

1. a) Résolution de l'équation différentielle (E_1) $y' = \frac{y}{4}$

Les solutions de l'équation différentielle $y' = \frac{y}{4}$ sont les fonctions g définies sur $\mathbb{R}$ par :

$$g(t) = Ce^{\frac{t}{4}} \text{ où } C \in \mathbb{R}.$$

b) Solution g vérifiant $g(0) = 1$

Si on a la condition initiale $g(0) = 1$ alors $1 = Ce^0$ soit $C = 1$ donc pour tout réel t, on a $g(t) = e^{\frac{t}{4}}$.

c) Année où la population dépassera 300 rongeurs

L'unité choisie étant la centaine d'individus, la population dépasse 300 rongeurs si et seulement si :

$$g(t) > 3 \quad \text{soit} \quad e^{\frac{t}{4}} > 3 \quad \text{ou encore} \quad \frac{t}{4} > \ln 3 \quad \text{soit} \quad t > 4\ln 3 > 4{,}3.$$

Au bout de 5 ans la population dépassera 300 rongeurs.

2. a) Conditions vérifiées par la fonction h

La fonction u est définie sur $\mathbb{R}^+$ et strictement positive, la fonction h définie sur $\mathbb{R}^+$ par $h(t) = \dfrac{1}{u(t)}$, est définie sur $\mathbb{R}^+$ et strictement positive.

La fonction h est dérivable comme inverse d'une fonction dérivable strictement positive donc non nulle sur $\mathbb{R}^+$ et pour tout réel positif t on a $u(t) = \dfrac{1}{h(t)}$ soit pour tout réel positif t, $u'(t) = -\dfrac{h'(t)}{h^2(t)}$ donc la relation devient pour tout réel positif t :

$-\dfrac{h'(t)}{h^2(t)} = \dfrac{1}{4h(t)} - \dfrac{1}{12h^2(t)}$ soit :

$$h'(t) = -\frac{1}{4}\, h(t) + \frac{1}{12} \quad \text{et} \quad h(0) = \frac{1}{u(0)} = 1.$$

b) Solutions de l'équation différentielle $y' = -\dfrac{1}{4}\, y + \dfrac{1}{12}$

Les solutions définies sur $\mathbb{R}$ de l'équation différentielle $y' = -\dfrac{1}{4}\, y + \dfrac{1}{12}$ sont les fonctions définie sur $\mathbb{R}$, $x \mapsto \dfrac{1}{3} + \mathrm{C}e^{-\frac{t}{4}}$ où $\mathrm{C} \in \mathbb{R}$.

Comme $h(0) = \dfrac{1}{3} + \mathrm{C}e^{0} = 1$ on a $\mathrm{C} = \dfrac{2}{3}$.

Pour tout réel positif t, $h(t) = \dfrac{1}{3} + \dfrac{2}{3}\, e^{-\frac{t}{4}}$.

Donc pour tout réel positif t :

$$u(t) = \frac{1}{\frac{1}{3} + \frac{2}{3}\, e^{-\frac{t}{4}}} = \frac{3}{1 + 2e^{-\frac{t}{4}}} = f(t).$$

c) Comportement de la taille de la population

On peut déduire de la **partie A** que la taille de la population qui sera en augmentation constante tendra vers 300 individus.

14 **1.** • Pour tout entier naturel n,

$$x_{n+1} - x_n = 0{,}2 \Leftrightarrow x_{n+1} = x_n + 0{,}2.$$

• Pour tout entier naturel n,

$$\frac{y_{n+1} - y_n}{x_{n+1} - x_n} = f'(x_n) \Leftrightarrow y_{n+1} - y_n = (x_{n+1} - x_n)f'(x_n)$$

$$\Leftrightarrow y_{n+1} = y_n 0{,}2 f'(x_n).$$

• Les réels x_n sont les termes d'une suite arithmétique de premier terme $x_0 = 0$ et de raison 0,2. La suite (x_n) est strictement croissante et donc, pour tout entier naturel n, x_n est positif ou nul.

Pour tout entier naturel n, $x_n \in [0\,;+\infty[$ et d'après la relation (1) :
$f'(x_n) = 4 - [f(x_n)]^2$, d'où

$$y_{n+1} = y_n + 0{,}2(4 - y_n^2) = -0{,}2y_n^2 + y_n + 0{,}8.$$

Sachant que $f(0) = 0$, on a donc :

$x_0 = 0$ et pour tout entier naturel n, $x_{n+1} = x_n + 0{,}2$

$y_0 = 0$ et pour tout entier naturel n, $y_{n+1} = -0{,}2y_n^2 + y_n + 0{,}8$.

2. a) *Tableau complété*

n	0	1	2	3	4	5	6	7
x_n	0	0,2	0,4	0,6	0,8	1	1,2	1,4
y_n	0	0,800 0	1,472 0	1,832 6	1,962 5	1,992 2	1,998 4	1,999 7

b) On place les points M_n sur un graphique.

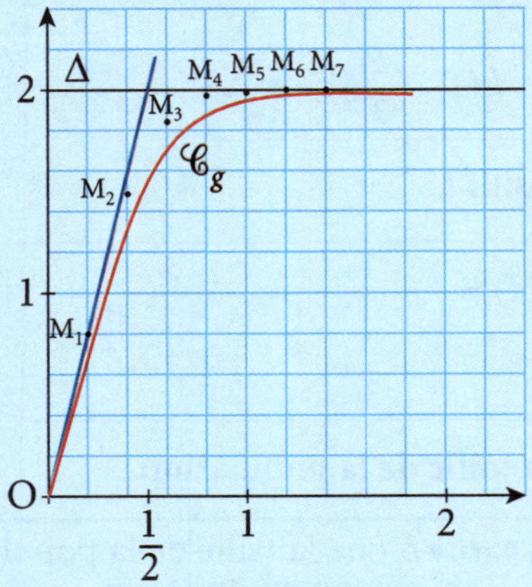

Figure 2

c) *Conjectures sur le sens de variation et la convergence de* (y_n)

D'après le graphique, la suite semble être croissante et converger vers 2.

3. a) *Si* $x \in [0\,;2]$, *alors* $p(x) \in [0\,;2]$.

La fonction p est dérivable sur [0 ; 2] et :

$$p'(x) = -0{,}4x + 1.$$

Si $x \in [0\,;2]$, on a $0{,}4x \leqslant 0{,}8$ donc $p'(x) > 0$.

La fonction p est strictement croissante sur [0 ; 2]. Pour tout $x \in [0\,;2]$, a donc $p(x) \in [p(0), p(2)]$.

Comme $p(0) = 0{,}8$ et $p(2) = 2$, on a $[p(0), p(2)] \subset [0\,;2]$ donc :

pour tout $\boldsymbol{x \in [0\,;2]}$, $\boldsymbol{p(x) \in [0\,;2]}$.

b) *Encadrement de* y_n, $n \in \mathbb{N}$

On a pour tout $n \in \mathbb{N}$, $y_{n+1} = p(y_n)$.

On montre par récurrence sur n que $y_n \in [0\,;2]$ pour tout $n \in \mathbb{N}$.

- Par hypothèse $y_n = 0 \in [0\,;2]$.
- Si $y_n \in [0\,;2]$, alors $y_{n+1} = p(y_n) \in [0\,;2]$ d'après **a)**. Cela termine la démonstration par récurrence.

Pour tout entier naturel $\boldsymbol{n}$**,** $\boldsymbol{0 \leqslant y_n \leqslant 2}$**.**

c) *Sens de variation de la suite* (y_n)

On a pour tout $n \in \mathbb{N}$:

$$y_{n+1} - y_n = -0{,}2y_n^2 + 0{,}8 = 0{,}2(-y_n^2 + 4).$$

Comme $y_n \in [0\,;2]$, on a $y_n^2 \leqslant 4$ et $4 - y_n^2 \geqslant 0$.

Ainsi, pour cout $n \in \mathbb{N}$, $y_{n+1} - y_n \geqslant 0$.

La suite $\boldsymbol{(y_n)}$ **est croissante.**

d) *Convergence de la suite* (y_n)

La suite (y_n) est croissante et majorée donc elle converge.

Soit $\ell = \lim\limits_{n \to +\infty} y_n$. On a par les théorèmes sur les limites :

$$\lim_{n \to +\infty} y_{n+1} = \lim_{n \to +\infty} (-0{,}2y_n^2 + y_n + 0{,}8) = -0{,}2\ell^2 + \ell + 0{,}8.$$

Comme par ailleurs, $\lim\limits_{n \to +\infty} y_{n+1} = \ell$, on obtient :

$$\ell = -0{,}2\ell^2 + \ell + 0{,}8 \quad \text{soit} \quad \ell^2 = 4.$$

La suite est à valeurs dans [0 ; 2] donc $\ell \geqslant 0$ et $\ell = 2$.

La suite $\boldsymbol{(y_n)}$ **converge vers 2.**

La Prépa attitude

Dès la première année post-bac, la notion d'équation différentielle est au cœur de nombreux chapitres en Mathématiques et en Physique-Chimie.

La variété des exercices demande une grande dextérité.

EXERCICES

➲ Corrigés p. 414

1 Équation différentielle – Fonction exponentielle

On désigne par f une fonction dérivable sur $\mathbb{R}$ et par f' sa fonction dérivée. Ces fonctions vérifient les propriétés suivantes :

(1) pour tout nombre réel x, $\left(f'(x)\right)^2 - \left(f(x)\right)^2 = 1$,

(2) $f'(0) = 1$,

(3) la fonction f' est dérivable sur $\mathbb{R}$.

1. a) Démontrer que, pour tout nombre réel x, $f'(x) \neq 0$.

b) Calculer $f(0)$.

2. En dérivant chaque membre de l'égalité de la proposition (1), démontrer que :

(4) pour tout nombre réel x, $f''(x) = f(x)$, ou f'' désigne la fonction dérivée seconde de la fonction f.

3. On pose $u = f' + f$ et $v = f' - f$.

a) Calculer $u(0)$ et $v(0)$.

b) Démontrer que $u' = u$ et $v' = -v$.

c) En déduire les fonctions u et v.

d) En déduire que, pour tout réel x, $f(x) = \dfrac{e^x - e^{-x}}{2}$.

4. a) Étudier les limites de la fonction f en $+\infty$ et en $-\infty$.

b) Dresser le tableau de variation de la fonction f.

5. a) Soit m un nombre réel. Démontrer que l'équation $f(x) = m$ a une unique solution α dans $\mathbb{R}$.

b) Déterminer cette solution lorsque $m = 3$ (on en donnera la valeur exacte puis une valeur approchée décimale à 10^{-2} près).

AMBITION PRÉPA

2 Équation différentielle –Solution particulière

Dans tout l'exercice, λ désigne un nombre réel de l'intervalle $]0\,;1]$.

1. On se propose d'étudier les fonctions dérivables sur $\left]-\infty\,;\frac{1}{2}\right[$ vérifiant l'équation différentielle :

$$(\mathrm{E}_\lambda) : \ y' = y^2 + \lambda y$$

et la condition $y(0) = 1$.

On suppose qu'il existe une solution y_0 de (E_λ) strictement positive sur $\left]-\infty\,;\frac{1}{2}\right[$ et on pose sur $\left]-\infty\,;\frac{1}{2}\right[$:

$$z = \frac{1}{y_0}.$$

Écrire une équation différentielle simple satisfaite par la fonction z.

2. Question de cours

Pré-requis

Les solutions de l'équation différentielle $y' = -\lambda y$ sont les fonctions $x \mapsto \mathrm{C}e^{-\lambda x}$ où C est une constante réelle.

a) Démontrer l'existence et l'unicité de la solution z de l'équation différentielle : $(E'_\lambda) : z' = -(\lambda z + 1)$ telle que $z(0) = 1$.

b) Donner l'expression de cette fonction que l'on notera z_0.

On veut maintenant montrer que la fonction z_0 ne s'annule pas sur l'intervalle $\left]-\infty\,;\frac{1}{2}\right[$.

3. a) Démontrer que, pour tout λ de $]0\,;1]$, $\ln(1+\lambda) > \frac{\lambda}{\lambda+1}$.

On pourra étudier sur $]0\,;1]$ la fonction f définie par :

$$f(x) = \ln(1+x) - \frac{x}{x+1}.$$

b) En déduire que $\frac{1}{\lambda}\ln(1+\lambda) > \frac{1}{2}$.

4. En déduire que la fonction z_0 ne s'annule pas sur $\left]-\infty\,;\frac{1}{2}\right[$.

Démontrer alors que (E_λ) admet une solution strictement positive sur $\left]-\infty\,;\frac{1}{2}\right[$ que l'on précisera.

AMBITION PRÉPA

CORRIGÉS

1 **1. a)** Pour tout nombre réel x, on a :

$$\left[f'(x)\right]^2 = 1 + \left[f(x)\right]^2.$$

Comme, pour tout réel x, $\left[f(x)\right]^2 \geqslant 0$ alors $\left[f'(x)\right]^2 \geqslant 1$.

Donc, pour tout réel x, $f'(x)$ est un nombre non nul.

b) Pour $x = 0$, on a : $\left[f'(0)\right]^2 - \left[f(0)\right]^2 = 1$

d'où $\left[f(0)\right]^2 = \left[f'(0)\right]^2 - 1 = 1 - 1 = 0$.

$$\text{Donc } f(0) = 0.$$

2. f et f' sont des fonctions dérivables sur $\mathbb{R}$, donc les fonctions f^2 et f'^2 le sont aussi, ainsi que la fonction $f'^2 - f^2$.

On a pour tout réel x :

$$\left[f'(x)\right]^2 - \left[f(x)\right]^2 = 1\,;$$

et donc en dérivant les deux membres de cette égalité, on obtient pour tout réel x :

$2f'(x) \times f''(x) - 2f'(x) \times f(x) = 0$

$2f'(x)\left[f''(x) - f(x)\right] = 0.$

Pour tout réel x, $f'(x) \neq 0$ donc, pour tout réel x,

$f''(x) - f(x) = 0$

d'où $f''(x) = f(x)$.

Les fonctions f et f'' ont le même ensemble de définition $\mathbb{R}$, sont à valeurs dans $\mathbb{R}$ et pour tout réel x, elles vérifient $f''(x) = f(x)$. Elles sont donc égales.

$$f = f''.$$

3. On pose $u = f' + f$ et $v = f' - f$.

a) $u(0) = f'(0) + f(0) = 1 + 0 = 1$

$v(0) = f'(0) - f(0) = 1 - 0 = 1.$

Donc $u(0) = v(0) = 1$.

b) f et f' sont dérivables sur $\mathbb{R}$ donc u et v le sont aussi.

Pour tout réel x, $u'(x) = f''(x) + f'(x)$

$= f(x) + f'(x)$

$= u(x).$

Pour tout réel x, $v'(x) = f''(x) - f'(x)$

$= f(x) - f'(x)$

$= -\left(f'(x) - f(x)\right)$

$= -v(x).$

On a bien $u' = u$ et $v' = -v$.

c) Expression des fonctions u et v

• La fonction u est solution de l'équation différentielle $u' = u$.

Elle est donc définie sur $\mathbb{R}$ par $u(x) = \mathrm{C}\mathrm{e}^{x}$ ou C est un réel quelconque.

On sait d'autre part que $u(0) = 1$ donc :

$$u(0) = 1 = \mathrm{C}\mathrm{e}^{0} = \mathrm{C}.$$

La fonction u est donc définie sur $\mathbb{R}$ par $u(x) = \mathrm{e}^{x}$.

La fonction v est solution de l'équation différentielle $v' = -v$.

Elle est donc définie sur $\mathbb{R}$ par $v(x) = \mathrm{K}\mathrm{e}^{-x}$ où K est un réel quelconque.

Comme $v(0) = 1$, on en déduit que :

$$\mathrm{K}\mathrm{e}^{0} = \mathrm{K} = 1.$$

La fonction v est donc définie sur $\mathbb{R}$ par $v(x) = \mathrm{e}^{-x}$.

d) Expression de f

On a : $u = f' + f$

$v = f' - f$

d'où $u - v = 2f$ d'où $f = \dfrac{u - v}{2}$.

Pour tout réel x, $f(x) = \dfrac{\mathrm{e}^{x} - \mathrm{e}^{-x}}{2}$.

4. a) Limites de *f* en $+\infty$ et en $-\infty$

$$\lim_{x\to+\infty} f(x) = \lim_{x\to+\infty} \frac{e^{x}-e^{-x}}{2} = +\infty \text{ car : } \lim_{x\to+\infty} e^{x} = +\infty \text{ et } \lim_{x\to+\infty} e^{-x} = 0.$$

$$\lim_{x\to-\infty} f(x) = \lim_{x\to-\infty} \frac{e^{x}-e^{-x}}{2} = -\infty \text{ car : } \lim_{x\to-\infty} e^{x} = 0 \text{ et } \lim_{x\to-\infty} e^{-x} = +\infty.$$

$$\lim_{x\to+\infty} f(x) = +\infty \,; \quad \lim_{x\to-\infty} f(x) = -\infty.$$

b) Variations de *f* sur $\mathbb{R}$

Pour tout réel *x*, *f* est dérivable sur $\mathbb{R}$, et on a :

$$f'(x) = \frac{1}{2}\left(e^{x} + e^{-x}\right).$$

Quel que soit *x* réel, e^{x} et e^{-x} sont des nombres strictement positifs, donc $f'(x)$ est strictement positif.

La fonction *f* est donc strictement croissante sur $\mathbb{R}$.

Le tableau de variation de *f* est :

x	$-\infty$	$+\infty$
$f'(x)$	+	
f	$-\infty$ ↗	$+\infty$

5. a) Soit *m* un réel.

Pour tout réel *x*, l'équation $f(x) = m$ est successivement équivalente à :

$$\frac{e^{x}-e^{-x}}{2} = m$$
$$e^{x}-e^{-x} = 2m$$

Comme e^{x} est non nul pour tout réel *x*, l'équation est successivement équivalente à :

$$\left(e^{x}\right)^{2} - e^{-x}\times e^{x} = 2me^{x}, \text{ soit } \quad \left(e^{x}\right)^{2} - 2me^{x} - 1 = 0 \qquad \text{(E)}$$

Posons $X = e^{x}$, l'équation (E) précédente est équivalente à :

$$\begin{cases} X^{2} - 2mX - 1 = 0 & (1) \\ X = e^{x} & (2) \end{cases}$$

L'équation (1) a pour discriminant $\Delta = 4m^2 + 4$ qui est strictement positif quel soit le réel m. Donc, quel que soit le réel m, l'équation (1) admet deux racines distinctes. Leur produit est $\dfrac{-1}{1} = -1$ non nul et strictement négatif, donc les deux racines sont non nulles et de signes contraires l'une d'elles est strictement positive et l'équation (2) admet une unique solution. Le système ayant une unique solution α, l'équation $f(x) = m$ admet, pour tout réel m, une unique solution dans $\mathbb{R}$.

Autre méthode : la fonction f est continue strictement croissante sur $\mathbb{R}$, $\lim\limits_{-\infty} f = -\infty$ et $\lim\limits_{+\infty} f = +\infty$. Donc pour tout réel m, l'équation $f(x) = m$ admet dans $\mathbb{R}$ une unique solution.

b) Résolution de l'équation $f(x) = 3$

On reprend le système précédent avec $m = 3$.

$$\begin{cases} X^2 - 6X - 1 = 0 & (1) \\ X = e^x & (2) \end{cases}$$

Le discriminant de l'équation (1) est $\Delta = 40$.

L'équation (1) admet donc deux solutions :

$$X_1 = \frac{6 + \sqrt{40}}{2} = 3 + \sqrt{10} \quad \text{et} \quad X_2 = 3 - \sqrt{10}.$$

Le système précédent est alors équivalent à :

$$\begin{cases} \left(X - 3 - \sqrt{10}\right)\left(X - 3 + \sqrt{10}\right) = 0 \\ X = e^x \end{cases}$$

et à $\left(e^x - 3 - \sqrt{10}\right)\left(e^x - 3 + \sqrt{10}\right) = 0$

puis à $e^x = 3 + \sqrt{10}$ ou $e^x = 3 - \sqrt{10}$.

L'équation $e^x = 3 - \sqrt{10}$ n'a pas de solution dans $\mathbb{R}$ car $3 - \sqrt{10} < 0$.

L'équation $e^x = 3 + \sqrt{10}$ admet pour unique solution :

$$x = \ln\left(3 - \sqrt{10}\right).$$

L'équation $f(x) = 3$ admet une solution unique $x = \ln\left(3 + \sqrt{10}\right)$, $x \approx 1{,}82$ à 10^{-2} près.

AMBITION PRÉPA

2 **1.** Le réel λ appartient à $]0\,;1]$. Construction d'une équation différentielle simple satisfaite par la fonction z.

La fonction y_0 étant dérivable et strictement positive donc non nulle sur $\left]-\infty\,;\frac{1}{2}\right[$, la fonction $z=\frac{1}{y_0}$ est dérivable sur $\left]-\infty\,;\frac{1}{2}\right[$ et on a :

$$z'=-\frac{y_0'}{y_0^2}.$$

La fonction y_0 est solution de (E_λ) donc $y_0'=y_0^2+\lambda y_0$. La fonction y_0 étant non nulle sur $\left]-\infty\,;\frac{1}{2}\right[$, la fonction y_0 vérifie sur $\left]-\infty\,;\frac{1}{2}\right[$ la relation :

$$\frac{y_0'}{y_0^2}=1+\frac{\lambda}{y_0}\ \text{soit}\ -z'=1+\lambda z\ \text{ou}\ z'=-\lambda z-1.$$

La fonction z est solution de $z'=-\lambda z-1$ sur $\left]-\infty\,;\frac{1}{2}\right[$.

2. Question de cours

On suppose que les solutions de l'équation différentielle $y'=-\lambda y$ sont les fonctions $x\mapsto \mathrm{C}e^{-\lambda x}$ où C est une constante réelle.

a) Existence et unicité de la solution z de l'équation différentielle (E'_λ): $z'=-(\lambda z+1)$ telle que $z(0)=1$.

Le réel λ étant non nul, l'équation (E'_λ) s'écrit $z'=-\lambda\left(z+\frac{1}{\lambda}\right)$. Si on pose pour tout x de $\mathbb{R}$, $g(x)=z(x)+\frac{1}{\lambda}$, on a pour tout x de $\mathbb{R}$, $g'=z'$ et $g(0)=z(0)+\frac{1}{\lambda}=1+\frac{1}{\lambda}$.

Donc z est solution de (E'_λ) avec $z(0)=1$ si, et seulement si, la fonction g vérifie (E''_λ) : $g'=-\lambda g$ avec $g(0)=1+\frac{1}{\lambda}$. On sait que sous la contrainte $g(0)=1+\frac{1}{\lambda}$, l'équation précédente a une solution unique.

L'équation (E'_λ) a donc une solution unique.

b) Expression de cette solution z_0

Il existe une constante C telle que pour tout x de $\mathbb{R}$, $g(x) = \mathrm{C}e^{-\lambda x}$ soit, pour tout x de $\mathbb{R}$, $z(x) = \mathrm{C}e^{-\lambda x} - \dfrac{1}{\lambda}$ mais $z(0) = \mathrm{C} - \dfrac{1}{\lambda} = 1$ donc pour tout x de $\mathbb{R}$:

$$z_0(x) = \left(1 + \frac{1}{\lambda}\right)e^{-\lambda x} - \frac{1}{\lambda}.$$

3. a) Pour tout λ de $]0;1]$, $\ln(1+\lambda) > \dfrac{\lambda}{\lambda+1}$

Soit f la fonction définie sur $]0 ; 1]$ par $f(x) = \ln(1+x) - \dfrac{x}{x+1}$.

La fonction f est la somme de deux fonctions dérivables sur $]0 ; 1]$, la fonction $x \mapsto \ln(1+x)$ et la fonction rationnelle $x \mapsto -\dfrac{x}{x+1}$, la fonction f est donc dérivable sur $]0 ; 1]$ et on a donc pour tout x de $]0 ; 1]$:

$$f'(x) = \frac{1}{1+x} - \frac{1}{(x+1)^2} = \frac{x}{(x+1)^2}$$

qui est strictement positive sur $]0 ; 1]$.

Donc la fonction f est strictement croissante sur cet intervalle.

Comme $\lim\limits_{x \to 0} f(x) = 0$ et f est strictement croissante sur $]0 ; 1]$, on en déduit que pour tout x de $]0 ; 1]$, $f(x) > 0$ soit pour tout x de $]0 ; 1]$,

$$\ln(1+x) - \frac{x}{x+1} > 0$$

donc pour tout λ de $]0 ; 1]$:

$$\ln(1+\lambda) > \frac{\lambda}{\lambda+1}.$$

b) Pour tout λ de $]0;1]$, $\dfrac{1}{\lambda}\ln(1+\lambda) > \dfrac{1}{2}$

On a vu à la question **2.a)** que pour tout λ de $]0 ; 1]$:

$$\ln(1+\lambda) > \frac{\lambda}{\lambda+1}.$$

AMBITION PRÉPA

Le réel λ étant strictement positif on peut diviser les deux membres par λ sans changer le sens de l'inégalité :

$$\frac{1}{\lambda}\ln(1+\lambda) > \frac{1}{\lambda+1}.$$

Comme on sait que $\lambda \in]0\,;1]$ on a successivement :

$$0 < \lambda \leqslant 1\,; \qquad 1 < 1+\lambda \leqslant 2.$$

Les trois membres étant strictement positifs, les inverses sont dans l'ordre inverse d'où :

$$\frac{1}{2} \leqslant \frac{1}{\lambda+1} < 1$$

donc pour tout λ de $]0\,;1]$:

$$\frac{1}{\lambda}\ln(1+\lambda) > \frac{1}{2}.$$

4. La fonction z_0 ne s'annule pas sur $\left]-\infty\,;\frac{1}{2}\right[$. (E_λ) admet une solution strictement positive sur $\left]-\infty\,;\frac{1}{2}\right[$.

Pour tout λ de $]0\,;1]$ et pour tout x de $\left]-\infty\,;\frac{1}{2}\right[$, l'équation $z_0(x)=0$ est équivalente successivement à :

$$\left(1+\frac{1}{\lambda}\right)e^{-\lambda x} - \frac{1}{\lambda} = 0 \Leftrightarrow e^{-\lambda x} = \frac{1}{1+\lambda} \text{ car } 1+\lambda \neq 0$$

$\Leftrightarrow -\lambda x = -\ln(1+\lambda)$ car les deux membres sont strictement positifs

$\Leftrightarrow x = \frac{1}{\lambda}\ln(1+\lambda)$ car $\lambda \neq 0$.

Mais pour tout λ de $]0\,;1]$, le réel $\frac{1}{\lambda}\ln(1+\lambda)$ est strictement supérieur à $\frac{1}{2}$.

L'équation $z_0(x)=0$ n'a pas de solution sur $\left]-\infty\,;\frac{1}{2}\right[$. La fonction z_0 ne s'annule pas sur $\left]-\infty\,;\frac{1}{2}\right[$.

La fonction z_0 étant continue et ne s'annulant pas sur $\left]-\infty\,;\frac{1}{2}\right[$ garde un signe constant.

La solution z_0 de la question **2.b)** vérifie $z_0(0)=1$, cette solution est donc strictement positive sur $\left]-\infty\,;\,\frac{1}{2}\right[$. Une solution strictement positive de (E_λ) est donc $\frac{1}{z_0}$.

La solution cherchée est la fonction définie sur $\left]-\infty\,;\,\frac{1}{2}\right[$ par :

$$y_0(x)=\frac{1}{\left(1+\frac{1}{\lambda}\right)e^{-\lambda x}-\frac{1}{\lambda}}$$

$$y_0(x)=\frac{\lambda}{(\lambda+1)e^{-\lambda x}-1}.$$

CHAPITRE 12

Calcul intégral

DE QUOI S'AGIT-IL ?

Dans ce chapitre, il s'agit de définir une méthode permettant de calculer des aires.

COURS

1 Intégrale d'une fonction continue et positive sur un intervalle I

Le plan est rapporté à un repère orthogonal $(O\,;\vec{i}, \vec{j})$.

• Si f est une fonction continue et positive sur un intervalle $[a\,;b]$ avec $a < b$, l'aire exprimée en unité d'aire du domaine définie par :

$$\begin{cases} a \leqslant x \leqslant b \\ 0 \leqslant y \leqslant f(x) \end{cases}$$

est appelée l'aire sous la courbe entre a et b et se note $\int_a^b f(x)\mathrm{d}x$.

On lit « intégrale de a et b de $f(x)\mathrm{d}x$ ».

• Si f est une fonction continue et positive sur un intervalle $[a\,;b]$ avec $a < b$, alors la fonction F_a définie sur $[a\,;b]$ par :

$$F_a(x) = \int_a^x f(x)\mathrm{d}x\,.$$

est la primitive de f sur $[a\,;b]$ qui s'annule en a.

• Si f est une fonction continue et positive sur un intervalle $[a\,;b]$ avec $a < b$, et si F est une primitive quelconque de f sur $[a\,;b]$ alors :

$$\int_a^b f(x)\mathrm{d}x = F(b) - F(a) = [F(x)]_a^b.$$

2 Intégrale d'une fonction continue de signe quelconque sur un intervalle I

Toute fonction f continue sur un intervalle admet des primitives sur cet intervalle, soit F l'une d'entre elles. On définit l'intégrale de f sur $[a\,;b]$ par l'égalité :

$$\int_a^b f(x)\mathrm{d}x = F(b) - F(a) = [F(x)]_a^b.$$

3 Propriétés des intégrales

Toutes les fonctions considérées dans ce paragraphe sont continues sur I et a, b, c sont des points de I.

1 Relation de Chasles

$$\int_a^b f(t)\mathrm{d}t = \int_a^c f(t)\mathrm{d}t + \int_c^b f(t)\mathrm{d}t$$

$$\int_a^a f(t)\mathrm{d}t = 0 \quad \text{donc} \quad \int_b^a f(t)\mathrm{d}t = -\int_a^b f(t)\mathrm{d}t.$$

Remarque
Les réels a, b, c peuvent être dans n'importe quel ordre.

2 Linéarité

Quel que soit λ réel :

$$\int_a^b [f(t)+g(t)]\mathrm{d}t = \int_a^b f(t)\mathrm{d}t + \int_a^b g(t)\mathrm{d}t;$$

$$\int_a^b [\lambda f(t)]\mathrm{d}t = \lambda \int_a^b f(t)\mathrm{d}t.$$

3 Inégalités

- Si $f \geqslant 0$ et $a \leqslant b$, alors $\int_a^b f(t)\,\mathrm{d}t \geqslant 0$;
- Si $f \leqslant g$ et $a \leqslant b$, alors $\int_a^b f(t)\,\mathrm{d}t \leqslant \int_a^b g(t)\,\mathrm{d}t$.

Remarque
Lorsque l'on veut utiliser les inégalités, on doit toujours vérifier que la borne inférieure de l'intégrale est inférieure à la borne supérieure.

4 Inégalités de la moyenne

Soit f une fonction continue sur un intervalle I et a et b deux éléments de I.

- Si $m \leqslant f \leqslant M$ sur I et si $a \leqslant b$, alors :

$$m(b-a) \leqslant \int_a^b f(t)\,\mathrm{d}t \leqslant M(b-a).$$

- Si $|f| \leqslant M$ sur I, alors :

$$\left|\int_a^b f(t)\,\mathrm{d}t\right| \leqslant M|b-a|.$$

Remarque
Cette inégalité est valable sans condition sur a et b.

Le nombre $\frac{1}{b-a}\int_a^b f(t)\,\mathrm{d}t$ (lorsque $a \neq b$) est appelé **la valeur moyenne** de f sur $[a\,;\,b]$ et si $a < b$, la moyenne de f sur le segment $[a\,;\,b]$.

5 Intégrales de fonctions continues paires, impaires ou périodiques

- Si f est continue et paire sur $[-a\ ;\ a]$, $\int_{-a}^{a} f(t)\,\mathrm{d}t = 2\int_{0}^{a} f(t)\,\mathrm{d}t$.
- Si f est continue et impaire sur $[-a\ ;\ a]$, $\int_{-a}^{a} f(t)\,\mathrm{d}t = 0$.
- Si f est continue sur $\mathbb{R}$ et de période P, a étant un réel quelconque :

$$\int_{0}^{\mathrm{P}} f(t)\,\mathrm{d}t = \int_{a}^{a+\mathrm{P}} f(t)\,\mathrm{d}t.$$

→ Bien comprendre

Si $f \geqslant 0$ et $a < b$, $\int_{a}^{b} f(x)\,\mathrm{d}x$ représente l'aire sous la courbe de f entre a et b exprimée en unités d'aire.

Si f change de signe, on parle alors d'aire algébrique ; les zones situées au-dessus de l'axe des abscisses sont comptées positivement et les zones situées au-dessous de l'axe des abscisses sont comptées négativement ; la somme algébrique est égale à $\int_{a}^{b} f(x)\,\mathrm{d}x$.

4 Intégration par parties

1 Théorème

Si deux fonctions f et g admettent des dérivées continues sur un segment $[a\ ;\ b]$ alors :

$$\int_{a}^{b} f(t)g'(t)\mathrm{d}t = [f(t)g(t)]_{a}^{b} - \int_{a}^{b} f'(t)g(t)\mathrm{d}t$$

Cette formule qui permet de modifier l'expression à intégrer (1er membre fg' et 2e membre $f'g$) est à employer dans des cas particuliers mais n'est pas une méthode universelle.

2 Cas classiques d'utilisation de l'intégration par parties

- Construction d'une formule de récurrence vérifiée par une suite d'intégrales.
- La fonction à intégrer est de la forme $\mathrm{P}(t)\cos t$, où P est une fonction polynôme on pose alors $f(t) = \mathrm{P}(t)$ et $g'(t) = \cos t$ et on renouvelle l'opération si nécessaire. De même pour une expression de la forme $\mathrm{P}(t)\sin t$ ou $\mathrm{P}(t)\mathrm{e}^{t}$.
- La fonction à intégrer est de la forme $\mathrm{P}(t)\ln t$, où P est une fonction polynôme, on pose alors $f(t) = \ln t$ et $g'(t) = \mathrm{P}(t)$.

5 Sommes de Riemann

1 Théorème admis

Soit f une fonction continue sur le segment $[a\,;\,b]$, pour tout n non nul, on note S_n et S'_n les deux nombres.

$$S_n = \frac{b-a}{n}\sum_{k=0}^{n-1} f\left(a + k\,\frac{b-a}{n}\right) \quad \text{et} \quad S'_n = \frac{b-a}{n}\sum_{k=1}^{n} f\left(a + k\,\frac{b-a}{n}\right).$$

Les deux suites (S_n) et (S'_n) ainsi définies sur $\mathbb{N}^*$, appelées sommes de Riemann, convergent et ont pour limite lorsque n tend vers $+\infty$ le réel $\int_a^b f(t)\,\mathrm{d}t$.

2 Cas particulier où $a = 0$ et $b = 1$

On a alors pour tout entier naturel non nul n :

$$S_n = \frac{1}{n}\left(f(0) + f\left(\frac{1}{n}\right) + \ldots + f\left(\frac{n-1}{n}\right)\right)$$

$$\text{et} \quad S'_n = \frac{1}{n}\left(f\left(\frac{1}{n}\right) + f\left(\frac{2}{n}\right) + \ldots + f(1)\right)$$

$$S_n = \frac{1}{n}\sum_{k=0}^{n-1} f\left(\frac{k}{n}\right) \quad \text{et} \quad S'_n = \frac{1}{n}\sum_{k=1}^{n} f\left(\frac{k}{n}\right).$$

3 Utilisation des sommes de Riemann

Lorsque l'on connaît l'intervalle $[a\,;\,b]$ et la fonction f, les sommes S_n et S'_n sont des valeurs approchées de $\int_a^b f(t)\,\mathrm{d}t$.

Questions courtes

1 Signe d'une intégrale

➲ Corrigé p. 437

Donner les signes des nombres :

$$\mathrm{I} = \int_{-2}^{1} \frac{-1}{x^4+1}\,\mathrm{d}x \quad \text{et} \quad \mathrm{J} = \int_{3}^{1} (x^4+1)\,\mathrm{d}x.$$

2 Primitives

➲ Corrigé p. 437

1. Soit φ une fonction continue sur $\mathbb{R}$.

Que représente pour φ, la fonction g définie sur $\mathbb{R}$ par :

$$g(x) = \int_0^x \varphi(t)\,\mathrm{d}t \,?$$

2. La fonction f est définie, continue sur $\mathbb{R}$ et strictement positive sur $\mathbb{R}$.

Quel est le sens de variation de la fonction h définie sur $\mathbb{R}$ par :

$$\int_x^1 f(t)\,\mathrm{d}t = h(x) \,?$$

Indication
Attention à l'écriture de la fonction *h*.

3 Encadrement

➲ Corrigé p. 437

Si, sur un intervalle I non vide de $\mathbb{R}$:

$$f \leqslant m \leqslant g,$$

où f et g sont deux fonctions définies et continues sur I, m un réel, a-t-on pour deux réels a et b quelconques de I :

$$\int_a^b f(t)\,\mathrm{d}t \leqslant m(b-a) \leqslant \int_a^b g(t)\,\mathrm{d}t \,?$$

Indication
Revoir la remarque sur l'utilisation des inégalités.

4 Valeur moyenne

➲ Corrigé p. 438

1. Soit a, b et c trois réels tels que $a < b < c$. Si m_1 est la valeur moyenne de f sur $[a\,;b]$ et si m_2 est la valeur moyenne de f sur $[b\,;c]$, quelle est, en fonction de m_1 et m_2, la valeur moyenne de f sur $[a\,;c]$?

2. Si m est la valeur moyenne de f sur $[a\,;b]$ (a et b réels tels que $a < b$) et si μ est la valeur moyenne de g sur $[a\,;b]$, quelle est la valeur moyenne de $f+g$ sur $[a\,;b]$?

5 Inégalité

➲ Corrigé p. 438

Si pour tout réel x de $[a\ ;\ b]$ $(a < b)$, $f(x) = 2g(x)$, a-t-on :

$$\int_a^b f(t)\,\mathrm{d}t > \int_a^b g(t)\,\mathrm{d}t\ ?$$

6 Primitives et intervalles

➲ Corrigé p. 438

Si F est une primitive de f sur la réunion de deux intervalles et si G est une primitive de f sur la même réunion des deux mêmes intervalles, existe-t-il un réel k tel que $G = F + k$?

7 Comparaison d'intégrales

➲ Corrigé p. 439

1. Soit f la fonction définie sur $\mathbb{R}$ par :

$$f(x) = x^5 - (\sin x)^3.$$

Comparer les nombres $\int_{-\pi}^{0} f(x)\,\mathrm{d}x$ et $\int_0^{\pi} f(x)\mathrm{d}x$.

2. Soit f la fonction définie sur $\mathbb{R}$ par $f(x) = \dfrac{1}{x^4+1}$.

Comparer les nombres $\int_{-\pi}^{0} f(x)\mathrm{d}x$ et $\int_0^{\pi} f(x)\,\mathrm{d}x$.

> **Indication**
> Utiliser la parité de la fonction f.

8 Étude de signes

➲ Corrigé p. 439

Sans calculer les intégrales, donner le signe de :

a) $I = \int_{\alpha}^{\beta} (x - x^2)\,\mathrm{d}x$, lorsque α et β sont deux réels tels que $0 < \alpha < \beta < 1$;

b) $J = \int_{\alpha}^{\beta} (x - x^2)\,\mathrm{d}x$, lorsque α et β sont deux réels tels que $1 < \alpha < \beta$.

9 Équation

➲ Corrigé p. 439

1. Peut-on trouver un réel α tel que $\int_0^{\alpha} \mathrm{e}^t\mathrm{d}t$ soit un entier naturel ?

2. L'égalité $\int_1^2 f(t)\mathrm{d}t = \int_1^2 g(t)\mathrm{d}t$ implique-t-elle l'égalité $f(t) = g(t)$ pour tout t de $[1\ ;\ 2]$?

> **Indication**
> Revenir à la définition de l'intégrale.

10 Domaine non borné

➲ Corrigé p. 440

Si $\mathscr{D}$ est une partie illimitée du plan, $\mathscr{D}$ peut-elle avoir une aire égale à un nombre réel ?

Exercices d'entraînement

11 Calculs d'intégrales

★ 20 min ➔ Corrigé p. 440

1. Soit la fonction f définie sur $\mathbb{R}$ par $f(x) = \dfrac{x}{1+x^2}$;

soit la fonction g définie sur $\mathbb{R}$ par $g(x) = \dfrac{x^3}{1+x^2}$.

a) Calculer $I_1 = \int_0^1 f(x)\mathrm{d}x$.

b) Soit $I_2 = \int_0^1 g(x)\mathrm{d}x$. Calculer $I_1 + I_2$ et en déduire la valeur de I_2.

2. a) Déterminer trois réels a, b, c tels que, pour tout u différent de $\dfrac{1}{2}$:

$$\frac{u^2-1}{2u-1} = au + b + \frac{c}{2u-1}.$$

b) Calculer $\displaystyle\int_{-1}^{0} \frac{x^2-1}{2x-1}\mathrm{d}x$.

3. Calculer $\displaystyle\int_1^2 (t^2+1)\ln t\,\mathrm{d}t$

4. Calculer $\displaystyle\int_0^1 (3t+5)\mathrm{e}^t\mathrm{d}t$

12 Intégrale et fonctions trigonométriques

★★ 15 min ➔ Corrigé p. 443

Soit la fonction f définie par $f(x) = \sin^4 x$, $x \in \mathbb{R}$.

1. Exprimer $\sin^2 x$ en fonction de $\cos 2x$, puis $\sin^4 x$ en fonction de $\cos 2x$ et de $\cos 4x$.

2. Quelle est la forme générale des primitives de f sur $\mathbb{R}$?

> **Rappel**
> $\cos 2x = \cos^2 x - \sin^2 x$;
> $\cos^2 x + \sin^2 x = 1$.

3. Calculer $\displaystyle\int_0^{\frac{\pi}{8}} f(x)\,\mathrm{d}x$.

13 Intégrales et suites

★★ 30 min ➔ Corrigé p. 445

1. Soit p un entier naturel non nul.

À l'aide d'un encadrement de $\dfrac{1}{t}$ sur $[p\,;\,p+1]$, déduire les inégalités :

$$\frac{1}{p+1} \leqslant \int_p^{p+1} \frac{1}{t}\mathrm{d}t \leqslant \frac{1}{p} \quad \textbf{(1)} \quad \text{et} \quad \frac{1}{p+1} \leqslant \ln(p+1) - \ln p \leqslant \frac{1}{p} \quad \textbf{(2)}.$$

2. On pose, pour tout entier naturel n non nul, $u_n = \sum_{p=n}^{2n} \frac{1}{p}$.

Démontrer les inégalités :

$$u_n - \frac{1}{n} \leqslant \ln 2 \leqslant u_n - \frac{1}{2n} \quad \text{et} \quad \ln 2 + \frac{1}{2n} \leqslant u_n \leqslant \ln 2 + \frac{1}{n}$$

3. En déduire $\lim\limits_{n \to +\infty} u_n$.

Sujets de type BAC

14 Suites d'intégrales, série

★★★ 40 min Corrigé p. 446

On considère la suite I définie par $I_0 = \int_0^1 e^x dx$ et pour tout entier $n \geqslant 1$:

$$I_n = \frac{1}{n!} \int_0^1 (1-x)^n e^x dx.$$

1. a) Calculer $\int_0^1 (1-x)^n dx$ pour $n \in \mathbb{N}^*$.

b) À l'aide de l'encadrement $1 \leqslant e^x \leqslant e$, valable sur l'intervalle $[0\ ;1]$, démontrer que, pour tout entier $n \geqslant 1$:

$$\frac{1}{(n+1)!} \leqslant I_n \leqslant \frac{e}{(n+1)!}.$$

c) Démontrer que la suite (I_n) est convergente et déterminer sa limite.

2. a) Calculer I_0 et I_1.

b) À l'aide d'une intégration par parties montrer que pour tout n de $\mathbb{N}^*$:

$$I_{n-1} - I_n = \frac{1}{n!}.$$

3. On pose, pour tout entier $n \geqslant 1$:

$$J_n = 1 + \frac{1}{1!} + \dots + \frac{1}{n!}.$$

a) Exprimer J_n à l'aide de I_0 et In.

b) En déduire la limite J de la suite (J_n).

c) Justifier l'encadrement :

$$\frac{1}{(n+1)!} \leqslant J - J_n \leqslant \frac{e}{(n+1)!}.$$

Remarque
J est appelée la somme de la série de terme général $\frac{1}{n!}$.

15 Irrationalité du nombre e

★★★ 1 h Corrigé p. 449

Partie A

Soit f la fonction numérique de variable réelle définie par :

$$f(x) = x\mathrm{e}^{1-x}.$$

On désigne par $\mathscr{C}$ la courbe représentative de f dans un plan $\mathscr{P}$ rapporté à un repère orthonormé $(\mathrm{O} ; \vec{i}, \vec{j})$, d'unité graphique 4 cm.

1. Étudier les variations de f ; on précisera les limites de f en $-\infty$ et en $+\infty$.

2. Construire la courbe $\mathscr{C}$ dans le plan $\mathscr{P}$.

3. En utilisant la dérivée de la fonction f sur $[0 ; 1]$, montrer que :

$$\mathrm{I}_1 = \int_0^1 f(x)\mathrm{d}x = \mathrm{e} - 2.$$

Quelle est l'interprétation géométrique de I_1 ?

Partie B

Pour tout entier $n \geqslant 1$ on pose :

$$\mathrm{I}_n = \int_0^1 x^n \mathrm{e}^{1-x}\mathrm{d}x.$$

1. a) Démontrer que, pour tout $x \in [0 ; 1]$, $x^n \leqslant x^n\mathrm{e}^{1-x} \leqslant \mathrm{e}x^n$.

b) Exprimer en fonction de l'entier n :

$$\mathrm{J}_n = \int_0^1 x^n \mathrm{d}x.$$

c) Déduire de **a)** et de **b)** que pour tout n :

$$\frac{1}{n+1} \leqslant \mathrm{I}_n \leqslant \frac{\mathrm{e}}{n+1}.$$

2. Montrer à l'aide d'une intégration par parties que pour tout n de $\mathbb{N}^*$:

$$\mathrm{I}_{n+1} = (n+1)\mathrm{I}_n - 1.$$

3. Pour tout entier $n \geqslant 1$ on pose :

$$\mathrm{K}_n = n!\mathrm{e} - \mathrm{I}_n,$$

où $n! = 1 \times 2 \times 3 \times \ldots \times n$ est le produit des n premiers nombres entiers non nuls).

a) Exprimer K_{n+1} à l'aide de K_n.

b) Calculer K_1 (on pourra utiliser la question **3.** de la **partie A**).

En déduire, en procédant par récurrence sur n, que K_n est un nombre entier pour tout $n \geqslant 1$.

c) Utiliser **b)** et **1. c)** pour démontrer que, quel que soit l'entier $n \geqslant 2$, le nombre :

$$n!\mathrm{e} = K_n + I_n,$$

n'est pas un nombre entier.

4. a) Soit p et q deux nombres entiers strictement positifs.

Démontrer que, pour $n \geqslant q$, le nombre $\dfrac{n!p}{q}$ est un nombre entier.

b) En déduire, à l'aide de **3. b)** et **c)**, que e n'est pas un nombre rationnel.

Approfondissements

16 Intégration par parties Méthode d'Euler

★★★ 1 h Corrigé p. 452

On se propose de déterminer des valeurs approchées de l'intégrale :

$$I = \int_0^{\frac{1}{2}} \frac{10t^2}{1+t^2}\, \mathrm{d}t$$

en utilisant deux méthodes distinctes.

Les **parties A** et **B** sont largement indépendantes l'une de l'autre.

Partie A Utilisation d'une intégration par parties

1. En remarquant que $\dfrac{10t^2}{1+t^2} = 5t \times \dfrac{2t}{1+t^2}$, établir l'égalité :

$$I = \frac{5}{2} \times \ln\left(\frac{5}{4}\right) - 5 \int_0^{\frac{1}{2}} \ln(1+t^2)\, \mathrm{d}t.$$

2. On pose, pour x positif ou nul :

$$f(x) = \ln(1+x) - x + \frac{x^2}{2} \quad \text{et} \quad g(x) = \ln(1+x) - x.$$

a) En utilisant les variations de f, démontrer que $f(x) \geqslant 0$.

En procédant de la même façon, on pourrait établir que $g(x) \leqslant 0$, inégalité que l'on admettra ici.

b) À l'aide de ce qui précède, montrer que l'encadrement :

$$t^2 - \frac{t^4}{2} \leqslant \ln(1+t^2) \leqslant t^2$$

est vrai pour tout réel t.

c) Déduire de la question précédente que :

$$-\frac{5}{24} \leqslant -5\int_0^{\frac{1}{2}} \ln(1+t^2)\,\mathrm{d}t \leqslant -\frac{37}{192}.$$

3. En utilisant les questions précédentes, donner un encadrement d'amplitude inférieure à 0,02 de I par des nombres décimaux ayant trois chiffres après la virgule.

Partie B Utilisation de la méthode d'Euler

1. On pose $\mathrm{f}(x) = \int_0^x \frac{10t^2}{1+t^2}\,\mathrm{d}t$ pour $x \in \left[0\,;\frac{1}{2}\right]$.

Préciser $\mathrm{f}(0)$ ainsi que la fonction dérivée de f.

2. On rappelle que la méthode d'Euler permet de construire une suite de points $\mathrm{M}_n(x_n\,;y_n)$ proches de la courbe représentative de f.

En choisissant comme pas $h = 0{,}1$ on obtient la suite de points M_n définie pour n entier naturel par :

$$\begin{cases} x_0 = 0 \\ y_0 = 0 \end{cases} \text{ et } \begin{cases} x_{n+1} = x_n + 0{,}1 \\ y_{n+1} = y_n + \mathrm{f}'(x_n) \times 0{,}1 \end{cases}.$$

En utilisant, sans la justifier, l'égalité $x_n = \frac{n}{10}$, vérifier que :

$$y_{n+1} = y_n + \frac{n^2}{100+n^2}.$$

3. Calculer y_1 et y_2, puis exprimer y_3, y_4 et y_5 sous la forme d'une somme de fractions que l'on ne cherchera pas à simplifier.

Donner maintenant une valeur approchée à 0,001 près de y_5.

Le réel x_5 étant égal à $\frac{1}{2}$, y_5 est donc une valeur approchée de $\mathrm{f}\left(\frac{1}{2}\right)$ c'est-à-dire de I.

4. Avec la méthode d'Euler au pas $h = 0{,}01$ on obtient, pour I, la valeur approchée 0,354.

Les valeurs de I obtenues avec la méthode d'Euler sont-elles compatibles avec l'encadrement de la question **3.** de la partie **A** ?

17 Équation différentielle Suite d'intégrale

★★★ 1 h Corrigé p. 456

Partie A

On donne un entier naturel n strictement positif, et on considère l'équation différentielle :

$$(\mathrm{E}_n) \quad y' + y = \frac{x^n}{n!}\mathrm{e}^{-x}.$$

1. On fait l'hypothèse que deux fonctions g et h, définies et dérivables sur $\mathbb{R}$, vérifient, pour tout x réel :

$$g(x) = h(x)\mathrm{e}^{-x},$$

a) Montrer que g est solution de (E_n) si et seulement si, pour tout x réel :

$$h'(x) = \frac{x^n}{n!}.$$

b) En déduire la fonction h associée à une solution g de (E_n), sachant que $h(0) = 0$. Quelle est alors la fonction g ?

2. Soit φ une fonction dérivable sur $\mathbb{R}$.

a) Montrer que φ est solution de (E_n) si et seulement si $\varphi - g$ est solution de l'équation :

$$(\mathrm{F}) \quad y' + y = 0.$$

b) Résoudre (F).

c) Déterminer la solution générale φ de l'équation (E_n).

d) Déterminer la solution f de l'équation (E_n) vérifiant $f(0) = 0$.

Partie B

Le but de cette partie est de montrer que :

$$\lim_{n \to +\infty} \sum_{k=0}^{n} \frac{1}{k!} = \mathrm{e} \quad \text{(on rappelle que par convention } 0! = 1\text{)}.$$

1. On pose, pour tout x réel,

$$f_0(x) = \mathrm{e}^{-x}, \quad f_1(x) = x\mathrm{e}^{-x}.$$

a) Vérifier que f_1 est solution de l'équation différentielle : $y' + y = f_0$.

b) Pour tout entier strictement positif n, on définit la fonction f_n comme la solution de l'équation différentielle $y' + y = f_{n-1}$ vérifiant $f_n(0) = 0$. En utilisant la partie **A**, montrer par récurrence que, pour tout x réel et tout entier $n \geqslant 1$:

$$f_n(x) = \frac{x^n}{n!}\mathrm{e}^{-x}.$$

2. Pour tout entier naturel n, on pose :

$$\mathrm{I}_n = \int_0^1 f_n(x)\,\mathrm{d}x.$$

(on ne cherchera pas à calculer I_n).

a) Montrer, pour tout entier naturel n et pour tout x élément de l'intervalle $[0 ; 1]$, l'encadrement :

$$0 \leqslant f_n(x) \leqslant \frac{x^n}{n!}.$$

En déduire que $0 \leqslant \mathrm{I}_n \leqslant \frac{1}{(n+1)!}$, puis déterminer la limite de la suite (I_n).

b) Montrer, pour tout entier naturel k non nul, l'égalité :

$$\mathrm{I}_k - \mathrm{I}_{k-1} = -\frac{1}{-k!}\,\mathrm{e}^{-1}.$$

c) Calculer I_0 et déduire de ce qui précède que :

$$\mathrm{I}_n = 1 - \sum_{k=0}^{n} \frac{\mathrm{e}^{-1}}{k!}.$$

d) En déduire finalement :

$$\lim_{n \to +\infty} \sum_{k=0}^{n} \frac{1}{k!} = \mathrm{e}.$$

Questions courtes

1 • La borne inférieure – 2 est inférieure à la borne supérieure 1 et la fonction $x \mapsto \dfrac{-1}{x^4+1}$ est strictement négative sur $[-2\,;1]$, **l'intégrale I est donc strictement négative.**

• La borne inférieure de J est supérieure à la borne supérieure, la fonction $x \mapsto x^4+1$ est strictement positive sur $[1\,;3]$. Donc, d'après les propriétés des intégrales :

Méthode
Il faut étudier le signe de la fonction et la position relative des bornes.

$$\int_1^3 (x^4+1)\mathrm{d}x > 0, \text{ d'où } \int_3^1 (x^4-1)\mathrm{d}x = -\int_1^3 (x^4+1)\mathrm{d}x < 0.$$

L'intégrale J est strictement négative.

2 **1.** ***g* est la primitive de φ sur ℝ qui s'annule en 0.**

2. Pour tout réel x, $h(x) = -\int_1^x f(t)\,\mathrm{d}t = \int_1^x -f(t)\mathrm{d}t$.

f est continue sur ℝ, donc $-f$ aussi et ℝ est un intervalle de ℝ, donc $-f$ admet des primitives sur ℝ. Soit F l'une d'elles. Pour tout réel x :

$$h(x) = \mathrm{F}(x) - \mathrm{F}(1) \quad \text{et} \quad h'(x) = \mathrm{F}'(x) = -f(x).$$

Comme f est strictement positive sur ℝ, $-f$ est strictement négative sur ℝ.
Donc *h* est strictement décroissante sur ℝ.

3 Pour tout réel t de I, $f(t) \leqslant m \leqslant g(t)$.

• Si $a < b$, alors $\int_a^b f(t)\,\mathrm{d}t \leqslant \int_a^b m\,\mathrm{d}t \leqslant \int_a^b g(t)\,\mathrm{d}t$.

$$\int_a^b f(t)\,\mathrm{d}t \leqslant m(b-a) \leqslant \int_a^b g(t)\mathrm{d}t.$$

• Si $b < a$, alors $\int_b^a f(t)\,\mathrm{d}t \leqslant \int_b^a m\,\mathrm{d}t \leqslant \int_b^a g(t)\,\mathrm{d}t$

d'où : $$-\int_a^b f(t)\,\mathrm{d}t \leqslant -m(a-b) \leqslant -\int_a^b g(t)\,\mathrm{d}t$$

et : $$\boxed{\int_a^b f(t)\,\mathrm{d}t \geqslant m\ (b-a) \geqslant \int_a^b g(t)\,\mathrm{d}t.}$$

La réponse à la question posée est « non ».

4 **1.** Si m_1 est la valeur moyenne de f sur $[a\ ;\ b]$:

$$m_1 = \frac{1}{b-a}\int_a^b f(t)\,\mathrm{d}t \text{ et } \int_a^b f(t)\,\mathrm{d}t = m_1(b-a).$$

Remarque
Pour écrire la définition de la valeur moyenne sur $[a\,;b]$, il faut préciser $a \neq b$.

De même pour m_2 :

$$m_2 = \frac{1}{c-b}\int_b^c f(t)\,\mathrm{d}t, \quad \text{d'où} \quad \int_b^c f(t)\,\mathrm{d}t = m_2(c-b).$$

La valeur moyenne μ de f sur $[a\ ;\ c]$ est $\mu = \frac{1}{c-a}\int_a^c f(t)\,\mathrm{d}t.$

Or $\int_a^c f(t)\,\mathrm{d}t = \int_a^b f(t)\,\mathrm{d}t + \int_b^c f(t)\,\mathrm{d}t = m_1(b-a) + m_2(c-b)$, d'où :

$$\mu = \frac{1}{c-a}\int_a^c f(t)\,\mathrm{d}t = \frac{m_1(b-a)+m_2(c-b)}{c-a}.$$

2. La valeur moyenne de $f+g$ est le nombre M tel que :

$$\mathrm{M} = \frac{1}{b-a}\int_a^b (f(t)+g(t))\,\mathrm{d}t = \frac{1}{b-a}\int_a^b f(t)\,\mathrm{d}t + \frac{1}{b-a}\int_a^b g(t)\,\mathrm{d}t$$

$$\mathrm{M} = m + \mu.$$

5 Déterminons le signe de :

Méthode
Pour comparer deux nombres, on étudie le signe de leur différence.

$$\int_a^b f(t)\mathrm{d}t - \int_a^b g(t)\mathrm{d}t = \int_a^b (f(t)-g(t))\mathrm{d}t$$

$$= \int_a^b (2g(t)-g(t))\mathrm{d}t = \int_a^b g(t)\mathrm{d}t.$$

Puisque $a < b$, le signe $\int_a^b g(t)\mathrm{d}t$ dépend de la fonction g.

Cette intégrale peut être positive, négative ou nulle. **On ne peut donc pas répondre à la question posée.**

6 Soit F définie :

$$\begin{cases} \text{sur }]-\infty\ ;\ 0[\quad \text{par} \quad \mathrm{F}(x) = -\dfrac{1}{x^2}+2\ ; \\ \text{sur }]0\ ;\ +\infty[\quad \text{par} \quad \mathrm{F}(x) = -\dfrac{1}{x^2}+1, \end{cases}$$

Remarque
Le contre-exemple est à retenir.

et soit G définie $\begin{cases} \text{sur }]-\infty\,;\,0[\text{ par } G(x) = -\dfrac{1}{x^2} - 1\,; \\ \text{sur }]0\,;\,+\infty[\text{ par } G(x) = -\dfrac{1}{x^2} + 3. \end{cases}$

Il n'existe pas de constante k telle que, pour tout réel x de $\mathbb{R}^*$, $F = G + k$ et pourtant, pour tout réel x de $\mathbb{R}^*$, $F'(x) = G'(x) = \dfrac{2}{x^3} = f(x)$.

7 **1.** La fonction f est impaire, car pour tout réel x :

$$f(-x) = (-x)^5 - [\sin(-x)]^3 = -x^5 + (\sin x)^3 = -f(x).$$

f étant impaire, les nombres $\int_{-\pi}^{0} f(x)\mathrm{d}x$ et $\int_{0}^{\pi} f(x)\mathrm{d}x$ sont opposés :

$$\int_{-\pi}^{0} f(x)\mathrm{d}x = -\int_{0}^{\pi} f(x)\mathrm{d}x.$$

2. La fonction f est paire.

En effet, pour tout réel x, $-x$ appartient à l'ensemble de définition de f et :

$$f(-x) = \frac{1}{(-x)^4 + 1} = \frac{1}{x^4 + 1} = f(x).$$

Les nombres $\int_{-3}^{0} f(x)\mathrm{d}x$ et $\int_{0}^{3} f(x)\mathrm{d}x$ sont égaux :

$$\int_{-3}^{0} f(x)\mathrm{d}x = \int_{0}^{3} f(x)\mathrm{d}x.$$

Remarque

Ne jamais oublier de vérifier, pour la parité ou l'imparité, que pour tout réel de l'ensemble de définition, l'opposé appartient aussi à l'ensemble de définition.

8 **a)** Sur l'intervalle $]0\,;\,1[$, $x > x^2$, donc $x - x^2 > 0$.

Si $\mathbf{0 < \alpha < \beta < 1}$, **alors** $\int_{\alpha}^{\beta} (x - x^2)\,\mathrm{d}x > 0$.

b) De même, pour tout réel $x > 1$, $x < x^2$, donc $x - x^2 < 0$.

Si $\mathbf{1 < \alpha < \beta}$, **alors** $\int_{\alpha}^{\beta} (x - x^2)\,\mathrm{d}x < 0$.

Indication

$x - x^2 = x(1 - x)$, trinôme du second degré.

9 **1.** Calculons $\int_{0}^{\alpha} \mathrm{e}^t\mathrm{d}t = [\mathrm{e}^t]_0^{\alpha} = \mathrm{e}^{\alpha} - 1$.

$\mathrm{e}^{\alpha} - 1$ est un entier naturel si e^{α} est un entier naturel supérieur ou égal à 1.
Cherchons α tel que $\mathrm{e}^{\alpha} = n$, $n \in \mathbb{N}^*$.

Cette égalité est équivalente à $\alpha = \ln n$.

Il suffit de choisir $\alpha = \ln n$, où $n \in \mathbb{N}^*$, pour que $\int_{0}^{\alpha} \mathrm{e}^t\mathrm{d}t$ soit un entier naturel.

2. Soit f définie sur $[1 ; 2]$ par $f(x) = 2 - x$ et g définie sur $[1 ; 2]$ par $g(x) = x - 1$.

Alors $\int_1^2 (2-x)\mathrm{d}x = \left[2x - \frac{x^2}{2}\right]_1^2 = \frac{1}{2}$,

et $\int_1^2 (x-1)\mathrm{d}x = \left[\frac{x^2}{2} - x\right]_1^2 = \frac{1}{2}$.

Donc $\int_1^2 f(x)\mathrm{d}x = \int_1^2 g(x)\mathrm{d}x$ et $f \neq g$.

La réponse à question posée est donc non.

Indication
Il faut essayer de retenir les contre-exemples.

10 On considère la partie $\Delta(a)$ du plan limitée par la courbe représentative $\mathscr{C}$ de la fonction exponentielle, l'axe des abscisses et les droites d'équations $x = a$ et $x = 0$ où $a \in \mathbb{R}_-^*$. L'aire $\mathscr{A}(a)$ de $\Delta(a)$ exprimée en unités d'aire est :

$$\mathscr{A}(a) = \int_a^0 \mathrm{e}^x \, \mathrm{d}x = \left[\mathrm{e}^x\right]_a^0 = \mathrm{e}^0 - \mathrm{e}^a = 1 - \mathrm{e}^a.$$

Lorsque a tend vers $-\infty$, la partie Δ est illimitée et l'aire $\mathscr{A}$ de Δ a pour limite 1.

Δ est donc une partie illimitée du plan dont l'aire est un nombre réel.

Exercices d'entraînement

11 **1. a)** La fonction f est continue sur $\mathbb{R}$, car f est une fonction rationnelle dont le dénominateur est toujours non nul, elle admet donc des primitives sur $[0 ; 1]$; l'intégrale I_1 existe et :

$$I_1 = \int_0^1 \frac{x}{1+x^2}\mathrm{d}x = \int_0^1 \frac{1}{2}\frac{2x}{1+x^2}\mathrm{d}x = \frac{1}{2}\int_0^1 \frac{2x}{1+x^2}\mathrm{d}x.$$

Posons $u : \begin{cases} [0 ; 1] \to \mathbb{R} \\ x \mapsto 1 + x^2. \end{cases}$

Pour tout x de $[0 ; 1]$, $\frac{2x}{1+x^2} = \frac{u'(x)}{u(x)}$, d'où une primitive de $x \mapsto \frac{2x}{1+x^2}$ sur $[0 ; 1]$ est $x \mapsto \ln(1+x^2)$, car pour tout réel x, $1 + x^2 > 0$.

D'où $I_1 = \frac{1}{2}\left[\ln(1+x^2)\right]_0^1 = \frac{1}{2}(\ln 2 - \ln 1) = \frac{1}{2}\ln 2$

$$\boxed{I_1 = \frac{1}{2}\ln 2.}$$

b) La fonction g est une fonction rationnelle définie sur $\mathbb{R}$, donc continue sur $\mathbb{R}$, l'intégrale I_2 existe.

$$I_1 + I_2 = \int_0^1 \frac{x}{1+x^2}\mathrm{d}x + \int_0^1 \frac{x^3}{1+x^2}\mathrm{d}x$$

$$= \int_0^1 \frac{x+x^3}{1+x^2}\mathrm{d}x = \int_0^1 \frac{x(1+x^2)}{1+x^2}\mathrm{d}x = \int_0^1 x\mathrm{d}x \text{ car } 1+x^2 \neq 0$$

$$= \left[\frac{x^2}{2}\right]_0^1 = \frac{1}{2}.$$

Remarque
La méthode est souvent proposée dans les exercices.

D'où $I_2 = \dfrac{1}{2} - I_1$ soit :

$$\boxed{I_2 = \frac{1}{2} - \frac{1}{2}\ln 2.}$$

2. . a) Pour tout u différent de $\dfrac{1}{2}$:

$$au + b + \frac{c}{2u-1} = \frac{(au+b)(2u-1)+c}{2u-1} = \frac{2au^2 + u(2b-a) - b + c}{2u-1}.$$

Par identification, pour tout $u \neq \dfrac{1}{2}$, $au + b + \dfrac{c}{2u-1} = \dfrac{u^2-1}{2u-1}$

si et seulement si $\begin{cases} 2a = 1 \\ 2b - a = 0 \\ -b + c = -1 \end{cases}$, c'est-à-dire $\begin{cases} a = \dfrac{1}{2} \\ b = \dfrac{1}{4} \\ c = -\dfrac{3}{4} \end{cases}$.

D'où pour tout $u \neq \dfrac{1}{2}$:

$$\boxed{\frac{u^2-1}{2u-1} = \frac{1}{2}u + \frac{1}{4} + \frac{-\frac{3}{4}}{2u-1}.}$$

b) La fonction $x \mapsto \dfrac{x^2-1}{2x-1}$ est une fonction rationnelle définie sur $\left]-\infty\,;\,\dfrac{1}{2}\right[\cup \left]\dfrac{1}{2}\,;+\infty\right[$. Cette fonction est continue sur tout intervalle inclus dans son ensemble de définition, donc sur $[-1\,;0]$, l'intégrale proposée existe :

Remarque
Une fonction rationnelle est le quotient de deux fonctions polynômes.

$$\int_{-1}^{0} \frac{x^2-1}{2x-1}\,\mathrm{d}x = \int_{-1}^{0}\left(\frac{1}{2}x+\frac{1}{4}-\frac{3}{4}\,\frac{1}{2x-1}\right)\mathrm{d}x$$

$$= \int_{-1}^{0}\left(\frac{1}{2}x+\frac{1}{4}\right)\mathrm{d}x - \frac{3}{4}\int_{-1}^{0}\frac{\mathrm{d}x}{2x-1} = = \left[\frac{x^2}{4}+\frac{1}{4}x\right]_{-1}^{0} - \frac{3}{4}\int_{-1}^{0}\frac{1}{2}\times\frac{2}{2x-1}\,\mathrm{d}x$$

$$= -\left(\frac{1}{4}-\frac{1}{4}\right) - \frac{3}{8}\int_{-1}^{0}\frac{2}{2x-1}\,\mathrm{d}x.$$

Soit $h : \begin{cases} [-1\,;\,0] \to \mathbb{R} \\ x \mapsto 2x-1 \end{cases}$.

Pour tout x de $[-1\,;\,0]$, $2x-1 \neq 0$ et $\dfrac{2}{2x-1} = \dfrac{h'(x)}{h(x)}$.

Donc une primitive de $x \mapsto \dfrac{2}{2x-1}$ sur $[-1\,;\,0]$ est $x \mapsto \ln(|2x-1|)$.

D'où $\displaystyle\int_{-1}^{0} \frac{2}{2x-1}\,\mathrm{d}x = [\ln(|2x-1|)]_{-1}^{0} = \ln 1 - \ln 3 = -\ln 3$. D'où :

$$\boxed{\int_{-1}^{0} \frac{x^2-1}{2x-1}\,\mathrm{d}x = -\frac{3}{8}(-\ln 3) = \frac{3}{8}\ln 3.}$$

3. La fonction à intégrer se présente sous la forme du produit d'une fonction polynôme et de la fonction logarithme, on est dans l'un des cas d'utilisation de la formule d'intégration par parties.

on pose $f : \begin{array}{ccc} [1\,;2] & \to & \mathbb{R} \\ t & \mapsto & \ln t \end{array}$ on a $f' : \begin{array}{ccc} [1\,;2] & \to & \mathbb{R} \\ t & \mapsto & \dfrac{1}{t} \end{array}$

on pose $g' : \begin{array}{ccc} t & \mapsto & t^2+1 \end{array}$ on choisit $g : \begin{array}{ccc} t & \mapsto & \dfrac{1}{3}t^3+t \end{array}$

Les fonctions f, g, f' et g' sont continues sur le segment $[1\,;2]$, on peut donc utiliser la méthode d'intégration par parties.

$$\int_1^2 (t^2+1)\ln t\,\mathrm{d}t = \left[\left(\frac{1}{3}t^3+t\right)\ln t\right]_1^2 - \int_1^2 \left(\frac{1}{3}t^3+t\right)\frac{1}{t}\mathrm{d}t$$

$$= \left(\frac{8}{3}+2\right)\ln 2 - 0 - \int_1^2 \left(\frac{1}{3}t^2+1\right)\mathrm{d}t$$

$$= \frac{14}{3}\ln 2 - \left[\frac{t^3}{9}+t\right]_1^2 = \frac{14}{3}\ln 2 - \frac{8}{9} - 2 + \frac{1}{9} + 1$$

$$= \frac{14}{3}\ln 2 - \frac{7}{9} - 1$$

$$\int_1^2 (t^2+1)\ln t\,\mathrm{d}t = \frac{14}{3}\ln 2 - \frac{16}{9}.$$

4. La fonction à intégrer se présente sous la forme du produit d'une fonction polynôme et de la fonction exponentielle, on est dans l'un des cas d'utilisation de la formule d'intégration par parties.

		$[0\,;1]$	$\to$	$\mathbb{R}$			$[0\,;1]$	$\to$	$\mathbb{R}$
on pose	f :	t	$\mapsto$	$3t+5$	on a	f' :	t	$\mapsto$	3
on pose	g' :	t	$\mapsto$	e^t	on choisit	g :	t	$\mapsto$	e^t

Les fonctions f, g, f' et g' sont continues sur le segment $[0\,;1]$, on peut donc utiliser la méthode d'intégration par parties.

$$\int_0^1 (3t+5)\mathrm{e}^t\mathrm{d}t = [(3t+5)\mathrm{e}^t]_0^1 - \int_0^1 (3)\mathrm{e}^t\mathrm{d}t$$

$$= (8)\mathrm{e}^1 - 5\mathrm{e}^0 - 3\int_0^1 \mathrm{e}^t\mathrm{d}t$$

$$= 8\mathrm{e} - 5 - 3[\mathrm{e}^t]_0^1 = 8\mathrm{e} - 5 - 3(\mathrm{e}-1)$$

$$\int_0^1 (3t+5)\mathrm{e}^t\mathrm{d}t = 5\mathrm{e} - 2.$$

12 **1.** Pour tout réel x :

$\cos 2x = \cos^2 x - \sin^2 x$ soit $\cos 2x = 2\cos^2 x - 1 = 1 - 2\sin^2 x$.

D'où $2\sin^2 x = 1 - \cos 2x$ et donc :

$$\boxed{\sin^2 x = \frac{1}{2}(1 - \cos 2x).}$$

$$\sin^4 x = (\sin^2 x)^2 = \frac{1}{4}(1 - \cos 2x)^2 = \frac{1}{4}(1 - 2\cos 2x + \cos^2 2x).$$

$\cos 2a = 2\cos^2 a - 1$,

soit, pour $a = 2x$, $\cos 4x = 2\cos^2 2x - 1$.

D'où $\cos^2 2x = \frac{1}{2}(\cos 4x + 1)$ et :

Rappel

$\sin^2 x = \frac{1 - \cos 2x}{2}$;

$\cos^2 x = \frac{1 + \cos 2x}{2}$.

$$\sin^4 x = \frac{1}{4}\left(1 - 2\cos 2x + \frac{1}{2}\cos 4x + \frac{1}{2}\right) = \frac{1}{4}\left(\frac{3}{2} - 2\cos 2x + \frac{1}{2}\cos 4x\right),$$

$$\boxed{\sin^4 x = \frac{3}{8} - \frac{1}{2}\cos 2x + \frac{1}{8}\cos 4x.}$$

Remarque

La méthode proposée s'appelle une linéarisation.

On pose $f(x) = \sin^4 x$.

2. On sait que, si u est définie sur $\mathbb{R}$ par $u(x) = \cos(ax + b)$, une primitive de u sur $\mathbb{R}$ est U définie par :

$$\mathrm{U}(x) = \frac{1}{a}\sin(ax + b).$$

De plus, une primitive sur un intervalle d'une somme de fonctions est obtenue en faisant la somme des primitives des fonctions sur le même intervalle, donc f a pour primitives sur $\mathbb{R}$ les fonctions F définies par :

$$\mathrm{F}(x) = \frac{3}{8}x - \frac{1}{2}\,\frac{\sin 2x}{2} + \frac{1}{8}\,\frac{\sin 4x}{4} + k,\quad k \in \mathbb{R}.$$

$$\boxed{\mathrm{F}(x) = \frac{3}{8}x - \frac{1}{4}\sin 2x + \frac{1}{32}\sin 4x + k,\ k \in \mathbb{R}.}$$

3. F étant une primitive quelconque de f, $\int_0^{\frac{\pi}{8}} f(x)\,\mathrm{d}x = \mathrm{F}\left(\frac{\pi}{8}\right) - \mathrm{F}(0)$.

Choisissons $k = 0$.

$$\mathrm{F}\left(\frac{\pi}{8}\right) = \frac{3}{8} \times \frac{\pi}{8} - \frac{1}{4}\sin\frac{\pi}{4} + \frac{1}{32}\sin\frac{\pi}{2} = \frac{3}{8} \times \frac{\pi}{8} - \frac{1}{4}\,\frac{\sqrt{2}}{2} + \frac{1}{32} \times 1 = \frac{3\pi}{64} - \frac{\sqrt{2}}{8} + \frac{1}{32}.$$

$\mathrm{F}(0) = 0$, car $\sin 0 = 0$ d'où :

$$\boxed{\int_0^{\frac{\pi}{8}} f(x)\,\mathrm{d}x = \frac{3\pi}{64} - \frac{\sqrt{2}}{8} + \frac{1}{32}.}$$

CORRIGÉS

13 **1.** Pour tout t de $[p\ ;p+1]$, $p \leqslant t \leqslant p+1$, l'entier p étant non nul, les trois réels p, t, et $p+1$ sont strictement positifs et les inverses de ces trois réels sont dans l'ordre inverse d'où :

$$\frac{1}{p+1} \leqslant \frac{1}{t} \leqslant \frac{1}{p}.$$

Les trois fonctions $t \mapsto \frac{1}{p+1}$, $t \mapsto \frac{1}{t}$, $t \mapsto \frac{1}{p}$ sont continues sur $[p\ ;p+1]$ $(p < p+1)$, les intégrales sont donc dans le même ordre que les fonctions :

$$\int_p^{p+1} \frac{1}{p+1}\,\mathrm{d}t \leqslant \int_p^{p+1} \frac{\mathrm{d}t}{t} \leqslant \int_p^{p+1} \frac{1}{p}\,\mathrm{d}t$$

$$\left[\frac{1}{p+1}t\right]_p^{p+1} \leqslant \int_p^{p-1} \frac{\mathrm{d}t}{t} \leqslant \left[\frac{1}{p}t\right]_p^{p+1}$$

$$\frac{1}{p+1} \leqslant \int_p^{p+1} \frac{\mathrm{d}t}{t} \leqslant \frac{1}{p}. \quad (1)$$

Mais $\int_p^{p+1} \frac{\mathrm{d}t}{t} = [\ln t]_p^{p+1} = \ln(p+1) - \ln p$, d'où :

$$\boxed{\frac{1}{p+1} \leqslant \ln(p+1) - \ln p \leqslant \frac{1}{p}. \quad (2)}$$

2. On pose, pour tout entier n non nul, $u_n = \sum_{p=n}^{2n} \frac{1}{p}$.

Écrivons la double inégalité **(2)** pour $p = n \ldots 2n-1$:

$$\frac{1}{n+1} \leqslant \ln(n+1) - \ln n \leqslant \frac{1}{n}$$

$$\frac{1}{n+2} \leqslant \ln(n+2) - \ln(n+1) \leqslant \frac{1}{n+1}$$

- - - - - - - - - - - - - - - - -

$$\frac{1}{2n} \leqslant \ln 2n - \ln(2n-1) \leqslant \frac{1}{2n-1}.$$

> **Remarque**
> On obtient ce que l'on appelle parfois une somme télescopique.

D'où en sommant toutes ces inégalités de même sens :

$$u_n - \frac{1}{n} \leqslant \ln 2n - \ln n \leqslant u_n - \frac{1}{2n}.$$

D'où $u_n - \frac{1}{n} \leqslant \ln\frac{2n}{n} \leqslant u_n - \frac{1}{2n}$.

À partir de l'inégalité de gauche : $u_n \leqslant \ln 2 + \dfrac{1}{n}$;

et à partir de l'inégalité de droite : $\ln 2 + \dfrac{1}{2n} \leqslant u_n$.

D'où pour tout entier n non nul :

$$\ln 2 + \frac{1}{2n} \leqslant u_n \leqslant \ln 2 + \frac{1}{n}.$$

3. Les deux suites $n \mapsto \ln 2 + \dfrac{1}{2n}$ et $n \mapsto \ln 2 + \dfrac{1}{n}$ ont pour limite ln2, donc d'après le théorème d'encadrement :

$$\lim_{n \to +\infty} u_n = \ln 2.$$

Sujets de type BAC

14 Soit I la suite définie par $I_0 = \int_0^1 e^x dx$ et pour $n \in \mathbb{N}^*$:

$$I_n = \frac{1}{n!}\int_0^1 (1-x)^n e^x dx.$$

1. a) La dérivée de la fonction $x \mapsto (1-x)^{n+1}$ est la fonction :

$$x \mapsto -(n+1)(1-x)^n.$$

Une primitive de la fonction $x \mapsto (1-x)^n$ est donc la fonction :

$$x \mapsto -\frac{1}{n+1}(1-x)^{n+1}.$$

D'où $\int_0^1 (1-x)^n dx = \left[-\dfrac{1}{n+1}(1-x)^{n+1}\right]_0^1$

$$\int_0^1 (1-x)^n dx = \frac{1}{n+1}.$$

b) • La fonction $x \mapsto e^x$ est croissante sur $\mathbb{R}$.

Donc, pour tout x dans $[0 ; 1]$, $e^0 \leqslant e^x \leqslant e^1$, c'est-à-dire $1 \leqslant e^x \leqslant e$.

• Pour x dans $[0\,;1]$, $(1-x)^n$ est positif. On en déduit pour $x \in [0\,;1]$ que :

$$(1-x)^n \leqslant e^x(1-x)^n \leqslant e(1-x)^n.$$

Les fonctions $x \mapsto (1-x)^n$ et $x \mapsto e^x(1-x)^n$ étant continues sur $[0\,;1]$ et $0 \leqslant 1$, on peut intégrer ces inégalités sur $[0\,;1]$. On obtient :

$$\int_0^1 (1-x)^n\,dx \leqslant \int_0^1 e^x(1-x)^n\,dx \leqslant \int_0^1 e(1-x)^n\,dx.$$

Il a été démontré précédemment que $\int_0^1 (1-x)^n\,dx = \frac{1}{n+1}$.

On en déduit que $\int_0^1 e(1-x)^n\,dx = \frac{e}{n+1}$.

D'où l'encadrement $\frac{1}{n+1} \leqslant \int_0^1 e^x(1-x)^n\,dx \leqslant \frac{e}{n+1}$.

En divisant par $n!$, on obtient un encadrement de I_n :

$$\frac{1}{(n+1)n!} \leqslant I_n \leqslant \frac{e}{(n+1)n!}.$$

Sachant que $(n+1)n! = (n+1)!$, on en déduit, pour $n \geqslant 1$:

$$\boxed{\frac{1}{(n+1)!} \leqslant I_n \leqslant \frac{e}{(n+1)!}.}$$

c) La suite de terme général $\frac{1}{(n+1)!}$ converge vers 0.

En effet, pour tout $n \in \mathbb{N}$, $0 \leqslant \frac{1}{(n+1)!} \leqslant \frac{1}{n+1}$.

La suite $\frac{1}{(n+1)}$ convergeant vers 0, on en déduit que $\frac{1}{(n+1)!}$ converge vers 0.

Donc $\lim\limits_{n \to +\infty} \frac{1}{(n+1)!} = 0$ et $\lim\limits_{n \to +\infty} \frac{e}{(n+1)!} = 0$.

La suite I qui est encadrée par deux suites convergeant vers 0, converge elle aussi vers 0 :

$$\boxed{\lim_{n \to +\infty} I_n = 0.}$$

2. a) La fonction exponentielle étant sa propre dérivée :

$$I_0 = \int_0^1 e^x\,dx = [e^x]_0^1 = e - 1.$$

CORRIGÉS

• Calcul de I_1 : $I_1 = \int_0^1 (1-x)e^x dx$.

On fait une intégration par parties en intégrant la fonction exponentielle et en dérivant $x \mapsto (1-x)$. Pour tout réel x de $[0\,;1]$:
• on pose $u'(x) = e^x$ et on choisit $u(x) = e^x$
• on pose $v(x) = 1 - x$ d'où $v'(x) = -1$.

Les fonctions u, u', v et v' étant continues sur $[0\,;1]$, on peut appliquer la formule d'intégration par parties :

$$\int_0^1 u'(x)v(x)dx = [u(x)v(x)]_0^1 - \int_0^1 u(x)v'(x)dx,$$

c'est-à-dire :

$$I_1 = \int_0^1 (1-x)e^x dx = [(1-x)e^x]_0^1 - \int_0^1 -e^x dx = [(1-x)e^x]_0^1 + [e^x]_0^1$$

$$I_1 = -1 + e - 1 = e - 2.$$

Conclusion : $\boxed{I_0 = e - 1 \text{ et } I_1 = e - 2.}$

b) Relation de récurrence entre I_n et I_{n-1}

Soit n un entier naturel non nul, $I_n = \frac{1}{n!}\int_0^1 (1-x)^n e^x dx$.

On intègre par parties, en intégrant de nouveau e^x.
Pour tout réel x de $[0\,;1]$:
• on pose $u'(x) = e^x$ et on choisit $u(x) = e^x$;
• on pose $v(x) = (1-x)^n$ d'où $v'(x) = -n(1-x)^{n-1}$.

Les fonctions u, u', v et v' étant continues sur $[0\,;1]$, on peut appliquer la formule d'intégration par parties rappelée au **a)** :

$$I_n = \frac{1}{n!}\left([e^x(1-x)^n]_0^1 - \int_0^1 (-n)(1-x)^{n-1}e^x dx\right)$$

$$I_n = \frac{1}{n!}\left(-1 + n\int_0^1 (1-x)^{n-1}e^x dx\right)$$

$$I_n = \frac{1}{n!} + \frac{n}{n!}\int_0^1 (1-x)^{n-1}e^x dx.$$

Par définition $n! = n \times (n-1)!$ donc $\frac{n}{n!} = \frac{1}{(n-1)!}$, et :

$I_n = -\frac{1}{n!} + \frac{1}{(n-1)!}\int_0^1 (1-x)^{n-1}e^x dx$, c'est-à-dire $I_n = -\frac{1}{n!} + I_{n-1}$, ce qui peut s'écrire encore :

$$\boxed{I_{n-1} - I_n = \frac{1}{n!}.}$$

CORRIGÉS

Conclusion : Pour tout n de $\mathbb{N}^*$, $I_{n-1} - I_n = \dfrac{1}{n!}$.

3. Pour n appartenant à $\mathbb{N}^*$, on pose $J_n = 1 + \dfrac{1}{1!} + \dfrac{1}{2!} + \ldots + \dfrac{1}{n!}$.

a) Remplaçons dans l'expression de J_n chaque terme de la forme $\dfrac{1}{k!}$ (où k est un entier entre 1 et n) par l'expression trouvée en fonction des termes de la suite I (relation (1)) :

$$\frac{1}{1!} = I_0 - I_1 \; ; \; \frac{1}{2!} = I_1 - I_2 \; ; \; \ldots \; ; \; \frac{1}{n!} = I_{n-1} - I_n.$$

On additionne ces n égalités. Dans le membre de droite, les termes s'éliminent deux à deux sauf le premier et le dernier. D'où, pour $n \in \mathbb{N}^*$:

$$\frac{1}{1!} + \frac{1}{2!} + \ldots + \frac{1}{n!} = I_0 - I_n$$

$$\boxed{J_n = 1 + I_0 - I_n.}$$

b) Dans **1.**, nous avons démontré que la suite (I_n) converge vers 0 ; $1 + I_0$ étant une constante, nous pouvons en déduire que (J_n) converge vers $1 + I_0$.

Remarque

$$\lim_{n \to +\infty} \left(1 + \frac{1}{1!} + \ldots + \frac{1}{n!}\right) = e.$$

Dans **2.**, nous avons calculé $I_0 = e - 1$, c'est-à-dire $I_0 + 1 = e$.

La suite (J_n) converge donc vers e.

c) La relation démontrée dans **a)** peut s'écrire, pour $n \in \mathbb{N}^*$, $J_n = e - I_n$, ce qui équivaut à $I_n = e - J_n$, pour $n \in \mathbb{N}^*$.

Dans **1. b)**, il a été établi que, pour $n \in \mathbb{N}^*$, $\dfrac{1}{(n+1)!} \leqslant I_n \leqslant \dfrac{e}{(n+1)!}$.

Nous en déduisons, pour tout $n \in \mathbb{N}^*$:

$$\boxed{\frac{1}{(n+1)!} \leqslant e - J_n \leqslant \frac{e}{(n+1)!}.}$$

où e est la limite de la suite J_n.

15 Partie A

1. L'ensemble de définition de la fonction f définie par $f(x) = xe^{1-x}$ est $\mathbb{R}$.
Calculons les limites de f aux bornes de $\mathbb{R}$.

$$\lim_{x \to -\infty} f(x) = -\infty \text{ car } \lim_{x \to -\infty} x = -\infty \text{ et } \lim_{x \to -\infty} e^{1-x} = +\infty.$$

$$\lim_{x \to +\infty} f(x) = \lim_{x \to +\infty} xe^1 e^{-x} = \lim_{x \to +\infty} e(xe^{-x}) = \lim_{X \to -\infty} (-e)(Xe^X) = 0,$$

en posant $X = -x$.

Les fonctions $x \mapsto 1 - x$ et $x \mapsto e^x$ sont dérivables sur $\mathbb{R}$. Donc la composée $x \mapsto e^{1-x}$ est dérivable sur $\mathbb{R}$ et le produit des fonctions dérivables $x \mapsto x$ et $x \mapsto e^{1-x}$ est dérivable sur $\mathbb{R}$.
Donc pour tout x de $\mathbb{R}$:

$$f'(x) = e^{1-x} - xe^{1-x} = (1-x)e^{1-x}.$$

$f'(x)$ a le signe de $1 - x$ car, pour tout réel x, $e^{1-x} > 0$, d'où le tableau de variation de f :

x	$-\infty$		1		$+\infty$
$f'(x)$		+	0	−	
f	$-\infty$	↗	1	↘	$-\infty$

2. Calcul de quelques valeurs approchées

x	−0,5	−0,2	0	0,5	1,5	2	2,5	3	3,5
$f(x)$	−2,24	−0,66	0	0,82	0,91	0,74	0,56	0,41	0,29

Construction de la courbe $\mathscr{C}$

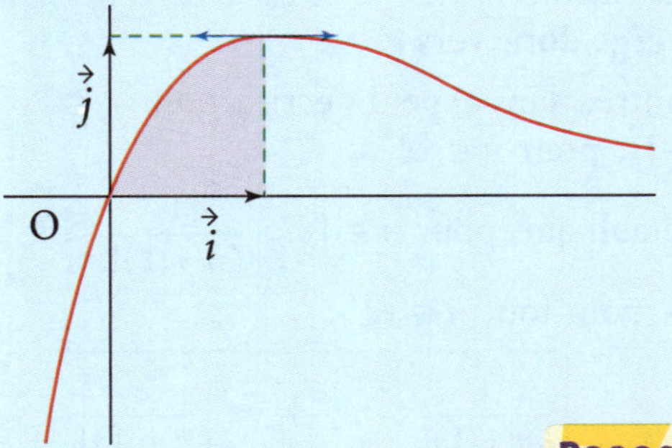

3. Calcul d'aire

Pour tout $x \in [0 ; 1]$, $f'(x) = e^{1-x} - xe^{1-x}$.
D'où :

$$\int_0^1 f'(x)\,dx = \int_0^1 (e^{1-x} - xe^{1-x})\,dx = \int_0^1 e^{1-x}\,dx - \int_0^1 xe^{1-x}\,dx ;$$

$$[f(x)]_0^1 = -\int_0^1 e^{1-x}(-1)\,dx - I_1 = -[e^{1-x}]_0^1 - I_1,$$

d'où :

$$I_1 = -[e^{1-x}]_0^1 - f(1) + f(0) = -e^0 + e^1 - 1 + 0 = -1 + e - 1$$

$$I_1 = e - 2.$$

Rappel
Si u est dérivable sur un intervalle I, e^u est dérivable sur I et $(e^u)' = e^u u'$.

I_1 est en unités d'aire, l'aire de l'ensemble des points $M(x\,;y)$ tels que :

$$\mathbf{0 \leqslant x \leqslant 1 \text{ et } 0 \leqslant y \leqslant f(x).}$$

Si l'on voulait l'aire géométrique $\mathscr{A}$ ainsi définie, exprimée en cm², on aurait :

$$\boxed{\mathscr{A} = 16\ I_1\ \text{cm}^2.}$$

> **Rappel**
> I_1 est l'aire sous la courbe entre 0 et 1. Il faut toujours vérifier que la fonction f est positive sur $[0\,;1]$.

Partie B

1. a) Soit, pour tout réel x, $g(x) = e^{1-x}$, alors $g'(x) = -e^{1-x}$ qui est négatif, donc g est une fonction décroissante sur $\mathbb{R}$. Si x est élément de $[0\,;1]$:

$$g(1) \leqslant g(x) \leqslant g(0), \quad \text{soit} \quad 1 \leqslant e^{1-x} \leqslant e.$$

Comme $x^n \geqslant 0$ sur $[0\,;1]$, on obtient :

$$\boxed{x^n \leqslant x^n e^{1-x} \leqslant e x^n.}$$

b) Pour tout n de $\mathbb{N}^*$:

$J_n = \int_0^1 x^n\,dx = \left[\dfrac{x^{n+1}}{n+1}\right]_0^1$ soit :

$$\boxed{J_n = \frac{1}{n+1}.}$$

c) À la question **B. 1. a)** on a vu que $x^n \leqslant x^n e^{1-x} \leqslant e x^n$ et $0 < 1$, donc :

$$\int_0^1 x^n\,dx \leqslant \int_0^1 (x^n e^{1-x})\,dx \leqslant \int_0^1 e x^n\,dx,$$

soit, pour tout n de $\mathbb{N}^*$, $J_n \leqslant I_n \leqslant eJ_n$ c'est-à-dire :

$$\boxed{\frac{1}{n+1} \leqslant I_n \leqslant \frac{e}{n+1}.}$$

2. $I_{n+1} = \int_0^1 x^{n+1} e^{1-x}\,dx.$

On intègre par parties. Pour tout réel x de $[0\,;1]$:

- on pose $u(x) = x^{n+1}$ d'où $u'(x) = (n+1)x^n$;
- on pose $v'(x) = e^{1-x}$ et on choisit $v(x) = -e^{1-x}$.

Les fonctions u et v sont dérivables de dérivées continues sur $[0\,;1]$, on peut intégrer par parties donc :

$$\begin{aligned} I_{n+1} &= [-x^{n+1}e^{1-x}]_0^1 + \int_0^1 (n+1)x^n e^{1-x}\,dx \\ &= -1 + (n+1)\int_0^1 x^n e^{1-x}\,dx \end{aligned}$$

$$\boxed{I_{n+1} = -1 + (n+1)I_n.}$$

3. a) Pour tout n de $\mathbb{N}^*$, $K_n = n!e - I_n$, donc :

$K_{n+1} = (n+1)!e - I_{n+1} = (n+1)n!e + 1 - (n+1)I_n = 1 + (n+1)(n!e - I_n)$,

$$\boxed{K_{n+1} = 1 + (n+1)K_n.}$$

b) $K_1 = e - I_1 = e - (e-2) = 2$.
K_1 est un nombre entier.
Si on suppose que K_n est un entier, alors $1 + (n+1)K_n = K_{n+1}$ est aussi un entier. **D'après le principe de récurrence, pour tout $n \geqslant 1$, K_n est un entier.**

c) Donc, pour $n \geqslant 2$, $n+1 \geqslant 3$:

$$0 < \frac{1}{n+1} \leqslant I_n \leqslant \frac{e}{n+1}.$$

I_n est élément de $]0\,;1[$, il ne peut pas être un entier. Comme K_n est un entier, si on suppose $I_n + K_n$ entier, alors $(I_n + K_n) - K_n = I_n$ est un entier, ce qui est en contradiction avec ce que l'on vient de démontrer.
Donc $n!e = I_n + K_n$ n'est pas un nombre entier.

4.. a) Si $n > q$, $n!$ est le produit de tous les entiers naturels compris entre 1 et n, et q est l'un d'entre eux, donc $n!$ est divisible par q, donc $\frac{n!p}{q}$ est un entier.

b) Si e était un nombre rationnel, on pourrait le mettre sous la forme $\frac{p}{q}$ et en choisissant un entier n supérieur à q, on aurait $n!\frac{p}{q} = n!e$, qui serait un entier, ce qui est en contradiction avec la question **3. c)**, **donc e n'est pas un nombre rationnel.**

Rappel
On dit que e est un irrationnel.

Approfondissements

16 Partie A Utilisation d'une intégration par parties

1. Relation $I = \frac{5}{2} \times \ln\left(\frac{5}{4}\right) - 5\int_0^{\frac{1}{2}} \ln(1+t^2)\,dt$

On a $I = \frac{5}{2} \times \ln\left(\frac{5}{4}\right) - 5\int_0^{\frac{1}{2}} \ln(1+t^2)\,dt$.

Pour tout t de $\left[0\,;\frac{1}{2}\right]$, on a $\frac{10t^2}{1+t^2} = 5t \times \frac{2t}{1+t^2}$.

Posons :

$$u : \begin{array}{ccc} \left[0\,;\frac{1}{2}\right] & \to & \mathbb{R} \\ t & \mapsto & 5t \end{array} \quad \text{on a} \quad u' : \begin{array}{ccc} \left[0\,;\frac{1}{2}\right] & \to & \mathbb{R} \\ t & \mapsto & 5 \end{array}$$

$$v' : \begin{array}{ccc} t & \mapsto & \dfrac{2t}{1+t^2} \end{array} \quad \text{on choisit} \quad v : \begin{array}{ccc} t & \mapsto & \ln(1+t^2) \end{array}$$

car la fonction $t \mapsto 1+t^2$ est dérivable et a pour dérivée la fonction $t \mapsto 2t$.

Les fonctions u et v sont dérivables sur $\left[0\,;\frac{1}{2}\right]$ et les fonctions u' et v' sont continues sur $\left[0\,;\frac{1}{2}\right]$; on peut faire une intégration par parties :

$$\mathrm{I} = [(5t)\ln(1+t^2)]_0^{\frac{1}{2}} - \int_0^{\frac{1}{2}} 5\ln(1+t^2)\,\mathrm{d}t$$

$$\mathrm{I} = \frac{5}{2}\ln\left(\frac{5}{4}\right) - 5\int_0^{\frac{1}{2}} \ln(1+t^2)\,\mathrm{d}t$$

$$\boxed{\mathrm{I} = \frac{5}{2}\times\ln\left(\frac{5}{4}\right) - 5\int_0^{\frac{1}{2}} \ln(1+t^2)\,\mathrm{d}t}$$

2. On pose pour x positif ou nul :

$$f(x) = \ln(1+x) - x + \frac{x^2}{2} \quad \text{et} \quad g(x) = \ln(1+x) - x\,.$$

a) Pour tout x, de $\mathbb{R}_1$, $f(x) \geqslant 0$

La fonction f est la somme de la fonction $x \mapsto \ln(1+x)$ et de la fonction polynôme $x \mapsto -x + \dfrac{x^2}{2}$ qui sont toutes deux dérivables sur $\mathbb{R}_1$, la fonction f est donc dérivable sur $\mathbb{R}_1$ et pour tout x de $\mathbb{R}_1$ on a :

$$f'(x) = \frac{1}{1+x} - 1 + x = \frac{x^2}{1+x}\,.$$

Pour tout x de $\mathbb{R}_1^*$, on a $f'(x) > 0$, la fonction f est donc strictement croissante sur $\mathbb{R}_1^*$ et donc strictement croissante sur $\mathbb{R}_1$. De plus $f(0) = 0$.

D'où pour tout x de $\mathbb{R}_1$, $f(x) \geqslant 0$.

On démontrerait de même que pour tout x de $\mathbb{R}_1$, $g(x) \leqslant 0$.

b) Pour tout réel t, on a $t^2 - \frac{t^4}{2} \leqslant \ln(1 + t^2) \leqslant t^2$.

D'après la question précédente, pour tout réel x positif, $f(x) \geqslant 0$ et $g(x) \leqslant 0$ soit :

$$\ln(1 + x) \geqslant x - \frac{x^2}{2} \quad \text{et} \quad \ln(1 + x) \leqslant x.$$

Soit encore pour tout réel x positif :

$$x - \frac{x^2}{2} \leqslant \ln(1 + x) \leqslant x..$$

Pour tout réel t, le réel t^2 est positif (on peut donc poser dans la double inégalité précédente $x = t^2$), donc pour tout réel t :

$$\boxed{t^2 - \frac{t^4}{2} \leqslant \ln(1 + t^2) \leqslant t^2.}$$

c) Pour tout réel t, on a $-\frac{5}{24} \leqslant -5 \int_0^{\frac{1}{2}} \ln(1 + t^2)\, dt \leqslant -\frac{37}{192}$.

Les trois fonctions $t \mapsto t^2 - \frac{t^4}{2}$; $t \mapsto \ln(1 + t^2)$ et $t \mapsto t^2$ sont continues sur $\left[0 ; \frac{1}{2}\right]$ et $0 \leqslant \frac{1}{2}$, les intégrales des trois fonctions sur $\left[0 ; \frac{1}{2}\right]$ sont donc dans le même ordre que les fonctions d'où :

$$\int_0^{\frac{1}{2}} \left(t^2 - \frac{t^4}{2}\right) dt \leqslant \int_0^{\frac{1}{2}} \ln(1 + t^2)\, dt \leqslant \int_0^{\frac{1}{2}} t^2\, dt$$

$$\left[\frac{t^3}{3} - \frac{t^5}{10}\right]_0^{\frac{1}{2}} \leqslant \int_0^{\frac{1}{2}} \ln(1 + t^2)\, dt \leqslant \left[\frac{t^3}{3}\right]_0^{\frac{1}{2}}$$

$$\frac{37}{960} \leqslant \int_0^{\frac{1}{2}} \ln(1 + t^2)\, dt \leqslant \frac{1}{24}.$$

Donc en multipliant les trois membres par le réel négatif – 5 et donc en changeant le sens des inégalités :

$$\boxed{-\frac{5}{24} \leqslant -5 \int_0^{\frac{1}{2}} \ln(1 + t^2)\, dt \leqslant -\frac{37}{192}.}$$

3. Encadrement d'amplitude inférieure à 0,02 de I par des nombres décimaux ayant trois chiffres après la virgule.

En ajoutant $\frac{5}{2} \times \ln\left(\frac{5}{4}\right)$ aux trois membres de la double inégalité précédente on obtient :

$$\frac{5}{2}\ln\left(\frac{5}{4}\right) - \frac{5}{24} \leqslant \frac{5}{2}\ln\left(\frac{5}{4}\right) - 5\int_0^{\frac{1}{2}} \ln(1+t^2)\,\mathrm{d}t \leqslant \frac{5}{2}\ln\left(\frac{5}{4}\right) - \frac{37}{192}$$

$$\frac{5}{2}\ln\left(\frac{5}{4}\right) - \frac{5}{24} \leqslant \mathrm{I} \leqslant \frac{5}{2}\ln\left(\frac{5}{4}\right) - \frac{37}{192}.$$

On a $\frac{5}{2}\ln\left(\frac{5}{4}\right) - \frac{5}{24} \approx 0{,}349\ 53$ et $\frac{5}{2}\ln\left(\frac{5}{4}\right) - \frac{37}{192} \approx 0{,}365\ 15$ d'où un encadrement demandé possible est :

$$\boxed{0{,}349 \leqslant \mathrm{I} \leqslant 0{,}366.}$$

Partie B Utilisation de la méthode d'Euler

1. On pose $\phi(x) = \int_0^x \frac{10t^2}{1+t^2}\,\mathrm{d}t$ pour $x \in \left[0\,;\frac{1}{2}\right]$. Calcul de $\phi(0)$ et de la fonction dérivée de ϕ

$$\phi(0) = \int_0^0 \frac{10t^2}{1+t^2}\,\mathrm{d}t \text{ donc :}$$

$$\boxed{\phi(0) = 0.}$$

La fonction $t \mapsto \frac{10t^2}{1+t^2}$ est continue sur $\left[0\,;\frac{1}{2}\right]$, donc cette fonction admet des primitives sur $\left[0\,;\frac{1}{2}\right]$, la fonction ϕ est la primitive sur $\left[0\,;\frac{1}{2}\right]$ de $t \mapsto \frac{10t^2}{1+t^2}$ qui s'annule en 0.
La fonction ϕ est donc dérivable sur $\left[0\,;\frac{1}{2}\right]$ et pour tout x de $\left[0\,;\frac{1}{2}\right]$:

$$\boxed{\phi'(x) = \frac{10x^2}{1+x^2}.}$$

2. Méthode d'Euler

On construit une suite de points du plan $\mathrm{M}_n(x_n\,;y_n)$ par la méthode suivante en choisissant le pas $h = 0{,}1$. On pose $x_0 = 0$ et $y_0 = 0$ et pour tout entier n, $x_{n+1} = x_n + 0{,}1$ et $y_{n+1} = y_n + \phi'(x_n) \times 0{,}1$.
On admet que l'on trouve pour tout entier n, $x_n = \frac{n}{10}$.

Remarque : La suite (x_n) est une suite arithmétique de raison 0,1 et de premier terme 0 donc pour tout entier n, $x_n = 0 + 0{,}1 \times n = \dfrac{n}{10}$.

On a :

$$\begin{aligned} y_{n+1} &= y_n + \phi'(x_n) \times 0{,}1 \\ &= y_n + 0{,}1 \times \frac{10x_n^2}{1 + x_n^2} \\ &= y_n + 0{,}1 \, \frac{\dfrac{10n^2}{100}}{1 + \dfrac{n^2}{100}} \, . \\ &= y_n + \frac{n^2}{100 + n^2} \end{aligned}$$

Pour tout entier naturel n :

$$\boxed{y_{n+1} = y_n + \frac{n^2}{100 + n^2}.}$$

3. Calcul de y_1 et y_2, puis de y_3, y_4 et y_5. Valeur approchée à 0,001 près de y_5

$y_1 = 0 + \dfrac{0}{100} = 0$; $y_2 = 0 + \dfrac{1}{101} = \dfrac{1}{101}$; $y_3 = \dfrac{1}{101} + \dfrac{4}{104}$,

$y_4 = \dfrac{1}{101} + \dfrac{4}{104} + \dfrac{9}{109}$; $y_5 = \dfrac{1}{101} + \dfrac{4}{104} + \dfrac{9}{109} + \dfrac{16}{116}$.

$$\boxed{y_5 \approx 0{,}269.}$$

Le réel x_5 est égal à $\dfrac{1}{2}$, donc y_5 est une valeur approchée de $\phi\left(\dfrac{1}{2}\right)$ donc de I.

Une valeur approchée de I par la méthode d'Euler au pas 0,1 est $y_5 \approx 0{,}269$.

4. Avec la méthode d'Euler au pas $h = 0{,}01$ on obtient, pour I, la valeur approchée 0,354.

La valeur obtenue au pas $h = 0{,}01$ est compatible avec l'encadrement fait à la question 3. de la partie A, mais la valeur obtenue avec la méthode d'Euler au pas 0,1 est incompatible avec l'encadrement de I.

17 Partie A

1. a) Condition nécessaire et suffisante pour que g soit solution de (E_n)

Si h est dérivable et si, pour tout réel x, $g(x) = h(x)e^{-x}$, g est dérivable et pour tout réel x :

$$g'(x) = h'(x)e^{-x} - h(x)e^{-x}.$$

Ainsi g est solution de (E_n) si et seulement si, pour tout réel x,
$h'(x)\mathrm{e}^{-x} = \frac{x^n}{n!}\mathrm{e}^{-x}$, et e^{-x} étant toujours non nul :

$$\boxed{h'(x) = \frac{x^n}{n!}.}$$

b) Détermination de *h* et *g*

La fonction h' est continue sur l'intervalle $\mathbb{R}$.

La fonction h est une primitive de la fonction h', donc il existe une réel k tel que

$$\boxed{h(x) = \frac{x^{n+1}}{(n+1)!} + k.}$$

Comme $h(0) = 0$, on a $h(x) = \frac{x^{n+1}}{(n+1)!}$

et $\boxed{g(x) = \frac{x^{n+1}}{(n+1)!}\,\mathrm{e}^{-x}}$ pour tout réel x.

2. a) Comme g est solution de (E_n), φ est solution de (E_n) si et seulement si $\varphi' + \varphi = g' + g$, c'est-à-dire si et seulement si $(\varphi - g)' + \varphi - g = 0$.
La fonction φ est solution de (E_n) si et seulement si $\varphi - g$ est solution de (F) $y' + y = 0$.

b) Résolution de (F)

Les solutions de (F) sont les fonctions $\boxed{x \mapsto \mathrm{C}\mathrm{e}^{-x}}$, où $\mathrm{C} \in \mathbb{R}$.

c) Solution générale φ de l'équation (E_n)

La fonction $\varphi - g$ est de la forme $x \mapsto \mathrm{C}\mathrm{e}^{-x}$ donc φ est de la forme :

$$x \mapsto g(x) + \mathrm{C}\mathrm{e}^{-x}$$

$$\boxed{x \mapsto \frac{x^{n+1}}{(n+1)!}\,\mathrm{e}^{-x} + \mathrm{C}\mathrm{e}^{-x}.}$$

d) Détermination de la solution *f* de l'équation (E_n) vérifiant $f(0) = 0$

La fonction $x \mapsto \frac{x^{n+1}}{(n+1)!}\,\mathrm{e}^{-x} + \mathrm{C}\mathrm{e}^{-x}$ a pour valeur C en 0.

On veut $f(0) = 0$ et donc $\mathrm{C} = 0$.
La fonction f est définie sur $\mathbb{R}$ par :

$$\boxed{f(x) = \frac{x^{n+1}}{(n+1)!}\,\mathrm{e}^{-x}.}$$

CORRIGÉS

Partie B

1. a) Étude de $\lim\limits_{n \to +\infty} \sum\limits_{k=0}^{n} \frac{1}{k!}$

On a, pour tout réel x,

$$f_1'(x) + f_1(x) = (\mathrm{e}^{-x} - x\mathrm{e}^{-x}) + x\mathrm{e}^{-x} = \mathrm{e}^{-x} = f_0(x)$$

donc f_1 est solution de $y' + y = f_0$.

b) On définit f_n, par récurrence :

pour $n \geqslant 1$, f_n, est la solution de $y' + y = f_{n-1}$ qui s'annule en 0.

• On sait déjà d'après **1.** que f_1 est la fonction définie par $f_1(x) = x\mathrm{e}^{-x}$.

• Supposons que f_n est la fonction définie par $f_n(x) = \frac{x^n}{n!}\mathrm{e}^{-x}$. La fonction f_{n+1} est alors la solution qui s'annule en 0 de $y' + y = \frac{x^n}{n!}\mathrm{e}^{-x}$, c'est-à-dire la solution de (E_n) qui s'annule en 0.

D'après **A. 2. d)**, on a, pour tout $x \in \mathbb{R}$:

$$\boxed{f_{n+1}(x) = \frac{x^{n+1}}{(n+1)!}\mathrm{e}^{-x}.}$$

2. a) On a pour tout $x \in [0\,;1]$, $-x \leqslant 0$ et donc $0 \leqslant \mathrm{e}^{-x} \leqslant 1$.

On en déduit $0 \leqslant \frac{\mathrm{e}^{-x}x^n}{n!} \leqslant \frac{x^n}{n!}$, soit $\boxed{0 \leqslant f_n(x) \leqslant \frac{x^n}{n!}.}$

On obtient en intégrant entre 0 et 1 : $\boxed{0 \leqslant \mathrm{I}_n \leqslant \int_0^1 \frac{x^n}{n!}\,\mathrm{d}x.}$

Puisque $\int_0^1 \frac{x^n}{n!}\,\mathrm{d}x = \left[\frac{1}{n!}\,\frac{x^{n+1}}{(n+1)}\right]_0^1 = \frac{1}{n!(n+1)} = \frac{1}{(n+1)!}$, on a donc :

$$\boxed{0 \leqslant \mathrm{I}_n \leqslant \frac{1}{(n+1)!}.}$$

$\lim\limits_{n \to +\infty} \frac{1}{(n+1)!} = 0$ d'où par encadrement, $\boxed{\lim\limits_{n \to +\infty} \mathrm{I}_n = 0.}$

b) On a, pour tout $k \geqslant 1$ et tout $x \in [0\,;1]$,

$$f_k'(x) + f_k(x) = f_{k-1}(x).$$

En intégrant entre 0 et 1, on obtient :

$$\boxed{\int_0^1 f_k'(x)\,\mathrm{d}x + \mathrm{I}_k = \mathrm{I}_{k-1}.}$$

Soit $I_k - I_{k-1} = -\int_0^1 f'_k(x)\mathrm{d}x = [-f_k(x)]_0^1 = -f_k(1) + f_k(0)$,

$$\boxed{I_k - I_{k-1} = -\frac{e^{-1}}{k!}.}$$

c) On calcule

$$\boxed{I_0} = \int_0^1 e^{-x}\mathrm{d}x = [-e^{-x}]_0^1 = \boxed{-e^{-1} + 1.}$$

En additionnant les relations $I_k - I_{k-1} = -\frac{1}{k!}e^{-1}$ pour $k = 1 \dots n$, on obtient :

$$I_n - I_{n-1} + I_{n-1} - I_{n-2} + \dots + I_1 - I_0 = -\sum_{k=1}^{n} \frac{1}{k!}e^{-1}.$$

et donc, les termes s'éliminant 2 à 2 :

$$\boxed{I_n - I_0 = -\sum_{k=1}^{n} \frac{1}{k!}e^{-1},}$$

$$I_n = I_0 - \sum_{k=1}^{n} \frac{1}{k!}e^{-1} = 1 - e^{-1} - \sum_{k=1}^{n} \frac{1}{k!}e^{-1}$$

$$\boxed{I_n = 1 - \sum_{k=0}^{n} \frac{1}{k!}e^{-1}.}$$

d) Ce qui précède peut s'écrire $\sum_{k=0}^{n} \frac{1}{k!}e^{-1} = 1 - I_n$.

Comme $\lim_{n \to +\infty} I_n = 0$, on en déduit $\lim_{n \to +\infty} \sum_{k=0}^{n} \frac{1}{k!}e^{-1} = 1$,

puis en multipliant par e : $\boxed{\lim_{n \to +\infty} \sum_{k=0}^{n} \frac{1}{k!} = e.}$

La Prépa attitude

Il est très rarement possible de calculer directement une intégrale.

Il faut apprendre à reconnaître des suites convergentes dont la limite est une intégrale.

Prolongement au cours de Terminale

Sommes de Riemann, exemple

Déterminer la limite de la suite (u_n) définie pour tout entier naturel n non nul par :

$$u_n = \frac{\sqrt{1}+\sqrt{2}+\cdots+\sqrt{n}}{n\sqrt{n}}$$

Pour tout entier naturel n non nul :

$$u_n = \frac{\sqrt{1}+\sqrt{2}+\cdots+\sqrt{n}}{n\sqrt{n}} = \frac{1}{n}\left(\sqrt{\frac{1}{n}}+\sqrt{\frac{2}{n}}+\cdots+\sqrt{\frac{n}{n}}\right) = \frac{1}{n}\sum_{k=1}^{n}\sqrt{\frac{k}{n}}$$

En posant $a = 0$, $b = 1$ et en choisissant pour f la fonction racine carrée qui est continue sur $[0;1]$, on a $u_n = S'_n$.

$$\lim_{n\to+\infty}\frac{1}{n}\sum_{k=1}^{n}\sqrt{\frac{k}{n}} = \int_0^1\sqrt{x}\,\mathrm{d}x = \int_0^1 x^{\frac{1}{2}}\,\mathrm{d}x = \left[\frac{x^{\frac{3}{2}}}{\frac{3}{2}}\right]_0^1 = \frac{2}{3}$$

EXERCICES

➔ Corrigés p. 462

1 Intégrales et système d'équations

L'objectif est de calculer les intégrales suivantes :

$$\mathrm{I} = \int_0^1\frac{\mathrm{d}x}{\sqrt{x^2+2}}\ ;\ \mathrm{J} = \int_0^1\frac{x^2}{\sqrt{x^2+2}}\mathrm{d}x\ ;\ \mathrm{K} = \int_0^1\sqrt{x^2+2}\,\mathrm{d}x.$$

1. Calcul de I

Soit la fonction f définie sur $[0\,;1]$ par $f(x)=\ln\left(x+\sqrt{x^2+2}\right)$.

a) Calculer la dérivée de la fonction $x \mapsto \sqrt{x^2+2}$.

b) En déduire la dérivée f' de f.

c) Calculer la valeur de I.

2. Calcul de J et de K

a) Sans calculer explicitement J et K, vérifier que $J+2I=K$.

b) À l'aide d'une intégration par parties portant sur l'intégrale K, démontrer que : $K=\sqrt{3}-J$.

c) En déduire les valeurs de J et de K.

Remarque
Trouver des relations entre des intégrales que l'on ne sait pas calculer est parfois efficace.

2 Calculer $\lim\limits_{n\to+\infty}\left(\frac{1}{n}+\frac{1}{n+1}+\cdots+\frac{1}{2n}\right)$

3 Soit (x_n) la suite définie pour tout entier naturel non nul n par $x_n=\sum_{k=1}^{n}\frac{n+k^2}{n^3+k^3}$.

1. Montrer que pour tout entier naturel non nul n,

$$x_n=\frac{1}{n}\sum_{k=1}^{n}\frac{\left(\frac{k}{n}\right)^2}{1+\left(\frac{k}{n}\right)^3}+\frac{1}{n^2}\sum_{k=1}^{n}\frac{1}{1+\left(\frac{k}{n}\right)^3}.$$

2. On pose pour tout entier naturel non nul n, $y_n=\frac{1}{n}\sum_{k=1}^{n}\frac{\left(\frac{k}{n}\right)^2}{1+\left(\frac{k}{n}\right)^3}$. Déterminer $\lim\limits_{n\to+\infty} y_n$.

3. Montrer que pour tout entier naturel non nul n, $|x_n-y_n|\leqslant\frac{1}{n}$. En déduire la limite de la suite (x_n).

AMBITION PRÉPA

CORRIGÉS

1 **1. a)** Notons u la fonction $x \mapsto \sqrt{x^2+2}$ et u_1 la fonction définie sur $\mathbb{R}$ par $u_1(x) = x^2 + 2$.

u_1 est dérivable sur $\mathbb{R}$ car c'est une fonction polynôme et u_1 est strictement positive sur $\mathbb{R}$, $u = \sqrt{u_1}$ est donc dérivable sur $\mathbb{R}$ et :

$$\left(\sqrt{u_1}\right)' = \frac{u_1'}{2\sqrt{u_1}}.$$

Pour tout réel x, $u'(x) = \dfrac{u_1'(x)}{2\sqrt{u_1(x)}} = \dfrac{2x}{2\sqrt{x^2+2}}$ soit :

$$u'(x) = \frac{x}{\sqrt{x^2+2}}.$$

b) Pour tout x de $[0\,;1]$, $x + \sqrt{\left(x^2+2\right)} > 0$, donc $\ln\left(x + \sqrt{x^2+2}\right)$ existe.

Posons $v(x) = x + \sqrt{x^2+2} = x + u(x)$.

v est dérivable sur $[0\,;1]$, car somme de deux fonctions dérivables sur $[0\,;1]$ et v est strictement positive sur $[0\,;1]$.

Donc $f = \ln v$ est dérivable sur $[0\,;1]$ et $f' = \dfrac{v'}{v}$.

Pour tout réel x de $[0\,;1]$:

$$f'(x) = \frac{v'(x)}{v(x)} = \frac{1+u'(x)}{x+\sqrt{x^2+2}} = \frac{1+\dfrac{x}{\sqrt{x^2+2}}}{x+\sqrt{x^2+2}} = \frac{\sqrt{x^2+2}+x}{\sqrt{x^2+2}} \times \frac{1}{x+\sqrt{x^2+2}}$$

$$= \frac{1}{\sqrt{x^2+2}} \text{ car } x+\sqrt{x^2+2} \neq 0.$$

Pour tout réel x de $[0\,;1]$: $\quad f'(x) = \dfrac{1}{\sqrt{x^2+2}}.$

c) L'égalité précédente prouve que, sur l'intervalle $[0\,;1]$, f est une primitive de la fonction $x \mapsto \dfrac{1}{\sqrt{x^2+2}}$; et par conséquent :

$$\mathrm{I} = \int_0^1 \frac{\mathrm{d}x}{\sqrt{x^2+2}} = f(1) - f(0) = \ln\left(1+\sqrt{1+2}\right) - \ln\left(\sqrt{2}\right).$$

Pour tous réels strictement positifs a et b, $\ln(a) - \ln(b) = \ln\left(\frac{a}{b}\right)$, donc :

$$\mathrm{I} = \ln\left(\frac{1+\sqrt{3}}{\sqrt{2}}\right).$$

2. a) $\mathrm{J} + 2\mathrm{I} = \int_0^1 \frac{x^2}{\sqrt{x^2+2}}\mathrm{d}x + 2\int_0^1 \frac{\mathrm{d}x}{\sqrt{x^2+2}}.$

En utilisant la liénarité de l'intégration :

$$\mathrm{J} + 2\mathrm{I} = \int_0^1 \frac{x^2+2}{\sqrt{x^2+2}}\mathrm{d}x = \int_0^1 \sqrt{x^2+2}\,\mathrm{d}x = \mathrm{K},$$

après simplification par $\left(\sqrt{x^2+2}\right)$ non nul. D'où : $\mathrm{J} + 2\mathrm{I} = \mathrm{K}$.

b) $\mathrm{K} = \sqrt{3} - \mathrm{J}$

$\mathrm{K} = \int_0^1 \sqrt{x^2+2}\,\mathrm{d}x.$

Le texte suggérant une intégration par parties, pour tout x de $[0\,;1]$:

on pose $u(x) = \sqrt{x^2+2}$ d'où $u'(x) = \frac{x}{\sqrt{x^2+2}}$;

• On pose $v'(x) = 1$ et on choisit $v(x) = x$.

Les fonctions u, v, u' et v' sont continues sur $[0\,;1]$, on peut faire une intégration par parties :

$$\mathrm{K} = \int_0^1 u(x)v'(x)\mathrm{d}x = \left[u(x)v(x)\right]_0^1 - \int_0^1 u'(x)v(x)\mathrm{d}x$$

$$\mathrm{K} = \left[\sqrt{x^2+2}\right]_0^1 - \int_0^1 \frac{x^2}{\sqrt{x^2+2}}\mathrm{d}x = \left[\sqrt{1+2} - 0\right] - \mathrm{J}.$$

$$\mathrm{K} = \sqrt{3} - \mathrm{J}.$$

c) $\mathrm{J} + 2\mathrm{I} = \mathrm{K}$ et $\mathrm{K} = \sqrt{3} - \mathrm{J}$, donc $\mathrm{J} + 2\mathrm{I} = \sqrt{3} - \mathrm{J}$.

D'où $2\mathrm{J} = \sqrt{3} - 2\mathrm{I} = \sqrt{3} - 2\ln\left(\frac{1+\sqrt{3}}{\sqrt{2}}\right)$ et :

$$\mathrm{J} = \frac{\sqrt{3}}{2} = \ln\left(\frac{1+\sqrt{3}}{\sqrt{2}}\right) \text{ et } \mathrm{K} = \sqrt{3} - \mathrm{J} = \ln\left(\frac{1+\sqrt{3}}{\sqrt{2}}\right) + \frac{\sqrt{3}}{2}.$$

En conclusion :

$$\mathrm{J} = \frac{\sqrt{3}}{2} - \ln\left(\frac{1+\sqrt{3}}{\sqrt{2}}\right) \text{ et } \mathrm{K} = \frac{\sqrt{3}}{2} + \ln\left(\frac{1+\sqrt{3}}{\sqrt{2}}\right).$$

AMBITION PRÉPA

2 Posons pour tout entier naturel n non nul, $u_n = \frac{1}{n} + \frac{1}{n+1} + \frac{1}{n+2} + \cdots + \frac{1}{2n}$.

$$u_n = \frac{1}{n} + \left(\frac{1}{n+1} + \frac{1}{n+2} + \cdots + \frac{1}{2n}\right)$$

$$= \frac{1}{n} + \left(\frac{1}{n\left(1+\frac{1}{n}\right)} + \frac{1}{n\left(1+\frac{2}{n}\right)} + \cdots + \frac{1}{n\left(1+\frac{n}{n}\right)}\right)$$

$$= \frac{1}{n} + \frac{1}{n}\left(\frac{1}{1+\frac{1}{n}} + \frac{1}{1+\frac{2}{n}} + \cdots + \frac{1}{1+\frac{n}{n}}\right) = \frac{1}{n} + \frac{1}{n}\sum_{k=1}^{n}\frac{1}{1+\frac{k}{n}}$$

Posons pour tout entier naturel non nul n, $v_n = \frac{1}{n}\sum_{k=1}^{n}\frac{1}{1+\frac{k}{n}}$, on peut reconnaître une expression de S'_n dans le cas où $a = 0$, $b = 1$ en choisissant la fonction définie sur $[0;1]$ par $f(x) = \frac{1}{1+x}$. La fonction f est continue sur $[0;1]$ car c'est une fonction rationnelle, le dénominateur étant non nul sur $[0;1]$ car supérieur ou égal à 1 sur $[0;1]$. Donc :

$$\lim_{n\to+\infty} v_n = \lim_{n\to+\infty} \frac{1}{n}\sum_{k=1}^{n}\frac{1}{1+\frac{k}{n}} = \int_0^1 f(x)\mathrm{d}x = \int_0^1 \frac{1}{1+x}\mathrm{d}x$$

La fonction f définie sur $[0;1]$ par $f(x) = \frac{1}{1+x}$ est continue sur l'intervalle $[0;1]$, elle y admet donc des primitives dont $x \mapsto \ln(1+x)$.

$$\lim_{n\to+\infty} v_n = \left[\ln(1+x)\right]_0^1$$
$$= \ln 2$$

On a pour tout entier n non nul, $u_n = \frac{1}{n} + v_n$. On a $\lim_{n\to+\infty}\frac{1}{n} = 0$ et $\lim_{n\to+\infty} v_n = \ln 2$.

La suite (u_n) est la somme de deux suites convergentes, elle est donc convergente et a pour limite la somme des limites.

$$\lim_{n\to+\infty} u_n = \ln 2$$

AMBITION PRÉPA

3 **1.** Pour tout entier naturel n non nul :

$$x_n = \sum_{k=1}^{n}\frac{n+k^2}{n^3+k^3} = \sum_{k=1}^{n}\frac{n^2\left(\frac{1}{n}+\frac{k^2}{n^2}\right)}{n^3\left(1+\frac{k^3}{n^3}\right)} = \sum_{k=1}^{n}\frac{1}{n}\frac{\frac{1}{n}+\frac{k^2}{n^2}}{1+\frac{k^3}{n^3}} = \frac{1}{n}\sum_{k=1}^{n}\frac{\frac{1}{n}}{1+\frac{k^3}{n^3}} + \frac{1}{n}\sum_{k=1}^{n}\frac{\frac{k^2}{n^2}}{1+\frac{k^3}{n^3}}$$

$$x_n = \frac{1}{n}\sum_{k=1}^{n}\frac{\left(\frac{k}{n}\right)^2}{1+\left(\frac{k}{n}\right)^3} + \left(\frac{1}{n}\right)^2\sum_{k=1}^{n}\frac{1}{1+\frac{k^3}{n^3}}$$

2. Pour tout entier naturel n non nul, on a $y_n = \frac{1}{n}\sum_{k=1}^{n}\frac{\left(\frac{k}{n}\right)^2}{1+\left(\frac{k}{n}\right)^3}$.

On peut reconnaître une expression de S'_n dans le cas où $a=0$. $b=1$ en choisissant la fonction définie sur $[0;1]$ par $f(x)=\frac{x^2}{1+x^3}$. La fonction f est continue sur $[0;1]$ car c'est une fonction rationnelle, le dénominateur étant non nul sur $[0;1]$ car supérieur ou égal à 1 sur $[0;1]$. Donc :

$$\lim_{n\to+\infty} y_n = \lim_{n\to+\infty}\frac{1}{n}\sum_{k=1}^{n}\frac{\left(\frac{k}{n}\right)^2}{1+\left(\frac{k}{n}\right)^3} = \int_0^1 f(x)\mathrm{d}x = \int_0^1\frac{x^2}{1+x^3}\mathrm{d}x = \frac{1}{3}\int_0^1\frac{3x^2}{1+x^3}\mathrm{d}x$$

La fonction $x \mapsto \frac{3x^2}{1+x^3}$ est continue sur $[0;1]$, elle y admet donc des primitives. On a pour tout x de $[0;1]$ $\frac{3x^2}{1+x^3} = \frac{u'(x)}{u(x)}$ si l'on pose $u(x)=1+x^3$.

Une primitive de $x \mapsto \frac{3x^2}{1+x^3}$ sur $[0;1]$ est $x \mapsto \ln\left(1+x^3\right)$ car le réel $1+x^3$ est strictement positif sur $[0;1]$. D'où :

$$\int_0^1\frac{x^2}{1+x^3}\mathrm{d}x = \frac{1}{3}\left[\ln\left(1+x^3\right)\right]_0^1 = \frac{1}{3}\ln 2$$

$$\lim_{n\to+\infty} y_n = \frac{1}{3}\ln 2$$

AMBITION PRÉPA

3. On a, pour tout entier naturel non nul n :

$$x_n = \frac{1}{n}\sum_{k=1}^{n}\frac{\left(\frac{k}{n}\right)^2}{1+\left(\frac{k}{n}\right)^3} + \left(\frac{1}{n}\right)^2\sum_{k=1}^{n}\frac{1}{1+\frac{k^3}{n^3}} = y_n + \left(\frac{1}{n}\right)^2\sum_{k=1}^{n}\frac{1}{1+\frac{k^3}{n^3}}$$

Donc pour tout entier naturel non nul n,

$$x_n - y_n = \left(\frac{1}{n}\right)^2\sum_{k=1}^{n}\frac{1}{1+\frac{k^3}{n^3}}$$

$$|x_n - y_n| = \left|\left(\frac{1}{n}\right)^2\sum_{k=1}^{n}\frac{1}{1+\frac{k^3}{n^3}}\right| = \left(\frac{1}{n}\right)^2\sum_{k=1}^{n}\frac{1}{1+\frac{k^3}{n^3}}$$

Pour tout entier naturel non nul n et tout entier naturel k compris entre 1 et n, $1+\frac{k^3}{n^3} \geqslant 1$ donc $\frac{1}{1+\frac{k^3}{n^3}} \leqslant 1$ et donc : $\sum_{k=1}^{n}\frac{1}{1+\frac{k^3}{n^3}} \leqslant \sum_{k=1}^{n} 1 \leqslant n$

Donc en multipliant les deux membres de l'inégalité précédente par le réel positif $\left(\frac{1}{n}\right)^2$, on obtient :

$$\left(\frac{1}{n}\right)^2\sum_{k=1}^{n}\frac{1}{1+\frac{k^3}{n^3}} \leqslant \left(\frac{1}{n}\right)^2 n \leqslant \frac{1}{n}$$

Donc pour tout entier naturel n non nul :

$$|x_n - y_n| \leqslant \frac{1}{n} \text{ et donc } 0 \leqslant |x_n - y_n| \leqslant \frac{1}{n}$$

En utilisant le théorème d'encadrement, sachant que $\lim_{n\to+\infty}\frac{1}{n} = 0$, on a :

$$\lim_{n\to+\infty}|x_n - y_n| = 0$$

La suite (y_n) étant convergente et de limite $\frac{1}{3}\ln 2$, la suite (x_n) est convergente et de même limite que (y_n) soit $\frac{1}{3}\ln 2$.

AMBITION PRÉPA

CHAPITRE 13

Succession d'épreuves aléatoires Schéma de Bernoulli Loi binomiale

DE QUOI S'AGIT-IL ?

Il s'agit de compléter les modèles probabilistes vus en 1re pour les études de tirages avec remise.

1 Succession d'épreuves aléatoires

1 Épreuves indépendantes

Définition :

Soit $(\varepsilon_1, \varepsilon_2, \ldots, \varepsilon_n)$ une suite d'épreuves aléatoires. On dit que ces épreuves sont **indépendantes** si le résultat que l'on peut obtenir à l'une quelconque d'entre elles n'influe en rien sur les autres épreuves (ni celles d'avant, ni celles d'après).

Par exemple :

ε_1 : « jeter un dé équilibré »,
ε_2 : « tirer 2 cartes simultanément dans un jeu de 32 cartes »,
ε_3 : « tirer simultanément 3 boules dans une urne »,
ε_4 : « tirer une carte dans le même jeu de cartes qu'à l'épreuve ε_2 ».

Les 2 premières épreuves ε_1 et ε_2 sont indépendantes : le résultat obtenu en lançant le dé à l'épreuve ε_1 n'influe en aucune manière sur les cartes que l'on va tirer à l'épreuve ε_2.

De même les résultats obtenus aux épreuves ε_1 et ε_2 n'ont aucun lien avec les boules que l'on sortira de l'urne à la troisième épreuve, donc ε_1, ε_2 et ε_3 sont indépendantes.

Par contre, si on ne remet pas les cartes dans le jeu après les avoir tirées le résultat de l'épreuve ε_4 dépend de ce qu'on a obtenu à l'épreuve ε_2. Par exemple, la probabilité de tirer un pique à l'épreuve ε_4 dépend du nombre de piques qui restent dans le jeu à ce moment. Et donc, dans ce cas, $(\varepsilon_1, \varepsilon_2, \varepsilon_3, \varepsilon_4)$ n'est pas une suite d'épreuves indépendantes.

Mais si l'on remet les deux cartes dans le jeu après l'épreuve ε_2, les quatre épreuves sont indépendantes.

2 Univers produit

Soit $(\varepsilon_1, \varepsilon_2, \ldots, \varepsilon_n)$ une suite d'épreuves aléatoires indépendantes et soit ε l'épreuve consistant à faire successivement ε_1 puis ε_2… puis ε_n. L'univers relatif à cette nouvelle épreuve aléatoire est le produit cartésien :

$$\Omega = \Omega_1 \times \Omega_2 \times \ldots \times \Omega_n.$$

En effet, un résultat de cette épreuve ε sera une liste $\omega = (\omega_1, \omega_2, \ldots, \omega_n)$ constituée des résultats successifs obtenus aux épreuves $\varepsilon_1, \varepsilon_2, \ldots, \varepsilon_n$.

3 Suite d'événements

Soit $(\varepsilon_1, \varepsilon_2, \ldots, \varepsilon_n)$ une suite d'épreuves aléatoires indépendantes. Si A_1 est un événement relatif à l'épreuve ε_1, A_2 un événement relatif à l'épreuve ε_2, …, A_n un événement relatif à l'épreuve ε_n, alors $(A_1, A_2, \ldots, A_n)$ constitue **une suite d'événements indépendants** et vérifie :

$$p(A_1 \cap A_2 \cap \ldots \cap A_n) = p(A_1)p(A_2)\ldots p(A_n).$$

→ Bien comprendre

Si les épreuves ne sont pas indépendantes, les événements $A_1, A_2, \ldots, A_n$ ne sont plus indépendants et il faut alors en revenir aux probabilités conditionnelles :

$$p(A_1 \cap A_2 \cap \ldots \cap A_n) = p(A_1)p_{A_1}(A_2)p_{A_1 \cap A_2}(A_3)\ldots p_{A_1 \cap \ldots \cap A_{n-1}}(A_n).$$

- **Remarque**

La probabilité conditionnelle $p_B(A)$ n'a de sens que pour $p(B) \neq 0$.

Il en résulte que la formule ci-dessus n'a de sens que si tous les $p(A_1 \cap A_2 \cap \ldots \cap A_i)$ pour $1 \leqslant i \leqslant n-1$ sont non nuls.

Mais comme ces événements $A_1 \cap A_2 \cap \ldots \cap A_i$ sont emboîtés :

$$A_1 \supset A_1 \cap A_2 \supset \ldots \supset A_1 \cap A_2 \cap \ldots \cap A_i \supset \ldots \supset A_1 \cap A_2 \cap \ldots \cap A_{n-1},$$

il suffit que $p(A_1 \cap A_2 \cap \ldots \cap A_{n-1})$ soit non nul pour que tous les autres le soient.

Mais si par contre $p(A_1 \cap A_2 \cap \ldots \cap A_{n-1})$ est nul alors $p(A_1 \cap A_2 \cap \ldots \cap A_n)$ est nul aussi puisque :

$$A_1 \cap A_2 \cap \ldots \cap A_n \subset A_1 \cap A_2 \cap \ldots \cap A_{n-1}.$$

2 Loi de Bernoulli

1 Épreuve de Bernoulli

On considère une épreuve aléatoire ε et un événement S associé à cette épreuve.

L'événement S s'appelle **un succès.**

L'événement contraire : $E = \bar{S}$ s'appelle **un échec.**

On notera $p = p(S)$ et $q = 1 - p = p(E)$.

Lorsqu'on ne s'intéresse qu'à la réalisation ou la non-réalisation de cet événement on dit qu'on a une épreuve à deux issues possibles (succès-échec).

Une telle épreuve s'appelle **une épreuve de Bernoulli.**

- **Exemple**

On considère une urne composée de 2 boules blanches et 3 boules noires.

Soit alors ε l'épreuve consistant à tirer au hasard une boule de cette urne.

On appelle S l'événement : « tirer une boule blanche ».

Alors $E = \bar{S}$ est l'événement : « tirer une boule noire ».

Les boules ont toutes la même probabilité d'être tirée, il en résulte :

$$p = p(S) = \frac{2}{5} \quad \text{et} \quad q = p(E) = \frac{3}{5}.$$

2 Variable aléatoire de Bernoulli

À une épreuve de Bernoulli, on peut associer la variable aléatoire X ainsi définie :

$$\begin{cases} X = 1 \text{ si } S \text{ est réalisé} \\ X = 0 \text{ si } E \text{ est réalisé} \end{cases}.$$

Une telle variable aléatoire s'appelle **une variable de Bernoulli**.

3 Loi de Bernoulli

La variable aléatoire X prend pour valeur 0 et 1 et la loi de X est la suivante :

k	$p([X=k])$
0	$q = 1 - p$
1	p

On dit que X suit la loi $\mathscr{B}(p)$.

On a alors :

$$E(X) = p$$
$$V(X) = pq$$

3 Schéma de Bernoulli

1 Description

On répète n fois dans des conditions identiques et indépendantes une épreuve de Bernoulli, ce qui signifie :

- la probabilité du succès reste la même à chaque épreuve,
- les épreuves sont indépendantes.

Un tel schéma s'appelle **un schéma de Bernoulli.**

En pratique, les conditions du schéma de Bernoulli sont réunies lorsque :

- on jette en l'air n fois de suite une pièce (ou un dé) ;
- on tire avec remise n fois de suite une boule dans une urne.

Bien comprendre

Tirer **avec remise** une boule dans une urne signifie que :
- on tire au hasard une boule dans l'urne,
- on observe et on note les caractéristiques de cette boule (numéro, couleur…),
- on remet la boule dans l'urne et on mélange toutes les boules.

2 Représentation d'un schéma de Bernoulli

Un schéma de Bernoulli peut se représenter par un chemin constitué de n segments. L'ensemble de tous ces chemins constitue un arbre qui représente toutes les possibilités du schéma de Bernoulli.

- **Exemple**

Pour $n = 4$, le résultat $S_1 \cap E_2 \cap S_3 \cap E_4$ (succès aux épreuves 1 et 3 et échec aux deux autres) est le chemin vert dans l'arbre de toutes les possibilités :

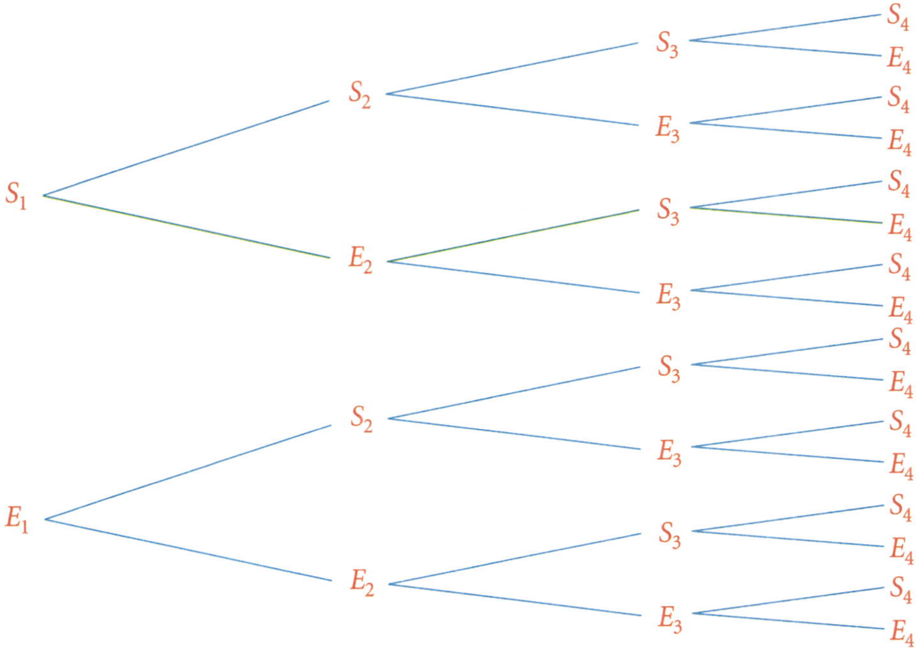

4 La loi binomiale

1 Définition

• Étant donné un schéma de Bernoulli, on définit la variable aléatoire X comme étant **le nombre de succès obtenus au cours des n épreuves**.

• On dit alors que la variable aléatoire X suit la loi binomiale $\mathscr{B}(n, p)$.

Remarque
Pour justifier qu'une variable aléatoire X suit la loi $\mathscr{B}(n, p)$ il faut réunir trois arguments :
• on a un événement S associé à une épreuve aléatoire ε et $p(S) = p$;
• on répète n fois cette épreuve dans des conditions **indépendantes** ;
• X est la variable qui compte le nombre de succès au cours des n répétitions.

2 L'événement [X = k]

La variable aléatoire X prend les valeurs 0, 1, 2, …, n.

Soit k fixé dans $\{0, 1, 2, \ldots, n\}$.

Les chemins qui réalisent l'événement $[X = k]$ sont ceux constitués de k succès et $n - k$ échecs. Pour en déterminer un précis, il faut connaitre les k instants où ont lieu les succès.

Par exemple, si on choisit les instants 1, 2, …, k, pour les succès, on obtient la réalisation :

$$S_1 \cap S_2 \cap \ldots \cap S_k \cap E_{k+1} \cap \ldots \cap E_n.$$

$I = \{i_1, i_2, \ldots, i_k\}$ étant une partie à k éléments de l'ensemble $\{1, 2, \ldots, n\}$, on peut définir l'événement S_I suivant :

S_I : « au cours des n épreuves, on a obtenu un succès aux instants $i_1, i_2, \ldots, i_k$ et un échec aux autres instants ».

L'événement S_I correspond à un chemin dans l'arbre de toutes les possibilités du schéma de Bernoulli.

Par exemple
Pour $n = 6$ et $I = \{1, 4, 6\}$, on obtient :
$S_I = S_1 \cap E_2 \cap E_3 \cap S_4 \cap E_5 \cap S_6$.

En désignant par $\mathscr{P}_k(F)$ l'ensemble des parties à k éléments de l'ensemble $F = \{1, 2, \ldots, n\}$ on peut alors décrire l'événement $[X = k]$ comme l'union des événements S_I :

$$[X = k] = \bigcup_{I \in \mathscr{P}_k(F)} S_I.$$

Exemple : Pour $n = 4$ et $k = 3$, les I possibles sont $\{1, 2, 3\}, \{1, 3, 4\}$ et $\{2, 3, 4\}$. Et donc :

$$[X = 3] = S_{\{1, 2, 3\}} \cup S_{\{1, 3, 4\}} \cup S_{\{2, 3, 4\}}$$
$$= (S_1 \cap S_2 \cap S_3 \cap E_4) \cup (S_1 \cap E_2 \cap S_3 \cap S_4) \cup (E_1 \cap S_2 \cap S_3 \cap S_4).$$

3 Loi de X

Remarque
Les S_I sont tous une intersection de n événements **indépendants**, parmi lesquels k succès et $n - k$ échecs.

Soit $k \in \{0, 1, 2, \ldots, n\}$.

- Les événements S_I, lorsque I possède k éléments, ont tous la même probabilité :

$$p(S_I) = p^k q^{n-k}.$$

- Les événements S_I sont 2 à 2 incompatibles puisque chaque événement S_I correspond à un unique chemin dans le schéma de Bernoulli (on ne peut pas faire deux chemins en même temps !).
- Enfin le nombre de parties à k éléments de l'ensemble $\{1, 2, \ldots, n\}$ est $\binom{n}{k}$.

De ces trois points il résulte :

$$\text{pour tout } k \in \{0, 1, 2, \ldots, n\}, \quad p([X = k]) = \binom{n}{k} p^k q^{n-k}.$$

4 Espérance et variance

$$E(X) = np$$

$$V(X) = npq$$

COURS

QCM et questions courtes

1 Vrai ou Faux ?

➔ Corrigé p. 482

1. X suit une loi binomiale de paramètres $n = 10$ et $p = \frac{1}{4}$:

a) $E(X) = 4{,}5$; ☐ V ☐ F

b) $V(X) = 1{,}875$; ☐ V ☐ F

c) $\sigma(X) = 1{,}37$. ☐ V ☐ F

2. X suit une loi binomiale de paramètres n et p inconnus, mais on sait que $E(X) = \sigma(X) = \frac{4}{5}\cdot$ Alors :

a) $n = 8$ et $p = \frac{1}{10}$; ☐ V ☐ F

b) $n = 3$ et $p = \frac{4}{15}$; ☐ V ☐ F

c) $n = 4$ et $p = \frac{1}{5}\cdot$ ☐ V ☐ F

3. On effectue deux tirages successifs d'une boule avec remise dans une urne qui contient une boule rouge et cinq boules noires.

La probabilité d'obtenir au moins une boule rouge est égale à :

a) $\frac{1}{36}$; ☐ V ☐ F

b) $\frac{25}{36}$; ☐ V ☐ F

c) $\frac{11}{36}\cdot$ ☐ V ☐ F

4. Une urne contient six boules blanches et quatre boules noires.
On procède à des tirages avec remise dans cette urne et on appelle X le nombre de tirages nécessaires pour obtenir pour la première fois une boule blanche.

a) X suit la loi binomiale de paramètres $n = 10$ et $p = \frac{3}{5}\cdot$ ☐ V ☐ F

b) X suit la loi binomiale de paramètre $n = 10$ et $p = \frac{2}{5}\cdot$ ☐ V ☐ F

c) $p([X = 2]) = \frac{6}{25}\cdot$ ☐ V ☐ F

d) $p([X \geqslant 2]) = \frac{2}{5}\cdot$ ☐ V ☐ F

5. Une urne contient trois boules blanches et deux boules noires indiscernables au toucher.

On en tire trois, l'une après l'autre et sans remise.

On appelle X le nombre de boules blanches ainsi obtenu.

a) X suit la loi binomiale $\mathcal{B}\left(3, \frac{3}{5}\right)$. ☐ V ☐ F

b) L'ensemble des valeurs prises par X est $\{0, 1, 2, 3\}$. ☐ V ☐ F

c) $p([X = 1]) = \frac{36}{125}$. ☐ V ☐ F

d) $p([X = 3]) = \frac{1}{10}$. ☐ V ☐ F

> **Méthode**
> On pourra s'aider d'un arbre pondéré.

Exercices d'entraînement

2 Une tablette

★★ 20 min ➔ Corrigé p. 484

On dispose de deux urnes U_1 et U_2.

L'urne U_1 contient 2 billes vertes et 8 billes rouges, toutes indiscernables au toucher.

L'urne U_2 contient 3 billes vertes et 7 billes rouges, toutes indiscernables au toucher.

Une partie consiste, pour un joueur, à tirer au hasard une bille de l'urne U_1, noter sa couleur et remettre la bille dans l'urne U_1, puis de tirer au hasard une bille de l'urne U_2, noter sa couleur et remettre la bille dans l'urne U_2.

À la fin de la partie, si le joueur a tiré deux billes vertes, il gagne une tablette. S'il a tiré une bille verte, il gagne un ours en peluche. Sinon il ne gagne rien.

On note V_1 l'événement « le joueur tire une boule verte dans U_1 ».

V_2 l'événement « le joueur tire une boule verte dans U_2 ».

Les événements V_1 et V_2 sont indépendants.

1. Montrer, à l'aide d'un arbre pondéré, que la probabilité de gagner une tablette est $p = 0{,}06$.

2. Quelle est la probabilité de gagner un ours en peluche ?

3. Vingt personnes jouent chacune une partie. Déterminer la probabilité que deux d'entre elles exactement gagnent une tablette ? On justifiera la réponse et on donnera une valeur approchée du résultat à 10^{-4} près.

3 Le réparateur de vélos

★★ 25 min Corrigé p. 485

Un réparateur de vélos a acheté 30 % de son stock de pneus à un premier fournisseur, 40 % à un deuxième et le reste à un troisième.

Le premier fournisseur produit 80 % de pneus sans défaut, le deuxième 95 % et le troisième 85 %.

1. Construire un arbre de probabilités traduisant la situation et montrer que la probabilité qu'un pneu pris au hasard dans le stock du réparateur soit sans défaut est égale à 0,875.

2. Le réparateur choisit dix pneus au hasard dans son stock.

On suppose que le stock de pneus est suffisamment important pour assimiler ce choix à un tirage avec remise de dix pneus.

Quelle est alors la probabilité qu'au plus un des pneus choisis présente un défaut ? On donnera la valeur arrondie à 10^{-3} près.

4 Le jardinier et les tulipes

★★ 15 min Corrigé p. 486

Un jardinier dispose d'un lot contenant un grand nombre de bulbes donnant des tulipes de couleurs variées.

La probabilité pour qu'un bulbe donne une tulipe jaune est égale à $\frac{1}{4}$.

1. Quelle loi de probabilité suit le nombre de tulipes jaunes obtenues à partir de 50 bulbes de ce lot ?

2. Quelle est l'espérance mathématique de cette loi ?

3. Donner une expression de la probabilité que le jardinier obtienne n tulipes jaunes.

4. Calculer la probabilité que le jardinier obtienne 15 tulipes jaunes. On donnera le résultat au millième près.

Problèmes de bac

5 Le match de tennis

★★★ 30 min Corrigé p. 487

Deux joueurs, Roger et Raphaël, disputent un match de tennis.

Dans cet exercice, on s'intéresse aux points gagnés par Roger lorsqu'il sert (c'est-à-dire lorsqu'il effectue la mise en jeu).

À chaque point disputé, Roger dispose de deux essais pour son service. S'il rate ces deux essais, il perd le point (on parle de double faute).

Roger s'apprête à servir. On note :

- A l'événement « Roger réussit son premier service »,
- B l'événement « Roger réussit son second service »,
- G l'événement « Roger gagne le point ».

On note respectivement $\overline{A}$, $\overline{B}$ et $\overline{G}$ les événements contraires respectifs des événements A, B et G.

Une étude sur les précédents matchs de Roger a permis d'établir que, lorsque Roger sert :

- il réussit dans 75 % des cas son premier service et, lorsque ce premier service est réussit, il gagne le point dans 92 % des cas ;
- s'il ne réussit pas son premier service, il réussit le second dans 96 % des cas et lorsque ce second service est réussi, il gagne le point dans 70 % des cas.

On va décrire la situation précédente par un arbre pondéré :

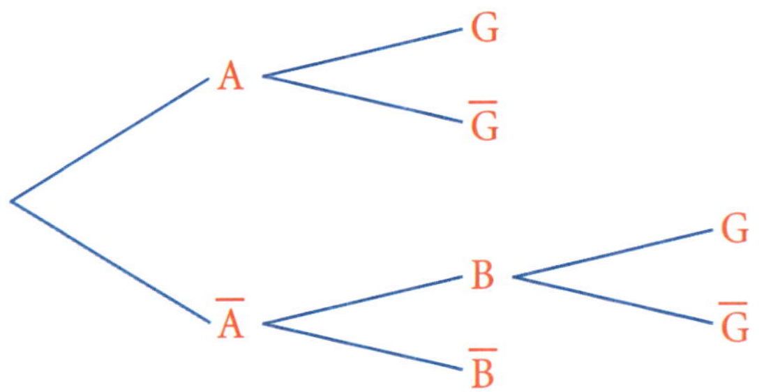

Les probabilités demandées seront données sous forme décimale arrondie, si nécessaire, au millième.

1. Reproduire l'arbre ci-dessus et le pondérer à l'aider des données du texte.

2. Quelle est la probabilité que Roger fasse une double faute ?

3. Quelle est la probabilité que Roger rate son premier service, réussisse le second et gagne le point ?

4. Montrer que la probabilité que Roger gagne le point est de 0,858.

5. Les deux joueurs disputent six points de suite (Roger servant à chaque fois).

On admet que chaque point joué est indépendant des points joués précédemment.

Quelle est la probabilité que les deux joueurs soient à égalité à l'issue des six points ?

On donnera le résultat arrondis à 10^{-3}.

6 Tout pour la musique

★★ 15 min ➔ Corrigé p. 488

Kevin possède un smartphone, dans lequel il a stocké 90 morceaux de jazz et 110 morceaux de musique classique. Un tiers des 90 morceaux de jazz est composé par des auteurs français. Un dixième des 110 morceaux de musique classique est composé par des auteurs français.

1. Afin d'écouter un morceau de musique, Kevin lance une lecture aléatoire sur son smartphone.

On admet que cela revient à choisir un morceau de musique de manière équiprobable. On note :

- J l'événement « le morceau de musique écouté est un morceau de jazz » ;
- C l'événement « le morceau de musique écouté est un morceau de musique classique » ;
- F l'événement « l'auteur du morceau de musique écouté est français ».

a) Quelle est la probabilité que le morceau de musique écouté par Kevin soit un morceau de jazz ?

b) Calculer la probabilité que le morceau de musique écouté par Kevin soit un morceau de jazz composé par un auteur français.

c) Quelle est la probabilité que le morceau de musique écouté par Kevin soit composé par un auteur français ?

2. Afin d'écouter cinq morceaux de musique, Kevin lance cinq fois une lecture aléatoire sur son smartphone. Calculer la probabilité qu'il ait écouté au moins deux morceaux de jazz.

7 Les experts en tableaux

★★ 20 min ➔ Corrigé p. 489

On peut classer les experts en tableaux en deux catégories, ceux qui sont compétents et ceux qui sont incompétents.

Lorsqu'un expert compétent achète au nom de son client un tableau, la probabilité pour que la valeur de celui-ci augmente est de 0,8.

Si l'expert est incompétent, cette probabilité est de 0,5.

Jacques veut faire acheter 5 tableaux par un expert.

1. Calculer les probabilités pour que les valeurs de 3 tableaux sur 5 montent lorsque :

a) l'expert choisi par Jacques est compétent ;

b) l'expert choisi est incompétent.

2. Jacques a-t-il intérêt à choisir un expert compétent ou un expert incompétent ?

8 Le Q.C.M.

★★★ 30 min ➲ Corrigé p. 491

Lors d'un examen, Julien doit répondre à un Q.C.M.

À chaque question, trois réponses sont proposées dont une seule est exacte. Pour chaque question, soit il connait la réponse et répond de façon exacte, soit il ne la connaît pas et, dans ce cas, bien qu'il ait la possibilité de ne pas répondre, il préfère tenter sa chance et répond au hasard : il a alors une chance sur trois que sa réponse soit exacte.

On suppose, de plus, que la probabilité que Julien connaisse la réponse à une question donnée est égale à $\frac{1}{2}$. On note C l'événement « Julien connaît la réponse », E l'événement « la réponse est exacte ».

1. a) Julien répond à une question du Q.C.M.

Construire un arbre pondéré décrivant la situation.

b) Démontrer que $p(\mathrm{E}) = \frac{2}{3}$.

2. Le Q.C.M. est composé de cinq questions indépendantes. Il est noté sur 5 points. Une bonne réponse rapporte 1 point. Une mauvaise réponse enlève 0,5 point. Si le total des points est négatif, la note globale attribuée à l'exercice est 0.

Soit N le nombre de bonnes réponses de Julien au Q.C.M. et X la note qu'il a obtenue.

a) Déterminer la loi de probabilité de N.

Les résultats seront donnés sous forme de fractions irréductibles.

b) En déduire la loi de probabilité de X.

c) Quelle est la probabilité que Julien ait une note au moins égale à 2 à ce Q.C.M. ?

3. En supposant que tous les élèves se comportent comme Julien, quelle moyenne, arrondie au centième, peut-on attendre à ce Q.C.M. ?

9 Le campeur et la boîte d'allumettes

★★★ 30 min ➲ Corrigé p. 492

Un campeur dispose de 8 allumettes pour allumer un feu.

Il essaie les allumettes les unes après les autres. Mais le bois est humide et on évalue à $\frac{4}{5}$ la probabilité qu'une allumette donnée s'éteigne avant d'avoir allumé le feu.

Les essais sont indépendants les uns des autres.

1. Quelle est la probabilité que le campeur réussisse à allumer son feu ? On arrondira le résultat à 10^{-3} près.

2. Soit X le nombre d'allumettes utilisées par le campeur (soit parce qu'il parvient à allumer son feu, soit parce qu'il n'y parvient pas).

a) Quelle est la probabilité que le campeur réussisse à allumer son feu à son 3e essai ?

b) Quelle est la loi de X ?

c) Calculer l'espérance mathématique et la variance de X ?

10 La planche de GALTON

★★★ 30 min ➲ Corrigé p. 494

Dans une planche de « *Galton* », plusieurs billes roulent au travers d'un triangle de clous sur un plan incliné. En bas se trouvent des boîtes dans lesquelles tombent les billes.

Il y a N étages de clous et $N + 1$ boîtes numérotées de 0 à N.

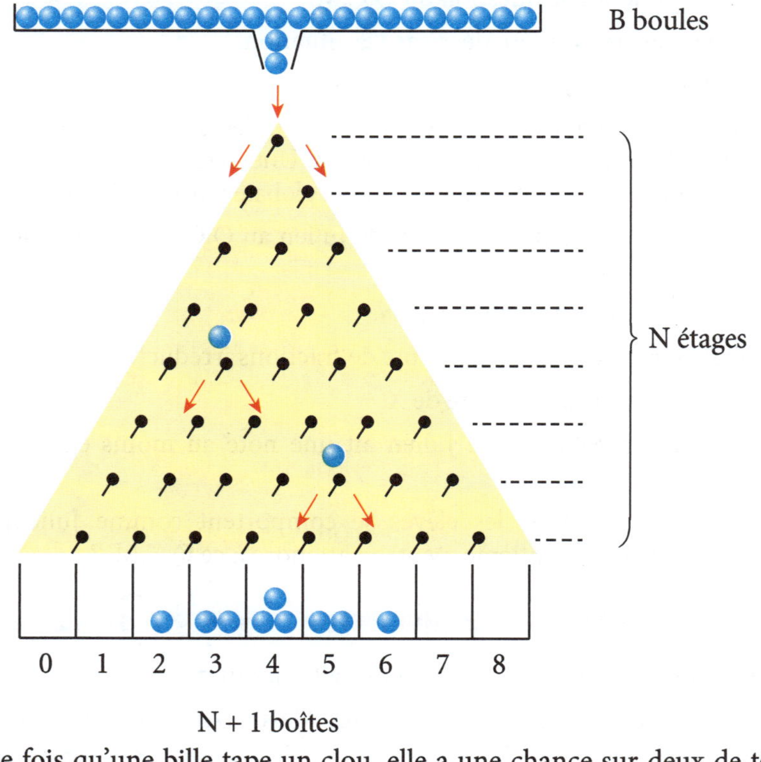

Chaque fois qu'une bille tape un clou, elle a une chance sur deux de tomber d'un côté ou de l'autre.

1. Soit X le numéro de la boîte dans laquelle se retrouve la bille à la fin de son parcours.

Montrer que la variable aléatoire X suit la loi binomiale $\mathscr{B}(N, 0{,}5)$.

2. Expliquer pourquoi, si on refait l'expérience avec grand nombre de billes, la proportion f_k de billes dans la boîte numéro k à la fin de l'expérience sera sensiblement égale à la probabilité p_k de l'événement $[X = k]$.

3. Écrire un algorithme qui simule l'expérience de Galton :
- En entrée, on demandera B : le nombre de billes et N : le nombre d'étages de clous.
- Pour une bille donnée, on comptabilisera le nombre X de déviations vers la droite.
- Puis on refera B fois cette expérience et on affichera le nombre de boules dans chaque boîte à la fin de l'expérience.

4. Application pratique

a) À l'aide d'une calculatrice faire une simulation avec 1 000 boules sur 5 étages.

b) Afficher les résultats sous la forme d'un histogramme des fréquences.

Approfondissements

11 Répartition dans un appartement

★★★ 30 min ➲ Corrigé p. 496

4 personnes se répartissent au hasard dans les 3 pièces P_1, P_2 et P_3 d'un appartement, chaque pièce étant assez grande pour accueillir les 4 personnes.

La probabilité qu'une personne donnée aille dans une pièce donnée est $\frac{1}{3}$.

On note X_1 le nombre de personnes qui se retrouvent dans la pièce P_1.

1. Quelle est la loi de X_1 ?

2. Quelle est la probabilité que 3 personnes aillent dans la pièce P_1 ?

3. Si on répète l'expérience un grand nombre de fois, quel est le nombre moyen de personnes dans la pièce P_1 ?

4. On appelle Y le nombre de pièces occupées.

a) Déterminer la loi de Y.

b) Calculer son espérance mathématique et sa variance.

QCM et questions courtes

1 **1. a) Faux** → $E(X) = 10 \times \frac{1}{4} = \frac{5}{2} = 2{,}5$;

b) Vrai → $V(X) = 10 \times \frac{1}{4} \times \frac{3}{4} = \frac{30}{16} = 1{,}875$;

c) Vrai → $\sigma(X) = \sqrt{V(X)} = \sqrt{1{,}875} = 1{,}37$ à 10^{-3} près.

2. $E(X) = np$ et $V(X) = np(1-p)$ d'où :

a) Faux → $E(X) = \frac{4}{5}$ et $V(X) = \frac{16}{25} = \frac{4}{5} \times \frac{4}{5}$.

On en déduit $1 - p = \frac{V(X)}{E(X)} = \frac{4}{5}$. Donc $p = \frac{1}{5}$, puis, de $np = \frac{4}{5}$ on déduit $n = 4$.

b) Faux.

c) Vrai.

3. a) Faux → On a un schéma de Bernoulli avec l'expérience « tirer une boule dans l'urne » et comme succès « obtenir une boule rouge ». La probabilité du succès est ici $p = \frac{1}{6}$.

Si on appelle X le nombre de boules rouges obtenues en deux tirages, on peut donc affirmer que X suit la loi binomiale $\mathcal{B}\left(2, \frac{1}{6}\right)$. L'événement E « obtenir au moins une boule rouge est l'événement $[X \geqslant 1]$.

Or $p([X \geqslant 1]) = (1 - p([X = 0]))$,

et $p([X = 0]) = \binom{2}{0}\left(\frac{1}{6}\right)^0\left(\frac{5}{6}\right)^2 = \frac{25}{36}$.

Donc $p(E) = p([X \geqslant 1]) = 1 - \frac{25}{36} = \frac{11}{36}$.

b) Faux.

c) Vrai.

4. a) Faux → On a un schéma de Bernoulli avec l'expérience « tirer une boule dans l'urne », puisque les tirages se font avec remise.

Le succès est ici « tirer une boule blanche » de probabilité $p = p(S) = \frac{6}{10} = \frac{3}{5}$.

Mais la variable X ne correspond pas au nombre de succès (ici de boules blanches) obtenu en un nombre n fixé de tirages. Donc X ne suit pas une loi binomiale.

b) Faux.

c) Vrai ➜ L'événement $[X = 2]$ correspond à « la première boule tirée est noire » (de probabilité $\frac{4}{10} = \frac{2}{5}$) et la deuxième est blanche (de probabilité $\frac{6}{10} = \frac{3}{5}$). Comme les tirages sont indépendants, les probabilités se multiplient et :

$$p([X = 2]) = \frac{2}{5} \times \frac{3}{5} = \frac{6}{25}.$$

d) Vrai ➜ L'événement contraire de $[X \geqslant 2]$ est ici $[X = 1]$: soit la 1re boule blanche est obtenue au premier tirage, soit elle sera obtenue après. $p([X = 1]) = \frac{3}{5}$ donc :

$$p([X \geqslant 2]) = 1 - p([X = 1]) = 1 - \frac{3}{5} = \frac{2}{5}.$$

5. a) Faux ➜ Les tirages ont lieu sans remise, les expériences successives ne sont donc pas indépendantes.
Même si on définit X comme étant le nombre de succès après 3 expériences successives (le succès étant ici « tirer une boule blanche »), la variable aléatoire X ne suit pas une loi binomiale.

b) Faux ➜ On ne peut pas tirer 0 boule blanche, car cela signifierait qu'on aurait obtenu 3 boules noires, alors qu'on ne peut en obtenir que 2 au maximum. Donc X ne peut prendre comme valeurs ici que 1, 2 ou 3.

c) Faux ➜ Représentons la situation par un arbre pondéré :

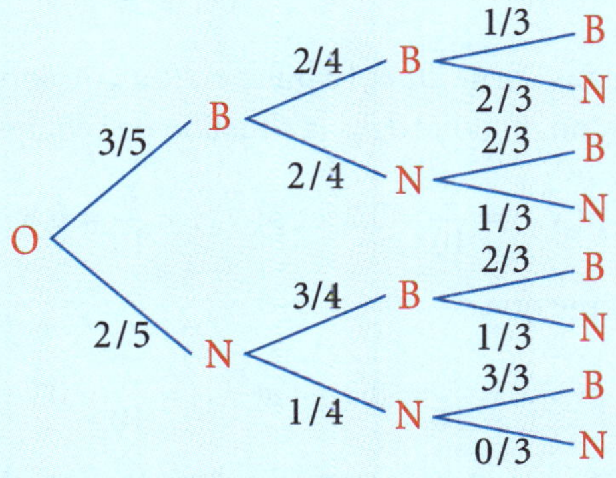

L'événement $[X = 1]$ correspond aux segments :

O – B – N – N de probabilité $\frac{3}{5} \times \frac{2}{4} \times \frac{1}{3} = \frac{1}{10}$;

O – N – B – N de probabilité $\frac{2}{5} \times \frac{3}{4} \times \frac{1}{3} = \frac{1}{10}$;

O – N – N – B de probabilité $\frac{2}{5} \times \frac{1}{4} \times 1 = \frac{1}{10}$.

Donc $p([X = 1]) = \frac{3}{10}$.

d) Vrai ➜ $[X = 3]$ est le segment [O – B – B – B] de probabilité $\frac{3}{5} \times \frac{2}{4} \times \frac{1}{3} = \frac{1}{10}$.

Donc $p([X = 3]) = \frac{1}{10}$.

Exercices d'entraînement

2 **1.**

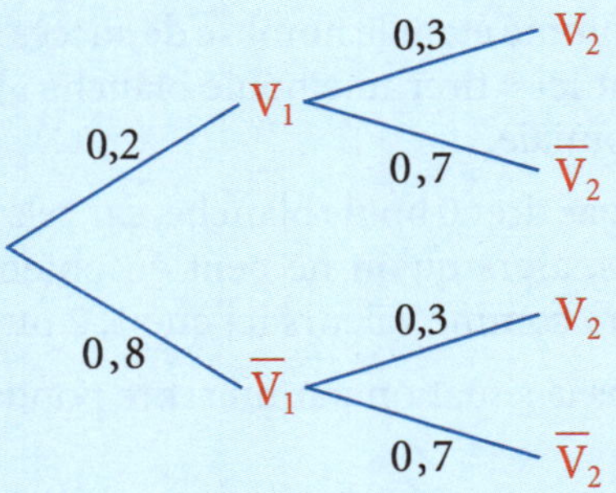

Il y a 2 billes vertes dans l'urne U_1 et 10 billes en tout, on suppose les billes indiscernables au toucher, on est donc dans la situation de l'équiprobabilité, donc :

$$p(V_1) = \frac{2}{10} = 0{,}2 \text{ et } p(\overline{V}_1) = \frac{8}{10} = 0{,}8.$$

On démontre de même que :

$$p(V_2) = \frac{3}{10} = 0{,}3 \text{ et } p(\overline{V}_2) = \frac{7}{10} = 0{,}7.$$

En utilisant l'arbre et en suivant la première branche, on obtient :

$$p(V_1 \cap V_2) = 0{,}2 \times 0{,}3 = 0{,}06.$$

La probabilité de gagner une tablette est 0,06.

2. On gagne un ours en peluche si on tire une seule bille verte, donc si on tire une bille verte de l'urne U_1 et une bille rouge de l'urne U_2 ou une bille verte de l'urne

U_2 et une bille rouge de l'urne U_1, donc si l'événement $(V_1 \cap \overline{V_2}) \cup (\overline{V_1} \cap V_2)$ est réalisé. Les deux événements $V_1 \cap \overline{V_2}$ et $\overline{V_1} \cap V_2$ sont incompatibles donc :

$$p((V_1 \cap \overline{V_2}) \cup (\overline{V_1} \cap V_2)) = p(V_1 \cap \overline{V_2}) + p(\overline{V_1} \cap V_2).$$

En utilisant l'arbre à nouveau :

$$p(V_1 \cap \overline{V_2}) = 0{,}2 \times 0{,}7 = 0{,}14\,;$$

$$p(\overline{V_1} \cap V_2) = 0{,}8 \times 0{,}3 = 0{,}24.$$

La probabilité de gagner un ours en peluche est 0,38.

3. Soit X la variable aléatoire égale au nombre de gagnants. On a un schéma de Bernoulli puisque les 20 parties sont indépendantes et que chaque partie a deux issues possibles :

- gagner une tablette avec la probabilité 0,06 ;
- ne pas gagner la tablette avec la probabilité 0,94.

La variable aléatoire X suit donc une loi binomiale de paramètres 20 et 0,06 et :

$$p([X = 2]) = \binom{20}{2} \times (0{,}06)^2 \times (0{,}94)^{18} \approx 0{,}224\,6 \text{ à } 10^{-4} \text{ près.}$$

La probabilité que deux personnes exactement gagnent une tablette est 0,224 6 à 10^{-4} près.

3 **1.** En utilisant l'énoncé, on obtient l'arbre suivant :

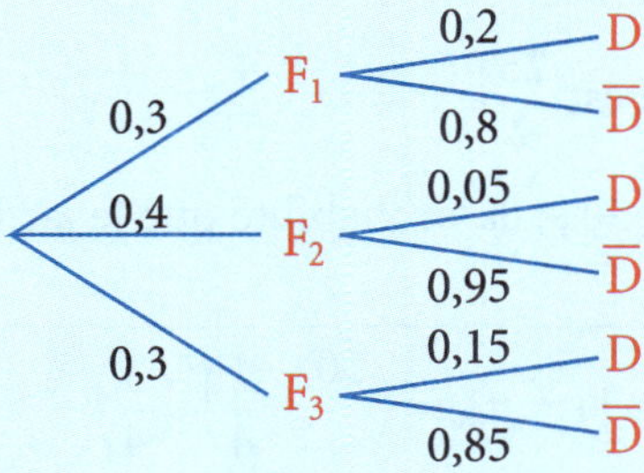

Les chemins qui mènent à $\overline{D}$ sont $F_1 \cap \overline{D}$, $F_2 \cap \overline{D}$ et $F_3 \cap \overline{D}$.

Donc $p(\overline{D}) = p(F_1 \cap \overline{D}) + p(F_2 \cap \overline{D}) + p(F_3 \cap \overline{D})$

En suivant les branches on obtient :

$p(F_1 \cap \overline{D}) = 0{,}3 \times 0{,}8 = 0{,}24\,;$

$p(F_2 \cap \overline{D}) = 0{,}4 \times 0{,}95 = 0{,}38$;

$p(F_3 \cap \overline{D}) = 0{,}3 \times 0{,}85 = 0{,}255$.

Donc $p(\overline{D}) = 0{,}24 + 0{,}38 + 0{,}255 = 0{,}875$.

La probabilité qu'un pneu soit sans défaut est 0,875.

2. On considère ici que le choix de 10 pneus peut être assimilé à 10 expériences aléatoires indépendantes et identiques.

Dans ces conditions, la variable aléatoire X donnant le nombre de pneus ayant un défaut suit la loi binomiale de paramètres $n = 10$ et $p = 1 - 0{,}875 = 0{,}125$.

La probabilité recherchée est :

$$p([X \leqslant 1]) = p([X = 0]) + p([X = 1])$$

$$= \binom{10}{0} \times 0{,}125^0 \times 0{,}875^{10} + \binom{10}{1} \times 0{,}125^1 \times 0{,}875^9$$

$$= 0{,}875^{10} + 10 \times 0{,}125 \times 0{,}875^9.$$

$$\boxed{p([X \leqslant 1]) \approx 0{,}639 \text{ à } 10^{-3} \text{ près.}}$$

4 **1.** Comme il y a de nombreux bulbes, on peut considérer que l'expérience « choisir 50 bulbes » est un schéma de Bernoulli.

Le nombre J de tulipes jaunes obtenues suit une loi binomiale de paramètres $n = 50$ et $p = \frac{1}{4}$.

2. $E(J) = np = \frac{50}{4}$.

L'espérance de cette loi est $\frac{25}{2}$.

3. Pour $n \in \{0, 1, 2, \ldots, 50\}$, la probabilité que le jardinier obtienne n tulipes jaunes est :

$$\boxed{p([J = n]) = \binom{50}{n}\left(\frac{1}{4}\right)^n\left(\frac{3}{4}\right)^{50-n}.}$$

4. La probabilité que le jardinier obtienne 15 tulipes jaunes est :

$$p([J = 15]) = \binom{50}{15}\left(\frac{1}{4}\right)^{15}\left(\frac{3}{4}\right)^{35}$$

$$\boxed{p([J = 15]) = 0{,}089 \text{ à } 10^{-3} \text{ près.}}$$

Problèmes de bac

5 **1.** On construit l'arbre pondéré décrivant la situation :

• Roger réussit son premier service dans 75 % des cas, donc la branche d'extrémité A porte le poids 0,75 qui est la probabilité de l'événement A.

On en déduit la probabilité de l'événement $\overline{A}$ égale à $1 - p(A) = 0{,}25$. La branche d'extrémité $\overline{A}$ porte le poids 0,25.

• Lorsque le premier service est réussi, Roger gagne le point dans 92 % des cas donc la branche [A – G] porte le poids 0,92. On en déduit que la branche $[A - \overline{G}]$ porte le poids $1 - 0{,}92 = 0{,}08$.

• Si Roger ne réussit pas son premier service, il réussit le second dans 96 % des cas. La branche $[\overline{A} - B]$ porte le poids 0,96. On en déduit donc que la branche $[\overline{A} - \overline{B}]$ porte le poids $1 - 0{,}96 = 0{,}04$.

• Lorsque Roger réussit son second service, il gagne le point dans 70 % des cas, donc la branche [B – G] porte le poids 0,7 et la branche $[B - \overline{G}]$ porte le poids $1 - 0{,}7 = 0{,}3$.

Dans tous les cas, on vérifie que la somme des poids portés par les branches issues d'un même point est égale à 1.

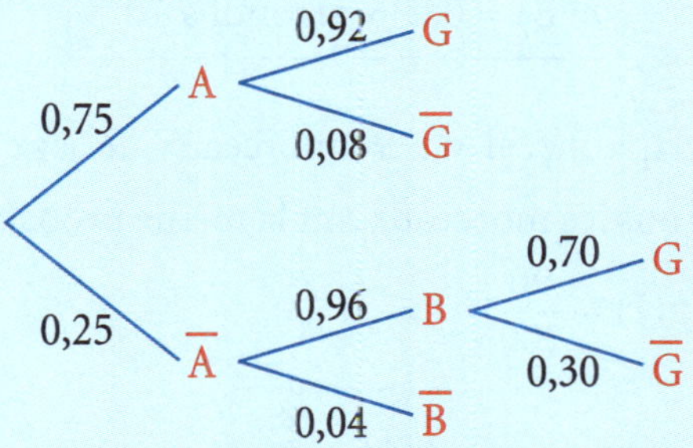

2. L'événement « Roger fait une double faute » est l'événement $\overline{A} \cap \overline{B}$.

D'après l'arbre, $p(\overline{A} \cap \overline{B}) = 0{,}25 \times 0{,}04 = 0{,}01$.

La probabilité que Roger fasse une double faute est 0,01.

3. La probabilité que Roger rate son premier service, réussisse le second et gagne le point est $p(\overline{A} \cap B \cap G)$. En s'aidant de l'arbre, on obtient :

$p(\overline{A} \cap B \cap G) = 0{,}25 \times 0{,}96 \times 0{,}7$

$$\boxed{p(\overline{A} \cap B \cap G) = 0{,}168.}$$

4. D'après l'arbre, l'événement G est réalisé dans deux cas, représentés par les deux branches A – G et $\overline{A}$ – B – G.

La probabilité de l'événement G est :

$$p(G) = p(A \cap G) + p(\overline{A} \cap B \cap G)$$

$$= 0{,}75 \times 0{,}92 + 0{,}168$$

$$\boxed{p(G) = 0{,}858.}$$

La probabilité que Roger gagne le point est 0,858.

5. Les échanges étant supposés indépendants, on est dans un schéma de Bernoulli avec $n = 6$ et $p = p(G) = 0{,}858$.

Dans ces conditions, la variable aléatoire X représentant le nombre de points gagnés par Roger suit une loi binomiale de paramètres $n = 6$ et $p = 0{,}858$.

L'événement E « les deux joueurs sont à égalité à l'issue des six points » n'est autre que l'événement [X = 3], d'où :

$$p(E) = \binom{6}{3} \times 0{,}858^3 \times (0{,}142)^3.$$

Sur la ligne 6 du triangle de Pascal on trouve $\binom{6}{3} = 20$ et on obtient :

$$\boxed{p(E) = 0{,}036 \text{ arrondi à } 10^{-3}.}$$

6 **1. a)** Dans le smartphone, il y a 90 morceaux de jazz et 110 morceaux de musique classique. Tous les morceaux ont la même probabilité $\frac{1}{90 + 110} = \frac{1}{200}$ d'être choisis, donc $p(J) = \frac{90}{200}$

$$\boxed{p(J) = \frac{9}{20}.}$$

La probabilité que le morceau choisi soit un morceau de jazz est $\frac{9}{20}$.

b) On cherche à calculer $p(J \cap F)$. Selon l'énoncé, on a 30 morceaux de jazz composés par des auteurs français, donc $p(J \cap F) = \frac{30}{200} = \frac{3}{20}$.

La probabilité que le morceau de musique soit un morceau de jazz composé par un auteur français est de $\frac{3}{20}$.

c) Il y a 30 morceaux de jazz composés par un auteur français et 11 morceaux de musique composés par des Français :

$$p(\mathrm{F}) = \frac{41}{200}.$$

2. Les cinq expériences « lancer la lecture aléatoire du smartphone » sont des expériences indépendantes.

En considérant comme un succès l'événement J, on est dans un schéma de Bernoulli.

La variable aléatoire X représentant le nombre de morceaux de jazz écoutés au cours de ces 5 expériences suit donc une loi binomiale de paramètres $n = 5$ et $p(\mathrm{J}) = \frac{9}{20}$.

L'événement E « Kevin a écouté au moins 2 morceaux de jazz » n'est autre que l'événement $[X \geqslant 2]$.

Et donc $p(\bar{\mathrm{E}}) = p([X \leqslant 1]) = p[X = 0] + p[X = 1]$

$$= \binom{5}{0} \times \left(\frac{9}{20}\right)^0 \times \left(\frac{11}{20}\right)^5 + \binom{5}{1} \times \left(\frac{9}{20}\right)^1 \times \left(\frac{11}{20}\right)^4$$

$$= \left(\frac{11}{20}\right)^5 + 5 \times \left(\frac{9}{20}\right) \times \left(\frac{11}{20}\right)^4$$

$$= \frac{11^4 \times 56}{20^5} = \frac{11^4 \times 7}{4 \times 10^5}$$

$$= 0{,}25621.$$

D'où $p(\mathrm{E}) = 1 - p(\bar{\mathrm{E}}) = 0{,}74379$.

La probabilité que Kevin écoute au moins deux morceaux de jazz est 0,744 (arrondi à 10^{-3}).

7 **1. a)** Si on suppose l'expert compétent, le fait de voir un tableau choisi par lui augmenter de valeur est une expérience de Bernoulli ayant 0,8 pour probabilité de succès.

La variable X_1 donnant le nombre de tableaux dont la valeur va augmenter suit dans ce cas une loi binomiale de paramètres $n = 5$ et $p = 0{,}8$.

La probabilité pour que les valeurs de 3 tableaux sur 5 augmentent est donc :

$$p_1 = p([X_1 = 3]) = \binom{5}{3} \times (0{,}8)^3 \times (0{,}2)^2 = 10 \times 0{,}512 \times 0{,}04$$

$$\boxed{p_1 = 0{,}2048.}$$

b) Si on suppose l'expert incompétent, le raisonnement est le même, mais la probabilité de succès passe de 0,8 à 0,5.
La probabilité de voir les valeurs de 3 tableaux sur 5 augmenter est ici :

$$p_2 = \binom{5}{3} \times (0{,}5)^3 \times (0{,}5)^2 = 10 \times 0{,}125 \times 0{,}25$$

$$\boxed{p_2 = 0{,}3125.}$$

2. Il semble y avoir un paradoxe : on a plus de chances de voir la valeur des 3 tableaux augmenter avec un expert incompétent qu'avec un expert compétent !

Il y aurait donc, semble-t-il, intérêt à choisir un expert incompétent !!

En réalité, le problème est mal posé : le collectionneur a intérêt à voir augmenter la valeur du plus grand nombre possible de ses tableaux. Il vaut donc mieux comparer par exemple :

$$p'_1 = p([X_1 \geqslant 3]) \text{ et } p'_2 = p([X_2 \geqslant 3])$$

$$p'_1 = p([X_1 \geqslant 3]) = p[X_1 = 3] + p[X_1 = 4] + p[X_1 = 5]$$

$$= \binom{5}{3} \times (0{,}8)^3 \times (0{,}2)^2 + \binom{5}{4} \times (0{,}8)^4 \times 0{,}2 + \binom{5}{5} \times (0{,}8)^5 \times (0{,}2)^0$$

$$= 10 \times 0{,}512 \times 0{,}04 + 5 \times 0{,}4096 \times 0{,}2 + 0{,}3277$$

$$\boxed{p'_1 = 0{,}9421.}$$

$$p'_2 = p([X_2 \geqslant 3])$$

$$= \binom{5}{3} \times (0{,}5)^5 + \binom{5}{4} \times (0{,}5)^5 + \binom{5}{5} \times (0{,}5)^5$$

$$\boxed{p'_2 = \frac{16}{2^5} = \frac{1}{2} = 0{,}5.}$$

Il y a donc, comme cela est évident, intérêt à choisir un expert compétent.

8 **1. a)** Julien répond à une question du Q.C.M.
L'arbre pondéré décrivant la situation est :

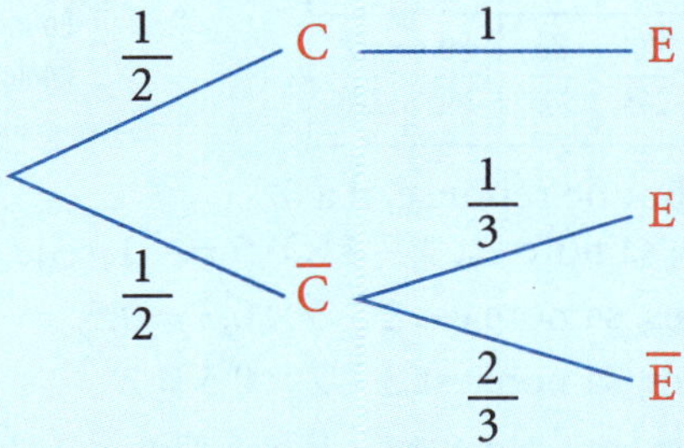

Les poids des branches s'obtiennent à partir des données du texte :

• $p(\text{C}) = \frac{1}{2}$ donc $p(\overline{\text{C}}) = 1 - p(\text{C}) = \frac{1}{2}$.

• Si Julien connaît la réponse, il répond de façon exacte, donc le poids de la branche [C –E] est 1.

• Si Julien ne connaît pas la réponse, alors il répond au hasard et, d'après l'énoncé, le poids de la branche $[\overline{\text{C}} - \text{E}]$ est $\frac{1}{3}$ et celle de la branche $[\overline{\text{C}} - \overline{\text{E}}]$ est $\frac{2}{3}$.

b) $p(\text{E}) = p(\text{C} \cap \text{E}) + p(\overline{\text{C}} \cap \text{E})$.

D'après l'arbre, $p(\text{C} \cap \text{E}) = 1 \times \frac{1}{2} = \frac{1}{2}$ et $p(\overline{\text{C}} \cap \text{E}) = \frac{1}{2} \times \frac{1}{3} = \frac{1}{6}$.

Donc $p(\text{E}) = \frac{1}{2} + \frac{1}{6}$, soit :

$$p(\text{E}) = \frac{2}{3}.$$

2. a) Le QCM est constitué de cinq questions indépendantes.
On est donc dans un schéma de Bernoulli où le succès est ici l'événement E. La variable aléatoire N qui compte le nombre de succès suit donc la loi binomiale de paramètres $n = 5$ et $p = \frac{2}{3}$.

Pour tout $k \in \{0, 1, \ldots, 5\}$, on a donc :

$$p([N = k]) = \binom{5}{k}\left(\frac{2}{3}\right)^k\left(\frac{1}{3}\right)^{5-k}$$

$$= \frac{\binom{5}{k} \times 2^k}{3^5} = \frac{\binom{5}{k} \times 2^k}{243}$$

Méthode
Pour le calcul des coefficients $\binom{5}{k}$ on se réfère à la ligne du triangle de Pascal :

n \ k	0	1	2	3	4	5
0	0	0	0	0	0	0
⋮	⋮	⋮	⋮	⋮	⋮	⋮
5	1	5	10	10	5	1

On en déduit la loi de N :

k	0	1	2	3	4	5
$p([N=k])$	$\frac{1}{243}$	$\frac{10}{243}$	$\frac{40}{243}$	$\frac{80}{243}$	$\frac{80}{243}$	$\frac{32}{243}$

Méthode
La somme des probabilités est bien égale à 1.

b) Si Julien n'a pas de bonne réponse, il a 0.
S'il a 1 bonne réponse, sa note est $1 - 4 \times 0{,}5 = -1$, elle est donc ramenée à 0.
S'il a 2 bonnes réponses, sa note est $2 - 3 \times 0{,}5 = 0{,}5$.
S'il a 3 bonnes réponses, sa note est $3 - 2 \times 0{,}5 = 2$.
S'il a 4 bonnes réponses, sa note est $4 - 0{,}5 = 3{,}5$.
S'il a 5 bonnes réponses, sa note est 5.
Donc $p([X=0]) = p([N=0]) + p([N=1])$;
$p([X=0{,}5]) = p([N=2])$; $p([X=2]) = p([N=3])$;
$p([X=3{,}5]) = p([N=4])$; $p([X=5]) = p([N=5])$.
D'où la loi de X :

k	0	0,5	2	3,5	5
$p([X=k])$	$\frac{11}{243}$	$\frac{40}{243}$	$\frac{80}{243}$	$\frac{80}{243}$	$\frac{32}{243}$

c) D'après les valeurs prises par X :

$$p([X \geqslant 2]) = p([X=2]) + p([X=3{,}5]) + p([X=5])$$
$$= \frac{80}{243} + \frac{80}{243} + \frac{32}{243} = \frac{192}{243}.$$

La probabilité que Julien ait au moins 2 au QCM est donc $\frac{192}{243} \approx 0{,}79$.

3. Si tous les élèves se comportent comme Julien et si ces élèves sont en grand nombre, la moyenne des élèves est l'espérance mathématique de la variable aléatoire X :

$$E(X) = 0 \times \frac{11}{243} + \frac{0{,}5 \times 40}{243} + \frac{2 \times 80}{243} + \frac{3{,}5 \times 80}{243} + \frac{5 \times 32}{243} = \frac{620}{243} \approx 2{,}55.$$

La moyenne des notes à ce QCM sera de 2,55 (arrondi au $\frac{1}{100}$ e près).

9 **1.** Soit F_1 l'événement « le campeur réussit à allumer son feu avec la première allumette ».

Soit F_2 l'événement « le campeur réussit à allumer son feu avec la deuxième allumette ».

On définit de même F_3, F_4, et F_5. On a alors le schéma suivant :

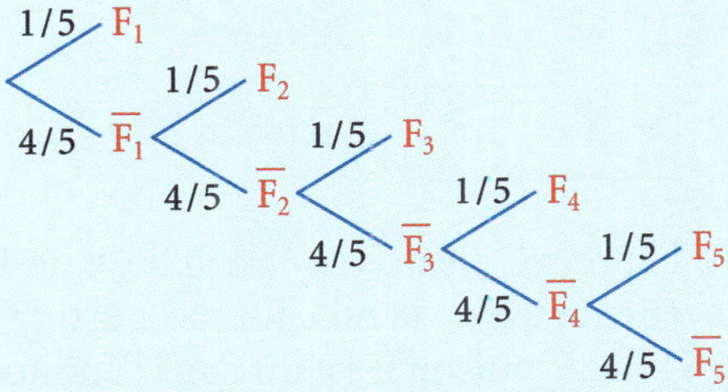

Si on appelle F l'événement « le campeur parvient à allumer son feu »,
alors :
$$\overline{F} = \overline{F_1} \cap \overline{F_2} \cap \overline{F_3} \cap \overline{F_4} \cap \overline{F_5}.$$

Et d'après l'arbre, $p(\overline{F}) = \left(\frac{4}{5}\right)^5 = \left(\frac{8}{10}\right)^5 = \frac{2^{15}}{10^5} \approx 0{,}36$ à 10^{-3} près. D'où :

$$\boxed{p(F) = 1 - p(\overline{F}) = 0{,}672 \text{ à } 10^{-3} \text{ près.}}$$

2. a) $[X = 3] = \overline{F_1} \cap \overline{F_2} \cap F_3$ et toujours d'après l'arbre :
$$p([X = 3]) = \frac{4}{5} \times \frac{4}{5} \times \frac{1}{5} = 0{,}128.$$

La probabilité que le campeur réussisse à allumer son feu à son 3e essai est 0,128.

b) On a de même :

$$p([X = 1]) = \frac{1}{5}, \quad p([X = 2]) = \frac{4}{5} \times \frac{1}{5} = \frac{4}{25} = 0{,}16,$$
$$p([X = 4]) = \frac{4}{5} \times \frac{4}{5} \times \frac{4}{5} \times \frac{1}{5} = \frac{64}{625} = 0{,}1024.$$

L'événement $[X = 5]$ est un peu différent puisque le campeur utilisera ses cinq allumettes soit parce qu'il parvient à allumer son feu à la 5e, soit parce qu'il n'y parvient pas ; autrement dit parce qu'il n'est pas parvenu à allumer son feu avec 4 allumettes, donc $[X = 5] = \overline{F_1} \cap \overline{F_2} \cap \overline{F_3} \cap \overline{F_4}$.

D'où $p([X = 5]) = \left(\frac{4}{5}\right)^4 = \left(\frac{8}{10}\right)^4 = \frac{2^{12}}{10^4} = 0{,}4096.$

On en déduit la loi de X :

k	1	2	3	4	5
$p([X = k])$	0,2	0,16	0,128	0,1024	0,4096

c) $E(X) = 1 \times 0{,}2 + 2 \times 0{,}16 + 3 \times 0{,}128 + 4 \times 0{,}1024 + 5 \times 0{,}4096$

$$\boxed{E(X) = 3{,}3616.}$$

$E(X^2) = 1^2 \times 0{,}2 + 2^2 \times 0{,}16 + 3^2 \times 0{,}128 + 4^2 \times 0{,}1024 + 5^2 \times 0{,}4096 = 13{,}8704$

$V(X) = E(X^2) - (E(X))^2 = 13{,}8704 - (3{,}3616)^2$

$$\boxed{V(X) = 2{,}57.} \quad \text{(arrondi à } 10^{-4}\text{).}$$

10 **1.** • On considère l'épreuve aléatoire : « la bille tape le clou ». Pour cette épreuve on définit l'événement S : « la bille tombe à droite du clou ». La probabilité du succès est $p(S) = 0{,}5$ puisqu'il est dit dans l'énoncé que la bille a autant de chances de tomber d'un côté ou de l'autre.

• Cette épreuve est répétée à chaque étage de clous, donc N fois, dans des conditions indépendantes.

• La variable X, définie comme le numéro de la boîte dans laquelle arrive la bille, correspond au nombre de déviations vers la droite, c'est-à-dire au nombre de succès au cours des N répétitions.

Pour ces trois raisons on peut dire que la variable X suit la loi $\mathcal{B}(N, 0{,}5)$.

2. Chaque bille qui tombe dans une boîte est une expérience aléatoire. Le pourcentage de billes dans la boîte numéro k lorsque toutes les billes sont tombées correspond au pourcentage de réalisations de l'événement $[X = k]$ sur l'ensemble des expériences.

Or on sait intuitivement que la fréquence f de réalisations d'un événement A lorsqu'on répète une expérience aléatoire un grand nombre de fois est proche de la probabilité p de cet événement. *Cette notion sera précisée dans un chapitre ultérieur.*

En résumé, ici :

• f_k = pourcentage de billes dans la boîte numéro k
= fréquence de réalisations de l'événement $[X = k]$;

• $p_k = p([X = k])$.

Donc $f_k \approx p_k$ lorsque B (le nombre de billes) est grand.

3. Description de l'algorithme

a) On crée une liste L1 à $N + 1$ cases. Chaque case L1(k+1) pour $0 \leqslant k \leqslant N$ contient l'entier k.
La liste L1 sert à numéroter les boîtes de 0 à N.

b) On crée une autre liste L2 à $N + 1$ cases. Au départ chaque case de la liste L2 est initialisée à 0.
À la fin de l'expérience la case L2(k+1) (pour $0 \leqslant k \leqslant N$) contiendra le nombre de boules qui sont tombées dans la boîte portant le numéro k.

c) À chaque fois que la bille tape un clou elle tombe à droite ou à gauche avec probabilité 0.5. On décide qu'il y a succès lorsque la bille tombe à droite et échec si elle tombe à gauche.

Et donc :

- on initialise une variable X à 0 ;
- la bille tape N clous, il y aura donc N passages. À chaque passage, la calculatrice choisit au hasard un entier A qui peut valoir 0 ou 1 ($A = 0$, la bille tombe à gauche, $A = 1$, elle tombe à droite) et on incrémente X de cette valeur A.

Ainsi X compte le nombre de déviations vers la droite.

d) Lorsque la bille a fini son parcours elle se retrouve dans la boîte portant le numéro X et donc on ajoute 1 à la case L2(X+1).

e) On répète les étapes **c)** et **d)**. B fois (avec un B suffisamment grand) et à la fin de l'expérience, la liste L2 contient le nombre de billes dans chaque boîte.

Algorithme

```
Variables B, N, k, j, A, X : entiers ;
          L1, L2 : listes ;
ENTREES ET INITIALISATION :
    Lire B, N ;
    De k=0 à N faire
       | L1(k+1) ← k ;
       | L2(k+1) ← 0 ;
    Fin Faire ;
TRAITEMENT :
    De i=1 à B faire
       | X ← 0 ;
       | De j=1 à N faire
       |        A ← EntAléa(0,1); (*EntAléa(0,1) simule un entier valant 0 ou 1*)
       |        X ← X+A ;
       | Fin faire ;
       | L2(X+1) ← L2(X+1)+1 ; (*on ajoute une bille à la boîte numéro X*)
    Fin faire ;
SORTIES :
    Afficher L1 ;
    Afficher L2.
```

4. Application pratique sur calculatrice

a) Avec $B = 1\,000$ et $N = 5$, on obtient :

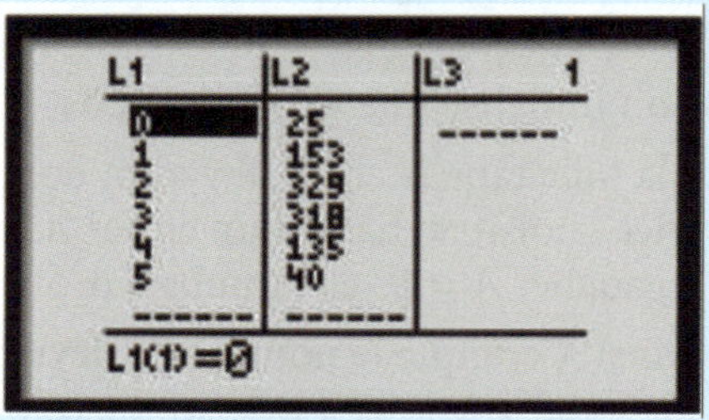

b) Pour obtenir l'histogramme des fréquences, on règle le stat plot comme indiqué par l'image ci-dessous. On règle la fenêtre $X \in [0, 6]$ et $Y \in [0, 400]$. On obtient alors le graphe ci-dessous.

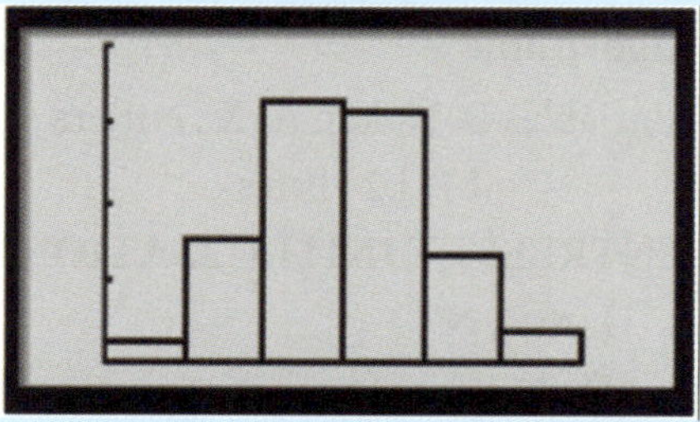

Approfondissements

11 **1.** On peut considérer ici que l'on a un schéma de Bernoulli.

L'expérience aléatoire est « mettre une personne dans une pièce » et le succès est « la personne va dans la pièce P_1 » avec une probabilité $p = p(S) = \frac{1}{3}$.

L'expérience est répétée 4 fois dans des conditions indépendantes.

La variable aléatoire X_1, qui compte ici le nombre de succès, suit donc la loi binomiale $B\left(4\,;\frac{1}{3}\right)$.

2. $p([X_1 = 3]) = \binom{4}{3}\left(\frac{1}{3}\right)^3\left(\frac{2}{3}\right)^4 = 4 \times \frac{1}{3^3} \times \frac{2}{3} = \frac{8}{3^4} = \frac{8}{81}$.

$$p([X_1 = 3]) = \frac{8}{81}.$$

3. Le nombre moyen de personnes dans la pièce P_1 est l'espérance mathématique de X_1 soit $E(X_1) = np = \frac{4}{3}$.

Le nombre moyen de personnes dans la pièce P_1 est 1,33 (arrondi à 10^{-2} près).

4. a) Y prend pour valeurs 1, 2 ou 3.

$[Y = 1]$ est l'événement « les 4 personnes vont dans la même pièce »

Or, la probabilité que les 4 personnes aillent dans P_1 est :

$p([X_1 = 4]) = \binom{4}{4}\left(\frac{1}{3}\right)^4\left(\frac{2}{3}\right)^0 = \frac{1}{3^4} = \frac{1}{81}$.

Par raison de symétrie, $p([Y = 1]) = 3 \times p([X = 4]) = 3 \times \frac{1}{81} = \frac{1}{27}$.

Nommons A, B, C et D les personnes. La probabilité que A aille dans P_1, B, C et D dans P_2 est, par raison d'indépendance, $\left(\frac{1}{3}\right)^4$.

La probabilité qu'une personne aille dans P_1 et 3 autres dans P_2 est alors de $4 \times \left(\frac{1}{3}\right)^4$ (il suffit de choisir la personne qui va dans P_1 et il y a 4 possibilités).

La probabilité que A et B aillent dans P_1 et C et D dans P_2 est $\left(\frac{1}{3}\right)^4$ par indépendance des choix des personnes.

La probabilité que 2 personnes aillent dans P_1 et 2 dans P_2 est alors de $\binom{4}{2}\left(\frac{1}{3}\right)^4 = 6 \times \frac{1}{3^4} = \frac{2}{27}$ (il suffit en effet de choisir les 2 personnes parmi les 4 qui iront dans P_1).

Par raison de symétrie avec le 1er cas examiné, la probabilité que 3 personnes aillent dans P_1 et une dans P_2 est $\frac{4}{3^4}$.

Donc la probabilité que seules les pièces P_1 et P_2 soient occupées est :

$$\frac{4}{3^4} + \frac{6}{3^4} + \frac{4}{3^4} = \frac{14}{3^4}.$$

Ce qui vient d'être fait pour P_1 et P_2 peut être refait de la même manière pour P_1 et P_3 et pour P_2 et P_3, et donc :

$$p([Y = 2]) = 3 \times \frac{14}{3^4} = \frac{14}{27}.$$

$p([Y=1])+p([Y=2])+p([Y=3])=1$, donc :

$$p([Y=3])=1-p([Y=1])-p([Y=2])=1-\frac{1+14}{27}=\frac{27-15}{27}=\frac{12}{27}.$$

D'où la loi de Y :

k	1	2	3
$p([Y=k])$	$\frac{1}{27}$	$\frac{14}{27}$	$\frac{12}{27}$

b) $E(Y)=1\times\frac{1}{27}+2\times\frac{14}{27}+3\times\frac{12}{27}=\frac{65}{27}$

$$E(Y)=\frac{65}{27}\approx 2{,}407.$$

$$E(Y^2)=1^2\times\frac{1}{27}+2^2\times\frac{14}{27}+3^2\times\frac{12}{27}=\frac{1+56+108}{27}=\frac{165}{27}.$$

$$V(Y)=E(Y^2)-E^2(Y)=\frac{165}{27}-\frac{65^2}{27^2}=\frac{165\times 27-65^2}{27^2}.$$

$$V(Y)=\frac{230}{27^2}\approx 0{,}3155.$$

CORRIGÉS

CHAPITRE 14

Somme de variables aléatoires

DE QUOI S'AGIT-IL ?

Il s'agit d'étudier des modèles probabilistes où interviennent deux ou plusieurs variables aléatoires.

1 Somme de deux variables aléatoires

1 Rappels

Soit Ω l'univers des possibles associé à une épreuve aléatoire.

- Toute application $X : \Omega \to \mathbb{R}$ s'appelle une variable aléatoire.
- L'ensemble $X(\Omega)$, des images des éléments de Ω par X, s'appelle **l'ensemble des valeurs prises par X**. C'est une partie de $\mathbb{R}$: $X(\Omega) = \{X(\omega)/\omega \in \Omega\}$.

2 Définition

Étant donné X et Y deux variables aléatoires définies sur le même univers Ω on peut définir une nouvelle variable aléatoire S en posant :

$$\forall \omega \in \Omega, \quad S(\omega) = X(\omega) + Y(\omega).$$

La variable aléatoire S s'appelle **la somme** des variables X et Y et l'on note :

$$S = X + Y.$$

3 Loi de la somme

L'ensemble des valeurs prises par S est inclus dans l'ensemble

$$X(\Omega) + Y(\Omega) = \{i + j / i \in X(\Omega) \text{ et } j \in Y(\Omega)\}.$$

Exemple

On tire successivement et sans remise 2 boules dans une urne contenant 5 boules numérotées de 1 à 5. On note X le premier numéro tiré et Y le second et on pose $S = X + Y$.

Dans ce cas $X(\Omega) = Y(\Omega) = \{1, 2, 3, 4, 5\}$
et donc : $X(\Omega) + Y(\Omega) = \{2, 3, 4, 5, 6, 7, 8, 9, 10\}$
alors que : $S(\Omega) = \{3, 4, 5, 6, 7, 8, 9\}$.

En effet la plus petite valeur de S se réalise lorsque $X = 1$ et $Y = 2$ (ou l'inverse) puisqu'il n'y a pas remise et la plus grande lorsque $X = 5$ et $Y = 4$ (ou l'inverse).

Dans ce cas on constate une inclusion stricte de $S(\Omega)$ dans $X(\Omega) + Y(\Omega)$.

COURS

2 Linéarité de l'espérance mathématique

1 Espérance d'une somme

X et Y étant deux variables aléatoires définies sur le même univers Ω, on a :

$$E(X+Y)=E(X)+E(Y).$$

2 Linéarité de l'espérance mathématique

On sait depuis l'an dernier que pour toute variable aléatoire X et tout réel a, on a la propriété : $E(aX)=aE(X)$. Ces deux propriétés combinées :

$$\begin{cases} E(X+Y)=E(X)+E(Y) \text{ et} \\ E(aX)=aE(X), \end{cases}$$

se traduisent en disant que **l'espérance mathématique est linéaire**.

3 Généralisation

Si $X_1, X_2, \ldots, X_n$ sont des variables aléatoires et si $a_1, a_2, \ldots, a_n$ sont des réels, alors :

$$E(a_1X_1+a_2X_2+\ldots+a_nX_n)=a_1E(X_1)+a_2E(X_2)+\ldots+a_nE(X_n).$$

3 Indépendance de variables aléatoires

1 Définition

Deux variables aléatoires X et Y définies sur le même univers Ω sont dites **indépendantes** si, pour toute valeur i prise par X et toute valeur j prise par Y, les événements $[X=i]$ et $[Y=j]$ sont indépendants, c'est-à-dire si :

$$\forall(i,j)\in X(\Omega)\times Y(\Omega),\quad p([X=i]\cap[Y=j])=p(X=i)\times p(Y=j).$$

→ Bien comprendre

Si X et Y sont deux variables aléatoires relatives à deux épreuves indépendantes alors X et Y sont indépendantes.

1. Dans l'exemple 1 ci-dessus, on tire deux boules successivement et sans remise d'une urne. On sait que ces deux expériences ne sont pas indépendantes. La variable X (premier numéro tiré) est relative à la première expérience et la variable Y (deuxième numéro tiré) est relative à la deuxième expérience. Donc, *a priori*, ces deux variables ne sont pas indépendantes.
Pour le vérifier il suffit de trouver un contre-exemple :

- $p([X=2] \cap [Y=2]) = 0$;
- $p(X=2) = p(Y=2) = \frac{1}{5}$, donc $p(X=2) \times p(Y=2) = \frac{1}{25}$.

Donc $p([X=2] \cap [Y=2]) \neq p(X=2) \times p(X=2)$ et les variables X et Y ne sont pas indépendantes.

2. Jeter deux fois de suite un dé sont deux épreuves indépendantes donc les variables aléatoires X et Y associées aux résultats de chacun des tirages sont indépendantes.

2 Généralisation

Soit $\mathscr{E}_1, \mathscr{E}_2, \ldots, \mathscr{E}_n$ une succession de n épreuves indépendantes.
Si X_1 est une variable aléatoire relative à l'épreuve $\mathscr{E}_1$, X_2 une variable aléatoire relative à l'épreuve $\mathscr{E}_2$, …, X_n une variable aléatoire relative à l'épreuve $\mathscr{E}_n$ alors les variables aléatoires $X_1, X_2, \ldots, X_n$ sont indépendantes, c'est-à-dire :

$$\forall (k_1, k_2, \ldots, k_n) \in X_1(\Omega) \times X_2(\Omega) \times \ldots \times X_n(\Omega),$$
$$p([X_1 = k_1] \cap \ldots \cap [X_n = k_n]) = p(X_1 = k_1)p(X_2 = k_2)\ldots p(X_n = k_n).$$

Par exemple
Jeter n fois de suite un dé est une suite de n épreuves indépendantes. De même tirer n fois avec remise dans une urne.

4 Variance et écart-type d'une somme

1 Additivité de la variance en cas d'indépendance

Lorsque les variables X et Y sont indépendantes on a :

$$V(X+Y) = V(X) + V(Y) \qquad \sigma(X+Y) = \sqrt{(\sigma(X))^2 + (\sigma(Y))^2}.$$

Mais la variance n'est pas linéaire (même en cas d'indépendance des variables) puisque, pour tout réel a on a :

$$V(aX) = a^2 V(X) \qquad \sigma(aX) = |a|\sigma(X).$$

2 Généralisation

Si les variables aléatoires $X_1, X_2, \dots, X_3$ sont indépendantes, alors :

$$V(X_1 + X_2 + \dots + X_n) = V(X_1) + V(X_2) + \dots + V(X_n).$$

COURS

5 Application à la loi binomiale

1 Décomposition d'une variable binomiale

Soit S un événement appelé succès associé à une épreuve aléatoire $\mathscr{E}$. On pose $p(S) = p$. On répète n fois cette épreuve dans des conditions identiques et indépendantes.

On sait que, dans ces conditions, la variable aléatoire X qui compte le nombre de succès au cours de ces n épreuves suit la loi binomiale $\mathscr{B}(n, p)$.

Soit, pour $i \in \{1 ; 2 ; \dots ; n\}$, la variable aléatoire X ainsi définie :

$$X_i = \begin{cases} 1 \text{ si on a un succès à la } i\text{-ème épreuve,} \\ 0 \text{ sinon.} \end{cases}$$

Pour tout $i \in \{1 ; 2 ; \dots ; n\}$, X_i suit la loi de Bernoulli $\mathscr{B}(p)$. De plus les variables aléatoires $X_1, X_2, \dots, X_n$ étant associées à des épreuves indépendantes, sont indépendantes.

Enfin $X_1 + X_2 + \dots + X_n$ compte le nombre de 1, soit le nombre de succès, et donc :

$$X = X_1 + X_2 + \dots + X_n.$$

Toute variable binomiale est une somme de variables de Bernoulli indépendantes et de même loi.

2 Espérance et variance d'une loi binomiale

On sait que $E(X_i) = p$ et $V(X_i) = pq$.

Il en résulte, par linéarité de l'espérance mathématique :

$$E(X) = np.$$

Et par indépendance de $X_1, X_2, \dots, X_n$ on retrouve également :

$$V(X) = npq \qquad \sigma(X) = \sqrt{npq}.$$

COURS

6 Échantillon de taille *n* d'une loi de probabilité

On rappelle que la loi de probabilité d'une variable aléatoire X est l'application $\pi : X(\Omega) \to \mathbb{R}$ définie par :

$$\forall k \in X(\Omega), \quad \pi(k) = p(X = k).$$

1 Définition

On appelle **échantillon de taille *n*** de la loi de probabilité d'une variable aléatoire X toute n-liste $(X_1, X_2, \ldots, X_n)$ de variables aléatoires identiques et indépendantes suivant cette loi.

2 Somme et moyenne d'un échantillon

Dans ces conditions on définit :

- **la somme de l'échantillon :**

$$S_n = X_1 + X_2 + \ldots + X_n.$$

- **la moyenne de l'échantillon :**

$$M_n = \frac{S_n}{n} = \frac{X_1 + X_2 + \ldots + X_n}{n}.$$

3 Espérance et variance

Soit $m = E(X)$ et $\sigma = \sigma(X)$ l'espérance mathématique et l'écart-type de X. Alors :

$$\begin{cases} E(S_n) = nm \\ V(S_n) = n\sigma^2 \\ \sigma(S_n) = \sigma\sqrt{n}. \end{cases}$$

Et :

$$\begin{cases} E(M_n) = m \\ \sigma(M_n) = \dfrac{\sigma}{\sqrt{n}}. \end{cases}$$

Remarque

On constate ainsi que la moyenne M_n a la même espérance que X mais a un écart-type qui tend vers 0 lorsque n tend vers $+\infty$.

Questions courtes

1 Vrai/Faux

Corrigé p. 513

Toutes les variables aléatoires de cet exercice sont définies sur un même univers Ω.

1. Si X et Y sont deux variables de Bernoulli telles que :
$p([X = 1] \cap [Y = 1]) = p(X = 1) \times p(Y = 1)$, alors X et Y sont indépendantes.

2. Si X et Y sont deux variables aléatoires à valeurs dans $\{1, 2, \ldots, n\}$, alors on a :

$$\sum_{j=1}^{n}\left(\sum_{i=1}^{n} p([X = i] \cap [Y = j])\right) = 1.$$

3. Soit X et Y deux variables aléatoires à valeurs dans $\{1, 2, \ldots, n\}$, et i un entier tel que $p(X = i) \neq 0$. Alors on a :

$$\forall j \in \{1, 2, \ldots, n\}, \quad p(Y = j) = \sum_{i=1}^{n} p_{[X = i]}(Y = j).$$

4. Si X et Y ont la même loi, alors elles sont indépendantes.

5. Si $p(X = i) \neq 0$ alors on a :

$$\sum_{j \in Y(\Omega)} p_{[X = i]}(Y = j) = 1.$$

6. Si X et Y sont deux variables indépendantes suivant la même loi de Bernoulli de paramètre p, alors $X + Y$ suit une loi usuelle.

7. Si X_1 et X_2 sont deux variables indépendantes telles que X_1 suit la loi binomiale $\mathcal{B}(n, p_1)$ et X_2 suit la loi binomiale $\mathcal{B}(n, p_2)$ alors $X_1 + X_2$ suit la loi binomiale $\mathcal{B}(2n, p_1 + p_2)$.

8. Si M_n est la moyenne d'un échantillon $(X_1, X_2, \ldots, X_n)$ d'une loi d'espérance m et d'écart-type σ, alors :

$$M_n = \frac{X_1 + X_2 + \ldots + X_n}{n}, \quad E(M_n) = m \text{ et } V(M_n) = \frac{\sigma^2}{n}.$$

9. Si la loi de X est donnée par $p(X = 1) = p(X = -1) = \dfrac{1}{2}$ et si Y est indépendante de X et suit la même loi que X, alors $X + Y$ prend les valeurs -2, 0 et 2 avec équiprobabilité.

10. Si X et Y sont deux variables de Bernoulli de paramètre $p (0 < p < 1)$, alors $X + Y$ suit la binomiale $\mathcal{B}(2, p)$.

2 QCM

➔ Corrigé p. 514

Pour chaque question indiquer, en justifiant, la (ou les) réponse(s) exacte(s).

1. Variables indépendantes

Pour quel couple (X, Y) de variables aléatoires peut-on admettre qu'elles sont indépendantes ?

a) X : la taille en cm d'un professeur choisi aléatoirement dans un lycée.

Y : l'âge d'un élève choisi aléatoirement dans ce lycée.

b) X : le nombre d'heures de sommeil la nuit dernière d'une personne choisie aléatoirement dans la population.

Y : le nombre d'heures d'éveil hier de cette personne.

c) X : le revenu annuel d'une personne choisie aléatoirement dans la population.

Y : la dépense annuelle que cette personne consacre aux vacances.

d) X : la taille en cm d'un élève choisi aléatoirement dans un lycée donné.

Y : le temps, exprimé en minutes, que met cet élève pour se rendre le matin au lycée.

2. Notes au test SAT

Environ 2,3 millions d'élèves ont passé le SAT en 2019 aux États-Unis. Chaque élève a obtenu des points en lecture et des points en mathématiques.

Voici les statistiques du test SAT en 2019 en lecture et en mathématiques :

Matière	Moyenne	Écart-type
Lecture	$E(L) = 490$	$\sigma(L) = 112$
Maths	$E(M) = 525$	$\sigma(L) = 123$

On choisit aléatoirement un élève parmi la population des élèves ayant passé le SAT en 2019 et on appelle T la variable aléatoire égale au total des points obtenus par cet élève en lecture et en mathématiques.

A. L'espérance de la variable aléatoire T est :

a) 16 points ; **b)** 543 points ; **c)** 842 points ; **d)** 1 015 points.

B. L'écart-type de la variable aléatoire T est :

a) $112 + 123$; **b)** $112^2 + 123^2$; **c)** $\sqrt{112^2 + 123^2}$;

d) On ne peut pas le calculer car les variables aléatoires égales au score en lecture et en maths ne sont pas indépendantes.

3 QCM – Contrôle qualité

➲ Corrigé p. 515

La conformité d'un produit est réalisé par 4 contrôleurs qualités successivement. L'espérance du temps nécessaire à chaque contrôleur pour inspecter le produit est de 30 secondes et l'écart-type de ce temps est de 6 secondes. De plus, le temps nécessaire à un contrôleur pour inspecter le produit ne dépend pas du temps nécessaire à un autre contrôleur pour inspecter ce même produit. On note T le temps nécessaire aux 4 contrôleurs pour inspecter un produit choisi aléatoirement.

A. L'espérance mathématique de la variable aléatoire T est :

a) 30 secondes ; **b)** 60 secondes ; **c)** 120 secondes ; **d)** 240 secondes.

B. L'écart-type de la variable aléatoire T est :

a) 6 secondes ; **b)** 12 secondes ; **c)** 24 secondes ; **d)** 144 secondes ;
e) On ne peut pas le calculer car les variables aléatoires égales au temps d'inspection ne sont pas indépendantes.

4 QCM – Différence de taille

➲ Corrigé p. 515

Un sociologue a mené une enquête auprès d'une population d'un pays afin d'étudier la différence de taille entre les hommes et les femmes.
On note H la variable aléatoire égale à la taille d'un homme et F la variable aléatoire égale à la taille d'une femme.
Il a obtenu les résultats suivants :

	Espérance	Écart-type
H : Homme	177 cm	7 cm
F : Femme	163 cm	6 cm

D est la variable aléatoire « différence de taille » : D = H – F.

A. L'espérance de la variable aléatoire D est :

a) 1 cm ; **b)** 13 cm ; **c)** 14 cm ; **d)** 342 cm ; **e)** On ne peut pas la calculer.

B. L'écart-type de la variable aléatoire D est :

a) $7 - 6$ cm ; **b)** $7 + 6$ cm ; **c)** $\sqrt{7^2 - 6^2}$ cm ; **d)** $\sqrt{7^2 + 6^2}$ cm ;
e) On ne peut pas le calculer.

5 QCM – Distance entre deux personnes

➲ Corrigé p. 515

Deux personnes P_1 et P_2 marchent le long d'une même route. Au départ P_1 est en un point A_1 et P_2 en un point A_2. La distance entre les points A_1 et A_2 est de 500 m. P_1 marche de A_1 vers A_2 et P_2 marche dans le même sens que P_1 (donc en s'éloignant de A_1). On peut supposer que ce scénario se reproduit chaque jour, chacun marchant à son rythme, qui peut lui-même varier d'un jour à l'autre. Ainsi, la distance parcourue par P_1 en 5 mn est une variable aléatoire D_1, celle parcourue par P_2 en 5 mn est une autre variable aléatoire D_2. De sorte que la distance qui sépare P_1 et P_2 après 5 mn de marche, est une variable aléatoire égale à : $D = 500 - D_1 + D_2$. On suppose que les variables aléatoires D_1 et D_2 sont indépendantes. Les espérances mathématiques et écarts-types de D_1 et D_2 sont donnés dans le tableau suivant :

	Espérance	Écart-type
D_1	280 m	24 m
D_2	340 m	30 m

A. L'espérance de la variable aléatoire D est :

a) 260 m ; **b)** 350 m ; **c)** 420 m ; **d)** 560 m ; **e)** On ne peut pas la calculer.

B. L'écart-type de la variable aléatoire D est :

a) $-24 + 30$ m ; **b)** $24 + 30$ m ; **c)** $\sqrt{30^2 - 24^2}$ m ; **d)** $\sqrt{24^2 + 30^2}$ m ;
e) On ne peut pas le calculer.

Exercices d'entraînement

6 Somme et différence de variables de Bernoulli

★ 10 min Corrigé p. 516

Soient X et Y deux variables de Bernoulli de même paramètre p, $0 < p < 1$, indépendantes. On pose $S = X + Y$ et $D = X - Y$.

1. Quelles sont les valeurs prises par S et D ? Pour tout couple $(i, j) \in S(\Omega) \times D(\Omega)$ calculer $p_{i,j} = p([S = i] \cap [D = j])$. On regroupera ces valeurs dans un tableau à double entrée de ce type :

S \ D		j	
		↓	
i →	→	$p_{i,j}$	

2. En déduire les lois de S et de D. Calculer $E(S)$ et $E(D)$.

3. Les variables S et D sont-elles indépendantes ?

7 Un couple de variables aléatoires

★ 10 min ➔ Corrigé p. 517

Soit n un entier naturel strictement positif et λ un réel.

Soit (X, Y) un couple de variables aléatoires définies sur un même univers Ω et telles que :

- $X(\Omega) = Y(\Omega) = \{1, 2, \ldots, n\}$;
- $\forall (i, j) \in \{1, 2, \ldots, n\}^2, p([X = i] \cap [Y = j]) = \lambda \times i \times j$.

1. Déterminer la valeur de λ en fonction de n.

2. Déterminer les lois de X et de Y.

3. Les variables aléatoires X et Y sont-elles indépendantes ?

8 L'aéroclub

★★ 15 min ➔ Corrigé p. 518

Un aéroclub possède deux avions qu'il met à la disposition des membres du club.

Chacun de ces avions ne peut voler qu'une fois par jour. Par ailleurs les avions sont soumis à divers contrôles et réparations de sorte qu'un avion n'est pas toujours disponible pour voler. On considère qu'un avion est prêt à voler un jour donné avec une probabilité de $\frac{4}{5}$.

Le nombre de membres du club qui se présente chaque jour pour louer un avion est une variable aléatoire N dont la loi est la suivante :

k	0	1	2	3
$p(N=k)$	0,1	0,3	0,4	0,2

1. On note X le nombre d'avions prêts à voler un jour donné. Déterminer la loi de X ainsi que son espérance mathématique.

On supposera dans la suite que les variables N et X sont indépendantes.

2. On appelle Z le nombre de membres de l'aéroclub qui ont pu voler un jour donné. Déterminer la loi de Z.

3. Lorsqu'un membre du club loue un avion pour une sortie il lui en coûte 500 €. Quelle est la recette moyenne de l'aéroclub par jour ?

9 Le test de recrutement

★★ 15 min ➲ Corrigé p. 518

Une entreprise souhaite recruter un cadre. Pour cela elle passe une annonce et n personnes se présentent pour le poste.

Chacune d'entre elles passe à tour de rôle un test, et le premier qui réussit le test est engagé.

Lorsqu'un candidat passe le test, la probabilité qu'il le réussisse est un réel p de l'intervalle $]0\,;1[$.

On définit alors la variable aléatoire X qui prend la valeur k si le k-ième candidat est engagé et la valeur $n+1$ si personne n'est engagé.

1. Déterminer la loi de X.

2. a) En dérivant la fonction réelle $x \mapsto \sum_{k=0}^{n} x^k$, calculer $\sum_{k=1}^{n} kx^{k-1}$ pour $x \neq 1$.

b) En déduire l'espérance de X.

3. Quelle est la valeur minimale de p pour avoir plus d'une chance sur deux de recruter l'un des candidats ?

Sujets de type BAC

10 La loi uniforme

★★★ 1 h ➲ Corrigé p. 520

1. On tire une boule dans une urne contenant n boules numérotées de 1 à n. On appelle X le numéro tiré.

Déterminer la loi de X, son espérance et sa variance.

On rappelle les formules suivantes, valables pour tout entier naturel $n \geqslant 1$:

$$S_1(n) = \sum_{k=1}^{n} k = \frac{n(n+1)}{2}\ ; \quad S_2(n) = \sum_{k=1}^{n} k^2 = \frac{n(n+1)(2n+1)}{6}.$$

2. On remet la boule tirée dans l'urne, on mélange les boules et on tire une deuxième boule de cette urne. On appelle Y le deuxième numéro tiré.

a) Calculer la probabilité de l'événement $[X = Y]$.

b) Calculer la probabilité de l'événement $[X \geqslant Y]$.

c) Déterminer la loi de X + Y.

Indication : dans le calcul de $p(X+Y=k)$ on sera amené à distinguer selon que $k \leqslant n+1$ ou $k \geqslant n+1$.

3. On remet la deuxième boule dans l'urne, on mélange à nouveau les boules et on tire une troisième boule de l'urne. On appelle Z le troisième numéro tiré.

a) Calculer $p(X + Y = Z)$.

b) Calculer $p(X + Y = n + 1 - Z)$.

Indication : on commencera par démontrer que $n + 1 - Z$ et Z suivent la même loi.

11 Le sac de jetons

★★ 40 min Corrigé p. 522

Un sac contient n jetons ($n \geqslant 2$) dont $n - 2$ jetons noirs et 2 jetons blancs indiscernables au toucher. Tous les jetons noirs sont identiques ainsi que les deux jetons blancs.
On sort l'un après l'autre tous les jetons du sac (sans remise) et on définit les variables aléatoires X et Y suivantes :
X : « rang d'apparition du premier jeton blanc » et
Y : « rang d'apparition du second jeton blanc ».

1. Quelles sont les valeurs prises par les variables X et Y ?

2. Pour tout couple (i, j) de $\{1, 2, \ldots, n-1\} \times \{2, 3, \ldots, n\}$, calculer $p_{i,j} = p([X = i] \cap [Y = j])$. On distinguera selon que $i < j$ ou $i \geqslant j$.

3. a) Montrer que, pour tout $j \in \{2, 3, \ldots, n\}$,

$$p(Y = j) = \sum_{i=1}^{n-1} p([X = i] \cap [Y = j]).$$

b) En déduire la loi de Y.

c) Déterminer l'espérance mathématique de Y.

4. Déterminer de même la loi de X et son espérance mathématique.

5. Les variables X et Y sont-elles indépendantes ?

12 Les ampoules électriques

★★★ 1 h Corrigé p. 525

Soit $p_1, p_2, \ldots, p_n$, n réels positifs, non tous nuls.

1. On considère la fonction f définie sur $\mathbb{R}$ par $f(t) = \sum_{i=1}^{n} (t + p_i)^2$.

a) Remarquer que $f(t)$ est un trinôme du second degré et calculer son discriminant.

b) Quel est le signe de $f(t)$? En déduire l'inégalité :

$$\sum_{i=1}^{n} p_i \leqslant \sqrt{n} \sqrt{\sum_{i=1}^{n} p_i^2}.$$

c) Préciser à quelle condition sur les réels $p_1, p_2, \dots, p_n$, l'inégalité précédente est une égalité.

2. On considère n ampoules qui s'allument de façon aléatoire et indépendante, à un instant donné. On les suppose numérotées de 1 à n.

L'ampoule n° i s'allume avec la probabilité p_i.

Soit X_i la variable de Bernoulli égale à 1 si l'ampoule n° i s'allume et à 0 sinon.

On note enfin Y le nombre d'ampoules qui s'allument.

a) Exprimer Y en fonction des variables $X_1, X_2, \dots, X_n$.

b) On suppose $m = E(Y)$ fixé (le nombre moyen d'ampoules qui s'allument est donc constant).

Déterminer les probabilités $p_1, p_2, \dots, p_n$ pour lesquelles la variance de Y est maximale.

c) Quelle est alors la loi suivie par Y ?

Questions courtes

1 **1. Vrai** ➜ On sait que si deux événements A et B sont indépendants, alors A et $\overline{B}$ sont aussi indépendants, de même que $\overline{A}$ et B et $\overline{A}$ et $\overline{B}$. Or si l'on a : $p([X = 1] \cap [Y = 1]) = p(X = 1) \times p(Y = 1)$ c'est que les événements $[X = 1]$ et $[Y = 1]$ sont indépendants. Mais les variables X et Y ne prenant que les valeurs 0 ou 1, il en résulte que les événements $[X = 1]$ et $[Y = 0]$ sont aussi indépendants, ainsi que les événements $[X = 0]$ et $[Y = 1]$ et aussi $[X = 0]$ et $[Y = 0]$. Ainsi, pour tout $(i, j) \in X(\Omega) \times Y(\Omega)$, $[X = i]$ et $[Y = j]$ sont indépendants, ce qui est la définition même de deux variables indépendantes.

2. Vrai ➜ La famille d'événements $([X = i])_{i \in \{1, 2, \ldots, n\}}$ est un système complet d'événements (le système complet associé à la variable X), donc pour tout événement A :

$$\sum_{i=1}^{n} p([X = i] \cap A) = p(A).$$

En particulier pour $A = [Y = j]$:

$$\sum_{i=1}^{n} p([X = i] \cap [Y = j]) = p(Y = j).$$

Et donc :

$$\sum_{j=1}^{n}\left(\sum_{i=1}^{n} p([X = i] \cap [Y = j])\right) = \sum_{j=1}^{n} p(Y = j) = 1,$$

puisque $([Y = j])_{j \in \{1, 2, \ldots, n\}}$ est le système complet associé à la variable Y.

3. Faux ➜ Il y a ici une confusion avec la formule des probabilités totales qui dit que pour tout événement A :

$$p(A) = \sum_{i=1}^{n} p(X = i) \cdot p_{[X = i]}(A). \text{ Mais pas : } p(A) = \sum_{i=1}^{n} p_{[X = i]}(A).$$

4. Faux ➜ Considérons une pièce équilibrée et soit :

- X la variable aléatoire qui prend la valeur 1 lorsqu'on fait pile avec cette pièce et 0 si on fait face et
- Y la variable qui prend la valeur 1 lorsqu'on fait face avec la même pièce et 0 si on fait pile.

Elle ne sont évidemment pas indépendantes puisque $Y = 1 - X$ (Y est liée à X) mais montrons-le grâce à la définition de l'indépendance :

$p([X = 1] \cap [Y = 1]) = 0$ puisque la pièce ne peut pas donner pile et face en même temps, alors que $p(X = 1) \cdot p(Y = 1) = \dfrac{1}{4}$.

Donc $p([X = 1] \cap [Y = 1]) \neq p(X = 1) \times p(Y = 1)$.

5. Vrai → On sait que lorsque $p(\mathrm{A}) \neq 0$, la probabilité conditionnelle p_{A} est une probabilité. Elle en a donc toutes les propriétés. En particulier $([\mathrm{Y} = j])_{j \in \mathrm{Y}(\Omega)}$ étant un système complet d'événements (le système complet associé à la variable Y), on a :

$$\sum_{j \in \mathrm{Y}(\Omega)} p_{[\mathrm{X} = i]}(\mathrm{Y} = j) = 1.$$

6. Vrai → On sait que si $(\mathrm{X}_1, \mathrm{X}_2, \ldots, \mathrm{X}_n)$ sont des variables de Bernoulli indépendantes de même paramètre p, alors la somme $\mathrm{S} = \mathrm{X}_1 + \mathrm{X}_2 + \ldots + \mathrm{X}_n$ suit la loi binomiale $\mathcal{B}(n, p)$. En particulier pour $n = 2$: ici, $\mathrm{X} + \mathrm{Y}$ suit donc la loi $\mathcal{B}(2, p)$.

7. Faux → Puisque $p_1 + p_2$ peut dépasser 1 $\left(\text{par exemple si } p_1 = p_2 = \dfrac{3}{4}\right)$. Donc $p_1 + p_2$ ne peut être le second paramètre d'une loi binomiale.

8. Vrai.

9. Faux → Il est indéniable que $\mathrm{X} + \mathrm{Y}$ prend les valeurs -2, 0 et 2 mais pas de façon équiprobable. En effet, on a, par indépendance de X et Y :

$$p(\mathrm{X} + \mathrm{Y} = 2) = p([\mathrm{X} = 1] \cap [\mathrm{Y} = 1]) = p(\mathrm{X} = 1) \times p(\mathrm{Y} = 1) = \frac{1}{4}.$$

Mais :

$$\begin{aligned} p(\mathrm{X} + \mathrm{Y} = 0) &= p([\mathrm{X} = -1] \cap [\mathrm{Y} = 1]) + p([\mathrm{X} = 1] \cap [\mathrm{Y} = -1]) \\ &= p(\mathrm{X} = -1) \times p(\mathrm{Y} = 1) + p(\mathrm{X} = 1) \times p(\mathrm{Y} = -1) = \frac{1}{2}. \end{aligned}$$

10. Faux → Il manque l'indépendance ! Par exemple les variables X et Y définies à la question **4.** de cette exercice suivent toutes les deux la même loi de Bernoulli de paramètre $\dfrac{1}{2}$, mais $\mathrm{X} + \mathrm{Y}$ est la variable certaine égale à 1 puisque $\mathrm{Y} = 1 - \mathrm{X}$!

2 1. Variables indépendantes

Réponse **d)**.

La notion d'indépendance n'a de sens que pour des variables aléatoires définies sur un même univers. Dans l'exemple **a)** X et Y ne sont pas définies sur le même univers. X est une variable aléatoire définie sur l'univers des professeurs du lycée, Y est, quant à elle, définie sur l'univers des élèves. Donc la notion d'indépendance ne s'applique pas ici.

Dans l'exemple **b)** il est clair que, pour une personne donnée, son temps de sommeil une nuit donnée dépend du temps qu'il est resté éveillé la veille. Donc X et Y ne sont pas indépendantes.

Il est clair que le budget vacances d'une personne dépend de ses revenus. Donc dans l'exemple **c)** X et Y ne sont pas indépendantes.

Par contre, la taille d'un élève ne dépend en rien de son temps de trajet pour se rendre au lycée. Donc dans l'exemple **d)** X et Y sont indépendantes.

2. Notes au test SAT

A. Espérance de T

Réponse **d)** : 1 015

B. Écart-type de T

Réponse **d)**

3 Si, pour $i = 1, 2, 3, 4$, on note T_i le temps de contrôle du i-ème contrôleur, le temps total T nécessaire au contrôle se décompose en $T = T_1 + T_2 + T_3 + T_4$.

A. Espérance de T

Réponse **c)** : 120 secondes par linéarité de l'espérance mathématique.

B. Écart-type de T

Réponse **b)** : 12 secondes : les 4 variables T_1, T_2, T_3, T_4 étant indépendantes, on a $V(T) = V(T_1) + V(T_2) + V(T_3) + V(T_4) = 4 \times 6^2 = (2 \times 6)^2$, donc $\sigma(T) = 12$.

4 Réponse **e)** dans les deux cas. En effet, les variables aléatoires H : « taille d'un homme » et F : « taille d'une femme » ne sont pas définies sur le même univers : la variable H est définie sur l'univers des hommes et la variable F sur celui des femmes. Donc la différence D n'est pas définie, et *a fortiori* son espérance et son écart-type !

5 **A. Espérance de D**

Réponse **d)** : 560 m. Par linéarité de l'espérance mathématique on a

$$E(D) = 500 - E(D_1) + E(D_2) = 500 - 280 + 340 = 560.$$

B. Écart-type de D

Réponse **d)** : $\sqrt{24^2 + 30^2}$ m. En effet si on pose $X = -D_1 + D_2$, on a d'une part $V(X) = V(-D_1) + V(D_2) = (-1)^2 V(D_1) + V(D_2) = V(D_1) + V(D_2)$ par indépendance de D_1 et D_2 et d'autre part $D = 500 + X$, donc $V(D) = V(X)$.

Il s'ensuit : $V(D) = V(D_1) + V(D_2) = \sigma(D_1)^2 + \sigma(D_2)^2$,

soit $\sigma(D) = \sqrt{\sigma(D_1)^2 + \sigma(D_2)^2}$.

Exercices d'entraînement

6 **1.** De manière évidente : $S(\Omega) = \{0, 1, 2\}$ et $D(\Omega) = \{-1, 0, 1\}$.
Il y a 9 coefficients $p_{i,j}$ à calculer. Nous allons calculer explicitement deux de ces coefficients et nous laisserons au lecteur le soin de calculer les autres et de comparer les résultats trouvés avec ceux du tableau.
Dans la suite on posera $q = 1 - p$.

$\begin{cases} S = 1 \\ D = 1 \end{cases} \Leftrightarrow \begin{cases} X + Y = 1 \\ X - Y = 1 \end{cases} \Leftrightarrow \begin{cases} X = 1 \\ Y = 0 \end{cases}$ (résolution d'un système élémentaire). Donc

$p_{1,1} = P([S = 1] \cap [D = 1]) = P([X = 1] \cap [Y = 0]) = P(X = 1)P(Y = 0) = pq$
(n'oublions pas que X et Y sont indépendantes).

$\begin{cases} S = 2 \\ D = 1 \end{cases} \Leftrightarrow \begin{cases} X + Y = 2 \\ X - Y = 1 \end{cases} \Leftrightarrow \begin{cases} X = \dfrac{3}{2} \\ Y = \dfrac{1}{2} \end{cases}$ par résolution du système. Mais X et Y ne peuvent prendre comme valeur que 0 ou 1, donc $[S = 2] \cap [D = 1]$ est impossible et : $p_{2,1} = P([S = 2] \cap [D = 1]) = 0$. D'où le tableau :

S \ D	−1	0	1
0	0	q^2	0
1	pq	0	pq
2	0	p^2	0

2. Les événements $[D = -1]$, $[D = 0]$ et $[D = 1]$ constituent un système complet d'événements. Donc, pour $i = 0$, 1 ou 2, $P(S = i) = p_{i,-1} + p_{i,0} + p_{i,1}$ et donc pour obtenir la loi de S il suffit d'additionner les termes d'une ligne.
De même, $([S = 0], [S = 1], [S = 2])$ est un système complet d'événements et donc pour $j = -1$, 0 ou 1, $P(D = j) = p_{0,j} + p_{1,j} + p_{2,j}$. Il suffit alors d'additionner suivant les colonnes pour obtenir la loi de D :

i \ j	−1	0	1	$p(S=i)$
0	0	q^2	0	q^2
1	pq	0	pq	$2pq$
2	0	p^2	0	p^2
$p(D=j)$	pq	p^2+q^2	pq	1

En résumé on obtient la loi de S en ne conservant que la première et la dernière colonne du tableau ci-dessus. Et celle de D en ne conservant que la première et la dernière ligne :

Remarque
C'est la raison pour laquelle les lois de S et de D s'appellent les **lois marginales** du couple (S, D).

Loi de S :

i	$P(S=i)$
0	q^2
1	$2pq$
2	p^2

Loi de D :

j	-1	0	1
$P(D=j)$	pq	p^2+q^2	pq

$$\mathbf{E(S) = 1 \cdot (2pq) + 2 \cdot p^2 = 2p(p+q) = 2p.}$$
$$\mathbf{E(D) = (-1) \cdot (pq) + 1 \cdot (pq) = 0 \text{ (D est centrée).}}$$

3. Le tableau précédent montre par exemple que :
- $P([S=0] \cap [D=-1]) = 0$,
- tandis que $P(S=0) \times P(D=-1) = q^2 \times (pq) = pq^3 \neq 0$ car $p \neq 0$ et $q \neq 0$.

Les variables S et D ne sont donc pas indépendantes.

7 **1.** $([X=i])_{i \in \{1, 2, \dots, n\}}$ est un système complet d'événements, donc :

$\sum_{i=1}^{n} p([X=i] \cap [Y=j]) = p(Y=j)$. Donc : $\sum_{i=1}^{n} \lambda ij = p(Y=j)$.

$\sum_{i=1}^{n} \lambda ij = \lambda j \sum_{i=1}^{n} i = \lambda j \dfrac{n(n+1)}{2}$. Donc : $\lambda j \dfrac{n(n+1)}{2} = p(Y=j)$.

De plus $([X=j])_{j \in \{1, 2, \dots, n\}}$ est aussi un système complet d'événements, donc :

$\sum_{j=1}^{n} p(Y=j) = 1$. Il en résulte : $\lambda \dfrac{n(n+1)}{2} \sum_{j=1}^{n} j = 1$. Soit : $\lambda \left(\dfrac{n(n+1)}{2}\right)^2 = 1$.

Conclusion :

$$\boxed{\lambda = \frac{4}{n^2(n+1)^2}.}$$

2. On reprend les calculs précédents, donc :

$$\boxed{\forall j \in \{1, 2, \dots, n\}, \quad p(Y=j) = \frac{2}{n(n+1)}.}$$

Compte tenu des rôles symétriques joués par i et j dans l'expression de $p([X=i] \cap [Y=j])$,

X suit la même loi que Y.

3. Soit $(i, j) \in \{1, 2, \ldots, n\}^2$.

$$p(X = i) \times p(Y = j) = \frac{2i}{n(n+1)} \times \frac{2j}{n(n+1)} = \frac{4}{n^2(n+1)^2}\, i \times j = \lambda \times i \times j.$$

Soit $p(X = i) \times p(Y = j) = p([X = i] \cap [Y = j])$
pour tout $(i, j) \in \{1, 2, \ldots, n\}^2$:

Les variables X et Y sont donc indépendantes.

8 **1.** X suit la loi binomiale $\mathcal{B}\left(2, \frac{4}{5}\right)$.

2. Remarquons que Z est à valeurs dans $\{0, 1, 2\}$. On calcule sa loi en utilisant la formule des probabilités totales. L'événement $[Z = 0]$ se produit si $[X = 0]$ ou bien si $[X \geqslant 1]$ et $[N = 0]$. Ces deux événements étant disjoints, on a :
$p(Z = 0) = p(X = 0) + p([X \geqslant 1] \cap N = 0) = p(X = 0) + p(X \geqslant 1)p(N = 0)$.
(la disponibilité des avions étant supposée indépendante de l'arrivée des membres du club). D'où :

$$p(Z = 0) = 0{,}1 + 0{,}9 \times \left(\frac{1}{5}\right)^2 = 0{,}136.$$

De même, $[Z = 1] = ([N = 1] \cap [X \geqslant 1]) \cup [N \geqslant 2] \cap [X = 1]$. On en déduit :

$$p(Z = 1) = p(N = 1)p(X \geqslant 1) + p(N \geqslant 2)p(X = 1) = 0{,}48.$$

Enfin, $[Z = 2] = [N \geqslant 2] \cap [X = 2]$ ce qui donne :

$$p(Z = 2) = p(N \geqslant 2)p(X = 2) = 0{,}6 \times \left(\frac{4}{5}\right)^2 = 0{,}384.$$

D'où la loi de Z :

k	0	1	2
$p(Z=k)$	0,136	0,48	0,384

3. La recette journalière vaut $R = 500Z$. La recette journalière moyenne est donc : $E(R) = E(500Z) = 500(0 \times 0{,}136 + 1 \times 0{,}48 + 2 \times 0{,}384) = 624$

Soit : $E(R) = 624$ €.

9 **1.** L'ensemble des valeurs prises par X est bien sûr : $X(\Omega) = \{1, 2, \ldots, n+1\}$.
Pour $i = 1, 2, \ldots, n$, on note R_i l'événement : « le i-ème candidat réussit le test. »

Pour tout $k \in \{1, 2, \ldots, n\}$, on a :

$$[X = k] = \overline{R_1} \cap \overline{R_2} \cap \ldots \cap \overline{R_{k-1}} \cap R_k.$$

Par la formule des probabilités composées, on obtient :

$$P(X = k) = P(\overline{R_1}) P_{\overline{R_1}}(\overline{R_2}) \ldots P_{\overline{R_1} \cap \overline{R_2} \cap \ldots \cap \overline{R_{k-1}}}(R_k).$$

Mais pour tout $j \in \{1, 2, \ldots, k-1\}$, $P_{\overline{R_1} \cap \overline{R_2} \cap \ldots \cap \overline{R_{j-1}}}(\overline{R_j})$ est juste la probabilité que le candidat échoue au test (qu'il ne passe que si tous les candidats précédents ont échoué). Cette probabilité vaut donc $q = 1 - p$. Finalement, on trouve :

$$\boxed{\forall k \in \{1, 2, \ldots, n\}, \quad P(X = k) = q^{k-1} p.}$$

D'autre part, $[X = n + 1] = \overline{R_1} \cap \overline{R_2} \cap \ldots \cap \overline{R_{n-1}} \cap \overline{R_n}$. On a donc

$$\boxed{P(X = n + 1) = q^n.}$$

2. a) Posons pour tout x de $\mathbb{R} \setminus \{1\}$, $f(x) = \sum_{k=0}^{n} x^k = \frac{1 - x^{n+1}}{1 - x}$. La fonction f est dérivable sur $\mathbb{R} \setminus \{1\}$. En dérivant, on obtient :

$$f'(x) = \sum_{k=1}^{n} k x^{k-1} = \frac{-(n+1)x^n(1-x) + (1 - x^{n+1})}{(1-x)^2} = \frac{n x^{n+1} - (n+1)x^n + 1}{(1-x)^2}.$$

b) L'espérance mathématique de X vaut alors :

$$E(X) = \sum_{k=1}^{n} k q^{k-1} p + (n+1) q^n.$$

En tenant compte du résultat de la question précédente, et après simplifications, on trouve :

$$\boxed{E(X) = \frac{1 - q^{n+1}}{1 - q}.}$$

3. Un des candidats est recruté si et seulement si l'événement $[X \leqslant n]$ est réalisé. Il vient :

$$P(X \leqslant n) = 1 - P(X = n + 1) = 1 - q^n.$$

Et donc :

$$\boxed{P(X \leqslant n) \geqslant \frac{1}{2} \Leftrightarrow q^n \leqslant \frac{1}{2} \Leftrightarrow p \geqslant 1 - \frac{1}{\sqrt[n]{2}}.}$$

CORRIGÉS

Sujets de type BAC

10 **1.** L'ensemble des valeurs prises par X est l'ensemble des entiers naturels compris entre 1 et n et :

$$\forall k \in \{1, 2, \ldots, n\}, \quad p(X = k) = \frac{1}{n}.$$

$E(X) = \sum_{k=1}^{n} kp(X = k) = \frac{1}{n} \sum_{k=1}^{n} k = \frac{1}{n} S_1(n)$ et donc :

$$E(X) = \frac{n+1}{2}.$$

$E(X^2) = \sum_{k=1}^{n} k^2 p(X = k) = \frac{1}{n} S_2(n) = \frac{(n+1)(2n+1)}{6}$. Et donc :

$$V(X) = E(X^2) - (E(X))^2 = \frac{(n+1)(2n+1)}{6} - \frac{(n+1)^2}{4}$$

$$= \frac{(n+1)[2(2n+1) - 3(n+1)]}{12} = \frac{(n+1)(n-1)}{12}.$$

$$V(X) = \frac{n^2 - 1}{12}.$$

2. a) $[X = Y]$ est l'événement le numéro de la première boule tirée est égal au numéro de la deuxième.

Ce qui se traduit en événement par : $[X = Y] = \bigcup_{k=1}^{n} ([X = k] \cap [Y = k])$. Et donc :

$$p([X = Y]) = \sum_{k=1}^{n} p([X = k] \cap [Y = k]) = \sum_{k=1}^{n} p(X = k) \times p(Y = k),$$

puisque les variables X et Y sont indépendantes. On en déduit :

$$p(X = Y) = \sum_{k=1}^{n} \frac{1}{n} \times \frac{1}{n} = \frac{1}{n}.$$

b) On peut raisonner de la même manière, mais il est plus simple de remarquer que, par symétrie : $p(X \geqslant Y) = p(X \leqslant Y)$. Si on pose $A = [X \geqslant Y]$ et $B = [X \leqslant Y]$, on connaît la formule : $p(A \cup B) = p(A) + p(B) - p(A \cap B)$.

Or ici :

- $p(A) = p(B) = p(X \geqslant Y)$,
- $A \cup B = \Omega$ (on a forcément $X \geqslant Y$ ou $X \leqslant Y$) et
- $A \cap B = [X = Y]$,

et donc : $1 = 2p(X \geqslant Y) - \frac{1}{n}$, d'où :

$$\boxed{p(X \geqslant Y) = \frac{n+1}{2n}.}$$

c) X et Y prennent leurs valeurs entre 1 et n et X et Y sont indépendantes. Donc :

$$(X+Y)(\Omega) = \{2, 3, \ldots, 2n\}.$$

Pour tout $k \in \{2, 3, \ldots, 2n\}$:

$$p(X+Y=k) = \sum_{i=1}^{n} p([X=i] \cap [Y=k-i]) = \sum_{i=1}^{n} p(X=i)p(Y=k-i),$$

puisque les variables X et Y sont indépendantes.

Mais i doit respecter deux conditions. En effet :

- d'une part i est une valeur de X on doit donc avoir $1 \leqslant i \leqslant n$ (condition (1)).
- et d'autre part, $k-i$ est une valeur de Y on doit donc aussi avoir $1 \leqslant k-i \leqslant n$, soit après résolution : $k-n \leqslant i \leqslant k-1$ (condition (2)).

Il faut donc d'un côté comparer $k-1$ et n et choisir **le plus petit** des deux et de l'autre côté, comparer $k-n$ et 1 et choisir **le plus grand des deux**. Or :

$$\begin{cases} k-1 \leqslant n \Leftrightarrow k \leqslant n+1 \\ \text{et} \\ k-n \geqslant 1 \Leftrightarrow k \geqslant n+1 \end{cases}$$

. Il faut donc distinguer deux cas.

- Si $1 \leqslant k \leqslant n+1$ alors i doit vérifier $1 \leqslant i \leqslant k-1$ pour respecter les conditions (1) et (2) et donc

$$p(X+Y=k) = \sum_{i=1}^{k-1} \frac{1}{n} \cdot \frac{1}{n} = \frac{k-1}{n^2}.$$

- Si $n+1 \leqslant k \leqslant 2n$ alors i doit vérifier $k-n \leqslant i \leqslant n$ pour respecter les conditions (1) et (2) et donc

$$p(X+Y=k) = \sum_{i=k-n}^{n} \frac{1}{n} \cdot \frac{1}{n} = \frac{2n+1-k}{n^2}.$$

Car entre $k-n$ et n il y a $n-(k-n)+1 = 2n+1-k$ entiers.

Conclusion :

$$\boxed{p(X+Y=k) = \begin{cases} \dfrac{k-1}{n^2} & \text{si } 1 \leqslant k \leqslant n+1, \\ \dfrac{2n+1-k}{n^2} & \text{si } n+1 \leqslant k \leqslant 2n. \end{cases}}$$

Remarque
Si $k = n+1$ on obtient le vrai résultat.

3. a) $X + Y$ prend ses valeurs entre 2 et $2n$ et Z prend ses valeurs entre 1 et n. Donc : $X + Y = Z \Leftrightarrow \exists i \in \{2, 3, \ldots, n\},\ X + Y = i$ et $Z = i$, ce qu'on traduit par :

$$[X + Y = Z] = \bigcup_{i=2}^{n}([X + Y = i] \cap [Z = i]),$$

$$p(X + Y = Z) = \sum_{i=2}^{n} p(X + Y = i) \cdot p(Z = i),$$

car on n'oublie pas que $X + Y$ et Z sont indépendantes.

$$p(X + Y = Z) = \sum_{i=2}^{n} \frac{i-1}{n^2} \times \frac{1}{n} = \frac{1}{n^3} \sum_{i=2}^{n}(i-1) = \frac{1}{n^3} \sum_{j=1}^{n-1} j = \frac{1}{n^3}\, \frac{n(n-1)}{2} :$$

$$\boxed{p(X + Y = Z) = \frac{n-1}{2n^2}.}$$

b) Posons $Z' = n + 1 - Z$. Lorsque $Z = 1$, $Z' = n$ et lorsque $Z = n$ alors $Z' = 1$. Bref Z' prend, comme Z, toutes les valeurs entre 1 et n mais dans l'autre sens. Par ailleurs, pour tout $k \in \{1, 2, \ldots, n\}$, $p(Z' = k) = p(Z = n + 1 - k) = \frac{1}{n}$. Donc finalement Z' suit la même loi que Z : mêmes valeurs prises, et pour chaque valeur k, même probabilité.

De plus $X + Y$ et Z étant indépendantes, $X + Y$ et $n + 1 - Z$ le sont aussi. Et donc :

$$\boxed{p(X + Y = n + 1 - Z) = p(X + Y = Z') = \frac{n-1}{2n^2}.}$$

11 **1.** Le premier jeton blanc peut sortir au premier tirage, au deuxième tirage, …, au $(n-1)$-ième tirage.

Le deuxième jeton blanc peut sortir au deuxième tirage, au troisième tirage,…, au n-ième tirage. Et donc :

$$\boxed{X(\Omega) = \{1, 2, \ldots, n-1\}\ ;\ Y(\Omega) = \{2, 3, \ldots, n\}.}$$

2. Le premier jeton apparaît nécessairement avant le second donc si $i \geqslant j$, $p([X = i] \cap [Y = j]) = 0$.

Soit à présent, i et j tels que $1 \leqslant i < j \leqslant n$. Intéressons-nous tout d'abord à l'univers associé à l'expérience aléatoire qui consiste à sortir l'un après l'autre les jetons du sac. À chaque jeton tiré, on note sa couleur N ou B. On constitue ainsi un « mot » de n lettres constitué des lettres N et B, chaque mot contenant deux B. Ainsi, si $n = 5$:

$$\Omega = \{\text{BBNNN, BNBNN, BNNBN, BNNNB, NBBNN, NBNBN, NBNNB, NNBBN, NNBNB, NNNBB}\}.$$

Il y a en fait autant d'éventualités que de façons de fixer la place des B dans le mot de n lettres, et donc : $\text{card}(\Omega) = \binom{n}{2} = \frac{n(n-1)}{2}$. De plus les événements élémentaires sont équiprobables. Dans cette configuration, chaque événement $[X = i] \cap [Y = j]$ pour $1 \leqslant i < j \leqslant n$ est un événement élémentaire. Par exemple si $n = 5$, $[X = 2] \cap [Y = 4] = \{\text{NBNBN}\}$, et donc $p([X = i] \cap [Y = j]) = \frac{1}{\binom{n}{2}}$. Conclusion :

$$p_{i,j} = p([X = i] \cap [Y = j]) = \begin{cases} \dfrac{2}{n(n-1)} & \text{si } 1 \leqslant i < j \leqslant n, \\ 0 & \text{si } i \geqslant j. \end{cases}$$

3. a) La famille d'événements $([X = i])_{1 \leqslant i \leqslant n-1}$ est le système complet d'événements associé à la variable aléatoire X, d'où la formule : $p(A) = \sum_{i=1}^{n-1} p([X = i] \cap A)$, valable pour tout événement A, en particulier pour $A = [Y = j]$:

$$\text{pour tout } j \in \{2, 3, \ldots, n\},\ p(Y = j) = \sum_{i=1}^{n-1} p_{i,j}.$$

b) Soit j un entier fixé de l'ensemble $\{2, 3, \ldots, n\}$:

$$\sum_{i=1}^{n-1} p_{i,j} = \sum_{i=1}^{j-1} p_{i,j} + \sum_{i=j}^{n-1} p_{i,j}.$$

Les termes $p_{i,j}$ sont nuls pour $i \geqslant j$, et valent $\frac{2}{n(n-1)}$ pour $i < j$. Donc :

$$p(Y = j) = \sum_{i=1}^{j-1} p_{i,j} = \sum_{i=1}^{j-1} \frac{2}{n(n-1)} = \frac{2(j-1)}{n(n-1)} :$$

$$\forall j \in \{2, 3, \ldots, n\},\ p(Y = j) = \frac{2(j-1)}{n(n-1)}.$$

c) Commençons par calculer $E(Y-1)$:

$$E(Y-1)=\sum_{j=2}^{n}(j-1)p(Y=j)=\frac{2}{n(n-1)}\sum_{j=2}^{n}(j-1)^2=\frac{2}{n(n-1)}\sum_{k=1}^{n-1}k^2,$$

(en posant $k=j-1$).

On utilise alors la formule rappelée dans l'exercice précédent :

$$S_2(n)=\sum_{k=1}^{n}k^2=\frac{n(n+1)(2n+1)}{6},$$

pour obtenir :

$$E(Y-1)=\frac{2}{n(n-1)}S_2(n-1)=\frac{2}{n(n-1)}\cdot\frac{n(n-1)(2n-1)}{6}=\frac{2n-1}{3}.$$

Enfin $E(Y)=E(Y-1)+1=\dfrac{2n-1}{3}+1$:

$$\boxed{E(Y)=\frac{2(n+1)}{3}.}$$

Remarque : On peut calculer la variance de Y en partant de la formule : $V(Y)=V(Y-1)=E((Y-1)^2)-(E(Y-1))^2$. Pour calculer $E((Y-1)^2)$ on sera amené à utiliser la formule : $S_3(n)=\displaystyle\sum_{k=1}^{n}k^3=\left(\frac{n(n+1)}{2}\right)^2=\frac{n^2(n+1)^2}{4}$.

Et l'on obtiendra :

$$\boxed{V(Y)=\frac{(n+1)(n-2)}{18}.}$$

4. En procédant de même, la famille d'événements $([Y=j])_{2\leqslant j\leqslant n}$ est le système complet d'événements associé à la variable aléatoire Y, d'où la formule :

$$p(X=i)=\sum_{j=2}^{n}p_{i,j}=\sum_{j=2}^{i}p_{i,j}+\sum_{j=i+1}^{n}p_{i,j},$$

valable pour tout i fixé de $\{1, 2, \ldots, n-1\}$.

Mais $p_{i,j}=0$ si $j\leqslant i$ et $p_{i,j}=\dfrac{2}{n(n-1)}$ si $j>i$, donc

$$p(X=i)=\sum_{j=i+1}^{n}\frac{2}{n(n-1)}.$$

Cette somme contient exactement $n-i$ termes, on en conclut :

$$\boxed{\forall i\in\{1,2,\ldots,n-1\},\ p(X=i)=\frac{2(n-i)}{n(n-1)}.}$$

On peut calculer l'espérance de X de la façon classique : $E(X) = \sum_{i=1}^{n-1} ip(X = i)$

mais on peut aussi remarquer que $p(Y = n + 1 - i) = \frac{2(n-i)}{n(n-1)} = p(X = i)$.

Mais par ailleurs $Y = n + 1 - i \Leftrightarrow n + 1 - Y = i$.

Il en résulte que $p(n + 1 - Y = i) = p(X = i)$ et donc que les variables $n + 1 - Y$ et X suivent la même loi. En particulier, elles ont même espérance mathématique :

$$E(X) = E(n + 1 - Y) = n + 1 - E(Y) = n + 1 - \frac{2(n+1)}{3} :$$

$$\boxed{E(X) = \frac{n+1}{3}.}$$

Remarque : X et $n + 1 - Y$ ayant la même loi, elles ont également la même variance, donc $V(X) = V(n + 1 - Y)$. Mais on sait aussi que $V(n + 1 - Y) = V(Y)$. Et donc :

$$\boxed{V(X) = V(Y) = \frac{(n+1)(n-2)}{18}.}$$

5. Les variables aléatoires X et Y ne sont évidemment pas indépendantes puisque l'on a $X < Y$. Démontrons-le :

- $p_{2,2} = p([X = 2] \cap [Y = 2]) = 0$, tandis que :
- $p(X = 2) = \frac{2(n-2)}{n(n-1)} \neq 0$ pour $n > 2$ et $p(Y = 2) = \frac{2}{n(n-1)} \neq 0$.

Et donc $p([X = 2] \cap [Y = 2]) \neq p(X = 2) \times p(Y = 2)$, du moins pour $n > 2$.

Il en résulte que pour $n > 2$ les variables aléatoires X et Y ne sont pas indépendantes.

Pour $n = 2$ il n'y a que deux jetons blancs et pas de jetons noirs. X est alors la variable certaine égale à 1 et Y la variable certaine égale à 2. Dans ce cas, elles sont bien indépendantes.

12 **1. a)** Développons les carrés : $f(t) = nt^2 + 2t \sum_{i=1}^{n} p_i + \sum_{i=1}^{n} p_i^2$.

$$\boxed{\Delta = 4\left(\sum_{i=1}^{n} p_i\right)^2 - 4n\sum_{i=1}^{n} p_i^2.}$$

b) $f(t)$ est une somme de carrés : $f(t) = \sum_{i=1}^{n} (t + p_i)^2$. Donc pour tout réel t on a $f(t) \geqslant 0$, et f ne change donc pas de signe. Il en résulte $\Delta \leqslant 0$, soit :

$$\left(\sum_{i=1}^{n} p_i\right)^2 \leqslant n \sum_{i=1}^{n} p_i^2,$$

et en prenant la racine carrée des deux membres qui sont positifs :

$$\boxed{\sum_{i=1}^{n} p_i \leqslant \sqrt{n} \sqrt{\sum_{i=1}^{n} p_i^2}.}$$

c) Il y a égalité si et seulement si $\Delta = 0$, soit si et seulement si le trinôme $f(t)$ admet une racine double t_0. On obtient alors : $\sum_{i=1}^{n} (t_0 + p_i)^2 = 0$ ce qui implique : $\forall i \in \{1, 2, \ldots, n\}$, $t_0 + p_i = 0$, ou encore $\forall i \in \{1, 2, \ldots, n\}$, $p_i = -t_0$: les réels p_i sont donc tous égaux.

Réciproquement, si les réels p_i sont tous égaux à a, on a :

$$\sum_{i=1}^{n} p_i = n \times a \text{ et } \sqrt{n} \sqrt{\sum_{i=1}^{n} p_i^2} = \sqrt{n} \times \sqrt{na^2} = n \times a : \text{ il y a bien égalité.}$$

En conclusion :

Il y a égalité si et seulement si tous les réels $p_1, p_2, \ldots, p_n$ sont égaux.

2. a) Dans la somme $X_1 + X_2 + \ldots + X_n$ il y a autant de termes égaux à 1 que d'ampoules qui s'allument, les autres termes étant nuls, donc $X_1 + X_2 + \ldots + X_n$ compte le nombre d'ampoules qui s'allument :

$$\boxed{Y = X_1 + X_2 + \ldots + X_n.}$$

b) Les ampoules s'allument de façon indépendante, on en déduit que les variables aléatoires $X_1, X_2, \ldots, X_n$ sont indépendantes. D'où :

$$V(Y) = V(X_1) + V(X_2) + \ldots + V(X_n) = \sum_{i=1}^{n} p_i(1 - p_i) = \sum_{i=1}^{n} p_i - \sum_{i=1}^{n} p_i^2.$$

L'hypothèse $E(Y) = m$ se traduit par $E(X_1) + E(X_2) + \ldots + E(X_n) = m$, soit $p_1 + p_2 + \ldots + p_n = m$, et donc :

$$V(Y) = m - \sum_{i=1}^{n} p_i^2.$$

Puisque m est fixé, $V(Y)$ est maximale lorsque $\sum_{i=1}^{n} p_i^2$ est minimale.
L'inégalité de **1. b)** donne :

$$\sum_{i=1}^{n} p_i^2 \geqslant \frac{1}{n}\left(\sum_{i=1}^{n} p_i\right)^2, \quad \text{soit } \sum_{i=1}^{n} p_i^2 \geqslant \frac{m^2}{n}.$$

De plus, le minimum $\frac{m^2}{n}$ est atteint si et seulement si les réels p_i sont tous égaux. Leur somme valant m, ils sont tous égaux à $\frac{m}{n}$. On conclut que :

> V(Y) est maximale si et seulement si
>
> $$p_1 = p_2 = \ldots = p_n = \frac{m}{n}.$$

c) Lorsque la condition précédente est remplie, les variables aléatoires X_1, X_2, …, X_n sont des variables de Bernoulli indépendantes et de même paramètre $\frac{m}{n}$.
Et donc dans ce cas, $Y = X_1 + X_2 + \ldots + X_n$ suit la loi binomiale $\mathcal{B}\left(n, \frac{m}{n}\right)$. On en conclut que :

Lorsque $V(Y)$ est maximale Y suit la loi binomiale $\mathcal{B}\left(n, \frac{m}{n}\right)$.

CHAPITRE 15

Concentration Loi des grands nombres

DE QUOI S'AGIT-IL ?

Il s'agit d'approfondir la notion d'écart-type et de justifier le lien entre expérience et théorie des probabilités.

1 Les inégalités de Markov et Bienaymé-Tchebychev

1 L'inégalité de Markov

Soit Z une variable aléatoire à valeurs positives (c'est-à-dire vérifiant $Z(\Omega) \subset \mathbb{R}^+$). Alors :

$$\forall a > 0, \quad p(Z \geqslant a) \leqslant \frac{E(Z)}{a}.$$

2 L'inégalité de Bienaymé-Tchebychev

Soit X une variable aléatoire d'espérance mathématique μ et d'écart-type σ.

On peut appliquer ce qui précède à la variable $Z = (X - \mu)^2$, sachant que :

- Cette variable est bien à valeurs positives.
- Son espérance mathématique vaut $E(Z) = E((X - \mu)^2) = V(X) = \sigma^2$.
- δ étant un réel strictement positif, on peut poser $a = \delta^2$ et l'on a alors :

$$Z \geqslant a \Leftrightarrow (X - \mu)^2 \geqslant \delta^2 \Leftrightarrow |X - \mu| \geqslant \delta.$$

Il en résulte d'après l'inégalité de Markov :

$$\forall \delta > 0, \quad p(|X - \mu| \geqslant \delta) \leqslant \frac{\sigma^2}{\delta^2}.$$

3 Interprétation

Essayons de comprendre l'événement $[|X - \mu| \geqslant \delta]$:

$|X - \mu| \geqslant \delta \Leftrightarrow X - \mu \geqslant \delta$ ou $X - \mu \leqslant -\delta \Leftrightarrow X \geqslant \mu + \delta$ ou $X \leqslant \mu - \delta$, ce qui, en termes d'événements se traduit par :

$$[|X - \mu| \geqslant \delta] = [X \leqslant \mu - \delta] \cup [X \geqslant \mu + \delta] \text{ et donc :}$$

$$p(|X - \mu| \geqslant \delta) = \sum_{\{k \in X(\Omega)/k \leqslant \mu - \delta\}} p(X = k) + \sum_{\{k \in X(\Omega)/k \geqslant \mu + \delta\}} p(X = k).$$

On peut alors visualiser cette probabilité à partir du diagramme en bâtons de X. La hauteur d'un bâton d'abscisse x est égale à $p(X = x)$ donc la probabilité $p(|X - \mu| \geqslant \delta)$ est égale à la somme des hauteurs des bâtons représentés en rouge dans le dessin ci-dessous :

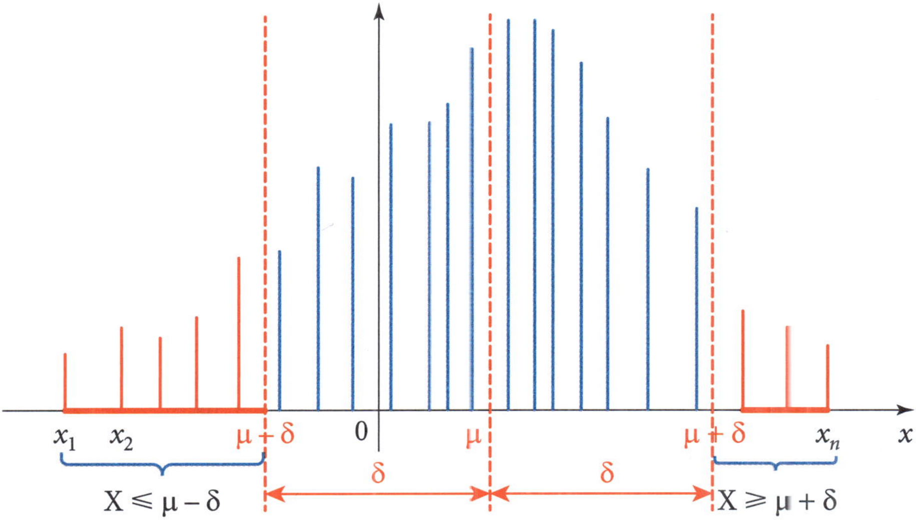

- L'avantage de cette inégalité est qu'elle est valable universellement pour toute variable aléatoire X.
- Son inconvénient est qu'elle est très grossière.

Il peut être intéressant d'exprimer δ comme multiple de σ.

- Par exemple si $\delta = 2\sigma$, on obtient : $p(|X - \mu| \geqslant 2\sigma) \leqslant \frac{1}{4}$: la probabilité que X s'écarte de μ d'au moins 2σ est toujours inférieure à $\frac{1}{4}$.
- De même pour $\delta = 3\sigma$: la probabilité que X s'écarte de μ d'au moins 3σ est toujours inférieure à $\frac{1}{9}$.

2 Conséquences

Soit $(X_1, X_2, \ldots, X_n)$ un échantillon de taille n d'une loi d'espérance μ et d'écart-type σ. On se souvient alors que la moyenne M_n de l'échantillon, c'est-à-dire la variable aléatoire $M_n = \frac{X_1 + X_2 + \ldots + X_n}{n}$, a pour espérance mathématique μ et pour écart-type $\frac{\sigma}{\sqrt{n}}$.

COURS

1 L'inégalité de concentration

En appliquant l'inégalité de Bienaymé-Tchebychev à cette variable M_n, on obtient :

$$\forall \delta > 0, \quad p(|M_n - \mu| \geqslant \delta) \leqslant \frac{\sigma^2}{n\delta^2}.$$

2 La loi faible des grands nombres

$$\forall \delta > 0, \quad \lim_{n \to +\infty} p(|M_n - \mu| \geqslant \delta) = 0.$$

Concrètement, cela signifie que lorsque la taille n de l'échantillon est grande, les réalisations de la variable M_n s'écartent très peu de μ.

3 Le théorème d'or de Bernoulli

Prenons le cas d'un événement S associé à une épreuve aléatoire $\mathscr{E}$ et dont la probabilité est $P(S) = p$. Alors la variable de Bernoulli associée à cet événement, à savoir :

$X = \begin{cases} 1 \text{ si S est réalisé} \\ 0 \text{ sinon} \end{cases}$, suit la loi $\mathscr{B}(p)$. On a alors $\mu = E(X) = p$.

Si $(X_1, X_2, \ldots, X_n)$ est un échantillon de la loi $\mathscr{B}(p)$, la variable aléatoire $F_n = \dfrac{X_1 + X_2 + \ldots + X_n}{n}$ n'est autre que **la fréquence de succès** lorsqu'on fait n répétitions indépendantes de l'épreuve $\mathscr{E}$:

$$\forall \delta > 0, \quad \lim_{n \to +\infty} P(|F_n - p| \geqslant \delta) = 0.$$

Ce résultat est absolument fondamental car il réconcilie la théorie des probabilités avec la notion intuitive d'une probabilité : il démontre en effet que la fréquence de réalisations d'un événement lors de n répétitions indépendantes rejoint la probabilité théorique p de cet événement lorsque n est grand.

Questions courtes

1 Vrai/Faux

Corrigé p. 537

X désigne une variable aléatoire d'espérance mathématique μ et d'écart-type σ et δ est un réel strictement positif.

1. $p(\mu - \delta < X < \mu + \delta) \geqslant 1 - \dfrac{\sigma^2}{\delta^2}$.

2. $p(X - \mu \geqslant \delta) \leqslant \dfrac{\sigma^2}{\delta^2}$.

3. $p(|X - \mu| > \delta) \leqslant \dfrac{\sigma^2}{\delta^2}$.

4. Si $\mu = 8$ et $\sigma = 2$, alors : $p(|X - 8| \geqslant 4) \leqslant \dfrac{1}{3}$.

5. L'inégalité de Bienaymé-Tchebychev n'apporte aucune information lorsque $\delta \leqslant \sigma$.

6. $p(X^2 \geqslant \delta) \leqslant \dfrac{E(X^2)}{\delta}$.

7. Si M_{100} est la moyenne d'un échantillon de taille 100 de la loi de X alors la probabilité que M_{100} s'écarte de μ de plus de σ est inférieure à 10^{-3}.

2 Tester l'inégalité de Bienaymé-Tchebychev

Corrigé p. 538

On suppose que la variable X suit la loi binomiale $\mathcal{B}(n, p)$ avec $n = 10$ et $p = 0{,}5$.

1. Quelle information donne l'inégalité de Bienaymé-Tchebychev pour le calcul de $P(|X - 5| \geqslant 4)$?

2. Calculer $P(|X - 5| \geqslant 4)$ dans ce cas précis. Quelle conclusion en tirer ?

3 Lancer de dés

Corrigé p. 538

On jette 3 600 fois un dé équilibré. Minorer la probabilité que le nombre d'apparitions du nombre 1 soit compris strictement entre 480 et 720.

4 Inégalités de Markov et de Bienaymé-Tchebychev

➲ Corrigé p. 539

Soit X une variable aléatoire à valeurs positives d'espérance mathématique 200 et d'écart-type 5.

1. À l'aide de l'inégalité de Markov, donner une majoration de $p(X \geqslant 210)$.

2. À l'aide de l'inégalité de Bienaymé-Tchebychev, donner une autre majoration de $p(X \geqslant 210)$ et comparer les deux résultats.

Exercices d'entraînement

5 Lancer de pièce

★★ 30 min ➲ Corrigé p. 540

Soit $(X_1, X_2, \ldots, X_n)$ un échantillon de taille n de la loi de Bernoulli de paramètre p.

On définit alors les variables aléatoires S_n et F_n en posant :

$$S_n = X_1 + X_2 + \ldots + X_n \quad \text{et} \quad F_n = \frac{S_n}{n}.$$

1. Quelle est la loi de S_n ? Quelle est son espérance mathématique et sa variance ?

2. Quelle est l'espérance mathématique et la variance de F_n ?

3. Soit α et δ deux réels quelconques strictement positifs. Montrer qu'en posant :

$$n_0 = \left\lfloor \frac{p(1-p)}{\alpha\delta^2} \right\rfloor + 1, \quad \text{on a :} \quad \forall n \geqslant n_0, \ P(|F_n - p| < \delta) \geqslant 1 - \alpha.$$

($\lfloor x \rfloor$ désigne la partie entière de x).

4. *Application :* combien de fois faut-il lancer une pièce équilibrée pour avoir au moins 99 % de chances d'obtenir autant de piles que de faces à 1 % près ?

6 L'atelier de confection

★★ 30 min ➲ Corrigé p. 541

Un atelier de confection fabrique des pantalons. Le nombre de pantalons fabriqués en une semaine dans cet atelier est une variable aléatoire d'espérance 50.

1. On veut estimer la probabilité que la production de la semaine prochaine soit au moins de 75 pantalons.

a) En utilisant l'inégalité de Markov, quelle estimation obtient-on de cette probabilité ?

b) Que peut-on dire de plus sur cette probabilité si on sait que l'écart-type de la production hebdomadaire de pantalons est 5 ?

2. Minorer la probabilité que la production de la semaine prochaine soit strictement comprise entre 40 et 60.

7 Tirages dans une urne

★★ 30 min Corrigé p. 542

Une urne contient 30 boules blanches et 70 boules noires, toutes indiscernables au toucher. On tire n fois dans cette urne avec remise ($n \in \mathbb{N}^*$) et on appelle X_n le nombre de boules blanches tirées et F_n la fréquence de boules blanches tirées : $F_n = \dfrac{X_n}{n}$.

1. Quelle est la loi de X_n ? Donner son espérance et sa variance.

2. Minorer la probabilité que $F_{1\,000}$ soit dans l'intervalle]0,25 ; 0,35[.

3. Trouver un entier n pour lequel on a au moins neuf chances sur dix que F_n soit dans l'intervalle]0,27 ; 0,33[.

8 Une étude de consommateurs

★★ 30 min Corrigé p. 543

On sait, grâce à une étude, que 20 % des consommateurs se déclarent influencés par la marque lors d'un achat.

On interroge 400 consommateurs pris au hasard, et on considère l'événement A suivant :

A : « parmi ces 400 consommateurs, entre 60 et 100 se déclarent influencés par la marque. »

Quelle information obtient-on sur cet événement grâce à l'inégalité de Bienaymé-Tchebychev ?

9 Lancer de dé

★★ 30 min Corrigé p. 543

Un dé à six faces amène le six avec la probabilité p, $0 < p < 1$, à chaque lancer.

On note X_n la variable aléatoire égale au nombre de fois où le six est sorti au cours de $6n$ lancers, $n \geqslant 1$.

1. Donner la loi de X_n, son espérance et sa variance.

2. Écrire l'inégalité de Bienaymé-Tchebychev pour la variable X_n.

3. On suppose le dé non truqué. D'après l'inégalité précédente, quelle est la plus petite valeur de l'entier n pour laquelle on a au moins une chance sur deux d'obtenir une fréquence d'apparition du six qui s'écarte de moins de 10^{-2} de la valeur $\dfrac{1}{6}$?

Sujets de type BAC

10 Contrôle de pièces

★★★ 1 h Corrigé p. 544

Une usine fabrique des pièces dont une proportion inconnue p est défectueuse. Afin d'obtenir une valeur approchée de p on effectue un prélèvement de n pièces. On suppose que ce prélèvement s'effectue parmi un stock très important, de sorte qu'il peut s'apparenter à une suite de n tirages identiques et indépendants. On note X_n la variable aléatoire égale au nombre de pièces défectueuses dans le prélèvement.

1. Quelle est la loi de X_n ? Quelle est son espérance et sa variance ?

2. Démontrer que, pour tout réel $\delta > 0$,

$$P\left(\left|\frac{X_n}{n} - p\right| \geqslant \delta\right) \leqslant \frac{1}{4n\delta^2}.$$

3. En déduire une condition sur n pour que $\frac{X_n}{n}$ soit une valeur approchée de p à 10^{-2} près avec une probabilité au moins égale à 95 %.

4. On teste un nombre de pièces suffisant pour satisfaire à la condition obtenue à la question précédente. On obtient dans ce lot de pièces, 5 % de pièces défectueuses. Que peut-on en conclure concernant p ?

11 Une amélioration de l'inégalité de Bienaymé-Tchebychev

★★★ 1 h Corrigé p. 546

Soit X une variable aléatoire d'espérance mathématique μ et d'écart-type σ. Soit δ un réel strictement positif fixé.

1. a) Montrer que : $\forall\lambda > 0,\ \ p(X - \mu \geqslant \delta) = p(X - \mu + \lambda \geqslant \delta + \lambda)$.

b) Montrer que : $\forall\lambda > 0,\ \ E((X - \mu + \lambda)^2) = \sigma^2 + \lambda^2$.

c) Montrer que : $\forall\lambda > 0,\ \ p(X - \mu \geqslant \delta) \leqslant \dfrac{\sigma^2 + \lambda^2}{(\delta + \lambda)^2}$.

2. a) Étudier sur $\mathbb{R}_+^*$, la fonction f définie par $f(x) = \dfrac{\sigma^2 + x^2}{(\delta + x)^2}$ et déterminer son minimum.

b) En déduire : $p(X - \mu \geqslant \delta) \leqslant \dfrac{\sigma^2}{\delta^2 + \sigma^2}$.

3. Montrer que : $p(|X - \mu| \geqslant \delta) \leqslant \dfrac{2\sigma^2}{\delta^2 + \sigma^2}$. Quand obtient-on une meilleure inégalité que l'inégalité de Bienaymé-Tchebychev ?

CORRIGÉS

Questions courtes

1 **1. Vrai** → Posons $A = [|X - \mu| \geqslant \delta]$. Alors son complémentaire est :

$$\overline{A} = [|X - \mu| < \delta] = [\mu - \delta < X < \mu + \delta].$$

On sait, d'après l'inégalité de Bienaymé-Tchebychev, que $p(A) \leqslant \dfrac{\sigma^2}{\delta^2}$. Et on sait aussi que $p(\overline{A}) = 1 - p(A)$. Il en résulte : $p(\overline{A}) \geqslant 1 - \dfrac{\sigma^2}{\delta^2}$, qui n'est autre que l'inégalité proposée.

2. Vrai → Il a été vu dans le cours que l'événement $[|X - \mu| \geqslant \delta]$ est un union de deux événements : $[|X - \mu| \geqslant \delta] = [X \leqslant \mu - \delta] \cup [X \geqslant \mu + \delta]$. Il en résulte l'inclusion :

$[X \geqslant \mu + \delta] \subset [|X - \mu| \geqslant \delta]$, et donc $p(X - \mu \geqslant \delta) \leqslant p(|X - \mu| \geqslant \delta) \leqslant \dfrac{\sigma^2}{\delta^2}$.

3. Vrai → C'est le même principe : $|X - \mu| > \delta \Rightarrow |X - \mu| \geqslant \delta$, d'où l'inclusion :

$[|X - \mu| > \delta] \subset [|X - \mu| \geqslant \delta]$ et l'enchaînement d'inégalités :

$$p(|X - \mu| > \delta) \leqslant p(|X - \mu| \geqslant \delta) \leqslant \frac{\sigma^2}{\delta^2}.$$

4. Vrai → Il s'agit ici d'appliquer l'inégalité de Bienaymé-Tchebychev avec $\mu = 8$, $\sigma = 2$ et $\delta = 4$. Ce qui donne $\dfrac{\sigma^2}{\delta^2} = \dfrac{2^2}{4^2} = \dfrac{1}{4}$ et donc $p(|X - 8 \geqslant 4) \leqslant \dfrac{1}{4}$ et comme $\dfrac{1}{4} \leqslant \dfrac{1}{3}$, l'inégalité proposée est vraie.

5. Vrai → Lorsque $\delta \leqslant \sigma$ alors $\dfrac{\sigma^2}{\delta^2} \geqslant 1$. Or on sait que toute probabilité est nécessairement inférieure ou égale à 1. Donc l'inégalité $p(|X - \mu| \geqslant \delta) \leqslant \dfrac{\sigma^2}{\delta^2}$ n'est pas un scoop dès lors que $\dfrac{\sigma^2}{\delta^2}$ dépasse 1.

6. Vrai → La variable aléatoire X^2 est à valeurs positives. L'inégalité $p(X^2 \geqslant \delta) \leqslant \dfrac{E(X^2)}{\delta}$ n'est autre que l'inégalité de Markov appliquée à cette variable.

7. Faux → On sait que $E(M_{100}) = E(X) = \mu$ et que $V(M_{100}) = \dfrac{V(X)}{100} = \dfrac{\sigma^2}{100}$.
Dire que M_{100} s'écarte de μ de plus de σ signifie que l'événement $[|M_{100} - \mu| \geqslant \sigma]$ est réalisé. Or l'inégalité de Bienaymé-Tchebychev nous dit que :

$$p(|M_{100} - \mu| \geqslant \sigma) \leqslant \frac{V(M_{100})}{\sigma^2}, \text{ avec ici } \frac{V(M_{100})}{\sigma^2} = \frac{\sigma^2}{100\sigma^2} = \frac{1}{100}.$$

On ne peut donc pas garantir : $p(|M_{100} - \mu| \geqslant \sigma) \leqslant \dfrac{1}{1\,000}$.

2 **1.** On a ici $\mu = E(X) = np = 5$ et $\sigma^2 = V(X) = np(1-p) = 2{,}5$. De plus ici $\delta = 4$. Donc l'inégalité de Bienaymé-Tchebychev permet d'écrire :

$$P(|X-5| \geqslant 4) \leqslant \frac{2{,}5}{4^2}.$$

Or $\dfrac{2{,}5}{4^2} = 0{,}156$.

Grâce à l'inégalité de Bienaymé-Tchebychev : $P(|X-5| \geqslant 4) \leqslant 0{,}156$.

2. Ici X suit la loi binomiale $\mathscr{B}(10\,;0{,}5)$ donc $X(\Omega) = \{0, 1, \ldots, 10\}$ et :
$[|X-5| \geqslant 4] = [X \leqslant 1] \cup [X \geqslant 9] = [X = 0] \cup [X = 1] \cup [X = 9] \cup [X = 10]$.
Donc $P(|X-5| \geqslant 4) = P(X = 0) + P(X = 1) + P(X = 9) + P(X = 10)$.

Par ailleurs, pour tout $k \in \{0, 1, \ldots, 10\}$, $P(X = k) = \dfrac{\binom{10}{k}}{2^{10}}$ et donc :

$$\boxed{P(|X-5| \geqslant 4) = \left(\binom{10}{0} + \binom{10}{1} + \binom{10}{9} + \binom{10}{10}\right) \times \frac{1}{1\,024} = \frac{22}{1\,024} = 0{,}021.}$$

La conclusion en est que l'inégalité de Bienaymé-Tchebychev est bien vérifiée : $0{,}021 \leqslant 0{,}156$ mais que l'information fournie est particulièrement médiocre dans ce cas.

3 Soit X la variable aléatoire égale au nombre de fois où l'on obtient 1 en lançant 3 600 fois un dé.
- Chaque épreuve $\mathscr{E}$: « lancer un dé » est une épreuve de Bernoulli, le succès S : « obtenir l'as » se réalisant avec la probabilité $p = \dfrac{1}{6}$.
- On répète 3 600 fois cette épreuve dans des conditions identiques et indépendantes.
- Enfin X compte le nombre de succès.

Les trois conditions sont réunies pour pouvoir affirmer que X suit la loi binomiale $\mathcal{B}\left(3\,600, \frac{1}{6}\right)$.

On sait qu'alors $E(X) = np = 600$ et $V(X) = np(1-p) = 600 \times \frac{5}{6} = 500$.

$$P(480 < X < 720) = P(-120 < X - E(X) < 120) = P(|X - E(X)| < 120)$$
$$= 1 - P(|X - E(X)| \geqslant 120).$$

Or l'inégalité de Bienaymé-Tchebychev permet d'écrire :

$$P(|X - E(X)| \geqslant 120) \leqslant \frac{V(X)}{120^2}.$$

Avec $\frac{V(X)}{120^2} = \frac{500}{14\,400} = \frac{5}{144} \cong 0{,}0347$ et $1 - 0{,}0347 = 0{,}953$, donc :

$$\boxed{P(480 < X < 720) \geqslant 95{,}3\ \%.}$$

En lançant 3 600 fois un dé on a plus de 95 % de chances d'obtenir entre 480 et 720 fois l'as.

4 **1.** Inégalité de Markov : $p(X \geqslant 210) \leqslant \frac{E(X)}{210}$.

Avec : $\frac{E(X)}{210} = \frac{200}{210} = \frac{20}{21} = 0{,}95$:

$$\boxed{p(X \geqslant 210) \leqslant 0{,}95.}$$

2. Inégalité de Bienaymé-Tchebychev :

$p(X \geqslant 210) = p(X - E(X) \geqslant 10) \leqslant p(|X - E(X)| \geqslant 10)$ car

$[X - E(X) \geqslant 10] \subset [|X - E(X)| \geqslant 10]$.

Or $p(|X - E(X)| \geqslant 10) \leqslant \frac{\sigma^2}{10^2} = \frac{25}{100}$:

$$\boxed{p(X \geqslant 210) \leqslant 0{,}25.}$$

Dans ce cas, l'inégalité de Bienaymé-Tchebychev donne une bien meilleure majoration.

Remarque : mais ce n'est pas systématique. En modifiant un peu $E(X)$ ou σ on peut inverser ce résultat.

Exercices d'entraînement

5 **1.** S_n est une somme de n variables de Bernoulli indépendantes et de même paramètre p, **donc S_n suit la loi binomiale $\mathcal{B}(n, p)$.** On sait qu'alors :

$$E(S_n) = np \text{ et } V(S_n) = np(1-p).$$

2. $F_n = \frac{S_n}{n}$ donc $E(F_n) = \frac{E(S_n)}{n} = p$ par linéarité de l'espérance mathématique et $V(F_n) = \frac{V(S_n)}{n^2} = \frac{p(1-p)}{n}$. Conclusion :

$$E(F_n) = p \text{ et } V(F_n) = \frac{p(1-p)}{n}.$$

3. L'inégalité de Bienaymé-Tchebychev appliquée à la variable F_n permet d'écrire :

$P(|F_n - E(F_n)| \geqslant \delta) \leqslant \frac{V(F_n)}{\delta^2}$, soit ici : $P(|F_n - p| \geqslant \delta) \leqslant \frac{p(1-p)}{n\delta^2}$. Or par complémentarité : $P(|F_n - p| < \delta) = 1 - P(|F_n - p| \geqslant \delta)$ et donc :

$$P(|F_n - p| < \delta) \geqslant 1 - \frac{p(1-p)}{n\delta^2}.$$

Pour avoir $P(|F_n - p| < \delta) \geqslant 1 - \alpha$ il suffit d'avoir $\frac{p(1-p)}{n\delta^2} \leqslant \alpha$. En effet :

$$\frac{p(1-p)}{n\delta^2} \leqslant \alpha \Rightarrow 1 - \frac{p(1-p)}{n\delta^2} \geqslant 1 - \alpha \Rightarrow P(|F_n - p| < \delta) \geqslant 1 - \frac{p(1-p)}{n\delta^2} \geqslant 1 - \alpha$$

Or $\frac{p(1-p)}{n\delta^2} \leqslant \alpha \Leftrightarrow n \geqslant \frac{p(1-p)}{\alpha\delta^2}$. Le premier entier n_0 au moins égal à $\frac{p(1-p)}{\alpha\delta^2}$ est égal à :

$$n_0 = \left\lfloor \frac{p(1-p)}{\alpha\delta^2} \right\rfloor + 1 \text{ on a alors : } \forall n \geqslant n_0,\ P(|F_n - p| < \delta) \geqslant 1 - \alpha.$$

Remarque : si $\frac{p(1-p)}{\alpha\delta^2}$ est lui-même un entier, il n'est pas nécessaire d'ajouter 1.

4. On appelle ici X la variable de Bernoulli associé à l'événement S : « obtenir pile en lançant la pièce ». On répète n fois dans des conditions independantes l'épreuve qui consiste à lancer la pièce, ce qui permet de considérer $X_1, X_2, \ldots, X_n$ les n variables de Bernoulli de même loi que X. Dans ces conditions la variable S_n compte le nombre de piles obtenus au cours des n lancers de pièce et la variable F_n représente la fréquence de piles au cours des n lancers, c'est-à-dire le quotient $\dfrac{\text{nombre de piles en } n \text{ lancers}}{n}$. La pièce est équilibrée donc $p = 0{,}5$. La condition à réaliser ici est $P(|F_n - 0{,}5| < 0{,}01) \geqslant 0{,}99$. On peut donc utiliser les résultats de la question précédente en prenant $\delta = \alpha = 10^{-2}$ et $p = \dfrac{1}{2}$. On obtient alors $\dfrac{p(1-p)}{\alpha\delta^2} = \dfrac{1}{4 \times 10^{-6}} = \dfrac{10^6}{4} = 250\,000$.

En lançant 250 000 fois la pièce on a 99 % de chances (au moins) d'obtenir autant de piles que de faces à 1 % près.

Concrètement cela signifie qu'en lançant 250 000 fois la pièce on aura 125 000 piles ± 1 % avec une probabilité d'au moins 99 %. Ici 1 % représentent 1 250 piles. Cela signifie donc qu'en lançant 250 000 fois la pièce on a au moins 99 % de chances que le nombre de piles soit compris entre 123 750 et 126 250.

6 **1. a)** Appliquons l'inégalité de Markov à la variable aléatoire X égale au nombre de pantalons qui seront produits la semaine prochaine :

$$p(X \geqslant 75) \leqslant \frac{E(X)}{75} = \frac{50}{75} = \frac{2}{3} :$$

On n'a pas plus de deux chances sur trois que la production atteigne ou dépasse 75 pantalons la semaine prochaine.

b) On peut alors utiliser l'inégalité de Bienaymé-Tchebychev. En effet :
$X \geqslant 75 \Rightarrow X - 50 \geqslant 25 \Rightarrow |X - 50| \geqslant 25$ (car un nombre au moins égal à 25 est nécessairement positif et donc égal à sa valeur absolue).

Il en résulte $[X \geqslant 75] \subset [|X - 50| \geqslant 25]$ et donc :

$$p(X \geqslant 75) \leqslant p(|X - 50| \geqslant 25) \leqslant \frac{\sigma^2}{\delta^2}.$$

Avec ici : $\sigma = 5$ et $\delta = 25$, on obtient : $p(X \geqslant 75) \geqslant \dfrac{1}{25}$.

La probabilité qu'on produise au moins 75 pantalons la semaine prochaine ne dépasse pas 4 %.

2. $40 < X < 60 \Leftrightarrow -10 < X - 50 < 10 \Leftrightarrow |X - 50| < 10$. Donc en termes d'événements : $[40 < X < 60] = [|X - 50| < 10]$
et $p(40 < X < 60) = p(|X - 50| < 10) = 1 - p(|X - 50| \geqslant 10)$.

Or par l'inégalité de Bienaymé-Tchebychev, $p(|X-50| \geqslant 10) \leqslant \frac{\sigma^2}{\delta^2} = \frac{25}{100}$ et donc par complémentarité :

$$\boxed{p(40 < X < 60) \geqslant 0{,}75.}$$

Il y a au moins 3 chances sur 4 que la production de la semaine prochaine soit comprise entre 40 et 60 pantalons.

7 **1.** Tirer avec remise dans une urne est une épreuve de Bernoulli. Ici on appelle succès le fait d'avoir une blanche : $p(S) = 30\ \% = 0{,}3$. On répète n fois l'épreuve dans des conditions identiques et indépendantes et X_n compte le nombre de succès.

Donc X_n suit la loi binomiale $\mathcal{B}(n, 0{,}3)$.

$$\boxed{E(X_n) = 0{,}3n\ ;\ V(X_n) = 0{,}21n.}$$

$0{,}25 < F_{1\,000} < 0{,}35 \Leftrightarrow -0{,}05 < F_{1\,000} - 0{,}3 < 0{,}05 \Leftrightarrow |F_{1\,000} - 0{,}3| < 0{,}05$, d'où l'on déduit :

$p(0{,}25 < F_{1\,000} < 0{,}35) = p(|F_{1\,000} - 0{,}3| < 0{,}05) = 1 - p(|F_{1\,000} - 0{,}3| \geqslant 0{,}05)$ puisque $[|F_{1\,000} - 0{,}3| < 0{,}05]$ et $[|F_{1\,000} - 0{,}3| \geqslant 0{,}05]$ sont deux événements contraires.

Or $E(F_{1\,000}) = 0{,}3$ et $V(F_{1\,000}) = \frac{0{,}21}{1\,000}$ donc d'après l'inégalité de Bienaymé-Tchebychev,

$$p(|F_{1\,000} - 0{,}3| \geqslant 0{,}05) \leqslant \frac{0{,}21}{1\,000 \times 0{,}05^2}.$$

Mais $\frac{0{,}21}{1\,000 \times 0{,}05^2} = \frac{0{,}21 \times 10^4}{10^3 \times 25} = \frac{2{,}1}{25} = 8{,}4\ \%$ et donc :

$$\boxed{p(0{,}25 < F_{1\,000} < 0{,}35) \geqslant 91{,}6\ \%.}$$

2. Par le même raisonnement :

$p(0{,}27 < F_n < 0{,}33) = p(|F_n - 0{,}3| < 0{,}03)$. Et par complémentarité :

$p(0{,}27 < F_n < 0{,}33) \geqslant 0{,}9 \Leftrightarrow p(|F_n - 0{,}3| \geqslant 0{,}03) \leqslant 0{,}1$.

Or l'inégalité de Bienaymé-Tchebychev permet d'écrire :

$p(|F_n - 0{,}3| \geqslant 0{,}03) \leqslant \frac{0{,}21 \times 10^4}{n \times 9}$ puisqu'en effet $V(F_n) = \frac{V(X_n)}{n^2} = \frac{0{,}21n}{n^2}$.

Pour réaliser $p(|F_n - 0{,}3| \geqslant 0{,}03) \leqslant 0{,}1$ il suffit donc d'avoir $\frac{0{,}21 \times 10^4}{n \times 9} \leqslant 0{,}1$ soit $n \geqslant 2\,333{,}33\ldots$:

Pour $n \geqslant 2\,334$, on a au moins neuf chances sur dix que F_n soit dans l'intervalle $]0{,}27\ ;\ 0{,}33[$.

8 On va supposer que l'échantillon de 400 consommateurs a été prélevé avec remise dans la population de tous les consommateurs ou que cette population est suffisamment grande pour que l'on puisse considérer qu'il en est ainsi. Tirer un individu dans cette population est alors une épreuve de Bernoulli et on appellera succès l'événement S : « le consommateur se déclare influencé par la marque. » On a alors $p(S) = 0{,}2$.

L'épreuve est répétée 400 fois dans des conditions identiques et indépendantes (c'est pourquoi on suppose que les tirages se font avec remise), et donc, si l'on appelle X le nombre de succès, les conditions sont réunies pour pouvoir affirmer que cette variable aléatoire suit la loi binomiale $\mathcal{B}(400,\, 0{,}2)$.

On a alors $E(X) = 400 \times 0{,}2 = 80$ et $V(X) = 400 \times 0{,}2 \times 0{,}8 = 64$.

Par ailleurs :

$$\begin{aligned} p(A) &= p(60 \leqslant X \leqslant 100) = p(-20 \leqslant X - E(X) \leqslant 20) = p(|X - E(X)| \leqslant 20) \\ &= 1 - p(|X - E(X)| \geqslant 21), \end{aligned}$$

car les événements $[|X - E(X)| \leqslant 20]$ et $[|X - E(X)| \geqslant 21]$ sont deux événements contraires (la variable X ne prend que des valeurs entières).

Or l'inégalité de Bienaymé-Tchebychev nous permet d'écrire :

$p(|X - E(X)| \geqslant 21) \leqslant \dfrac{V(X)}{21^2}$ et $\dfrac{V(X)}{21^2} = \dfrac{64}{441} \approx 0{,}145$, donc

$p(|X - E(X)| \geqslant 21) \leqslant 0{,}145$ et $1 - p(|X - E(X)| \geqslant 21) \geqslant 0{,}855$.

La probabilité pour qu'entre 60 et 100 consommateurs sur 400 se déclarent influencés par la marque est d'au moins 85 %.

9 **1.** Chaque lancer amène le 6 avec la probabilité p. Les lancers successifs étant supposés indépendants, on voit que **X_n suit la loi binomiale $\mathcal{B}(6n, p)$**. Il vient alors :

$$\boxed{E(X_n) = 6np} \quad \text{et} \quad \boxed{V(X_n) = 6np(1-p).}$$

2. Soit $\delta > 0$. L'inégalité de Bienaymé-Tchebychev s'écrit :

$$P(|X_n - E(X_n)| \geqslant \delta) \leqslant \frac{V(X_n)}{\delta^2} \quad \text{soit :}$$

$$\boxed{P(|X_n - 6np| \geqslant \delta) \leqslant \frac{6np(1-p)}{\delta^2}.}$$

3. Si le dé est non truqué alors $p = \frac{1}{6}$. Par ailleurs la fréquence d'apparition du 6 en $6n$ lancers est $F_n = \frac{X_n}{6n}$. Et donc, en divisant les deux membres de l'inégalité par $6n$:

$|X_n - 6np| \geqslant \delta \Leftrightarrow |F_n - p| \geqslant \frac{\delta}{6n}$, et donc avec $p = \frac{1}{6}$ on obtient :

$P\left(\left|F_n - \frac{1}{6}\right| \geqslant \frac{\delta}{6n}\right) \leqslant \frac{5n}{6\delta^2}$.

En prenant δ tel que $\frac{\delta}{6n} = 10^{-2}$, soit $\delta = 6n10^{-2}$, l'inégalité s'écrit :

$$P\left(\left|F_n - \frac{1}{6}\right| \geqslant 10^{-2}\right) \leqslant \frac{5n}{6(6n10^{-2})^2}.$$

Soit : $P\left(\left|F_n - \frac{1}{6}\right| \geqslant 10^{-2}\right) \leqslant \frac{510^4}{216n}$ (1).

Par ailleurs, on cherche à réaliser $P\left(\left|F_n - \frac{1}{6}\right| < 10^{-2}\right) \geqslant \frac{1}{2}$. Mais :

$P\left(\left|F_n - \frac{1}{6}\right| < 10^{-2}\right) = 1 - P\left(\left|F_n - \frac{1}{6}\right| \geqslant 10^{-2}\right)$ et donc :

$P\left(\left|F_n - \frac{1}{6}\right| < 10^{-2}\right) \geqslant \frac{1}{2} \Leftrightarrow P\left(\left|F_n - \frac{1}{6}\right| \geqslant 10^{-2}\right) \leqslant \frac{1}{2}$.

D'après l'inégalité (1), la probabilité $P\left(\left|F_n - \frac{1}{6}\right| \geqslant 10^{-2}\right)$ est inférieure ou égale à $\frac{1}{2}$ dès que n vérifie :

$$\frac{510^4}{216n} \leqslant \frac{1}{2}, \text{ soit : } n \geqslant 463 \text{ et } 6n \geqslant 2\,778. \text{ Et donc :}$$

À partir de 2 778 lancers du dé, on a au moins une chance sur deux d'obtenir une fréquence de 6 qui s'écarte de moins de 10^{-2} de la valeur $\frac{1}{6}$.

Sujets de type BAC

10 **1.** Il s'agit de la répétition d'une épreuve de Bernoulli (avec ici S : « la pièce est défectueuse »), dans des conditions identiques et indépendantes, donc **X_n suit la loi binomiale $\mathcal{B}(n, p)$**. Il s'ensuit :

$$\boxed{E(X_n) = np} \quad \text{et} \quad \boxed{V(X_n) = np(1-p)}.$$

2. La variable $F_n = \dfrac{X_n}{n}$ représente la fréquence (c'est-à-dire le pourcentage) de pièces défectueuses parmi les n pièces testées. On a alors :

$$E(F_n) = E\left(\frac{X_n}{n}\right) = \frac{E(X_n)}{n} = p \text{ et } V(F_n) = V\left(\frac{X_n}{n}\right) = \frac{V(X_n)}{n^2} = \frac{p(1-p)}{n}.$$

D'après l'inégalité de Bienaymé-Tchebychev on a :

$$P(|F_n - p| \geqslant \delta) \leqslant \frac{V(F_n)}{\delta^2} = \frac{p(1-p)}{n\delta^2}.$$

Or si on étudie la fonction définie par $\varphi(x) = x(1-x)$ dont le graphe est une parabole tournée vers le bas, on voit facilement qu'elle atteint son maximum en $x_0 = \dfrac{1}{2}$ et que ce maximum vaut $\dfrac{1}{4}$. On a donc : $\forall p \in [0, 1]$, $p(1-p) \in \left[0, \dfrac{1}{4}\right]$, ce qui permet d'écrire :

$$\boxed{P(|F_n - p| \geqslant \delta) \leqslant \frac{1}{4n\delta^2}.}$$

3. On veut réaliser ici $P(|F_n - p| < 10^{-2}) \geqslant 0{,}95$.

Mais $P(|F_n - p| < 10^{-2}) = 1 - P(|F_n - p| \geqslant 10^{-2})$. Et donc, pour réaliser cette condition il faut et il suffit de réaliser :

$P(|F_n - p| \geqslant 10^{-2}) \leqslant 0{,}05$. En utilisant l'inégalité de Bienaymé-Tchebychev, il suffit, pour cela de réaliser : $\dfrac{1}{4n10^{-4}} \leqslant 0{,}05$ (on prend ici $\delta = 10^{-2}$). Or :

$$\frac{1}{4n10^{-4}} \leqslant 0{,}05 \Leftrightarrow n \geqslant \frac{1}{4 \times 10^{-4} \times 5 \times 10^{-2}} \Leftrightarrow n \geqslant \frac{10^6}{20} \Leftrightarrow n \geqslant 50\,000 :$$

Il faut tester au moins 50 000 pièces pour que F_n soit une valeur approchée de p à 10^{-2} près avec une probabilité au moins égale à 95 %.

4. On teste donc 50 000 pièces et on obtient $f = 0{,}05$ (f : fréquence de pièces défectueuses sur le lot testé de 50 000 pièces). D'après la question précédente, on a au moins 95 % de chances de réaliser : $|f - p| < 10^{-2}$.

Or $|f - p| < 10^{-2} \Leftrightarrow |p - f| < 10^{-2} \Leftrightarrow p \in]f - 10^{-2} ; f + 10^{-2}[$:

On a au moins 95 % de chances que la proportion de pièces défectueuses soit comprise entre 0,4 et 0,6.

CORRIGÉS

→ Bien comprendre

Si l'on imagine le gigantesque univers que constitue l'ensemble de tous les échantillons de 50 000 pièces que l'on peut créer avec ce stock de pièces, on vient de démontrer qu'il y en a au moins 95 % pour lesquels la fréquence de pièces défectueuses s'écarte de p de moins de 10^{-2}. Il n'y a donc au plus que 5 % d'échantillons « atypiques » qui ne vérifient pas cela. C'est ce qui crée notre incertitude : si on a eu la malchance de tomber sur un de ces échantillons atypiques, ce qui se produit au pire dans 5 % des cas, la valeur de p risque de ne pas être comprise entre 0,4 et 0,6.
Le **risque** que p ne soit pas dans l'intervalle [0,4 ; 0,6] est ainsi évalué à 5 %.

11 **1. a)** Soit $\lambda > 0$ fixé : $X - \mu \geqslant \delta \Leftrightarrow X - \mu + \lambda \geqslant \delta + \lambda$ d'où l'égalité des événements : $[X - \mu \geqslant \delta] = [X - \mu + \lambda \geqslant \delta + \lambda]$ puis l'égalité des probabilités :

$$p(X - \mu \geqslant \delta) = p(X - \mu + \lambda \geqslant \delta + \lambda).$$

b) Soit $\lambda > 0$ fixé :

$$\begin{aligned} E((X - \mu + \lambda)^2) &= E((X - \mu)^2 + 2\lambda(X - \mu) + \lambda^2) \\ &= E((X - \mu)^2) + 2\lambda E(X - \mu) + \lambda^2. \end{aligned}$$

Mais :
$E((X - \mu)^2) = V(X) = \sigma^2$.
$E(X - \mu) = E(X) - \mu = 0$.

Et donc : $E((X - \mu + \lambda)^2) = \sigma^2 + \lambda^2.$

c) Soit $\lambda > 0$ fixé : $X - \mu + \lambda \geqslant \delta + \lambda \Rightarrow (X - \mu + \lambda)^2 \geqslant (\delta + \lambda)^2$: en effet $\delta + \lambda > 0$ puisque $\delta > 0$ et $\lambda > 0$ par hypothèse donc les deux membres de l'inégalité $X - \mu + \lambda \geqslant \delta + \lambda$ sont positifs et donc leurs carrés sont dans le même ordre.
Remarque : mais la réciproque est fausse car l'inégalité $(X - \mu + \lambda)^2 \geqslant (\delta + \lambda)^2$ n'impose pas que $X - \mu + \lambda$ soit positif.
En tout cas on a bien : $[X - \mu + \lambda \geqslant \delta + \lambda] \subset [(X - \mu + \lambda)^2 \geqslant (\delta + \lambda)^2]$ et donc : $p(X - \mu + \lambda \geqslant \delta + \lambda) \leqslant p((X - \mu + \lambda)^2 \geqslant (\delta + \lambda)^2)$.

La variable aléatoire $(X - \mu + \lambda)^2$ est à valeurs positives, on peut donc lui appliquer l'inégalité de Markov : $p((X - \mu + \lambda)^2 \geqslant (\delta + \lambda)^2) \leqslant \dfrac{E((X - \mu + \lambda)^2)}{(\delta + \lambda)^2}$. Or :

- $E((X - \mu + \lambda)^2) = \sigma^2 + \lambda^2$
- $p(X - \mu \geqslant \delta) = p(X - \mu + \lambda \geqslant \delta + \lambda) \leqslant p((X - \mu + \lambda)^2 \geqslant (\delta + \lambda)^2)$. Donc :

$$\forall \lambda > 0, \quad p(X - \mu \geqslant \delta) \leqslant \frac{\sigma^2 + \lambda^2}{(\delta + \lambda)^2}.$$

2. a) Le dénominateur étant une puissance, il est plus intéressant de dériver comme un produit : $f(x) = (\sigma^2 + x^2) \cdot (\sigma + x)^{-2}$, ce qui donne :

$$f'(x) = (2x)(\delta + x)^{-2} - 2(\sigma^2 + x^2)(\delta + x)^{-3} = 2\,\frac{x(\delta + x) - (\sigma^2 + x^2)}{(\delta + x)^3}$$

$$= 2\,\frac{\delta x - \sigma^2}{(\delta + x)^3}$$

$f'(x) = 0 \Leftrightarrow x = \dfrac{\sigma^2}{\delta}$, d'où le tableau de variation de f sur $\mathbb{R}_+^*$:

x	0		$\dfrac{\sigma^2}{\delta}$		$+\infty$
$f'(x)$		$-$	0	$+$	
f		↘		↗	1

Selon ce tableau de variation, f admet un minimum sur $\mathbb{R}_+^*$, atteint en $\dfrac{\sigma^2}{\delta}$.

$$f\left(\frac{\sigma^2}{\delta}\right) = \frac{\sigma^2 + \dfrac{\sigma^4}{\delta^2}}{\left(\delta + \dfrac{\sigma^2}{\delta}\right)^2} = \frac{\sigma^2(\delta^2 + \sigma^2)}{(\delta^2 + \sigma^2)^2} = \frac{\sigma^2}{\delta^2 + \sigma^2} :$$

Le minimum de f sur $\mathbb{R}_+^*$ est égal à $f\left(\dfrac{\sigma^2}{\delta}\right) = \dfrac{\sigma^2}{\delta^2 + \sigma^2}$.

b) C'est immédiat : au **1. c)** il a été démontré : $\forall \lambda > 0,\ p(X - \mu \geqslant \delta) \leqslant f(\lambda)$.

Il suffit d'appliquer cette inégalité en prenant $\lambda = \dfrac{\sigma^2}{\delta}$:

$$p(X - \mu \geqslant \delta) \leqslant \frac{\sigma^2}{\delta^2 + \sigma^2}.$$

3. On sait que : $|X - \mu| \geqslant \delta \Leftrightarrow X - \mu \geqslant \delta$ ou $X - \mu \leqslant -\delta \Leftrightarrow X - \mu \geqslant \delta$ ou $\mu - X \geqslant \delta$. Et donc : $[|X - \mu| \geqslant \delta] = [X - \mu \geqslant \delta] \cup [\mu - X \geqslant \delta]$.

Il suffit de reprendre les questions précédentes en remplaçant partout $X - \mu$ par $\mu - X$ et l'on verra que l'inégalité $p(\mu - X \geqslant \delta) \leqslant \dfrac{\sigma^2}{\delta^2 + \sigma^2}$ est également valable.

Et donc en additionnant les deux inégalités on obtient :

$$p(|X-\mu| \geqslant \delta) \leqslant \frac{2\sigma^2}{\delta^2+\sigma^2}.$$

L'inégalité de Bienaymé-Tchebychev est : $p(|X-\mu| \geqslant \delta) \leqslant \frac{\sigma^2}{\delta^2},$ donc l'inégalité établie ci-dessus sera meilleure que celle-ci si et seulement si :

$$\frac{2\sigma^2}{\delta^2+\sigma^2} < \frac{\sigma^2}{\delta^2} \Leftrightarrow \frac{2}{\delta^2+\sigma^2} < \frac{1}{\delta^2} \Leftrightarrow 2\delta^2 < \delta^2+\sigma^2 \Leftrightarrow \delta^2 < \sigma^2 :$$

Cette inégalité est meilleure que l'inégalité de Bienaymé-Tchebychev si et seulement si $\delta < \sigma$.

PARTIE 2

Maths expertes

CHAPITRE 1

Les nombres complexes

DE QUOI S'AGIT-IL ?

Ce chapitre traite de nombres appelés complexes et parfois imaginaires, qui ne sont ni plus complexes, ni plus imaginaires que les autres ! Ces nombres constituent un outil très puissant en géométrie.

1 Ensemble des nombres complexes

1 Définition

L'ensemble des nombres complexes, noté $\mathbb{C}$, est l'ensemble des éléments notés $z = x + \mathrm{i}z$, où x et y sont des réels quelconques et i un nombre vérifiant $\mathrm{i}^2 = -1$.

Notation
$\mathbb{C}^* = \mathbb{C}\backslash\{0\}$.

- Les règles de calcul dans $\mathbb{R}$ se prolongent dans $\mathbb{C}$. En particulier :

$$(x + \mathrm{i}y) + (x' + \mathrm{i}y') = x + x' + \mathrm{i}(y + y')$$

$$(x + \mathrm{i}y) \times (x' + \mathrm{i}y') = xx' - yy' + \mathrm{i}(xy' + yx').$$

- L'écriture $z = x + \mathrm{i}y$ est la **forme algébrique** ou **cartésienne** du nombre complexe z.

$x = \mathrm{Re}(z)$ est la **partie réelle** de z.
$y = \mathrm{Im}(z)$ est la **partie imaginaire** de z.
Si $y = 0$, z est **réel**.
Si $x = 0$, z est **imaginaire pur**.
Quels que soient les réels x, y, x', y' :

Remarque
La partie imaginaire d'un nombre complexe est un nombre réel.

$$x + \mathrm{i}y = x' + \mathrm{i}y' \Leftrightarrow \begin{cases} x = x' \\ y = y' \end{cases}.$$

Remarque
$\mathbb{R} \subset \mathbb{C}$ et, pour tout $z \in \mathbb{C}$:
$z \in \mathbb{R}$ si et seulement si $\mathrm{Im}z = 0$.

$z = 0 \Leftrightarrow x + \mathrm{i}y = 0 \Leftrightarrow x = y = 0$

$-z = -x + \mathrm{i}(-y)$

- Dans un plan rapporté à un repère orthonormal $(\mathrm{O}\,;\vec{u}, \vec{v})$, $z = x + \mathrm{i}y$ a pour image le point $\mathrm{M}(x\,;y)$ ou le vecteur $\overrightarrow{\mathrm{OM}}$.

On dit aussi que z est **l'affixe** de M ou de $\overrightarrow{\mathrm{OM}}$.

Remarque
Affixe est un nom féminin.

2 Nombres conjugués

Les nombres complexes $z = x + \mathrm{i}y$ et $\bar{z} = x - \mathrm{i}y$ sont dits **conjugués**.
Quels que soient les nombres z et z' :

$$\overline{z + z'} = \bar{z} + \bar{z}'\,;\ \overline{zz'} = \bar{z}\bar{z}'\,;\ \text{si } z' \neq 0,\ \overline{\left(\frac{z}{z'}\right)} = \frac{\bar{z}}{\bar{z}'}.$$

$$\mathrm{Re}z = \frac{z + \bar{z}}{2}\,;\ \mathrm{Im}z = \frac{z - \bar{z}}{2\mathrm{i}}\,;$$

z réel si et seulement si $z = \bar{z}$;
z imaginaire pur si et seulement si $z = -\bar{z}$.

3 Module d'un nombre complexe

Le module de $z = x + \mathrm{i}y$ est $|z| = \sqrt{z\bar{z}} = \sqrt{x^2 + y^2} = \left\|\overrightarrow{\mathrm{OM}}\right\|$.

Quels que soient les nombres complexes z et z' :

$$|z| = 0 \Leftrightarrow z = 0\,; \qquad |z + z'| \leqslant |z| + |z'|\,;$$

$$|zz'| = |z| \times |z'|\,; \qquad \text{si } z' \neq 0,\ \left|\frac{z}{z'}\right| = \frac{|z|}{|z'|}.$$

Remarque
Le module d'un nombre complexe est un nombre réel positif.

4 Argument d'un nombre complexe non nul

- Soit un plan $\mathscr{P}$ rapporté à un repère orthonormal direct $(\mathrm{O}\,;\vec{u}, \vec{v})$. Si z est non nul, un argument de $z = x + \mathrm{i}y$ est $\arg z = (\vec{u}, \overrightarrow{\mathrm{OM}})$.

Appelons θ cet argument :

$$\begin{cases} \cos\theta = \dfrac{x}{\sqrt{x^2 + y^2}} \\[2ex] \sin\theta = \dfrac{y}{\sqrt{x^2 + y^2}}. \end{cases}$$

Remarque
Le nombre complexe (réel) 0 a un module égal à 0, mais n'a pas d'argument.

Posons $\sqrt{x^2 + y^2} = r$, alors :

$$r\left(\frac{x}{\sqrt{x^2 + y^2}} + \mathrm{i}\frac{y}{\sqrt{x^2 + y^2}}\right) = r\,(\cos\theta + \mathrm{i}\sin\theta),$$

noté $r\mathrm{e}^{\mathrm{i}\theta}$.

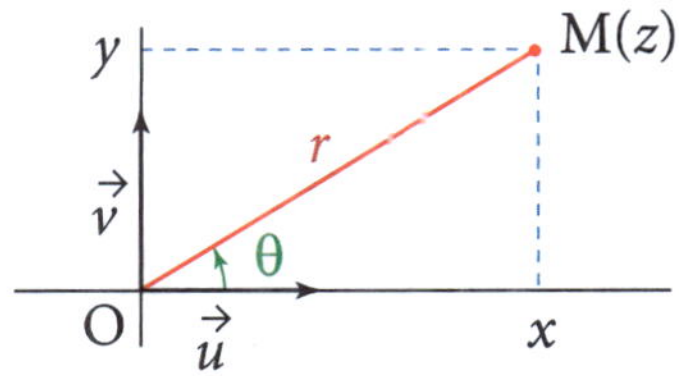

L'écriture $r(\cos\theta + \mathrm{i}\sin\theta)$ est la **forme trigonométrique et** $r\mathrm{e}^{\mathrm{i}\theta}$ **est la forme exponentielle** du nombre complexe non nul z.

Bien comprendre
Avant de déterminer un argument d'un nombre complexe, il faut montrer que ce nombre est non nul.

- Quels que soient les réels θ et θ' et les réels $r > 0$ et $r' > 0$:

$$r\mathrm{e}^{\mathrm{i}\theta} = r'\mathrm{e}^{\mathrm{i}\theta'} \Leftrightarrow \begin{cases} r = r' \\ \theta = \theta' \quad [2\pi] \end{cases}$$

Quels que soient les nombres complexes non nuls z et z' et les réels θ et θ' :

$$\arg(zz') = \arg z + \arg z' \quad [2\pi]\,; \qquad \arg\left(\frac{z}{z'}\right) = \arg z - \arg z' \quad [2\pi]\,;$$

$$e^{i\theta}e^{i\theta'} = e^{i(\theta+\theta')}\,; \qquad \frac{e^{i\theta}}{e^{i\theta'}} = e^{i(\theta-\theta')}.$$

5 Formule de Moivre

Quels que soient le réel θ et l'entier relatif n :

$$(\cos\theta + i\sin\theta)^n = \cos n\theta + i\sin n\theta$$

qui s'écrit aussi :

$$(e^{i\theta})^n = e^{in\theta}.$$

Remarque
Cette formule permet de calculer $\cos n\theta$ et $\sin n\theta$ en fonction de puissances de $\cos\theta$ et $\sin\theta$, par exemple $\cos 2\theta$ et $\sin 2\theta$.

6 Formules d'Euler

Quel que soit le réel θ :

$$\cos\theta = \frac{e^{i\theta} + e^{-i\theta}}{2} \quad \text{et} \quad \sin\theta = \frac{e^{i\theta} - e^{-i\theta}}{2i}.$$

7 Équation du second degré à coefficients réels

Soit l'équation $az^2 + bz + c = 0$ (1) où a, b, c sont des réels $(a \neq 0)$ et z est l'inconnue complexe. Soit $\Delta = b^2 - 4ac$.

Si $\Delta > 0$, l'équation (1) a deux racines réelles :

$$z' = \frac{-b + \sqrt{\Delta}}{2a}, \quad z'' = \frac{-b - \sqrt{\Delta}}{2a}.$$

Si $\Delta = 0$, l'équation (1) a une racine double réelle :

$$z = -\frac{b}{2a}.$$

Si $\Delta < 0$, l'équation (1) a deux racines non réelles, complexes conjuguées :

$$z' = \frac{-b + i\sqrt{-\Delta}}{2a}, \quad z'' = \frac{-b - i\sqrt{-\Delta}}{2a}.$$

2 Racines carrées d'un nombre complexe

1 Théorème

Soit A un nombre complexe quelconque non nul. Alors A admet exactement deux racines carrées, c'est-à-dire deux nombres complexes z' et z'' solutions de l'équation $z^2 = \text{A}$.

1re démonstration

Supposons A écrit sous forme algébrique : $A = a + \text{i}b$ et cherchons z également sous forme algébrique : $z = x + \text{i}y$. Alors $z^2 = x^2 - y^2 + 2\text{i}xy$, et donc :

$z^2 = A \Leftrightarrow \begin{cases} x^2 - y^2 = a \\ 2xy = b \end{cases}$. Pour faciliter la résolution ajoutons l'égalité des modules : $|z^2| = |A|$.

Or $|z^2| = |z|^2 = x^2 + y^2$ et $|A| = \sqrt{a^2 + b^2}$. On a donc :

Remarque
On utilise le terme « racine carrée » pour parler d'une solution de l'équation $z^2 = A$ mais le symbole $\sqrt{A}$ n'a plus aucun sens ici.

$$z^2 = A \Leftrightarrow \begin{cases} x^2 + y^2 = \sqrt{a^2 + b^2} \\ x^2 - y^2 = a \\ 2xy = b \end{cases}$$

Des deux premières équations, on tire : $x^2 = \dfrac{\sqrt{a^2 + b^2} + a}{2}$ et $y^2 = \dfrac{\sqrt{a^2 + b^2} - a}{2}$. On sait que $a^2 + b^2 \geqslant a^2$ donc $\sqrt{a^2 + b^2} \geqslant |a|$ et comme $|a| \geqslant a$ et $|a| \geqslant -a$, les deux réels $\sqrt{a^2 + b^2} + a$ et $\sqrt{a^2 + b^2} - a$ sont positifs. On obtient donc deux valeurs possibles pour x et deux pour y.

Attention ! Cela ne conduit pas à obtenir quatre racines carrées pour A. En effet, il ne faut pas oublier la relation $2xy = b$ qui induit une connexion entre les signes de x et de y, et donc l'existence de deux racines carrées opposées.

2e démonstration

Supposons A écrit sous forme trigonométrique $A = re^{\text{i}\alpha}$ et cherchons z également sous forme trigonométrique : $z = \rho e^{\text{i}\theta}$. Alors $z^2 = \rho^2 e^{2\text{i}\theta}$, et donc :

$$z^2 = A \Leftrightarrow \begin{cases} \rho^2 = r \\ 2\theta = \alpha[2\pi] \end{cases} \Leftrightarrow \begin{cases} \rho = \sqrt{r} \\ \theta = \dfrac{\alpha}{2}[\pi] \end{cases} \text{ (par définition } \rho \geqslant 0\text{).}$$

Les deux racines sont donc :

$$z' = \sqrt{r}\,e^{i\frac{\alpha}{2}} \quad \text{et} \quad z'' = \sqrt{r}\,e^{i\left(\frac{\alpha}{2}+\pi\right)} = -\sqrt{r}\,e^{i\frac{\alpha}{2}} \text{ (car } e^{i\pi} = -1\text{).}$$

3 Équations du second degré dans $\mathbb{C}$

1 Corollaire

Soit $az^2 + bz + c = 0$, $a \neq 0$ une équation du second degré à coefficients dans $\mathbb{C}$. Alors :

Si $\Delta = b^2 - 4ac$ est non nul, cette équation admet deux racines distinctes.

Si $\Delta = 0$, elle admet une racine double.

Démonstration

$$az^2 + bz + c = 0 \Leftrightarrow a\left(z^2 + \frac{b}{a}z + \frac{c}{a}\right) = 0$$

$$\Leftrightarrow \left(z + \frac{b}{2a}\right)^2 - \frac{b^2}{4a^2} + \frac{c}{a} = 0 \Leftrightarrow \left(z + \frac{b}{2a}\right)^2 = \frac{b^2 - 4ac}{(2a)^2} = \frac{\Delta}{(2a)^2}$$

- Si $\Delta \neq 0$, Δ admet, d'après le théorème précédent, deux racines carrées opposées : δ et $-\delta$. On a donc :

$\left(z + \frac{b}{2a}\right)^2 = \left(\frac{\delta}{2a}\right)^2$ et l'on en déduit

$z + \frac{b}{2a} = \pm \frac{\delta}{2a}$, d'où les deux racines :

$$z' = \frac{-b+\delta}{2a} \quad \text{et} \quad z'' = \frac{-b-\delta}{2a}.$$

Remarque
Il s'agit, ni plus, ni moins, de la décomposition canonique du trinôme vue en seconde.

- Si $\Delta = 0$, alors $\left(z + \frac{b}{2a}\right)^2 = 0$. Il existe donc une racine double : $z = -\frac{b}{2a}$.

Remarque
La résolution est donc formellement la même que dans le cas réel, à la recherche des racines carrées de Δ près.

4 Racines n-ièmes d'un complexe

1 Théorème

Soit $A \in \mathbb{C}^*$ et $n \in \mathbb{N}^*$. Alors A possède exactement n racines n-ièmes, c'est-à-dire que l'équation en z : $z^n = A$ possède n solutions distinctes.

Démonstration

Nous sommes obligés dans ce cas d'utiliser la forme trigonométrique des nombres complexes : $A = re^{i\alpha}$ et $z = \rho e^{i\theta}$. L'équation $z^n = A$ s'ecrit alors : $\rho^n e^{ni\theta} = re^{i\alpha}$, soit :

$$\begin{cases} \rho^n = r \\ n\theta = \alpha\ [2\pi] \end{cases} \Leftrightarrow \begin{cases} \rho = \sqrt[n]{r} \\ \theta = \dfrac{\alpha}{n} \left[\dfrac{2\pi}{n}\right] \end{cases}.$$

Les solutions de l'équation $z^n = A$ sont donc les complexes de la forme $z_k = \sqrt[n]{r}\, e^{i\left(\frac{\alpha}{n} + \frac{2k\pi}{n}\right)}$, avec $k \in \mathbb{Z}$. Mais si l'on remarque que l'on a :

$$z_k = z_p \Leftrightarrow \frac{\alpha}{n} + \frac{2k\pi}{n} = \frac{\alpha}{n} + \frac{2p\pi}{n}[2\pi] \Leftrightarrow k \equiv p[n]$$

on en déduit que $z_0, z_1, \ldots, z_{n-1}$ sont les n racines distinctes de A.

2 Cas particulier : les racines n-ièmes de l'unité

Appliquons le résultat précédent au cas $A = 1$. Les racines n-ièmes du nombre 1 (de l'unité, donc) sont les complexes $\omega_k = e^{\frac{2ik\pi}{n}}$, pour $k \in [\![0, n-1]\!]$.

On note $\mathbb{U}_n$ l'ensemble des racines n-ièmes de l'unité. On a donc :

$$\mathbb{U}_n = \{z \in \mathbb{C} / z^n = 1\} = \{1, \omega_1, \omega_2, \ldots, \omega_{n-1}\} = \left\{1, e^{\frac{2i\pi}{n}}, \ldots, e^{\frac{2ik\pi}{n}}, \ldots, e^{\frac{2i(n-1)\pi}{n}}\right\}.$$

On remarquera que $\omega_k = \omega_1^k$.

On a par exemple : $\mathbb{U}_2 = \{1, -1\}$, $\mathbb{U}_3 = \{1, j, j^2\}$ avec $j = e^{\frac{2i\pi}{3}}$,

$$\mathbb{U}_4 = \{1, i, -1, -i\},\ \mathbb{U}_5 = \left\{1, e^{\frac{2i\pi}{5}}, e^{\frac{4i\pi}{5}}, e^{-\frac{4i\pi}{5}} e^{-\frac{2i\pi}{5}}\right\}.$$

3 Remarque

Soit a une racine n-ième particulière du nombre complexe A i.e $a^n = A$. L'équation $z^n = A$ peut alors s'écrire $z^n = a^n$ ou encore : $\left(\frac{z}{a}\right)^n = 1$. On obtient donc comme solutions $\frac{z}{a} = \omega_k$, i.e. $z = a \cdot \omega_k$. D'où le critère pratique suivant : on obtient toutes les racines n-ièmes d'un nombre complexe en multipliant l'une d'elles par toutes les racines n-ièmes de l'unité.

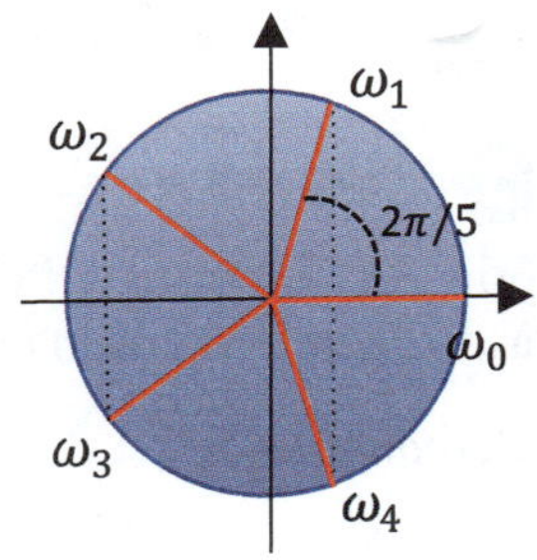

Représentation de $\mathbb{U}_5$

5 Identités remarquables

$\forall (a, b) \in \mathbb{C}^2$

$$(a+b)^2 = a^2 + 2ab + b^2$$
$$(a-b)^2 = a^2 - 2ab + b^2$$
$$a^2 - b^2 = (a-b)(a+b)$$
$$(a+b)^3 = a^3 + 3a^2b + 3ab^2 + b^3$$
$$(a-b)^3 = a^3 - 3a^2b + 3ab^2 - b^3$$
$$a^3 - b^3 = (a-b)(a^2 + ab + b^2)$$
$$a^3 + b^3 = (a+b)(a^2 - ab + b^2)$$

$\forall (a, b) \in \mathbb{C}^2\ \forall n \in \mathbb{N}^*\ (a+b)^n = \sum_{k=0}^{n} \binom{n}{k} a^k b^{n-k}$

$$a^n - b^n = (a-b)(a^{n-1} + a^{n-2}b + \ldots ab^{n-2} + b^{n-1})$$

$\forall (a, b) \in \mathbb{C}^2\ \forall n \in \mathbb{N}^*$

n impair alors $a^n + b^2 = (a+b)(a^{n-1} - a^{n-2}b + a^{n-3}b^2 - \ldots - ab^{n-2} + b^{n-1})$

Questions courtes

Dans toutes ces questions, on considère un plan $\mathcal{P}$ rapporté à un repère orthonormé direct $(O\,;\vec{u},\vec{v})$. Les points du plan sont définis par leurs affixes.

1 Propriété du module

➲ Corrigé p. 570

Quels sont les nombres complexes $z = a + ib$ (a et b réels) tels que :

a) $|z| = |a|$? **b)** $|z| = a$? **c)** $|z| = |a| + |b|$?

2 Ensemble de points

➲ Corrigé p. 570

1. Déterminer, sans calcul, l'ensemble des complexes z tels que :

a) $|z - \mathrm{i}| = |z + \mathrm{i}|$? **b)** $|z - \mathrm{i}| = |\bar{z} + \mathrm{i}|$.

> **Indication**
> Utiliser une interprétation géométrique du module.

2. On donne trois complexes a, b et c, deux à deux distincts.

Existe-t-il un complexe z tel que :

$$|z - a| = |z - b| = |z - c|\ ?$$

3 Inégalité triangulaire

➲ Corrigé p. 570

Montrer que, pour tous complexes z et z' :

$$\big||z| - |z'|\big| \leqslant |z + z'|.$$

4 Module et argument

➲ Corrigé p. 571

1. Soit z et z' deux complexes non nuls. Démontrer que :

$$|z + z'| = |z| + |z'| \Leftrightarrow \mathrm{Re}(z'\bar{z}) = |z'z|$$
$$\Leftrightarrow \arg z = \arg z' \quad [2\pi].$$

> **Indication**
> • Deux réels positifs sont égaux si et seulement si leurs carrés le sont.
> • $|z|^2 = z\bar{z}$.

2. Soit $z \in \mathbb{C}$, $z \neq 0$. A-t-on $\arg(-z) = -\arg z \quad [2\pi]$?

> **Indication**
> $-z = (-1)z$.

3. Quels sont les nombres complexes $z \neq 0$ tels que

$$\bar{z} = \frac{1}{z}\ ?$$

4. Soit $z \in \mathbb{C}$, $z \neq 0$, et $z' = \frac{1}{z}\cdot$ Est-il vrai que :

$$|z'| = \frac{1}{|z|} \text{ et } \arg z' = \arg z \quad [2\pi]$$

5. Quels sont les nombres complexes non nuls z tels que :

$$\arg\frac{1}{z} = \arg z \quad [2\pi]\ ?$$

5 Calcul dans $\mathbb{C}$

➔ Corrigé p. 571

1. Un nombre réel strictement négatif a-t-il des racines carrées dans $\mathbb{C}$?

2. Simplifier $(1 + \mathrm{i})^{2\,020}$.

6 Nombre complexe et produit scalaire

➔ Corrigé p. 571

Soit $\vec{w}$ et $\vec{w}'$ deux vecteurs d'affixes respectives z et z'.

1. Démontrer que :

$$\vec{w} \cdot \vec{w}' = \mathrm{Re}(\bar{z}z').$$

2. On suppose $z \neq 0$.

Démontrer que $\vec{w}$ et $\vec{w}'$ sont orthogonaux si et seulement si $\frac{z'}{z}$ est imaginaire pur.

7 Ensemble de points

➔ Corrigé p. 572

Soit A et B deux points distincts d'affixes a et b. Soit M un point d'affixe z, avec $z \neq a$ et $z \neq b$.

Démontrer que M appartient au cercle de diamètre [AB] si et seulement si :

$$\frac{b-z}{a-z} \text{ est imaginaire pur.}$$

8 Limite

➔ Corrigé p. 572

Soit $z \in \mathbb{C}$. À quelle condition nécessaire et suffisante la suite $(|z^n|)$ a-t-elle une limite ?

Quelle est alors cette limite ?

9 Équations

➔ Corrigé p. 572

Résoudre dans $\mathbb{C}$ les équations suivantes :

1. $z^2 + z + 1 = 0$.

2. $z^2 + (1 + \mathrm{i})z + \mathrm{i} = 0$.

3. $z^8 = \dfrac{1+\mathrm{i}}{\sqrt{3}-\mathrm{i}}$.

4. $z^4 - (5-14\mathrm{i})z^2 - 2(5\mathrm{i}+12) = 0$.

5. $z^3 - \mathrm{i} = 6(z+\mathrm{i})$ (indication : on pourra remarquer que $-\mathrm{i} = \mathrm{i}^3$).

10 Calcul d'une somme

➲ Corrigé p. 575

Calculer la somme des racines n-ièmes de l'unité.

Exercices d'entraînement

11 Forme algébrique d'un nombre complexe

5 min ➲ Corrigé p. 576

Déterminer la forme algébrique des trois nombres complexes suivants :

$$Z_1 = \mathrm{i}(3+2\mathrm{i})(2+\mathrm{i})^2 \,; \quad Z_2 = -\,\mathrm{i}(3-2\mathrm{i})(2-\mathrm{i})^2 \,; \quad Z_3 = \frac{(3+2\mathrm{i})(2+\mathrm{i})}{2-\mathrm{i}}.$$

12 Application d'une partie de ℂ dans ℂ

10 min ➲ Corrigé p. 576

On considère l'application f de $\mathbb{C} - \{3\}$ dans $\mathbb{C}$:

$$z \mapsto \frac{1-3z}{3-z}.$$

On pose $z = x + \mathrm{i}y$ et $f(z) = X + \mathrm{i}\,Y$ avec x, y, X et Y réels.

1. Calculer X et Y en fonction de x et y.

2. À quelles conditions, nécessaires et suffisantes, le nombre $f(z)$ est-il : réel ? imaginaire pur ?

13 Équation

10 min ➲ Corrigé p. 576

Résoudre dans $\mathbb{C}$ l'équation :

$$2z - (1+\mathrm{i})\overline{z} = -1 + 5\mathrm{i}.$$

14 Calcul d'une somme

★ 15 min ➔ Corrigé p. 577

Démontrer par récurrence que, pour tout entier naturel n non nul :

$$1 + 2\mathrm{i} + 3\mathrm{i}^2 + \dots + n\mathrm{i}^{n-1} = \frac{-(n+1)\mathrm{i}^{n+1} - n\mathrm{i}^n + \mathrm{i}}{2}.$$

En déduire, pour tout entier naturel k :

$1 - 3 + 5 - 7 + \dots + (-1)^k(2k+1) = (-1)^k(k+1)$;

$$2 - 4 + 6 - \dots + (-1)^{k-1}2k = \frac{1 + (-1)^{k+1}(2k+1)}{2}.$$

Indication
On donne à n la valeur $2k+1$ et on identifie parties réelles et imaginaires.

15 Ensembles de points

15 10 min ➔ Corrigé p. 577

Dans le plan rapporté à un repère orthonormé $(\mathrm{O} ; \vec{u}, \vec{v})$, déterminer l'ensemble des points M dont l'affixe z vérifie :

1. $|z - \mathrm{i}| = 5$;

2. $|\bar{z} + \mathrm{i}| = 5$;

3. $|(1+\mathrm{i})z + 2\mathrm{i}| = 3$;

4. $|z - \mathrm{i}| = |z - 1 + 2\mathrm{i}|$.

16 Équation

★ 10 min ➔ Corrigé p. 578

1. Dans un plan rapporté à un repère orthonormé, déterminer l'ensemble des points M d'affixe z telle que $|z - 1| = |\bar{z} + 1|$.

2. Soit $n \in \mathbb{N}^*$. Résoudre dans $\mathbb{C}$ l'équation $(z-1)^n = (\bar{z}+1)^n$.

17 Égalité et ensemble de points

★ 10 min ➔ Corrigé p. 578

1. Soit z et z' deux nombres complexes. Démontrer que :

$$|z + z'|^2 + |z - z'|^2 = 2|z|^2 + 2|z'|^2.$$

2. Démontrer que $|z+1|^2 = 2|z|^2 \Leftrightarrow |z-1|^2 = 2$.

3. Le plan complexe est rapporté au repère orthonormé $(\mathrm{O} ; \vec{u}, \vec{v})$. Soit A et B les deux points d'affixes respectives -1 et 1.

Quel est l'ensemble des points M du plan tels que $\mathrm{AM} = \sqrt{2}\,\mathrm{OM}$?

Indication
Pour tout complexe Z :
$|Z|^2 = Z\bar{Z}$.

18 Calcul pratique

10 min ➔ Corrigé p. 579

Calculer $A = \left(\dfrac{1 + \mathrm{i}\sqrt{3}}{1 + \mathrm{i}}\right)^{30}$.

Indication
Utiliser la forme trigonométrique ou exponentielle.

19 Remarques sur les puissances d'un nombre ★ 10 min Corrigé p. 579

Comment faut-il choisir l'entier relatif n pour que $(\sqrt{3}+i)^n$ soit :

a) réel ?

b) réel positif ?

c) imaginaire pur ?

Indication
Utiliser la forme trigonométrique.

20 Module et argument 15 min Corrigé p. 579

Soit $\theta \in [0, 2\pi[$. Déterminer modules et arguments des nombres :

$$z_1 = e^{i\theta} - 1\,; \quad z_2 = e^{i\theta} + 1.$$

Indication
$e^{i\theta} - 1 = e^{i\frac{\theta}{2}}\left(e^{i\frac{\theta}{2}} - e^{-i\frac{\theta}{2}}\right).$

21 Application trigonométrique 10 min Corrigé p. 580

On donne le nombre complexe u :

$$u = \sqrt{2-\sqrt{2}} - i\sqrt{2+\sqrt{2}}.$$

1. Calculer u^2 et u^4.

Calculer le module et un argument de u^4.

En déduire le module et un argument de u.

2. En déduire les valeurs de $\cos\frac{3\pi}{8}$ et $\sin\frac{3\pi}{8}$, puis de $\cos\frac{\pi}{8}$ et $\sin\frac{\pi}{8}$.

22 Application trigonométrique ★ 10 min Corrigé p. 581

Soit les nombres complexes $z_1 = \dfrac{\sqrt{6}-i\sqrt{2}}{2}$ et $z_2 = 1 - i$.

1. Mettre sous forme trigonométrique z_1, z_2 et $Z = \dfrac{z_1}{z_2}$.

2. En déduire que $\cos\dfrac{\pi}{12} = \dfrac{\sqrt{6}+\sqrt{2}}{4}$ et $\sin\dfrac{\pi}{12} = \dfrac{\sqrt{6}-\sqrt{2}}{4}$.

3. Résoudre l'équation d'inconnue réelle x :

$$(\sqrt{6}+\sqrt{2})\cos x + (\sqrt{6}-\sqrt{2})\sin x = 2.$$

23 Expression de $\cos^4 x$ en fonction de $\cos 4x$ et de $\cos 2x$

★ 10 min ➔ Corrigé p. 582

Linéariser $\cos^4 x$.

Remarque

- Exprimer $\cos^4 x$ en fonction de $\cos 4x$ et $\cos 2x$ s'appelle linéariser $\cos^4 x$.
- Utiliser la formule :
$(a+b)^4 = a^4 + 4a^3b + 6a^2b^2 + 4ab^3 + b^4$ (a et b nombres complexes quelconques)
et utiliser la formule d'Euler.

24 Formule de Moivre

★★ 10 min ➔ Corrigé p. 583

Calculer $\cos 5\varphi$ en fonction de $\cos\varphi$.

En déduire la valeur de $\cos \dfrac{\pi}{10}$.

Remarque

Si a et b dont deux nombres complexes : $(a+b)^5 = a^5 + 5a^4b + 10a^3b^2 + 10a^2b^3 + 5ab^4 + b^5$.

25 Calcul de sommes

★★ 10 min ➔ Corrigé p. 584

Calculer les sommes :

$$S = \cos\frac{2\pi}{7} + \cos\frac{4\pi}{7} + \cos\frac{6\pi}{7} + \cos\frac{8\pi}{7} + \cos\frac{10\pi}{7} + \cos\frac{12\pi}{7}\,;$$

$$S' = \sin\frac{2\pi}{7} + \sin\frac{4\pi}{7} + \sin\frac{6\pi}{7} + \sin\frac{8\pi}{7} + \sin\frac{10\pi}{7} + \sin\frac{12\pi}{7}.$$

1. En déduire $\Sigma = \cos\dfrac{2\pi}{7} + \cos\dfrac{4\pi}{7} + \cos\dfrac{6\pi}{7}$.

26 Calcul de sommes

★★ 10 min ➔ Corrigé p. 584

Soit n un entier strictement positif, θ un réel appartenant à $]0\,;\pi[$.
On considère les sommes :

$S_n = \cos^2\theta + \cos^2\theta\cos 2\theta + \cdots + \cos^p\theta\cos p\theta + \cdots + \cos^n\theta\cos n\theta\,;$

$S'_n = \cos\theta\sin\theta + \cos^2\theta\sin 2\theta + \cdots + \cos^p\theta\sin p\theta + \cdots + \cos^n\theta\sin n\theta\,;$

$\Sigma_n = S_n + \mathrm{i}S'_n.$

1. Démontrer que Σ_n est la somme des premiers termes d'une suite géométrique complexe dont on donnera le premier terme et la raison.

2. En déduire la valeur de Σ_n, puis celles de S_n et de S'_n en fonction de n et de θ.

27 Équation

★ 10 min Corrigé p. 585

On pose $z_0 = e^{i\frac{2\pi}{5}}$.

1. Démontrer que $1 + z_0 + z_0^2 + z_0^3 + z_0^4 = 0$.

2. On pose $\alpha = z_0 + z_0^4$ et $\beta = z_0^2 + z_0^3$. Calculer $\alpha + \beta$ et $\alpha\beta$.
En déduire que α et β sont les racines du trinôme $X^2 + X - 1$.

3. Exprimer α en fonction de $\cos \frac{2\pi}{5}$. En déduire la valeur de $\cos \frac{2\pi}{5}$.

28 Équation

★★ 20 min Corrigé p. 585

On se propose de déterminer les nombres complexes u tels que :

$$u^2 = 21 - 20i.$$

1. Soit u un tel nombre.
Montrer que u est solution de l'équation bicarrée à coefficients réels :

$$z^4 - 42z^2 + 841 = 0.$$

2. En écrivant :

$$z^4 - 42z^2 + 841 = (z^2 + 29)^2 - 100z^2,$$

résoudre, dans $\mathbb{C}$, l'équation :

$$z^4 - 42z^2 + 841 = 0.$$

3. Déterminer les nombres complexes u.

29 Calculs sur les nombres complexes

★★ 10 min Corrigé p. 586

On considère dans $\mathbb{C}$ les complexes z_1 et z_2 de module 1 et d'arguments respectifs α et β.

Démontrer que $\dfrac{(z_1 + z_2)^2}{z_1 z_2}$ est un réel positif ou nul.

Sujets de type BAC

30 Équations et ensemble de points

★★ 1 h Corrigé p. 586

Le plan complexe est rapporté à un repère orthonormal direct $(O ; \vec{u}, \vec{v})$ (unité graphique 1 cm).

On considère dans l'ensemble des nombres complexes, l'équation (E) d'inconnue z suivante :

$$z^3 + (-8 + \mathrm{i})z^2 + (17 - 8\mathrm{i})z + 17\mathrm{i} = 0.$$

Partie A – Résolution de l'équation (E)

1. Montrer que $-\mathrm{i}$ est solution de (E).

2. Déterminer les nombres réels a, b, c tels que :

$$z^3 + (-8 + \mathrm{i})z^2 + (17 - 8\mathrm{i})z + 17\mathrm{i} = (z + \mathrm{i})(az^2 + bz + c).$$

3. Résoudre l'équation (E) dans l'ensemble des nombres complexes.

Partie B

On appelle A, B et C les points d'affixes respectives $4 + \mathrm{i}$, $4 - \mathrm{i}$, $-\mathrm{i}$,

1. Placer les points sur une figure que l'on complètera dans la suite de l'exercice.

2. Soit r l'application du plan dans lui-même qui, à tout point M d'affixe z, associe le point M′ d'affixe z' telle que $z' = \mathrm{i}z - 2\mathrm{i} + 2$.
Le point Ω est le point d'affixe 2. On appelle S l'image de A par r.
Calculer l'affixe s de S.

3. Démontrer que les points B, A, S, C appartiennent à un même cercle $\mathscr{C}$ dont on déterminera le centre et le rayon. Tracer $\mathscr{C}$.

4. À tout point M d'affixe $z \neq 2$, on associe le point M′ d'affixe :

$$z' = \frac{\mathrm{i}z + 10 - 2\mathrm{i}}{z - 2}.$$

a) Déterminer les affixes des points A′, B′, C′ associés respectivement aux points A, B et C.

b) Vérifier que A′, B′, C′ appartiennent à un cercle $\mathscr{C}'$ de centre P, d'affixe i. Déterminer son rayon et tracer $\mathscr{C}'$.

c) Pour tout nombre complexe $z \neq 2$, exprimer $|z' - \mathrm{i}|$ en fonction de z.

d) Soit M un point d'affixe z appartenant au cercle $\mathscr{C}$.
Démontrer que $|z' - \mathrm{i}| = 2\sqrt{5}$.

e) En déduire à quel ensemble appartiennent les points M′ associés aux points M du cercle $\mathscr{C}$.

31 Application géométrique

★★★ 1 h ➔ Corrigé p. 589

On considère le plan complexe $\mathscr{P}$ rapporté à un repère orthonormal direct $(\mathrm{O}\,;\vec{u}, \vec{v})$. $\mathscr{P}\backslash\{\mathrm{O}\}$ désigne le plan $\mathscr{P}$ privé du point origine O.

1. Question de cours

On prend comme prérequis les résultats suivants :

• Si z et z' sont deux nombres complexes non nuls, alors :

$$\arg(zz') = \arg(z) + \arg(z') \quad \text{à } 2k\pi \text{ près, } k \in \mathbb{Z}.$$

• Pour tout vecteur $\vec{w}$ non nul d'affixe z :

$$\arg(z) = (\vec{u}\ ;\ \vec{w}) \text{ à } 2k\pi \text{ près, } k \in \mathbb{Z}.$$

a) Soit z et z' des nombres complexes non nuls, démontrer que :

$$\arg\left(\frac{z}{z'}\right) = \arg(z) - \arg(z') \text{ à } 2k\pi \text{ près, } k \in \mathbb{Z}.$$

b) Démontrer que si A, B, C sont trois points du plan, deux à deux distincts, d'affixes respectives a, b, c, $\arg\left(\frac{c-a}{b-c}\right) = (\overrightarrow{AB}, \overrightarrow{AC})$ à $2k\pi$ près, avec k entier relatif.

2. On considère l'application f de $\mathcal{P}\setminus\{O\}$ dans $\mathcal{P}\setminus\{O\}$ qui, au point M du plan d'affixe z, associe le point M′ l'affixe z' définie par $z' = \frac{1}{\bar{z}}$.

On appelle U et V les points du plan d'affixes respectives 1 et i.

a) Démontrer que pour $z \neq 0$, $\arg(z') = \arg(z)$ à $2k\pi$ près, $k \in \mathbb{Z}$.

En déduire que, pour tout point M de $\mathcal{P}\setminus\{O\}$, les points M et $M' = f(M)$ appartiennent à une même demi-droite d'origine O.

b) Déterminer l'ensemble des points M de $\mathcal{P}\setminus\{O\}$ tels que $f(M) = M$.

c) M est un point du plan $\mathcal{P}$ distinct de O, U et V, on admet que M′ est aussi distinct de O, U et V. Établir l'égalité $\frac{z'-1}{z'-i} = \frac{1}{i}\left(\frac{\bar{z}-1}{\bar{z}+i}\right) = -i\overline{\left(\frac{z-1}{z-i}\right)}$.

En déduire une relation entre $\arg\left(\frac{z'-1}{z'-i}\right)$ et $\arg\left(\frac{z-1}{z-i}\right)$.

3. a) Soit z un nombre complexe tel que $z \neq 1$ et $z \neq i$ et soit M le point d'affixe z. Démontrer que M est sur la droite (UV) privée de U et de V si, et seulement si, $\frac{z-1}{z-i}$ est un nombre réel non nul.

b) Déterminer l'image par f de la droite (UV) privée de U et de V.

32 Extremums d'une fonction

★★★ 1 h ➲ Corrigé p. 592

Dans le plan complexe rapporté au repère orthonormal direct $(O\ ;\ \vec{u}, \vec{v})$ (unité graphique : 5 cm), on considère les points A et B d'affixes respectives :

$$z_A = 1 + i \quad \text{et} \quad z_B = -\frac{1}{2} + \frac{1}{2}\,i.$$

On désigne par (C) le cercle de centre O et de rayon 1.

1. Donner la forme trigonométrique de z_A et celle de z_B.

2. Dans la suite de l'exercice, M désigne un point de (C) d'affixe $e^{i\alpha}$, $\alpha \in [0\,;2\pi[$. On considère l'application f qui à tout point M de (C), associe $f(M) = MA \times MB$.

a) Montrer, pour tout $\alpha \in \mathbb{R}$, l'égalité suivante : $e^{i2\alpha} - 1 = 2ie^{i\alpha}\sin\alpha$.

b) Montrer l'égalité suivante : $f(M) = \left|e^{i2\alpha} - 1 - \left(\frac{1}{2} + \frac{3}{2}\,i\right)e^{i\alpha}\right|$.

c) En déduire l'égalité suivante : $f(M) = \sqrt{\frac{1}{4} + \left(-\frac{3}{2} + 2\sin\alpha\right)^2}$.

3. a) En utilisant **2.c.**, montrer qu'il existe deux points M de (C), dont on donnera les coordonnées, pour lesquels $f(M)$ est minimal. Donner cette valeur minimale.

b) En utilisant **2.c.**, montrer qu'il existe un seul point M de (C), dont on donnera les coordonnées, pour lequel $f(M)$ est maximal. Donner cette valeur maximale.

33 Transformation géométrique

★★★ 1 h ➔ Corrigé p. 595

Dans le plan complexe $\mathcal{P}$ rapporté au repère orthonormal direct $(O\,;\vec{u},\vec{v})$, unité graphique 2 cm, on considère les points A, B, C, D d'affixes respectives $z_A = 2i$, $z_B = i$, $z_C = -1 + i$, $z_D = 1 + i$. *On fera une figure qui sera complétée au fur et à mesure de l'exercice.*

1. Soit la fonction f de $\mathcal{P} - \{B\}$ dans $\mathcal{P}$ qui au point M d'affixe z associe 1e point M′ d'affixe z', ou $z' = i\left(\frac{z - 2i}{z - i}\right)$.

a) Développer $(z + 1 - i)(z - 1 - i)$.

b) Chercher les points M vérifiant $f(M) = M$ et exprimer leurs affixes sous forme algébrique puis trigonométrique.

2. a) Montrer que, pour tout z différent de i :

$$|z'| = \frac{AM}{BM}$$

et que, pour tout z différent de i et de 2i :

$$\arg(z') = (\overrightarrow{BM}, \overrightarrow{AM}) + \frac{\pi}{2} \quad \text{(modulo } 2\pi\text{)}.$$

b) Déterminer et construire l'ensemble E des points M d'affixe z tels que $|z'| = 1$.

c) Déterminer et construire l'ensemble F des points M d'affixe z tels que :

$$\arg(z') = \frac{\pi}{2} \quad \text{(modulo } 2\pi\text{)}.$$

3. a) Démontrer que $z' - \text{i} = \dfrac{1}{z - \text{i}}$ et en déduire que $|z' - \text{i}| \times |z - \text{i}| = 1$ pour tout complexe z différent de i.

b) Soit M un point du cercle $\mathscr{C}$ de centre B et de rayon $\dfrac{1}{2}$. Prouver que le point M′ d'affixe z' appartient à un cercle de centre B et de rayon à déterminer.

34 Calcul de sommes

★★★ 1 h Corrigé p. 598

Soit $j = \text{e}^{\frac{2\text{i}\pi}{3}} = \dfrac{-1 + \text{i}\sqrt{3}}{2}$ et n entier naturel quelconque.

1. a) Calculer $1 + j + j^2$. Calculer $j\overline{j}$. Exprimer $1 + j$ en fonction de $\overline{j}$.

b) Exprimer j^n en fonction du reste de la division de n par 3.

2. On pose : $r = \left[\dfrac{n}{3}\right]$, $s = \left[\dfrac{n-1}{3}\right]$, $t = \left[\dfrac{n-2}{3}\right]$, $[n]$ désignant la partie entière de n.

On pose : $A_n = \displaystyle\sum_{k=0}^{r} \binom{n}{3k}$, $B_n = \displaystyle\sum_{k=0}^{s} \binom{n}{3k-1}$, $C_n = \displaystyle\sum_{k=0}^{t} \binom{n}{3k+2}$.

a) Montrer que $A_n + B_n + C_n = (1+1)^n$.

b) Calculer de même $A_n + jB_n + j^2C_n$ puis $A_n + j^2B_n + jC_n$.

c) Résoudre le système en A_n, B_n, C_n ainsi obtenu et exprimer A_n, B_n et C_n le plus simplement possible.

EXERCICES ET SUJETS

Questions courtes

1 **a)** $|z| = |a| \Leftrightarrow |z|^2 = a^2 \Leftrightarrow a^2 + b^2 = a^2$

$|z| = |a| \Leftrightarrow b = 0$

$\boldsymbol{|z| = |a| \Leftrightarrow z}$ **est réel.**

b) $|z| = a \Leftrightarrow |z| = |a|$ et $a \geqslant 0$

$\boldsymbol{|z| = a \Leftrightarrow z}$ **est réel positif ou nul.**

c) $|z| = |a| + |b| \Leftrightarrow |z|^2 = a^2 + b^2 + 2|ab|$ $(|z| \geqslant 0$ et $|a| + |b| \geqslant 0)$

Or $|z|^2 = a^2 + b^2$ donc $|z| = |a| + |b| \Leftrightarrow |ab| = 0 \Leftrightarrow ab = 0 \Leftrightarrow a = 0$ ou $b = 0$

$\boldsymbol{|z| = |a| + |b| \Leftrightarrow z}$ **est réel ou imaginaire pur.**

> **Remarque**
> Deux nombres réels positifs sont égaux si et seulement si leurs carrés sont égaux.

2 **1. a)** Soit M, I et I′ les points d'affixes respectives z, i et $-$ i.

$|z - \mathrm{i}| = |z + \mathrm{i}| \Leftrightarrow \mathrm{IM} = \mathrm{I'M}$

$\Leftrightarrow$ M appartient à la médiatrice de [II′] (axe des abscisses).

Par suite, $\boldsymbol{|z - \mathrm{i}| = |z + \mathrm{i}| \Leftrightarrow z}$ **est réel.**

> **Remarque**
> Si a et b sont les affixes respectives des points A et B :
> $d(\mathrm{A}, \mathrm{B}) = \|\overrightarrow{\mathrm{AB}}\| = |b - a|$.

b) Comme $\overline{(z - \mathrm{i})} = \bar{z} + \mathrm{i}$, tous les nombres complexes z sont tels que $|z - \mathrm{i}| = |\bar{z} + \mathrm{i}|$, donc :

$$\boldsymbol{|z - \mathrm{i}| = |\bar{z} + \mathrm{i}| \Leftrightarrow z \in \mathbb{C}.}$$

2. Soit A, B et C les points d'affixes respectives a, b et c. Soit M un point d'affixe z.

$|z - a| = |z - b| = |z - c| \Leftrightarrow \mathrm{MA} = \mathrm{MB} = \mathrm{MC}.$

Si les trois points A, B et C ne sont pas alignés, il y a un seul point qui vérifie ces conditions : le centre du cercle circonscrit au triangle ABC, point de concours des trois médiatrices. Si A, B et C sont alignés, toutes les médiatrices sont parallèles, donc **il n'y a pas de solution**.

> **Rappel**
> La médiatrice d'un segment est l'ensemble des points équidistants des extrémités du segment.

3 Pour tous z et z' complexes :

$$|z| = |z + z' - z'| \leqslant |z + z'| + |z'|$$
$$|z| - |z'| \leqslant |z + z'|.$$

De la même façon $|z'| - |z| \leqslant |z + z'|$, d'où finalement :

$$\boxed{||z| - |z'|| \leqslant |z + z'|.}$$

> **Bien retenir**
> Pour tous z et z' complexes $||z| - |z'|| \leqslant |z + z'| \leqslant |z| + |z'|$.

4 **1.** $|z+z'| = |z| + |z'| \Leftrightarrow |z+z'|^2 = (|z| + |z'|)^2$

$$\Leftrightarrow (z+z')(\bar{z} + \bar{z}') = |z|^2 + |z'|^2 + 2|z||z'|$$
$$\Leftrightarrow z'\bar{z} + z\bar{z}' = 2|z||z'|$$
$$\Leftrightarrow z'\bar{z} + \overline{z'\bar{z}} = 2|z'||\bar{z}|$$
$$\Leftrightarrow \mathrm{Re}(z'\bar{z}) = |z'\bar{z}|$$

ce qui fait que $z'\bar{z}$ est réel positif (*cf.* exercice **1**).
Enfin, $z'\bar{z}$ est un réel positif équivaut à :

$$\boxed{\arg(z') - \arg(z) = 0 \quad [2\pi]}$$

z' et z étant non nuls.

Bien retenir
On ne peut parler d'argument que pour des nombres complexes non nuls.

2. $\arg(-z) = \arg z + \arg(-1) = \arg z + \pi \quad [2\pi]$, donc **la réponse est non.**

3. $\bar{z} = \dfrac{1}{z} \Leftrightarrow z\bar{z} = 1 \Leftrightarrow |z|^2 = 1 \Leftrightarrow$ **z est de module 1.**

4. Faux. $|z'| = \left|\dfrac{1}{z}\right| = \dfrac{1}{|z|}$, mais $\arg z' = \arg\left(\dfrac{1}{z}\right) = -\arg z \quad [2\pi]$.

5. D'après la question précédente :

$\arg\left(\dfrac{1}{z}\right) = \arg z \quad [2\pi] \Leftrightarrow -\arg z = \arg z + 2k\pi,\ k \in \mathbb{Z}$

$$\Leftrightarrow \boxed{\arg z = k\pi,\ \ k \in \mathbb{Z}.}$$

Remarque
$\arg z = k\pi, k \in \mathbb{Z}$ équivaut à dire que z est réel non nul.

L'ensemble cherché est l'ensemble des réels non nuls.

5 **1.** Bien sûr ! Si α est réel strictement négatif, ses deux racines carrées dans $\mathbb{C}$ sont :

$$\boxed{\mathrm{i}\sqrt{-\alpha} \quad \text{et} \quad -\mathrm{i}\sqrt{-\alpha}.}$$

2. $(1+\mathrm{i})$ a pour module $\sqrt{2}$ et pour argument $\dfrac{\pi}{4}$, donc $1+\mathrm{i} = \sqrt{2}\mathrm{e}^{\mathrm{i}\frac{\pi}{4}}$ et :

$$(1+\mathrm{i})^{2\,020} = (\sqrt{2})^{2\,020}\left(\mathrm{e}^{\mathrm{i}\frac{\pi}{4}}\right)^{2\,020} = 2^{1\,010} \times \mathrm{e}^{505\mathrm{i}\pi}.$$

Donc :

$$\boxed{(1+\mathrm{i})^{2\,020} = 2^{1\,010}(\mathrm{e}^{\mathrm{i}\pi})^{505} = (-1)^{505} = -2^{1\,010}.}$$

6 **a)** On pose $z = x + \mathrm{i}y$ et $z' = x' + \mathrm{i}y'$ (avec x, y, x', y' réels).
Alors $\mathrm{Re}(\bar{z}z') = \mathrm{Re}((x - \mathrm{i}y)(x' + \mathrm{i}y')) = xx' + yy'$ soit :

$$\boxed{\mathrm{Re}(\bar{z}z') = \vec{w} \cdot \vec{w}'.}$$

À retenir
$\vec{w} \cdot \vec{w}' = \mathrm{Re}(\bar{z}z') = \mathrm{Re}(z\overline{z'})$ car $\bar{z}z'$ et $z\overline{z'}$ sont conjugués.

b) En particulier :

$\vec{w} \cdot \vec{w}' = 0 \Leftrightarrow \bar{z} z'$ est imaginaire pur

$\Leftrightarrow \dfrac{\bar{z} z'}{\bar{z} z}$ est imaginaire pur ($z\bar{z}$ est un réel non nul car $z \neq 0$).

Donc $\vec{w} \cdot \vec{w}' = 0$ si et seulement si $\dfrac{z}{z'}$ est imaginaire pur.

7 C'est essentiellement la même propriété que précédemment :

> **Rappel**
> Les complexes $z - a$ et $z - b$ sont non nuls, on peut donc calculer leurs arguments.

$\dfrac{b - z}{a - z}$ imaginaire pur

$\Leftrightarrow \arg(b - z) - \arg(a - z) = \dfrac{\pi}{2} + k\pi,\ k \in \mathbb{Z}.$

Donc $\dfrac{b - z}{a - z}$ est imaginaire pur si et seulement si $(\overrightarrow{MA}\ ;\ \overrightarrow{MB}) = \dfrac{\pi}{2}$.

8 Comme $|z^n| = |z|^n$, la suite donnée est géométrique. Le réel $|z|$ est positif.

- Si $|z| < 1$, la suite tend vers 0.
- Si $|z| = 1$, la suite est constante. Elle tend vers 1.
- Si $|z| > 1$, la suite tend vers $+\infty$.

Donc la suite $|z^n|$ a une limite si et seulement si $|z| \leqslant 1$.

9 **1.** Résolvons $z^2 + z + 1 = 0$: $\Delta = 1^2 - 4 = -3 = (\mathrm{i}\sqrt{3})^2$. Les deux racines sont : $\dfrac{-1 + \mathrm{i}\sqrt{3}}{2}$ et $\dfrac{-1 - \mathrm{i}\sqrt{3}}{2}$. On reconnaît ici $j = \dfrac{-1 + \mathrm{i}\sqrt{3}}{2}$ et $\bar{j} = \dfrac{-1 - \mathrm{i}\sqrt{3}}{2}$.

2. Résolvons $z^2 + (1 + \mathrm{i})z + \mathrm{i} = 0$: -1 est racine évidente et le produit des racines est $\dfrac{c}{a} = \mathrm{i}$. Donc l'autre racine est $-\mathrm{i}$. Mais pour ceux qui préfèrent les calculs, on peut aussi tenir le raisonnement habituel :

$$\Delta = (1 + \mathrm{i})^2 - 4\mathrm{i} = 1^2 + 2\mathrm{i} + \mathrm{i}^2 - 4\mathrm{i} = -2\mathrm{i} = (1 - \mathrm{i})^2.$$

Donc, les deux racines sont :

$$z_1 = \frac{-(1 + \mathrm{i}) - (1 - \mathrm{i})}{2} = \frac{-2}{2} = -1 \quad \text{et} \quad z_2 = \frac{-(1 + \mathrm{i}) + (1 - \mathrm{i})}{2} = \frac{-2\mathrm{i}}{2} = -\mathrm{i}$$

3. Résolvons $z^8 = \dfrac{1 + \mathrm{i}}{\sqrt{3} - \mathrm{i}}$ et pour cela commençons par écrire $A = \dfrac{1 + \mathrm{i}}{\sqrt{3} - \mathrm{i}}$ sous forme trigonométrique :

Si C est le point d'affixe $1 + \mathrm{i}$, il est clair que $OC = \sqrt{2}$ (diagonale du carré unité) et que $(\widehat{Ox, \overrightarrow{OC}}) = \frac{\pi}{4}$, donc : $|1 + \mathrm{i}| = OC = \sqrt{2}$ et $\arg(1 + \mathrm{i}) = \frac{\pi}{4}$, ce qui donne : $1 + \mathrm{i} = \sqrt{2}\mathrm{e}^{\mathrm{i}\frac{\pi}{4}}$.

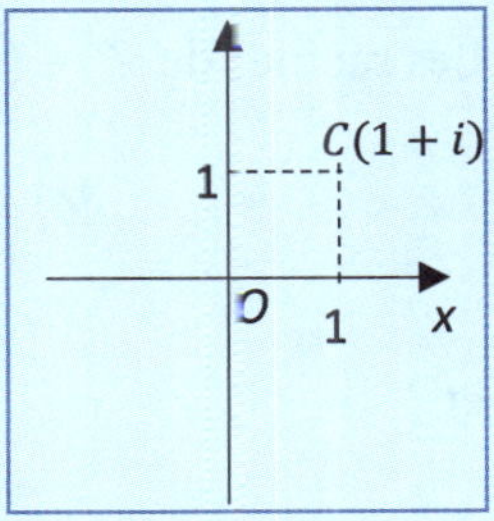

Pour $\sqrt{3} - \mathrm{i}$: $|\sqrt{3} - \mathrm{i}| = \sqrt{3 + 1} = 2$ et $\begin{cases} \frac{\sqrt{3}}{2} = \cos\left(-\frac{\pi}{6}\right) \\ -\frac{1}{2} = \sin\left(-\frac{\pi}{6}\right) \end{cases}$.

Donc $\sqrt{3} - \mathrm{i} = 2\mathrm{e}^{-\mathrm{i}\frac{\pi}{6}}$, ce qui donne

$A = \dfrac{\sqrt{2}\mathrm{e}^{\mathrm{i}\frac{\pi}{4}}}{2\mathrm{e}^{-\mathrm{i}\frac{\pi}{6}}} = \dfrac{1}{\sqrt{2}}\mathrm{e}^{\mathrm{i}\frac{5\pi}{12}}$. Les huit racines huitièmes de A sont donc :

$$\text{les nombres } z_k = \frac{1}{2^{\frac{1}{16}}}\mathrm{e}^{\mathrm{i}\left(\frac{5\pi}{96} + \frac{2k\pi}{8}\right)} = \frac{1}{\sqrt[16]{2}}\mathrm{e}^{\mathrm{i}\pi\left(\frac{5 + 24k}{96}\right)} \quad \text{avec } k \in [\![0, 7]\!].$$

4. Résolvons $z^4 - (5 - 14\mathrm{i})z^2 - 2(5\mathrm{i} + 12) = 0$. Une telle équation s'appelle une équation bi-carrée (z n'intervient que par son carré).

On commence par poser $Z = z^2$ pour se ramener à une équation du second degré : $Z^2 - (5 - 14\mathrm{i})Z - 2(5\mathrm{i} + 12) = 0$, ce qui donnera (en principe) deux solutions Z_1 et Z_2. Ensuite on résoudra $z^2 = Z_1$ puis $z^2 = Z_2$ ce qui devrait fournir en tout quatre solutions pour z :

$$z^4 - (5 - 14\mathrm{i})z^2 - 2(5\mathrm{i} + 12) = 0 \Leftrightarrow \begin{cases} Z = z^2 \\ Z^2 - (5 - 14\mathrm{i})Z - 2(5\mathrm{i} + 12) = 0 \end{cases}$$

• Résolution de $Z^2 - (5 - 14\mathrm{i})Z - 2(5\mathrm{i} + 12) = 0$:

$\Delta = (5 - 14\mathrm{i})^2 + 8(5\mathrm{i} + 12) = -75 - 100\mathrm{i} = 25(-3 - 4\mathrm{i})$. Pour trouver une racine carrée de Δ, cherchons en une de $-3 - 4\mathrm{i}$. Soit $u = x + \mathrm{i}y$ une telle racine : $u^2 = x^2 - y^2 + 2\mathrm{i}xy$ et $|-3 - 4\mathrm{i}| = \sqrt{(-3)^2 + (-4)^2} = 5$. Donc :

$$u^2 = -3 - 4\mathrm{i} \Leftrightarrow \begin{cases} x^2 + y^2 = 5 \\ x^2 - y^2 = -3 \\ 2xy = -4 \end{cases}.$$

Les deux premières équations fournissent $x^2 = 1$ et $y^2 = 4$. Mais, d'après la troisième équation, x et y doivent être de signes contraires, par exemple $x = 1$ et $y = -2$. Donc $u = 1 - 2\mathrm{i}$ est une racine carrée de $-3 - 4\mathrm{i}$ (ce qu'on vérifie aisément : $(1 - 2\mathrm{i})^2 = 1 - 4\mathrm{i} - 4 = -3 - 4\mathrm{i}$). Ce qui permet d'écrire Δ sous forme d'un carré : $\Delta = (5(1 - 2\mathrm{i}))^2 = \delta^2$ en posant $\delta = 5 - 10\mathrm{i}$.

Les racines de $Z^2 - (5 - 14\mathrm{i})Z - 2(5\mathrm{i} + 12) = 0$ sont donc :

$$Z_1 = \frac{5 - 14\mathrm{i} + (5 - 10\mathrm{i})}{2} = \frac{10 - 24\mathrm{i}}{2} = 5 - 12\mathrm{i}$$

et
$$Z_2 = \frac{5 - 14\mathrm{i} - (5 - 10\mathrm{i})}{2} = \frac{4\mathrm{i}}{2} = -2\mathrm{i}.$$

• Résolution de $z^2 = Z_1$. Soit $z = x + \mathrm{i}y$ une racine carrée de $Z_1 = 5 - 12\mathrm{i}$.
$z^2 = x^2 - y^2 + 2\mathrm{i}xy$ et $|5 - 12\mathrm{i}| = \sqrt{5^2 + 12^2} = \sqrt{169} = 13$, donc :

$$z^2 = 5 - 12\mathrm{i} \Leftrightarrow \begin{cases} x^2 + y^2 = 13 \\ x^2 - y^2 = 5 \\ 2xy = -12 \end{cases}.$$

Donc, d'après les deux premières équations : $x^2 = 9$ et $y^2 = 4$. Avec $xy < 0$, on a : $(x, y) = (-3{,}2)$ ou $(x, y) = (3, -2)$. Les racines carrées de Z_1 sont donc :

$$z_1' = 3 - 2\mathrm{i} \quad \text{et} \quad z_1'' = -3 + 2\mathrm{i} = -z_1'.$$

• Résolution de $z^2 = Z_2$. Utilisons à présent la forme trigonométrique :

$Z_2 = -2\mathrm{i} = 2\mathrm{e}^{-\mathrm{i}\frac{\pi}{2}}$. Les racines carrées de Z_2 sont donc :

$$z_2' = \sqrt{2}\mathrm{e}^{-\mathrm{i}\frac{\pi}{4}} = 1 - \mathrm{i} \quad \text{et} \quad z_2'' = -z_2' = -1 + \mathrm{i}.$$

En résumé, les racines de l'équation $z^4 - (5 - 14\mathrm{i})z^2 - 2(5\mathrm{i} + 12) = 0$ sont :

$$z_1' = 3 - 2\mathrm{i}, \quad z_1'' = -3 + 2\mathrm{i}, \quad z_2' = 1 - \mathrm{i} \quad \text{et} \quad z_2'' = -1 + \mathrm{i}.$$

5. Résolution de $z^3 - \mathrm{i} = 6(z + \mathrm{i})$.

On constate que $\mathrm{i}^3 = -\mathrm{i}$, donc $z^3 - \mathrm{i} = z^3 + \mathrm{i}^3$. On connaît l'identité remarquable : $a^3 + b^3 = (a + b)(a^2 - ab + b^2)$. Elle donne ici :

$$z^3 - \mathrm{i} = z^3 + \mathrm{i}^3 = (z + \mathrm{i})(z^2 - \mathrm{i}z - 1).$$

Il en résulte une factorisation par $z + \mathrm{i}$:

$$z^3 - \mathrm{i} = 6(z + \mathrm{i}) \Leftrightarrow (z + \mathrm{i})(z^2 - \mathrm{i}z - 1) - 6(z + \mathrm{i}) = 0$$
$$\Leftrightarrow (z + \mathrm{i})(z^2 - \mathrm{i}z - 7) = 0$$
$$\Leftrightarrow z = -\mathrm{i} \text{ ou } z^2 - \mathrm{i}z - 7 = 0$$

Il reste à résoudre $z^2 - \mathrm{i}z - 7 = 0 : \Delta = (-\mathrm{i})^2 - 4 \times (-7) = 27 = 9 \times 3 = (3\sqrt{3})^2$.

Les racines sont donc : $\dfrac{\mathrm{i}3\sqrt{3}}{2} = \dfrac{-3\sqrt{3} + \mathrm{i}}{2}$ et $\dfrac{\mathrm{i} + 3\sqrt{3}}{2} = \dfrac{3\sqrt{3} + \mathrm{i}}{2}$.

Les solutions de l'équation $z^3 - \mathrm{i} = 6(z - \mathrm{i})$ sont ainsi :

$$-\mathrm{i}, \quad \frac{-3\sqrt{3} + \mathrm{i}}{2} \quad \text{et} \quad \frac{3\sqrt{3} + \mathrm{i}}{2}.$$

10 Il s'agit ici de calculer $S_n = \sum\limits_{z \in \mathbb{U}_n} z$. Or on sait que l'ensemble $\mathbb{U}_n$ possède n éléments qui s'écrivent $\omega_k = \mathrm{e}^{\frac{2\mathrm{i}k\pi}{n}}$, pour $k \in [\![0, n-1]\!]$. Et l'on sait aussi que $\omega_k = (\omega_1)^k$ avec $\omega_1 = \mathrm{e}^{\frac{2\mathrm{i}\pi}{n}}$. Donc $S_n = \sum\limits_{k=0}^{n-1} \omega_k = \sum\limits_{k=0}^{n-1} (\omega_1)^k$.

Lorsque $n = 1$, $\omega_1 = \mathrm{e}^{2\mathrm{i}\pi} = 1$ et $S_1 = \sum\limits_{k=0}^{0} (\omega_1)^k = 1$, ce qui est normal puisque $\mathbb{U}_1$, l'ensemble des solutions de l'équation $z = 1$, n'a ici qu'un seul élément : 1.

Pour $n \geqslant 2$, $\omega_1 = \mathrm{e}^{\frac{2\mathrm{i}\pi}{n}} \neq 1$ et $S_n = \sum\limits_{k=0}^{n-1} (\omega_1)^k = \dfrac{1 - (\omega_1)^n}{1 - \omega_1}$. Mais $\omega_1 \in \mathbb{U}_n$, donc ω_1 est une solution de l'équation $z^n = 1$. Donc $(\omega_1)^n = \mathrm{e}^{2\mathrm{i}\pi} = 1$ et donc $S_n = 0$. Conclusion :

$$S_n = \begin{cases} 1 \text{ si } n = 1 \\ 0 \text{ si } n \geqslant 1 \end{cases}$$

> **Remarque**
> On applique ici la formule qui donne la somme des termes d'une suite géométrique.

Exercices d'entraînement

11

$Z_1 = (3\text{i} + 2\text{i}^2)(4 + 4\text{i} + \text{i}^2) = (3\text{i} - 2)(3 + 4\text{i}) = 9\text{i} + 12\text{i}^2 - 6 - 8\text{i} = -18 + \text{i}.$

$$\boxed{Z_1 = -18 + \text{i}.}$$

$\overline{Z_1} = \text{i}\overline{(3 + 2\text{i})}\,\overline{(2 + \text{i})^2} = -\text{i}(3 - 2\text{i})(2 - \text{i})^2 = Z_2$, d'où :

$$\boxed{Z_2 = -18 - \text{i}.}$$

$Z_3 = \dfrac{(3 + 2\text{i})(2 + \text{i})^2}{(2 - \text{i})(2 + \text{i})} = -\,\text{i}\dfrac{Z_1}{5}$ d'où :

$$\boxed{Z_3 = \frac{1 + 18\text{i}}{5}.}$$

12 **1.** Pour $z \neq 3$:

$f(z) = \dfrac{1 - 3x - 3\text{i}y}{3 - x - \text{i}y} = \dfrac{(1 - 3x - 3\text{i}y)(3 - x + \text{i}y)}{(3 - x - \text{i}y)(3 - x + \text{i}y)} = \dfrac{3x^2 + 3y^2 - 10x + 3 - 8\text{i}y}{(3 - x)^2 + y^2}.$

Donc :

$$\boxed{X = \frac{3x^2 + 3y^2 - 10x + 3}{(3 - x)^2 + y^2} \text{ et } Y = \frac{-8y}{(3 - x)^2 + y^2}.}$$

2. $f(z)$ est réel si, seulement si, $z \neq 3$ et $Y = 0$ donc :

$f(z)$ est réel si et seulement si $z \neq 3$ et $y = 0$.
$f(z)$ est imaginaire pur si, et seulement si, $z \neq 3$ et $3x^2 + 3y^2 - 10x + 3 = 0$.

> **Rappel**
> L'ensemble des points $M(z = x + \text{i}y)$ tels que $3x^2 + 3y^2 - 10x + 3 = 0$ est le cercle de centre $\left(\frac{5}{3}\,;0\right)$ de rayon $\frac{4}{3}$.

13 Posons $z = x + \text{i}y$ avec x et y réels. L'équation s'écrit successivement :

$2(x + \text{i}y) - (1 + \text{i})(x - \text{i}y) = -1 + 5\text{i}$

$2x + 2\text{i}y - x + \text{i}y - \text{i}x - y = -1 + 5\text{i}$

$x - y + \text{i}(-x + 3y) = -1 + 5\text{i}.$

Ce qui équivaut à $\begin{cases} x - y = -1 \\ -x + 3y = 5 \end{cases}$ soit encore $\begin{cases} x = 1 \\ y = 2. \end{cases}$

L'équation possède donc l'unique solution :

$$\boxed{z = 1 + 2\text{i}.}$$

14 • Pour $n = 1$: $\dfrac{-2\mathrm{i}^2 - \mathrm{i} + \mathrm{i}}{2} = 1$.

• Supposons la formule vraie pour un rang $n \geqslant 1$. Alors on a :

$$1 + 2\mathrm{i} + \dots + n\mathrm{i}^{n-1} + (n+1)\mathrm{i}^n$$

$$= \left(\frac{-(n+1)\mathrm{i}^{n+1} - n\mathrm{i}^n + \mathrm{i}}{2} + (n+1)\mathrm{i}^n\right)$$

$$= \frac{-(n+1)\mathrm{i}^{n+1} + (n+2)\mathrm{i}^n + \mathrm{i}}{2}$$

> **Remarque**
> $\mathrm{i}^{n+2} = \mathrm{i}^n \times \mathrm{i}^2 = -\mathrm{i}^n$.

$$\boxed{1 + 2\mathrm{i} + \dots + n\mathrm{i}^{n-1} + (n+1)^n = \frac{-(n+2)\mathrm{i}^{n+2} - (n+1)\mathrm{i}^{n+1} + \mathrm{i}}{2}.}$$

La formule est donc vraie au rang $n + 1$ et, d'après le principe de récurrence, elle est vraie pour tout n non nul.
En donnant à n la valeur $2k + 1$ dans la formule précédente :

$$1 + 2\mathrm{i} - 3 + \dots + (-1)^k(2k+1) = \frac{(-1)^k(2k+2) + \mathrm{i}(1 - (-1)^k(2k+1))}{2}.$$

En identifiant les parties réelles et imaginaires des deux membres, on trouve :

$$1 - 3 + 5 - 7 + \dots + (-1)^k(2k+1) = (-1)^k(k+1)\ ;$$

$$2 - 4 + 6 - \dots + (-1)^{k-1}2k = \frac{1 + (-1)^{k+1}(2k+1)}{2}.$$

15 **1.** Soit I le point d'affixe i. Le vecteur $\overrightarrow{\mathrm{IM}}$ a pour affixe $z - \mathrm{i}$. Par suite $|z - \mathrm{i}| = 5 \Leftrightarrow \mathrm{IM} = 5$.
L'ensemble cherché est donc le cercle centré en I et de rayon 5.

> **Bien retenir**
> Le cercle de centre $\Omega(z_0)$ et de rayon R est l'ensemble des points $\mathrm{M}(z)$ tels que $|z - z_0| = R$.

2. $|\bar{z} + \mathrm{i}| = |\bar{z} - \mathrm{i}| = |\overline{z - \mathrm{i}}| = |z - \mathrm{i}|$

$|\bar{z} + \mathrm{i}| = 5 \Leftrightarrow |z - \mathrm{i}| = 5$.

L'ensemble cherché est donc le même que celui du 1..

3. On se ramène à la situation du **1.** en divisant par $|1 + \mathrm{i}| = \sqrt{2}$:

$$|(1+\mathrm{i})z + 2\mathrm{i}| = 3 \Leftrightarrow \left|z + \frac{2\mathrm{i}}{1+\mathrm{i}}\right| = \frac{3}{|1+\mathrm{i}|} \Leftrightarrow |z + 1 + \mathrm{i}| = \frac{3}{\sqrt{2}}$$

$$\Leftrightarrow |z - (-1 - \mathrm{i})| = \frac{3}{\sqrt{2}}.$$

L'ensemble cherché est donc le cercle centré au point d'affixe $-1 - \mathrm{i}$ et de rayon $\dfrac{3}{\sqrt{2}}$.

4. Soit A le point d'affixe $1 - 2\mathrm{i}$: $|z - \mathrm{i}| = |z - 1 + 2\mathrm{i}| \Leftrightarrow \mathrm{IM} = \mathrm{AM}$.

L'ensemble cherché est donc la médiatrice du segment [IA] qui existe car I ≠ A.

16 **1.** $|\overline{z} + 1| = |\overline{z + 1}| = |z + 1|$ donc pour tout z de $\mathbb{C}$:

$$|z - 1| = |\overline{z} + 1| \Leftrightarrow |z - 1| = |z + 1|.$$

L'ensemble cherché est donc la médiatrice du segment dont les extrémités sont les points d'affixes 1 et – 1, c'est-à-dire « l'axe des imaginaires purs ».

2. Une solution z de l'équation proposée vérifie $|z - 1|^n = |\overline{z} + 1|^n$ et, par conséquent, $|z - 1| = |\overline{z} + 1|$ car c'est une égalité entre nombres positifs. D'après la question précédente, z est imaginaire pur.

Posons donc maintenant $z = \mathrm{i}y$ avec $y \in \mathbb{R}$:

$$(z - 1)^n = (\overline{z} + 1)^n \Leftrightarrow (\mathrm{i}y - 1)^n = (-\mathrm{i}y + 1)^n = (-1)^n(\mathrm{i}y - 1)^n.$$

Comme pour tout réel y, $\mathrm{i}y - 1 \neq 0$, ceci équivaut encore à $1 = (-1)^n$.

Si n est pair, cette condition est toujours vérifiée, **donc, si *n* est pair, les solutions sont les nombres i*y* où *y* est un réel arbitraire.**

Si n est impair, cette condition n'est pas vérifiée, **donc, si *n* est impair, l'équation proposée n'a pas de solution.**

17 **1.** $|Z|^2 = Z\overline{Z}$, donc :

$$\begin{aligned}|z + z'|^2 + |z - z'|^2 &= (z + z')(\overline{z} + \overline{z}') + (z - z')(\overline{z} - \overline{z}') \\ &= (z\overline{z} + z\overline{z}' + z'\overline{z} + z'\overline{z}') + (z\overline{z} - z\overline{z}' - z'\overline{z} + z'\overline{z}') \\ &= 2z\overline{z} + 2z'\overline{z}' \\ &= 2|z|^2 + 2|z'|^2.\end{aligned}$$

2. En appliquant la formule précédente avec $z' = 1$, pour tout z de $\mathbb{C}$:

$$\boxed{|z + 1|^2 = 2|z|^2 \Leftrightarrow |z - 1|^2 = 2.}$$

3. Les affixes des vecteurs $\overrightarrow{\mathrm{AM}}$ et $\overrightarrow{\mathrm{BM}}$ sont respectivement $z + 1$ et $z - 1$, d'où :

$$\begin{aligned}\mathrm{AM} = \sqrt{2}\mathrm{OM} &\Leftrightarrow \mathrm{AM}^2 = 2\mathrm{OM}^2 \\ &\Leftrightarrow |z + 1|^2 = 2|z|^2.\end{aligned}$$

D'après la question précédente, la condition $|z + 1|^2 = 2|z|^2$, est équivalente à : $|z - 1|^2 = 2$ ou encore à $\mathrm{BM} = \sqrt{2}$.

L'ensemble cherché est donc le cercle de centre B et de rayon $\sqrt{2}$.

18 Écrivons le nombre complexe $\dfrac{1+\mathrm{i}\sqrt{3}}{1+\mathrm{i}}$ sous forme trigonométrique :

- $1+\mathrm{i}\sqrt{3} = 2\left(\dfrac{1}{2}+\mathrm{i}\dfrac{\sqrt{3}}{2}\right) = 2\mathrm{e}^{\mathrm{i}\frac{\pi}{3}}$;
- $1+\mathrm{i} = \sqrt{2}\left(\dfrac{\sqrt{2}}{2}+\mathrm{i}\dfrac{\sqrt{2}}{2}\right) = \sqrt{2}\mathrm{e}^{\mathrm{i}\frac{\pi}{4}}$.

Ainsi $\dfrac{1+\mathrm{i}\sqrt{3}}{1+\mathrm{i}} = \sqrt{2}\mathrm{e}^{\mathrm{i}\left(\frac{\pi}{3}-\frac{\pi}{4}\right)} = \sqrt{2}\mathrm{e}^{\mathrm{i}\frac{\pi}{12}}$, et enfin :

$$A = (\sqrt{2})^{30}\mathrm{e}^{\mathrm{i}\frac{30\pi}{12}} = 2^{15}\mathrm{e}^{\mathrm{i}\frac{6\pi}{12}} = 2^{15}\mathrm{e}^{\mathrm{i}\frac{\pi}{2}} = 2^{15}\mathrm{i}.$$

$$\boxed{A = 2^{15}\mathrm{i}.}$$

Remarque

$$\frac{30\pi}{12} = \frac{24\pi}{12} + \frac{6\pi}{12} = 2\pi + \frac{6\pi}{12} = 2\pi + \frac{\pi}{2}\ ;$$

$$\mathrm{e}^{\mathrm{i}\frac{30\pi}{12}} = \mathrm{e}^{2\mathrm{i}\pi+\mathrm{i}\frac{\pi}{2}} = \mathrm{e}^{2\mathrm{i}\pi}\mathrm{e}^{\mathrm{i}\frac{\pi}{2}} = \mathrm{e}^{\mathrm{i}\frac{\pi}{2}}.$$

19 $\sqrt{3}+\mathrm{i} = 2\left(\dfrac{\sqrt{3}}{2}+\mathrm{i}\dfrac{1}{2}\right) = 2\mathrm{e}^{\mathrm{i}\frac{\pi}{6}}$. Par suite, un argument de $(\sqrt{3}+\mathrm{i})^n$ est $\dfrac{n\pi}{6}$.

D'où :

a)
$$(\sqrt{3}+\mathrm{i})^n \text{ réel} \Leftrightarrow n\frac{\pi}{6} = 0 + k\pi,\ k \in \mathbb{Z}$$
$$\Leftrightarrow \text{il existe } k \in \mathbb{Z},\ \frac{n\pi}{6} = k\pi.$$

$$\boxed{(\sqrt{3}+\mathrm{i})^n \text{ réel} \Leftrightarrow n \text{ est un multiple de } 6.}$$

b)
$$(\sqrt{3}+\mathrm{i})^n \text{ est réel positif} \Leftrightarrow \arg(\sqrt{3}+\mathrm{i})^n = k2\pi,\ k \in \mathbb{Z}$$
$$\Leftrightarrow \text{il existe } k \in \mathbb{Z},\ \frac{n\pi}{6} = 2k\pi.$$

$$\boxed{(\sqrt{3}+\mathrm{i})^n \text{ réel positif} \Leftrightarrow n \text{ est un multiple de } 12.}$$

c)
$$(\sqrt{3}+\mathrm{i})^n \text{ est imaginaire pur} \Leftrightarrow \arg(\sqrt{3}+\mathrm{i})^n = \frac{\pi}{2} + k\pi,\ k \in \mathbb{Z}$$
$$\Leftrightarrow \text{il existe } k \in \mathbb{Z},\ \frac{n\pi}{6} = \frac{\pi}{2} + k\pi.$$
$$\Leftrightarrow (n-3)\pi = 6k\pi,\ k \in \mathbb{Z}.$$

$$\boxed{(\sqrt{3}+\mathrm{i})^n \text{ imaginaire pur} \Leftrightarrow n-3 \text{ est un multiple de } 6.}$$

20 On utilise les formules d'Euler :

$$\cos\alpha = \frac{\mathrm{e}^{\mathrm{i}\alpha}+\mathrm{e}^{-\mathrm{i}\alpha}}{2} \quad \text{et} \quad \sin\alpha = \frac{\mathrm{e}^{\mathrm{i}\alpha}-\mathrm{e}^{-\mathrm{i}\alpha}}{2\mathrm{i}}.$$

CORRIGÉS

$$z_1 = e^{i\theta} - 1 = \left(e^{i\frac{\theta}{2}} - e^{-i\frac{\theta}{2}}\right)e^{i\frac{\theta}{2}} = 2i\sin\frac{\theta}{2}e^{i\frac{\theta}{2}} = 2\sin\frac{\theta}{2}e^{i\left(\frac{\theta}{2}+\frac{\pi}{2}\right)}.$$

Si $0 \leqslant \frac{\theta}{2} < \pi$, $\sin\frac{\theta}{2} \geqslant 0$ et : $\boxed{|z_1| = \left|2\sin\frac{\theta}{2}\right| = 2\sin\frac{\theta}{2}}$.

Si $\theta = 0$, $|z_1| = 0$ et z_1 n'a pas d'argument.

Si $\theta \neq 0$: $\boxed{\arg z_1 = \frac{\theta}{2} + \frac{\pi}{2} + k2\pi,\ k \in \mathbb{Z}.}$

$$z_2 = e^{i\theta} + 1 = \left(e^{i\frac{\theta}{2}} + e^{-i\frac{\theta}{2}}\right)e^{i\frac{\theta}{2}} = 2\cos\frac{\theta}{2}e^{i\frac{\theta}{2}}.$$

Cette fois, $\cos\frac{\theta}{2}$ n'est pas toujours positif. Il faut donc faire une discussion.

Rappel

Si $\theta = \pi$, $\cos\frac{\theta}{2} = 0$ et $z_2 = 0$, donc z_2 n'a pas d'argument.

- Si $0 \leqslant \theta \leqslant \pi$, $|z_2| = 2\cos\frac{\theta}{2}$ et, si $\theta \neq \pi$,

  $\arg z_2 = \frac{\theta}{2} + k2\pi,\ k \in \mathbb{Z}$.

- Si $\pi < \theta < 2\pi$, $z_2 = -2\cos\frac{\theta}{2}\left(-e^{i\frac{\theta}{2}}\right) = -2\cos\frac{\theta}{2}e^{i\left(\frac{\theta}{2}+\pi\right)}$, d'où :

$$\boxed{|z_2| = -2\cos\frac{\theta}{2} \text{ et } \arg z_2 = \frac{\theta}{2} + \pi + k2\pi,\ k \in \mathbb{Z}.}$$

→ Bien comprendre

Ce n'est pas parce qu'un nombre complexe s'écrit $\alpha e^{i\theta}$ que son module est α et un argument θ, il faut discuter selon le signe de α ; si $\alpha > 0$, $|\alpha e^{i\theta}| = \alpha$ et $\arg(\alpha e^{i\theta}) = \theta + k2\pi$ ($k \in \mathbb{Z}$) ;
si $\alpha < 0$ $\alpha e^{i\theta} = (-\alpha)(-e^{i\theta}) = (-\alpha)e^{i(\theta+\pi)}$ avec $-\alpha > 0$.
Enfin si $\alpha = 0$, $|\alpha e^{i\theta}| = 0$ et $\alpha e^{i\theta}$ n'a pas d'argument.

21 **1.** $u^2 = \left(\sqrt{2-\sqrt{2}} - i\sqrt{2+\sqrt{2}}\right)^2 = (2-\sqrt{2}) - (2+\sqrt{2}) - 2i\sqrt{4-2}$

$= -2\sqrt{2} - 2i\sqrt{2} = -2\sqrt{2}(1+i)$.

$u^4 = (-2\sqrt{2})^2(1+i)^2 = 16i$.

$$\boxed{u^2 = -2\sqrt{2}(1+i) \text{ et } u^4 = 16i.}$$

D'où :

$$|u^4| = 16 \text{ et } \arg u^4 = \frac{\pi}{2} + k2\pi \text{ avec } k \in \mathbb{Z}.$$

On en déduit :

$$|u| = \sqrt[4]{16} = 2.$$

Appelons φ un argument de u :

$$4\varphi = \arg u^4 = \frac{\pi}{2} + k2\pi,\ k \in \mathbb{Z} \Leftrightarrow \text{il existe } k \in \mathbb{Z} \text{ tel que } \varphi = \frac{\pi}{8} + \frac{k\pi}{2}.$$

Cela nous donne quatre valeurs éventuelles (modulo 2π) de φ. Mais, comme on sait que $\cos\varphi = \frac{\sqrt{2-\sqrt{2}}}{|u|} = \frac{\sqrt{2-\sqrt{2}}}{2}$ et $\sin\varphi = \frac{\sqrt{2+\sqrt{2}}}{2}$ on a $\cos\varphi > 0$ et $\sin\varphi < 0$, la valeur à retenir est :

$$\varphi = -\frac{3\pi}{8} + k2\pi,\ k \in \mathbb{Z}.$$

2. Donc :

$$\cos\frac{3\pi}{8} = \frac{1}{2}\sqrt{2-\sqrt{2}} \text{ et } \sin\frac{3\pi}{8} = \frac{1}{2}\sqrt{2+\sqrt{2}},$$

puis :

$$\begin{cases} \cos\frac{\pi}{8} = \cos\left(\frac{\pi}{2} - \frac{3\pi}{8}\right) = \sin\frac{3\pi}{8} = \frac{1}{2}\sqrt{2+\sqrt{2}} \\ \sin\frac{\pi}{8} = \sin\left(\frac{\pi}{2} - \frac{3\pi}{8}\right) = \cos\frac{3\pi}{8} = \frac{1}{2}\sqrt{2-\sqrt{2}}. \end{cases}$$

22 **1.** $|z_1| = \sqrt{2}$, donc :

$$z_1 = \sqrt{2}\left(\frac{\sqrt{3}}{2} - \mathrm{i}\frac{1}{2}\right) = \sqrt{2}\left(\cos\frac{\pi}{6} - \mathrm{i}\sin\frac{\pi}{6}\right)$$

$$z_1 = \sqrt{2}\mathrm{e}^{-\mathrm{i}\frac{\pi}{6}}.$$

$|z_2| = \sqrt{2}$, donc :

$$z_2 = \sqrt{2}\left(\frac{\sqrt{2}}{2} - \mathrm{i}\frac{\sqrt{2}}{2}\right) = \sqrt{2}\left(\cos\frac{\pi}{4} - \mathrm{i}\sin\frac{\pi}{4}\right)$$

$$z_2 = \sqrt{2}\mathrm{e}^{-\mathrm{i}\frac{\pi}{4}}.$$

$Z = \dfrac{z_1}{z_2} = \mathrm{e}^{-\mathrm{i}\left(\frac{\pi}{6} - \frac{\pi}{4}\right)}$, d'où :

$$\boxed{Z = \mathrm{e}^{\mathrm{i}\frac{\pi}{12}}.}$$

2. On peut également donner la forme algébrique de Z :

$$Z = \frac{(\sqrt{6} - \mathrm{i}\sqrt{2})(1+\mathrm{i})}{2(1-\mathrm{i})(1+\mathrm{i})}$$
$$= \left(\frac{\sqrt{6}+\sqrt{2}}{4} + \mathrm{i}\frac{\sqrt{6}-\sqrt{2}}{4}\right).$$

En comparant les deux expressions de Z trouvées, il vient :

$$\boxed{\cos\frac{\pi}{12} = \frac{\sqrt{6}+\sqrt{2}}{4} \quad \text{et} \quad \sin\frac{\pi}{12} = \frac{\sqrt{6}-\sqrt{2}}{4}.}$$

3. Compte tenu de ce qui précède, l'équation se met sous la forme :

$$\cos\frac{\pi}{12}\cos x + \sin\frac{\pi}{12}\sin x = \frac{1}{2}, \text{ soit } \cos\left(x - \frac{\pi}{12}\right) = \cos\frac{\pi}{3}.$$

Les solutions sont donc les réels tels que :

$$x - \frac{\pi}{12} = \frac{\pi}{3} + k2\pi,\ k \in \mathbb{Z} \text{ ou } x - \frac{\pi}{12} = -\frac{\pi}{3} + k2\pi,\ k \in \mathbb{Z}$$

$$\boxed{x = \frac{5\pi}{12} + k2\pi,\ k \in \mathbb{Z} \text{ ou } x = -\frac{\pi}{4} + k2\pi,\ k \in \mathbb{Z}.}$$

23 On utilise la formule d'Euler :

$$\cos^4 x = \left(\frac{\mathrm{e}^{\mathrm{i}x} + \mathrm{e}^{-\mathrm{i}x}}{2}\right)^4,$$

et on développe ensuite :

$$\cos^4 x = \frac{1}{2^4}(\mathrm{e}^{4\mathrm{i}x} + 4\mathrm{e}^{2\mathrm{i}x} + 6 + 4\mathrm{e}^{-2\mathrm{i}x} + \mathrm{e}^{-4\mathrm{i}x})$$
$$= \frac{1}{2^3}\left(\frac{\mathrm{e}^{4\mathrm{i}x} + \mathrm{e}^{-4\mathrm{i}x}}{2} + 4\frac{\mathrm{e}^{2\mathrm{i}x} + \mathrm{e}^{-2\mathrm{i}x}}{2} + 3\right)$$

$$\boxed{\cos^4 x = \frac{1}{8}(\cos 4x + 4\cos 2x + 3).}$$

24 Appliquons la formule de Moivre et développons ensuite :

$$\cos 5\varphi + i\sin 5\varphi = (\cos\varphi + i\sin\varphi)^5$$
$$= \cos^5\varphi + 5i\cos^4\varphi\sin\varphi - 10\cos^3\varphi\sin^2\varphi - 10i\cos^2\varphi\sin^3\varphi + 5\cos\varphi\sin^4\varphi + i\sin^5\varphi.$$

Les parties réelles des deux membres étant égales :

$$\cos 5\varphi = \cos^5\varphi - 10\cos^3\varphi\sin^2\varphi + 5\cos\varphi\sin^4\varphi$$
$$= \cos^5\varphi - 10\cos^3\varphi(1-\cos^2\varphi) + 5\cos\varphi(1-\cos^2\varphi)^2$$
$$= 16\cos^5\varphi - 20\cos^3\varphi + 5\cos\varphi.$$

Calculons maintenant $\cos\frac{\pi}{10}$. Nous remarquons que :

$$\cos\left(5\times\frac{\pi}{10}\right) = \cos\frac{\pi}{2} = 0.$$

Donc, d'après la formule précédente :

$$\cos\frac{5\pi}{10} = 0 = 16\cos^5\frac{\pi}{10} - 20\cos^3\frac{\pi}{10} + 5\cos\frac{\pi}{10}.$$

On simplifie par $\cos\frac{\pi}{10} \neq 0$ et on obtient :

$$16\cos^4\frac{\pi}{10} - 20\cos^2\frac{\pi}{10} + 5 = 0,$$

ce qui montre que $\cos^2\frac{\pi}{10}$ est une racine de l'équation :

$$16x^2 - 20x + 5 = 0.$$

Ces racines sont $\frac{5-\sqrt{5}}{8}$ et $\frac{5+\sqrt{5}}{8}$.

Comme $0 < \frac{\pi}{10} < \frac{\pi}{4}$, $\cos\frac{\pi}{10} > \cos\frac{\pi}{4} > 0$, d'où :

$$\cos^2\frac{\pi}{10} > \cos^2\frac{\pi}{4} = \frac{1}{2}.$$

Or, $\frac{5+\sqrt{5}}{8} > \frac{1}{2}$, alors que $\frac{5-\sqrt{5}}{8} < \frac{1}{2}$; donc $\cos^2\frac{\pi}{10} = \frac{5+\sqrt{5}}{8}$.

Et, $\cos\frac{\pi}{10}$ étant positif :

$$\boxed{\cos\frac{\pi}{10} = \sqrt{\frac{5+\sqrt{5}}{8}} = \frac{\sqrt{10+2\sqrt{5}}}{4}.}$$

25 **1.** Calculons $S + \mathrm{i}S'$:

$$S+\mathrm{i}S'=\mathrm{e}^{\mathrm{i}\frac{2\pi}{7}}+\mathrm{e}^{\mathrm{i}\frac{4\pi}{7}}+\mathrm{e}^{\mathrm{i}\frac{6\pi}{7}}+\mathrm{e}^{\mathrm{i}\frac{8\pi}{7}}+\mathrm{e}^{\mathrm{i}\frac{10\pi}{7}}+\mathrm{e}^{\mathrm{i}\frac{12\pi}{7}}.$$

On reconnaît une somme géométrique de raison $\mathrm{e}^{\mathrm{i}\frac{2\pi}{7}} \neq 1$ et de premier terme $\mathrm{e}^{\mathrm{i}\frac{2\pi}{7}}$, donc sachant que $\left(\mathrm{e}^{\mathrm{i}\frac{2\pi}{7}}\right)^7 = 1$:

$$S+\mathrm{i}S'=\frac{\mathrm{e}^{\mathrm{i}\frac{2\pi}{7}}-\left(\mathrm{e}^{\mathrm{i}\frac{2\pi}{7}}\right)^7}{1-\mathrm{e}^{\mathrm{i}\frac{2\pi}{7}}}=-1.$$

Rappel
Deux nombres complexes sont égaux s'ils ont même partie réelle et même partie imaginaire.

D'où :

$$\boxed{S=-1 \text{ et } S'=0.}$$

2. On remarque que $\cos\frac{2\pi}{7}=\cos\left(2\pi-\frac{2\pi}{7}\right)=\cos\frac{12\pi}{7}$, et, de façon analogue :

$$\cos\frac{4\pi}{7}=\cos\left(2\pi-\frac{4\pi}{7}\right)=\cos\frac{10\pi}{7};\quad \cos\frac{6\pi}{7}=\cos\left(2\pi-\frac{6\pi}{7}\right)=\cos\frac{8\pi}{7}.$$

Donc $S = 2\Sigma$ et, par suite :

$$\boxed{\Sigma=-\frac{1}{2}.}$$

26 **1.** $\Sigma_n = \cos\theta\mathrm{e}^{\mathrm{i}\theta} + \cos^2\theta\mathrm{e}^{2\mathrm{i}\theta} + \dots + \cos^p\theta\mathrm{e}^{\mathrm{i}p\theta} + \dots + \cos^n\theta\mathrm{e}^{\mathrm{i}n\theta}$.

$\Sigma_n = \cos\theta\mathrm{e}^{\mathrm{i}\theta} + (\cos\theta\mathrm{e}^{\mathrm{i}\theta})^2 + \dots + (\cos\theta\mathrm{e}^{\mathrm{i}\theta})^p + \dots + (\cos\theta\mathrm{e}^{\mathrm{i}\theta})^n$.

Sous cette forme, **Σ_n apparaît comme la somme des n premiers termes de la suite géométrique de premier terme $\cos\theta\mathrm{e}^{\mathrm{i}\theta}$ et de raison $q = \cos\theta\mathrm{e}^{\mathrm{i}\theta}$.**

2. La raison q ne peut être égale à 1 ; en effet, $\theta \in]0 ; \pi[$ implique :

$$|q| = |\cos\theta\mathrm{e}^{\mathrm{i}\theta}| = |\cos\theta| < 1.$$

Rappel
Pour tout réel θ, $|\mathrm{e}^{\mathrm{i}\theta}| = 1$.

On a donc :

$$\Sigma_n = q + q^2 + \dots + q^p + \dots + q^n = q(1 + q + \dots + q^{n-1})$$

$$= q\times\frac{1-q^n}{1-q}=\cos\theta\mathrm{e}^{\mathrm{i}\theta}\left(\frac{1-(\cos\theta\mathrm{e}^{\mathrm{i}\theta})^n}{1-\cos\theta\mathrm{e}^{\mathrm{i}\theta}}\right).$$

Or, $1-\cos\theta\mathrm{e}^{\mathrm{i}\theta} = 1-\cos^2\theta - \mathrm{i}\sin\theta\cos\theta = \sin^2\theta - \mathrm{i}\sin\theta\cos\theta = -\mathrm{i}\sin\theta\mathrm{e}^{\mathrm{i}\theta}$; d'où finalement :

$$\boxed{\Sigma_n=\frac{\mathrm{i}\cos\theta}{\sin\theta}(1-\cos^n\theta\mathrm{e}^{\mathrm{i}n\theta}).}$$

Les parties réelles et imaginaires des deux membres étant égales respectivement, on obtient :

$$S_n = \frac{\cos^{n+1}\theta \sin n\theta}{\sin\theta} \quad \text{et} \quad S_n' = \frac{\cos\theta(1-\cos^n\theta\cos n\theta)}{\sin\theta}.$$

27 **1.** On remarque que $z_0^5 = 1$. D'autre part, $1+z_0+z_0^2+z_0^3+z_0^4$ est une somme géométrique de raison $z_0 \neq 1$. Donc :

$$1+z_0+z_0^2+z_0^3+z_0^4 = \frac{1-z_0^5}{1-z_0}$$

$$1+z_0+z_0^2+z_0^3+z_0^4 = 0.$$

2. α et β sont les racines du trinôme :

$$(X-\alpha)(X-\beta) = X^2-(\alpha+\beta)X+\alpha\beta.$$

Or, d'après ce qui précède, $\alpha+\beta = -1$ et :

$$\alpha\beta = (z_0+z_0^4)(z_0^2+z_0^3) = z_0^3+z_0^4+z_0^6+z_0^7 = z_0^3+z_0^4+z_0+z_0^2 = -1.$$

Donc α et β sont les racines du trinôme X^2+X-1.

3. $\alpha = e^{i\frac{2\pi}{5}} + e^{i\frac{8\pi}{5}} = e^{i\frac{2\pi}{5}} + e^{-i\frac{2\pi}{5}} = 2\cos\frac{2\pi}{5}.$

D'autre part, les solutions de l'équation $X^2+X-1=0$ sont :

$$\frac{-1+\sqrt{5}}{2} > 0 \quad \text{et} \quad \frac{-1-\sqrt{5}}{2} < 0.$$

Comme $2\cos\frac{2\pi}{5}$ est strictement positif, $2\cos\frac{2\pi}{5} = \frac{-1+\sqrt{5}}{2}$ et :

$$\cos\frac{2\pi}{5} = \frac{-1+\sqrt{5}}{4}.$$

28 **1.** u vérifie $u^2-21 = -20i$, d'où par élévation au carré :

$$(u^2-21)^2 = -400$$

$$u^4-42u^2+441 = -400$$

$$u^4-42u^2+841 = 0.$$

2. Effectivement, en développant, on trouve bien :

$$(z^2+29)^2-100z^2 = (z^4+841+58z^2)-100z^2$$
$$= z^4-42z^2+841.$$

On peut donc factoriser :

$$z^4-42z^2+841 = (z^2+29-10z)(z^2+29+10z).$$

CORRIGÉS

Les racines des deux trinômes $z^2 - 10z + 29$ et $z^2 + 10z + 29$ sont respectivement :

$$\boxed{5 + 2\text{i},\ 5 - 2\text{i}\ \text{ et }\ -5 + 2\text{i},\ -5 - 2\text{i}.}$$

3. Reste à vérifier réciproquement, parmi ces quatre nombres, quels sont ceux dont le carré vaut $21 - 20\text{i}$. On trouve ainsi :

$$\boxed{5 - 2\text{i}\ \text{ et }\ -5 + 2\text{i}.}$$

Remarque
Les deux autres nombres trouvés $5 + 2\text{i}$ et $-5 - 2\text{i}$ sont les deux racines carrées de $21 + 20\text{i}$.

29 $z_1 = \text{e}^{\text{i}\alpha}$ et $z_2 = \text{e}^{\text{i}\beta}$, d'où :

$$\begin{aligned}\frac{(z_1 + z_2)^2}{z_1 z_2} &= \frac{z_1^2 + z_2^2 + 2z_1z_2}{z_1z_2}\\ &= \frac{z_1}{z_2} + \frac{z_2}{z_1} + 2\\ &= \text{e}^{\text{i}(\alpha-\beta)} + \text{e}^{\text{i}(\beta-\alpha)} + 2\\ &= 2\cos(\alpha - \beta) + 2\end{aligned}$$

La dernière forme trouvée montre bien que $\frac{(z_1 + z_2)^2}{z_1 z_2}$ **est un réel positif ou nul** car $\cos(\alpha - \beta) \geqslant -1$.

Sujets de type BAC

30 Partie A

1. Montrons que $(-\text{i})$ est solution de (E) :

$(-\text{i})^3 + (-8 + \text{i})(-\text{i})^2 + (17 - 8\text{i})(-\text{i}) + 17\text{i} = \text{i} + 8 - \text{i} - 17\text{i} - 8 + 17\text{i} = 0.$

Le nombre – i est bien solution de l'équation (E).

2. Pour tout nombre complexe z :

$(z + \text{i})(az^2 + bz + c) = az^3 + (a\text{i} + b)z^2 + (b\text{i} + c)z + \text{i}c.$

L'égalité :

$z^3 + (-8 + \text{i})z^2 + (17 - 8\text{i})z + 17\text{i} = az^3 + (a\text{i} + b)z^2 + (b\text{i} + c)z + \text{i}c$

est vraie pour tout complexe z si et seulement si :

$$\begin{cases} a = 1 \\ a\text{i} + b = -8 + \text{i} \\ b\text{i} + c = 17 - 8\text{i} \\ \text{i}c = 17\text{i} \end{cases}.$$

On en déduit immédiatement $a = 1$ et $c = 17$, puis, en reportant ces valeurs dans les deuxième et troisième équations, on obtient $b = -8$.

Donc, pour tout complexe z :

$$z^3 + (-8 + \mathrm{i})z^2 + (17 - 8\mathrm{i})z + 17\mathrm{i} = (z + \mathrm{i})(z^2 - 8z + 17).$$

3. Pour tout complexe z, l'équation (E) est équivalente à :

$$(z + \mathrm{i})(z^2 - 8z + 17) = 0$$

et à :

$$z + \mathrm{i} = 0 \text{ ou } z^2 - 8z + 17 = 0.$$

L'équation $z + \mathrm{i} = 0$ est équivalente à $z = -\mathrm{i}$.

L'équation $z^2 - 8z + 17 = 0$ est une équation du second degré dont le discriminant est $\Delta = 8^2 - 4 \times 17 = -4$.

L'équation $z^2 - 8z + 17 = 0$ admet donc deux racines complexes conjuguées :

$$z_1 = \frac{8 + 2\mathrm{i}}{2} = 4 + \mathrm{i}\,; \quad z_2 = \frac{8 - 2\mathrm{i}}{2} = 4 - \mathrm{i}.$$

L'équation (E) admet donc trois solutions, les nombres $4 + \mathrm{i}$; $4 - \mathrm{i}$; $-\mathrm{i}$.

Partie B

A, B, C sont les points d'affixes $4 + \mathrm{i}$; $4 - \mathrm{i}$; $-\mathrm{i}$.

1. Les points A, B, C ont respectivement pour coordonnées :

$$(4\,; 1), (4\,; -1) \text{ et } (0\,; -1).$$

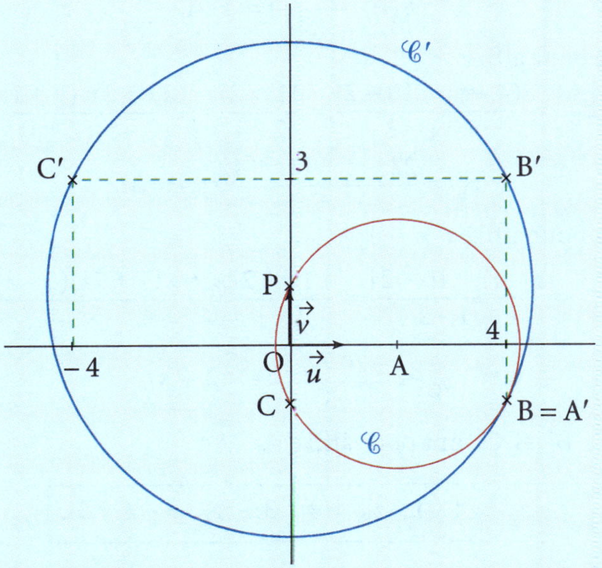

2. L'image S du point A par l'application r a pour affixe s telle que :

$$s = \mathrm{i}(4+\mathrm{i}) - 2\mathrm{i} + 2 = 4\mathrm{i} - 1 - 2\mathrm{i} + 2$$

$$s = 1 + 2\mathrm{i}.$$

Le point S image de A par l'application r a pour affixe $s = 1 + 2\mathrm{i}$.

3. $\Omega A = |4 + \mathrm{i} - 2| = |2 + \mathrm{i}| = \sqrt{5}$;

$\Omega B = |4 - \mathrm{i} - 2| = |2 - \mathrm{i}| = \sqrt{5}$;

$\Omega C = |-\mathrm{i} - 2| = |2 + \mathrm{i}| = \sqrt{5}$;

$\Omega S = |1 + 2\mathrm{i} - 2| = |-1 + 2\mathrm{i}| = \sqrt{5}$.

$\Omega A = \Omega B = \Omega C = \Omega S$. **Donc, les quatre points A, B, C et S appartiennent au cercle $\mathscr{C}$ de centre Ω d'affixe 2 et de rayon $\sqrt{5}$.**

4. À tout point M d'affixe $z \neq 2$, on associe le point M′ d'affixe z'.

a) Le point A′ a pour affixe $z_{A'}$ telle que :

$$z_{A'} = \frac{\mathrm{i}(4+\mathrm{i}) + 10 - 2\mathrm{i}}{4 + \mathrm{i} - 2} = \frac{9 + 2\mathrm{i}}{2 + \mathrm{i}}$$

$$z_{A'} = \frac{(9+2\mathrm{i})(2-\mathrm{i})}{(2+\mathrm{i})(2-\mathrm{i})} = \frac{18 + 2 - 9\mathrm{i} + 4\mathrm{i}}{5}$$

$$z_{A'} = \frac{20 - 5\mathrm{i}}{5} = 4 - \mathrm{i}.$$

Le point B′ a pour affixe :

$$z_{B'} = \frac{\mathrm{i}(4-\mathrm{i}) + 10 - 2\mathrm{i}}{4 - \mathrm{i} - 2} = \frac{11 + 2\mathrm{i}}{2 - \mathrm{i}} = \frac{(11+2\mathrm{i})(2+\mathrm{i})}{(2-\mathrm{i})(2+\mathrm{i})}$$

$$z_{B'} = \frac{22 - 2 + 11\mathrm{i} + 4\mathrm{i}}{5} = 4 + 3\mathrm{i}.$$

Le point C′ a pour affixe :

$$z_{C'} = \frac{\mathrm{i}(-\mathrm{i}) + 10 - 2\mathrm{i}}{-\mathrm{i} - 2} = \frac{-11 + 2\mathrm{i}}{2 + \mathrm{i}} = \frac{(-11+2\mathrm{i})(2-\mathrm{i})}{5}$$

$$z_{C'} = \frac{-20 + 15\mathrm{i}}{5} = -4 + 3\mathrm{i}.$$

Les points A′, B′ et C′ ont pour affixe :

$$\boxed{z_{A'} = 4 - \mathrm{i}\ ;\ z_{B'} = 4 + 3\mathrm{i}\ ;\ z_{C'} = -4 + 3\mathrm{i}.}$$

b) $PA' = |z_{A'} - z_P| = |4 - i - i| = 2|2 - i| = 2\sqrt{5}$;

$PB' = |z_{B'} - z_P| = |4 + 3i - i| = 2|2 + i| = 2\sqrt{5}$;

$PC' = |z_{C'} - z_P| = |-4 + 3i - i| = 2|-2 + i| = 2|2 - i| = 2\sqrt{5}$.

Les trois points A′, B′ et C′ appartiennent donc au cercle $\mathscr{C}'$ de centre P et de rayon $2\sqrt{5}$.

c) Pour tout complexe $z \neq 2$:

$$|z' - i| = \left|\frac{iz + 10 - 2i}{z - 2} - i\right|$$

$$|z' - i| = \left|\frac{iz + 10 - 2i - iz + 2i}{z - 2}\right|$$

$$|z' - i| = \left|\frac{10}{z - 2}\right| = \frac{10}{|z - 2|}.$$

$$\boxed{|z' - i| = \frac{10}{|z - 2|}.}$$

d) Soit M un point d'affixe z appartenant au cercle $\mathscr{C}$ de centre Ω d'affixe $z_\Omega = 2$ et de rayon $\sqrt{5}$, donc $|z - 2| = \sqrt{5}$.

Pour tout point M de $\mathscr{C}$, $z \neq 2$ (car $|z - 2| \neq 0$) et :

$$|z' - i| = \frac{10}{|z - 2|} = \frac{10}{\sqrt{5}}$$

$$\boxed{|z' - i| = 2\sqrt{5}.}$$

e) D'après **d)**, si M est un point du cercle $\mathscr{C}$, alors le point M′ d'affixe z', associé à M, est tel que $|z' - i| = 2\sqrt{5}$, donc M′ appartient au cercle $\mathscr{C}'$ de centre P et de rayon $2\sqrt{5}$.

L'ensemble des points M′ associés aux points M de $\mathscr{C}$ est inclus dans le cercle $\mathscr{C}'$ de centre P et de rayon $2\sqrt{5}$.

31 **1. a)** z et z' sont deux nombres complexes non nuls et :

$$z = \frac{z}{z'} \times z'.$$

En utilisant le prérequis concernant l'argument d'un produit :

$$\arg(z) = \arg\left(\frac{z}{z'}\right) + \arg(z') \text{ à } 2k\pi \text{ près, } k \in \mathbb{Z}.$$

$$\arg\left(\frac{z}{z'}\right) = \arg(z) - \arg(z') \text{ à } 2k\pi \text{ près, } k \in \mathbb{Z}.$$

b) D'après le résultat précédent, les complexes $(c-a)$ et $(b-a)$ n'étant pas nuls :

$$\arg\left(\frac{c-a}{b-a}\right) = \arg(c-a) - \arg(b-a) \text{ à } 2k\pi \text{ près.}$$

Le nombre complexe $c-a$ est l'affixe du vecteur $\overrightarrow{AC}$ donc :

$$\arg(c-a) = (\vec{u}\ ;\ \overrightarrow{AC}) \text{ à } 2k\pi \text{ près.}$$

De même :

$$\arg(b-a) = (\vec{u}\ ;\ \overrightarrow{AB}) \text{ à } 2k\pi \text{ près.}$$

$$\arg\left(\frac{c-a}{b-a}\right) = (\vec{u}\ ;\ \overrightarrow{AC}) - (\vec{u}\ ;\ \overrightarrow{AB}) \text{ à } 2k\pi \text{ près.}$$

$$\arg\left(\frac{c-a}{b-a}\right) = (\vec{u}\ ;\ \overrightarrow{AC}) + (\overrightarrow{AB}\ ;\ \vec{u}) \text{ à } 2k\pi \text{ près.}$$

D'après la relation de Chasles :

$$\arg\left(\frac{c-a}{b-a}\right) = (\overrightarrow{AB}\ ;\ \overrightarrow{AC}) \text{ à } 2k\pi \text{ près, } k \in \mathbb{Z}.$$

2. a) z n'est pas nul, notons r le module de z et α un argument de z :

$$z = r(\cos\alpha + i\sin\alpha) = re^{i\alpha}.$$

On sait qu'alors $\bar{z} = re^{-i\alpha}$ et que, z étant non nul, $z' = \frac{1}{\bar{z}} = \frac{1}{re^{-i\alpha}} = \frac{1}{r}e^{i\alpha}$.

z' a pour module $\frac{1}{r}$ et pour argument α.

On en déduit que z et z' ont même argument, à $2k\pi$ près, k entier relatif.

Pour $z \neq 0$, $\arg(z') = \arg(z)$ à $2k\pi$ près, $k \in \mathbb{Z}$.

• **Interprétation géométrique**

z est l'affixe du vecteur $\overrightarrow{OM}$, donc $\arg(z) = (\vec{u}\ ;\ \overrightarrow{OM})$.

z' est l'affixe du vecteur $\overrightarrow{OM'}$, donc $\arg(z') = (\vec{u}\ ;\ \overrightarrow{OM'})$.

$(\vec{u}\ ;\ \overrightarrow{OM}) = (\vec{u}\ ;\ \overrightarrow{OM'})$ à $2k\pi$ près, $k \in \mathbb{Z}$. **Donc, pour tout point M de $\mathcal{P}$, O, M et M′ sont alignés sur une demi-droite d'origine O.**

b) $f(M) = M$ équivaut à $z' = z$.

$M \in \mathcal{P}\setminus\{O\}$ équivaut à $z \neq 0$.

Avec les mêmes notations que dans la question **2.a)**, pour tout $z \neq 0$:

$$z' = z \text{ équivaut à } \frac{1}{r}e^{i\alpha} = re^{i\alpha}.$$

En simplifiant par le nombre $e^{i\alpha}$ qui est non nul :

$$\frac{1}{r}e^{i\alpha} = re^{i\alpha} \text{ équivaut à } \frac{1}{r} = r \text{ et à } r^2 = 1.$$

r est le module de z, c'est un réel strictement positif.

$r^2 = 1$ équivaut à $r = 1$.

z est l'affixe du point M et $r = \mathrm{OM}$.

L'ensemble cherché est l'ensemble des points M tels que $\mathrm{OM} = 1$, c'est-à-dire le cercle de centre O de rayon 1.

Donc l'ensemble des points invariants par *f* est le cercle de centre O de rayon 1.

c) z est distinct de 0, de i et de 1 ; z' aussi d'après l'énoncé.

$$z' - 1 = \frac{1}{\bar{z}} - 1 = \frac{1-\bar{z}}{\bar{z}} = -\frac{\bar{z}-1}{\bar{z}}$$

$$z' - i = \frac{1}{\bar{z}} - i = \frac{1 - i\bar{z}}{\bar{z}} = \frac{-i^2 - i\bar{z}}{\bar{z}} = \frac{-i(\bar{z}+i)}{\bar{z}}.$$

Par quotient, $z' - i$ étant non nul :

$$\frac{z'-1}{z'-i} = -\frac{\bar{z}-1}{\bar{z}} \times \frac{\bar{z}}{(-i)(\bar{z}+i)} = \frac{1}{i}\left(\frac{\bar{z}-1}{\bar{z}+i}\right).$$

$i^2 = -1$, donc $-i^2 = 1$ et $-i = \frac{1}{i}$.

D'autre part, si z est réel, $\bar{z} = z$ et si z est imaginaire pur, $\bar{z} = -z$ donc :

$$\bar{z} - 1 = \bar{z} - \bar{1} \text{ et } \bar{z} + i = \bar{z} - \bar{i}.$$

Enfin le conjugué d'une différence est la différence des conjugués et le conjugué d'un quotient est le quotient des conjugués :

$$\frac{\bar{z} - \bar{1}}{\bar{z} - \bar{i}} = \frac{\overline{z-1}}{\overline{z-i}} = \overline{\left(\frac{z-1}{z-i}\right)}.$$

z et z' étant distincts de 0, 1 et i :

$$\boxed{\frac{z'-1}{z'-i} = \frac{1}{i}\left(\frac{\bar{z}-1}{\bar{z}+i}\right) = (-i)\overline{\left(\frac{z-1}{z-i}\right)}.}$$

• En utilisant le résultat $\arg(zz') = \arg(z) + \arg(z')$ à $2k\pi$ près, avec $z \neq 0$ et $z' \neq 0$:

$$\arg\left(\frac{z'-1}{z'-i}\right) = \arg(-i) + \arg\overline{\left(\frac{z-1}{z-i}\right)} \text{ à } 2k\pi \text{ près.}$$

Un argument de $\bar{z}$ est $-\arg(z)$ et un argument de $(-\text{i})$ est $\left(-\frac{\pi}{2}\right)$ donc :

$$\arg\left(\frac{z'-1}{z'-\text{i}}\right) = -\frac{\pi}{2} - \arg\left(\frac{z-1}{z-\text{i}}\right) \text{ à } 2k\pi \text{ près, } k \in \mathbb{Z}.$$

3. a) $\frac{z-1}{z-\text{i}} \in \mathbb{R}^*$ équivaut à $\arg\left(\frac{z-1}{z-\text{i}}\right) = 0$ à $k\pi$ près. Or :

$$\frac{z-1}{z-\text{i}} = \frac{1-z}{\text{i}-z} = \frac{z_\text{U}-z_\text{M}}{z_\text{V}-z_\text{M}}.$$

D'après la question **1.b)**, $\arg\left(\frac{z_\text{U}-z_\text{M}}{z_\text{V}-z_\text{M}}\right) = (\overrightarrow{\text{MV}}\ ;\ \overrightarrow{\text{MU}})$ à $2k\pi$ près ;

$\frac{z-1}{z-\text{i}} \in \mathbb{R}^* \Leftrightarrow (\overrightarrow{\text{MV}}, \overrightarrow{\text{MU}}) = 0$ à $k\pi$ près,

$\Leftrightarrow \overrightarrow{\text{MV}}$ et $\overrightarrow{\text{MU}}$ sont colinéaires et non nuls.

Donc $\frac{z-1}{z-\text{i}} \in \mathbb{R}^*$ si, et seulement si, M appartient à la droite (UV) privée de U et V.

b) M appartient à (UV) privée de U et V si, et seulement, $\frac{z-1}{z-\text{i}} \in \mathbb{R}^*$, c'est-à-dire $\arg\left(\frac{z-1}{z-\text{i}}\right) = 0$ à $k\pi$ près. Or, d'après la question **2.c)** :

$$\arg\left(\frac{z'-1}{z'-\text{i}}\right) = -\frac{\pi}{2} - \arg\left(\frac{z-1}{z-\text{i}}\right) \text{ à } 2k\pi \text{ près, } k \in \mathbb{Z}.$$

M′ appartient à l'image par *f* de la droite (UV) privée de U et V si, et seulement si :

$$\arg\left(\frac{z'-1}{z'-\text{i}}\right) = -\frac{\pi}{2} \text{ à } k\pi \text{ près, } k \in \mathbb{Z}.$$

Comme précédemment, $\arg\left(\frac{z'-1}{z'-\text{i}}\right) = (\overrightarrow{\text{M'V}}\ ;\ \overrightarrow{\text{M'U}})$ à $2k\pi$ près, $k \in \mathbb{Z}$.

L'image par *f* de la droite (UV) privée de U et V est l'ensemble des points M′ tels que $(\overrightarrow{\text{M'V}}\ ;\ \overrightarrow{\text{M'U}})$ est un angle droit : c'est le cercle de diamètre [UV] privé de U et V.

Donc l'image par *f* de la droite (UV) privée de U et V est le cercle de diamètre [UV] privé de U et V.

32 Le plan complexe est rapporté au repère orthonormal direct $(\text{O}\ ;\ \vec{u}, \vec{v})$ (unité graphique : 5 cm). On considère les points A et B d'affixes respectives $z_\text{A} = 1 + \text{i}$ et $z_\text{B} = -\frac{1}{2} + \frac{1}{2}\text{i}$.

On désigne par (C) le cercle de centre O et de rayon 1.

CORRIGÉS

1. Forme trigonométrique de z_A et z_B

z_A étant non nul, déterminons le module et un argument θ de z_A :

$|1+i| = \sqrt{2}$ donc $1+i = \sqrt{2}\left(\frac{\sqrt{2}}{2} + i\,\frac{\sqrt{2}}{2}\right)$ soit :

$$\begin{cases} \cos\theta = \frac{\sqrt{2}}{2} \\ \sin\theta = \frac{\sqrt{2}}{2} \end{cases}, \quad \theta = \frac{\pi}{4} \text{ à } 2\pi \text{ près.}$$

z_B étant non nul, déterminons le module et un argument θ' de z_B :

$\left|-\frac{1}{2} + \frac{1}{2}\,i\right| = \frac{\sqrt{2}}{2}$ donc $-\frac{1}{2} + \frac{1}{2}\,i = \frac{\sqrt{2}}{2}\left(-\frac{\sqrt{2}}{2} + i\,\frac{\sqrt{2}}{2}\right)$ soit :

$$\begin{cases} \cos\theta' = -\frac{\sqrt{2}}{2} \\ \sin\theta' = \frac{\sqrt{2}}{2} \end{cases}, \quad \theta' = \frac{3\pi}{4} \text{ à } 2\pi \text{ près.}$$

On en déduit que :

$$z_A = \sqrt{2}e^{i\frac{\pi}{4}} = \sqrt{2}\left(\cos\frac{\pi}{4} + i\,\sin\frac{\pi}{4}\right) \text{ et } z_B = \frac{\sqrt{2}}{2}\,e^{i\frac{3\pi}{4}} = \frac{\sqrt{2}}{2}\left(\cos\frac{3\pi}{4} + i\,\sin\frac{3\pi}{4}\right).$$

2. Dans la suite de l'exercice, M désigne un point de (C) d'affixe $e^{i\alpha}$, $\alpha \in [0\,;2\pi[$.

On considère l'application f qui à tout point M de (C) associe $f(M) = MA \times MB$.

a) Montrons que pour tout $\alpha \in \mathbb{R}$, $e^{i2\alpha} - 1 = 2ie^{i\alpha}\sin\alpha$.

Pour tout α de $[0\,;2\pi[$, on a $e^{i2\alpha} - 1 = e^{i\alpha}(e^{i\alpha} - e^{-i\alpha})$.

En utilisant la formule d'Euler $\sin\alpha = \frac{e^{i\alpha} - e^{-i\alpha}}{2i}$ on en déduit que :

$$e^{i2\alpha} - 1 = 2ie^{i\alpha}\sin\alpha.$$

b) Montrons que $f(M) = \left|e^{i2\alpha} - 1 - \left(\frac{1}{2} + \frac{3}{2}\,i\right)e^{i\alpha}\right|$.

Pour tout M de (C), $\overrightarrow{MA}$ a pour affixe $1 + i - e^{i\alpha}$ et $\overrightarrow{MB}$ a pour affixe $-\frac{1}{2} + \frac{1}{2}\,i - e^{i\alpha}$ donc pour tout M de (C) :

$$f(\mathrm{M}) = \mathrm{MA} \times \mathrm{MB} = \left|(1 + \mathrm{i} - \mathrm{e}^{\mathrm{i}\alpha})\left(-\frac{1}{2} + \frac{1}{2}\,\mathrm{i} - \mathrm{e}^{\mathrm{i}\alpha}\right)\right|$$

$$f(\mathrm{M}) = \left|-\frac{1}{2} + \frac{1}{2}\,\mathrm{i} - \mathrm{e}^{\mathrm{i}\alpha} - \frac{1}{2}\,\mathrm{i} - \frac{1}{2} - \mathrm{i}\mathrm{e}^{\mathrm{i}\alpha} + \frac{1}{2}\,\mathrm{e}^{\mathrm{i}\alpha} - \frac{1}{2}\,\mathrm{i}\mathrm{e}^{\mathrm{i}\alpha} + \mathrm{e}^{2\mathrm{i}\alpha}\right|$$

$$f(\mathrm{M}) = \left|\mathrm{e}^{2\mathrm{i}\alpha} - 1 - \left(\frac{1}{2} + \frac{3}{2}\,\mathrm{i}\right)\mathrm{e}^{\mathrm{i}\alpha}\right|.$$

c) En déduire que $f(\mathrm{M}) = \sqrt{\frac{1}{4} + \left(-\frac{3}{2} + 2\,\sin\alpha\right)^2}$.

On utilise la relation montrée à la question **2.a)** :

$$f(\mathrm{M}) = \left|\mathrm{e}^{\mathrm{i}\alpha} - 1 - \left(\frac{1}{2} + \frac{3}{2}\,\mathrm{i}\right)\mathrm{e}^{\mathrm{i}\alpha}\right|$$

$$f(\mathrm{M}) = \left|2\mathrm{i}\mathrm{e}^{\mathrm{i}\alpha}\,\sin\alpha - \left(\frac{1}{2} + \frac{3}{2}\,\mathrm{i}\right)\mathrm{e}^{\mathrm{i}\alpha}\right|$$

$$f(\mathrm{M}) = \left|\mathrm{e}^{\mathrm{i}\alpha}\right| \times \left|2\mathrm{i}\,\sin\alpha - \frac{1}{2} - \frac{3}{2}\,\mathrm{i}\right|$$

$$f(\mathrm{M}) = \sqrt{\frac{1}{4} + \left(-\frac{3}{2} + 2\,\sin\alpha\right)^2}$$

car pour tout réel α, $\left|\mathrm{e}^{\mathrm{i}\alpha}\right| = 1$.

3. a) Valeur minimale de $f(\mathrm{M})$

Comme $\left(\frac{3}{2} - 2\,\sin\alpha\right)^2 \geqslant 0$, $f(\mathrm{M})$ est minimale si et seulement si $\left(\frac{3}{2} - 2\,\sin\alpha\right)^2 = 0$ soit $\sin\alpha = \frac{3}{4}$.

Les coordonnées des points M d'affixe $\mathrm{e}^{\mathrm{i}\alpha}$ sont $(\cos\alpha\,;\sin\alpha)$. Sachant que $\sin\alpha = \frac{3}{4}$, on en déduit :

$$\cos^2\alpha = 1 - \sin^2\alpha = 1 - \frac{9}{16} = \frac{7}{16}\,;$$

d'où $\cos\alpha = \frac{\sqrt{7}}{4}$ ou $\cos\alpha = -\frac{\sqrt{7}}{4}$.

Les deux points M de (C) pour lesquels $f(\mathrm{M})$ est minimale sont les points de coordonnées :

$$\boxed{M_1\left(\frac{\sqrt{7}}{4}\,;\,\frac{3}{4}\right) \text{ et } M_2\left(-\frac{\sqrt{7}}{4}\,;\,\frac{3}{4}\right).}$$

En ces deux points on a $\boxed{f(M) = \frac{1}{2}.}$

b) Valeur maximale de $f(M)$

Comme $-1 \leqslant \sin\alpha \leqslant 1$, on a $\frac{1}{2} \geqslant -\frac{3}{2} + 2\sin\alpha \geqslant -\frac{7}{2}$, donc $0 \leqslant \left(-\frac{3}{2} + 2\sin\alpha\right)^2 \leqslant \frac{49}{4}$ donc $f(M)$ est maximale si et seulement si $\left(-\frac{3}{2} + 2\sin\alpha\right)^2$ est maximal c'est-à-dire $\left(-\frac{3}{2} + 2\sin\alpha\right)^2 = \frac{49}{4}$ soit encore $2\sin^2\alpha - 3\sin\alpha - 5 = 0$. Cette équation est équivalente à ;

$$\begin{cases} 2X^2 - 3X - 5 = 0 \\ X = \sin\alpha \end{cases}.$$

La première équation admet la racine évidente -1, l'autre racine est donc $\frac{5}{2}$. Le système précédent est donc équivalent à :

$$\sin\alpha = -1 \text{ ou } \sin\alpha = \frac{5}{2}.$$

La deuxième équation n'admettant pas de solution, $f(M)$ est maximale si et seulement si $\sin\alpha = -1$ c'est-à-dire $\alpha = \frac{3\pi}{2}\ [2\pi]$. Le point qui rend f maximale est le point $\boxed{M(0\,;-1)}$.

En ce point on a $\boxed{f(M) = \frac{5\sqrt{2}}{2}}$.

33 1. a) Développement de $(z + 1 - i)(z - 1 - i)$

$(z + 1 - i)(z - 1 - i) = ((z - i) + 1)((z - i) - 1) = (z - i)^2 - 1$

$(z - i)^2 = z^2 - 2iz + i^2 = z^2 - 2iz - 1$ et :

$$\boxed{(z + 1 - i)(z - 1 - i) = z^2 - 2iz - 2.}$$

b) Ensemble des points vérifiant $f(M) = M$

$f(M) = M$ signifie $z' = z$, pour $z \neq z_B$.

CORRIGÉS

On résout l'équation $i\left(\dfrac{z-2i}{z-i}\right) = z$ pour $z \neq i$. Pour tout $z \neq i$:

$i\left(\dfrac{z-2i}{z-i}\right) = z$ équivaut à $i(z-2i) = z(z-i)$ et $z(z-i) - i(z-2i) = 0$

$z(z-i) - i(z-2i) = z^2 - 2iz - 2 = (z+1-i)(z-1-i)$

$i\left(\dfrac{z-2i}{z-i}\right) = z$ équivaut à $(z+1-i)(z-1-i) = 0$

$$\text{et à } z+1-i = 0 \quad \text{ou} \quad z-1-i = 0$$
$$\text{et à } z = -1+i = z_C \quad \text{ou} \quad z = 1+i = z_D.$$

Il y a exactement deux points vérifiant $f(M) = M$: les points C et D.

$(-1+i)$ et $(1+i)$ sont les formes algébriques des affixes de C et D.

Forme trigonométrique de z_C et z_D

$$z_D = 1+i = \sqrt{2}\left(\frac{\sqrt{2}}{2} + \frac{\sqrt{2}}{2}i\right) = \sqrt{2}\left(\cos\left(\frac{\pi}{4}\right) + \sin\left(\frac{\pi}{4}\right)i\right) = \sqrt{2}e^{i\frac{\pi}{4}}.$$

z_D a pour module $\sqrt{2}$ et pour argument $\dfrac{\pi}{4}$.

$z_C = -1+i = \sqrt{2}\left(-\dfrac{\sqrt{2}}{2} + \dfrac{\sqrt{2}}{2}i\right) = \sqrt{2}\left(\cos\left(\pi - \dfrac{\pi}{4}\right) + \sin\left(\pi - \dfrac{\pi}{4}\right)i\right)$

$z_C = \sqrt{2}e^{i\frac{3\pi}{4}}$.

z_C a pour module $\sqrt{2}$ et pour argument $\dfrac{3\pi}{4}$.

$$z_C = \sqrt{2}e^{i\frac{3\pi}{4}} \quad \text{et} \quad z_D = \sqrt{2}e^{i\frac{\pi}{4}}.$$

$z_C = -1+i$: le point C a pour coordonnées $(-1, 1)$,

$z_D = 1+i$: le point D a pour coordonnées $(1, 1)$.

La figure ci-après sera complétée au fur et à mesure.

2. a) Expression de $|z'|$

$$|z'| = \left|\mathrm{i}\left(\frac{z-2\mathrm{i}}{z-\mathrm{i}}\right)\right| = |\mathrm{i}| \times \frac{|z-2\mathrm{i}|}{|z-\mathrm{i}|}.$$

En effet, le module d'un produit (respectivement d'un quotient) est le produit (respectivement le quotient) des modules. De plus $|\mathrm{i}| = 1$.

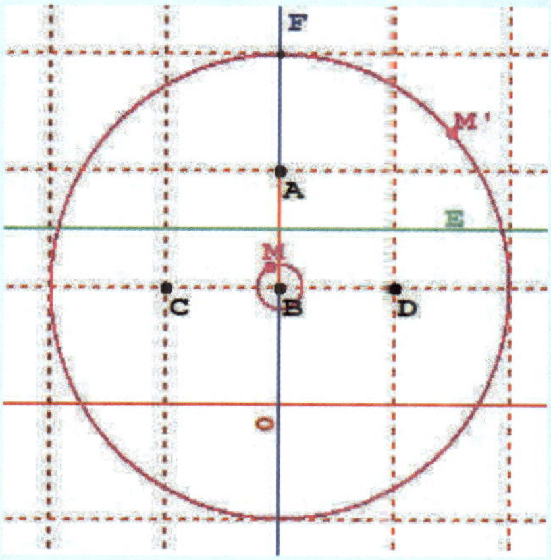

$z - 2\mathrm{i} = z_M - z_A$, $(z - 2\mathrm{i})$ est l'affixe du vecteur $\overrightarrow{AM}$ et a pour module la distance AM.

$z - \mathrm{i} = z_M - z_B$, $(z - \mathrm{i})$ est l'affixe du vecteur $\overrightarrow{BM}$ et a pour module BM.

$$|z'| = |\mathrm{i}| \times \frac{|z-2\mathrm{i}|}{|z-\mathrm{i}|} = \frac{AM}{BM}.$$

$$\boxed{|z'| = \frac{AM}{BM}.}$$

Expression de $\arg(z')$

Un argument d'un produit (respectivement d'un quotient) de complexes non nuls est la somme (respectivement la différence) des arguments, on a, pour tout z différent de i et 2i :

$\arg(z') = \arg(\mathrm{i}) + \arg(z - 2\mathrm{i}) - \arg(z - \mathrm{i})$ modulo 2π.

$(z - 2\mathrm{i})$, affixe du vecteur $\overrightarrow{AM}$, a pour argument $(\vec{u}, \overrightarrow{AM})$;

$(z - \mathrm{i})$, affixe du vecteur $\overrightarrow{BM}$, a pour argument $(\vec{u}, \overrightarrow{BM})$;

i a pour argument $\frac{\pi}{2}$.

$$\arg(z') = \frac{\pi}{2} + (\vec{u}, \overrightarrow{AM}) - (\vec{u}, \overrightarrow{BM}) = \frac{\pi}{2} + (\overrightarrow{BM}, \vec{u}) + (\vec{u}, \overrightarrow{AM}).$$

$$\boxed{\text{Pour tout } z \text{ différent de i et 2i, } \arg z' = (\overrightarrow{BM}, \overrightarrow{AM}) + \frac{\pi}{2} \text{ modulo } 2\pi.}$$

b) Ensemble E

Puisque $|z'| = \frac{AM}{BM}$, l'ensemble E des points M d'affixe z tels que $|z'| = 1$ est l'ensemble E des points M tels que $\frac{AM}{BM} = 1$ c'est-à-dire AM = BM.

E est l'ensemble des points du plan équidistants de A et B : c'est la médiatrice de [AB].

E est la médiatrice du segment [AB].

c) Ensemble F

Puisque $\arg z' = (\overrightarrow{BM}, \overrightarrow{AM}) + \frac{\pi}{2}$ (mod. 2π), l'ensemble F des points M d'affixe z tels que $\arg(z') = \frac{\pi}{2}$ est l'ensemble F des points M tels que $(\overrightarrow{BM}, \overrightarrow{AM}) = 0$ (mod. 2π).

L'angle $(\overrightarrow{BM}, \overrightarrow{AM})$ est nul si et seulement si M appartient à la droite (AB) privée du segment [AB].

F est la droite (AB) privée du segment [AB].

3. a) Calcul de $(z' - \mathrm{i})$ en fonction de $(z - \mathrm{i})$

$$z' - \mathrm{i} = \mathrm{i}\left(\frac{z-2\mathrm{i}}{z-\mathrm{i}}\right) - \mathrm{i} = \mathrm{i}\left[\frac{z-2\mathrm{i}}{z-\mathrm{i}} - 1\right] = \mathrm{i}\,\frac{z-2\mathrm{i}-z+\mathrm{i}}{z-\mathrm{i}} = \frac{(-\mathrm{i}^2)}{z-\mathrm{i}} = \frac{1}{z-\mathrm{i}}$$

$$z' - \mathrm{i} = \frac{1}{z-\mathrm{i}}.$$

Calcul de $|z' - \mathrm{i}| \times |z - \mathrm{i}|$ pour $z \neq \mathrm{i}$.

$$|z' - \mathrm{i}| \times |z - \mathrm{i}| = \left|\frac{1}{z-\mathrm{i}}\right| \times |z - \mathrm{i}| = \frac{1}{|z-\mathrm{i}|} \times |z - \mathrm{i}| = 1.$$

Pour tout z différent de i, $|z' - \mathrm{i}| \times |z - \mathrm{i}| = 1$.

b) Image d'un point du cercle $\mathscr{C}$

La distance BM est le module du nombre complexe $(z - \mathrm{i})$:

$$\mathrm{BM} = |z - \mathrm{i}|, \text{ de même } \mathrm{BM}' = |z' - \mathrm{i}|.$$

Puisque, pour tout $z \neq \mathrm{i}$, on a $|z' - \mathrm{i}| = \frac{1}{|z-\mathrm{i}|}$, on a, pour tout point $\mathrm{M} \neq \mathrm{B}$, $\mathrm{BM}' = \frac{1}{\mathrm{BM}}$.

Si M appartient au cercle $\mathscr{C}$ de centre B et de rayon $\frac{1}{2}$, on a $\mathrm{BM} = \frac{1}{2}$ donc $\mathrm{BM}' = 2$.

$\mathrm{BM}' = 2$ signifie que M′ appartient au cercle de centre B et de rayon 2.

Lorsque M appartient à $\mathscr{C}$, M′ appartient au cercle de centre B et de rayon 2.

34 **1. a)** $1 + j + j^2$ est la somme des racines cubiques de l'unité, donc $1 + j + j^2 = 0$.

Mais on peut aussi refaire le calcul : $1 + j + j^2 = \dfrac{1 - j^3}{1 - j} = 0$ car $j \neq 1$ et $j^3 = 1$ (j : racine cubique de l'unité).

$$j\bar{j} = |j|^2 = 1.$$

$j^2 = e^{\frac{4i\pi}{3}} = e^{-\frac{2i\pi}{3}}$ car $\dfrac{4\pi}{3} = -\dfrac{2\pi}{3}\ [2\pi]$, donc $j^2 = \bar{j}$. Or $1 + j + j^2 = 0$ donc $1 + j = -j^2 = -\bar{j}$.

b) En effectuant la division euclidienne de n par 3 on trouve un quotient $q \in \mathbb{N}$ et un reste $r \in \{0, 1, 2\}$: $n = 3q + r$. On écrit aussi : $n \equiv r[3]$.

Alors $j^n = j^{3q+r} = (j^3)^q j^r = j^r$ car $j^3 = 1$. Donc :

$$j^n = j^r = \begin{cases} 1 & \text{si } n \equiv 0[3] \\ j & \text{si } n \equiv 1[3] \\ j^2 & \text{si } n \equiv 2[3] \end{cases}$$

2. Selon la formule du binôme : $(1+1)^n = \sum_{p=0}^{n} \binom{n}{p}$. Séparons les termes de cette somme en fonction du reste de la division de p par 3. Posons à cet effet :

$$R_0 = \{p \in [\![0, n]\!] / p \equiv 0[3]\},$$
$$R_1 = \{p \in [\![0, n]\!] / p \equiv 1[3]\},$$
$$R_2 = \{p \in [\![0, n]\!] / p \equiv 2[3]\}.$$

On peut alors scinder la somme $\sum_{p=0}^{n} \binom{n}{p}$ en 3 :

$$2^n = \sum_{p=0}^{n} \binom{n}{p} = \sum_{p \in R_0} \binom{n}{p} + \sum_{p \in R_1} \binom{n}{p} + \sum_{p \in R_2} \binom{n}{p}.$$

Or les éléments de R_0 sont les entiers naturels p type $3k$ pour $3k \leqslant n$, soit $0 \leqslant k \leqslant \dfrac{n}{3}$. Le plus grand entier k vérifiant cette inégalité est $k = \left[\dfrac{n}{3}\right] = r$. Le changement d'indice $p = 3k$ dans la première somme conduit à :

$$\sum_{p \in R_0} \binom{n}{p} = \sum_{k=0}^{r} \binom{n}{3k} = A_n.$$

De même les éléments p de R_1 s'écrivent $3k+1$ avec $3k+1 \leqslant n$, soit $k \leqslant \frac{n-1}{3}$. Le plus grand entier k vérifiant cette inégalité est $k = \left[\frac{n-1}{3}\right] = s$.

Le changement d'indice $p = 3k+1$ dans la deuxième somme conduit à :

$$\sum_{p \in R_1} \binom{n}{p} = \sum_{k=0}^{s} \binom{n}{3k+1} = B_n.$$

Enfin, les éléments p de R_2 s'écrivent $3k+2$ pour $3k+2 \leqslant n$, soit $k \leqslant \frac{n-2}{3}$.

Le plus grand entier k vérifiant cette inégalité est $k = \left[\frac{n-2}{3}\right] = t$.

Le changement d'indice $p = 3k+2$ dans la troisième somme conduit à :

$$\sum_{p \in R_2} \binom{n}{p} = \sum_{k=0}^{t} \binom{n}{3k+2} = C_n.$$

Donc : $$A_n + B_n + C_n = 2^n.$$

De même la formule du binôme permet d'écrire :

$$(j+1)^n = \sum_{p=0}^{n} \binom{n}{p} j^p = \sum_{p \in R_0} \binom{n}{p} j^p + \sum_{p \in R_1} \binom{n}{p} j^p + \sum_{p \in R_1} \binom{n}{p} j^p.$$

Les changements de variables expliqués ci-dessus s'appliquent exactement de la même façon :

$$(j+1)^n = \sum_{k=0}^{r} \binom{n}{3k} j^{3k} = \sum_{k=0}^{s} \binom{n}{3k+1} j^{3k+1} + \sum_{k=0}^{t} \binom{n}{3k+} j^{3k+2}.$$

Mais : $j^{3k} = 1$, donc $\sum_{k=0}^{r} \binom{n}{3k} j^{3k} = A_n$, $j^{3k+1} = j$ donc $\sum_{k=0}^{s} \binom{n}{3k+1} j^{3k+1} = jB_n$

et $j^{3k+2} = j^2$ donc $\sum_{k=0}^{t} \binom{n}{3k+2} j^{3k+2} = j^2 C_n$. Et donc :

$$A_n + jB_n + j^2 C_n = (j+1)^n.$$

En prenant le conjugué des deux membres on obtient une troisième relation :

$$A_n + j^2 B_n + jC_n = (j^2+1)^n.$$

En effet, A_n, B_n et C_n sont des réels et $\overline{j} = j^2$ et $\overline{j^2} = j$.

On est donc en présence d'un système à trois équations et trois inconnues :

$$(S)\quad \begin{cases} A_n + B_n - C_n = 2^n \\ A_n + jB_n + j^2C_n = (j+1)^n \\ A_n + j^2B_n + jC_n = (j^2+1)^n \end{cases}$$

En additionnant les trois relations et compte tenu de la relation $1 + j + j^2 = 0$, on obtient : $3A_n = 2^n + (j+1)^n + (j^2+1)^n$, soit $A_n = \dfrac{2^n + (j+1)^n + (j^2+1)^n}{3}$.

On observe que $\overline{(j+1)^n} = (j^2+1)^n = (-j)^n = (-1)^n j^n$ et donc :

$(j+1)^n + (j^2+1)^n = 2\mathcal{R}e((-1)^n j^n)$. Or $j^n = e^{\frac{2ni\pi}{3}} = \cos\left(\dfrac{2n\pi}{3}\right) + i\sin\left(\dfrac{2n\pi}{3}\right)$,

donc : $\mathcal{R}e((-1)^n j^n) = (-1)^n \cos\left(\dfrac{2n\pi}{3}\right)$ et :

$$A_n = \frac{2^n + 2(-1)^n \cos\left(\dfrac{2n\pi}{3}\right)}{3}$$

En multipliant la deuxième équation de (S) par j^2 et la troisième par j et en faisant la somme des trois équations, on obtient :

$$(1 + j^2 + j)A_n + 3B_n + (1 + j^4 + j^2)C_n = 2^n + j^2(j+1)^n + j(j^2+1)^n.$$

Or $1 + j^2 + j = 1 + j^4 + j^2 = 0$. Donc $B_n = \dfrac{2^n + j^2(j+1)^n + j(j^2+1)^n}{3}$.

En observant que $\overline{j^2(j+1)^n} = j(j^2+1)^n = j(-j)^n = (-1)^n j^{n+1}$, on a :

$$B_n = \frac{2^n + 2\mathcal{R}e((-1)^n j^{n+1})}{3},$$

soit :

$$B_n = \frac{2^n + 2(-1)^n \cos\left(\dfrac{2(n+1)\pi}{3}\right)}{3}$$

En multipliant la deuxième relation par j et la troisième par j^2 et en faisant la somme on obtient cette fois :

$$3C_n = 2^n + j(j+1)^n + j^2(j^2+1)^n$$

On a à présent : $\overline{j(j+1)^n} = j^2(j^2+1)^n = j^2(-j)^n = (-1)^n j^{n+2}$, ce qui conduit à :

$$C_n = \frac{2^n + 2(-1)^n \cos\left(\frac{2(n+2)\pi}{3}\right)}{3}$$

On peut calculer plus précisément $\cos\left(\frac{2n\pi}{3}\right)$, $\cos\left(\frac{2(n+1)\pi}{3}\right)$ et $\cos\left(\frac{2(n+2)\pi}{3}\right)$. Par exemple, si $n = 3k$:

$\cos\left(\frac{2n\pi}{3}\right) = \cos(2k\pi) = 1$, $\cos\left(\frac{2(n+1)\pi}{3}\right) = \cos\left(2k\pi + \frac{2\pi}{3}\right) = -\frac{1}{2}$ et $\cos\left(\frac{2(n+2)\pi}{3}\right) = \cos\left(2k\pi + \frac{4\pi}{3}\right) = -\frac{1}{2}$, et dans ce cas :

$$A_n = \frac{2^n + 2(-1)^n}{3}, \quad B_n = C_n = \frac{2^n - (-1)^n}{3}$$

Idem pour les deux autres cas :

Pour $n \equiv 1[3]$: $\cos\left(\frac{2n\pi}{3}\right) = \cos\left(\frac{2(n+1)\pi}{3}\right) = -\frac{1}{2}$, $\cos\left(\frac{2(n+2)\pi}{3}\right) = 1$, et dans ce cas :

$$A_n = B_n = \frac{2^n - (-1)^n}{3}, \quad C_n = \frac{2^n + 2(-1)^n}{3}$$

Pour $n \equiv 2[3]$: $\cos\left(\frac{2n\pi}{3}\right) = \cos\left(\frac{2(n+2)\pi}{3}\right) = -\frac{1}{2}$, $\cos\left(\frac{2(n+1)\pi}{3}\right) = 1$, et dans ce cas :

$$A_n = C_n = \frac{2^n - (-1)^n}{3}, \quad C_n = \frac{2^n + 2(-1)^n}{3}$$

CHAPITRE 2

Arithmétique

DE QUOI S'AGIT-IL ?

Ce chapitre permet de donner des définitions rigoureuses des notions de PGCD, PPCM, nombres premiers… connues depuis le collège.

COURS

1 Division euclidienne dans $\mathbb{Z}$

● Quels que soient l'entier relatif a et l'entier naturel non nul b, il existe un couple unique d'entiers relatifs $(q\,;r)$ tels que :

$$a = bq + r \quad \text{et} \quad 0 \leqslant r < b.$$

Trouver le couple $(q\,;r)$, c'est effectuer la division euclidienne de a par b.

Les nombres q et r sont appelés respectivement le **quotient** et le **reste** de la division euclidienne de a par b.

Les nombres a et b sont appelés respectivement le **dividende** et le **diviseur** de la division euclidienne de a par b.

Si $r = 0$, on dit que a est **divisible** par b, ou que a est un **multiple** de b ou encore que b divise a.

Bien comprendre

Dans les programmes antérieurs, la division euclidienne concernait les entiers naturels, mais elle est étendue cette année aux entiers relatifs. Dans ce cas, le dividende est un entier relatif, le diviseur un entier naturel non nul, le quotient un entier relatif et le reste un entier naturel strictement inférieur au diviseur. Par exemple, la division euclidienne de -17 par 3 s'écrit $-17 = 3 \times (-6) + 1$ avec $0 \leqslant 1 < 3$.

2 Divisibilité dans $\mathbb{Z}$

● Précédemment, nous avons supposé a entier relatif et b entier naturel non nul.

Plus généralement, soit a et b deux entiers relatifs ; s'il existe un entier relatif q tel que $a = bq$, on dit encore que a est **divisible** par b, ou que a est un **multiple** de b ou encore que b **divise** a.

● Soit a, b, n des entiers relatifs. Si n divise a et b, alors n divise $a + b$, $a - b$ et plus généralement $ak + bk'$ (k et k' entiers relatifs quelconques).

3 PGCD de deux entiers relatifs

1 Définition

Soit a et b deux entiers relatifs. Il existe un unique entier naturel d tel que l'ensemble des diviseurs communs à a et b coïncide avec l'ensemble des diviseurs de d. Cet entier naturel d est appelé le **plus grand commun diviseur** de a et b.
On le note PGCD$(a\,;b)$ ou encore $a \wedge b$.

Remarque
a et b sont des entiers relatifs, d est un entier naturel.

2 Propriétés

Soit a et b deux entiers relatifs. Alors :

$$\text{PGCD}(a\,;b) = \text{PGCD}(b\,;a).$$

$$\text{PGCD}(a\,;b) = \text{PGCD}(|a|\,;|b|).$$

Il existe deux entiers relatifs u et v tels que :

$$au + bv = \text{PGCD}(a\,;b).$$

Si k est un entier relatif non nul, alors :

$$\text{PGCD}(ka\,;kb) = |k|\ \text{PGCD}(a\,;b).$$

Remarque
La propriété :
$\text{PGCD}(a\,;b) = \text{PGCD}(|a|\,;|b|)$
permet de se ramener, dans tous les cas, au PGCD de deux entiers naturels.

3 Algorithme d'Euclide

Soit a et b deux entiers naturels tels que $0 < b < a$.
Effectuons les divisions successives définies de la façon suivante :

$$\begin{array}{ll}
a = bq_1 + r_1, & 0 \leqslant r_1 < b \\
b = r_1 q_2 + r_2, & 0 \leqslant r_2 < r_1 \\
r_1 = r_2 q_3 + r_3, & 0 \leqslant r_3 < r_2 \\
\vdots & \vdots \\
r_{p-2} = r_{p-1} q_p + r_p, & 0 \leqslant r_p < r_{p-1},
\end{array}$$

r_p étant le dernier reste non nul.

$$\begin{aligned}
\text{PGCD}(a\,;b) &= \text{PGCD}(b\,;r_1) = \text{PGCD}(r_1\,;r_2) = \ldots = \text{PGCD}(r_{p-1}\,;r_p) \\
&= \text{PGCD}(r_p\,;0) = r_p.
\end{aligned}$$

Bien comprendre

Le PGCD est le dernier reste non nul dans l'algorithme d'Euclide.

4 Entiers relatifs premiers entre eux

1 Définition

On dit que deux entiers relatifs sont **premiers entre eux** si leur PGCD est égal à 1.

2 Propriétés

- Si deux entiers relatifs sont premiers entre eux, alors leurs diviseurs communs sont 1 et – 1.
- Si δ est un diviseur commun à a et b, alors $|\delta|$ est le PGCD de a et b si et seulement si les entiers relatifs $\frac{a}{\delta}$ et $\frac{b}{\delta}$ sont premiers entre eux.
- **Théorème de Bézout**

Deux entiers relatifs a et b sont premiers entre eux si et seulement s'il existe deux entiers relatifs u et v tels que $au + bv = 1$.

Bien retenir

Il n'y a pas unicité des entiers relatifs u et v.

- Si un entier relatif a est premier avec deux entiers relatifs b et c, alors il est premier avec le produit bc.
- Si un entier relatif a est premier avec un entier relatif b, et si n et p sont deux entiers naturels supérieurs ou égaux à 1, alors a^n et b^p sont premiers entre eux.
- **Théorème de Gauss**

Soit a, b et c trois entiers relatifs.

Si a divise bc et si a est premier avec b, alors a divise c.

- Soit a, b, c trois entiers relatifs.

Si a est divisible par b et par c, et si b et c sont premiers entre eux, alors a est divisible par bc.

5 PPCM de deux entiers relatifs

1 Définition

Soit a et b deux entiers relatifs. Il existe un unique entier naturel m tel que l'ensemble des multiples communs à a et b coïncide avec l'ensemble des multiples de m. Cet entier naturel m est appelé le **plus petit commun multiple** de a et b.

On le note $\text{PPCM}(a\,;b)$ ou encore $a \vee b$.

2 Propriétés

- Soit a et b deux entiers relatifs :

$$\text{PPCM}(a\,;b) = \text{PPCM}(b\,;a).$$
$$\text{PPCM}(a\,;b) \times \text{PGCD}(a\,;b) = |ab|.$$

Si k est un entier relatif non nul, alors :

$$\text{PPCM}(ka\,;kb) = |k|\ \text{PPCM}(a\,;b).$$

- Le PPCM de deux entiers relatifs est la valeur absolue de leur produit si et seulement si, ils sont premiers entre eux.
- Si μ est un multiple commun, non nul, à deux entiers relatifs non nuls a et b, alors $|\mu|$ est le PPCM de a et b si et seulement si les entiers relatifs $\frac{\mu}{a}$ et $\frac{\mu}{b}$ sont premiers entre eux.

6 Nombres premiers

1 Définition

On appelle **nombre premier** tout entier relatif n ayant exactement quatre diviseurs $-n$, -1, 1, n.

Remarque
Les nombres 1 et -1 ne sont pas premiers.

2 Propriétés

- L'ensemble des nombres premiers est infini.
- Tout entier naturel non premier, distinct de 0 et 1, admet au moins un diviseur premier p tel que $p^2 \leqslant n$.

COURS

- Un nombre premier p et un entier relatif n sont premiers entre eux si et seulement si p ne divise pas n.
- **Décomposition d'un entier naturel en facteurs premiers**

Tout entier naturel n supérieur ou égal à 2 s'écrit de façon unique sous la forme :

$$n = q_1^{\alpha_1} q_2^{\alpha_2} \dots q_r^{\alpha_r}$$

où q_1, q_2, …, q_r sont des nombres premiers tels que $0 < q_1 < q_2 < \dots < q_r$ et α_1, α_2, …, α_r sont des entiers naturels non nuls.

- **Petit théorème de Fermat**

Si p est un nombre entier premier et a un entier non divisible par p, alors $a^{p-1} - 1$ est divisible par p.

7 Congruences

1 Définition

Soit m un entier naturel. Deux entiers relatifs a et a' sont congrus modulo m si a et a' ont le même reste dans la division par m ou encore si $a - a'$ est divisible par m. On note :

$$a \equiv a' \ (m) \quad \text{ou} \quad a \equiv a' \ (\text{mod. } m).$$

2 Règles de calcul

Si $a \equiv b \ (m)$ et si $a' \equiv b' \ (m)$ alors :

$$a + a' \equiv b + b' \ (m), \ a - a' \equiv b - b' \ (m) \text{ et } aa' \equiv bb' \ (m).$$

→ Bien comprendre

Les nombres pairs sont les nombres congrus à 0 modulo 2 et les nombres impairs sont les nombres congrus à 1 modulo 2.

Questions courtes

1 Division euclidienne

Corrigé p. 617

1. Les égalités suivantes traduisent-elles une division euclidienne ?

a) $52 = 5 \times 9 + 7$;

b) $28 = 5 \times 6 - 2$;

c) $37 = 5 \times 7 + 2$.

Indication
Revoir la définition de la division euclidienne.

2. a) Quels sont les restes possibles de la division d'un entier par 7.

b) Si les entiers a et b ont respectivement pour reste 3 et 5 dans la division par 7, quels sont, dans la division par 7, les restes de :

$$a + b\ ;\quad a^2\ ;\quad ab\ ;\quad a^3\ ?$$

Indication
Utiliser la définition de la division par 7.

c) La division euclidienne de l'entier naturel a par l'entier naturel non nul b donne un reste r supérieur au quotient q.

Quel est le quotient de la division euclidienne de a par $b + 1$?

2 Nombres premiers entre eux

Corrigé p. 618

Deux entiers naturels non nuls consécutifs sont-ils premiers entre eux ?

Indication
Faire la différence des deux entiers.

3 Multiples

Corrigé p. 618

1. Soit a, b et c trois entiers naturels.

Si a est multiple de b et aussi multiple de c, a est-il multiple de bc ?

2. a) Le nombre $n^3 - n$ où n est un entier naturel non nul est-il multiple de 6 ?

b) Pour quelles valeurs de n est-il multiple de 12 ?

4 Parité

Corrigé p. 619

1. L'entier naturel x a un carré impair.

Quelle est la parité de x ?

2. Soit a, b et c trois entiers naturels tel que $a^2 = b^2 + c^2$.

Démontrer que l'un au moins est un entier pair.

5 Fraction irréductible

Corrigé p. 619

Si la fraction $\frac{a}{b}(a \in \mathbb{N},\ b \in \mathbb{N}^*)$ est irréductible, la fraction $\frac{a^2}{b^2}$ est-elle irréductible ?

Indication
Utiliser la décomposition en facteurs premiers.

6 PGCD – PPCM

Corrigé p. 619

1. Soit d le PGCD de deux entiers naturels a et b non nuls.
Quel est le PGCD de a^2 et ab, puis celui de b^2 et ab ?

2. Soit m le PPCM de deux entiers a et b non nuls premiers entre eux.
Quel est le PPCM de :

a) a^2 et ab ? **b)** b^2 et ab ? **c)** a^2 et b^2 ?

7 PGCD – PPCM

Corrigé p. 620

1. p et n sont deux entiers naturels non nuls.
Quel est le PGCD des entiers $a = pn$ et $b = pn + p$?

2. Le PPCM de a et b est b.
Que peut-on dire de a et b ?

3. d est un diviseur commun à a et b.
Le PGCD de a et b est-il un multiple de d ?

8 Divisibilité

Corrigé p. 620

Quels sont les entiers relatifs n tels que $n - 1$ divise $n + 1$?

Indication
$n + 1 = 2 + (n - 1)$.

9 Décomposition en facteurs premiers

Corrigé p. 621

1. Calculer le PGCD et le PPCM des nombres :

$$a = 2^6 \times 3^3 \quad \text{et} \quad b = 12 \times 3 \times 35.$$

2. Quel est le nombre de diviseurs de $p = 2^4 \times 3^2 \times 5^2$?

10 Nombres premiers

Corrigé p. 621

1. a) La somme de deux entiers premiers est-elle un nombre premier ?

b) La différence de deux entiers premiers est-elle un nombre premier ?

Rappel
Le nombre 1 n'est pas un nombre premier.

2. Combien faut-il faire d'opérations pour savoir si 97 est un nombre premier ?

11 Ensemble de nombres

Corrigé p. 622

Soit a et b deux entiers naturels et δ le PGCD $(a\ ;\ b)$.

Démontrer que, quels que soient les entiers relatifs u et v, le nombre $z = au + bv$ est un multiple de δ.

Exercices d'entraînement

12 Quotient et reste

10 min Corrigé p. 622

Soit a et b deux entiers naturels non nuls tels que $a > b$.

Démontrer que si on divise a et b par leur différence $a - b$, les deux quotients obtenus diffèrent de 1, et les restes sont égaux.

13 Quotient et reste

10 min Corrigé p. 622

Soit n, a et b trois entiers naturels non nuls.

Démontrer que si q est le quotient de la division euclidienne de n par a et q_1 le quotient de q par b, alors q_1 est le quotient de n par ab.

14 Divisibilité

10 min Corrigé p. 623

Soit p un entier naturel non nul, et a un entier naturel strictement supérieur à 1, démontrer que si p divise $a^2 - a$, alors pour tout entier n non nul, p divise $a^n - a$.

15 Divisibilité par 5

10 min Corrigé p. 623

Déterminer le reste de la division par 5 du nombre $8^{2\,021}$.

16 Système d'équations

10 min Corrigé p. 623

Déterminer les entiers naturels a et b tels que :

$$\begin{cases} a + b = 168 \\ \text{PGCD}(a\ ;\ b) = 21 \end{cases}$$

17 Calcul du PGCD

10 min Corrigé p. 623

Soit n un entier naturel non nul.

Déterminer, en fonction de n, PGCD$(n^2 + 1\ ;\ n + 1)$.

18 Nombres premiers entre eux

10 min Corrigé p. 624

Soit x et y deux entiers relatifs. Démontrer que si x et y sont premiers entre eux, alors $4x + 11y$ et $3x + 8y$ le sont aussi.

19 PGCD

10 min Corrigé p. 624

Démontrer que si a et b sont deux entiers naturels premiers entre eux tels que $a > b$, alors $\text{PGCD}(a + b\ ;\ a - b)$ est égal à 1 ou à 2.

20 Système d'équations

★ 15 min Corrigé p. 625

Soit n un entier supérieur ou égal à 6 et a, b et c trois entiers naturels tels que :

$$a = n^2 + n + 1\ ; \quad b = n^2 + n + 4\ ; \quad c = n^4 + 3n^3 + 5n + 4.$$

1. Sachant que $c = ab$, déterminer n, puis les nombres a, b et c.

2. Vérifier, en utilisant l'algorithme d'Euclide, que a et b sont premiers entre eux.

En déduire une solution de l'équation $ax + by = 1$.

21 Simplification d'une fraction

★★ 20 min Corrigé p. 626

n étant un entier relatif quelconque, on pose :

$$A = n - 1 \quad \text{et} \quad B = n^2 - 3n + 6.$$

1. Démontrer que :

$$\text{PGCD}\ (A\ ;\ B) = \text{PGCD}\ (A\ ;\ 4).$$

2. Déterminer suivant les valeurs de n, PGCD $(A\ ;\ B)$.

3. Pour quelles valeurs de l'entier relatif n, différent de 1, le nombre $\dfrac{n^2 - 3n + 6}{n - 1}$ est-il un entier relatif ?

22 Couples de nombres premiers entre eux

15 min Corrigé p. 627

1. Soit a, b et c trois entiers relatifs. Démontrer que si a et c sont premiers entre eux ainsi que b et c, alors $a \times b$ et c sont premiers entre eux.

2. Soit a, b deux entiers relatifs.

Démontrer que si a et b sont premiers entre eux, alors a est premier avec $a + b$.

3. Montrer que si deux nombres sont premiers entre eux, il en est de même de leur somme et de leur produit.

23 Système d'équations

10 min Corrigé p. 628

Résoudre dans l'ensemble des entiers naturels non nuls,

$$\begin{cases} \text{PGCD}(a\ ;\ b) = 56 \\ \text{PPCM}(a\ ;\ b) = 108 \end{cases}.$$

24 Divisibilité par 24

10 min Corrigé p. 628

Soit p un nombre premier supérieur ou égal à 5.
Démontrer que $p^2 - 1$ est divisible par 24.

25 Nombres de Mersenne

10 min Corrigé p. 629

Soit n un entier naturel supérieur ou égal à 2.
Démontrer que si $2^n - 1$ est un nombre premier, alors n est un nombre premier.

26 Division

15 min Corrigé p. 629

On effectue une division, le dividende est 353 et le reste 5.
Quels peuvent être le diviseur et le quotient ?

27 Équation

20 min Corrigé p. 630

1. Trouver tous les entiers naturels dont le cube divise 18 360.

2. En déduire dans $\mathbb{N}$, la résolution de l'équation d'inconnue b :

$$b^3[b^2 + (b+1)^2] = 18\,360.$$

3. Existe-t-il un entier $b \geqslant 5$, tel que :

$$36\,723 = 4b^5 + 4b^3 + 2b^2 + 3\ ?$$

Sujets de type bac

28 Calculs de PGCD

★★ 35 min Corrigé p. 631

n et c étant deux entiers naturels non nuls, le but de l'exercice est de comparer le PGCD de (cn) et de $2n + 1$ au PGCD de c et de $2n + 1$, puis de déterminer selon les valeurs de n, le PGCD des deux nombres :

$$A = 3n \quad \text{et} \quad B = 2n + 1.$$

1. Démontrer que n et $2n + 1$ sont premiers entre eux.

2. En utilisant le théorème de Bézout, démontrer que, pour tout entier naturel non nul c, le PGCD de (cn) et de $2n + 1$ est égal au PGCD de c et de $2n + 1$.

3. En déduire que le PGCD de A et B est le PGCD de 3 et de $2n + 1$.

4. Déterminer le PGCD de 3 et de $2n + 1$ selon les valeurs de n en utilisant par exemple, les trois valeurs possibles du reste dans la division euclidienne de n par 3.

29 Équation diophatienne

★★★ 10 min ➲ Corrigé p. 632

Soit l'équation d'inconnue rationnelle x, $78x^3 + ux^2 + vx - 14 = 0$ **(1)**

où u et v sont des entiers relatifs.

1. On suppose dans cette question que $\frac{14}{39}$ est solution de l'équation **(1)**.

a) Prouver que les entiers relatifs u et v sont liés par la relation :

$$14u + 39v = 1\,129.$$

b) Utiliser l'algorithme d'Euclide, en détaillant les diverses étapes du calcul, pour trouver un couple $(x\,;y)$ d'entiers relatifs vérifiant l'équation :

$$14x + 39y = 1.$$

Vérifier que le couple $(-25\,;9)$ est solution de cette équation.

c) En déduire un couple $(u_0\,;v_0)$ solution particulière de l'équation :

$$14u + 39v = 1\,129.$$

Donner la solution générale de cette équation, c'est-à-dire l'ensemble des couples $(u\,;v)$ d'entiers relatifs qui la vérifient.

d) Déterminer, parmi les couples $(u\,;v)$ précédents, celui pour lequel le nombre u est l'entier naturel le plus petit possible.

2. a) Décomposer 78 et 14 en facteurs premiers.

En déduire, dans $\mathbb{N}$, l'ensemble des diviseurs de 78 et l'ensemble des diviseurs de 14.

b) Soit $\frac{p}{q}$ une solution rationnelle de l'équation **(1)** d'inconnue x :

$$78x^3 + ux^2 + vx - 14 = 0$$

où u et v sont des entiers relatifs.

Montrer que si p et q sont des entiers relatifs premiers entre eux, alors p divise 14 et q divise 78.

c) En déduire le nombre de rationnels, non entiers, pouvant être solutions de l'équation **(1)** et écrire, parmi ces rationnels, l'ensemble de ceux qui sont positifs.

30 Congruences

➲ Corrigé p. 635

Partie A – Question de cours

1. Énoncer le théorème de Bézout et le théorème de Gauss.

2. Démontrer le théorème de Gauss en utilisant le théorème de Bézout.

Partie B

Il s'agit de résoudre dans $\mathbb{Z}$ le système $(S)\ \begin{cases} n \equiv 13\ (19) \\ n \equiv 6\ \ (12) \end{cases}$.

1. Démontrer qu'il existe un couple $(u\,;v)$ d'entiers relatifs tel que :

$$19u + 12v = 1.$$

(On ne demande pas dans cette question de donner un exemple d'un tel couple).

Vérifier que, pour un tel couple, le nombre $N = 13 \times 12v + 6 \times 19u$ est une solution de (S).

2. a) Soit n_0 une solution de (S). Vérifier que le système (S) équivaut à :

$$\begin{cases} n \equiv n_0\ (19) \\ n \equiv n_0\ (12) \end{cases}.$$

b) Démontrer que le système $\begin{cases} n \equiv n_0\ (19) \\ n \equiv n_0\ (12) \end{cases}$ équivaut à $n \equiv n_0\ (12 \times 19)$.

3. a) Trouver un couple $(u\,;v)$ solution de l'équation $19u + 12v = 1$ et calculer la valeur de N correspondante.

b) Déterminer l'ensemble des solutions de (S) (on pourra utiliser la question **2.b)**.

4. Un entier naturel n est tel que lorsqu'on le divise par 12, le reste est 6 et lorsqu'on le divise par 19, le reste est 13.

On divise n par $228 = 12 \times 19$. Quel est le reste r de cette division ?

31 Chiffrement

Corrigé p. 638

Partie A

On considère l'équation (E) $11x - 26y = 1$, où x et y désignent deux nombres entiers relatifs.

1. Vérifier que le couple $(-7\,;-3)$ est solution de (E).

2. Résoudre alors l'équation (E).

3. En déduire le couple d'entiers relatifs $(u\,;v)$ solution de (E) tel que :

$$0 \leqslant u \leqslant 25.$$

Partie B

On assimile chaque lettre de l'alphabet à un nombre entier comme l'indique le tableau ci-dessous.

A	B	C	D	E	F	G	H	I	J	K	L	M
0	1	2	3	4	5	6	7	8	9	10	11	12

N	O	P	Q	R	S	T	U	V	W	X	Y	Z
13	14	15	16	17	18	19	20	21	22	23	24	25

On « code » tout nombre entier x compris entre 0 et 25 de la façon suivante : on calcule $11x+8$; puis on calcule le reste de la division euclidienne de $11x+8$ par 26, que l'on appelle y.

x est alors « codé » par y.

Ainsi, par exemple, la lettre L est assimilée au nombre 11.

$11 \times 11 + 8 = 129$; or $129 \equiv 25$ (modulo 26) ; 25 est le reste de la division euclidienne de 129 par 26. Au nombre 25 correspond la lettre Z.

La lettre L est donc codée par la lettre Z.

1. Coder la lettre W.

2. Le but de cette question est de déterminer la fonction de décodage.

a) Montrer que pour tous nombres entiers relatifs x et j :

$$11x \equiv j \text{ (modulo 26) équivaut à } x \equiv 19j \text{ (modulo 26).}$$

b) En déduire un procédé de décodage.

c) Décoder la lettre W.

32 Solutions particulières d'une équation

➔ Corrigé p. 640

Les parties A et B sont indépendantes.

Partie A

On considère l'équation (E) $7x - 6y = 1$ où x et y sont des entiers naturels.

1. Donner une solution particulière de l'équation (E).

2. Déterminer l'ensemble des couples d'entiers naturels solutions de l'équation (E).

Partie B

Dans cette partie, on se propose de déterminer les couples $(n\,;m)$ d'entiers naturels non nuls vérifiant la relation $7^n - 3 \times 2^m = 1$ (F).

1. On suppose maintenant que $m \leqslant 4$.

Montrer qu'il y a exactement deux couples solutions.

2. On suppose maintenant que $m \geqslant 5$.

a) Montrer que si le couple $(n\,;m)$ vérifie (F) alors $7^n \equiv 1$ (modulo 32).

b) En étudiant les restes de la division par 32 des puissances de 7, montrer que si le couple $(n\,;m)$ vérifie la relation (F), alors n est divisible par 4.

c) En déduire que si le couple $(n\,;m)$ vérifie (F), alors $7^n \equiv 1$ (modulo 5).

d) Pour $m \geqslant 5$, existe-t-il des couples $(n\,;m)$ d'entiers naturels non nuls vérifiant la relation (F) ?

3. Conclure, c'est-à-dire déterminer l'ensemble des couples d'entiers naturels non nuls vérifiant la relation (F).

Questions courtes

1 **1. a)** $0 \leqslant 7 < 9$, donc $\mathbf{52 = 5 \times 9 + 7}$ **est l'écriture de la division de 52 par 9.**

$7 > 5$, donc $\mathbf{52 = 5 \times 9 + 7}$ **n'est pas l'écriture de la division de 52 par 5.**

> **Méthode**
> L'égalité $a = bq + r$ est l'écriture de la division euclidienne de a par b si et seulement si l'entier r vérifie $0 \leqslant r < b$.

b) $-2 < 0$, donc $\mathbf{28 = 6 \times 5 - 2}$ **n'est pas l'écriture de la division de 28 par 6 ou de 28 par 5.**

c) $0 \leqslant 2 < 5$, donc $\mathbf{37 = 7 \times 5 + 2}$ **est l'écriture de la division de 37 par 5.**

$0 \leqslant 2 < 7$, donc $\mathbf{37 = 7 \times 5 + 2}$ **est l'écriture de la division de 37 par 7.**

2. a) Les restes possibles de la division d'un entier par 7 sont :

0, 1, 2, 3, 4, 5 ou 6.

b) Si les entiers a et b ont respectivement pour reste 3 et 5 dans la division par 7, on écrit $a \equiv 3 \pmod{7}$ et $b \equiv 5 \pmod{7}$, ou encore, il existe deux entiers k et k' tels que $a = 7k + 3$ et $b = 7k' + 5$.

• En utilisant les propriétés des congruences :

$$a + b \equiv 3 + 5 \equiv 1 \pmod{7}.$$

L'entier naturel 1 est plus petit que 7, donc le reste de la division de $a + b$ par 7 est 1 ; avec l'autre méthode on écrit :

$$\begin{aligned} a + b &= 7k + 7k' + 8 \\ &= 7k + 7k' + 7 + 1 \\ &= 7(k - k' + 1) + 1. \end{aligned}$$

$k + k' + 1$ est un entier. L'entier naturel 1 est plus petit que 7, l'écriture précédente est bien l'écriture de la division euclidienne de $a + b$ par 7.

Donc 1 est le reste de la division de $a + b$ par 7.

• À l'aide des propriétés des congruences, $a^2 \equiv 9 \equiv 2 \pmod{7}$.

2 est plus petit que 7, c'est le reste de la division de a^2 par 7 ou encore :

$$\begin{aligned} a^2 = (7k + 3)^2 &= 7^2k^2 + 2 \times 3 \times 7k + 9 \\ &= 7^2k^2 + 7 \times 6k + 7 + 2 \\ &= 7(7k^2 + 6k + 1) + 2. \end{aligned}$$

> **Rappel**
> Si a et b sont deux réels, alors $(a + b)^2 = a^2 + 2ab + b^2$.

$7k^2 + 6k + 1$ est un entier. L'entier naturel 2 est plus petit que 7, l'écriture précédente est bien l'écriture de la division euclidienne de a^2 par 7 et donc **2 est le reste de la division de a^2 par 7.**

On démontre de même que **les restes de la division de ab et a^3 par 7 sont respectivement 1 et 6.**

3. Par hypothèse, il existe deux entiers q et r tels que :

$$a = bq + r, \quad \text{avec} \quad 0 \leqslant r < b \quad \text{et} \quad r \geqslant q.$$

Donc l'entier $r - q$ est positif et inférieur à r. Posons $s = r - q$:

$$a = bq + q + s, \qquad \text{avec} \qquad s \geqslant 0.$$

D'où $a = (b+1)q + s$ avec $0 \leqslant s \leqslant r < b < b + 1$, l'écriture précédente est donc l'écriture de la division euclidienne de a par $b + 1$.

Le quotient de la division euclidienne de a par $(b + 1)$ est donc q.

2 Si a et b sont deux entiers naturels consécutifs non nuls, tels que, par exemple $b = a + 1$, on peut écrire alors $b - a = 1$. D'après le théorème de Bézout, ***a* et *b* sont premiers entre eux.**

Rappel
Le théorème de Bézout est une condition nécessaire et suffisante pour que deux nombres soient premiers entre eux.

3 **1.** Soient a, b et c trois entiers naturels.

Si a est multiple de b et aussi multiple de c, a est-il multiple de bc ?

• **En général, non.** Par exemple $a = 18$, $b = 6$ et $c = 9$; le nombre 18 n'est pas un multiple de $6 \times 9 = 54$.

• Si b et c sont premiers entre eux, la propriété est vérifiée, car si a est multiple de b, il existe un entier q tel que :

$$a = bq$$

et un entier q' tel que :

$$a = cq'.$$

L'entier b divisant a, il divise cq' et étant premier avec c, il divise q' (théorème de Gauss) ; il existe un entier q'' tel que $q' = bq''$; d'où $a = cq' = cbq''$.

Donc l'entier bc divise a et **l'entier *a* est un multiple de *bc*.**

2. a) Le nombre $n^3 - n$ où n est un entier naturel non nul, s'écrit :

$$n(n^2 - 1) = n(n-1)(n+1) = (n-1)n(n+1).$$

C'est donc le produit de trois entiers consécutifs dont l'un au moins est pair et l'un est multiple de 3.

Les entiers 2 et 3 divisent donc $n^3 - n$, mais 2 et 3 étant premiers entre eux, $2 \times 3 = 6$ divise $n^3 - n$. **Donc $n^3 - n$ est un multiple de 6.**

b) Le nombre $n^3 - n$ est un multiple de 12, c'est donc que $n^3 - n$ est un multiple de 4. Or $n^3 - n = (n-1)n(n+1)$.
Si $(n-1)$ est pair (c'est-à-dire n impair), $n+1$ l'est aussi et donc $(n-1)n(n+1)$ est divisible par 4. Étant divisible par 3 et les entiers 4 et 3 étant premiers entre eux, $n^3 - n$ est divisible par 12.

Si $(n-1)$ est impair, $(n+1)$ est impair et $(n-1)n(n+1)$ sera divisible par 4, si n est divisible par 4.

En conclusion, $n^3 - n$ est divisible par 12 si n est impair ou si n est divisible par 4.

4 **1.** x est un nombre pair est équivalent à écrire $x \equiv 0 \ \ (2)$; en utilisant les propriétés des congruences $x^2 \equiv 0^2 \equiv 0 \ \ (2)$, donc x^2 est un nombre pair.

Utilisons l'écriture de la division euclidienne pour démontrer l'autre propriété, si l'entier x est impair, il existe un entier k tel que $x = 2k+1$ et donc :

$$x^2 = 4k^2 + 4k + 1 = 2(2k^2 + 2k) + 1.$$

$(2k^2 + 2k)$ est un entier. L'entier naturel 1 est strictement inférieur à 2 ; l'écriture précédente est la division euclidienne de x^2 par 2.

Donc x^2 est impair.

Si un entier naturel x est pair, son carré est pair et si x est un entier impair, son carré est impair.

Donc si un entier x a un carré impair, il est impair.

2. Si les trois entiers étaient impairs, alors les entiers b^2 et c^2 seraient impairs et $b^2 + c^2$ serait pair, et a^2 serait pair ce, qui est contraire à l'hypothèse a impair.

Donc un au moins des entiers est un entier pair.

5 Si la fraction $\frac{a}{b}(a \in \mathbb{N},\ b \in \mathbb{N}^*)$ est irréductible, les décompositions de a et de b en facteurs premiers n'ont pas d'élément en commun, la décomposition de a^2 comportant les mêmes nombres premiers que la décomposition de a, de même pour b.

Les nombres a^2 et b^2 n'ont donc pas de nombre premier commun dans leur décomposition en facteurs premiers.

La fraction $\frac{a^2}{b^2}$ est donc irréductible.

6 **1.** Soit d le PGCD de deux entiers a et b non nuls.

Si k est un entier naturel non nul, alors $\text{PGCD}(ka\ ;\ kb) = kd$, donc :

$$\boxed{\text{PGCD}(a \times a\ ;\ a \times b) = ad.}$$

De même :

$$\boxed{\text{PGCD}(b^2\ ;\ ab) = bd.}$$

2. a) Soit m le PPCM de deux entiers a et b non nuls premiers entre eux.
Les entiers a et b étant premiers entre eux, le PPCM de a et b est ab.

> **Rappel**
> Si a et b sont deux entiers naturels : $\text{PGCD}(a\ ;\ b) \times \text{PPCM}(a, b) = ab$.

De plus, $\text{PPCM}(a^2\ ;\ ab) \times \text{PGCD}(a^2\ ;\ ab) = a^2 \times ab$.
Les entiers non nuls a et b étant premiers entre eux, $\text{PGCD}(a^2\ ;\ ab) = a$, et donc :

$$\boxed{\text{PPCM}(a^2\ ;\ ab) = a^2 b.}$$

b) De même :

$$\boxed{\text{PPCM}(b^2\ ;\ ab) = b^2 a.}$$

c) Si a et b sont premiers entre eux, alors a^2 et b^2 le sont aussi et donc :

$$\boxed{\text{PPCM}(a^2\ ;\ b^2) = a^2 b^2.}$$

7 **1.** p et n sont deux entiers naturels non nuls :

$$a = pn \quad \text{et} \quad b = pn + p = p(n+1).$$

Donc p est diviseur commun à a et b.
Les entiers n et $n+1$ étant premiers entre eux :

$$\boxed{\text{PGCD}(a\ ;\ b) = p.}$$

2. Le PPCM de a et b est b. **Donc b est un multiple de a.**

3. d est un diviseur commun à a et b. Donc d est un diviseur du PGCD de a et b par définition du PGCD de deux entiers.
Donc le PGCD de a et b est un multiple de d.

8 Quels sont les entiers relatifs n tels que $n-1$ divise $n+1$?
L'entier n est différent de 1, car 0 ne divise aucun nombre.
Pour tout entier n différent de 1 :

$$\frac{n+1}{n-1} = \frac{n-1+2}{n-1} = 1 + \frac{2}{n-1}.$$

$n-1$ divise $n+1$ si et seulement si $\dfrac{n+1}{n-1}$ est un entier,

ou encore si $\dfrac{n+1}{n-1} - 1$ est un entier, c'est-à-dire si et seulement si $\dfrac{2}{n-1}$ est un entier,
c'est-à-dire si $n-1$ est un diviseur de 2.
Donc si $n-1$ est égal à -2 ; -1 ; 1 ou 2 ; c'est-à-dire si n est égal à :

$$\boxed{-1\ ;\ 0\ ;\ 2 \text{ ou } 3.}$$

9 **1.** Soit les entiers naturels $a = 2^6 \times 3^3$ et $b = 12 \times 3 \times 35$.

Écrivons les décompositions en facteurs premiers des deux nombres a et b.

La décomposition est déjà faite pour a car 2 et 3 sont premiers.

$12 = 3 \times 4 = 3 \times 2^2$ et $35 = 5 \times 7$ d'où $b = 2^2 \times 3^2 \times 5 \times 7$.

Pour calculer le PGCD$(a\,;\,b)$, on construit le nombre dont la décomposition en facteurs premiers s'obtient en prenant les nombres premiers présents dans les deux décompositions avec l'exposant le plus petit, soit :

$$\boxed{\text{PGCD}(a\,;\,b) = 2^2 \times 3^2 = 36.}$$

Pour calculer le PPCM$(a\,;\,b)$, on construit le nombre comportant tous les facteurs premiers présents avec l'exposant maximum rencontré, soit :

$$\boxed{\text{PPCM}(a\,;\,b) = 2^6 \times 3^3 \times 5 \times 7 = 60\,480.}$$

2. Les diviseurs de $p = 2^4 \times 3^2 \times 5^2$ sont les nombres dont la décomposition en facteurs premiers ne comporte que des 2, 3 et 5 avec des exposants respectifs compris entre 0 et 4 (soit 5 choix), 0 et 2 (soit 3 choix) et 0 et 2 (soit 3 choix).

On peut dire aussi qu'un diviseur est un nombre de la forme :

$2^{\alpha} \times 3^{\beta} \times 5^{\gamma}$ avec $0 \leqslant \alpha \leqslant 4$, $0 \leqslant \beta \leqslant 2$ et $0 \leqslant \gamma \leqslant 2$.

Remarque
On peut aussi dénombrer les diviseurs à l'aide d'un arbre.

Il y a donc $5 \times 3 \times 3 = 45$ diviseurs.

10 **1. a)** Tous les nombres premiers, sauf 2, sont impairs et la somme de deux nombres impairs est paire.
La somme de deux entiers premiers n'est donc pas toujours un nombre premier.

Remarque
On peut donner aussi un contre-exemple : $3 + 5 = 8$ et 8 n'est pas un nombre premier.

b) La différence de deux nombres impairs est paire, **donc la différence de deux entiers premiers n'est pas toujours un nombre premier.**

Remarque
On peut aussi donner un contre-exemple :
$3 - 2 = 1$ et 1 n'est pas un nombre premier.

2. Le plus grand diviseur premier p de 97 a un carré inférieur à 97, donc le plus grand diviseur premier de 97 est inférieur à $\sqrt{97} \approx 9{,}85$, donc les seuls diviseurs premiers possibles sont 2, 3, 5, 7.

Aucun de ces nombres ne divise 97, donc **en quatre divisions, on a montré que 97 est premier.**

11 Si δ est le PGCD$(a\ ;\ b)$, il existe deux entiers naturels a' et b' tels que :

$$a = \delta a' \quad \text{et} \quad b = \delta b'.$$

Donc tout nombre $au + bv$ s'écrit $\delta a'u + \delta b'v = \delta(a'u + b'v)$,

donc tout nombre $au + bv$ où **u et v sont des entiers relatifs est un multiple de δ.**

Exercices d'entraînement

12 Soit q et r le quotient et le reste de la division de a par $a - b$.

$$a = (a - b)q + r \quad \text{avec} \quad 0 \leqslant r \leqslant a - b - 1.$$

L'entier q est non nul, car sinon on aurait $a = r$, et donc $0 \leqslant a \leqslant a - b - 1$, et donc $0 \leqslant -b - 1$, ce qui est impossible, donc $q \geqslant 1$.

$$\begin{aligned} b &= a + (b - a) \\ &= (a - b)q + r + (b - a) \quad \text{avec} \quad 0 \leqslant r \leqslant a - b - 1 \\ &= (a - b)(q - 1) + r \quad \text{avec} \quad 0 \leqslant r \leqslant a - b - 1. \end{aligned}$$

L'écriture précédente est bien la division euclidienne de b par $a - b$, car :

$$b = (a - b)(q - 1) + r \quad \text{avec} \quad 0 \leqslant r \leqslant a - b - 1.$$

Le quotient de la division de b par $a - b$ diffère de 1 du quotient de la division de a par $a - b$, et le reste est le même.

13 Si q et r sont respectivement le quotient et le reste de la division de n par a :

$$n = aq + r \quad \text{avec} \quad 0 \leqslant r \leqslant a - 1.$$

Si q_1 et r_1 sont respectivement le quotient et le reste de la division de q par b :

$$q = bq_1 + r_1 \quad \text{avec} \quad 0 \leqslant r_1 \leqslant b - 1.$$

D'où $n = a(bq_1 + r_1) + r$ avec $0 \leqslant r \leqslant a - 1$ et $0 \leqslant r_1 \leqslant b - 1$,

c'est-à-dire :

$$n = abq_1 + ar_1 + r.$$

q_1 est le quotient de la division de n par ab si et seulement :

$$0 \leqslant ar_1 + r \leqslant ab - 1.$$

Or, $0 \leqslant r \leqslant a - 1$ et $0 \leqslant r_1 \leqslant b - 1$, d'où en multipliant la deuxième double inégalité par l'entier naturel a et en ajoutant la première :

$$0 \leqslant ar_1 + r \leqslant a(b - 1) + a - 1,$$

soit :

$$0 \leqslant ar_1 + r \leqslant ab - 1.$$

q_1 est donc le quotient de la division de n par ab.

14 Si $n = 1$, $a^n - a = a - a = 0$, donc l'entier naturel p divise $a - a = 0$;
Si l'entier naturel p divise $a^2 - a$, alors p divise $a^n - a$ avec $n = 2$.

Supposons que n soit un entier strictement supérieur à 2, $n - 1$ est donc un entier strictement supérieur à 1, d'où :

$$\begin{aligned} a^n - a &= a(a^{n-1} - 1) = a(a^{n-1} - 1^{n-1}) \\ &= a(a-1)(a^{n-2} + a^{n-3} + \cdots + a + 1) \\ &= (a^2 - a)(a^{n-2} + a^{n-3} + \cdots + a + 1). \end{aligned}$$

Rappel
Si n est un entier naturel non nul :
$a^n - b^n = (a-b)(a^{n-1} + a^{n-2}b + \cdots + ab^{n-2} + b^{n-1})$.

$(a^{n-2} + a^{n-3} + \cdots + a + 1)$ est un entier naturel,
donc si p divise $a^2 - a$, alors pour tout n strictement supérieur à 2, p divise $a^n - a$.

Donc pour tout entier naturel n non nul, si p divise $a^2 - a$ alors p divise $a^n - a$.

15 Les restes possibles de la division d'un nombre par 5 sont 0,1, 2, 3 ou 4.
Déterminons la suite des restes dans la division par 5 des différentes puissances de 8 : 8^0, 8^1, 8^2, 8^3, 8^4.

$8^0 \equiv 1 \ (5)$; $8^1 \equiv 3 \ (5)$; $8^2 \equiv 8 \times 8 \equiv 3 \times 3 \equiv 4 \ (5)$;
$8^3 \equiv 8^2 \times 8 \equiv 4 \times 3 \equiv 2 \ (5)$; $8^4 \equiv 8^3 \times 8 \equiv 2 \times 3 \equiv 1 \ (5)$.

Effectuons la division euclidienne de 2 021 par 4 :

$$2\,021 = 4 \times 505 + 1,$$

d'où :

$$8^{2\,021} = 8^{4 \times 505 + 1} = 8^{4 \times 505} \times 8 = (8^4)^{505} \times 8$$
$$8^{2\,021} \equiv (8^4)^{505} \times 8 = (1)^{505} \times 3 \equiv 3 \ (5).$$

$3 < 5$ donc 3 est le reste de la division euclidienne de $8^{2\,021}$ par 5.

16 Si le PGCD des nombres a et b est 21, les nombres entiers $a' = \dfrac{a}{21}$ et $b' = \dfrac{a}{21}$ sont premiers entre eux et vérifient :

$$a + b = 21a' + 21b' = 168 \quad \text{et} \quad a' + b' = 8.$$

Il faut donc chercher tous les couples d'entiers naturels $(a' ; b')$ dont la somme est 8 et qui sont premiers entre eux. On obtient $(1 ; 7)$, $(3 ; 5)$, $(5 ; 3)$, $(7 ; 1)$, soit les couples $(a ; b)$:

$(21 ; 147)$, $(63 ; 105)$, $(105 ; 63)$, $(147 ; 21)$.

17 Si $n = 1$, les deux nombres $(n^2 + 1)$ et $(n + 1)$ sont égaux à 2, leur PGCD est 2.

Si $n > 1$, utilisons l'algorithme d'Euclide $n^2 + 1 = (n + 1)(n - 1) - 2$.

CORRIGÉS

$(n-1)$ et 2 sont respectivement le quotient et le reste de la division de n^2+1 par $n+1$ car 2 est compris entre 0 et n.

Continuons l'algorithme d'Euclide et effectuons la division euclidienne de $n+1$ par 2. Deux cas se présentent :

• Si $n+1$ est un nombre pair, c'est-à-dire si n est impair, $n+1$ est divisible par 2 et il existe un entier p tel que $n+1=2p+0$.

Le PGCD de n^2+1 et $n+1$ est le dernier reste qui précède le reste nul, c'est donc ici 2.

• Si $n+1$ est un nombre impair, c'est-à-dire si n est pair, il existe un entier p tel que $n+1=2p+1$. Et l'on écrit à l'étape suivante, $2=2\times 1+0$.

Le PGCD de n^2+1 et $n+1$ est le dernier reste qui précède le reste nul, c'est donc ici 1. Donc :

si n est pair, $\text{PGCD}(n^2+1\,;\,n+1)=1$;
si n est impair, $\text{PGCD}(n^2+1\,;\,n+1)=2$.

18 Les entiers $4x+11y$ et $3x+8y$ sont premiers entre eux si et seulement si on peut trouver deux entiers relatifs α et β tels que :

$$\alpha(4x+11y)+\beta(3x+8y)=1 \quad \textbf{(1)}$$

c'est-à-dire si l'on peut trouver deux entiers α et β tels que :

$$(4\alpha+3\beta)x+(11\alpha+8\beta)y=1.$$

x et y étant premiers entre eux, il existe d'après le théorème de Bézout, deux entiers relatifs u et v tels que $ux+vy=1$.

α et β, s'ils existent, devront être solution de $\begin{cases} 4\alpha+3\beta=u \\ 11\alpha+8\beta=v. \end{cases}$

En résolvant ce système, on obtient $\alpha=8u-3v$ et $\beta=11u-4v$. α et β sont des entiers relatifs car u et v le sont. On a donc pu trouver α et β entiers tels que **(1)** soit vérifiée.

Les nombres $4x+11y$ et $3x+8y$ sont premiers entre eux.

19 Si d est le PGCD des deux entiers naturels $a+b$ et $a-b$, d est un diviseur commun à $a+b$ et $a-b$, il divise donc $(a+b)+(a-b)=2a$ et aussi $(a+b)-(a-b)=2b$. d est donc un diviseur commun à $2a$ et $2b$.

• Si d est un entier impair, d divise $2a$ et est premier avec 2, donc d'après le théorème de Gauss, il divise a ; on démontre de même que d divise b.

d est donc un diviseur commun à a et à b et a et b étant premiers entre eux :

$$d=1.$$

• Si d est un entier pair, il existe un entier d' tel que $d = 2d'$. d étant un diviseur commun à $2a$ et $2b$, d' est un diviseur commun à a et b, mais a et b étant premiers entre eux, le seul diviseur commun à a et b est 1, donc $d' = 1$ et :

$$\boxed{d = 2.}$$

Le PGCD de $a + b$ et $a - b$ est alors 1 ou 2.

20 **1.**

$$\begin{cases} n \geqslant 6 \\ a = n^2 + n + 1 \\ b = n^2 + n + 4 \\ c = n^4 + 3n^3 + 5n + 4 \end{cases}$$

n est solution du problème si et seulement si :

$$\begin{cases} n \geqslant 6 \\ n^4 + 3n^3 + 5n + 4 = (n^2 + n + 1)(n^2 + n + 4) \end{cases}$$

c'est-à-dire $\begin{cases} n \geqslant 6 \\ n^3 - 6n^2 = 0 \end{cases}$ ou encore $\begin{cases} n \geqslant 6 \\ n^2(n - 6) = 0. \end{cases}$

La seule solution est $n = 6$ et les nombres a, b, c sont alors égaux à :

$$\boxed{\begin{cases} a = 43 \\ b = 46 \\ c = 1\,978. \end{cases}}$$

2. Démontrons, en utilisant l'algorithme d'Euclide, que les nombres 43 et 46 sont premiers entre eux :

$$\boxed{46} = \boxed{43} \times 1 + \boxed{3}$$

$$\boxed{43} = \boxed{3} \times 14 + \boxed{1}$$

$$\boxed{3} = \boxed{1} \times 3 + \boxed{0}$$

CORRIGÉS

Le PGCD de 43 et 46 est le dernier reste qui précède le reste 0, c'est donc 1, les nombres 43 et 46 sont premiers entre eux.

Remarque
Une autre méthode est d'utiliser la décomposition en facteurs premiers.

En utilisant la deuxième égalité :

$$1 = 43 - \boxed{3} \times 14.$$

En remplaçant le 3 encadré par son expression tirée de la première égalité on obtient :

$$1 = 43 - (46 - 43 \times 1) \times 14$$
$$1 = 43 - 46 \times 14 + 43 \times 14$$
$$1 = 43 \times 15 - 46 \times 14.$$

D'où $x = 15$ et $y = 14$ est une solution de l'équation $43x + 46y = 1$.

À retenir
La méthode précédente est très importante, elle permet de trouver une valeur particulière des coefficients de l'égalité de Bézout.

21 **1.** Pour tout entier relatif n :

$$B = n^2 - 3n + 6 = (n-1)(n-2) + 4 = A(n-2) + 4.$$

Le PGCD de A et B est un diviseur de 4 et donc est un diviseur commun à A et 4, donc divise le PGCD de A et de 4.

Le PGCD de A et 4 est un diviseur de B et donc est un diviseur commun à A et B, donc divise le PGCD de A et de B. Donc :

$$\boxed{\text{PGCD}(A\,;B) = \text{PGCD}(A\,;4).}$$

2. Si $n - 1$ est un multiple de 4, c'est-à-dire s'il existe un entier relatif k tel que $n - 1 = 4k$, c'est-à-dire $n = 4k + 1$,

$$\boxed{\text{PGCD}(A\,;B) = \text{PGCD}(A\,;4) = 4.}$$

Si $n - 1$ est de la forme $4k + 1$ $(k \in \mathbb{Z})$, c'est-à-dire n de la forme $4k + 2$, $(n-1) - 4k - 1 = 0$, $(n-1) - 4k = 1$, les nombres $(n-1)$ et 4 sont premiers entre eux d'après le théorème de Bézout, d'où :

$$\boxed{\text{PGCD}(A\,;B) = \text{PGCD}(A\,;4) = 1.}$$

Si $n - 1$ est de la forme $4k + 2$ $(k \in \mathbb{Z})$, c'est-à-dire n de la forme $4k + 3$, $(n-1) - (4k+2) = 0$, ou encore $(n-1) - 4k = 2$.

Le PGCD de $(n-1)$ et de 4 est un diviseur de 2 ; 2 divise $n-1=4k+2$ et divise 4, donc :

$$\boxed{\text{PGCD}(A\ ;B)=\text{PGCD}(A\ ;4)=2.}$$

Si $n-1$ est de la forme $4k+3$ $(k\in\mathbb{Z})$, c'est-à-dire n de la forme $4k+4$, $(n-1)-(4k+3)=0$, donc $(n-1)-4k=3$.

En ajoutant -4 aux deux membres, on obtient :

$$(n-1)-4k-4=1,\quad \text{soit}\quad -(n-1)+4(k+1)=1.$$

D'après le théorème de Bézout, les nombres A et 4 sont premiers entre eux, d'où :

$$\boxed{\text{PGCD}(A\ ;B)=\text{PGCD}(A\ ;4)=1.}$$

3. Pour tout entier relatif, différent de 1, le nombre $\dfrac{n^2-3n+6}{n-1}$ est un entier si et seulement si $n-1$ divise n^2-3n+6, ce qui équivaut à :

$$\text{PGCD}(n^2-3n+6\ ;n-1)=\text{PGCD}(A\ ;B)=|n-1|.$$

Les valeurs possibles de $|n-1|$ sont donc 1, 2 ou 4. Les valeurs possibles, de $n-1$ sont donc −1, 1, −2, 2, −4, 4. Donc les valeurs possibles de n sont :

$$\boxed{0\ ;\quad 2\ ;\quad -1\ ;\quad 3\ ;\quad -3\ ;\quad 5.}$$

22 **1.** D'après le théorème de Bézout, il existe quatre entiers relatifs u, v, u' et v' tels que :

$$\begin{cases} ua+vc=1 \\ u'b+v'c=1. \end{cases}$$

En effectuant le produit des deux égalités, on obtient successivement :

$$(ua+vc)(u'b+v'c)=1\ ;$$
$$uu'ab+c(vu'b+uv'a+vv'c)=1.$$

D'après le théorème de Bézout, **les nombres ab et c sont premiers entre eux.**

2. D'après le théorème de Bézout, il existe deux entiers relatifs u, v tels que :

$$ua+vb=1.$$

On peut écrire l'égalité précédente en ajoutant et en retranchant va dans le premier membre, sous la forme :

$$ua-va+va+vb=1$$
$$(u-v)a+v(a+b)=1.$$

D'après le théorème de Bézout, **les nombres a et $a+b$ sont premiers entre eux.**

3. Si a et b sont premiers entre eux, d'après la question précédente a et $a+b$, ainsi que b et $a+b$ sont premiers entre eux.

D'après la première question, **ab et $a+b$ sont premiers entre eux.**

23 $|ab| = \text{PGCD}(a\ ;\ b) \times \text{PPCM}(a\ ;\ b) = 2\,916.$

Si $27 = \text{PGCD}(a\ ;\ b)$, il existe deux entiers relatifs a' et b' premiers entre eux tels que $a = 27a'$ et $b = 27b'$.

D'où $|ab| = 27^2|a'b'| = 2\,916$ et $|a'b'| = 4$.

a' et b' sont des entiers relatifs premiers entre eux dont le produit est 4 ou -4, d'où :

	$a' = 1,$	$b' = 4$			$a = 27,$	$b = 108$
ou	$a' = 1,$	$b' = -4$		ou	$a = 27,$	$b = -108$
ou	$a' = -1,$	$b' = -4$		ou	$a = -27,$	$b = -108$
ou	$a' = -1,$	$b' = 4$	soit	ou	$a = -27,$	$b = 108$
ou	$a' = 4,$	$b' = 1$		ou	$a = 108,$	$b = 27$
ou	$a' = 4,$	$b' = -1$		ou	$a = 108,$	$b = -27$
ou	$a' = -4,$	$b' = -1$		ou	$a = -108,$	$b = -27$
ou	$a' = -4,$	$b' = 1.$		ou	$a = -108,$	$b = 27$

Bien retenir

Si a et b sont deux entiers relatifs : $\text{PGCD}(a\,;b) \times \text{PPCM}(a\,;b) = |ab|$.

24 p est un nombre premier supérieur ou égal à 5 :

$$p^2 - 1 = (p-1)(p+1),$$

p étant premier différent de 2, p est un nombre impair, les entiers $p-1$ et $p+1$ sont donc pairs. Il existe donc un entier k tel que :

$$p - 1 = 2k \quad \text{et} \quad p + 1 = 2(k+1).$$

k et $k+1$ sont deux entiers consécutifs, l'un des deux est un nombre pair, $p^2 - 1$ est divisible par 8.

Parmi les entiers consécutifs $p-1$, p et $p+1$, l'un est multiple de 3, ce n'est pas le nombre p qui est premier supérieur à 5, c'est donc l'un des deux nombres $p+1$ ou $p-1$.

3 divise donc le produit $(p-1)(p+1)$.

Les nombres 8 et 3 sont premiers entre eux et divisent chacun p^2-1, donc **le produit $8\times 3=24$ divise p^2-1.**

25 Démontrons la propriété équivalente « si n n'est pas premier, alors 2^n-1 n'est pas premier ».
Si n n'est pas premier, il existe deux entiers naturels p et q $(2\leqslant p\leqslant n-1)$ tels que $n=pq$. Alors :

$$2^n-1=2^{pq}-1=(2^p)^q-1$$
$$=(2^p-1)((2p)^{q-1}+(2p)^{q-2}+\cdots+2^p+1)$$

en utilisant l'identité remarquable :

$$a^q-b^q=(a-b)(a^{q-1}+a^{q-2}b+\cdots+ab^{q-2}+b^{q-1}),$$

(2^p-1) est un diviseur de 2^n-1 différent de 1 et de 2^n-1.

Donc 2^n-1 n'est pas premier.

> **Remarque**
> Les nombres de la forme 2^n-1 sont appelés des nombres de Mersenne.

> **Remarque**
> La réciproque est fausse ; 11 est premier et $2^{11}-1=2\,047=23\times 49$ n'est pas premier.
> Donc 2^n-1 n'est pas premier.

26 Désignons par b et q le diviseur et le quotient cherché. $353=bq+5$ avec $5\leqslant(b-1)$.
D'où $b\geqslant 6$ et :

$$\begin{cases} bq=348 \\ b\geqslant 6. \end{cases}$$

Effectuons la décomposition en facteurs premiers de 348 :

348	2
174	2
87	3
29	29
1	

D'où $348=2^2\times 3\times 29$.

Les valeurs de b possibles sont donc les diviseurs supérieurs ou égaux à 6 :

6, 12, 29, 58, 87, 116, 174, 348.

Les valeurs de q correspondantes sont :

58, 29, 12, 6, 4, 3, 2, 1.

27 **1.** Effectuons la factorisation en facteurs premiers de 18 360 :

18 360	2
9 180	2
4 590	2
2 295	3
765	3
255	3
85	5
17	17
1	

Donc $18\,360 = 2^3 \times 3^3 \times 5 \times 17$.

Les nombres dont le cube divise 18 360 sont 2, 3, 6.

2. b est un entier pris parmi les nombres dont les cubes divisent 18 360, d'où :

$$b = 2 \quad \text{ou} \quad b = 3 \quad \text{ou} \quad b = 6.$$

Si $b = 2$, le premier membre s'écrit $2^3[2^2 + (2+1)^2] = 104$.

Le nombre 2 n'est pas solution.

Si $b = 3$, le premier membre s'écrit $3^3[3^2 + (3+1)^2] = 675$.

Le nombre 3 n'est pas solution.

Si $b = 6$, le premier membre s'écrit $6^3[6^2 + (6+1)^2] = 18\,360$.

Le nombre 6 est solution.

3. Le nombre b s'il existe est solution du système :

$$\begin{cases} b \geqslant 5 \\ 36\,726 = 4 \times b^5 + 4 \times b^4 + 2 \times b^3 + 3 \end{cases}$$

soit des équations successives :

$$4 \times b^5 + 4 \times b^4 + 2 \times b^3 = 36\,723$$
$$2 \times b^5 + 2 \times b^4 + b^3 = 18\,360$$
$$b^3[2b^2 + 2b + 1] = 18\,360$$
$$b^3[b^2 + (b+1)^2] = 18\,360.$$

$b = 6$ est solution du système.

Sujets de type bac

28 **1.** Démontrons que n et $2n+1$ sont premiers entre eux.

$2n+1+(-2)n=1$, donc d'après le théorème de Bézout, **n et $2n+1$ sont premiers entre eux.**

2. Soit c un entier naturel non nul. Pour démontrer l'égalité des PGCD de cn et $2n+1$ et de c et $2n+1$, démontrons que ces deux couples de nombres ont le même ensemble de diviseurs.

• Si d divise c et $2n+1$ alors d divise cn et $2n+1$, donc l'ensemble des diviseurs communs à c et $2n+1$ est inclus dans l'ensemble des diviseurs communs à cn et $2n+1$;

• Soit d' un diviseur commun à cn et à $2n+1$. Les nombres n et $2n+1$ étant premiers entre eux, il existe deux entiers u et v tels que $u(2n+1)+vn=1$, nous avons déterminé de tels entiers à la première question.

Donc en multipliant l'égalité obtenue par l'entier non nul c, on obtient :

$$uc(2n+1)+vcn=c.$$

Si d' divise cn et $2n+1$, il divise $uc(2n+1)+vcn$, donc il divise c et donc c'est un diviseur commun à c et $2n+1$. On a démontré que l'ensemble des diviseurs communs à cn et $2n+1$ est inclus dans l'ensemble des diviseurs communs à c et $2n+1$.

En conclusion, cn et $2n+1$ et c et $2n+1$ ont même ensemble de diviseurs, donc :

$$\boxed{\text{PGCD}(cn\,;2n+1)=\text{PGCD}(c\,;2n+1)}$$

3. Le PGCD de A et B est le PGCD de 3 et $2n+1$; on utilise le résultat précédent avec $c=3$:

$$\boxed{\text{PGCD}(3n\,;2n+1)=\text{PGCD}(3\,;2n+1)}$$

4. Les diviseurs de 3 et $2n+1$ sont des diviseurs de 3, donc sont égaux à 3 ou 1.

• Si $n\equiv 0 \pmod 3$, n est un multiple de 3, donc il existe un entier q, tel que $n=3q$.

Nous cherchons donc le PGCD de 3 et de $6q+1$. Or $6q+1=3\times 2q+1$ donc $(6q+1)-3(2q)=1$, d'après le théorème de Bézout les nombres $6q+1$ et 3 sont premiers entre eux et donc :

$$\boxed{\text{PGCD}(3\,;2n+1)=1.}$$

• Si $n \equiv 1 \pmod{3}$, le reste de la division de n par 3 est 1 : donc il existe un entier q, tel que $n = 3q + 1$.

Nous cherchons donc le PGCD de 3 et de $2(3q+1)+1 = 6q+3$.

Or $6q+3 = 3(2q+1)$ est un multiple de 3, donc :

$$\boxed{\text{PGCD}(3\,;2n+1) = 3.}$$

• Si $n \equiv 2 \pmod{3}$, le reste de la division de n par 3 est 2, donc il existe un entier q, tel que $n = 3q + 2$. Nous cherchons donc le PGCD de 3 et de :

$$2n+1 = 2(3q+2)+1 = 6q+4 = 6q+3+1 = 3(2q+1)+1.$$

Donc $(6q+4)-3(2q+1) = 1$, les nombres $2n+1 = 6q+4$ et 3 sont premiers entre eux d'après le théorème de Bézout :

$$\boxed{\text{PGCD}(3\,;2n+1) = 1.}$$

29 Soit (1) l'équation $78x^3 + ux^2 + vx - 14 = 0$ où x est rationnel et où u et v sont des entiers relatifs.

1. a) $\frac{14}{39}$ solution de (1) équivaut à :

$$78\left(\frac{14}{39}\right)^3 + u\left(\frac{14}{39}\right)^2 + v\left(\frac{14}{39}\right) - 14 = 0.$$

En multipliant les deux membres par 39^2 et en remarquant que $78 = 2 \times 39$:

$$2 \times 39 \times \frac{14^3}{39^3} \times 39^2 + \frac{(14)^2}{(39)^2} \times u \times 39^2 + \frac{14}{39} \times v \times 39^2 - 14 \times 39^2 = 0.$$

Après simplification, il reste :

$$2 \times 14^3 + 14^2 \times u + 14 \times 39 \times v - 14 \times 39^2 = 0.$$

En simplifiant par 14 :

$$14u + 39v = 39^2 - 2 \times 14^2$$

$$\boxed{14u + 39v = 1\,129.}$$

b) On effectue les divisions successives et on obtient :

$$39 = 14 \times 2 + 11 \quad (1)$$
$$14 = 11 \times 1 + 3 \quad (2)$$
$$11 = 3 \times 3 + 2 \quad (3)$$
$$3 = 2 \times 1 + 1 \quad (4)$$

Les nombres 39 et 14 ont pour plus grand commun diviseur 1, ils sont premiers entre eux. Il existe donc des entiers relatifs x et y tels que $14x + 39y = 1$. On obtient un couple $(x\,;y)$ solution possible en utilisant les égalités ci-dessus.

L'égalité **(4)** s'écrit :

$1 = 3 - 2 \times 1$

$1 = 3 - (11 - 3 \times 3) \times 1$ en utilisant l'égalité **(3)**

$1 = 3 \times 4 - 11 \times 1$

$1 = (14 - 11 \times 1) \times 4 - 11 \times 1$ en utilisant l'égalité **(2)**

$1 = 14 \times 4 - 11 \times 5$

$1 = 14 \times 4 - (39 - 14 \times 2) \times 5$ en utilisant l'égalité **(1)**

$1 = 14 \times 14 - 5 \times 39.$

Le couple $(x ; y)$ d'entiers relatifs $x = 14$ et $y = -5$ vérifie donc l'équation $14x + 39y = 1$.

D'autre part $-25 \times 14 + 9 \times 39 = -350 + 351 = 1$.

Donc le couple $(-25 ; 9)$ est solution.

c) On vient de montrer que $14 \times 14 + 39 \times (-5) = 1$.

On en déduit que $14 \times 14 \times 1\,129 + 39 \times (-5) \times 1\,129 = 1\,129$.

Donc une solution particulière de l'équation $14u + 39v = 1\,129$ est le couple $(14 \times 1\,129 ; -5 \times 1\,129)$ soit $u_0 = 15\,806$ et $v_0 = -5\,645$.

Si $(u ; v)$ est une solution de l'équation $14u + 39v = 1\,129$, alors comme $14u_0 + 39v_0 = 1\,129$:

$$14u + 39v = 14u_0 + 39v_0$$
$$14(u - u_0) + 39(v - v_0) = 0$$
$$14(u - u_0) = -39(v - v_0).$$

L'entier 14 divise le 1er membre de l'équation, donc aussi le second.

Comme 14 et 39 sont premiers entre eux, d'après le théorème de Gauss, 14 divise l'entier $v - v_0$, donc il existe un entier relatif k tel que $v - v_0 = 14k$.

En reportant dans l'égalité précédente, la valeur de $v - v_0$:

$14(u - u_0) = -39 \times 14k$, d'où $u - u_0 = -39k$.

Les entiers relatifs u et v solutions de l'équation $14u + 39v = 1\,129$ sont les entiers définis par $u = u_0 - 39k$ et $v = v_0 + 14k$, où k est un entier relatif quelconque.

On vérifie en remplaçant dans l'équation $14u + 39v = 1\,129$ que pour tout k de $\mathbb{Z}$ les nombres u et v sont solutions.

L'ensemble des solutions de l'équation $14u + 39v = 1\,129$ est :

$$\boxed{\{(u_0 - 39k ; v_0 + 14k) / k \in \mathbb{Z}\}.}$$

d) Déterminons le couple pour lequel u est l'entier naturel le plus petit possible.

$u \in \mathbb{N}$ si, et seulement si, $u \geqslant 0$ donc :

$$u_0 - 39k \geqslant 0, \text{ d'où } k \leqslant \frac{u_0}{39}.$$

Une valeur approchée de $\frac{u_0}{39} = \frac{15\,806}{39}$ est 405,28.

k étant un entier relatif, u_0 est un entier naturel si, et seulement si, $k \leqslant 405$.

u_0 étant un entier positif ($u_0 = 15\,806$), $u = u_0 - 39k$ sera le plus petit entier naturel si k est le plus grand possible tout en étant inférieur à 405.

On calcule u avec $k = 405$ et on obtient :

$$u = 15\,806 - 405 \times 39 = 11.$$

De même $v = v_0 + 14k = -5 \times 1\,129 + 14 \times 405$, donc $v = 25$.

Parmi les solutions de l'équation, celle qui a une valeur u la plus petite possible positive est le couple $(11\,;25)$.

2. a) La décomposition en facteurs premiers de 78 est $2 \times 3 \times 13$.
Il y a trois facteurs premiers, 2, 3 et 13, on a donc $2 \times 2 \times 2 = 8$ diviseurs de 78.
L'ensemble $\mathscr{D}_{78}$ des diviseurs de 78 est :

$$\boxed{\mathscr{D}_{78} = \{1\,;2\,;3\,;6\,;13\,;26\,;\ 39\,;\ 78\}.}$$

La décomposition de 14 en facteurs premiers est $14 = 2 \times 7$.

Le nombre de diviseurs de 14 est $2 \times 2 = 4$.

L'ensemble $\mathscr{D}_{14}$ des diviseurs de 14 est :

$$\boxed{\mathscr{D}_{14} = \{1\,;2\,;7\,;14\}.}$$

b) Soit $\frac{p}{q}$ une solution rationnelle de l'équation **(1)**.

$$78\left(\frac{p}{q}\right)^3 + u\left(\frac{p}{q}\right)^2 + v\left(\frac{p}{q}\right) - 14 = 0.$$

q étant non nul, en multipliant les deux membres par q^3 :

$$78p^3 + up^2q + vpq^2 - 14q^3 = 0. \qquad \textbf{(2)}$$

$$78p^3 + up^2q + vpq^2 = 14q^3 \qquad \textbf{(3)}$$

p n'est pas nul car 0 n'est pas solution de l'équation **(1)**.

En mettant p en facteur dans le 1er membre de **(3)** :

$$p(78p^2 + upq + vq^2) = 14q^3.$$

p est un entier non nul qui divise le premier membre, il divise aussi le second membre, et comme p et q sont premiers entre eux, p et q^3 sont premiers entre eux donc p divise 14. On en déduit que p est un entier de l'ensemble :

$$\boxed{\{-14\,;-7\,;-2\,;-1\,;1\,;2\,;7\,;14\}.}$$

On reprend l'égalité (2) écrite sous la forme :

$$up^2q + vpq^2 - 14q^3 = -78p^3.$$

q n'étant pas nul, $q(up^2 + vpq - 14q^2) = -78p^3$.

q divise le 1er membre, donc divise aussi le second, comme p et q sont des entiers relatifs premiers entre eux, p^3 et q sont aussi premiers entre eux, donc q divise 78. On en déduit que q est un entier de l'ensemble :

$$\{-78 ; -39 ; -26 ; -13 ; -6 ; -3 ; -2 ; -1 ; 1 ; 2 ; 3 ; 6 ; 13 ; 26 ; 39 ; 78\}.$$

c) Les rationnels non entiers positifs pouvant être solutions sont :

- $\frac{1}{2} ; \frac{1}{3} ; \frac{1}{6} ; \frac{1}{13} ; \frac{1}{26} ; \frac{1}{39} ; \frac{1}{78}$;
- $\frac{2}{3} ; \frac{2}{13} ; \frac{2}{39}$;
- $\frac{7}{2} ; \frac{7}{3} ; \frac{7}{6} ; \frac{7}{13} ; \frac{7}{26} ; \frac{7}{39} ; \frac{7}{78}$;
- $\frac{14}{3} ; \frac{14}{13} ; \frac{14}{39}$.

Il y a 20 rationnels positifs possibles. Par symétrie, il y a donc aussi 20 rationnels négatifs.

Donc, au total, il y a 40 rationnels solutions de cette équation.

30 Partie A

1. Théorème de Bézout

Deux entiers relatifs non nuls a et b sont premiers entre eux si, et seulement si, il existe deux entiers relatifs u et v tels que $au + bv = 1$.

Théorème de Gauss

On considère trois entiers relatifs non nuls a, b, c.

Si a divise bc et si a et b sont premiers entre eux, alors a divise c.

2. a, b, c sont trois entiers relatifs non nuls.

On sait que a divise bc : il existe donc un entier relatif q tel que $bc = aq$.

On sait aussi que a et b sont premiers entre eux : d'après le théorème de Bézout, il existe deux entiers relatifs u et v tels que $au + bv = 1$.

En multipliant l'égalité $au + bv = 1$ par c, on obtient : $acu + bcv = c$.

En remplaçant bc par aq, on obtient : $acu + aqv = c$;

donc $c = a(cu + qv) = aq'$ où q' est un entier relatif.

L'égalité $c = aq'$, $q' \in \mathbb{Z}$, prouve que **a divise c**.

CORRIGÉS

Partie B

1. 19 et 12 ont pour seul diviseur commun 1.

19 et 12 sont premiers entre eux et, en appliquant le théorème de Bézout, **il existe deux entiers relatifs u et v tels que $19u + 12v = 1$.**

Il existe un couple $(u\,;\,v)$ d'entiers relatifs tels que $19u + 12v = 1$.

Lorsque $19u + 12v = 1$, $12v = 1 - 19u$, d'où :

$N = 13 \times 12v + 6 \times 19u = 13(1 - 19u) + 6 \times 19u$,

$N = 13 + 19(-13u + 6u) = 13 + 19(-7u)$.

$19 \equiv 0$ (modulo 19), donc $N \equiv 13$ (modulo 19).

De même, $19u = 1 - 12v$, donc :

$N = 13 \times 12v + 6 \times (1 - 12v) = 6 + 12v(13 - 6) = 6 + 12 \times 7v$,

$N \equiv 6$ (modulo 12).

N est bien solution du système **(S)**.

Pour tout couple $(u\,;\,v)$ vérifiant $19u + 12v = 1$, $N = 13 \times 12v + 6 \times 19u$ est solution de (S).

2. a) On veut montrer que, si n_0 vérifie $\begin{cases} n_0 \equiv 13 \ (19) \\ n_0 \equiv 6 \ (12) \end{cases}$, alors :

(S) $\begin{cases} n \equiv 13 \ (19) \\ n \equiv 6 \ (12) \end{cases}$ équivaut à **(S′)** $\begin{cases} n \equiv n_0 \ (19) \\ n \equiv n_0 \ (12) \end{cases}$.

Montrons que tout entier n solution de **(S)** est solution de **(S′)** :

n est solution de **(S)**, donc $n \equiv 13 \ (19)$.

Par symétrie de la relation de congruence :

$n_0 \equiv 13 \ (19)$ implique $13 \equiv n_0 \ (19)$.

Par transitivité de cette relation :

$n \equiv 13 \ (19)$ et $13 \equiv n_0 \ (19)$ implique $n \equiv n_0 \ (19)$.

On montre de même que $n \equiv n_0 \ (12)$.

On a montré que si n est solution de **(S)**, alors n est solution de **(S′)**.

Réciproquement, soit n une solution de **(S′)**.

$n \equiv n_0 \ (19)$ et $n_0 \equiv 13 \ (19)$.

Par transitivité de la relation de congruence, on en déduit que :

$$n \equiv 13 \ (19).$$

On montre de même que $n \equiv 6 \ (12)$.

On a montré que si n est solution de **(S′)**, n est solution de **(S)**.

Les systèmes (S) et (S′) ont les mêmes solutions, ils sont équivalents.

$$(\mathbf{S}) \begin{cases} n \equiv 13 \quad (19) \\ n \equiv 6 \quad (12) \end{cases} \text{ équivaut à } (\mathbf{S'}) \begin{cases} n \equiv n_0 \quad (19) \\ n \equiv n_0 \quad (12) \end{cases}$$

où n_0 est solution de (S).

b) On note (*E*) l'équation $n \equiv n_0 \quad (12 \times 19)$.

Montrons que tout entier *n* solution de (*E*) est solution de (S′).

$n \equiv n_0 \quad (12 \times 19)$ signifie qu'il existe un entier relatif *k* tel que :

$n = n_0 + 12 \times 19k$.

$n = n_0 + 12 \times (19k)$, donc $n \equiv n_0 \quad (12)$

$n = n_0 + 19 \times (12k)$, donc $n \equiv n_0 \quad (19)$.

n est bien solution de (S′).

Réciproquement, montrons que tout entier *n* solution de (S′) est solution de (*E*).

$n \equiv n_0 \quad (19)$ et $n \equiv n_0 \quad (12)$.

Il existe deux entiers k_1 et k_2 tels que :

$$n = n_0 + 19k_1 \quad \text{et} \quad n = n_0 + 12k_2.$$

On en déduit que $19k_1 = 12k_2 = n - n_0$.

12 divise $19k_1$ et 12 est premier avec 19, donc 12 divise k_1, d'après le théorème de Gauss. Il existe un entier relatif k_3 tel que $k_1 = 12k_3$.

Alors $n = n_0 + 19k_1 = n_0 + 19 \times 12k_3$, donc $n \equiv n_0 \quad (12 \times 19)$: *n* est bien solution de (*E*).

(S′) et (*E*) ont les mêmes solutions. (S′) et (*E*) sont équivalentes.

$$(\mathbf{S'}) \begin{cases} n \equiv n_0 \quad (19) \\ n \equiv n_0 \quad (12) \end{cases} \text{ équivaut à } (E) \ n \equiv n_0 \quad (12 \times 19)$$

n_0 étant une solution de (*S*).

3. a) Recherche d'un couple $(u\ ;\ v)$ solution de $19u + 12v = 1$

Utilisons l'algorithme d'Euclide :

$$\begin{cases} 19 = 12 \times 1 + 7 \\ 12 = 7 \times 1 + 5 \\ 7 = 5 \times 1 + 2 \\ 5 = 2 \times 2 + 1 \end{cases}$$

CORRIGÉS

On en déduit successivement que :

$1 = 5 - 2 \times 2$

$1 = 5 - 2(7 - 5 \times 1)$

$1 = 5 \times 3 - 2 \times 7$

$1 = (12 - 7 \times 1) \times 3 - 2 \times 7$

$1 = 12 \times 3 - 5 \times 7$

$1 = 12 \times 3 - 5(19 - 12 \times 1)$

$1 = 12 \times 8 - 5 \times 19$

Le couple $(-5 ; 8)$ est solution de $19u + 12v = 1$.

$N = 13 \times 12 \times 8 - 6 \times 19 \times 5 = 678$.

Lorsque $u = -5$ et $v = 8$, $N = 678$.

b) D'après la question **1.**, nous savons que 678 est une solution de (S).
D'après la question **2. b)**, l'ensemble des solutions de (S) est l'ensemble des entiers n vérifiant $n \equiv n_0 \ \ (12 \times 19)$, où n_0 est une solution de (S).

L'ensemble des solutions de **(S)** est donc l'ensemble des entiers n tels que $n \equiv 678 \ \ (12 \times 19)$.

De plus, $678 = 2 \times 228 + 222$ où $222 < 228$.

$678 = 2 \times (12 \times 19) + 222$.

En effectuant la division euclidienne de 678 par $12 \times 19 = 228$.

$678 \equiv 222 \ \ (12 \times 19)$, donc $n \equiv 678 \ \ (12 \times 19)$ équivaut à $n \equiv 222 \ \ (12 \times 19)$.

L'ensemble des solutions de (S) est l'ensemble des entiers relatifs congrus à 222 modulo 12×19.

Remarque
On peut dire aussi que c'est l'ensemble des entiers n qui s'écrivent $n = 222 + 12 \times 19k$, où $k \in \mathbb{Z}$ $(12 \times 19 = 228)$.

4. Application

Lorsqu'on divise n par 12, le reste est 6, donc $n \equiv 6 \ \ (12)$.

Lorsqu'on divise n par 19, le reste est 13, donc $n \equiv 13 \ \ (19)$.

n est solution de (S), donc $n \equiv 222 \ \ [12 \times 19]$. Puisque $0 \leqslant 222 < 228$, le reste de la division de n par 228 est 222.

$$\boxed{r = 222.}$$

31 Partie A

Soit (E) l'équation $11x - 26y = 1$ où x et y désignent deux nombres entiers relatifs.

1. $11(-7) - 26(-3) = -77 + 78 = 1$.
Donc le couple $(-7\ ;\ -3)$ est bien solution de (E).

2. Soit x et y deux entiers relatifs solution de (E) :

$$\begin{cases} 11x - 26y = 1 \\ 11(-7) - 26(-3) = 1 \end{cases}.$$

Les entiers x et y sont donc les solutions de $11(x+7) - 26(y+3) = 0$ soit :

$$11(x+7) = 26(y+3).$$

Si x est un entier relatif, alors $x + 7$ est aussi un entier relatif ; de même si y est un entier relatif, alors $y + 3$ est aussi un entier relatif. Les entiers 11 et 26 sont premiers entre eux. L'entier 11 divise le premier membre, donc il divise aussi $26(y+3)$, comme il est premier avec 26, il divise $y + 3$. Il existe donc un entier relatif k tel que $y + 3 = 11k$.
D'où $y = -3 + 11k$ où $k \in \mathbb{Z}$.
On déduit alors $11(x+7) = 26 \times 11k$.
Comme $11 \neq 0$, $x + 7 = 26k$, d'où $x = -7 + 26k$, où $k \in \mathbb{Z}$.
Réciproquement, on vérifie que les couples $(x\ ;\ y)$ tels que $x = -7 + 26k$ et $y = -3 + 11k$, $k \in \mathbb{Z}$ sont solutions de (E).
Les nombres entiers relatifs solutions de (E) sont les entiers définis par :

$$\boxed{x = -7 + 26k \text{ et } y = -3 + 11k,\ k \in \mathbb{Z}.}$$

3. Déterminons l'entier k pour que $0 \leqslant -7 + 26k \leqslant 25$.

L'entier k vérifie $\frac{7}{26} \leqslant k \leqslant \frac{25+7}{26}$. Seule la valeur $k = 1$ convient.

D'où $u = -7 + 26 = 19$ et $v = -3 + 11 = 8$.
Le couple solution cherché est le couple (19 ; 8).

Partie B

1. La lettre W correspond d'après le tableau au nombre 22.
On calcule $11 \times 22 + 8 = 250$.
Le reste de la division de 250 par 26 est 16 car $250 = 9 \times 26 + 16$.
Le nombre 16 correspond à la lettre Q.
La lettre W est codée par la lettre Q.

2. a) Pour tous entiers x et j, $11x \equiv j \pmod{26}$ équivaut à :

$$\begin{aligned} 19 \times 11x &\equiv 19j \pmod{26} \text{ car } 19 \approxeq 0[26] \\ 209x &\equiv 19j \pmod{26} \\ x &\equiv 19j \pmod{26} \text{ car } 209 \equiv 1[26]. \\ x &\equiv 19j \pmod{26}. \end{aligned}$$

Donc, pour tous entiers relatifs x et j :

$$11x \equiv j \pmod{26} \text{ équivaut à } x \equiv 19j \pmod{26}.$$

b) Soit x un entier compris entre 0 et 25, l'entier y qui code x est le reste de la division par 26 de l'entier $11x + 8$. Donc :

$$11x + 8 \equiv y \pmod{26}$$
$$11x \equiv y - 8 \pmod{26}.$$

En appliquant le résultat de la question précédente à l'entier $j = y - 8$, on obtient :

$$x \equiv 19(y - 8) \pmod{26}.$$

Pour tout entier y compris entre 0 et 25, l'entier x qui décode y est le reste de la division de $19(y-8)$ par 26.

c) La lettre W correspond à l'entier $y = 22$.
$19(y - 8) = 19 \times (22 - 8) = 266$. Or $266 = 10 \times 26 + 6$.

Le reste de la division par 26 de l'entier 266 est l'entier 6 qui correspond à la lettre G.

La lettre W est décodée par la lettre G.

32 Partie A

1. (E) est l'équation $7x - 6y = 1$.

$7 - 6 = 1$, donc $(x\,;y) = (1\,;1)$ est une solution particulière de (E).

$(1\,;1)$ est une solution particulière de (E).

2. (E) équivaut à $7x - 6y = 7 \times 1 - 6 \times 1$ et à $7(x - 1) = 6(y - 1)$.

7 divise $6(y - 1)$ et 7 et 6 sont premiers entre eux.

D'après le théorème de Gauss, 7 divise $(y - 1)$.

Il existe un entier k tel que $y - 1 = 7k$.

Alors $7(x - 1) = 6 \times 7k$, donc $x - 1 = 6k$.

Si $(x\,;y)$ est solution de (E) dans $\mathbb{N}$, alors $\begin{cases} x = 1 + 6k \\ y = 1 + 7k \end{cases}$, $k \in \mathbb{N}$.

Réciproquement, si $(x\,;y) = (1 + 6k\,;1 + 7k)$, $k \in \mathbb{N}$,

$$7x - 6y = 7(1 + 6k) - 6(1 + 7k) = 7 - 6 = 1,$$

donc $(x\,;y)$ est solution de (E).

L'ensemble des couples d'entiers naturels solutions de (E) est l'ensemble des couples $(1 + 6k\,;1 + 7k)$ où $k \in \mathbb{N}$.

Partie B

1. n et m sont des entiers naturels non nuls.

Si $m \leqslant 4$, m peut être égal à 1, 2, 3 ou 4.

Pour $m = 1$, (F) s'écrit $7^n - 6 = 1$ soit $7^n = 7$.

La seule solution est $n = 1$.

Pour $m = 2$, (F) s'écrit $7^n - 3 \times 2^2 = 1$ soit $7^n = 13$.

Aucun entier n ne vérifie $7^n = 13$.

Pour $m = 3$, (F) s'écrit $7^n = 3 \times 2^3 + 1 = 25$.

Aucun entier n n'est solution.

Pour $m = 4$, (F) s'écrit $7^n = 3 \times 2^4 + 1 = 49$.

La seule solution est $n = 2$.

Lorsque $m \leqslant 4$, il y a exactement deux couples $(n\ ;\ m)$ solutions de (F) :

$$\boxed{(1\ ;1) \text{ et } (2\ ;4).}$$

2. On suppose $m \geqslant 5$.

a) On pose $p = m - 5$. puisque m est un entier supérieur ou égal à 5, p est un entier positif.

$2^m = 2^{5+m-5} = 2^5 \times 2^{m-5} = 2^5 \times 2^p = 32 \times 2^p$.

2^m est un multiple de 32, congru à 0 modulo 32.

Ainsi, $7^n = 3 \times 2^m + 1$ est congru à 1 modulo 32.

En effet, par somme et produit :

$2^m \equiv 0 \pmod{32}$ et $1 \equiv 1 \pmod{32}$, donc $3 \times 2^m + 1 \equiv 3 \times 0 + 1 \equiv 1 \pmod{32}$.

Si $(n\ ;\ m)$ est solution de (F), alors $7^n \equiv 1 \pmod{32}$.

b) $7 = 7$, donc $7 \equiv 7 \pmod{32}$.

$7^2 = 49 = 32 + 17$, donc $7^2 \equiv 17 \pmod{32}$.

$7^3 = 7^2 \times 7$, donc, par produit, $7^3 \equiv 17 \times 7 \pmod{32}$.

$17 \times 7 = 119 = 3 \times 32 + 23$, donc $7^3 \equiv 23 \pmod{32}$.

$7^4 = 7^3 \times 7$, donc $7^4 \equiv 23 \times 7 \pmod{32}$;

$23 \times 7 = 161 = 5 \times 32 + 1$, donc $7^4 \equiv 1 \pmod{32}$.

Une période égale à 4 apparaît. Pour tout entier naturel k :

$7^{4k} = (7^4)^k$, donc $7^{4k} \equiv 1^k \equiv 1 \pmod{32}$;

$7^{4k+1} = 7^{4k} \times 7$, donc $7^{4k+1} \equiv 7 \pmod{32}$;

$7^{4k+2} = 7^{4k} \times 7^2$, donc $7^{4k+2} \equiv 7^2 \equiv 17 \pmod{32}$;

$7^{4k+3} = 7^{4k} \times 7^3$, donc $7^{4k+3} \equiv 7^3 \equiv 23 \pmod{32}$.

Les restes de la division de 7^n par 32 sont égaux à 1, à 7, à 17 ou à 23.

Le reste de la division de 7^n par 32 est égal à 1 si et seulement si il existe $k \in \mathbb{N}$ tel que $n = 4k$.

Si $(n\,;\,m)$ est solution de (F), alors le reste de la division de 7^n par 32 est 1, donc n est un multiple de 4.

Si $(n\,;\,m)$ est solution de (F), alors n est divisible par 4.

c) n est un multiple de 4 : $n = 4k$, k entier naturel.
$7 = 1 \times 5 + 2$, donc $7 \equiv 2 \pmod 5$, et $7^4 \equiv 2^4 \pmod 5$.

$2^4 = 16 = 3 \times 5 + 1$, donc $2^4 \equiv 1 \pmod 5$.

Si $(n\,;\,m)$ est solution de (F), alors $7^n \equiv 1 \pmod 5$.

d) Si $(n\,;\,m)$ est solution de (F), alors $7^n \equiv 1 \pmod 5$ et $7^n = 3 \times 2^m + 1$.
Donc $3 \times 2^m + 1 \equiv 1 \pmod 5$, $3 \times 2^m \equiv 0 \pmod 5$.

3×2^m est donc divisible par 5.
5 et 3 sont premiers entre eux, donc d'après le théorème de Gauss, 5 divise 2^m.

Aucune puissance de 2 n'est divisible par 5, donc ce résultat est absurde.

L'hypothèse faite $m \geqslant 5$ et $(n\,;\,m)$ est solution de (F) est fausse.

Lorsque m est supérieur à 5, aucun couple $(n\,;\,m)$ n'est solution de (F).

3. En envisageant $m \leqslant 4$ puis $m \geqslant 5$, on a envisagé tous les cas possibles.

Il y a exactement deux couples d'entiers naturels solutions de (F) :

$$\boxed{(1\,;\,1) \text{ et } (2\,;\,4).}$$

CHAPITRE 3

Matrices – Graphes

DE QUOI S'AGIT-IL ?

Dans ce chapitre, on verra comment inscrire dans un tableau des données que l'on pourra utiliser de différentes manières et comment représenter les liens entre différents objets.

COURS

1 Opérations sur les matrices

1 Définitions

- Deux entiers naturels m et n non nuls étant donnés, on appelle **matrice de taille $m \times n$**, tout tableau rectangulaire de mn nombres réels, disposés sur m lignes et n colonnes.

Remarque
On dit aussi de type (m, n) ou encore de format (m, n).

- On peut écrire une matrice :

– sous forme développée : $A = \begin{pmatrix} a_{11} & a_{12} & \dots & a_{1n} \\ \vdots & \vdots & & \vdots \\ a_{m1} & a_{m2} & \dots & a_{mn} \end{pmatrix}$.

– sous forme condensée : $A = (a_{ij})$.

- Le terme général de cette matrice sera noté a_{ij}.

Bien comprendre
Par convention le premier indice (ici i) désigne toujours l'indice de ligne et le second (ici j) l'indice de colonne.

- Lorsque $m = n$, on dit que la matrice est **carrée d'ordre n**.

Les éléments a_{11}, a_{22}, …, a_{nn} sont les éléments de la diagonale principale de la matrice.
La matrice identité d'ordre n est la matrice carrée d'ordre n dont tous les coefficients sont nuls, à l'exception de ceux situés sur la diagonale principale qui sont égaux à 1.
On la note I_n.

Exemples : $I_2 = \begin{pmatrix} 1 & 0 \\ 0 & 1 \end{pmatrix}$; $I_3 = \begin{pmatrix} 1 & 0 & 0 \\ 0 & 1 & 0 \\ 0 & 0 & 1 \end{pmatrix}$.

- L'égalité ne peut intervenir qu'entre deux matrices $A = (a_{ij})$ et $B = (b_{ij})$ de même format, elle signifie que pour tout couple (i, j) d'indices, $a_{ij} = b_{ij}$.

Une matrice dont tous les coefficients sont nuls est dite **matrice nulle**.

Conséquence
Deux matrices nulles qui n'ont pas le même format ne sont pas égales.

- Une matrice ne possédant qu'une seule colonne (resp. ligne) s'appelle une matrice colonne ou unicolonne (resp. ligne ou uniligne).

Exemples : $X = \begin{pmatrix} x \\ y \end{pmatrix}$ est une matrice colonne (à deux lignes) ;

$L = (1 \ 2 \ 3)$ est une matrice ligne (à trois colonnes).

2 Addition, multiplication par un scalaire

Définitions : si $A = (a_{ij})$ et $B = (b_{ij})$ sont deux matrices de même format (m, n), on appelle **somme** de A et B la matrice $C = (c_{ij})$ de format (m, n) définie, pour tout couple d'indices (i, j), par $c_{ij} = a_{ij} + b_{ij}$.
On écrit $C = A + B = (a_{ij} + b_{ij})$.

On peut de même multiplier tous les coefficients de A par un même nombre α, la nouvelle matrice obtenue se note αA. On a ainsi $\alpha A = (\alpha a_{ij})$.

Remarque
Les matrices A, B, $A + B$ et αA sont de même format.

3 Produits de matrices

Règle 1

• La multiplication d'une matrice A de format (m, n) par une autre matrice B de format (n', p) (dans cet ordre) n'est possible que si $n = n'$.

• Cas particulier :

L est une matrice ligne $L = (l_1 \;\; l_2 \;\; \dots \;\; l_n)$ de format $(1, n)$;

C est une matrice colonne $C = \begin{pmatrix} c_1 \\ c_2 \\ \vdots \\ c_n \end{pmatrix}$ de format $(n, 1)$.

Dans ce cas, le produit LC est une matrice de format $(1, 1)$, c'est-à-dire un simple scalaire :

$$LC = l_1c_1 + l_2c_2 + \dots + l_nc_n = \sum_{k=1}^{n} l_kc_k.$$

• A est une matrice de format (m, n), $A = (a_{ij})$;

B est une matrice de format (n, p), $B = (b_{ij})$.

Si $C = AB = (c_{ij})$, alors le terme c_{ij} s'obtient en multipliant la ligne i de A $(a_{i1} \;\; a_{i2} \;\; \dots \;\; a_{in})$

par la colonne j de B $\begin{pmatrix} b_{1j} \\ b_{2j} \\ \vdots \\ b_{nj} \end{pmatrix}$ soit :

$$c_{ij} = a_{i1}b_{1j} + a_{i2}b_{2j} + \dots + a_{in}b_{nj} = \sum_{k=1}^{n} a_{ik}b_{kj}.$$

Remarque
On écrit $A \times B$ ou plus simplement AB.

- Disposition des calculs

$$B = \begin{pmatrix} \vdots & \vdots & b_{1j} & \vdots & \vdots \\ \vdots & \vdots & b_{2j} & \vdots & \vdots \\ \vdots & \vdots & b_{nj} & \vdots & \vdots \end{pmatrix}$$

$$A = \begin{pmatrix} \cdots & \cdots & \cdots & \cdots \\ \cdots & \cdots & \cdots & \cdots \\ a_{i1} & a_{i2} & \cdots & a_{in} \\ \cdots & \cdots & \cdots & \cdots \end{pmatrix} \begin{pmatrix} \cdots & \cdots & \cdots & \cdots \\ \cdots & \cdots & \cdots & \cdots \\ \cdots & \cdots & c_{ij} & \cdots \\ \cdots & \cdots & \cdots & \cdots \end{pmatrix} \leftarrow \text{ligne } i$$

$\uparrow$ colonne j

avec $c_{ij} = a_{i1}b_{1j} + a_{i2}b_{2j} + \dots + a_{in}b_{nj}$.

Règle 2

- Dans ce cas, le produit s'effectue toujours ligne par colonne, ce qui signifie que chaque ligne de A sera multipliée par chaque colonne de B et le résultat sera une matrice de format (m, p).

Exemple :

$$A = \begin{pmatrix} 1 & 2 & 3 \\ \boxed{-1 \quad 0 \quad 1} \end{pmatrix} ; \quad B = \begin{pmatrix} 4 & 2 & 0 & 1 \\ -2 & 1 & -1 & 3 \\ 1 & -1 & 1 & -2 \end{pmatrix} ; \quad AB = \begin{pmatrix} 3 & 1 & 1 & 1 \\ -3 & \textcircled{-3} & 1 & -3 \end{pmatrix} ;$$

2 Quelques exemples

1 Produit par une matrice colonne

Le produit d'une matrice A de format (m, n) par une matrice colonne X de format $(n, 1)$ donne une matrice colonne Y de format $(m, 1)$.

Bien comprendre

$$A = \begin{pmatrix} a_{11} & a_{12} & \dots & a_{1n} \\ a_{21} & a_{22} & \dots & a_{2n} \\ \vdots & \vdots & & \vdots \\ a_{n1} & a_{n2} & \dots & a_{nn} \end{pmatrix} \text{ et } X = \begin{pmatrix} x_1 \\ x_2 \\ \vdots \\ x_n \end{pmatrix}, \text{ alors } AX = \begin{pmatrix} a_{11}x_1 + a_{12}x_2 + \dots + a_{1n}x_n \\ a_{21}x_1 + a_{22}x_2 + \dots + a_{2n}x_n \\ \vdots \qquad \vdots \qquad \vdots \\ a_{n1}x_1 + a_{n2}x_2 + \dots + a_{nn}x_n \end{pmatrix}.$$

2 Écriture matricielle d'un système linéaire

- Soit (S) un système linéaire à deux équations et deux inconnues :

$$(S)\begin{cases} ax+by=c \\ a'x+b'y=c' \end{cases}.$$

En posant $A=\begin{pmatrix} a & b \\ a' & b' \end{pmatrix}$, $X=\begin{pmatrix} x \\ y \end{pmatrix}$ et $B=\begin{pmatrix} c \\ c' \end{pmatrix}$, le système (S) s'écrit sous forme matricielle :

$$\boxed{(S)\quad AX=B.}$$

Remarque
AX n'est autre que la matrice colonne $\begin{pmatrix} ax+by \\ a'x+b'y \end{pmatrix}$.

- D'une façon générale, soit un système linéaire à n équations et p inconnues $x_1, x_2, \ldots, x_p$:

$$(S)\begin{cases} a_{11}x_1 + a_{12}x_2 + \ldots + a_{1p}x_p = b_1 \\ \vdots \qquad \vdots \qquad \vdots \qquad \vdots \\ a_{n1}x_1 + a_{n2}x_2 + \ldots + a_{np}x_p = b_n \end{cases}$$

En posant $A=(a_{ij})$, matrice des coefficients du système, $X=\begin{pmatrix} x_1 \\ x_2 \\ \vdots \\ x_p \end{pmatrix}$, l'inconnue du système sous forme de matrice-colonne et $B=\begin{pmatrix} b_1 \\ \vdots \\ b_n \end{pmatrix}$ le second membre du système, le système s'écrit sous forme matricielle :

$$\boxed{(S)\quad AX=B.}$$

3 Propriétés du produit matriciel

- Le produit des matrices carrées n'est pas commutatif ; en général $AB \neq BA$.

Exemple :

$n=2$, $A=\begin{pmatrix} 1 & 2 \\ 3 & 4 \end{pmatrix}$, $B=\begin{pmatrix} 1 & 0 \\ 2 & 1 \end{pmatrix}$; $AB=\begin{pmatrix} 5 & 2 \\ 11 & 4 \end{pmatrix}$, $BA=\begin{pmatrix} 1 & 2 \\ 5 & 8 \end{pmatrix}$.

COURS

COURS

Le produit matriciel est associatif ; si A est de type (m, n), B de type (n, p) et C de type (p, q), alors :

$$(AB)C = A(BC).$$

Remarque
il faut d'abord contrôler que $(AB)C$ et $A(BC)$ sont deux matrices de même format (m, q).

I_n est élément neutre ; si A est une matrice carrée d'ordre n alors :

$$AI_n = I_nA = A.$$

- La multiplication est distributive par rapport à l'addition :

– si A est de type (m, n), B et C de type (n, p), alors $A(B + C) = AB + AC$.

– si A et B sont de type (m, n) et C de type (n, p), alors $(A + B)C = AC + BC$.

- Certaines matrices ne sont pas régulières pour le produit : l'égalité $AB = AC$, même avec $A \neq 0$, n'implique pas en général $B = C$.

Exemple :

$$n = 2,\ A = \begin{pmatrix} 1 & 2 \\ 3 & 6 \end{pmatrix},\quad B = \begin{pmatrix} 3 & -2 \\ 0 & 1 \end{pmatrix},\ C = \begin{pmatrix} 1 & 2 \\ 1 & -1 \end{pmatrix};\ AB = \begin{pmatrix} 3 & 0 \\ 0 & 0 \end{pmatrix} = AC \text{ et } B \neq C.$$

- On peut avoir $A^2 = 0$ avec $A \neq 0$.

Exemple : si $A = \begin{pmatrix} 0 & 1 \\ 0 & 0 \end{pmatrix}$, alors $A^2 = 0$.

4 Matrice inverse d'une matrice carrée

- **Définition :** A étant une matrice carrée d'ordre n, on dit que A est inversible, s'il existe une matrice B vérifiant $AB = BA = I_n$.

Remarque
Certaines matrices carrées ne sont pas inversibles.

- Lorsqu'une telle matrice B existe, elle est unique et on la note A^{-1}.

Remarque
Lorsqu'elle existe, A^{-1} est aussi une matrice carrée d'ordre n.

Bien comprendre
Une matrice inversible est régulière :
si l'on a $AB = AC$ et si A est inversible, on peut multiplier les deux membres par A^{-1} et l'on obtient $B = C$.

Remarque
La matrice $A = \begin{pmatrix} 1 & 2 \\ 3 & 6 \end{pmatrix}$ n'étant pas régulière, n'est pas inversible.

COURS

→ Bien comprendre

Soit un système linéaire à n équations et n inconnues s'écrivant sous forme matricielle $AX = B$. Si la matrice A est inversible, alors le système possède une solution unique, $X = A^{-1}B$.
A est ici une matrice carrée.
On obtient ce résultat en multipliant les deux membres de l'égalité $AX = B$ par A^{-1} à gauche.

- Soit A et B deux matrices carrées d'ordre n inversibles.

Alors AB est inversible et $(AB)^{-1} = B^{-1}A^{-1}$.

Pour montrer ce résultat, il suffit de poser $C = B^{-1}A^{-1}$ et de calculer $(AB)C$ et $C(AB)$; on obtient :

$(AB)C = (AB)(B^{-1}A^{-1}) = A(BB^{-1})A^{-1} = AI_nA^{-1} = AA^{-1} = I_n$;

$C(AB) = (B^{-1}A^{-1})(AB) = B^{-1}I_nB = I_n$.

Ces deux résultats prouvent que AB est inversible, d'inverse C.

- Le calcul de l'inverse d'une matrice peut être assez délicat lorsque n est grand.
- Pour déterminer l'inverse d'une matrice A carrée d'ordre n, il suffit de déterminer une matrice B carrée d'ordre n telle que $AB = I_n$.

On a alors $BA = I_n$.

- Cas des matrices (2, 2)

Pour montrer que la matrice $A = \begin{pmatrix} a & b \\ c & d \end{pmatrix}$ est inversible et calculer son inverse, on détermine une matrice $A' = \begin{pmatrix} a' & b' \\ c' & d' \end{pmatrix}$ telle que $AA' = I$. On est amené à résoudre un système d'équations qui admet une solution unique si et seulement si :

$$ad - bc \neq 0.$$

5 Graphes non orientés

1 Définitions

- Un graphe non orienté est la donnée d'un ensemble de points appelés sommets et d'un ensemble d'arêtes reliant des sommets, deux sommets pouvant être reliés par une ou plusieurs arêtes, les sommets étant alors dits adjacents.

- L'ordre d'un graphe est égal au nombre de ses sommets.
- Le degré d'un sommet est le nombre d'arêtes issues de ce sommet.
- Un graphe est dit complet si tous ses sommets sont adjacents deux à deux.
- Soit n un entier naturel supérieur ou égal à 2, un graphe d'ordre n peut être représenté par une matrice carrée de dimension n, appelée matrice d'adjacence, telle que si les sommets sont numérotés de 1 à n, l'entier naturel de la i^e ligne et de la j^e colonne de M est le nombre d'arêtes reliant le sommet i au sommet j.
- Une chaîne est une liste ordonnée de sommets reliés deux à deux par une arête au moins, le nombre d'arêtes utilisées est la longueur de la chaîne.
- Une chaîne est fermée lorsque le dernier sommet est identique au premier.
- Un cycle est une chaîne fermée dont toutes les arêtes utilisées sont distinctes deux à deux.
- Si deux sommets quelconques d'un graphe sont reliés par une chaîne, on dit que ce graphe est connexe.

2 Propriétés

- La somme des degrés des sommets d'un graphe non orienté est égale au double du nombre d'arêtes du graphe.
- Si M est la matrice d'adjacence d'un graphe non orienté dont les sommets sont numérotés de 1 à n, p un entier naturel non nul, le réel a_{ij} situé à la i^e ligne et à la j^e colonne de M^p est le nombre de chaînes de longueur p reliant le sommet i au sommet j.

6 Graphes orientés

1 Définitions

- Un graphe orienté est la donnée d'un ensemble de points appelés sommets et d'un ensemble d'arêtes reliant des sommets, chaque arête possède un sens de parcours, deux sommets sont reliés par au plus une arête ayant un sens donné, le sens de parcours est indiqué par une flèche.
- Soit n un entier naturel supérieur ou égal à 2, un graphe orienté d'ordre n peut être représenté par une matrice carrée de dimension n, appelée matrice d'incidence telle que si les sommets sont numérotés de 1 à n, l'entier de la i^e ligne et de la j^e colonne de M est égal à 1 si l'on peut aller du sommet i au sommet j par une arête en respectant le sens de parcours et est égal à 0 sinon.

- Une chaîne dans un graphe orienté est une liste ordonnée de sommets reliés deux à deux par une arête en respectant le sens de parcours, le nombre d'arêtes utilisées est la longueur de la chaîne.

2 Propriétés

- Si M est la matrice d'adjacence d'un graphe orienté dont les sommets sont numérotés, p un entier naturel non nul, le réel a_{ij} situé à la i^e ligne et à la j^e colonne de M^p est le nombre de chaînes de longueur p reliant le sommet i au sommet j.

7 Graphes pondérés

Définitions

- On dit qu'un graphe orienté ou non est pondéré si l'on associe à chaque arête orientée ou non un nombre réel positif appelé poids de l'arête.
- On appelle poids d'une chaîne ou d'un cycle la somme des poids des arêtes qui constituent la chaîne ou le cycle.

8 Graphes probabilistes – Chaîne de Markov

1 Définitions

- Un graphe orienté et pondéré est dit probabiliste si la somme des poids des arêtes orientées issues d'un même sommet est égale à 1.
- Soit S un système pouvant prendre successivement dans le temps deux états A et B (resp. trois états A, B et C). On désigne par $(p_0\ ;\ q_0)$ (resp. $(p_0\ ;\ q_0\ ;\ r_0)$) les probabilités qu'à l'instant 0, le système S se retrouve à l'état A ou à l'état B (resp. à l'état A ou à l'état B ou à l'état C). Si l'on connaît les probabilités conditionnelles de changement d'états (par ex. probabilité de passer à l'état B (événement B) sachant que l'on est à l'état A (événement A)), on pourra construire un graphe orienté probabiliste de sommets A, B (resp. A, B, C) en associant à chaque arête la probabilité conditionnelle de changement d'état (par ex. si $p_A(B) = 0{,}7$, on indiquera $A \xrightarrow{0{,}7} B$).

- On appelle état probabiliste du système S à un instant donné n la matrice ligne $P_n = (p_n\ ;\ q_n)$ où $p_n = P$ (« être en l'état A à l'instant n ») et $q_n = P$ (« être en l'état B à l'instant n ») (resp. $P_n = (p_n\ ;\ q_n\ ;\ r_n)$).
- On appelle matrice de transition d'un graphe probabilise la matrice carrée M d'ordre 2 (resp. 3), telle que si les sommets du graphet A, B (resp. A, B et C) sont numérotés par 1, 2 (resp. 1, 2, 3), le réel situé à la i^e ligne et à la j^e colonne de M est égal au poids de l'arête orientée de i vers j, et est égal à 0 s'il n'y en a pas.

2 Propriétés

- Pour tout entier naturel n, si $P_n = (p_n\ ;\ q_n)$ (resp. $P_n = (p_n\ ;\ q_n\ ;\ r_n)$) est l'état probabiliste du système, alors $p_n + q_n = 1$ (resp. $p_n + q_n + r_n = 1$).
- Si M est la matrice de transition d'un graphe probabiliste, la somme des éléments de chaque ligne est égale à 1.
- Pour tout entier naturel n, $P_{n+1} = P_n M$ et $P_n = P_0 M^n$ avec, si $n = 0$, M^0 est la matrice I_2 ou I_3 selon le nombre d'états.
- On appelle état stable d'un graphe probabiliste ou distribution invariante d'une chaîne de Markov, l'état P, s'il existe, égal à $\left(\lim\limits_{n \to +\infty} p_n\ ;\ \lim\limits_{n \to +\infty} q_n\right)$ (resp. $\left(\lim\limits_{n \to +\infty} p_n\ ;\ \lim\limits_{n \to +\infty} q_n\ ;\ \lim\limits_{n \to +\infty} r_n\right)$), il vérifie $P = PM$.

Questions courtes

1 Formats et indices

➲ Corrigé p. 668

1. Soit $A = \begin{pmatrix} 2 & -3 & 4 & 7 \\ 0 & 3 & 7 & 4 \\ 14 & 5 & -6 & 0,1 \end{pmatrix}$.

Donner le format de A.

Donner la valeur de a_{14}, a_{23}, a_{33}.

2. Soit $A = \begin{pmatrix} 4 & \dots & 2 \\ \dots & 5 & -1 \\ 3 & \dots & 10 \\ -3 & 7 & 1 \end{pmatrix}$.

Compléter l'écriture de A sachant que $a_{21} = -4$; $a_{33} = 8$; $a_{12} = 11$; $a_{32} = 0$.

Quel est le format de A ?

3. Écrire la matrice $A = (a_{ij})$ carrée d'ordre 3, telle que pour tous indices i et j compris entre 1 et 3, $a_{ij} = 2j - i$.

2 Somme de matrices

➲ Corrigé p. 668

1. Soit $A = \begin{pmatrix} -1 & 2 \\ 3 & 5 \end{pmatrix}$ et $B = \begin{pmatrix} 4 & 1 \\ -2 & 6 \end{pmatrix}$.

Calculer $A + B$, $A - B$, $3A - 4B$.

2. On donne $A = \begin{pmatrix} 3x & 4 \\ 1 & x \end{pmatrix}$ et $B = \begin{pmatrix} y & 5 \\ 0 & 3y \end{pmatrix}$.

Déterminer x et y pour que $A + B = \begin{pmatrix} 4 & 9 \\ 1 & -3 \end{pmatrix}$.

Déterminer x et y pour que $4A - 2B = \begin{pmatrix} 5 & 6 \\ 4 & -1 \end{pmatrix}$.

3 Produits de matrices

➔ Corrigé p. 669

Effectuer les produit suivants lorsque c'est possible.

Lorsque c'est impossible, expliquer pourquoi.

Vérifier les résultats obtenus à la calculatrice.

a) $\begin{pmatrix} 1 & 2 \\ 3 & 4 \\ 5 & 6 \end{pmatrix} \times \begin{pmatrix} 3 & 1 \\ 2 & 4 \end{pmatrix}$;

b) $\begin{pmatrix} 3 & 1 \\ 2 & 4 \end{pmatrix} \times \begin{pmatrix} 1 & 2 \\ 3 & 4 \\ 5 & 6 \end{pmatrix}$;

c) $\begin{pmatrix} -1 & 2 & 1 \end{pmatrix} \times \begin{pmatrix} 3 & 0 & -2 \\ 3 & 1 & -1 \\ 5 & 0 & -2 \end{pmatrix}$;

d) $\begin{pmatrix} 0 & 5 & 2 \\ 1 & 3 & 4 \\ 6 & 3 & 2 \end{pmatrix} \times \begin{pmatrix} 3 & -1 \\ 2 & 0 \\ 1 & 1 \end{pmatrix}$;

e) $\begin{pmatrix} 1 & -1 \\ 2 & 5 \\ 3 & 12 \end{pmatrix} \times \begin{pmatrix} 28 & 14 \\ 12 & -31 \\ -25 & 8 \end{pmatrix}$;

f) $\begin{pmatrix} 1 & 0 & -2 \\ 3 & -1 & 4 \\ 2 & 1 & -3 \end{pmatrix} \times \begin{pmatrix} 6 & 3 & -1 \\ 4 & 0 & 1 \\ 2 & -3 & 1 \end{pmatrix}$

4 Systèmes

➔ Corrigé p. 670

Définir pour chaque système, la matrice A et la matrice colonne B, permettant d'écrire le système donné sous la forme matricielle $AX = B$:

$$(\text{S}) \begin{cases} 2x - z = 13 \\ y + x = -1 \\ -3z + y = 12 \end{cases} \;;$$

$$(\text{S}') \begin{cases} x + 3y = 5x - z + 14 \\ 4y - 7z = x - y - 21 \end{cases}.$$

Exercices d'entraînement

5 Matrice associée à un graphe

★★ 25 min ➔ Corrigé p. 670

On appelle graphe un ensemble constitué de points $A_1, A_2, \ldots, A_p$ (appelés sommets) et de segments reliant 2 sommets (appelés arêtes).

Deux sommets reliés par une arête sont dits adjacents.

On appelle chaîne de longueur n une liste constituée de $n+1$ sommets adjacents (n est le nombre d'arêtes).

Bien comprendre

Par exemple avec $p = 5$:

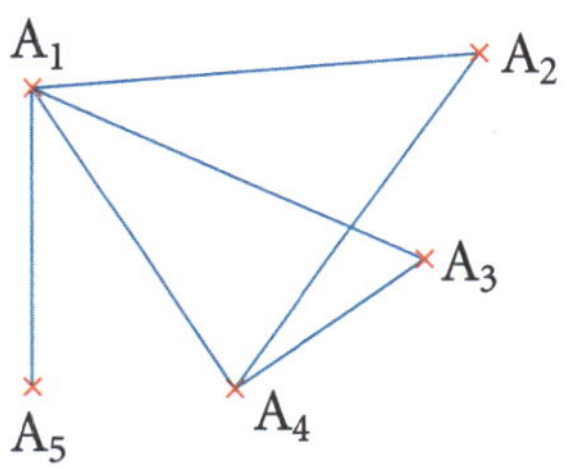

A_1 et A_5 sont adjacents ;
A_2 et A_3 ne le sont pas ;
le graphe n'est pas complet
le graphe est connexe.

(A_1, A_3, A_4, A_2) est une chaîne de longueur 3 reliant A_1 à A_2.

On appelle enfin matrice associée à un graphe, la matrice M, carrée d'ordre p, dont le terme général m_{ij} vaut 1 si les sommets A_i et A_j sont adjacents et 0 sinon.

1. Étude de l'exemple.

a) Écrire la matrice M associé au graphe de l'exemple.

b) Écrire toutes les chaînes de longueur 3 reliant A_2 à A_4 et toutes les chaînes de longueur 5 reliant A_5 à lui-même.

c) Calculer M^2, M^3 et M^4.

2. Cas général : soit M la matrice associée à un graphe quelconque.

a) Montrer que M est symétrique (c'est-à-dire $m_{ij} = m_{ji}$ pour tous indices i et j).

b) Montrer que le terme de M^2 (en position (i, j)) fournit le nombre de chaînes de longueur 2 reliant A_i à A_j.

3. Pour $n \in \mathbb{N}^*$ on note $m_{ij}^{(n)}$ le terme d'indice (i, j) de M^n et on pose H_n « pour tout couple (i, j) d'indices, $m_{ij}^{(n)}$ est égal au nombre de chaînes de longueur n reliant A_i à A_j ».

a) On suppose que H_n est vraie. Montrer alors que si A_i, A_j et A_k sont 3 sommets quelconques du graphe, le nombre de chaînes de longueur $n+1$ reliant A_i à A_j dont le 2e sommet est A_k est égal à $m_{ik}\, m_{kj}^{(n)}$.

b) En déduire que si H_n est vraie pour un entier $n \in \mathbb{N}^*$, alors H_{n+1} l'est aussi.

c) Que peut-on en conclure ?

6 Résolution d'un système

★★ 20 min ➲ Corrigé p. 672

On considère les matrices $A = \begin{pmatrix} 3 & 2 & 1 \\ -2 & 3 & -1 \\ 2 & -2 & 1 \end{pmatrix}$ et $B = \begin{pmatrix} 1 & \alpha & -5 \\ 0 & \beta & -1 \\ -2 & \gamma & 13 \end{pmatrix}$.

1. a) Déterminer l'unique matrice colonne $\begin{pmatrix} \alpha \\ \beta \\ \gamma \end{pmatrix}$ pour laquelle $AB = BA$.

b) Calculer AB pour cette valeur de $\begin{pmatrix} \alpha \\ \beta \\ \gamma \end{pmatrix}$.

2. Soit X une matrice colonne $X = \begin{pmatrix} x \\ y \\ z \end{pmatrix}$.

Résoudre l'équation d'inconnue X, $AX = \begin{pmatrix} 3 \\ 5 \\ 7 \end{pmatrix}$.

Indication
On pourra multiplier par B les deux membres de l'égalité après l'avoir justifié.

7 Puissances de matrices

★★ 20 min ➲ Corrigé p. 673

Soit $M = \begin{pmatrix} 2 & -2 & 1 \\ 2 & -3 & 2 \\ -1 & 2 & 0 \end{pmatrix}$ et $I = \begin{pmatrix} 1 & 0 & 0 \\ 0 & 1 & 0 \\ 0 & 0 & 1 \end{pmatrix}$.

1. a) Vérifier la relation $(M - I)(M + 3I) = 0$.

b) En déduire l'expression (E) de M^2 en fonction de M et I.

c) Utiliser cette relation pour exprimer I en fonction de M et M^2.

En déduire que M est inversible et exprimer M^{-1} en fonction de M et I.

Indication
On se souviendra ici que l'expression de $aM^2 + bM$ peut être factorisée à droite et à gauche par M.

2. a) Exprimer M^3 en fonction de M et I.

Exprimer de même M^4 en fonction de M et I.

b) Montrer que pour tout entier naturel n, M^n s'exprime en fonction de M et I sous la forme :

$$M^n = u_n M + v_n I.$$

(On posera par convention $M^0 = I$).

Indication
On multipliera par M puis par M^2 les deux membres de (E).

Établir les relations $\begin{cases} u_{n+1} = -2u_n + v_n \\ v_{n+1} = 3u_n \end{cases}$.

3. On se propose de déterminer u_n et v_n en fonction de n.

a) Que valent u_n et v_n pour $n \leqslant 4$?

b) Déterminer la matrice carré A telle que pour tout entier naturel n :

$$\begin{pmatrix} u_{n+1} \\ v_{n+1} \end{pmatrix} = A \begin{pmatrix} u_n \\ v_n \end{pmatrix}.$$

En déduire, pour tout entier naturel n :

$$\begin{pmatrix} u_n \\ v_n \end{pmatrix} = A^n \begin{pmatrix} u_0 \\ v_0 \end{pmatrix}.$$

c) On considère la matrice $P = \begin{pmatrix} 1 & 1 \\ 3 & -1 \end{pmatrix}$.

Calculer P^2. En déduire que P est inversible et déterminer P^{-1}. Puis calculer :

$$D = P^{-1}AP.$$

d) Montrer que tout $n \in \mathbb{N}$:

$$A^n = P D^n P^{-1}.$$

En déduire explicitement A^n et déterminer u_n et v_n en fonction de n.

Sujets de type bac

8 Marche aléatoire aux sommets d'un tétraèdre

★★★ 40 min ➲ Corrigé p. 678

Une puce se déplace d'un sommet à l'autre d'un tétraèdre A_1, A_2, A_3, A_4.

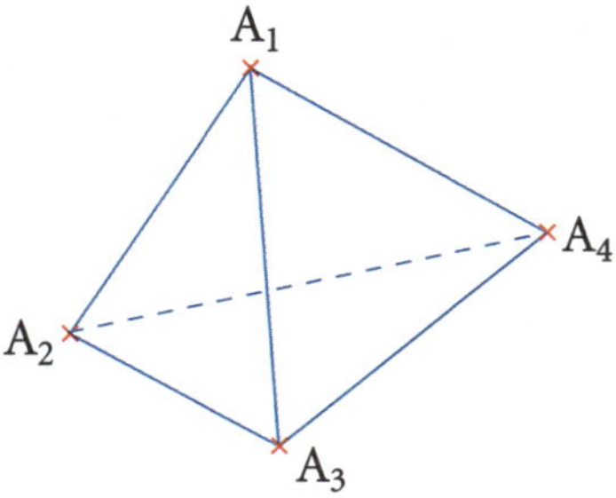

Au départ, la puce est en A_1. À chaque saut, la puce peut se retrouver sur l'un des 3 autres sommets de manière équiprobable.

On définit pour tout entier naturel n, la variable aléatoire X_n représentant le numéro du sommet sur lequel se trouve la puce à l'issue du n-ième saut.Ainsi $X_0 = 1$.

1. Déterminer la loi de X_1 et calculer son espérance mathématique.

2. Écrire la matrice M de transition du système, c'est-à-dire la matrice dont le coefficient m_{ij} représente la probabilité de passage du sommet i au sommet j.

3. On convient que $M^0 = I_4$.

a) Démontrer l'existence de deux suites $(u_n)_{n \in \mathbb{N}}$ et $(v_n)_{n \in \mathbb{N}}$ telles que pour tout entier naturel n, la matrice M^n s'écrit :

$$M^n = \begin{pmatrix} u_n & v_n & v_n & v_n \\ v_n & u_n & v_n & v_n \\ v_n & v_n & u_n & v_n \\ v_n & v_n & v_n & u_n \end{pmatrix}.$$

Déterminer u_{n+1} et v_{n+1} en fonction de u_n et v_n.

b) On pose $A = \begin{pmatrix} 0 & 1 \\ \frac{1}{3} & \frac{2}{3} \end{pmatrix}$. Montrer que $\begin{pmatrix} u_{n+1} \\ v_{n+1} \end{pmatrix} = A \begin{pmatrix} u_n \\ v_n \end{pmatrix}$.

4. Soit $P = \begin{pmatrix} 1 & -3 \\ 1 & 1 \end{pmatrix}$.

a) Montrer que P est inversible et calculer P^{-1}.

b) Montrer que $P^{-1}AP$ est une matrice diagonale.

c) En déduire explicitement A^n en fonction de n.

Indication
Utiliser l'exercice **7** **3. c)** et **d)**

5. Calculer u_n et v_n en fonction de n.

6. Pour $n \in \mathbb{N}$, on considère la matrice ligne :

$$U_n = \begin{pmatrix} p([X_n = 1]) & p([X_n = 2]) & p([X_n = 3]) & p([X_n = 4]) \end{pmatrix}.$$

a) Montrer que $U_{n+1} = U_n M$.

b) En déduire que $U_n = U_0 M^n$.

c) En déduire la loi de X_n.

d) Que se passe-t-il après un grand nombre de sauts ?

7. On note Y la variable aléatoire représentant le nombre de sauts effectués pour que la puce se retrouve, pour la première fois, sur le sommet A_1.

a) Déterminer la loi de Y.

b) Vérifier que $\lim\limits_{n \to +\infty} \sum\limits_{k=2}^{n} p([Y = k]) = 1$.

8. On définit $E(Y)$ en posant, si la limite existe :

$$E(Y) = \lim_{n \to +\infty} \sum_{k=2}^{n} k\, p([Y = k]).$$

a) On pose $f_n(x) = \sum\limits_{k=0}^{n} x^k$, pour $(n, x) \in \mathbb{N} \times \mathbb{R} \backslash \{1\}$.

Calculer $f_n'\left(\frac{2}{3}\right)$ et démontrer que $\lim\limits_{n \to +\infty} f_n'\left(\frac{2}{3}\right) = 9$.

b) Démontrer l'existence de $E(Y)$ et la calculer.

Interpréter ce résultat.

9 Graphe probabiliste

★★ 50 min Corrigé p. 686

Une municipalité vient de mettre en place le service « vélo en liberté ». Il s'agit d'un service de location de vélos à la journée.

Les vélos sont disponibles sur deux sites A et B et doivent être ramenés en fin de journée indifféremment dans l'un des deux sites.

Après une étude statistique, on considère que :

– si un vélo est loué sur le site A, la probabilité d'être ramené en A est 0,6 ;

– si un vélo est loué sur le site B, la probabilité d'être ramené en B est 0,7.

Les résultats numériques seront arrondis à 10^{-2} près.

1. En notant respectivement A et B les états « le vélo est en A » et « le vélo est en B », traduire les données de l'énoncé par un graphe probabiliste de sommets A et B.

2. Donner M la matrice de transition de ce graphe en considérant les sommets dans l'ordre A, B.

3. Pour tout entier naturel n, on note a_n (respectivement b_n) la probabilité qu'un vélo quelconque soit, après n jours, sur le site A (respectivement sur le site B).

On note P_n la matrice $(a_n \quad b_n)$ correspondant à l'état probabiliste après n jours.

Le premier jour, tous les vélos sont distribués également sur les deux sites.

On a donc $P_0 = (0{,}5 \quad 0{,}5)$.

a) On donne :

$$M^2 = \begin{pmatrix} 0{,}48 & 0{,}52 \\ 0{,}39 & 0{,}61 \end{pmatrix}.$$

Calculer P_2 en donnant le détail des calculs matriciels.

b) Calculer P_4 et interpréter le résultat dans le contexte du problème.

c) Déterminer l'état stable du graphe, noté $(a \quad b)$.

d) Tous les mois, un véhicule est affecté à la redistribution des vélos afin de rétablir au mieux la répartition initiale qui était de 70 vélos sur chaque site.

La municipalité envisage d'affecter un véhicule pouvant contenir 12 vélos.

Ce choix paraît-il adapté à la situation ?

10 Graphe probabiliste

★★ 50 min ➲ Corrigé p. 689

Partie A

Un constructeur de planches de surf fabrique 3 modèles. La conception de chaque modèle nécessite le passage par 3 postes de travail. Le tableau 1 indique le nombre d'heures nécessaires par modèle et par poste pour réaliser les planches et le tableau 2 indique le coût horaire par poste de travail.

Tableau 1	Poste 1	Poste 2	Poste 3
Modèle 1	8 h	10 h	14 h
Modèle 2	6 h	6 h	10 h
Modèle 3	12 h	10 h	18 h

Tableau 2	
Poste 1	25 € / h
Poste 2	20 € / h
Poste 3	15 € / h

1. Soit H et C les deux matrices suivantes :

$$H = \begin{pmatrix} 8 & 10 & 14 \\ 6 & 6 & 10 \\ 12 & 10 & 18 \end{pmatrix} \text{ et } C = \begin{pmatrix} 25 \\ 20 \\ 15 \end{pmatrix}$$

a) Donner la matrice produit $P = H \times C$.

b) Que représentent les coefficients de la matrice $P = H \times C$?

2. Après une étude de marché, le fabricant souhaite que les prix de revient par modèle soient les suivants :

Modèle 1 : 500 € Modèle 2 : 350 € Modèle 3 : 650 €.

Il cherche à déterminer les nouveaux coûts horaires par poste, notés a, b et c, permettant d'obtenir ces prix de revient.

a) Montrer que les réels a, b et c doivent être solutions du système :

$$H \times \begin{pmatrix} a \\ b \\ c \end{pmatrix} = \begin{pmatrix} 500 \\ 350 \\ 650 \end{pmatrix}.$$

b) Déterminer les réels a, b et c.

Partie B

La façade du magasin dans lequel sont commercialisées les planches est illuminée par un très grand nombre de spots qui sont programmés de la manière suivante :

• les spots s'allument tous à 22 heures ;

• toutes les 10 secondes à partir de 22 heures, et ce de manière aléatoire, 30 % des spots allumés s'éteignent et 50 % de ceux qui sont éteints se rallument.

1. On note A l'état « le spot est allumé » et E l'état « le spot est éteint ».

a) Dessiner un graphe probabiliste traduisant la situation.

b) Recopier et compléter la matrice de transition (dans l'ordre A, E) associée au graphe :

$$\mathrm{M} = \begin{pmatrix} \dots & 0{,}3 \\ 0{,}5 & \dots \end{pmatrix}.$$

2. On note n le nombre d'étapes (c'est-à-dire d'intervalles de temps de 10 secondes) qui s'écoulent à partir de 22 heures et $\mathrm{P}_n = (a_n \quad e_n)$ l'état d'un spot à l'étape n, où a_n est la probabilité qu'il soit allumé et e_n la probabilité qu'il soit éteint.

On a alors, pour tout entier naturel n :

$$\mathrm{P}_{n+1} = \mathrm{P}_n \times \mathrm{M}.$$

a) Justifier que $a_0 = 1$ et $e_0 = 0$. Écrire une relation entre P_0 et P_n.

b) Déterminer les coefficients de la matrice P_3. Quelle est la probabilité que le spot considéré soit éteint à 22 heures et 30 secondes ?

Déterminer l'état stable $(a \quad e)$ du graphe probabiliste.

11 Graphe probabiliste

★★ 50 min ➔ Corrigé p. 694

Dans un pays, seulement deux opérateurs de téléphonie mobile SAFIR et TECIM proposent la 4G (standard de transmission de données).

Une étude a montré que, d'une année à l'autre :

• 41 % des clients de l'opérateur SAFIR le quittent pour l'opérateur TECIM ;

• 9 % des clients de l'opérateur TECIM le quittent pour l'opérateur SAFIR ;

• aucun client ne renonce à l'utilisation de la 4G.

Cette situation peut être modélisée par un graphe probabiliste $\mathcal{G}$, de sommets S et T où :

- S est l'événement « l'utilisateur de la 4G est un client de l'opérateur SAFIR » ;
- T est l'événement « l'utilisateur de la 4G est un client de l'opérateur TECIM ».

Chaque année, on choisit au hasard un utilisateur de la 4G et on note pour tout entier naturel n :

- s_n la probabilité que cet utilisateur soit un client de l'opérateur SAFIR en $2014 + n$;
- t_n la probabilité que cet utilisateur soit un client de l'opérateur TECIM en $2014 + n$.

On note $P_n = (s_n \quad t_n)$ la matrice ligne de l'état probabiliste pour l'année $2014 + n$.

Dans cet exercice, on se propose de savoir si l'opérateur TECIM atteindra l'objectif d'avoir comme clients au moins 80 % de la population utilisatrice de la 4G.

Partie A

1. Dessiner le graphe probabiliste $\mathcal{G}$.

2. On admet que la matrice de transition du graphe $\mathcal{G}$, en considérant les sommets dans l'ordre S et T est :

$$M = \begin{pmatrix} 0{,}59 & 0{,}41 \\ 0{,}09 & 0{,}91 \end{pmatrix}.$$

On note $P = (a \quad b)$ la matrice ligne correspondant à l'état stable de ce graphe $\mathcal{G}$.

a) Montrer que les nombres a et b sont solutions du système :

$$\begin{cases} 0{,}41a - 0{,}09b = 0 \\ a + b = 1 \end{cases}.$$

b) Résoudre le système précédent.

3. On admet que $a = 0,18$ et $b = 0,82$.

Déterminer, en justifiant, si l'opérateur TECIM peut espérer atteindre son objectif.

Partie B

En 2014, on sait que 35 % des utilisateurs de la 4G sont des clients de l'opérateur SAFIR et que 65 % sont des clients de l'opérateur TECIM. Ainsi $P_0 = (0{,}35 \quad 0{,}65)$.

1. Déterminer la répartition des clients de la 4G au bout de 2 ans.

2. Montrer que, pour tout entier naturel n, on a : $t_{n+1} = 0{,}5t_n + 0{,}41$.

3. Pour déterminer au bout de combien d'années l'opérateur TECIM atteindra son objectif, on a commencé par élaborer l'algorithme ci-dessous. Recopier et compléter les lignes **L6**, **L7** et **L9** de cet algorithme pour qu'il donne le résultat attendu.

L1	**Variables :**	T est un nombre
L2		N est un nombre entier
L3	**Traitement :**	Affecter à T la valeur 0,65
L4		Affecter à N la valeur 0
L5		Tant que T < 0,80
L6		Affecter à T la valeur………
L7		Affecter à N la valeur………
L8		Fin Tant que
L9	**Sortie :**	Afficher………

Écrire l'algorithme complété en langage Python.

4. On considère la suite (u_n) définie pour tout entier naturel n par :

$$u_n = t_n - 0{,}82.$$

a) Montrer que la suite (u_n) est une suite géométrique de raison 0,5. Préciser son premier terme.

b) En déduire que $t_n = -\,0{,}17 \times 0{,}5^n + 0{,}82$.

c) Résoudre dans l'ensemble des entiers naturels l'inéquation :

$$-\,0{,}17 \times 0{,}5^n + 0{,}82 \geqslant 0{,}80.$$

d) Interpréter ce résultat dans le contexte de l'énoncé.

12 Graphe probabiliste

★★★ 1 heure ➲ Corrigé p. 698

Les sites internet A, B, C ont des liens entre eux. Un internaute connecté sur un de ces trois sites peut, à toutes les minutes, soit y rester, soit utiliser un lien vers un des deux autres sites.

- Pour un internaute connecté sur le site A, la probabilité d'utiliser le lien vers B est de 0,2 et celle d'utiliser le lien vers C est de 0,2.
- Pour un internaute connecté sur le site B, la probabilité d'utiliser le lien vers A est de 0,1 et celle d'utiliser le lien vers C est de 0,4.
- Pour un internaute connecté sur le site C, la probabilité d'utiliser le lien vers A est de 0,2, mais il n'y a pas de lien direct avec B.

L'unité de temps est la minute, et à un instant $t = 0$, le nombre de visiteurs est, respectivement sur les sites A, B et C : 100, 0 et 0.

On représente la distribution des internautes sur les trois sites après t minutes par une matrice N_t : ainsi $N_0 = (100 \quad 0 \quad 0)$.

On suppose qu'il n'y a ni déconnexion pendant l'heure (de $t = 0$ à $t = 60$), ni nouveaux internautes visiteurs.

1. Représenter le graphe probabiliste de sommets A, B et C correspondant à la situation décrite.

2. écrire la matrice M de transition associée à ce graphe (dans l'ordre A, B, C).

3. On donne :

$$M^2 = \begin{pmatrix} 0,42 & 0,22 & 0,36 \\ 0,19 & 0,27 & 0,54 \\ 0,28 & 0,04 & 0,68 \end{pmatrix} ; \qquad M^{20} \approx \begin{pmatrix} 0,3125 & 0,125 & 0,5625 \\ 0,3125 & 0,125 & 0,5625 \\ 0,3125 & 0,125 & 0,5625 \end{pmatrix}.$$

Calculer N_2. Interpréter le résultat obtenu.

4. Calculer $N_0 \times M^{20}$. Conjecturer la valeur de l'état stable et interpréter la réponse.

5. Un des internautes transmet un virus à tout site qu'il visitera.

Il se connecte initialement sur le site C et commence sa navigation.

à l'instant $t = 0$, le site C est donc infecté.

a) Quelle est la probabilité qu'à l'instant $t = 1$, le site A soit infecté ?

b) Quelle est la probabilité qu'à l'instant $t = 2$, les trois sites soient infectés ?

13 Automate

★★★ 1 heure ➲ Corrigé p. 701

Une société d'autoroute étudie l'évolution de l'état de ses automates de péage en l'absence de maintenance.

Un automate peut se trouver dans l'un des états suivants :

- fonctionnel (F) ;
- en sursis (S) s'il fonctionne encore, mais montre des signes de faiblesse ;
- défaillant (D) s'il ne fonctionne plus.

La société a observé que d'un jour sur l'autre :

- concernant les automates fonctionnels, 90 % le restent et 10 % deviennent en sursis ;
- concernant les automates en sursis, 80 % le restent et 20 % deviennent défaillants.

1. a) Reproduire et compléter le graphe probabiliste ci-après qui représente les évolutions possibles de l'état d'un automate.

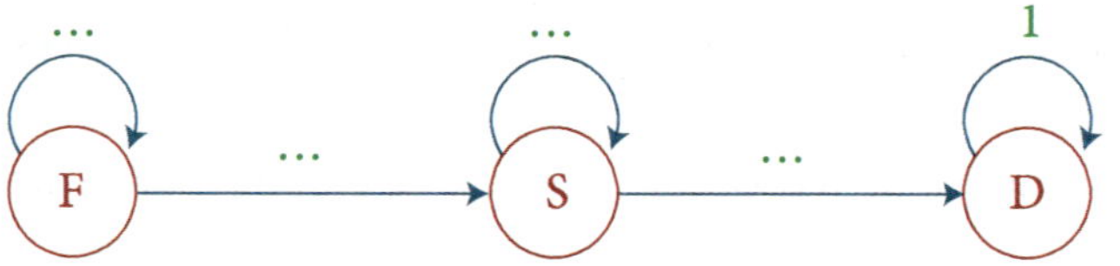

b) Interpréter le nombre 1 qui apparaît sur ce graphe.

c) Voici la matrice de transition $M = \begin{pmatrix} 0{,}9 & 0{,}1 & 0 \\ 0 & 0{,}8 & 0{,}2 \\ 0 & 0 & 1 \end{pmatrix}$ associée à ce graphe en prenant les sommets dans l'ordre F, S, D.

Préciser la signification du coefficient 0,2 dans cette matrice.

2. À compter d'une certaine date, la société relève chaque jour à midi l'état de ses automates. On note ainsi pour tout entier naturel n :

- f_n la probabilité qu'un automate soit fonctionnel le $n^{\text{ième}}$ jour ;
- s_n la probabilité qu'un automate soit en sursis le $n^{\text{ième}}$ jour ;
- d_n la probabilité qu'un automate soit défaillant le $n^{\text{ième}}$ jour.

On note alors $P_n = (f_n \quad s_n \quad d_n)$ la matrice ligne de l'état probabiliste le $n^{\text{ième}}$ jour.

Enfin, la société observe qu'au début de l'expérience, tous ses automates sont fonctionnels ; on a donc $P_0 = (1 \quad 0 \quad 0)$.

a) Calculer P_1.

b) Montrer que, le 3e jour, l'état probabiliste est : $(0{,}729 \quad 0{,}217 \quad 0{,}054)$.

c) Vérifier que ce graphe possède un unique état stable : $P = (0 \quad 0 \quad 1)$.

Quelle est la signification de ce résultat pour la situation étudiée ?

3. a) Justifier que pour tout entier naturel n :

$$s_{n+1} = 0{,}1f_n + 0{,}8s_n.$$

b) On vérifierait de même que pour tout entier naturel n :

$$d_{n+1} = 0{,}2s_n + d_n \quad \text{et} \quad f_{n+1} = 0{,}9f_n.$$

Compléter l'algorithme ci-dessous de sorte qu'il affiche le nombre de jours au bout duquel 30 % des automates ne fonctionnent plus.

```
D ← 0
S ← ......
F ← 1
N ← 0
Tant que ....................
    D ← 0,2 × S + D
    S ← 0,1 × F + 0,8 × S
    F ← 0,9 × F
    N ← ....................
Fin Tant que
Afficher ....................
```

Écrire l'algorithme complété en langage Python.

c) Au bout de combien de jours la proportion d'automates défaillants devient-elle supérieure à 30 % ?

d) Dans le codage de la boucle « Tant que », l'ordre d'affectation des variables D, S et F est-il important ? Justifier.

CORRIGÉS

Questions courtes

1 **1.** *A* **est de format (3, 4) (3 lignes et 4 colonnes.)**

$$a_{14} = 7,\ a_{23} = 7,\ a_{33} = -6.$$

2. $A = \begin{pmatrix} 4 & 11 & 2 \\ -4 & 5 & -1 \\ 3 & 0 & 10 \\ -3 & 7 & 1 \end{pmatrix}$. ***A* est de format (4, 3).**

3. $A = \begin{pmatrix} 1 & 3 & 5 \\ 0 & 2 & 4 \\ -1 & 1 & 3 \end{pmatrix}$.

2 **1.** $A + B = \begin{pmatrix} 3 & 3 \\ 1 & 11 \end{pmatrix}$; $A - B = \begin{pmatrix} -5 & 1 \\ 5 & -1 \end{pmatrix}$; $3A - 4B = \begin{pmatrix} -19 & -10 \\ 17 & -9 \end{pmatrix}$.

2. $A + B = \begin{pmatrix} 3x+y & 9 \\ 1 & x+3y \end{pmatrix}$, donc $A + B = \begin{pmatrix} 4 & 9 \\ 1 & -3 \end{pmatrix}$ équivaut à :

$\begin{cases} 3x + y = 4 & (L_1) \\ x + 3y = -3 & (L_2) \end{cases}$, soit $\begin{cases} 8x = 15 & (L_1 \leftarrow 3L_1 - L_2) \\ 8y = -13 & (L_2 \leftarrow -L_1 + 3L_2) \end{cases}$ c'est-à-dire :

$$(x\ ;\ y) = \left(\frac{15}{8}\ ;\ \frac{-13}{8}\right).$$

De même $4A - 2B = \begin{pmatrix} 12x - 2y & 6 \\ 4 & 4x - 6y \end{pmatrix}$ et, donc, $4A - 2B = \begin{pmatrix} 5 & 6 \\ 4 & -1 \end{pmatrix}$

équivaut à $\begin{cases} 12x - 2y = 5 & (L_1) \\ 4x - 6y = -1 & (L_2) \end{cases}$ soit $\begin{cases} 16y = 8 & (L_1 \leftarrow L_1 - 3L_2) \\ 32x = 16 & (L_2 \leftarrow 3L_1 - L_2) \end{cases}$,

c'est-à-dire : $(x\ ;\ y) = \left(\frac{1}{2}\ ;\ \frac{1}{2}\right)$.

CORRIGÉS

3 **a)** $\begin{pmatrix} 1 & 2 \\ 3 & 4 \\ 5 & 6 \end{pmatrix}\begin{pmatrix} 3 & 1 \\ 2 & 4 \end{pmatrix} = \begin{pmatrix} \mathbf{7} & \mathbf{9} \\ \mathbf{17} & \mathbf{19} \\ \mathbf{27} & \mathbf{29} \end{pmatrix}$.

format : $\underbrace{}_{(3,2)}$ $\underbrace{}_{(2,2)}$ $\underbrace{}_{(3,2)}$

b) $\begin{pmatrix} 3 & 1 \\ 2 & 4 \end{pmatrix}\begin{pmatrix} 1 & 2 \\ 3 & 4 \\ 5 & 6 \end{pmatrix}$.

format : $(2, \mathbf{2})$ $(\mathbf{3}, 2)$ $2 \neq 3$, **donc le produit est impossible.**

c) $(-1 \quad 2 \quad 1)\begin{pmatrix} 3 & 0 & -2 \\ 3 & 1 & -1 \\ 5 & 0 & -2 \end{pmatrix} = (\,\mathbf{8} \quad \mathbf{2} \quad \mathbf{-2}\,)$

format : $(1,3)$ $(3,3)$ $(1,3)$

d) $\begin{pmatrix} 0 & 5 & 2 \\ 1 & 3 & 4 \\ 6 & 3 & 2 \end{pmatrix}\begin{pmatrix} 3 & -1 \\ 2 & 0 \\ 1 & 1 \end{pmatrix} = \begin{pmatrix} \mathbf{12} & \mathbf{2} \\ \mathbf{13} & \mathbf{3} \\ \mathbf{26} & \mathbf{-4} \end{pmatrix}$

format : $(3,3)$ $(3,2)$ $(3,2)$

e) $\begin{pmatrix} 1 & -1 \\ 2 & 5 \\ 3 & 12 \end{pmatrix}\begin{pmatrix} 28 & 14 \\ 12 & -31 \\ -25 & 8 \end{pmatrix}$.

format : $(3, \mathbf{2})$ $(\mathbf{3}, 2)$ $2 \neq 3$, **donc le produit est impossible.**

f) $\begin{pmatrix} 1 & 0 & 2 \\ 3 & -1 & 4 \\ 2 & 1 & -3 \end{pmatrix}\begin{pmatrix} 6 & 3 & -1 \\ 4 & 0 & 1 \\ 2 & -3 & 1 \end{pmatrix} = \begin{pmatrix} 10 & -3 & 1 \\ 22 & -3 & 0 \\ 10 & 15 & -3 \end{pmatrix}$

format : $(3,3)$ $(3,3)$ $\mathbf{(3,3)}$

4 (S) : on pose $X = \begin{pmatrix} x \\ y \\ z \end{pmatrix}$; alors :

$$A = \begin{pmatrix} 2 & 0 & -1 \\ 1 & 1 & 0 \\ 0 & 1 & -3 \end{pmatrix} \text{ et } B = \begin{pmatrix} 13 \\ -1 \\ 12 \end{pmatrix}.$$

$(S') \Leftrightarrow \begin{cases} -4x + 3y + z = 14 \\ x - 5y + 7z = 21 \end{cases}$, d'où :

$$A = \begin{pmatrix} -4 & 3 & 1 \\ 1 & -5 & 7 \end{pmatrix} ; B = \begin{pmatrix} 14 \\ 21 \end{pmatrix}.$$

Méthode
On regroupe d'abord les inconnues dans le membre de gauche en écrivant dans l'ordre *x*, *y* et *z*.

Exercices d'entraînement

5 **1. a)** $M = \begin{pmatrix} 0 & 1 & 1 & 1 & 1 \\ 1 & 0 & 0 & 1 & 0 \\ 1 & 0 & 0 & 1 & 0 \\ 1 & 1 & 1 & 0 & 0 \\ 1 & 0 & 0 & 0 & 0 \end{pmatrix}.$

b) Il y a 5 chaînes de longueur 3 reliant A_2 à A_4 :

(A_2, A_1, A_3, A_4) ; (A_2, A_4, A_2, A_4) ; (A_2, A_1, A_2, A_4) ;
(A_2, A_4, A_3, A_4) ; (A_2, A_1, A_2, A_4).

Il y en a 4 de longueur 4 reliant A_5 à A_5 :

$(A_5, A_1, A_2, A_1, A_5)$; $(A_5, A_1, A_3, A_1, A_5)$
$(A_5, A_1, A_3, A_1, A_5)$; $(A_5, A_1, A_4, A_1, A_5)$.

c) Le calcul donne :

$$M^2 = \begin{pmatrix} 4 & 1 & 1 & 2 & 0 \\ 1 & 2 & 2 & 1 & 1 \\ 1 & 2 & 2 & 1 & 1 \\ 2 & 1 & 1 & 3 & 1 \\ 0 & 1 & 1 & 1 & 1 \end{pmatrix} ; M^3 = \begin{pmatrix} 4 & 6 & 6 & 6 & 4 \\ 6 & 2 & 2 & 5 & 1 \\ 6 & 2 & 2 & 5 & 1 \\ 6 & 5 & 5 & 4 & 2 \\ 4 & 1 & 1 & 2 & 0 \end{pmatrix} ; M^4 = \begin{pmatrix} 22 & 10 & 10 & 16 & 4 \\ 10 & 11 & 11 & 10 & 6 \\ 10 & 11 & 11 & 10 & 6 \\ 16 & 10 & 10 & 16 & 6 \\ 4 & 6 & 6 & 6 & 4 \end{pmatrix}.$$

On constate que le cœfficient en position (2, 4) de M^3 vaut $m_{24}^{(3)} = 5$ et que le cœfficient en position (5, 5) de M^4 vaut $m_{55}^{(4)} = 4$.

2. a) A_i et A_j sont adjacents si et seulement si A_j et A_i le sont et donc $m_{ij} = 1$ si et seulement si $m_{ji} = 1$.
Lorsque m_{ij} ne vaut pas 1, il vaut 0, donc dans tous les cas $m_{ij} = m_{ji}$.
Donc M est une matrice symétrique.
b) Notons $m_{ij}^{(2)}$ le terme de M^2 en position (i, j).
D'après la définition du produit matriciel ($M^2 = M \times M$) :

$$m_{ij}^{(2)} = m_{i1}m_{1j} + m_{i2}m_{2j} + \cdots + m_{ip}m_{pj}.$$

Or $m_{i1}m_{1j} = \begin{cases} 1 \text{ si } [A_i - A_1] \text{ et } [A_1 - A_j] \text{ sont deux arêtes} \\ 0 \text{ sinon} \end{cases}.$

Donc :

$$m_{i1}m_{1j} = \begin{cases} 1 \text{ si } (A_i, A_1, A_j) \text{ est une chaîne de longueur 2 reliant } A_i \text{ à } A_j \\ 0 \text{ sinon} \end{cases}.$$

Et de même pour $1 \leqslant k \leqslant p$,

$$m_{ik}m_{kj} = \begin{cases} 1 \text{ si } (A_i, A_k, A_j) \text{ est une chaîne de longueur 2 reliant } A_i \text{ à } A_j \\ 0 \text{ sinon} \end{cases}.$$

$m_{ij}^{(2)}$ étant la somme de ces nombres, **$m_{ij}^{(2)}$ est le nombre de toutes les chaînes de longueur 2 reliant A_i à A_j.**

3. a) Soit $C = (A_i, A_k, A_{k_1}, \ldots, A_{k_{n-1}}, A_j)$ une chaîne de longueur $n + 1$ reliant A_i à A_j, dont le 2e sommet est A_k. Cela signifie deux choses :

- $[A_i - A_k]$ est une arête ;
- $(A_k, A_{k_1}, \ldots, A_{k_{n-1}}, A_j)$ est une chaîne de longueur n reliant A_k à A_j.

Et donc, si l'on note N_k le nombre de telles chaînes :

- $N_k = 0$ si $[A_i - A_k]$ n'est pas une arête ;
- $N_k = m_{ik}^{(n)}$ si $[A_i - A_k]$ est une arête (en supposant que H_n est vraie).

Comme $m_{ik} = 1$ ou 0 selon que $[A_i - A_k]$ est une arête ou non, on peut dire que dans tous les cas :

$$\boxed{N_k = m_{ik}\, m_{kj}^{(n)}.}$$

b) Pour obtenir le nombre total N de chaînes de longueur $n + 1$ reliant A_i à A_j, il ne reste plus qu'à faire varier k de 1 à p :

$$N = N_1 + N_2 + \cdots + N_p = m_{i1}\, m_{1j}^{(n)} + m_{i2}\, m_{2j}^{(n)} + \cdots + m_{ip}\, m_{pj}^{(n)}.$$

Ce nombre total N de chaînes de longueur $n + 1$ n'est autre que le terme en position (i, j) de la matrice produit $M \times M^n$, c'est-à-dire de la matrice M^{n+1}.

Donc, si H_n est vraie pour un entier $n \in \mathbb{N}^*$, alors H_{n+1} l'est aussi.

c) D'après le principe de récurrence, on déduit que H_n est vraie pour tout $n \in \mathbb{N}^*$. **Donc, pour tout entier $n \in \mathbb{N}^*$, $m_{ij}^{(n)}$ représente le nombre de chaînes de longueur n reliant A_i à A_j.**

6 **1. a)** $A = \begin{pmatrix} 3 & 2 & 1 \\ -2 & 3 & -1 \\ 2 & -2 & 1 \end{pmatrix}$, $B = \begin{pmatrix} 1 & \alpha & -5 \\ 0 & \beta & 1 \\ -2 & \gamma & 13 \end{pmatrix}$

$$AB = \begin{pmatrix} 1 & 3\alpha + 2\beta + \gamma & 0 \\ 0 & -2\alpha + 3\beta - \gamma & 0 \\ 0 & 2\alpha - 2\beta + \gamma & 1 \end{pmatrix},$$

$$BA = \begin{pmatrix} -7 - 2\alpha & 12 + 3\alpha & -4 - \alpha \\ -2\beta + 2 & 3\beta - 2 & -\beta + 1 \\ 20 - 2\gamma & -30 + 3\gamma & 11 - \gamma \end{pmatrix}.$$

En identifiant les termes de la 3e colonne, on s'aperçoit que si $AB = BA$, alors

nécessairement $\begin{cases} \alpha = -4 \\ \beta = 1 \\ \gamma = 10 \end{cases}$.

CORRIGÉS

En remplaçant α, β, γ par ces trois valeurs on vérifie que les 6 autres termes sont égaux. Et donc :

$$AB = BA \Leftrightarrow \begin{pmatrix} \alpha \\ \beta \\ \gamma \end{pmatrix} = \begin{pmatrix} -4 \\ 1 \\ 10 \end{pmatrix}$$

b) Pour cette valeur de $\begin{pmatrix} \alpha \\ \beta \\ \gamma \end{pmatrix}$: $AB = BA = I_3.$

2. Il résulte de l'égalité ci-dessus que A est inversible et que :

$$A^{-1} = B = \begin{pmatrix} 1 & -4 & -5 \\ 0 & 1 & 1 \\ -2 & 10 & 13 \end{pmatrix}.$$

En multipliant à gauche l'égalité $AX = \begin{pmatrix} 3 \\ 5 \\ 7 \end{pmatrix}$ par A^{-1} :

$$A^{-1}(AX) = A^{-1}\begin{pmatrix} 3 \\ 5 \\ 7 \end{pmatrix}.$$

Or $A^{-1}(AX) = (A^{-1}A)X = I_3X = X$, d'où :

$$X = \begin{pmatrix} 1 & -4 & -5 \\ 0 & 1 & 1 \\ -2 & 10 & 13 \end{pmatrix}\begin{pmatrix} 3 \\ 5 \\ 7 \end{pmatrix} = \begin{pmatrix} -52 \\ 12 \\ 135 \end{pmatrix}.$$

7 **1. a)** $M - I = \begin{pmatrix} 1 & -2 & 1 \\ 2 & -4 & 2 \\ -1 & 2 & -1 \end{pmatrix}$; $M + 3I = \begin{pmatrix} 5 & -2 & 1 \\ 2 & 0 & 2 \\ -1 & 2 & 3 \end{pmatrix}.$

Par le calcul on vérifie :

$$(M - I)(M + 3I) = 0.$$

b) En développant ce produit grâce aux règles de distributivité :
$M^2 + M \times (3I) - I \times M - I \times (3I) = 0.$

Mais $M \times (3I) = 3MI = 3M$; $I \times M = M$ et $I \times (3I) = 3I^2 = 3I$, donc :

$$M^2 + 2M - 3I = 0$$

$$\boxed{M^2 = -2M + 3I.} \quad \text{(E)}$$

c) $M^2 = -2M + 3I \Leftrightarrow 3I = M^2 + 2M = M(M + 2I) = (M + 2I)M$,
en factorisant par M à gauche, puis à droite.

Si $N = \frac{1}{3}(M + 2I)$, alors $MN = NM = I$, ce qui prouve que M est inversible, d'inverse N.
Donc M est inversible et :

$$\boxed{M^{-1} = \frac{1}{3}M + \frac{2}{3}I.}$$

2. a) On multiplie par M les deux membres de (E) :
$M^3 = M(-2M + 3I) = -2M^2 + 3M.$

On remplace M^2 par $-2M + 3I$:

$M^3 = -2(-2M + 3I) + 3M$:

$$\boxed{M^3 = 7M - 6I.}$$

De la même façon $M^4 = 7M^2 - 6M = 7(-2M + 3I) - 6M$, soit :

$$\boxed{M^4 = -20M + 21I.}$$

b) Pour n élément de $\mathbb{N}$, définissons la propriété :
H_n « M^n s'écrit sous la forme $M^n = u_n M + v_n I$, où u_n et v_n sont deux réels »
• H_0 est vraie puisque $M^0 = I$: il suffit de poser $u_0 = 0$ et $v_0 = 1$.
D'après ce qui précède H_1, H_2, H_3, H_4 sont vraies aussi.
• Soit n un entier quelconque tel que H_n soit vraie.
En multipliant par M l'égalité $M^n = u_n M + v_n I$:
$M^{n+1} = u_n M^2 + v_n M = u_n(-2M + 3I) + v_n M$

$\qquad = (-2u_n + v_n)M + 3u_n I.$

$-2u_n + v_n$ et $3u_n$ sont 2 réels qu'il suffit d'appeler u_{n+1} et v_{n+1} pour pouvoir écrire $M^{n+1} = u_{n+1}M + v_{n+1}I$.

Si H_n est vraie pour un certain $n \in \mathbb{N}$, alors H_{n+1} l'est aussi.
D'après le principe de récurrence, (H_n) est vraie pour tout n.
Donc, pour tout $n \in \mathbb{N}$ il existe deux réels u_n et v_n tels que :

$$M^n = u_n M + v_n I \quad \text{avec} \quad \begin{cases} u_{n+1} = -2u_n + v_n \\ v_{n+1} = 3u_n \end{cases}.$$

3. a) $M^0 = I = 0M + 1I$;

$M^1 = M = 1M + 0I$;

$M^2 = -2M + 3I$;

$M^3 = 7M - 6I$;

$M^4 = -20M + 21I$.

D'où le tableau :

n	u_n	v_n
0	0	1
1	1	0
2	–2	3
3	7	–6
4	–20	21

b) Pour donner une traduction matricielle aux deux égalités $\begin{cases} u_{n+1} = -2u_n + v_n \\ v_{n+1} = 3u_n \end{cases}$ il suffit de poser :

$$A = \begin{pmatrix} -2 & 1 \\ 3 & 0 \end{pmatrix}.$$

Définissons alors pour $n \in \mathbb{N}$, la propriété :

$H_n : \begin{pmatrix} u_n \\ v_n \end{pmatrix} = A^n \begin{pmatrix} u_0 \\ v_0 \end{pmatrix}$.

Puisque par convention $A^0 = I_2$, la propriété H_0 est vraie d'évidence.

Mais on peut aussi vérifier $H_1 : \begin{pmatrix} u_1 \\ v_1 \end{pmatrix} = A \begin{pmatrix} u_0 \\ v_0 \end{pmatrix}$,

puisque $\begin{pmatrix} u_1 \\ v_1 \end{pmatrix} = \begin{pmatrix} 1 \\ 0 \end{pmatrix}$ et $\begin{pmatrix} u_0 \\ v_0 \end{pmatrix} = \begin{pmatrix} 0 \\ 1 \end{pmatrix}$.

De même H_2, H_3 et H_4 sont vraies.

Si n est un entier quelconque tel que H_n est vraie, alors $\begin{pmatrix} u_n \\ v_n \end{pmatrix} = A^n \begin{pmatrix} u_0 \\ v_0 \end{pmatrix}$ et en multipliant les deux membres de cette égalité par A à gauche :

$$A\begin{pmatrix} u_n \\ v_n \end{pmatrix} = AA^n \begin{pmatrix} u_0 \\ v_0 \end{pmatrix}.$$

Mais, d'après **b)** $A\begin{pmatrix} u_n \\ v_n \end{pmatrix} = \begin{pmatrix} u_{n+1} \\ v_{n+1} \end{pmatrix}$ et on sait par ailleurs que $AA^n = A^{n+1}$.

Donc $\begin{pmatrix} u_{n+1} \\ v_{n+1} \end{pmatrix} = A^{n+1}\begin{pmatrix} u_0 \\ v_0 \end{pmatrix}$, ce qui valide H_{n+1}.

Donc, dès que H_n est vraie, H_{n+1} l'est aussi.

Par le principe de récurrence, H_n est vraie pour tout n.

Pour tout entier naturel n :

$$\begin{pmatrix} u_n \\ v_n \end{pmatrix} = A^n \begin{pmatrix} u_0 \\ v_0 \end{pmatrix}.$$

c) $P = \begin{pmatrix} 1 & 1 \\ 3 & -1 \end{pmatrix}$; $P^2 = \begin{pmatrix} 4 & 0 \\ 0 & 4 \end{pmatrix} = 4I$, d'où $P\left(\frac{1}{4}P\right) = \left(\frac{1}{4}P\right)P = I$.

Cette égalité prouve que P est inversible et :

$$P^{-1} = \frac{1}{4}P.$$

Remarque
L'inverse d'une matrice, si elle existe, est unique.

$AP = \begin{pmatrix} -2 & 1 \\ 3 & 0 \end{pmatrix}\begin{pmatrix} 1 & 1 \\ 3 & -1 \end{pmatrix} = \begin{pmatrix} 1 & -3 \\ 3 & 3 \end{pmatrix}$;

$PAP = \begin{pmatrix} 1 & 1 \\ 3 & -1 \end{pmatrix}\begin{pmatrix} 1 & -3 \\ 3 & 3 \end{pmatrix} = \begin{pmatrix} 4 & 0 \\ 0 & -12 \end{pmatrix}$, d'où :

$$P^{-1}AP = \frac{1}{4}PAP = \begin{pmatrix} 1 & 0 \\ 0 & -3 \end{pmatrix} = D.$$

d) De l'égalité $P^{-1}AP = D$, on tire A en multipliant par P à gauche et P^{-1} à droite :

$$A = PDP^{-1}.$$

Si n est un entier naturel non nul :

$$A^n = \underbrace{A \times A \times \ldots \times A}_{n \text{ fois}} = (PDP^{-1})(PDP^{-1})\ldots(PDP^{-1}).$$

Attention
Le produit matriciel n'étant pas commutatif, il ne faut pas écrire :
$A^n = P^n D^n (P^{-1})^n$.

En déplaçant les parenthèses (sans changer l'ordre des matrices écrites), les produits $P^{-1}P$ se neutralisent : $(P^{-1}P = I)$, d'où :

$A^n = P\underbrace{(DI)(DI)\ldots(DI)}_{n \text{ fois}}P^{-1}$ et comme $DI = D$:

$$\boxed{A^n = PD^nP^{-1}.}$$

$D^2 = \begin{pmatrix} 1 & 0 \\ 0 & 9 \end{pmatrix}$, $D^3 = \begin{pmatrix} 1 & 0 \\ 0 & -27 \end{pmatrix}$ et plus généralement $D^n = \begin{pmatrix} 1 & 0 \\ 0 & (-3)^n \end{pmatrix}$.

→ Bien comprendre

Si $D = \begin{pmatrix} d_1 & & (0) \\ & \ddots & \\ (0) & & d_p \end{pmatrix}$ et $D' = \begin{pmatrix} d'_1 & & (0) \\ & \ddots & \\ (0) & & d'_p \end{pmatrix}$ sont deux matrices diagonales d'ordre p, (0) indique que tous les termes qui ne sont pas sur la diagonale sont nuls, alors $DD' = \begin{pmatrix} d_1d'_1 & & (0) \\ & \ddots & \\ (0) & & d_pd'_p \end{pmatrix}$ et donc pour tout $n \in \mathbb{N}$: $D^n = \begin{pmatrix} d_1^n & & (0) \\ & \ddots & \\ (0) & & d_p^n \end{pmatrix}$.

Donc (par un simple calcul), en remarquant que $P^{-1} = \frac{1}{4}P$:

$$A^n = PD^nP^{-1} = \frac{1}{4}PD^nP = \frac{1}{4}\begin{pmatrix} 1-(-3)^{n+1} & 1-(-3)^n \\ 3+(-3)^{n+1} & 3+(-3)^n \end{pmatrix}.$$

Alors $\begin{pmatrix} u_n \\ v_n \end{pmatrix} = A^n\begin{pmatrix} u_0 \\ v_0 \end{pmatrix} = A^n\begin{pmatrix} 0 \\ 1 \end{pmatrix} = \frac{1}{4}\begin{pmatrix} 1-(-3)^n \\ 3+(-3)^n \end{pmatrix}$ soit, pour tout entier n :

$$\boxed{\begin{aligned} u_n &= \frac{1}{4}(1-(-3)^n) \\ v_n &= \frac{1}{4}(3+(-3)^n) \end{aligned}}.$$

Remarque

On peut par curiosité remplacer n par -1 :

$u_{-1} = \frac{1}{4}\left(1 - \left(-\frac{1}{3}\right)\right) = \frac{1}{3}$; $v_{-1} = \frac{1}{4}\left(3 + \left(-\frac{1}{3}\right)\right) = \frac{2}{3}$ ce qui correspond bien à M^{-1} :

$M^{-1} = \frac{1}{3}M + \frac{2}{3}I.$

La formule tient pour $n = -1$: c'est magique !

Sujets de type BAC

8 **1.** À l'issue du 1er saut, la puce peut se retrouver sur les sommets A_2, A_3, A_4 avec la même probabilité $\frac{1}{3}$ pour chacun des sommets :

$$X_1(\Omega) = \{2, 3, 4\} ;$$

$$p([X_1 = 2]) = p([X_1 = 3]) = p([X_1 = 4]) = \frac{1}{3} ;$$

$$E(X_1) = 2 \times \frac{1}{3} + 3 \times \frac{1}{3} + 4 \times \frac{1}{3} = 3.$$

2. Si la puce se trouve sur le sommet A_i, elle peut passer sur n'importe lequel des trois autres sommets avec la même probabilité $\frac{1}{3}$.

D'où $m_{ij} = \begin{cases} 0 \text{ si } i = j \\ \frac{1}{3} \text{ si } i \neq j \end{cases}$, et donc :

$$M = \frac{1}{3}\begin{pmatrix} 0 & 1 & 1 & 1 \\ 1 & 0 & 1 & 1 \\ 1 & 1 & 0 & 1 \\ 1 & 1 & 1 & 0 \end{pmatrix}.$$

3. a) On démontre cette propriété par récurrence sur n :
pour $n \in \mathbb{N}$, définissons la propriété H_n « il existe deux réels u_n et v_n tels que

$$M^n = \begin{pmatrix} u_n & v_n & v_n & v_n \\ v_n & u_n & v_n & v_n \\ v_n & v_n & u_n & v_n \\ v_n & v_n & v_n & u_n \end{pmatrix} \text{ ».}$$

La propriété H_0 est vraie, il suffit de poser $u_0 = 1$ et $v_0 = 0$ puisque

$$M^0 = I_4 = \begin{pmatrix} 1 & 0 & 0 & 0 \\ 0 & 1 & 0 & 0 \\ 0 & 0 & 1 & 0 \\ 0 & 0 & 0 & 1 \end{pmatrix}.$$

H_1 est également vraie $\left(u_1 = 0,\ v_1 = \dfrac{1}{3}\right)$.

Soit n un entier naturel quelconque tel que H_n est vraie. Montrons H_{n+1} :

$$M^{n+1} = MM^n = \frac{1}{3}\begin{pmatrix} 0 & 1 & 1 & 1 \\ 1 & 0 & 1 & 1 \\ 1 & 1 & 0 & 1 \\ 1 & 1 & 1 & 0 \end{pmatrix}\begin{pmatrix} u_n & v_n & v_n & v_n \\ v_n & u_n & v_n & v_n \\ v_n & v_n & u_n & v_n \\ v_n & v_n & v_n & u_n \end{pmatrix}$$

$$M^{n+1} = \frac{1}{3}\begin{pmatrix} 3v_n & u_n + 2v_n & u_n + 2v_n & u_n + 2v_n \\ u_n + 2v_n & 3v_n & u_n + 2v_n & u_n + 2v_n \\ u_n + 2v_n & u_n + 2v_n & 3v_n & u_n + 2v_n \\ u_n + 2v_n & u_n + 2v_n & u_n + 2v_n & 3v_n \end{pmatrix}.$$

Il suffit alors de poser $u_{n+1} = v_n$ et $v_{n+1} = \dfrac{1}{3}u_n + \dfrac{2}{3}v_n$ pour valider H_{n+1}.

Dès que H_n est vraie (pour $n \in \mathbb{N}$), H_{n+1} est vraie aussi. D'après le principe de récurrence, H_n est donc vraie pour tout $n \in \mathbb{N}$.
Pour tout entier naturel n, M^n est de la forme :

$$M^n = \begin{pmatrix} u_n & v_n & v_n & v_n \\ v_n & u_n & v_n & v_n \\ v_n & v_n & u_n & v_n \\ v_n & v_n & v_n & u_n \end{pmatrix}$$

les suites $(u_n)_n$ et $(v_n)_n$ vérifiant :

$$\begin{cases} u_0 = 1 \\ v_0 = 0 \end{cases} \text{ puis } \begin{cases} u_{n+1} = v_n \\ v_{n+1} = \frac{1}{3}u_n + \frac{2}{3}v_n \end{cases}.$$

b) En posant $A = \begin{pmatrix} 0 & 1 \\ \frac{1}{3} & \frac{2}{3} \end{pmatrix}$, on peut écrire les égalités précédentes sous la forme :

$$\begin{pmatrix} u_{n+1} \\ v_{n+1} \end{pmatrix} = A \begin{pmatrix} u_n \\ v_n \end{pmatrix}.$$

On peut alors utiliser le schéma de raisonnement de l'exercice précédent (ex 7, **3° b)**) :

$$\begin{pmatrix} u_n \\ v_n \end{pmatrix} = A^n \begin{pmatrix} u_0 \\ v_0 \end{pmatrix}.$$

4. a) $P = \begin{pmatrix} 1 & -3 \\ 1 & 1 \end{pmatrix}$.

$1 \times 1 - (+1)(-3) = 4 \neq 0$, donc P est inversible.

Son inverse $P^{-1} = \begin{pmatrix} a & b \\ c & d \end{pmatrix}$ est telle que $P^{-1}P = I_2$ d'où :

$$\begin{pmatrix} a & b \\ c & d \end{pmatrix} \begin{pmatrix} 1 & -3 \\ 1 & 1 \end{pmatrix} = \begin{pmatrix} 1 & 0 \\ 0 & 1 \end{pmatrix}.$$

On obtient le système $\begin{cases} a + b = 1 \\ -3a + b = 0 \\ c + d = 0 \\ -3c + d = 1 \end{cases}$ équivalent à $\begin{cases} a = \frac{1}{4} \\ b = \frac{3}{4} \\ c = -\frac{1}{4} \\ d = \frac{1}{4} \end{cases}$, d'où :

$$P^{-1} = \begin{pmatrix} \frac{1}{4} & \frac{3}{4} \\ -\frac{1}{4} & \frac{1}{4} \end{pmatrix} = \frac{1}{4}\begin{pmatrix} 1 & 3 \\ -1 & 1 \end{pmatrix}.$$

b) $P^{-1}AP = \frac{1}{4}\begin{pmatrix} 1 & 3 \\ -1 & 1 \end{pmatrix}\begin{pmatrix} 1 & 1 \\ 1 & -\frac{1}{3} \end{pmatrix}\begin{pmatrix} 1 & -3 \\ 1 & 1 \end{pmatrix} = \begin{pmatrix} 1 & 0 \\ 0 & -\frac{1}{3} \end{pmatrix}.$

$$P^{-1}AP = \begin{pmatrix} 1 & 0 \\ 0 & -\frac{1}{3} \end{pmatrix}.$$

c) Comme dans l'exercice 7 :

$D = P^{-1}AP$, donc $A = PDP^{-1}$ (en multipliant à gauche par P et à droite par P^{-1}) ;

$A^n = (PDP^{-1})(PDP^{-1})\dots(PDP^{-1}) = PD^nP^{-1}$ (après simplification par $P^{-1}P$ qui vaut I_2),

Or $D = \begin{pmatrix} 1 & 0 \\ 0 & -\frac{1}{3} \end{pmatrix}$ est une matrice diagonale, donc $D^n = \begin{pmatrix} 1 & 0 \\ 0 & \left(-\frac{1}{3}\right)^n \end{pmatrix}$.

$$PD^n = \begin{pmatrix} 1 & -3 \\ 1 & 1 \end{pmatrix}\begin{pmatrix} 1 & 0 \\ 0 & \left(-\frac{1}{3}\right)^n \end{pmatrix} = \begin{pmatrix} 1 & \left(-\frac{1}{3}\right)^{n-1} \\ 1 & \left(-\frac{1}{3}\right)^n \end{pmatrix};$$

$$A^n = PD^nP^{-1} = \frac{1}{4}\begin{pmatrix} 1 & \left(-\frac{1}{3}\right)^{n-1} \\ 1 & \left(-\frac{1}{3}\right)^n \end{pmatrix}\begin{pmatrix} 1 & 3 \\ -1 & 1 \end{pmatrix} \text{ d'où :}$$

$$A^n = \frac{1}{4}\begin{pmatrix} 1-\left(-\frac{1}{3}\right)^{n-1} & 3-\left(-\frac{1}{3}\right)^{n-1} \\ 1-\left(-\frac{1}{3}\right)^{n} & 3-\left(-\frac{1}{3}\right)^{n} \end{pmatrix}.$$

5. $\begin{pmatrix} u_n \\ v_n \end{pmatrix} = A^n\begin{pmatrix} 1 \\ 0 \end{pmatrix} = \frac{1}{4}\begin{pmatrix} 1-\left(-\frac{1}{3}\right)^{n-1} \\ 1-\left(-\frac{1}{3}\right)^{n} \end{pmatrix}$, d'où, pour tout n de $\mathbb{N}$:

$$u_n = \frac{1}{4}\left(1-\left(-\frac{1}{3}\right)^{n-1}\right) ;$$
$$v_n = \frac{1}{4}\left(1-\left(-\frac{1}{3}\right)^{n}\right).$$

Remarque
On vérifie bien $u_{n+1} = v_n$.

6. a) Utilisons le système complet d'événements $([X_n = 1], [X_n = 2], [X_n = 3], [X_n = 4])$ pour calculer $p([X_{n+1} = j])$ $(j \in \{1, 2, 3, 4\})$:

$$p([X_{n+1} = j]) = p([X_n = 1])p_{[X_n = 1]}([X_{n+1} = j]) + p([X_n = 2])p_{[X_n = 2]}([X_{n+1} = j]) + p([X_n = 3])p_{[X_n = 3]}([X_{n+1} = j]) + p([X_n = 4])p_{[X_n = 4]}([X_{n+1} = j])$$

$$= p([X_n = 1])m_{1j} + p([X_n = 2])m_{2j} + p([X_n = 3])m_{3j} + p([X_n = 4])m_{4j}$$

On pose $U_n = (p[X_n = 1]\ p[X_n = 2]\ p[X_n = 3]\ p[X_n = 4])$.

Ces quatre égalités (pour $j = 1, 2, 3, 4$) peuvent s'écrire matriciellement sous la forme :

$$U_{n+1} = U_n M.$$

b) On procède par récurrence en posant pour $n \in \mathbb{N}$:
H_n : « $U_n = U_0 M^n$ ».

- H_0 est vraie puisque, par convention, $M^0 = I_4$.
- Si n est un entier naturel quelconque tel que H_n est vraie, alors :

$U_{n+1} = U_n M$ d'après **6° a)**
$= (U_0 M^n)M$ d'après H_n
$= U_0 M^{n+1}$ d'après l'associativité du produit matriciel, c'est-à-dire que H_{n+1} est vraie.

D'après le principe de récurrence, H_n est vraie pour tout $n \in \mathbb{N}$, c'est-à-dire que, pour tout $n \in \mathbb{N}$:

$$\boxed{U_n = U_0 M^n.}$$

c) X_0 est la variable certaine égale à 1 (la puce est en A_1 au début de l'expérience), donc $U_0 = (\ 1\ 0\ 0\ 0\ )$.

$$\text{Donc } U_n = (\ 1\ 0\ 0\ 0\ )\begin{pmatrix} u_n & v_n & v_n & v_n \\ v_n & u_n & v_n & v_n \\ v_n & v_n & u_n & v_n \\ v_n & v_n & v_n & u_n \end{pmatrix} = \begin{pmatrix} u_n & v_n & v_n & v_n \end{pmatrix}.$$

Donc, pour tout entier naturel n :

$$\boxed{\begin{aligned} &p([X_n = 1]) = u_n = \frac{1}{4}\left(1 - \left(-\frac{1}{3}\right)^{n-1}\right) ; \\ &p([X_n = 2]) = p([X_n = 3]) = p([X_n = 4]) = v_n = \frac{1}{4}\left(1 - \left(-\frac{1}{3}\right)^{n}\right). \end{aligned}}$$

d) $\lim\limits_{n \to +\infty} u_n = \lim\limits_{n \to +\infty} v_n = \dfrac{1}{4}$.

Après un grand nombre de sauts, la variable X_n se stabilise pour devenir une variable suivant une loi uniforme sur $\{1, 2, 3, 4\}$.

7. a) À l'issue du premier saut, la puce est en A_2, A_3, ou A_4.

Elle ne peut donc revenir pour la première fois en A_1 qu'à l'issue d'un certain nombre n de sauts avec $n \geqslant 2$: $Y(\Omega) = \mathbb{N}\backslash\{0, 1\}$.

Si S_k désigne l'événement « la puce est en A_1 à l'issue du k^{e} saut, alors pour $n \geqslant 2$, $[Y = n] = \overline{S_1} \cap \overline{S_2} \cap \ldots \cap \overline{S_{n-1}} \cap S_n$.

On applique la formule des probabilités composées :

$p(\overline{S_1}) = 1$: la puce est en A_1 au départ, elle ne peut s'y retrouver à l'issue du premier saut.

$p_{S_1}(\overline{S_2}) = \dfrac{2}{3}$: si par exemple la puce est sur A_2 à l'issue du saut 1, elle ne peut aller qu'en A_3 ou A_4 si l'on veut réaliser $(\overline{S_2})$; idem si la puce est sur A_3 ou A_4.

De même $p_{\overline{S_1} \cap \overline{S_2}}(\overline{S_3}) = \frac{2}{3}$ car la puce étant sur l'un des 3 sommets A_2, A_3 ou A_4, on a que le choix de deux sommets pour le saut suivant si l'on veut être sûr que la puce n'ira pas en A_1.

Pour la même raison $p_{\overline{S_1} \cap \ldots \cap \overline{S_{k-1}}}(\overline{S_k}) = \frac{2}{3}$, et enfin $p_{\overline{S_1} \cap \ldots \cap \overline{S_{n-1}}}(S_n) = \frac{1}{3}$ car sachant que la puce se trouve sur A_2, A_3 ou A_4, on a qu'une chance sur trois qu'elle se retrouve sur A_1 au saut suivant, et donc :

$$p([Y = n]) = \left(\frac{2}{3}\right)^{n-2} \frac{1}{3} \text{ pour tout } n \in \mathbb{N} \setminus \{0, 1\}.$$

b) Si $n \in \mathbb{N} \setminus \{0, 1\}$, $\sum_{k=2}^{n} p([Y = k]) = \sum_{k=2}^{n} \left(\frac{2}{3}\right)^{k-2} \frac{1}{3} = \frac{1}{3} \sum_{k=2}^{n} \left(\frac{2}{3}\right)^{k-2}$.

On pose $j = k - 2$ dans cette somme ; j varie de 0 à $n - 2$:

Rappel

Pour $q \neq 1$, $\sum_{k=0}^{n} q^k = \frac{1 - q^{n+1}}{1 - q}$.

$$\sum_{k=2}^{n} p([Y = k]) = \frac{1}{3} \sum_{j=0}^{n-2} \left(\frac{2}{3}\right)^j = \frac{1}{3} \frac{1 - \left(\frac{2}{3}\right)^{n-1}}{1 - \frac{2}{3}}$$

$$= 1 - \left(\frac{2}{3}\right)^{n-1}.$$

Donc, par passage à la limite lorsque $n \to +\infty$:

$$\sum_{k=2}^{+\infty} p([Y = k]) = 1.$$

8. a) $f_n(x) = \sum_{k=0}^{n} x^k = \frac{1 - x^{n+1}}{1 - x}$ pour $x \neq 1$.

Donc $f_n'(x) = \frac{-(n+1)x^n(1 - x) - (1 - x^{n+1})(-1)}{(1 - x)^2}$

$= \frac{nx^{n+1} - (n+1)x^n + 1}{(1 - x)^2}$ après simplification.

$$f_n'\left(\frac{2}{3}\right) = \frac{n\left(\frac{2}{3}\right)^{n+1} - (n+1)\left(\frac{2}{3}\right)^n + 1}{\frac{1}{9}} = 9\left[1 - \frac{1}{3}n\left(\frac{2}{3}\right)^n - \left(\frac{2}{3}\right)^n\right].$$

Si $|q| < 1$, $\lim\limits_{n \to +\infty} q^n = 0$ et $\lim\limits_{n \to +\infty} nq^n = 0$ (croissances comparées).

D'où, puisque $q = \frac{2}{3} \in\ ]-1\ ;1[$:

$$\boxed{\lim_{n \to +\infty} f_n'\left(\frac{2}{3}\right) = 9.}$$

b) Pour $n \in \mathbb{N}\backslash\{0, 1\}$, posons $E_n = \sum\limits_{k=2}^{n} kP([Y = k])$.

$$E_n = \sum_{k=2}^{n} k\left(\frac{2}{3}\right)^{k-2}\frac{1}{3} = \frac{1}{2}\sum_{k=2}^{n} k\left(\frac{2}{3}\right)^{k-1} \text{ car } \frac{1}{3} = \frac{1}{2} \times \frac{2}{3}.$$

D'après **a)**, $f_n(x) = \sum\limits_{k=0}^{n} x^k$, donc

> **Remarque**
> Le terme $x^0 = 1$ s'élimine par dérivation.

$$f_n'(x) = \sum_{k=1}^{n} kx^{k-1},$$

soit $f_n'(x) = 1 + \sum\limits_{k=2}^{n} kx^{k-1}$ ($kx^{k-1} = 1$ lorsque $k = 1$).

Donc en reportant dans E_n (pour $x = \frac{2}{3}$), $E_n = \frac{1}{2}\left(f_n'\left(\frac{2}{3}\right) - 1\right)$.

$f_n'\left(\frac{2}{3}\right)$ a une limite lorsque n tend vers $+\infty$, donc E_n possède une limite lorsque $n \to +\infty$, donc $E(Y)$ existe. Et de plus :

$$\boxed{E(Y) = \lim_{n \to +\infty} E_n = 4.}$$

L'espérance mathématique est la moyenne pondérée des valeurs prises par la variable, donc **il faut en moyenne 4 sauts pour que la puce revienne sur A_1 pour la première fois.**

9 **1. Graphe probabiliste**

• Si un vélo est loué sur le site A, la probabilité d'être ramené en A est 0,6, donc l'arête orientée de A vers A porte le poids 0,6. L'arête de même origine A orientée vers B porte le poids $1 - 0,6 = 0,4$.

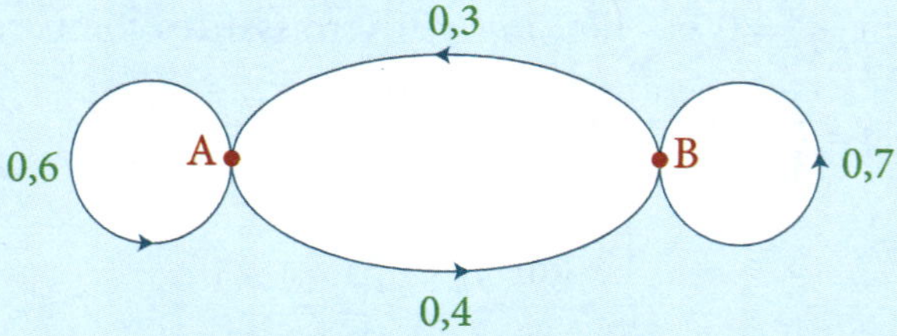

• Si un vélo est loué sur le site B, la probabilité d'être ramené en B est 0,7, donc l'arête orientée de B vers B porte le poids 0,7 et celle de B vers A porte le poids 0,3.

2. Matrice de transition

Pour un entier naturel n, on note A_n l'événement « le vélo est en A après n jours » et B_n l'événement « le vélo est en B après n jours ».

On note aussi $a_n = P(A_n)$ la probabilité de l'événement A_n et $b_n = P(B_n)$ la probabilité de l'événement B_n.

Pour un entier naturel n, les événements A_n et B_n forment un système complet d'événements, d'où :

$$P(A_{n+1}) = P(A_n) \times P_{A_n}(A_{n+1}) + P(B_n) \times P_{B_n}(A_{n+1})$$

$$a_{n+1} = a_n \times 0,6 + b_n \times 0,3.$$

De même :

$$P(B_{n+1}) = P(A_n) \times P_{A_n}(B_{n+1}) + P(B_n) \times P_{B_n}(B_{n+1})$$

$$b_{n+1} = a_n \times 0,4 + b_n \times 0,7.$$

Les égalités $\begin{cases} a_{n+1} = 0,6a_n + 0,3b_n \\ b_{n+1} = 0,4a_n + 0,7b_n \end{cases}$ s'écrivent sous forme matricielle :

$$(a_{n+1} \quad b_{n+1}) = (a_n \quad b_n)\begin{pmatrix} 0,6 & 0,4 \\ 0,3 & 0,7 \end{pmatrix}.$$

La matrice de transition est :

$$M = \begin{pmatrix} 0{,}6 & 0{,}4 \\ 0{,}3 & 0{,}7 \end{pmatrix}.$$

À savoir
Les éléments de la diagonale principale sont les nombres portés par les deux boucles du graphe.

3. a) Calcul de P_2

P_2 est la matrice correspondant à l'état probabiliste après deux jours.

Pour tout entier naturel n, $P_{n+1} = P^n \times M$, d'où :

pour $n = 1$, $P_2 = P_1 \times M$ et pour $n = 0$, $P_1 = P_0 \times M$.

Donc $P_2 = (P_0 \times M) \times M = P_0 \times (M \times M) = P_0 \times M^2$.

$$P_2 = (0{,}5 \quad 0{,}5) \times \begin{pmatrix} 0{,}48 & 0{,}52 \\ 0{,}39 & 0{,}61 \end{pmatrix}$$

$$= (0{,}5 \times 0{,}48 + 0{,}5 \times 0{,}39 \quad 0{,}5 \times 0{,}52 + 0{,}5 \times 0{,}61)$$

$$P_2 = (0{,}435 \quad 0{,}565).$$

Après deux jours, la probabilité qu'un vélo soit en A est 0,435 et celle qu'il soit en B est 0,565.

b) Calcul de P_4

Comme au **a.**, $P_4 = P_3 \times M = P_2 \times M^2$, soit :

$$P_4 = (0{,}435 \quad 0{,}565) \times \begin{pmatrix} 0{,}48 & 0{,}52 \\ 0{,}39 & 0{,}61 \end{pmatrix}$$

$$= (0{,}435 \times 0{,}48 + 0{,}565 \times 0{,}39 \quad 0{,}435 \times 0{,}52 + 0{,}565 \times 0{,}61)$$

$$P_4 = (0{,}42915 \quad 0{,}57085).$$

Après quatre jours, la probabilité qu'un vélo soit en A est 0,42915 et celle qu'il soit en B est 0,57085.

c) État stable du graphe

Soit $(a \quad b)$ l'état stable du graphe, les réels a et b vérifient :

$$\begin{cases} a + b = 1 \\ (a \quad b) = (a \quad b) \times M \end{cases}$$

Remarque
Les réels a et b appartiennent à [0 ; 1].

Pour tous réels a et b :

$$(a \quad b) = (a \quad b) \times \mathrm{M} \Leftrightarrow (a \quad b) = (0{,}6a + 0{,}3b \quad 0{,}4a + 0{,}7b)$$

$$\Leftrightarrow \begin{cases} a = 0{,}6a + 0{,}3b \\ b = 0{,}4a + 0{,}7b \end{cases}$$

$$\Leftrightarrow \begin{cases} 0{,}4a - 0{,}3b = 0 \\ 0{,}4a - 0{,}3b = 0 \end{cases}$$

$$\Leftrightarrow 0{,}4a - 0{,}3b = 0.$$

Les réels a et b sont les solutions du système $\begin{cases} a + b = 1 \\ 0{,}4a - 0{,}3b = 0 \end{cases}$.

Pour tous réels a et b, le système est équivalent à :

$$\begin{cases} b = 1 - a \\ 0{,}4a - 0{,}3(1 - a) = 0 \end{cases} \Leftrightarrow \begin{cases} b = 1 - a \\ 0{,}7a = 0{,}3 \end{cases} \Leftrightarrow \begin{cases} b = \frac{4}{7} \\ a = \frac{3}{7} \end{cases}$$

L'état stable du graphe est :

$$\boxed{\begin{pmatrix} \frac{3}{7} & \frac{4}{7} \end{pmatrix}.}$$

Après un grand nombre de jours, la probabilité qu'un vélo soit en A est $\frac{3}{7}$ et celle qu'il soit en B est $\frac{4}{7}$. On peut aussi dire qu'après un grand nombre de jours les $\frac{3}{7}$ des vélos sont en A et les $\frac{4}{7}$ en B.

d) Un véhicule contenant 12 vélos est-il adapté à la situation ?
Après 30 jours (un mois ≈ 30 jours), on peut considérer que la répartition des vélos est proche de l'état stable.
En effet, $\mathrm{P}_4 = (0{,}43 \quad 0{,}57)$; or $\frac{3}{7} \approx 0{,}43$ et $\frac{4}{7} \approx 0{,}57$.
P_4 est déjà proche de l'état stable. Après 30 jours, les $\frac{3}{7}$ des 140 vélos sont en A soit $\frac{3}{7} \times 140 = 60$ vélos en A, et les $\frac{4}{7}$ des 140 vélos sont en B soit $\frac{4}{7} \times 140 = 80$ vélos en B.

Pour rétablir la répartition initiale, il faut transporter 10 vélos de B en A.
Un véhicule pouvant contenir 12 vélos est adapté à la situation.

10 Partie A. Étude de l'efficacité du traitement

1. a) Matrice produit P = H × C

$$H \times C = \begin{pmatrix} 8 & 10 & 14 \\ 6 & 6 & 10 \\ 12 & 10 & 18 \end{pmatrix}\begin{pmatrix} 25 \\ 20 \\ 15 \end{pmatrix} = \begin{pmatrix} 8 \times 25 + 10 \times 20 + 14 \times 15 \\ 6 \times 25 + 6 \times 20 + 10 \times 15 \\ 12 \times 25 + 10 \times 20 + 18 \times 15 \end{pmatrix}$$

$$P = H \times C = \begin{pmatrix} 610 \\ 420 \\ 770 \end{pmatrix}.$$

b) Les coefficients de P représentent les coûts de fabrication

La réalisation du modèle 1 nécessite 8 heures de travail au poste 1 à 25 euros par heure, 10 heures de travail au poste 2 à 20 euros par heure et 14 heures de travail au poste 3 à 15 euros de l'heure. Le coût de fabrication du modèle 1 est :

$$8 \times 25 + 10 \times 20 + 14 \times 15 = 610 \text{ euros}$$

qui est le coefficient de la 1re ligne de la matrice P.

On montrerait de la même façon que les coefficients de la deuxième et troisième ligne représentent les coûts de fabrication des modèles 2 et 3

Les coefficients de la matrice P représentent les coûts de fabrication en euros des trois modèles de planches.

2. Nouveaux coûts horaires

a) Système vérifié par *a*, *b*, *c*

Soit a, b, c les coûts horaires respectifs des postes 1, 2 et 3. Avec ces nouveaux coûts horaires, le coût de fabrication de chacun des trois modèles est :

pour le modèle 1 : $8a + 10b + 14c$;

pour le modèle 2 : $6a + 6b + 10c$;

pour le modèle 3 : $12a + 10b + 18c$.

On cherche à déterminer a, b, c pour que les prix de revient des trois modèles soient 500 pour le modèle 1, 350 pour le modèle 2 et 650 pour le modèle 3. D'où le système :

$$\begin{cases} 8a + 10b + 14c = 500 \\ 6a + 6b + 10c = 350 \\ 12a + 10b + 18c = 650 \end{cases}$$

CORRIGÉS

En utilisant la matrice H, le système s'écrit :

$$H \times \begin{pmatrix} a \\ b \\ c \end{pmatrix} = \begin{pmatrix} 500 \\ 350 \\ 650 \end{pmatrix}.$$

b) Détermination des réels *a*, *b*, *c*

Les réels *a*, *b*, *c* sont les solutions, si elles existent, du système (S) :

$$(S)\begin{cases} 8a + 10b + 14c = 500 & L_1 \leftarrow \frac{1}{2}L_1 \\ 6a + 6b + 10c = 350 & L_2 \leftarrow \frac{1}{2}L_2 \\ 12a + 10b + 18c = 650 & L_3 \leftarrow \frac{1}{2}L_3 \end{cases}$$

Les systèmes suivants sont tous équivalents :

$$\begin{cases} 4a + 5b + 7c = 250 & L_1 \leftarrow L_1 \\ 3a + 3b + 5c = 175 & L_2 \leftarrow L_1 - L_2 \\ 6a + 5b + 9c = 325 & L_3 \leftarrow L_3 - L_1 \end{cases}$$

$$\begin{cases} 4a + 5b + 7c = 250 & L_1 \leftarrow L_2 \\ a + 2b + 2c = 75 & L_2 \leftarrow L_1 \\ 2a + 2c = 75 & L_3 \leftarrow L_3 \end{cases}$$

$$\begin{cases} a + 2b + 2c = 75 & L_1 \leftarrow L_1 \\ 4a + 5b + 7c = 250 & L_2 \leftarrow L_2 - 4L_1 \\ 2a + 2c = 75 & L_3 \leftarrow L_3 - 2L_1 \end{cases}$$

$$\begin{cases} a + 2b + 2c = 75 \\ -3b - c = -50 \\ -4b - 2c = -75 \end{cases}$$

$$\begin{cases} a + 2b + 2c = 75 \\ 3b + c = 50 \\ 4b + 2c = 75 & L_3 \leftarrow L_3 - 2L_2 \end{cases}$$

$$\begin{cases} a + 2b + 2c = 75 \\ 3b + c = 50 \\ -2b = -25 \end{cases}$$

D'où :

$$b = 12{,}5\ ;$$

$$c = 50 - 3b = 50 - 37{,}5 = 12{,}5\ ;$$

$$a = 75 - 2b - 2c = 75 - 25 - 25 = 25.$$

Les réels a, b, c solutions du système sont les réels :

$$\boxed{a = 25\ ;\ b = 12{,}5\ ;\ c = 12{,}5.}$$

Les systèmes écrits ci-dessus sont tous équivalents, donc les valeurs obtenues pour a, b et c sont les solutions du système.

Remarque
On peut aussi remplacer a, b et c par leur valeur dans le premier système et vérifier qu'on a bien les solutions.

Partie B

1. a) Graphe probabiliste

Un spot donné est soit dans l'état A « le spot est allumé » soit dans l'état E « le spot est éteint ».

D'après l'énoncé, si un spot est allumé, la probabilité qu'il soit éteint dix secondes plus tard est égale à 0,30. L'arête orientée du graphe de A vers E porte le poids 0,30. De même, l'énoncé indique qu'un spot était est allumé dix secondes plus tard avec la probabilité 0,5. L'arête orientée de E vers A porte le poids 0,5. Les poids des arêtes orientées de A vers A et de E vers E portent respectivement les poids 1 – 0,3 =0,7 et 1 – 0,5 = 0,5.

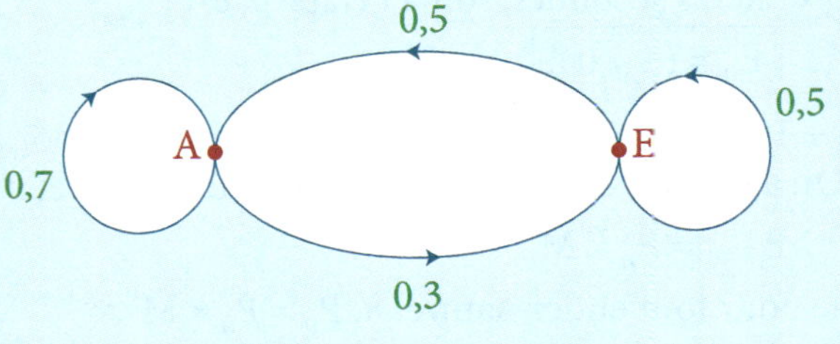

Rappel
On applique la règle concernant les poids portés par des arêtes de même origine. La somme des poids vaut 1.

b) Matrice de transition

Soit A_n (respectivement A_{n+1}) l'événement « le spot est allumé après 22 heures et $n \times 10$ secondes (respectivement 22 heures et $(n + 1) \times 10$ secondes) » et soit E_n (respectivement E_{n+1}) l'événement « le spot est éteint après 22 heures et $n \times 10$ secondes (respectivement 22 heures et $(n + 1) \times 10$ secondes) ».

Les événements A_n et E_n forment, pour tout entier naturel n, un système complet d'événements, d'où, en notant a_n la probabilité de A_n et e_n celle de E_n :

$$P(A_{n+1}) = P(A_n) \times P_{A_n}(A_{n+1}) + P(E_n) \times P_{E_n}(A_{n+1})$$

$$a_{n+1} = a_n \times 0{,}7 + e_n \times 0{,}5.$$

De la même façon :

$$P(E_{n+1}) = P(A_n) \times P_{A_n}(E_{n+1}) + P(E_n) \times P_{E_n}(E_{n+1})$$

$$e_{n+1} = a_n \times 0{,}3 + e_n \times 0{,}5.$$

D'où les relations :

$$\begin{cases} a_{n+1} = 0{,}7a_n + 0{,}5e_n \\ e_{n+1} = 0{,}3a_n + 0{,}5e_n \end{cases}$$

Ces égalités s'écrivent sous forme matricielle :

$$(a_{n+1} \quad e_{n+1}) = (a_n \quad e_n)\begin{pmatrix} 0{,}7 & 0{,}3 \\ 0{,}5 & 0{,}5 \end{pmatrix}.$$

La matrice de transition est :

$$\boxed{M = \begin{pmatrix} 0{,}7 & 0{,}3 \\ 0{,}5 & 0{,}5 \end{pmatrix}.}$$

2. a) Relation entre P_0 et P_n

• D'après l'énoncé, à 22 heures, tous les spots sont allumés, donc la probabilité qu'un spot soit allumé est 1 et celle qu'il soit éteint est 0, d'où $a_0 = 1$ et $e_0 = 0$.

L'état d'un spot lors des dix premières secondes, soit à l'étape 0, est :

$$\boxed{P_0 = (1 \quad 0).}$$

• L'état d'un spot à l'étape $n+1$ est $P_{n+1} = (a_{n+1} \quad e_{n+1})$ et l'état du spot à l'étape n est $P_n = (a_n \quad e_n)$. On a montré au **1.** que, pour tout entier naturel n :

$$P_{n+1} = P_n \times M.$$

Montrons par récurrence, que pour tout entier naturel n, $P_n = P_0 \times M^n$.

– L'égalité est vraie pour l'entier $n = 0$:

$$P_0 = P_0 \times M^0 \text{ car } M^0 = I \text{ où } I = \begin{pmatrix} 1 & 0 & 0 \\ 0 & 1 & 0 \\ 0 & 0 & 1 \end{pmatrix}.$$

– Supposons qu'il existe un entier naturel n tel que :

$$P_n = P_0 \times M^n.$$

Alors $P_{n+1} \times M = (P_0 \times M^n) \times M = P_0 \times (M^n \times M) = P_0 \times M^{n+1}$.

L'égalité est donc vraie pour l'entier $n + 1$.

– D'après le principe de récurrence, quel que soit l'entier naturel n :

$$\boxed{P_n = P_0 \times M^n.}$$

b) Calcul de la matrice P_3

D'après la question **a.**, $P_3 = P_0 \times M^3$.

$$M^2 = M \times M = \begin{pmatrix} 0,7 & 0,3 \\ 0,5 & 0,5 \end{pmatrix}\begin{pmatrix} 0,7 & 0,3 \\ 0,5 & 0,5 \end{pmatrix} = \begin{pmatrix} 0,64 & 0,36 \\ 0,60 & 0,40 \end{pmatrix} ;$$

$$M^3 = M^2 \times M = \begin{pmatrix} 0,64 & 0,36 \\ 0,6 & 0,4 \end{pmatrix}\begin{pmatrix} 0,7 & 0,3 \\ 0,5 & 0,5 \end{pmatrix} = \begin{pmatrix} 0,628 & 0,372 \\ 0,62 & 0,38 \end{pmatrix}.$$

D'où :

$$P_3 = P_0 \times M^3 = (1 \quad 0) = \begin{pmatrix} 0,628 & 0,372 \\ 0,62 & 0,38 \end{pmatrix}$$

$$\boxed{P_3 = (0,628 \quad 0,372).}$$

P_3 décrit l'état du spot au cours de l'étape 3, à partir de 22 heures et 30 secondes.

La probabilité que le spot soit éteint à 22 heures et 30 secondes est 0,372.

> **Rappel**
> Après 22 heures et en comptant en secondes : l'étape 0 correspond à l'intervalle [0 ; 10[;
> l'étape 1 à l'intervalle [10 ; 20[… ;
> l'étape 3 à l'intervalle [30 ; 40[…

3. État stable du système

Soit $P = (a \quad e)$ l'état stable du graphe. Les réels a et e vérifient :

$$\begin{cases} a + e = 1 \\ (a \quad e) = (a \quad e) \times M \end{cases}$$

$$\begin{cases} a + e = 1 \\ a = 0,7a + 0,5e \\ e = 0,3a + 0,5e \end{cases}$$

$$\begin{cases} a + e = 1 \\ 0,3a - 0,5e = 0 \\ 0,3a - 0,5e = 0 \end{cases} ; \begin{cases} a + e = 1 \\ 0,3a - 0,5e = 0 \end{cases} ;$$

> **Rappel**
> Le calcul de P_3 montre qu'à l'étape 3, les proportions de spots allumés et de spots éteints sont déjà proches de l'état stable. Il y a, quelques minutes après 22 heures, 62,5 % de spots allumés et 37,5 % de spots éteints.

$$\begin{cases} a = \dfrac{5}{8} = 0{,}625 \\ e = \dfrac{3}{8} = 0{,}375 \end{cases}$$

L'état stable du graphe est :

$$\boxed{P = (0{,}625 \quad 0{,}375).}$$

11 Partie A

1. Graphe probabiliste $\mathcal{G}$

Le graphe $\mathcal{G}$ possède deux sommets notés S et T.

- L'arête orientée de S vers T porte la probabilité qu'un client de l'opérateur SAPHIR une année le quitte pour devenir client de l'opérateur TECIM l'année suivante.

D'après l'énoncé, cette probabilité est 0,41.

- L'arête orientée de T vers S porte la probabilité qu'un client de l'opérateur TECIM une année, le quitte pour devenir client de l'opérateur SAPHIR l'année suivante.

Cette probabilité est 0,09, d'après l'énoncé.

- Les arêtes S vers S et T vers T portent les probabilités :

$$1 - 0{,}41 = 0{,}59 \text{ et } 1 - 0{,}09 = 0{,}91.$$

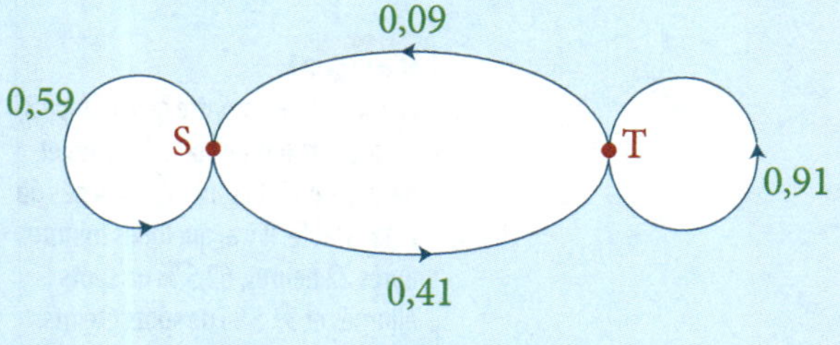

L'astuce du prof
On utilise la règle concernant les poids portés par des branches de même origine.

2. a) Système vérifié par a et b

$P = (a \quad b)$ est la matrice ligne correspondant à l'état stable. Elle vérifie :

$$P = P \times M \text{ et } a + b = 1.$$

Remarque
a et b sont respectivement les probabilités des événements S et T. Comme S et T sont deux événements contraires, $P(\bar{T}) = P(S)$, donc $1 - b = a$ soit $a + b = 1$.

L'égalité P = P × M se traduit par :

$$(a \quad b) = (a \quad b)\begin{pmatrix} 0{,}59 & 0{,}41 \\ 0{,}09 & 0{,}91 \end{pmatrix}.$$

Donc : $(a \quad b) = (0{,}59a + 0{,}09b \quad 0{,}41a + 0{,}91b)$.

L'égalité de ces deux matrices est équivalente à :

$$\begin{cases} a = 0{,}59a + 0{,}09b \\ b = 0{,}41a + 0{,}91b \end{cases} \text{ et à } \begin{cases} 0{,}41a - 0{,}09b = 0 \\ 0{,}41a - 0{,}09b = 0 \end{cases}$$

soit à : $0{,}41a - 0{,}09b = 0.$

Les coefficients a et b de la matrice ligne P vérifient :

$$\boxed{\begin{cases} 0{,}41a - 0{,}09b = 0 \\ a + b = 1 \end{cases}}$$

b) Résolution du système

Pour tous réels a et b, les systèmes suivants sont équivalents :

$$\begin{cases} 0{,}41a - 0{,}09b = 0 \\ b = 1 - a \end{cases} ; \begin{cases} 0{,}41a - 0{,}09(1 - a) = 0 \\ b = 1 - a \end{cases} ;$$

$$\begin{cases} 0{,}5a - 0{,}09 = 0 \\ b = 1 - a \end{cases} ; \begin{cases} a = 0{,}18 \\ b = 0{,}82 \end{cases}.$$

> **Gagnez des points !**
> On vérifie que :
> $$(0{,}18 \quad 0{,}82)\begin{pmatrix} 0{,}59 & 0{,}41 \\ 0{,}09 & 0{,}91 \end{pmatrix} = (0{,}18 \quad 0{,}82).$$

L'état stable du système est :

$$\boxed{\text{P} = (0{,}18 \quad 0{,}82).}$$

3. L'opérateur TECIM peut espérer atteindre son objectif

L'état stable représente la répartition des clients après un très grand nombre d'années. Les résultats obtenus pour la matrice ligne P montre qu'à long terme, 82 % de la population utilisatrice de la 4G seront clients de -l'opérateur TECIM.

L'opérateur TECIM atteindra son objectif.

Partie B

En 2014, la répartition des utilisateurs de la 4G est donnée par la matrice $P_0 = (0{,}35 \quad 0{,}65)$.

1. Répartition au bout de 2 ans

En l'an 2014 + 2 = 2016, la répartition des utilisateurs de la 4G est :

$$P_2 = P_1 \times M = (P_0 \times M) \times M = P_0 \times (M \times M).$$

$$M \times M = \begin{pmatrix} 0{,}59 & 0{,}41 \\ 0{,}09 & 0{,}91 \end{pmatrix} \times \begin{pmatrix} 0{,}59 & 0{,}41 \\ 0{,}09 & 0{,}91 \end{pmatrix} = \begin{pmatrix} 0{,}385 & 0{,}615 \\ 0{,}135 & 0{,}865 \end{pmatrix}, \text{ d'où :}$$

$$P_2 = (0{,}35 \quad 0{,}65) \times \begin{pmatrix} 0{,}385 & 0{,}615 \\ 0{,}135 & 0{,}865 \end{pmatrix}$$

Gagnez des points !
On vérifie que $0{,}2225 + 0{,}7775 = 1$.

$P_2 = (0{,}2225 \quad 0{,}7775)$.

Au bout de deux ans, en 2016, il y a 22,25 % des utilisateurs de la 4G clients de la société SAPHIR et 77,75 % des utilisateurs de la 4G clients de la société TECIM.

2. Pour tout entier naturel n, $t_{n+1} = 0{,}5t_n + 0{,}41$

Soit P_n (respectivement P_{n+1}) la matrice ligne donnant l'état probabiliste l'année $2014 + n$ (respectivement $2014 + n + 1$). Pour tout entier naturel n :

$$P_{n+1} = P_n \times M$$

$$(s_{n+1} \quad t_{n+1}) = (s_n \quad t_n)\begin{pmatrix} 0{,}59 & 0{,}41 \\ 0{,}09 & 0{,}91 \end{pmatrix}.$$

Cette égalité matricielle se traduit, pour tout entier naturel n, par :

$$\begin{cases} s_{n+1} = 0{,}59s_n + 0{,}09t_n \\ t_{n+1} = 0{,}41s_n + 0{,}91t_n \end{cases}$$

Sachant que, pour tout entier naturel n, $t_n + s_n = 1$, on obtient, avec la seconde égalité du système ci-dessus :

$$t_{n+1} = 0{,}41(1 - t_n) + 0{,}91t_n$$

$$\boxed{t_{n+1} = 0{,}5t_n + 0{,}41.}$$

3. Algorithme complété

La ligne L6 est complétée par : Affecter à T la valeur 0,5T + 0,41.
La ligne L7 est complétée par : Affecter à N la valeur N + 1.
La ligne L9 est complétée par : Afficher N.

L1	**Variables :**	T est un nombre
L2		N est un nombre entier
L3	**Traitement :**	Affecter à T la valeur 0,65
L4		Affecter à N la valeur 0
L5		Tant que T < 0,80
L6		Affecter à T la valeur 0,5T + 0,41
L7		Affecter à N la valeur N + 1
L8		Fin Tant que
L9	**Sortie :**	Afficher N

Un exemple de traduction en Python :

```
def exo11() :
    T=0.65
    N=0
    while T<0.8 :
        T=0.5*T+0.41
        N=N+1
    return N
```

4. Étude de la suite (u_n) définie, pour tout entier naturel n, par $u_n = t_n - 0,82$

a) La suite (u_n) est géométrique

Pour tout entier naturel n, $\begin{cases} u_n = t_n - 0,82 \\ u_{n+1} = t_{n+1} - 0,82 \end{cases}$

Pour tout entier naturel n :

$$u_{n+1} = 0,5t_n + 0,41 - 0,82$$

$$= 0,5t_n - 0,41$$

$$= 0,5(t_n - 0,82)$$

$$u_{n+1} = 0,5u_n.$$

L'astuce du prof
On utilise l'égalité :
$t_{n+1} = 0,5t_n + 0,41$;
on reconnaît $u_n = t_n - 0,82$.

La suite (u_n) est donc géométrique de raison 0,5 et de premier terme $u_0 = t_0 - 0,82 = 0,65 - 0,82 = -0,17$.

CORRIGÉS

b) Expression de t_n pour tout entier naturel n

Pour tout entier naturel n, $u_n = u_0 \times (0{,}5)^n = -0{,}17 \times (0{,}5)^n$ car la suite (u_n) est géométrique de raison 0,5 et de premier terme - 0,17, d'où, pour tout entier naturel n :

$$t_n = u_n + 0{,}82$$

$$\boxed{t_n = -0{,}17 \times (0{,}5)^n + 0{,}82.}$$

c) Résolution dans ℕ de l'inéquation $-0{,}17 \times 0{,}5^n + 0{,}82 \geqslant 0{,}80$

Pour tout entier naturel n, l'inéquation est équivalente à :

$$-0{,}17 \times 0{,}5^n \geqslant -0{,}02 \ ;\ 0{,}5^n \leqslant \frac{0{,}02}{0{,}17} \ ;\ 0{,}5^n \leqslant \frac{2}{17}.$$

Les deux membres de l'inéquation sont strictement positifs, la fonction logarithme népérien étant strictement croissante sur $]0\,;+\infty[$, on obtient les inéquations équivalentes suivantes :

$$\ln(0{,}5^n) \leqslant \ln\frac{2}{17} \ ;\ n\ln 0{,}5 \leqslant \ln\frac{2}{17} \ ;\ n \geqslant \frac{\ln\frac{2}{17}}{\ln 0{,}5}.$$

Une valeur approchée du second membre est 3,087.

Donc les solutions dans ℕ sont les entiers supérieurs ou égaux à 4.

d) Interprétation du résultat précédent

On vient de montrer que, pour $n \geqslant 4$, t_n est supérieur ou égal à 0,80. Donc, à partir de l'année 2014 + 4 = 2018, la société TECIM aura, comme clients, au moins 80 % des utilisateurs de la 4G.

À partir de 2018, la société TECIM aura atteint son objectif.

12 1. Graphe probabiliste

Le graphe possède trois sommets A, B et C représentant les sites sur lesquels sont connectés les internautes. Pour tout entier t ($0 \leqslant t \leqslant 60$), on note A_t (respectivement B_t, C_t) l'événement « après t minutes, l'internaute est connecté sur le site A (respectivement sur le site B, sur le site C) ».

- L'arête de A vers B porte la probabilité $P_{A_t}(B_{t+1})$ qu'un internaute connecté sur le site A après t minutes utilise le lien vers B après $t+1$ minutes. D'après l'énoncé $P_{A_t}(B_{t+1}) = 0{,}2$.
- De même, l'arête A vers C porte la probabilité $P_{A_t}(C_{t+1}) = 0{,}2$ qu'un internaute connecté sur le site A après t minutes utilise un lien vers le site C après $t+1$ minutes.

- Pour tout entier t $(0 \leqslant t \leqslant 59)$, $P_{A_t}(A_{t+1}) + P_{A_t}(B_{t+1}) + P_{A_t}(C_{t+1}) = 1$.

D'où $P_{A_t}(A_{t+1}) = 1 - P_{A_t}(B_{t+1}) - P_{A_t}(C_{t+1}) = 1 - 0{,}2 - 0{,}2 = 0{,}6$.

- On raisonne de la même façon pour les autres arêtes du graphe.

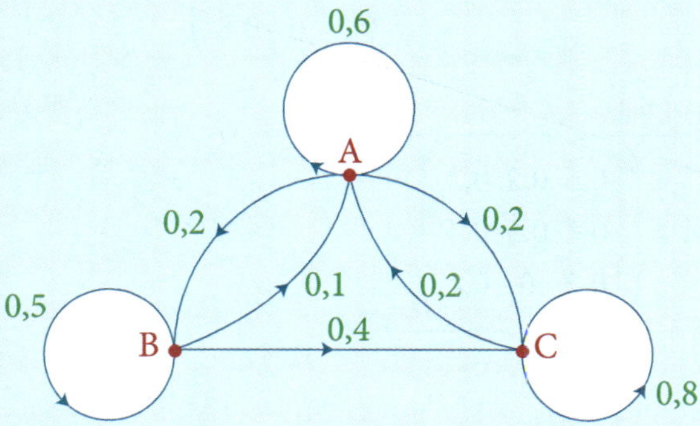

Remarque
Il n'y a pas d'arête de C vers B car un internaute connecté en C n'a pas de lien direct avec B.

2. Matrice de transition associée au graphe

Pour tout entier t $(0 \leqslant t \leqslant 60)$, $N_t = (a_t \ \ b_t \ \ c_t)$ est la distribution des internautes sur les trois sites.

Pour tout t entier, $(0 \leqslant t \leqslant 59)$ le nombre d'internautes a_{t+1} connectés sur le site A après $t + 1$ minutes est égal au nombre d'internautes connectés en A après t minutes et qui restent connectés en A, augmenté du nombre d'internautes connectés en B ou en C après t minutes et qui se connectent en A après $t + 1$ minutes.

Remarque
La probabilité $P_{A_t}(A_{t-1})$ représente la proportion d'internautes connectés en A qui restent connectés en A, et $a_t \times P_{A_t}(A_{t+1})$ est le nombre d'internautes connectés en A après t minutes et qui le restent après $t + 1$ minutes.

$$a_{t+1} = a_t \times P_{A_t}(A_{t+1}) + b_t \times P_{B_t}(A_{t+1}) + c_t \times P_{C_t}(A_{t+1})$$

$$\boxed{a_{t+1} = 0{,}6a_t + 0{,}1b_t + 0{,}2c_t.}$$

De la même façon :

b_{t+1}

$$= a_t \times P_{A_t}(B_{t+1}) + b_t \times P_{B_t}(B_{t+1}) + c_t \times P_{C_t}(B_{t+1})$$

$$\boxed{b_{t+1} = 0{,}2a_t + 0{,}5b_t + 0 \times c_t.}$$

c_{t+1}

$$= a_t \times P_{A_t}(C_{t+1}) + b_t \times P_{B_t}(C_{t+1}) + c_t \times P_{C_t}(C_{t+1})$$

$$\boxed{c_{t+1} = 0{,}2a_t + 0{,}4b_t + 0{,}8c_t.}$$

Gagnez des points !
Pour $0 \leqslant t \leqslant 59$, on obtient le système :

$$\begin{cases} a_{t+1} = 0{,}6a_t + 0{,}1b_t + 0{,}2c_t \\ b_{t+1} = 0{,}2a_t + 0{,}5b_t \\ c_{t+1} = 0{,}2a_t + 0{,}4b_t + 0{,}8c_t \end{cases}$$

Les trois égalités obtenues précédemment s'écrivent :

$$(a_{t+1} \quad b_{t+1} \quad c_{t+1}) = (a_t \quad b_t \quad c_t)\begin{pmatrix} 0,6 & 0,2 & 0,2 \\ 0,1 & 0,5 & 0,4 \\ 0,2 & 0 & 0,8 \end{pmatrix}.$$

La matrice de transition est :

$$\boxed{M = \begin{pmatrix} 0,6 & 0,2 & 0,2 \\ 0,1 & 0,5 & 0,4 \\ 0,2 & 0 & 0,8 \end{pmatrix}}.$$

3. Calcul de N_2

$N_1 = N_0M$ et $N_2 = N_1M$, d'où :

$$N_2 = (N_0M) \times M = N_0 \times M^2.$$

On a aussi :

$$N_2 = (a_2 \quad b_2 \quad c_2) = (100 \quad 0 \quad 0)\begin{pmatrix} 0,6 & 0,2 & 0,2 \\ 0,1 & 0,5 & 0,4 \\ 0,2 & 0 & 0,8 \end{pmatrix}\begin{pmatrix} 0,6 & 0,2 & 0,2 \\ 0,1 & 0,5 & 0,4 \\ 0,2 & 0 & 0,8 \end{pmatrix}$$

$$N_2 = (60 \quad 20 \quad 20)\begin{pmatrix} 0,6 & 0,2 & 0,2 \\ 0,1 & 0,5 & 0,4 \\ 0,2 & 0 & 0,8 \end{pmatrix}$$

$N_2 = (42 \quad 22 \quad 36)$.

Les coefficients de la matrice ligne N_2 représente le nombre d'internautes connectés respectivement aux sites A, B, C après 2 minutes :

$$a_2 = 42 \,;\, b_2 = 22 \,;\, c_2 = 36.$$

Après 2 minutes, 42 internautes sont connectés sur le site A, 22 sur le site B et 36 sur le site C.

4. Conjecture sur l'état stable

$$N_0 \times M^{20} \approx (100 \quad 0 \quad 0) \times \begin{pmatrix} 0,3125 & 0,125 & 0,5625 \\ 0,3125 & 0,125 & 0,5625 \\ 0,3125 & 0,125 & 0,5625 \end{pmatrix} \approx (31,25 \quad 12,5 \quad 56,25).$$

Soit $E = (31{,}25 \quad 12{,}5 \quad 56{,}25)$. Alors :

$$E \times M = (31{,}25 \quad 12{,}5 \quad 56{,}25)\begin{pmatrix} 0{,}6 & 0{,}2 & 0{,}2 \\ 0{,}1 & 0{,}5 & 0{,}4 \\ 0{,}2 & 0 & 0{,}8 \end{pmatrix}$$

$$E \times M = (31{,}25 \quad 12{,}5 \quad 56{,}25) = E.$$

La matrice ligne $E = (31{,}25 \quad 12{,}5 \quad 56{,}25)$ est l'état stable du système.

À partir de l'instant $t = 20$ (pour $t \geqslant 20$), il y aura en moyenne 31,25 internautes connectés sur le site A, 12,5 sur le site B et 56,25 sur le site C.

Remarque
La matrice ligne E, donnant l'état stable d'un système vérifie $E \times M = E$ où M est la matrice de transition.

5. a) Probabilité qu'à l'instant $t = 1$, le site A soit infecté

Soit p_1 la probabilité que le site A soit infecté à l'instant $t = 1$. La probabilité p_1 est la probabilité que l'internaute qui transmet le virus et qui est connecté en C à l'instant $t = 0$, se connecte sur le site A à l'instant $t = 1$, d'où :

$$p_1 = P_C(A) = 0{,}2.$$

La probabilité qu'à l'instant $t = 1$ le site A soit infecté est 0,2.

b) Probabilité p_2 qu'à l'instant $t = 2$, les trois sites soit infectés

L'internaute qui transmet le virus et qui est connecté en C à l'instant $t = 0$ ne peut pas transmettre le virus au site B à l'instant $t = 1$. Les trois sites A, B, C seront infectés à l'instant $t = 2$ si le site A l'est à l'instant $t = 1$ (événement I_1) et si le site C l'est à l'instant $t = 2$ (événement I_2).

$$p_2 = P(I_1 \cap I_2) = P(I_1) \times P_{I_1}(I_2).$$

$P(I_1)$ est la probabilité que l'internaute connecté sur C à l'instant 0 se connecte sur A à l'instant $t = 1$, $P(I_1) = 0{,}2$. À cet instant le site A est infecté. est la probabilité que l'internaute connecté sur A se connecte sur B à l'instant $t = 2$, $P_{I_1}(I_2) = 0{,}2$.

$$\boxed{p_2 = 0{,}2 \times 0{,}2 = 0{,}04.}$$

13 1. a) Graphe probabiliste

• Parmi les automates fonctionnels, 90 % le restent le lendemain, alors que 10 % deviennent des automates en sursis. La branche de F vers F porte la probabilité 0,9 alors que la branche F vers S porte la probabilité 0,1.

• Parmi les automates en sursis, 80 % le restent et 20 % deviennent défaillants. La branche de S vers S porte la probabilité 0,8 et la branche de S vers D porte la probabilité 0,2.

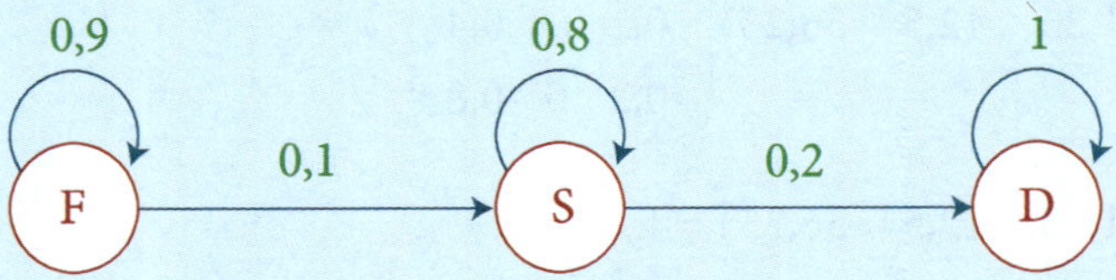

b) Interprétation du nombre 1 apparaissant sur le graphe

Le nombre 1 signifie que 100 % des automates défaillants un jour le restent le jour suivant.

Il n'y a pas d'autre état possible pour un automate défaillant.

c) Signification du coefficient 0,2 de la matrice de transition

Pour tout entier naturel n, on appelle F_n (respectivement S_n ou D_n) l'événement « le n-ième jour, l'automate est fonctionnel » (respectivement en sursis ou défaillant). Pour tout entier naturel n, les événements F_n, S_n et D_n forment un système complet d'événements, d'où :

> **Remarque**
> $P(F_{n+1})$ s'exprime en fonction de $P(F_n)$, $P(S_n)$ et $P(D_n)$ à l'aide de la formule des probabilités totales.

$$P(F_{n+1}) = P(F_n) \times P_{F_n}(F_{n+1}) + P(S_n) \times P_{S_n}(F_{n+1}) + P(D_n) \times P_{D_n}(F_{n+1})$$

$$f_{n+1} = f_n \times 0{,}9 + s_n \times 0 + d_n \times 0$$

où f_n, s_n, d_n sont respectivement les probabilités des événements F_n, S_n et D_n.

$P_{S_n}(F_{n+1}) = 0$ car si un automate est en sursis, la probabilité qu'il soit fonctionnel le jour suivant est nulle.

De même $P_{D_n}(F_{n+1}) = 0$.

Comme précédemment, pour tout entier naturel n :

$$P(S_{n+1}) = P(F_n) \times P_{F_n}(S_{n+1}) + P(S_n) \times P_{S_n}(S_{n+1}) + P(D_n) \times P_{D_n}(S_{n+1})$$

$$s_{n+1} = f_n \times 0{,}1 + s_n \times 0{,}8 + d_n \times 0.$$

$$P(D_{n+1}) = P(F_n) \times P_{F_n}(D_{n+1}) + P(S_n) \times P_{S_n}(D_{n+1}) + P(D_n) \times P_{D_n}(D_{n+1})$$

$$d_{n+1} = f_n \times 0 + s_n \times 0{,}2 + d_n \times 1.$$

Le coefficient 0,2 de la matrice de transition représente la probabilité qu'un automate en sursis devienne un automate défaillant le jour suivant.

2. a) Calcul de P_1

$P_1 = (f_1 \quad s_1 \quad d_1) = P_0 \times M$

$$= (1 \quad 0 \quad 0) \times \begin{pmatrix} 0,9 & 0,1 & 0 \\ 0 & 0,8 & 0,2 \\ 0 & 0 & 1 \end{pmatrix}$$

$$\boxed{P_1 = (0,9 \quad 0,1 \quad 0).}$$

b) État probabiliste le troisième jour

$P_3 = P_2 \times M = (P_1 \times M) \times M = (P_0 \times M) \times M^2$

$P_3 = P_0 \times M^3$

$$= (1 \quad 0 \quad 0) \begin{pmatrix} 0,729 & 0,217 & 0,054 \\ 0 & 0,512 & 0,488 \\ 0 & 0 & 1 \end{pmatrix}$$

Remarque
P_3 a pour coefficient les coefficients de la 1re ligne de M^3.

$$\boxed{P_3 = (0,729 \quad 0,217 \quad 0,054).}$$

Le troisième jour, 72,9 % des automates sont fonctionnels, 21,7 % sont en sursis et 5,4 % sont défaillants.

c) État stable du graphe

• La matrice ligne $P = (0 \quad 0 \quad 1)$ est un état stable du graphe si $P = P \times M$.

$$P \times M = (0 \quad 0 \quad 1) \times \begin{pmatrix} 0,9 & 0,1 & 0 \\ 0 & 0,8 & 0,2 \\ 0 & 0 & 1 \end{pmatrix} = (0 \quad 0 \quad 1).$$

Il existe un état probabiliste stable et $(0 \quad 0 \quad 1)$ en est un.

• L'unicité de l'état stable résulte de la résolution de :

$$(x \quad y \quad z) = (x \quad y \quad z) \times \begin{pmatrix} 0,9 & 0,1 & 0 \\ 0 & 0,8 & 0,2 \\ 0 & 0 & 1 \end{pmatrix}$$

où x, y et z sont des réels de l'intervalle $[0 ; 1]$.

L'égalité matricielle ci-dessus est équivalente successivement à :

$$\begin{cases} x = 0{,}9x \\ y = 0{,}1x + 0{,}8y \\ z = 0{,}2y + z \end{cases}$$

$$\begin{cases} 0{,}1x = 0 \\ 0{,}1x - 0{,}2y = 0 \\ 0{,}2y = 0 \end{cases}$$

$$\begin{cases} x = 0 \\ y = 0 \\ z \text{ indéterminé} \end{cases}$$

Les réels x, y, z vérifient, en outre, $x + y + z = 1$, donc :

$$x = 0 \,;\, y = 0 \,;\, z = 1.$$

Le graphe admet un unique état stable :

$$\boxed{P = (0 \quad 0 \quad 1).}$$

Pour la situation étudiée, l'état stable correspond au cas où 100 % des automates sont défaillants.

En absence de maintenance, tous les automates finissent, à long terme, par être défaillants.

3. a) Pour tout entier naturel n, $s_{n+1} = 0{,}1f_n + 0{,}8s_n$

On a vu cette égalité en **1.c.**

En écrivant $P_{n+1} = P_n \times M$, pour tout entier naturel n :

$$(f_{n+1} \quad s_{n+1} \quad d_{n+1}) = (f_n \quad s_n \quad d_n)\begin{pmatrix} 0{,}9 & 0{,}1 & 0 \\ 0 & 0{,}8 & 0{,}2 \\ 0 & 0 & 1 \end{pmatrix}$$

$$= (0{,}9f_n \quad 0{,}1f_n + 0{,}8s_n \quad 0{,}2s_n + d_n).$$

D'où l'égalité :

$$\boxed{s_{n+1} = 0{,}1f_n + 0{,}8s_n.}$$

b) Algorithme

Au début de l'expérience, tous les automates fonctionnent, donc D et S contiennent chacun la valeur 0. Tant que la valeur contenue dans D sera inférieure à 0,3, on fera le calcul des termes d_n, s_n et f_n.

L'algorithme est :

```
D ← 0
S ← 0
F ← 1
N ← 0
Tant que D ⩽ 0,3
    D ← 0,2 × S + D
    S ← 0,1 × F + 0,8 × S
    F ← 0,9 × F
    N ← N + 1
Fin Tant que
Afficher N
```

Un exemple de traduction en Python avec la sortie sur la console :

```
def exo13() :
    D=0
    S=0
    F=1
    N=0
    while D<=0.3 :
        D=0.2*S+D
        S=0.1*F+0.8*S
        F=0.9*F
        N=N+1
    return N ,D
```

On lit sur la console :

```
>>> exo13()
(8,     0.3068377400000001)
```

c) La proportion d'automates défaillants devient supérieure à 30 %.
L'état probabiliste le n-ième jour s'obtient en lisant la première ligne de la matrice M^n. La proportion d'automates défaillants est le coefficient de la première ligne, troisième colonne de la matrice M^n. Avec la calculatrice, on affiche les matrices M^n pour $n \geqslant 4$. En arrondissant les coefficients à 10^{-4} :

$$M^8 = \begin{pmatrix} 0{,}4305 & 0{,}2627 & 0{,}3068 \\ 0 & 0{,}1678 & 0{,}8322 \\ 0 & 0 & 1 \end{pmatrix}$$

Remarque
En **2.b.**, on a calculé M^3 :
$d_3 = 0{,}054 < 0{,}3$.

$d_8 \approx 0{,}3068$.

À partir du huitième jour, la proportion d'automates défaillants est supérieure à 30 %.

d) L'ordre d'affectation des variables D, S et F est important.
Supposons qu'à une étape donnée, il y ait les valeurs f_n, s_n et d_n respectivement dans F, S et D. Pour calculer, à l'étape suivante, d_{n+1} et s_{n+1}, on a besoin des valeurs f_n, s_n et d_n. Si, dans l'algorithme, on place la ligne F $\leftarrow 0{,}9 \times$ F avant les autres, il n'y aura plus f_n dans F, mais f_{n+1}, et les calculs de d_{n+1} et s_{n+1} seront faux.

Le calcul de s_{n+1} et f_{n+1} n'utilisant pas la valeur d_n, on peut d'abord changer la valeur contenue dans D (D $\leftarrow 0{,}2 \times$ S + D) puis, F étant inchangée, on calcule s_{n+1} (S $\leftarrow 0{,}1 \times$ F $+ 0{,}8 \times$ S) et enfin f_{n+1} (F $\leftarrow 0{,}9 \times$ F).

Cahier Spécial BAC

Description de l'épreuve

1 Épreuve écrite

→ **DURÉE :** 4 heures

→ **BARÈME :** sur 20 points. Chaque exercice est noté sur 4 à 8 points.

- Le sujet comporte de **trois à cinq exercices indépendants** les uns des autres, qui permettent d'évaluer les connaissances et compétences des candidats.

- Le sujet aborde une grande variété des contenus du programme de spécialité, **à l'exception des sections suivantes** du programme de spécialité de terminale :
– Fonctions sinus et cosinus ;
– Calcul intégral ;
– Concentration, loi des grands nombres.

De plus, la section « Combinatoire et dénombrement » du programme de spécialité de terminale est mobilisable mais ne peut constituer le ressort essentiel d'un exercice.

- Le sujet précise si l'usage de la calculatrice est autorisé.

2 Épreuve orale de contrôle

→ **DURÉE :** 20 minutes

→ **TEMPS DE PRÉPARATION :** 20 minutes

- L'épreuve consiste **en un entretien entre le candidat et un examinateur**.

Pour préparer l'entretien, l'examinateur propose **au moins deux questions** au candidat, portant sur des parties différentes du programme de spécialité de terminale. Le candidat prépare l'entretien pendant vingt minutes et peut au cours de l'entretien s'appuyer sur les notes prises pendant la préparation.

L'usage de la calculatrice est autorisé.

Sujet de Bac

Énoncés

EXERCICE 1 1 h **5 pts**

L'objet de cet exercice est l'étude de la suite (u_n) définie par son premier terme $u_1 = \frac{3}{2}$ et la relation de récurrence :

$$u_{n+1} = \frac{nu_n + 1}{2(n+1)}.$$

PARTIE A – ALGORITHMIQUE ET CONJECTURES

Pour calculer et afficher le terme u_9, un élève propose le script Python ci-dessous, en exécutant exo1u(9) dans la console, il a oublié de compléter deux lignes.

```
def exo1u(N):
    n=1
    u=1.5
    while n<N:
        u=...........
        n=...........
print ('n=', n, 'u=', u)
```

1. Recopier et compléter les deux lignes du script où figurent des points de suspension.

2. Comment faudrait-il modifier ce script pour qu'il calcule et affiche tous les termes de la suite de u_2 jusqu'à u_9 ?

3. Avec ce script modifié, on a obtenu les résultats suivants, arrondis au dix-millième :

n	1	2	3	4	5	6	…	99	100
u_n	1,5	0,625	0,375	0,265 6	0,206 3	0,169 3	…	0,010 2	0,010 2

Au vu de ces résultats, conjecturer le sens de variation et la convergence de la suite (u_n).

PARTIE B – ÉTUDE MATHÉMATIQUE

On définit une suite auxiliaire (v_n) pour tout entier $n \geqslant 1$, par :

$$v_n = nu_n - 1.$$

1. Montrer que la suite (v_n) est géométrique ; préciser sa raison et son premier terme.

2. En déduire que, pour tout entier naturel $n \geqslant 1$, on a :

$$u_n = \frac{1+(0{,}5)^n}{n}.$$

3. Déterminer la limite de la suite (u_n).

4. Justifier que, pour tout entier $n \geqslant 1$, on a :

$$u_{n+1} - u_n = -\frac{1+(1+0{,}5n)(0{,}5)^n}{n(n+1)}.$$

En déduire le sens de variation de la suite (u_n).

PARTIE C – RETOUR À L'ALGORITHMIQUE

En s'inspirant de la **partie A**, écrire un script en Python permettant de déterminer et d'afficher le plus petit entier *n* tel que $u_n < 0{,}001$.

EXERCICE 2 1 h 10 6 pts

Les parties B et C sont indépendantes.

On note $\mathbb{R}$ l'ensemble des nombres réels et on considère la fonction *f* définie sur $\mathbb{R}$ par :

$$f(x) = x\mathrm{e}^{x-1} + 1.$$

On note $\mathscr{C}$ sa courbe représentative dans un repère orthonormé $(O ; \vec{i}, \vec{j})$.

PARTIE A – ÉTUDE DE LA FONCTION

1. Déterminer la limite de *f* en $-\infty$.

Que peut-on en déduire pour la courbe $\mathscr{C}$?

2. Déterminer la limite de *f* en $+\infty$.

3. On admet que *f* est dérivable sur $\mathbb{R}$, et on note f' sa fonction dérivée.

Montrer que, pour tout réel *x*, $f'(x) = (x+1)\mathrm{e}^{x-1}$.

4. Étudier les variations de *f* sur $\mathbb{R}$ et dresser son tableau de variation sur $\mathbb{R}$.

PARTIE B – RECHERCHE D'UNE TANGENTE PARTICULIÈRE

Soit *a* un réel strictement positif. Le but de cette partie est de rechercher s'il existe une tangente à la courbe $\mathscr{C}$ au point d'abscisse *a*, qui passe par l'origine du repère.

1. On appelle T_a la tangente à $\mathscr{C}$ au point d'abscisse *a*. Donner une équation de T_a.

2. Démontrer qu'une tangente à $\mathscr{C}$ en un point d'abscisse a strictement positive passe par l'origine du repère si et seulement si a vérifie l'égalité :

$$1 - a^2 e^{a-1} = 0.$$

3. *Dans cette question, toute trace de recherche même incomplète sera prise en compte dans l'évaluation.*

Démontrer que 1 est l'unique solution sur l'intervalle $]0\,;+\infty[$ de l'équation :

$$1 - x^2 e^{x-1} = 0.$$

4. Donner alors une équation de la tangente recherchée.

PARTIE C – CALCUL D'AIRE

Le graphique ci-dessous représente la courbe $\mathscr{C}$ de la fonction f dans un repère orthonormé $\left(O\,;\vec{i},\vec{j}\right)$.

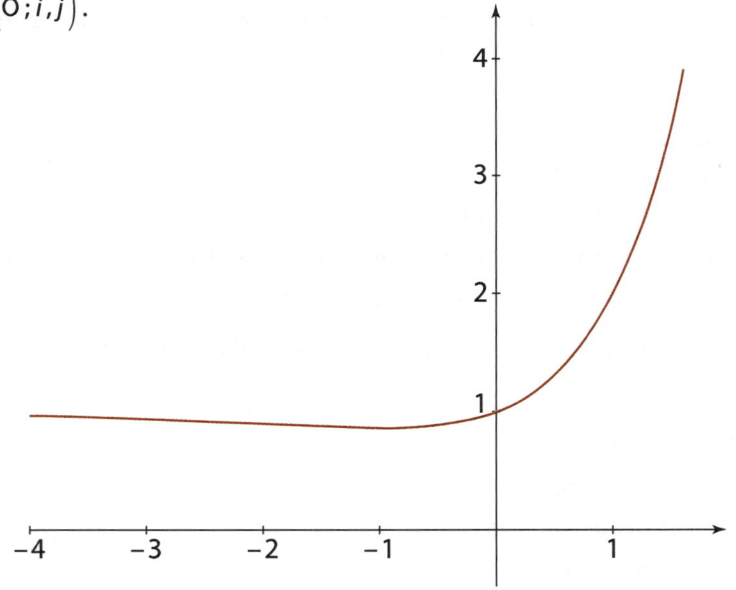

1. Construire sur ce graphique la droite Δ d'équation $y = 2x$. On admet que la courbe $\mathscr{C}$ est au-dessus de la droite Δ. Hachurer le domaine $\mathscr{D}$ limité par la courbe $\mathscr{C}$ la droite Δ, la droite d'équation $(x = 1)$ et l'axe des ordonnées.

2. a. Montrer qu'il existe deux réels c et d tels que la fonction :

$$H : x \mapsto (cx + d)e^{x-1}$$

soit une primitive sur $\mathbb{R}$ de la fonction $h : x \mapsto xe^{x-1}$.

b. On pose $I = \int_0^1 xe^{x-1}\,dx$. Montrer que $I = \dfrac{1}{e}$.

3. En déduire la valeur exacte (en unités d'aire) de l'aire du domaine $\mathscr{D}$.

EXERCICE 3 1h 5 pts

On désigne par x un réel appartenant à l'intervalle $[0\,;80]$.
Une urne contient 100 petits cubes en bois, dont 60 sont bleus et les autres rouges.
Parmi les cubes bleus, 40 % ont leurs faces marquées d'un cercle, 20 % ont leurs faces marquées d'un losange et les autres ont leurs faces marquées d'une étoile
Parmi les cubes rouges, 20 % ont leurs faces marquées d'un cercle, x % ont leurs faces marquées d'un losange et les autres ont leurs faces marquées d'une étoile

PARTIE A – EXPÉRIENCE 1

On tire au hasard un cube de l'urne.

1. Démontrer que la probabilité que soit tiré un cube marqué d'un losange est égale à $0{,}12+0{,}004x$.

2. Déterminer x pour que la probabilité de tirer un cube marqué d'un losange soit égale à celle de tirer un cube marqué d'une étoile.

3. Déterminer x pour que les événements « tirer un cube bleu » et « tirer un cube marqué d'un losange » soient indépendants.

4. On suppose dans cette question que $x=50$.
Calculer la probabilité que soit tiré un cube bleu sachant qu'il est marqué d'un losange.

PARTIE B – EXPÉRIENCE 2

On tire au hasard simultanément 3 cubes de l'urne.
Les résultats seront arrondis au millième.

1. Quelle est la probabilité de tirer au moins un cube rouge ?

2. Quelle est la probabilité que les cubes tirés soient de la même couleur ?

3. Quelle est la probabilité de tirer exactement un cube marqué d'un cercle ?

On donne : $\binom{100}{3}=161700$, $\binom{60}{3}=34\,220$, $\binom{40}{3}=9\,880$ et $\binom{68}{2}=2\,278$.

EXERCICE 4 50 min 4 pts

On considère un cube ABCDEFGH d'arête de longueur 1. On se place dans le repère orthonormal $\left(A\,;\overrightarrow{AB},\overrightarrow{AD},\overrightarrow{AE}\right)$.

On considère les points $I\left(1;\frac{1}{3};0\right)$, $J\left(0;\frac{2}{3};1\right)$, $K\left(\frac{3}{4};0;1\right)$ et $L(a;1;0)$ avec a un nombre réel appartenant à l'intervalle $[0\,;1]$.

Cahier spécial BAC

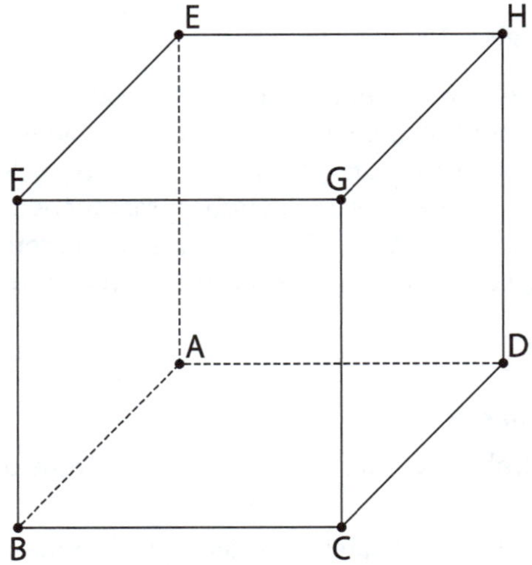

Les parties A et B sont indépendantes.

PARTIE A

1. Déterminer une représentation paramétrique de la droite (IJ).

2. Démontrer que la droite (KL) a pour représentation paramétrique :

$$\begin{cases} x = \dfrac{3}{4} + t'\left(a - \dfrac{3}{4}\right) \\ y = t' \\ z = 1 - t' \end{cases} \quad \text{avec } t' \in \mathbb{R}.$$

3. Démontrer que les droites (IJ) et (KL) sont sécantes si et seulement si $a = \dfrac{1}{4}$.

PARTIE B

Dans toute la suite de l'exercice, on pose $a = \dfrac{1}{4}$.

Le point L a donc pour coordonnées $\left(\dfrac{1}{4}; 1; 0\right)$.

1. Démontrer que le quadrilatère IKJL est un parallélogramme.

2. La figure ci-dessous fait apparaître l'intersection du plan (IJK) avec les faces du cube ABCDEFGH telle qu'elle a été obtenue à l'aide d'un logiciel de géométrie dynamique.

On désigne par M le point d'intersection du plan (IJK) et de la droite (BF) et par N le point d'intersection du plan (IJK) et de la droite (DH).

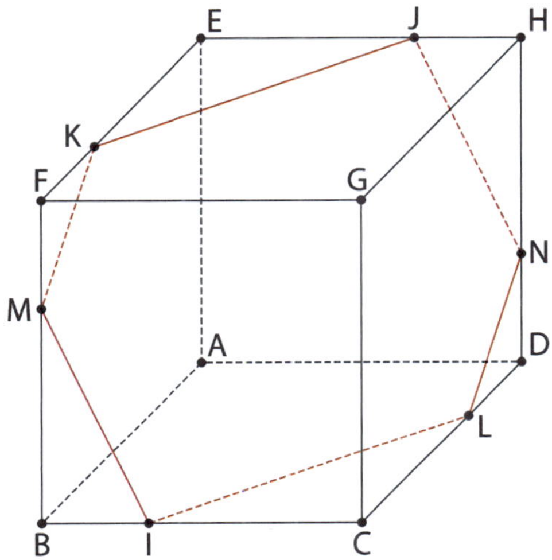

Le but de cette question est de déterminer les coordonnées des points M et N.

a. Prouver que le vecteur $\vec{n}$ de coordonnées $(8\,;9\,;5)$ est un vecteur normal au plan (IJK).

b. En déduire que le plan (IJK) a pour équation $8x+9y+5z-11=0$.

c. En déduire les coordonnées des points M et N.

Corrigés

EXERCICE 1

PARTIE A – ALGORITHMES ET CONJECTURES

1. Algorithme complété

Lors de l'initialisation :

on affecte à n la valeur 1 ;

on affecte à u la valeur u_1.

Le but de traitement est qu'à l'issue du premier passage dans la boucle while :

on ait affecté à u la valeur $u_2=\dfrac{1\times u_1+1}{2(1+1)}$

et à n la valeur $2=1+1$,

qu'à l'issue du deuxième passage,

on ait affecté à u la valeur $u_3=\dfrac{2\times u_2+1}{2(2+1)}$

et à n la valeur 3

et ainsi de suite.

Les deux lignes complétées sont donc :

```
u=(n*u+1)/(2*(n+1))
n=n+1
```

2. Modification du script

On veut que tous les termes de u_2 à u_9 soient affichés. Dans la **partie A**, les termes de u_2 à u_9 sont calculés, mais seul u_9 est affiché, pour les afficher tous il suffit d'insérer la ligne print ('n=', n, 'u=', u) dans la boucle.

```
def exo1u(N):
    n=1
    u=1.5
    while n<N:
        u=(n*u+1)/(2*(n+1))
        n=n+1
        print ('n=', n, 'u=', u)
```

3. Conjectures

Au vu du tableau, on conjecture que :

– la suite (u_n) est décroissante,

– la suite (u_n) est convergente et sa limite est proche de zéro.

PARTIE B – ÉTUDE MATHÉMATIQUE

1. Nature de (v_n)

La suite (v_n) est géométrique si et seulement si il existe un réel q tel que, pour tout $n \geqslant 1$, $v_{n+1} = qv_n$.

Par définition de la suite (v_n), pour tout entier $n \geqslant 1$:

$$v_n = nu_n - 1.$$

En remplaçant n par $(n+1)$:

$$v_{n+1} = (n+1)u_{n+1} - 1.$$

En remplaçant u_{n+1} par $\dfrac{nu_n + 1}{2(n+1)}$:

$$v_{n+1} = \frac{(n+1)(nu_n + 1)}{2(n+1)} - 1.$$

En simplifiant par $(n+1)$ non nul, et en réduisant au même dénominateur :

$$v_{n+1} = \frac{1}{2}(nu_n + 1 - 2) = \frac{1}{2}(nu_n - 1) = \frac{1}{2}v_n.$$

Cette égalité, vraie pour tout entier $n \geqslant 1$, prouve que la suite (v_n) est géométrique de raison $q = \frac{1}{2}$.

Son premier terme est :

$$v_1 = 1 \times u_1 - 1 = \frac{3}{2} - 1 = \frac{1}{2} = 0{,}5 .$$

La suite (v_n) est géométrique de raison $q = 0{,}5$ et de premier terme $v_1 = 0{,}5$.

2. Expression de u_n en fonction de n

Pour obtenir l'expression de u_n en fonction de n, on commence par calculer v_n en fonction de n, puis on calcule u_n en fonction de v_n.

Puisque la suite (v_n) est géométrique, pour tout entier $n \geqslant 1$:

$$v_n = v_1 \times q^{n-1} = 0{,}5 \times (0{,}5)^{n-1}$$

$$v_n = (0{,}5)^n .$$

Puisque $v_n = nu_n - 1$, $nu_n = v_n - 1$, donc :

$$u_n = \frac{v_n + 1}{n}$$

Donc, pour tout entier $n \geqslant 1$:

$$\boxed{u_n = \frac{1 + (0{,}5)^n}{n}.}$$

Rappel

Attention, si le premier terme avait été v_0, on aurait eu $v_n = v_0 q^n$.

3. Limite de la suite (u_n)

$-1 < q < 1$, donc $\lim\limits_{n \to +\infty} q^n = 0$.

Ici, $q = 0{,}5$ et $-1 < 0{,}5 < 1$, donc $\lim\limits_{n \to +\infty} (0{,}5)^n = 0$.

Par somme, $\lim\limits_{n \to +\infty} \left(1 + (0{,}5)^n\right) = 1$.

De plus, $\lim\limits_{n \to +\infty} \left(\frac{1}{n}\right) = 0$.

Par produit, $\lim\limits_{n \to +\infty} \left(1 + (0{,}5)^n\right) \times \frac{1}{n} = 0$.

$$\boxed{\lim_{n \to +\infty} u_n = 0.}$$

4. Calcul de $u_{n+1} - u_n$

On utilise l'expression de u_n établie à la question **2.** :

$$u_{n+1} - u_n = \frac{1 + (0{,}5)^{n+1}}{n+1} - \frac{1 + (0{,}5)^n}{n} .$$

Cahier spécial BAC

En réduisant au même dénominateur, pour tout entier $n \geqslant 1$:

$$u_{n+1} - u_n = \frac{n\left(1+0{,}5(0{,}5)^n\right) - (n+1)\left(1+(0{,}5)^n\right)}{n(n+1)}$$

$$= \frac{n + 0{,}5n(0{,}5)^n - n - n(0{,}5)^n - 1 - (0{,}5)^n}{n(n+1)}$$

$$= \frac{(0{,}5)^n(0{,}5n - n - 1) - 1}{n(n+1)}$$

$$= \frac{(0{,}5)^n(-0{,}5n - 1) - 1}{n(n+1)}$$

$$\boxed{u_{n+1} - u_n = -\frac{1+(1+0{,}5n)(0{,}5)^n}{n(n+1)}.}$$

Sens de variation de la suite (u_n)

Le nombre réel $\dfrac{1+(1+0{,}5n)(0{,}5)^n}{n(n+1)}$, somme, produit et quotient de nombres réels positifs, est positif.

Son opposé est négatif.

Donc, pour tout entier $n \geqslant 1$:

$$u_{n+1} - u_n \leqslant 0 \quad \text{et} \quad u_{n+1} \leqslant u_n.$$

La suite (u_n) est décroissante.

PARTIE C – RETOUR À PYTHON

On veut écrire un script en Python permettant de déterminer le plus petit entier n tel que $u_n < 0{,}001$.

Cet entier existe car la suite est décroissante de limite zéro.

On reprend le programme initial permettant le calcul des termes successifs de la suite en modifiant la condition.

On calcule les termes de la suite tant qu'ils sont supérieurs à 0,001, on s'arrête donc au premier terme strictement inférieur à 0,001 et on affiche alors la valeur de n pour laquelle il est obtenu.

```
def exo1Cu():
    n=1
    u=1.5
    while u>=0.001:
        u=(n*u+1)/(2*(n+1))
        n=n+1
    print ('n=', n, 'u=', u)
```

Après exécution, il s'affiche dans la console :

n=1001 u=0.000999000999000999

EXERCICE 2

PARTIE A – ÉTUDE DE FONCTION

1. Limite en $-\infty$

Pour tout réel x :

$$f(x) = xe^{x-1} + 1 = xe^{x}e^{-1} + 1$$

$\lim\limits_{x \to -\infty} xe^{x} = 0$, donc, par opérations sur les limites :

$$\boxed{\lim_{x \to -\infty} f(x) = 1.}$$

On en déduit que **la droite d'équation $y = 1$ est asymptote horizontale à $\mathscr{C}$ au voisinage de $-\infty$.**

2. Limite en $+\infty$

L'astuce du prof

Écrivez toujours les fonctions en fonction des expressions dont vous connaissez les limites.

$\lim\limits_{x \to +\infty} xe^{x} = +\infty$,

donc $\lim\limits_{x \to +\infty} xe^{x}e^{-1} = +\infty$

$$\boxed{\lim_{x \to +\infty} f(x) = +\infty.}$$

3. Calcul de la fonction dérivée de *f*

La fonction *f* est la somme d'une fonction constante (dérivable sur $\mathbb{R}$) et d'une fonction produit de trois fonctions dérivables sur $\mathbb{R}$ (la fonction identité, la fonction exponentielle et une fonction constante e^{-1}), la fonction *f* est donc dérivable sur $\mathbb{R}$ et pour tout *x* de $\mathbb{R}$:

$$f'(x) = 1 \times e^{x-1} + xe^{x-1}$$

$$\boxed{f'(x) = (x+1)e^{x-1}.}$$

4. Tableau de variation

Pour tout réel *x*, $e^{x-1} > 0$, donc $f'(x)$ a le même signe que $x + 1$.

x	$-\infty$		-1		$+\infty$
$f'(x)$		$-$	0	$+$	
f	1	↘	$1 - e^{-2}$	↗	$+\infty$

$f(-1) = (-1)e^{-1-1} + 1 = 1 - e^{-2} \approx 0{,}864\,66$.

PARTIE B – RECHERCHE D'UNE TANGENTE PARTICULIÈRE

Soit a un réel strictement positif.

1. Équation de la tangente T_a

La fonction f est dérivable sur $\mathbb{R}$, donc la courbe $\mathscr{C}$ admet en tout point d'abscisse a une tangente T_a dont une équation est :

$$y - f(a) = f'(a)(x-a)$$

$$y = (a+1)e^{a-1}(x-a) + ae^{a-1} + 1$$

$$\boxed{y = (a+1)e^{a-1}x - a^2e^{a-1} + 1.}$$

2. Condition sur a pour qu'une tangente T_a passe par O

Le point O appartient à T_a si et seulement si les coordonnées de O vérifient une équation de T_a :

$$0 = (a+1)e^{a-1} \times 0 - a^2e^{a-1} + 1$$

$$\boxed{1 - a^2e^{a-1} = 0.}$$

3. Résolution sur $\mathbb{R}_+^*$ de l'équation $1 - x^2e^{x-1} = 0$, c'est-à-dire de l'équation $x^2e^{x-1} = 1$

> **L'astuce du prof**
>
> Lorsque la résolution d'une équation est demandée, vérifiez toujours qu'une résolution algébrique n'est pas possible avant de faire une étude de fonctions.

Soit g la fonction définie sur $\mathbb{R}_+^*$ par $g(x) = x^2e^{x-1}$, la fonction g est dérivable sur $]0\,;+\infty[$ et pour tout réel x strictement positif :

$$g'(x) = 2xe^{x-1} + x^2e^{x-1}$$

$$= xe^{x-1}(x+2).$$

$\lim\limits_{x \to 0} g(x) = 0$ et $\lim\limits_{x \to +\infty} g(x) = +\infty$.

> **Remarque**
>
> Une autre fonction g possible est $g(x) = x^2e^{x-1} - 1$.

Pour tout réel x strictement positif, $g'(x) > 0$, la fonction g est dérivable, donc continue sur $]0\,;+\infty[$,, strictement croissante $]0\,;+\infty[$, $\lim\limits_{x \to 0} g(x) = 0$ et $\lim\limits_{x \to +\infty} g(x) = +\infty$; d'après le théorème des valeurs intermédiaires la fonction g prend une fois et une seule toute valeur de $]0\,;+\infty[$, donc en particulier la valeur 1.

L'équation $x^2e^{x-1} = 1$ admet une solution et une seule sur $]0\,;+\infty[$.

Le réel 1 est solution $\left(1^2e^{1-1} = 1e^0 = 1\right)$, c'est donc l'unique solution sur $\mathbb{R}_+^*$ de l'équation $g(x) = 1$.

La seule tangente T_a, pour $a > 0$, passant par l'origine est T_1.

4. Équation de T_1

Une équation de T_1 est :

$$\boxed{y = 2x.}$$

PARTIE C – CALCUL D'AIRE

1. Construction

Représentation graphique de *f*, de la droite Δ d'équation $y = 2x$, de la droite d'équation $x = 1$ et de la droite d'équation $y = 1$.

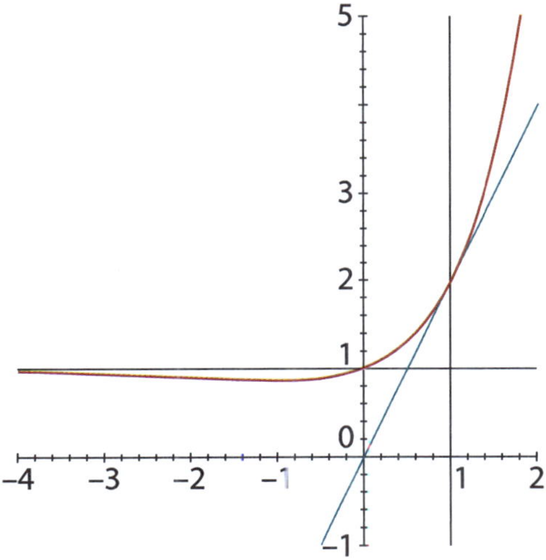

2. a. Calcul d'une primitive

Soit H la fonction définie sur $\mathbb{R}$ par $H(x) = (cx + d)e^{x-1}$, H est une primitive de *h* sur $\mathbb{R}$ si et seulement si pour tout *x* de $\mathbb{R}$:

$$H'(x) = h(x) \quad ,$$

c'est-à-dire pour tout *x* de $\mathbb{R}$:

$$ce^{x-1} + (cx + d)e^{x-1} = xe^{x-1} \Leftrightarrow (cx + d + c)e^{x-1} = xe^{x-1} \qquad ,$$

soit par identification :

$$\begin{cases} c = 1 \\ d + c = 0 \end{cases}.$$

Une primitive sur $\mathbb{R}$ de $x \mapsto xe^{x-1}$ est $x \mapsto (x-1)e^{x-1}$.

b. Calcul de l'intégrale $I = \int_0^1 xe^{x-1}\,dx$

D'après la question précédente :

$$I = \int_0^1 xe^{x-1}\,dx = \left[(x-1)e^{x-1}\right]_0^1$$

$$= 0 - \left((-1)e^{0-1}\right)$$

$$I = \frac{1}{e}.$$

Cahier spécial BAC

3. Calcul d'une aire

Sur $[0\,;1]$, la courbe $\mathscr{C}$ est au dessus de Δ, donc $f(x)-2x \geqslant 0$ sur $[0\,;1]$ et l'aire $\mathscr{A}$ du domaine $\mathscr{D}$ est :

$$\begin{aligned}\mathscr{A} &= \int_0^1 \left(f(x)-2x\right)\mathrm{d}x \\ &= \int_0^1 \left(x\mathrm{e}^{x-1}+1-2x\right)\mathrm{d}x \\ &= \int_0^1 x\mathrm{e}^{x-1}\,\mathrm{d}x + \int_0^1 (1-2x)\,\mathrm{d}x \\ &= \mathrm{I} + \left[x-x^2\right]_0^1 \\ &= \frac{1}{\mathrm{e}} + (1-1) - 0.\end{aligned}$$

L'astuce du prof

Avant de calculer une aire à l'aide d'une intégrale, faites toujours une étude de signes.

Donc : $\boxed{\mathscr{A} = \frac{1}{\mathrm{e}}\,(\text{unités d'aire}).}$

EXERCICE 3

On note B (respectivement R) l'événement « tirer un cube bleu (respectivement rouge) ».

On note C (respectivement L, E) l'événement « tirer un cube dont les faces sont marquées d'un cercle (respectivement d'un losange, d'une étoile) ».

On note $p(\mathrm{A})$ la probabilité de l'événement A.

PARTIE A – EXPÉRIENCE 1

On tire au hasard un cube de l'urne. Tous les cubes ont même probabilité d'être tirés puisque l'on tire au hasard et la probabilité de tout événement A est :

$$p(\mathrm{A}) = \frac{\text{nombre de tirages favorables à la réalisation de A}}{\text{nombre de tirages possibles}}.$$

Il y a 100 cubes, 60 sont bleus et 40 sont rouges, donc :

$$p(\mathrm{B}) = \frac{60}{100} = 0{,}6 \text{ et } p(\mathrm{R}) = \frac{40}{100} = 0{,}4\,.$$

Parmi les cubes bleus, 40 % sont marqués d'un cercle, 20 % d'un losange et le reste, donc 40 %, d'une étoile.

Donc $p_{\mathrm{B}}(\mathrm{C}) = \frac{40}{100} = 0{,}4 = p_{\mathrm{B}}(\mathrm{E})$ et $p_{\mathrm{B}}(\mathrm{L}) = \frac{20}{100} = 0{,}2\,.$

Parmi les cubes rouges, 20 % sont marqués d'un cercle, x % d'un losange et le reste donc $(100-20-x)$% marqués d'une étoile. Ainsi :

$$p_{\mathrm{R}}(\mathrm{C})=0{,}2\ ,\ p_{\mathrm{R}}(\mathrm{L})=\frac{x}{100}=0{,}01x\ ;$$

$$p_{\mathrm{R}}(\mathrm{E})=\frac{80-x}{100}=0{,}8-0{,}01x\ .$$

On a l'arbre pondéré suivant, que l'on peut utiliser comme justification aux calculs de probabilité.

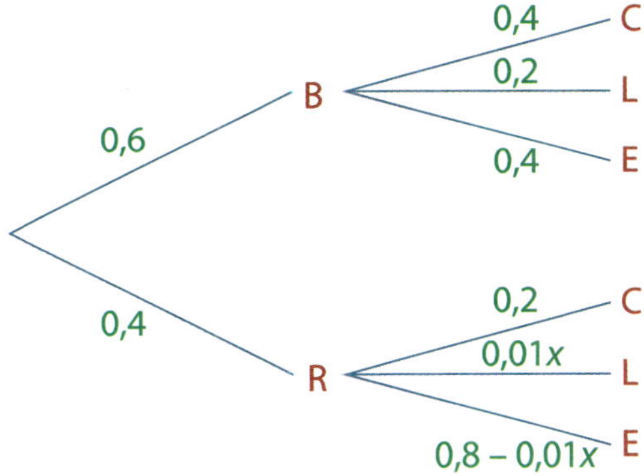

1. Calcul de $p(\mathrm{L})$

(B,R) est un système complet d'événements, d'après le théorème des probabilités totales :

$$\begin{aligned}p(\mathrm{L})&=p(\mathrm{B}\cap\mathrm{L})+p(\mathrm{R}\cap\mathrm{L})\\&=p(\mathrm{B})\times p_{\mathrm{B}}(\mathrm{L})+p(\mathrm{R})\times p_{\mathrm{R}}(\mathrm{L})\\&=0{,}6\times0{,}2+0{,}4\times0{,}01x\\&=0{,}12+0{,}004x\end{aligned}$$

L'astuce du prof

On peut aussi utiliser l'arbre, sommant des poids des branches menant à L.

$$\boxed{p(\mathrm{L})=0{,}12+0{,}004x.}$$

2. Calcul de x tel que $p(\mathrm{L})=p(\mathrm{E})$

On applique de même le théorème des probabilités totales pour calculer $p(\mathrm{E})$:

$$\begin{aligned}p(\mathrm{E})&=p(\mathrm{B}\cap\mathrm{E})+p(\mathrm{R}\cap\mathrm{E})=p(\mathrm{B})\times p_{\mathrm{B}}(\mathrm{E})+p(\mathrm{R})\times p_{\mathrm{R}}(\mathrm{E})\\&=0{,}6\times0{,}4+0{,}4\times(0{,}8-0{,}01x)=0{,}24+0{,}32-0{,}004x\\&=0{,}56-0{,}004x.\end{aligned}$$

$p(\mathrm{L})=p(\mathrm{E})$ si et seulement si :

$$0{,}12+0{,}004x=0{,}56-0{,}004x$$

$$0{,}008x=0{,}56-0{,}12$$

$$x=\frac{0{,}440}{0{,}008}=\frac{440}{8}=55\ .$$

$\boldsymbol{p(\mathrm{L}) = p(\mathrm{E})}$ **si et seulement si** $\boldsymbol{x = 55}$ **.**

(55 convient car 55 appartient à $[0\,;80]$.)

3. Recherche de x pour que B et L soient indépendants

Puisque la probabilité de l'événement B n'est pas nulle, B et L sont indépendants si et seulement si :

$$p_{\mathrm{B}}(\mathrm{L}) = p(\mathrm{L}).$$

On résout l'équation suivante, d'inconnue x :

$0{,}2 = 0{,}12 + 0{,}004x$,

équivalente à $x = \dfrac{0{,}2 - 0{,}12}{0{,}004}$;

puis à $x = \dfrac{0{,}080}{0{,}004} = \dfrac{80}{4} = 20$.

20 appartient à $[0\,;80]$, d'où :

B et L sont indépendants si et seulement si $\boldsymbol{x = 20}$ **.**

> **Rappel**
> A et B sont deux événements indépendants si $p(\mathrm{A} \cap \mathrm{B}) = p(\mathrm{A}) \times p(\mathrm{B})$.

4. Calcul de $p_{\mathrm{L}}(\mathrm{B})$ lorsque $x = 50$

Par définition d'une probabilité conditionnelle :

$$p_{\mathrm{L}}(\mathrm{B}) = \frac{p(\mathrm{B} \cap \mathrm{L})}{p(\mathrm{L})}.$$

D'après la question **1**, $p(\mathrm{B} \cap \mathrm{L}) = 0{,}12$.

Puisque $x = 50$, $p(\mathrm{L}) = 0{,}12 + \dfrac{4}{1000} \times 50 = 0{,}12 + 0{,}2 = 0{,}32$

$p_{\mathrm{L}}(\mathrm{B}) = \dfrac{0{,}12}{0{,}32} = \dfrac{4 \times 3}{8 \times 4} = \dfrac{3}{8} = 0{,}375$.

Lorsque $\boldsymbol{x = 50}$, $\boldsymbol{p_{\mathrm{L}}(\mathrm{B}) = 0{,}375}$ **.**

PARTIE B – EXPÉRIENCE 2

On tire 3 cubes simultanément dans une urne en contenant 100. Il n'y a pas d'ordre et on ne peut pas avoir deux fois le même cube. On choisit pour Ω, ensemble de tirages possibles, l'ensemble des combinaisons de 3 cubes parmi 100.

$\mathrm{card}(\Omega) = \dbinom{100}{3} = 161700$.

Toutes ces combinaisons ont la même probabilité d'être obtenues, tout événement A a pour probabilité $\dfrac{\mathrm{card}(\mathrm{A})}{\mathrm{card}(\Omega)}$.

1. Probabilité de tirer au moins un cube rouge

On note A l'événement « on tire au moins un cube rouge ».

$\overline{A}$ est l'événement « on ne tire aucun cube rouge », c'est-à-dire « on tire 3 cubes bleus ».

Puisqu'il y a 60 cubes bleus, les cas favorables à $\overline{A}$ sont les tirages de 3 cubes parmi les 60 bleus.

$\text{card}\left(\overline{A}\right) = \binom{60}{3} = 34\,220$;

$p\left(\overline{A}\right) = \dfrac{\text{card}\left(\overline{A}\right)}{\text{card}(\Omega)}$.

$p(A) = 1 - p\left(\overline{A}\right) = 1 - \dfrac{34\,220}{161700}$, $p(A) \approx 0{,}788$.

La probabilité de tirer au moins un cube rouge est 0,788, au millième près.

2. Probabilité de tirer trois cubes de la même couleur

L'événement « tirer 3 cubes de la même couleur », noté F, est la réunion de deux événements incompatibles, $\overline{A}$ « tirer 3 cubes bleus » et G « tirer 3 cubes rouges ».

$p(F) = p\left(\overline{A} \cup G\right) = p\left(\overline{A}\right) + p(G)$.

En raisonnant comme à la question précédente, G est l'ensemble des combinaisons de 3 cubes parmi les 40 cubes rouges, $\text{card}(G) = \binom{40}{3} = 9\,880$.

> **L'astuce du prof**
> Ne confondez pas événements indépendants et incompatibles.

$p(F) = \dfrac{\text{card}\left(\overline{A}\right) + \text{card}(G)}{\text{card}(\Omega)} = \dfrac{34\,220 + 9\,880}{161700}$;

$p(F) \approx 0{,}273$, arrondie au millième.

La probabilité de tirer trois cubes de la même couleur est 0,273.

3. Probabilité de tirer un cube marqué d'un cercle et un seul

40 % des 60 cubes bleus sont marqués d'un cercle, il y en a donc :

$$\frac{40}{100} \times 60 = 24.$$

20 % des 40 cubes rouges sont marqués d'un cercle, il y en a $\dfrac{20}{100} \times 40 = 8$.

En tout, 32 cubes sont marqués d'un cercle.

Pour réaliser l'événement H « tirer exactement un cube marqué par un cercle », on tire un cube marqué d'un cercle parmi 32, et deux cubes non marqués d'un cercle parmi les $(100 - 32)$ restants.

Ainsi, $\text{card}(H) = \binom{32}{1} \times \binom{68}{2} = 32 \times 2\,278 = 72\,896$ et :

$$p(H) = \frac{72\,896}{161700} \approx 0{,}451.$$

La probabilité de tirer exactement un cube marqué d'un cercle est 0,451.

EXERCICE 4

PARTIE A

1. Représentation paramétrique de la droite (IJ)

Les points I et J ont pour coordonnées $(x_I\,;y_I\,;z_I)=\left(1;\frac{1}{3};0\right)$ et $(x_J\,;y_J\,;z_J)=\left(0;\frac{2}{3};1\right)$.

Le vecteur non nul $\overrightarrow{IJ}$ est un vecteur directeur de la droite (IJ) et il a pour coordonnées $(x_J-x_I\,;y_J-y_I\,;z_J-z_I)=\left(-1;\frac{1}{3};1\right)$.

L'astuce du prof
Un vecteur directeur est toujours un vecteur non nul.

Un point $M(x\,;y\,;z)$ de l'espace appartient à la droite (IJ) si et seulement si il existe un réel t tel que $\overrightarrow{IM}=t\overrightarrow{IJ}$, ce qui équivaut à :

$\left(x-1;y-\frac{1}{3};z-0\right)=t\left(-1;\frac{1}{3};1\right)=\left(-t;\frac{1}{3}t;t\right)$, soit :

$$x-1=-t \text{ et } y-\frac{1}{3}=\frac{1}{3}t \text{ et } z=t\,.$$

Une représentation paramétrique de la droite (IJ) est :

$$\begin{cases} x=1-t \\ y=\frac{1}{3}+\frac{1}{3}t, \quad t\in\mathbb{R} \\ z=t \end{cases}$$

2. Représentation paramétrique de la droite (KL)

De même, le vecteur non nul $\overrightarrow{KL}$ a pour coordonnée $\left(a-\frac{3}{4};1;-1\right)$.

$M(x\,;y\,;z)$ appartient à (KL) si et seulement si il existe un réel t' tel que $\overrightarrow{KM}=t'\overrightarrow{KL}$, donc tel que $\left(x-\frac{3}{4};y-0;z-1\right)=t'\left(a-\frac{3}{4};1;-1\right)$.

Une représentation paramétrique de la droite (KL) est :

$$\begin{cases} x=\frac{3}{4}+\left(a-\frac{3}{4}\right)t' \\ y=t' \\ z=1-t' \end{cases}, t'\in\mathbb{R}.$$

3. Étude de l'intersection des droites (IJ) et (KL)

(IJ) et (KL) sont sécantes si et seulement si elles ont un unique point commun.

Un point M de l'espace, de coordonnées $(x\,;y\,;z)$ est commun aux deux droites si et seulement si il existe deux réels t et t' tels que :

$$\begin{cases} x = 1-t \\ y = \frac{1}{3}(1+t) \\ z = t \\ x = \frac{3}{4}+\left(a-\frac{3}{4}\right)t' \\ y = t' \\ z = 1-t' \end{cases} \text{ équivaut à } \begin{cases} x = 1-t \\ y = \frac{1}{3}(1+t) \\ z = t \\ 1-t = \frac{3}{4}+\left(a-\frac{3}{4}\right)t' \\ \frac{1}{3}(1+t) = t' \\ t = 1-t' \end{cases}$$

On note (S) ce système d'inconnue $(x\,;y\,;z\,;t\,;t')$.

On considère le système (S_1) d'inconnue $(t\,;t')$ constitué des trois dernières équations du système et on résout (S_1) en remplaçant t par $(1-t')$ dans les deux premières équations de (S_1).

L'astuce du prof

Retenez la méthode pour trouver l'intersection de deux droites de l'espace.

(S_1) équivaut à : $\begin{cases} t' = \frac{3}{4}+\left(a-\frac{3}{4}\right)t' \\ \frac{1}{3}(2-t') = t' \\ t = 1-t' \end{cases}$.

La deuxième équation équivaut à :

$$2-t' = 3t' \text{ et à } t' = \frac{2}{4} = \frac{1}{2}.$$

La première équation s'écrit alors $\frac{1}{2} = \frac{3}{4}+\left(a-\frac{3}{4}\right)\times\frac{1}{2}$, ce qui équivaut à $1 = \frac{3}{2}+a-\frac{3}{4}$ et à $a = \frac{1}{4}$.

$$(S_1) \text{ équivaut à : } \begin{cases} a = \frac{1}{4} \\ t' = \frac{1}{2} \\ t = 1-t' = \frac{1}{2} \end{cases} \text{ et à } \begin{cases} x = 1-t = \frac{1}{2} \\ y = \frac{1}{3}(1+t) = \frac{1}{2} \\ z = t = \frac{1}{2} \\ a = \frac{1}{4} \\ t' = \frac{1}{2} \\ t = \frac{1}{2} \end{cases}$$

Ce système ne peut avoir de solution que si $a=\frac{1}{4}$, a ne peut pas prendre deux valeurs différentes.

Lorsque $a=\frac{1}{4}$, (IJ) et (KL) ont un unique point commun de coordonnées $\left(\frac{1}{2};\frac{1}{2};\frac{1}{2}\right)$, ces droites sont sécantes.

Lorsque $a\neq\frac{1}{4}$, (IJ) et (KL) n'ont aucun point commun.

Les droites (IJ) et (KL) sont sécantes si, et seulement si, $a=\frac{1}{4}$.

PARTIE B

1. Nature du quadrilatère IKJL

Le quadrilatère IKJL est un parallélogramme si, et seulement si, $\overrightarrow{IK}=\overrightarrow{LJ}$.

$\overrightarrow{IK}$ a pour coordonnées $\left(\frac{3}{4}-1;0-\frac{1}{3};1-0\right)=\left(-\frac{1}{4};-\frac{1}{3};1\right)$;

$\overrightarrow{LJ}$ a pour coordonnées $\left(0-\frac{1}{4};\frac{2}{3}-1;1-0\right)=\left(-\frac{1}{4};-\frac{1}{3};1\right)$.

$\overrightarrow{IK}=\overrightarrow{LJ}$, donc **IKJL est un parallélogramme.**

2. a. Vecteur normal au plan (IJK)

> **L'astuce du prof**
> Précisez toujours que les vecteurs $\overrightarrow{IJ}$ et $\overrightarrow{IK}$ sont non colinéaires.

$\overrightarrow{IJ}$ et $\overrightarrow{IK}$ sont deux vecteurs non colinéaires, vecteurs directeurs de deux droites sécantes du plan (IJK), (IJ) et (IK).

$\vec{n}$ de coordonnées $(8;9;5)$ est normal au plan (IJK) si, et seulement si, le vecteur $\vec{n}$ est orthogonal aux deux vecteurs $\overrightarrow{IJ}$ et $\overrightarrow{IK}$, donc si et seulement si les produits scalaires $\vec{n}.\overrightarrow{IJ}$ et $\vec{n}.\overrightarrow{IK}$ sont nuls.

$\overrightarrow{IJ}$ a pour coordonnées $\left(-1;\frac{1}{3};1\right)$ et $\overrightarrow{IK}$ a pour coordonnées $\left(-\frac{1}{4};-\frac{1}{3};1\right)$.

$\vec{n}.\overrightarrow{IK}=8\times\left(-\frac{1}{4}\right)+9\times\left(-\frac{1}{3}\right)+5\times1=-2-3+5=0$;

$\vec{n}.\overrightarrow{IJ}=8\times(-1)+9\times\left(\frac{1}{3}\right)+5\times1=-8+3+5=0$.

$\vec{n}$ est bien orthogonal à $\overrightarrow{IJ}$ et $\overrightarrow{IK}$.

Le vecteur $\vec{n}$ de coordonnées $(8;9;5)$ est normal au plan (IJK).

b. Équation du plan (IJK)

Un point $M(x\,;y\,;z)$ de l'espace appartient au plan (IJK) si, et seulement si, les vecteurs $\overrightarrow{IM}$ et $\vec{n}$ sont orthogonaux donc si, et seulement si, le produit scalaire $\vec{n}.\overrightarrow{IM}$ est nul.

$\overrightarrow{IM}$ a pour coordonnées $\left(x-1\,;y-\dfrac{1}{3}\,;z\right)$.

$$\begin{aligned}\vec{n}.\overrightarrow{IM} &= 8(x-1)+9\left(y-\frac{1}{3}\right)+5z\\ &= 8x+9y+5z-11\end{aligned}.$$

Une équation du plan (IJK) est :

$$\boxed{8x+9y+5z-11=0.}$$

L'astuce du prof

On peut écrire qu'une équation du plan est $8x+9y+5z+d=0$ et calculer d

c. Coordonnées des points M et N

Le point M appartient à la droite (BF), donc $\overrightarrow{BM}$ est colinéaire à $\overrightarrow{BF}$.

Il existe un réel a tel que $\overrightarrow{BM}=a\overrightarrow{BF}$.

Dans le carré ABFE, $\overrightarrow{BF}=\overrightarrow{AE}$.

D'après la relation de Chasles, $\overrightarrow{AM}=\overrightarrow{AB}+\overrightarrow{BM}$

$$=\overrightarrow{AB}+a\overrightarrow{AE}.$$

Ainsi, $\overrightarrow{AM}=1\times\overrightarrow{AB}+0\times\overrightarrow{AD}+a\times\overrightarrow{AE}$.

M a pour coordonnées $(1;0\,;a)$ dans le repère $\left(A\,;\overrightarrow{AB}\,;\overrightarrow{AD}\,;\overrightarrow{AE}\right)$.

M appartient au plan (IJK), donc les coordonnées de M vérifient l'équation $8x+9y+5z-11=0$.

Donc $8\times1+9\times0+5\times a-11=0$.

On en déduit que $a=\dfrac{3}{5}$ et que M a pour coordonnées $\left(1;0\,;\dfrac{3}{5}\right)$.

De même, N appartient à (DH), donc il existe un réel b tel que :

$$\overrightarrow{DN}=b\overrightarrow{DH}=b\overrightarrow{AE}.$$

Alors $\overrightarrow{AN}=\overrightarrow{AD}+\overrightarrow{DN}=0\times\overrightarrow{AB}+1\times\overrightarrow{AD}+b\times\overrightarrow{AE}$.

N a pour coordonnées $(0;1;b)$ et ces coordonnées vérifient la relation $8x+9y+5z-11=0$ car N appartient à (IJK).

D'où $8\times0+9\times1+5b-11=0$, donc $b=\dfrac{2}{5}$.

M a pour coordonnées $\left(1;0\,;\dfrac{3}{5}\right)$ et N a pour coordonnées $\left(0\,;1;\dfrac{2}{5}\right)$.

Cahier spécial BAC

Le Grand oral

Au cours de l'année

Préparer ses questions

Vous devez choisir deux questions portant sur les enseignements de spécialité soit pris isolément, soit abordés de manière transversale. Toute l'année, vous préparez ces questions avec vos professeurs de spécialité et éventuellement d'autres élèves.

S'entraîner aux techniques de l'oral

Vous devez travailler la prise de parole en public grâce à des exercices d'élocution, de débit de la parole, de rythme à l'oral, etc. Vous pouvez également travailler votre posture : gestes expressifs, regards, sourires, etc.

Le jour J

1er temps Présentation d'une question

Vous proposez vos deux questions au jury.

Le jury en choisit une seule, que vous devrez présenter.

Jury de 2 professeurs

- Un professeur d'une de vos spécialité
- Un professeur d'une autre spécialité ou d'un enseignement commun, ou un professeur documentaliste.

Temps de préparation (20 min)

Vous préparez votre présentation en fonction de la question choisie par le jury. Il est possible de préparer un support sur une feuille A4 que vous remettrez au jury : ce support ne fait pas l'objet d'une évaluation, il est facultatif.

Présentation (5 min)

Présentation orale, debout et sans note, de votre travail, en réponse à la question choisie.

Notation
20 pts / coef. 10

Les 5 critères d'évaluation :

- Qualité de l'épreuve orale
- Qualité de la prise de parole en continu
- Qualité des connaissances
- Qualité de l'interaction
- Qualité de l'argumentation

2e temps Échange avec le jury sur l'exposé oral

10 min

- Il s'agit d'approfondir votre travail.
- Le jury peut vous poser des questions sur toutes les parties du programme du cycle terminal de vos deux spécialités.

3e temps Échange sur le projet d'orientation

5 min

- Réflexion autour de vos choix de spécialités et de votre projet d'orientation.
- Il s'agit de partager l'évolution de votre cheminement, à la fois dans le cadre scolaire et dans le cadre personnel (vos activités, vos centres d'intérêt).

Grand oral – Question-type

SUJET

Constructions géométriques à la règle sur un papier préparé.

QUELQUES ÉLÉMENTS HISTORIQUES

Depuis des temps très anciens, des mathématiciens se sont intéressés à la règle et au compas. Dès le cinquième siècle avant J.-C. sont apparus des problèmes que l'on n'arrivait pas à résoudre à la règle et au compas, les plus célèbres sont:
- la quadrature du cercle
- la duplication du cube
- la trisection de l'angle

Dans l'antiquité, pour certains mathématiciens, la réalisation d'une figure « parfaite » était un élément de la démonstration. Dans ce cadre l'utilisation d'équerres et de règles graduées ne pouvaient être acceptées, ces instruments s'usaient rapidement. Seule la règle et le compas étaient des instruments semblant résister à l'usure.

OUTILS POUR LES CONSTRUCTIONS PROPOSÉES (création de la feuille préparée)

- Une feuille munie :
  – d'un repère orthonormé $\left(O\,;\vec{i},\vec{j}\right)$, ,
  – du cercle de centre O et de rayon 1
  – de la droite (D) d'équation $y = 1$
  – de la droite (D') d'équation $y = -1$
- Une règle

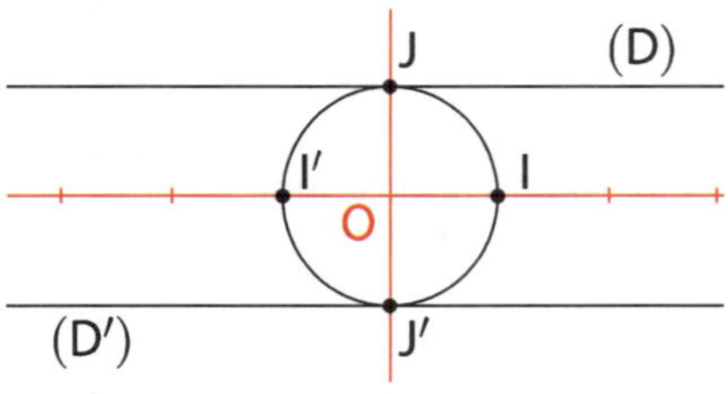

OBJECTIF

Réaliser deux constructions géométriques uniquement à l'aide d'une règle, sur une feuille préparée.

- Construction 1 : placer les entiers relatifs sur les droites (D), (D') et $\left(O\,;\vec{i}\right)$;
- Construction 2 : construire sur la droite (D') deux points ayant pour abscisse les racines, quand elles existent, d'une équation du second degré de la forme $X^2 + pX + q = 0$ où p et q sont des entiers relatifs avec $p \neq 0$ et $q \neq 4$.

CONSTRUCTION 1

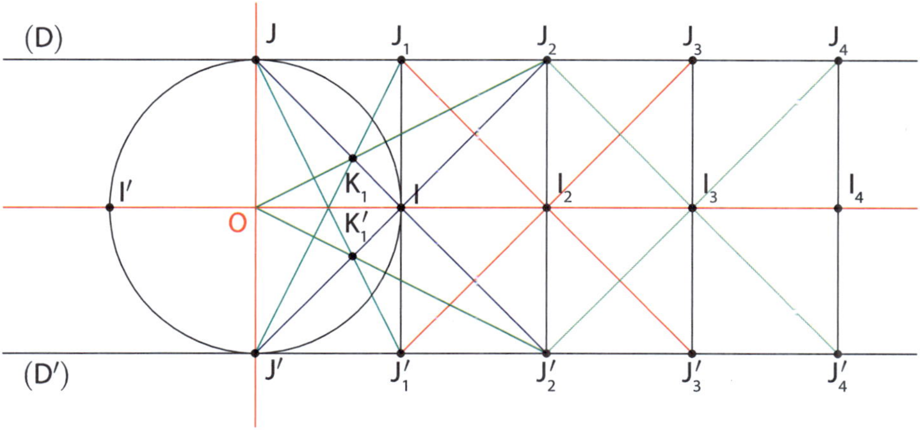

Les points O, I, I_2, I_3, I_4, …, (resp. J, J_1, J_2, J_3, J_4, …, resp. J', J'_1, J'_2, J'_3, J'_4, …) ont pour abscisses 0, 1, 2, 3, 4, … Il est possible en opérant symétriquement de construire les points abscisses entières et négatives.

Les droites (JI) et $(J'I)$ coupent respectivement (D') et (D) en J'_2 et J_2 qui sont deux points d'abscisses 2, la droite $(J_2J'_2)$ coupe l'axe des abscisses en I_2.

Dans le triangle rectangle $JJ'J_2$ les droites (JI) et (OJ_2) sont des médianes, elles se coupent au point K_1 centre de gravité du triangle $JJ'J_2$, la troisième médiane $(J'K_1)$ coupe le troisième côté en son milieu, le point J_1 qui est d'abscisse 1, on construit de même J'_1 puis le segment $[J_1J'_1]$.

Pour construire le segment $[J_3J'_3]$, on construit les diagonales (J_1I_2) et (J'_1I_2) qui coupent respectivement (D') et (D) en J'_3 et J_3, la droite $(J_3J'_3)$ coupe l'axe des abscisses en I_3. On répète la construction précédente avec les points J_2, J'_2 et I_3, on obtient J_4, J'_4 et I_4 et ainsi de suite.

CONSTRUCTION 2

Soit l'équation du second degré $X^2 + pX + q = 0$ où p et q sont des entiers relatifs avec $p \neq 0$ et $q \neq 4$.

On se donne une feuille préparée comme précédemment comportant le cercle C et les deux droites (D) et (D') et en utilisant la construction précédente on construit avec la seule règle les points $J_{-4}(-4\,;1)$, $P(-p\,;-1)$ et $Q(-q\,;\,-1)$. Dans toute la suite l'équation utilisée pour la construction est l'équation $X^2 - X - 3 = 0$ donc $p = -1$ et $q = -3$.

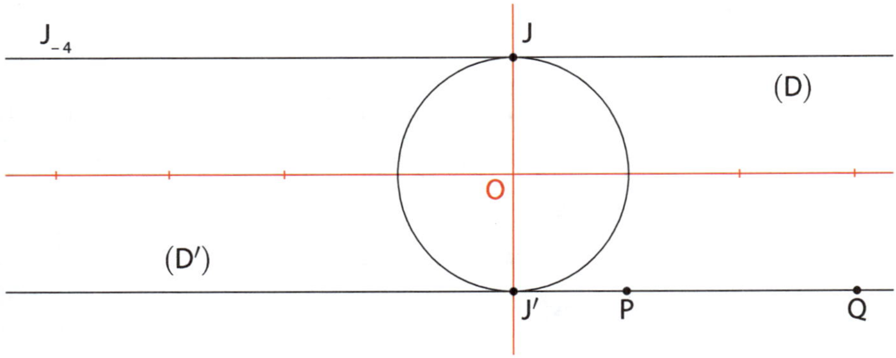

On obtient la construction des points X_1 et X_2 de la droite (D') ayant pour abscisse les racines de l'équation en procédant comme ci-après. La construction en elle-même ne nécessite aucun calcul, elle est brièvement justifiée à chaque étape.

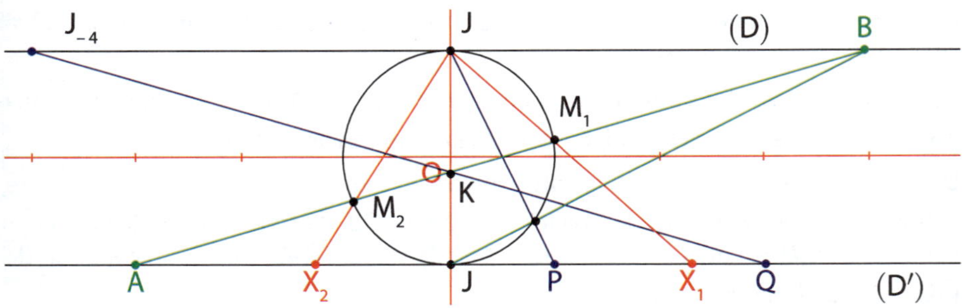

Remarque : lorsque l'équation n'a pas de racine, on ne peut pas construire les points X_1 et X_2, lorsqu'il y a une racine double on a $X_1 = X_2$.

Remarque : Pour des raisons d'écriture les coordonnées des points et des vecteurs sont donnés sous forme de couples.

Les coordonnées des points P, Q, J, J′ et J_{-4} sont $P(-p,-1)$, $Q(-q,-1)$, $J(0,1)$, $J'(0,-1)$ et $J_{-4}(-4,1)$.

• ***Construction de la droite (PJ) et du point H***

– Équations paramétriques de la droite (PJ) : $\begin{cases} x = \lambda p \\ y = 1+2\lambda \end{cases}$ avec $\lambda \in \mathbb{R}$.

– Coordonnées du point H intersection de la droite (PJ) et du cercle (C) d'équation $x^2+y^2=1$, $H\left(-\dfrac{4p}{p^2+4}, \dfrac{p^2-4}{p^2+4}\right)$.

- **Construction de la droite $(J'H)$ et du point B**

– Équations paramétriques de la droite $(J'H)$: $\begin{cases} x = 0+\mu\left(-\dfrac{4p}{p^2+4}\right) \\ y = -1+\mu\left(\dfrac{2p^2}{p^2+4}\right) \end{cases}$ avec $\mu \in \mathbb{R}$.

– Coordonnées du point B intersection de la droite $(J'H)$ et de la droite (D) d'équation $y=1$, les coordonnées de B sont $\left(\left(\dfrac{p^2-4}{p^2}\right)\left(-\dfrac{4p}{p^2+4}\right),1\right)=\left(-\dfrac{4}{p},1\right)$.

- **Construction de la droite $(J_{-4}Q)$ et du point K**

– Équations paramétriques de la droite $(J_{-4}Q)$: $\begin{cases} x = -4+\nu(4-q) \\ y = 1+\nu(-2) \end{cases}$ avec $\nu \in \mathbb{R}$.

– Le point K est l'intersection de $(J_{-4}Q)$ et de l'axe des ordonnées. Ce point existe si les deux droites ne sont pas parallèles c'est-à-dire si q est différent de 4 ce qui a été supposé. Les coordonnées du point K sont $\left(0,\dfrac{q+4}{q-4}\right)$.

- **Construction de la droite (BK) et du point A**

– Équations paramétriques de la droite (BK) : $\begin{cases} x = 0+\rho\dfrac{4}{p} \\ y = \dfrac{q+4}{q-4}+\rho\dfrac{8}{q-4} \end{cases}$ avec $\rho \in \mathbb{R}$.

– Soit A le point d'intersection de la droite (BK) et de la droite (D'). Les coordonnées du point A sont $\left(-\dfrac{q}{p},-1\right)$.

Remarque : Le point A a pour abscisse $-\dfrac{q}{p}$, il est donc possible de construire à l'aide de la seule règle un point ayant pour abscisse une fraction donnée $-\dfrac{q}{p}=\dfrac{-q}{p}$ n'ayant pas pour numérateur l'entier – 4.

- **Construction des points M_1 et M_2 s'ils existent**

– Équation cartésienne de la droite (AB) qui est aussi la droite (BK) : $8px-4(q-4)y+4(q+4)=0$.

– Existence des points d'intersection M_1 et M_2 de la droite (AB) et du cercle (C). La droite (AB) coupe le cercle (C) si et seulement si $d(O,(AB))\leqslant 1$.

$$d(O,(AB))=\frac{|8p\times 0-4(q-4)\times 0+4(q+4)|}{\sqrt{(8p)^2+(-4(q-4))^2}}=\frac{4|(q+4)|}{\sqrt{(8p)^2+(-4(q-4))^2}}.$$

Cahier spécial BAC

La droite (AB) coupe le cercle $(\mathcal{C})$ si et seulement si la distance du centre du cercle à la droite (AB) est inférieure ou égale au rayon du cercle,

$$d(O,(AB)) \leqslant 1 \Leftrightarrow \frac{4|(q+4)|}{\sqrt{(8p)^2 + (-4(q-4))^2}} \leqslant 1$$

$$\Leftrightarrow \frac{16(q+4)^2}{(8p)^2 + (-4(q-4))^2} \leqslant 1 \text{ car les deux membres sont positifs}$$

$$\Leftrightarrow (q+4)^2 \leqslant 4p^2 + (q-4)^2 \Leftrightarrow 4p^2 - 16q \geqslant 0 \Leftrightarrow p^2 - 4q \geqslant 0$$

$$\Leftrightarrow \text{L'équation } X^2 + pX + q = 0 \text{ admet des racines.}$$

Les points M_1 et M_2 existent si seulement si l'équation admet des racines.

• ***Construction des points X_1 et X_2 intersections des droites (JM_1) et (JM_2) avec la droite (D')***

Remarque : Une équation de la droite (AB) est $8px - 4(q-4)y + 4(q+4) = 0$, les calculs des abscisses des points M_1 et M_2 intersection de (AB) et de (C) sont très compliqués.

– Si les points M_1 et M_2 existent, l'équation admet deux racines x_1 et x_2 distinctes ou confondues. Soit X_1 le point de (D') de coordonnées $\left(x_1 = \dfrac{-p + \sqrt{p^2 - 4q}}{2}, -1\right)$. On définit de même X_2.

– On désigne par N_1 le point d'intersection de la droite (AB) et de la droite (JX_1). Une équation de la droite (AB) est $8px - 4(q-4)y + 4(q+4) = 0$, une équation de la droite (JX_1) est $2x + x_1 y - x_1 = 0$. En résolvant le système, on détermine les coordonnées du point $N_1\left(\dfrac{4x_1}{x_1^2+4}, \dfrac{x_1^2-4}{x_1^2+4}\right)$.

– Le point N_1 appartient au cercle (C) car

$$\left(\frac{4x_1}{x_1^2+4}\right)^2 + \left(\frac{x_1^2-4}{x_1^2+4}\right)^2 = \frac{(x_1^2+4)^2}{(x_1^2+4)^2} = 1.$$

De même pour le point N_2 en utilisant l'autre racine x_2.

– Le point N_1 (resp. N_2) appartient à la droite (JX_1) (resp. (JX_2)), à la droite (AB) et au cercle (C) donc les points N_1 et N_2 sont les intersections de la droite (AB) et du cercle (C), ils coincident donc avec les points M_1 et M_2.

– Les points X_1 et X_2 s'obtiennent comme intersection des droites (JM_1) et (JM_2) avec la droite (D').

Dépôt légal: juin 2021 - N° de projet: 10268633 - Achevé d'imprimer en mai 2021 par Vincenzo Bona S.p.A. à Turin en Italie